1950年	1956年	1958年	1961年	1984年	1988年	2001年	2005年
浙江省绍兴专区萧山县坎山区交通乡·凤凰乡	浙江省萧山县坎山区交通乡	浙江省宁波专区萧山县坎山人民公社交通管理区	浙江省杭州专区萧山县蜀山区衙前人民公社	浙江省杭州市萧山县城南区衙前乡	浙江省杭州市萧山市城南区衙前镇	浙江省杭州市萧山区衙前镇	浙江省杭州市萧山区衙前镇
第七村 第十村	交一高级社 交三高级社	交通生产大队	凤凰生产大队 交通生产大队 卫家生产大队	凤凰村 交通村 卫家村	凤凰村 交通村 卫家村	凤凰村 交通村 卫家村	凤凰村 西曹自然村 傅家自然村 童墅自然村 卫家自然村 新屋自然村

凤凰村当代荣誉

- 1985年　萧山县文明村
- 1990年　萧山市标兵村
- 1995年　萧山市50强村
- 2008年　萧山区生态村
- 2012年　萧山区森林村庄
- 2012年　萧山区美丽乡村精品村
- 2014年　萧山区最清洁村庄
- 2000年　杭州市文明村
- 2004年　杭州市园林绿化村
- 2006年　杭州市四星级民主法治村
- 2007年　杭州市社会主义新农村建设标兵村
- 2010年　杭州市农村社区服务中心示范型
- 2013年　杭州市文化示范村
- 2014年　杭州市十大美丽家园
- 2005年　浙江省文明村
- 2006年　浙江省全面小康建设示范村
- 2006年　浙江省村务公开民主管理示范村
- 2008年　浙江省民主法治村
- 2009年　浙江省农村基层党风廉政建设示范村
- 2011年　浙江省生态文化基地
- 2014年　浙江省模范集体
- 2016年　浙江省先进基层党组织
- 2006年　全国敬老模范村
- 2011年　全国文明村
- 2018年　全国民主法治示范村

浙江省杭州市萧山区衙前镇凤凰村志编纂委员会 编

凤凰村志

Phoenix Village Chronicles

莫艳梅 主编·总纂

下册

凤凰村志

总 目

上 册

序
凡例
编纂说明
总述 ··· 1
大事记 ··· 7
大事纪略 ·· 37
第一编 村庄 ·· 41
   第一章 建置 ··································· 43
   第二章 区位 ··································· 50
   第三章 人口 ··································· 52
   第四章 自然环境 ······························· 65
第二编 姓氏 ·· 77
   第一章 凤凰村姓氏 ····························· 79
   第二章 凤凰片姓氏 ····························· 83
   第三章 交通片姓氏 ····························· 260
   第四章 卫家片姓氏 ····························· 399
第三编 人物 ·· 485
   第一章 人物传 ································· 487
   第二章 人物表 ································· 496
第四编 村民访谈 ···································· 509
   第一章 现任村党委书记、村委会主任访谈 ········ 513
   第二章 20世纪20—40年代村民访谈 ············ 534
   第三章 20世纪50—70年代村民访谈 ············ 597
   第四章 20世纪80年代村民访谈 ················ 662
   第五章 外来人员访谈 ·························· 682
第五编 凤凰村民未来期待调查 ······················ 707
   第一章 问题的提出 ···························· 709
   第二章 凤凰村民七大未来期待 ················· 712
   第三章 民之所望 施政所向 ···················· 747

凤凰村志
总　目

下　册

第六编　衙前农民运动 …………………………… 803
　第一章　衙前农民运动兴起 …………………………… 805
　第二章　军阀镇压 …………………………………… 813
　第三章　衙前农民运动胜迹 …………………………… 815
　第四章　衙前农民运动纪念活动 ……………………… 819
　第五章　衙前农民运动纪念设施 ……………………… 821
　第六章　衙前农民运动研究状况 ……………………… 824

第七编　村政 …………………………………………… 835
　第一章　自治组织 ……………………………………… 837
　第二章　中国共产党 …………………………………… 851
　第三章　群众组织 ……………………………………… 857
　第四章　村务管理 ……………………………………… 862
　第五章　民兵优抚 ……………………………………… 880
　第六章　创业新村社区 ………………………………… 885

第八编　村区建设 ……………………………………… 891
　第一章　交通设施 ……………………………………… 893
　第二章　供水排污 ……………………………………… 901
　第三章　供电供气 ……………………………………… 903
　第四章　信息传媒 ……………………………………… 906
　第五章　村办公场所 …………………………………… 910
　第六章　村庄建设 ……………………………………… 912

第九编　农业 …………………………………………… 921
　第一章　生产关系变革 ………………………………… 925
　第二章　耕地 …………………………………………… 935
　第三章　种植业 ………………………………………… 940
　第四章　养殖业 ………………………………………… 950
　第五章　林业 …………………………………………… 957
　第六章　水利 …………………………………………… 962
　第七章　农机具 ………………………………………… 965

凤凰村志

总　目

第十编　工业　建筑业 …………………………… 971
　第一章　工业行业 ………………………………… 975
　第二章　工业园区 ………………………………… 980
　第三章　企业 ……………………………………… 982
　第四章　企业信息化 …………………………… 1002
　第五章　产品　商标 …………………………… 1007
第十一编　商业　服务业 ………………………… 1015
　第一章　商业网点 ……………………………… 1019
　第二章　服务业 ………………………………… 1026
　第三章　物业服务 ……………………………… 1031
　第四章　金融 …………………………………… 1034
第十二编　村级经济　收益分配 ………………… 1039
　第一章　村级经济 ……………………………… 1041
　第二章　收益分配 ……………………………… 1050
　第三章　缴纳国家税款　投资固定资产 ……… 1060
第十三编　村民生活 ……………………………… 1065
　第一章　商品供应　粮油分配 ………………… 1067
　第二章　村民收入 ……………………………… 1074
　第三章　村民消费 ……………………………… 1082
　第四章　村民保障 ……………………………… 1091
第十四编　教育　卫生 …………………………… 1101
　第一章　教育 …………………………………… 1103
　第二章　教育网络 ……………………………… 1112
　第三章　卫生 …………………………………… 1114
　第四章　计划生育 ……………………………… 1120
第十五编　文化　体育 …………………………… 1125
　第一章　文化 …………………………………… 1127
　第二章　体育 …………………………………… 1138
第十六编　艺文 …………………………………… 1143
　第一章　沈定一的著述 ………………………… 1145

凤凰村志
总 目

  第二章 其他诗词楹联选录 …………………… 1185
  第三章 新闻报道 …………………………………… 1192
 第十七编 风俗 ………………………………………… 1209
  第一章 岁时习俗 …………………………………… 1211
  第二章 生产习俗 …………………………………… 1217
  第三章 生活习俗 …………………………………… 1219
  第四章 婚嫁习俗 …………………………………… 1227
  第五章 丧葬习俗 …………………………………… 1231
  第六章 信仰习俗 …………………………………… 1234
  第七章 时尚 …………………………………………… 1237
  第八章 方言 …………………………………………… 1239
 第十八编 文献 ………………………………………… 1251
  一、集体荣誉 ……………………………………………… 1253
  二、组织机构及人员配置 ………………………………… 1258
  三、村规民约 ……………………………………………… 1264
  四、经济联合社章程 ……………………………………… 1295
  五、凤凰村村歌 …………………………………………… 1304
  六、衙前镇1977—2017年党政负责人名录 …………… 1305
索引 ……………………………………………………………… 1306
 图照索引 ………………………………………………………… 1306
 表格索引 ………………………………………………………… 1340
参考文献 ………………………………………………………… 1361
后记 ……………………………………………………………… 1364

目录

下册

第六编　衙前农民运动 ... 803
　　概　述 ... 804

第一章　衙前农民运动兴起 ... 805
　　概　况 ... 805
　　第一节　中共早期党员沈定一宣传发动 ... 805
　　第二节　衙前农民协会成立 ... 806
　　第三节　抗租减租斗争 ... 806
　　　　附录一　衙前农村小学校宣言 ... 808
　　　　附录二　衙前农民协会宣言 ... 809
　　　　附录三　衙前农民协会章程 ... 810
　　　　附录四　萧山南沙组织农民团体宣言 ... 811

第二章　军阀镇压 ... 813
　　概　况 ... 813
　　第一节　地主与军阀的勾结 ... 813
　　第二节　农民协会会员被捕 ... 813
　　第三节　农民领袖李成虎牺牲 ... 813

第三章　衙前农民运动胜迹 ... 815
　　概　况 ... 815
　　第一节　旧址 ... 815
　　　　东岳庙 ... 815
　　　　衙前农村小学校（沈定一故居） ... 816
　　　　李成虎故居 ... 816
　　　　成虎桥 ... 817
　　第二节　墓葬 ... 817
　　　　沈定一墓 ... 817
　　　　李成虎墓 ... 817
　　　　陈晋生墓 ... 817
　　第三节　碑坊 ... 817
　　　　"沈定一先生被难处"纪念碑 ... 817
　　　　成虎坊 ... 818
　　　　"精神不死"碑 ... 818
　　　　"妇女解放万岁"坊 ... 818

第四章 衙前农民运动纪念活动 …… 819
概况 …… 819
第一节 70周年纪念 …… 819
第二节 80周年纪念 …… 819
衙前农民运动80周年纪念大会 …… 819
衙前农民运动80周年学术讨论会 …… 819
第三节 85周年纪念 …… 820
第四节 90周年纪念 …… 820
衙前农民运动90周年学术讨论会 …… 820
纪念建党90周年暨衙前农民运动90周年知识竞赛 …… 820
第五节 95周年纪念 …… 821
纪念建党95周年、长征胜利80周年暨衙前农民运动95周年知识竞赛 …… 821
纪念衙前农民运动95周年暨迎国庆大合唱活动 …… 821

第五章 衙前农民运动纪念设施 …… 822
概况 …… 822
第一节 衙前农民运动纪念馆 …… 822
第二节 红色衙前展览馆 …… 823

第六章 衙前农民运动研究状况 …… 824
概况 …… 824
第一节 专著 …… 824
《衙前农民运动》 …… 824
《农运先声——纪念衙前农民运动八十周年诗词集》 …… 824
《衙前农民运动论文选编》 …… 824
《纪念衙前农民运动90周年论文集》 …… 824
《纪念衙前农民运动九十周年书画影集》 …… 825
《衙前风雷》 …… 825
第二节 论文 …… 826
附录 沈定一与衙前农民运动再认识 …… 828

第七编 村政 …… 835
概述 …… 836
第一章 自治组织 …… 837

		概　况	837
	第一节	村自治会	837
		附录一　萧山县东乡自治会章程	838
		附录二　衙前村自治会章程	839
	第二节	保甲	840
	第三节	村行政委员会	841
	第四节	生产大队管理委员会（革命领导小组）	842
	第五节	村民委员会	844
	第六节	村经济联合社	844
	第七节	村民（股东）代表大会	845
		附录一　2009年度村民（股东）代表大会决议	847
		附录二　2016年村民（股东）代表大会决议	848
	第八节	村务监督委员会	849
	第九节	村民小组（生产队）	849
第二章	中国共产党		851
		概　况	851
	第一节	村（大队）党支部	851
	第二节	村党委	852
	第三节	党员	853
第三章	群众组织		857
		概　况	857
	第一节	农民组织	857
		农民协会	857
		贫下中农协会	857
	第二节	共青团组织	858
	第三节	妇女组织	859
	第四节	工会组织	860
第四章	村务管理		862
		概　况	862
	第一节	村务公开	862
	第二节	村规民约	868
	第三节	便民服务	869

    第四节 扶持经济薄弱村 ……………………………………………… 870

        附录 《萧山市志》红旗村、标兵村选介 ………………… 870

    第五节 财务管理 …………………………………………………… 871

    第六节 安全管理 …………………………………………………… 872

    第七节 档案管理 …………………………………………………… 873

    第八节 水电管理 …………………………………………………… 874

    第九节 治保调解 …………………………………………………… 874

        治保 ………………………………………………………… 874

        调解 ………………………………………………………… 875

        凤凰法制教育基地 ………………………………………… 875

        凤凰"和事佬"协会 ………………………………………… 876

        附录 大事化小小事化了"和事佬"消弭矛盾有一套 …… 876

    第十节 表彰先进 …………………………………………………… 877

        附录 凤凰村美丽家庭评选实施办法 ……………………… 878

 第五章 民兵优抚 ……………………………………………………………… 880

    概 况 …………………………………………………………… 880

    第一节 民兵 ………………………………………………………… 880

    第二节 优抚 ………………………………………………………… 882

    第三节 军民共建 …………………………………………………… 884

 第六章 创业新村社区 ………………………………………………………… 885

    概 况 …………………………………………………………… 885

    第一节 工程建设 …………………………………………………… 886

    第二节 社区组织 …………………………………………………… 886

    第三节 凤凰蓝领驿站 ……………………………………………… 888

第八编 村区建设 …………………………………………………………………… 891

    概 述 …………………………………………………………… 892

 第一章 交通设施 ……………………………………………………………… 893

    概 况 …………………………………………………………… 893

    第一节 道路 ………………………………………………………… 893

        穿越境内公路干线 ………………………………………… 894

        穿越境内道路 ……………………………………………… 895

　　　　　村境道路电子警察抓拍点 …………………………… 898
　　第二节　桥梁 …………………………………………………… 898
　　　　　毕公桥 ………………………………………………… 898
　　　　　永乐桥 ………………………………………………… 899
　　　　　成虎桥 ………………………………………………… 899
　　　　　水獭桥 ………………………………………………… 899
　　　　　新卫家桥 ……………………………………………… 899
　　　　　永兴桥 ………………………………………………… 899
　　第三节　公交停靠站 …………………………………………… 900
第二章　供水排污 ………………………………………………………… 901
　　概　况 …………………………………………………………… 901
　　第一节　供水 …………………………………………………… 901
　　第二节　排污 …………………………………………………… 901
第三章　供电供气 ………………………………………………………… 903
　　概　况 …………………………………………………………… 903
　　第一节　电力 …………………………………………………… 903
　　第二节　燃气 …………………………………………………… 905
　　　　　煤气 …………………………………………………… 905
　　　　　天然气 ………………………………………………… 905
第四章　信息传媒 ………………………………………………………… 906
　　概　况 …………………………………………………………… 906
　　第一节　邮政　电信 …………………………………………… 906
　　　　　邮政 …………………………………………………… 906
　　　　　电信 …………………………………………………… 907
　　　　　微波站 ………………………………………………… 908
　　第二节　广播　电视 …………………………………………… 908
　　第三节　村务信息化 …………………………………………… 909
　　　　　基础设施 ……………………………………………… 909
　　　　　网站建设 ……………………………………………… 909
第五章　村办公场所 ……………………………………………………… 910
　　概　况 …………………………………………………………… 910
　　第一节　办公场所变迁 ………………………………………… 910

		第二节 凤凰村办公楼	911
第六章		村庄建设	912
	概况		912
	第一节	新农村建设	913
		"三园二区"建设	913
		美丽乡村建设	914
		最清洁村庄创建	915
		旧村改造	916
	第二节	三改一拆	917
	第三节	五水共治	918
		附录 杭州市新农村建设示范村考核评价	920

第九编 农业 ... 921

概述 ... 922

第一章 生产关系变革 ... 925

概况 ... 925

第一节 土地改革前 ... 925

第二节 土地改革 ... 926

第三节 农业互助合作 ... 928
- 农业互助组 ... 928
- 农业生产合作社 ... 928

第四节 人民公社化 ... 929

第五节 家庭联产承包责任制 ... 930
- 第一轮家庭联产承包责任制 ... 930
- 第二轮家庭联产承包责任制 ... 931

第六节 萧山市衙前镇凤凰现代农业示范园区 ... 934

第二章 耕地 ... 935

概况 ... 935

第一节 内地耕地 ... 935

第二节 围垦耕地 ... 936
- 耕地面积 ... 936
- 土地开发利用 ... 937

第三章	种植业	940
	概况	940
	第一节 水稻	941
	第二节 大麦 小麦	942
	第三节 油菜	944
	第四节 络麻	945
	第五节 蔬菜（菜用瓜）	946
	第六节 其他作物	947
第四章	养殖业	950
	概况	950
	第一节 家禽	950
	第二节 家畜	951
	生猪	951
	牛	953
	第三节 特畜	953
	第四节 淡水鱼	954
	附录 传统捕鱼工具和方法	955
第五章	林业	957
	概况	957
	第一节 山林 果木	957
	第二节 茶园 采茶	959
	第三节 花卉 苗木	960
第六章	水利	962
	概况	962
	第一节 河道整治	962
	第二节 堰坝 涵闸	962
	第三节 机电排灌	963
第七章	农机具	965
	概况	965
	第一节 传统农具	965
	第二节 耕作机具	966
	第三节 收割机械	967

	第四节　其他机具	967
	喷雾器	967
	加工机	968
	运输机械	968

第十编　工业　建筑业 ……… 971
　　概　述 …… 972

第一章　工业行业 …… 975
　　概　况 …… 975
　　第一节　轻纺工业 …… 976
　　第二节　五金机械 …… 978

第二章　工业园区 …… 980
　　概　况 …… 980
　　第一节　萧山纺织工业园区 …… 980
　　第二节　浙江省中小企业创业基地 …… 981

第三章　企业 …… 982
　　概　况 …… 982
　　第一节　企业集团 …… 984
　　　　浙江恒逸集团有限公司 …… 984
　　　　杭州宏峰纺织集团有限公司 …… 987
　　　　浙江金洋控股集团有限公司 …… 989
　　第二节　规模以上企业 …… 990
　　　　杭州叶茂纺织有限公司 …… 992
　　　　杭州凤谊纺织有限公司 …… 993
　　　　杭州萧山潘氏纺织有限公司 …… 994
　　　　杭州凤凰纺织有限公司 …… 995
　　　　杭州美恒纺织有限公司 …… 996
　　第三节　规模以下企业 …… 997
　　第四节　建筑企业 …… 1000
　　　　萧山市衙前土石方工程队 …… 1000
　　　　建筑施工队 …… 1001

第四章　企业信息化 …… 1002
 概　况 …… 1002
  第一节　企业网站 …… 1002
   恒逸网站 …… 1002
   宏峰网站 …… 1004
   金洋网站 …… 1004
  第二节　电子商务 …… 1004
   杭州宏峰集团有限公司电子商务 …… 1004
   浙江恒逸集团有限公司电子商务 …… 1005
  第三节　移动新媒体 …… 1005
   浙江恒逸集团有限公司微信公众平台：二维码 …… 1005
   浙江金洋控股集团有限公司微信公众平台：二维码 …… 1005
   杭州宏峰纺织集团有限公司微信公众平台：二维码 …… 1005

第五章　产品　商标 …… 1007
 概　况 …… 1007
  第一节　产品 …… 1008
   精对苯二甲酸(PTA) …… 1008
   短纤 …… 1008
   聚酯切片 …… 1008
   瓶级切片 …… 1009
   多丽丝(DTY) …… 1009
   阻燃纤维(FDY、DTY) …… 1009
   四面弹 …… 1009
   罗缎面料 …… 1009
   涤纶低弹丝 …… 1009
   花色丝 …… 1010
   环保型涤纶丝(POY、DTY) …… 1010
   人棉混纺纱 …… 1010
   无纺布 …… 1010
  第二节　商标 …… 1012
   浙江恒逸集团有限公司"恒逸"商标 …… 1012
   浙江金洋控股集团有限公司"金巨JINJU"商标 …… 1012

　　　　　　　　杭州宏峰纺织集团有限公司"宏峰"商标 …………………………………… 1013
　　　　　　　　杭州叶茂纺织有限公司"叶茂纺织"商标 ………………………………… 1013
　　　　　　　　杭州凤谊纺织有限公司"凤谊化纤"商标 ………………………………… 1013

第十一编　商业　服务业 ………………………………………………………… 1015
　　概　述 …………………………………………………………………………… 1016
　第一章　商业网点 ………………………………………………………………… 1019
　　概　况 …………………………………………………………………………… 1019
　　第一节　市场 …………………………………………………………………… 1019
　　　　杭州萧山衙前消费品综合市场 ……………………………………………… 1020
　　　　萧山轻纺坯布市场 …………………………………………………………… 1021
　　　　小商品市场 …………………………………………………………………… 1021
　　　　附录　杭州萧山衙前消费品综合市场经营户守则 ………………………… 1021
　　第二节　商品经营门店 ………………………………………………………… 1023
　　第三节　超市　连锁店 ………………………………………………………… 1024
　　　　杭州萧山衙前家乐美超市 …………………………………………………… 1024
　　　　杭州萧山衙前嘉佰乐超市 …………………………………………………… 1025
　第二章　服务业 …………………………………………………………………… 1026
　　概　况 …………………………………………………………………………… 1026
　　第一节　运输 …………………………………………………………………… 1026
　　　　水路运输 ……………………………………………………………………… 1026
　　　　陆路运输 ……………………………………………………………………… 1028
　　第二节　居民服务业及其他服务业 …………………………………………… 1028
　　第三节　加油站 ………………………………………………………………… 1029
　　第四节　凤凰山度假村 ………………………………………………………… 1029
　第三章　物业服务 ………………………………………………………………… 1031
　　概　况 …………………………………………………………………………… 1031
　　第一节　水电管理服务 ………………………………………………………… 1031
　　第二节　出租房维修 …………………………………………………………… 1032
　　第三节　环境卫生 ……………………………………………………………… 1033
　第四章　金融 ……………………………………………………………………… 1034
　　概　况 …………………………………………………………………………… 1034

第一节	全省首个农村信用合作社	1034
第二节	萧山渔庄乡合作社	1035
第三节	萧山农村合作银行衙前支行	1035
第四节	其他金融机构	1036

第十二编　村级经济　收益分配 1039

概　述 1040

第一章　村级经济 1041

概　况 1041

第一节　村级经济收入 1041
  经济收入 1041
  收入特征 1044

第二节　股份经济联合社 1046
  股本金划分 1046
  股东股金确权 1047

第二章　收益分配 1050

概　况 1050

第一节　农业集体化时期 1050
  农业合作化时期(1955—1957) 1050
  人民公社初期(1958—1961) 1050
  人民公社中后期(1962—1982) 1051
  附录一　凤凰生产大队的工分制度 1053
  附录二　凤凰生产大队的按件计酬和小段包工计分 1054
  附录三　凤凰生产大队的社务工分与补贴工分 1057

第二节　家庭联产承包责任制时期 1057

第三节　建设新农村时期 1058

第三章　缴纳国家税款　投资固定资产 1060

概　况 1060

第一节　缴纳国家税金 1061
  农业税 1061
  企业所得税　营业税　增值税 1062

第二节　投资固定资产 1063

　　　　　　固定资产投资资金来源 …………………………………… 1063
　　　　　　固定资产投资用途 ……………………………………… 1063

第十三编　村民生活 ……………………………………………… 1065
　　概　述 ………………………………………………………… 1066
第一章　商品供应　粮油分配 …………………………………… 1067
　　概　况 ………………………………………………………… 1067
　　第一节　商品供应 …………………………………………… 1067
　　第二节　粮油分配 …………………………………………… 1068
　　　　　　口粮分配 ………………………………………………… 1068
　　　　　　种子粮 …………………………………………………… 1069
　　　　　　饲料粮 …………………………………………………… 1069
　　　　　　储备粮 …………………………………………………… 1070
　　　　　　其他用粮 ………………………………………………… 1070
　　　　　　食用油分配 ……………………………………………… 1071
　　第三节　粮油征购 …………………………………………… 1071
　　　　　　粮食收购 ………………………………………………… 1071
　　　　　　油脂收购 ………………………………………………… 1071
　　　　　　附录　粮食收购价与供应价 …………………………… 1073
第二章　村民收入 ………………………………………………… 1074
　　概　况 ………………………………………………………… 1074
　　第一节　劳动报酬 …………………………………………… 1076
　　　　　　评分计酬 ………………………………………………… 1076
　　　　　　工资收入 ………………………………………………… 1077
　　第二节　集体福利 …………………………………………… 1079
　　第三节　住房出租 …………………………………………… 1080
　　第四节　股金红利 …………………………………………… 1081
第三章　村民消费 ………………………………………………… 1082
　　概　况 ………………………………………………………… 1082
　　第一节　住宅 ………………………………………………… 1082
　　　　　　第一代住宅 ……………………………………………… 1083
　　　　　　第二代住宅 ……………………………………………… 1083

　　　　　　第三代住宅 …………………………………… 1083
　　　　　　第四代住宅 …………………………………… 1083
　　　　　　第五代住宅 …………………………………… 1084
　　　　　　第六代住宅 …………………………………… 1084
　　　第二节　烟酒 ………………………………………… 1084
　　　　　　卷烟 ……………………………………………… 1084
　　　　　　酒类 ……………………………………………… 1085
　　　第三节　耐用消费品 …………………………………… 1085
　　　第四节　电信用品 ……………………………………… 1088
　　　第五节　文教娱乐 ……………………………………… 1089
　　　第六节　休闲旅游 ……………………………………… 1090
　第四章　村民保障 ………………………………………………… 1091
　　　概　况 ………………………………………………………… 1091
　　　第一节　生活福利 ……………………………………… 1091
　　　第二节　医疗保健 ……………………………………… 1092
　　　第三节　退休养老 ……………………………………… 1094
　　　　　　养老金 …………………………………………… 1094
　　　　　　老年活动中心 …………………………………… 1095
　　　　　　孤寡老人五保供养 ……………………………… 1096
　　　　　　传统节日慰问 …………………………………… 1097
　　　　　　百岁老人慰问 …………………………………… 1097
　　　第四节　扶贫救济 ……………………………………… 1098
　　　　　　凤凰村特困救助基金 …………………………… 1098
　　　　　　社会互助 ………………………………………… 1099

第十四编　教育　卫生 ……………………………………………… 1101
　　概　述 …………………………………………………………… 1102
　第一章　教育 ……………………………………………………… 1103
　　　概　况 ………………………………………………………… 1103
　　　第一节　幼儿教育 ……………………………………… 1103
　　　第二节　小学教育 ……………………………………… 1105

	第三节 初中教育	1108
	第四节 高中教育	1109
	第五节 成人教育	1109
	第六节 奖学金制度	1110
	奖励优秀学生	1110
	资助困难学生	1110
第二章	教育网络	1112
	概　况	1112
	第一节 网络信息	1112
	萧山第三高级中学信息网络	1112
	衙前镇初级中学信息网络	1112
	衙前农村小学校信息网络	1112
	第二节 网站建设	1113
	萧山第三高级中学门户网站	1113
	衙前镇初级中学门户网站	1113
	衙前农村小学校门户网站	1113
第三章	卫生	1114
	概　况	1114
	第一节 医疗卫生	1114
	村合作医疗	1114
	村民统筹医疗制度	1115
	第二节 妇幼保健	1116
	第三节 爱国卫生	1118
第四章	计划生育	1120
	概　况	1120
	第一节 生育政策	1120
	第二节 措施与成效	1120
	第三节 管理组织	1121
	第四节 外来人口计生管理	1122
	附录　旧法接生	1123

第十五编 文化 体育 …… 1125
  概　述 …… 1126

第一章 文化 …… 1127
  概　况 …… 1127
  第一节　文艺团体 …… 1127
    凤凰剧团 …… 1127
    凤凰老龄艺术团 …… 1128
  第二节　文艺活动 …… 1128
  第三节　电影放映队 …… 1129
  第四节　文化礼堂 …… 1130
  第五节　文化下乡 …… 1130
  第六节　民间收藏 …… 1131
  第七节　文物胜迹 …… 1132
    衙前农民运动胜迹 …… 1133
    萧绍运河 …… 1133
    官塘 …… 1133
    大洞桥 …… 1134
    凤凰桥 …… 1135
    罗汉松 …… 1135
    沈仲清墓 …… 1135
    陆元屿墓 …… 1135
    出土文物 …… 1136
    已湮没的古迹 …… 1137

第二章 体育 …… 1138
  概　况 …… 1138
  第一节　体育设施 …… 1138
    凤凰广场 …… 1138
    游泳池 …… 1139
  第二节　健身运动 …… 1139
  第三节　体育赛事 …… 1140

第十六编　艺文 …… 1143
概　述 …… 1144
第一章　沈定一的著述 …… 1145
概　况 …… 1145
第一节　著述目录 …… 1145
第二节　诗歌选录 …… 1160
　　衙前洞桥头 …… 1160
　　车站休憩场 …… 1160
　　哀湘江 …… 1160
　　工人乐 …… 1161
　　富翁哭 …… 1161
　　农家 …… 1162
　　题《捉蟹图》 …… 1162
　　读大白的《对镜》 …… 1162
　　十五娘 …… 1163
　　病中忆执信 …… 1165
　　水车 …… 1166
　　衙前农民协会解散后 …… 1166
　　死 …… 1167
　　愚 …… 1167
　　在杭州 …… 1168
　　闻讯 …… 1169
　　题莫干山"剑池飞瀑" …… 1170

第三节　文章选录 …… 1170
　　谁是你底朋友 …… 1170
　　农民自决 …… 1172
　　沈定一等代表农民问官吏 …… 1174
　　凭我，你们依我来！ …… 1174

第四节　楹联选录 …… 1176
　　衙前妇女解放万岁坊联 …… 1176
　　萧山东乡自治会成立联 …… 1176
　　挽朱执信联 …… 1176

　　　　李成虎墓道联 ·· 1176
　　　　挽成虎联——为成虎纪念堂作 ······················· 1177
　　　　挽成虎联——为衙前农村小学作 ··················· 1177
　　　　挽成虎联——为衙前农民协会全体会员作 ······ 1177
　　　　挽成虎联——为萧山县党部作 ······················· 1177
　　　　挽成虎联——为浙江省党部临时执行委员会农人部作 ······ 1177
　　　　挽成虎联——为成虎殉难六周年筹备会作 ······ 1178
　　　　廖仲恺殉难三周年纪念挽词 ··························· 1178
　第五节　书画选录 ·· 1179
　第六节　学术界研究沈定一的著述 ······································ 1182
　　　　专著 ·· 1182
　　　　论文 ·· 1182

第二章　其他诗词楹联选录 ·· 1185
　概　况 ·· 1185
　第一节　山水诗词 ·· 1185
　　　　洛思山（宋·徐天佑） ·· 1185
　　　　洛思山（元·萨天锡） ·· 1185
　　　　早过萧山历白鹤柯桥诸邮（明·高启） ······ 1185
　　　　望航坞山（清·张文瑞） ······························· 1186
　　　　夜航船（周作人） ··· 1186
　第二节　农运诗 ·· 1186
　　　　卖布谣（刘大白） ··· 1186
　　　　田主来（刘大白） ··· 1187
　　　　成虎不死（刘大白） ······································· 1188
　　　　萧山农民怨（民谣） ······································· 1189
　　　　衙前农民运动八十周年纪念（张联芳） ······ 1190
　　　　衙前谒乡贤沈玄庐先生墓（周道明） ·········· 1190
　第三节　楹联挽联 ·· 1190
　　　　东岳庙楹联 ··· 1190
　　　　东岳庙万年台联 ··· 1190
　　　　挽玄庐联（谢持） ··· 1190
　　　　挽玄庐联（黎东方） ······································· 1191

第三章　新闻报道 …………………………………………………… 1192
　　概　况 ……………………………………………………………… 1192
　　第一节　新闻报道凤凰村目录 …………………………………… 1192
　　第二节　新闻报道凤凰村选录 …………………………………… 1194
　　　　胡岳法：新思路能点石成金 …………………………………… 1194
　　　　属牛书记领路发展　凤凰村涅槃让外来党员也找到"家" ……… 1195
　　　　凤凰村构建服务型基层党组织　深化创先争优活动 ………… 1197
　　　　"凤凰"涅槃引路人——记萧山凤凰村党委书记胡岳法 ………… 1198
　　　　胡岳法：歇不住的"凤凰" ……………………………………… 1199
　　　　凤凰村飞出"金凤凰" …………………………………………… 1200
　　　　老胡治村有真经——记杭州萧山区凤凰村党委书记胡岳法 … 1203
　　　　好班子带出幸福村　捧起"凤凰"新腾飞——萧山区衙前镇凤凰村
　　　　　党委 ………………………………………………………… 1205
　　　　萧山衙前倾力打造凤凰山旅游景区 ………………………… 1206
　　　　衙前官河欲打造成"翻版乌镇" ……………………………… 1207

第十七编　风俗 ……………………………………………………… 1209
　　概　述 ……………………………………………………………… 1210
第一章　岁时习俗 …………………………………………………… 1211
　　概　况 ……………………………………………………………… 1211
　　第一节　春 ………………………………………………………… 1211
　　　　春节 …………………………………………………………… 1211
　　　　元宵 …………………………………………………………… 1212
　　　　清明 …………………………………………………………… 1212
　　第二节　夏 ………………………………………………………… 1212
　　　　立夏 …………………………………………………………… 1212
　　　　端午 …………………………………………………………… 1213
　　　　夏至 …………………………………………………………… 1213
　　第三节　秋 ………………………………………………………… 1213
　　　　七夕 …………………………………………………………… 1213
　　　　中元节（七月半） ……………………………………………… 1214
　　　　中秋节（八月半） ……………………………………………… 1214

		重阳节（九月九、登山节）	1214

	第四节	冬	1214
		冬至	1214
		腊八节	1215
		过年	1215

第二章	生产习俗		1217
	概　况		1217
	第一节	农耕	1217
	第二节	禁忌	1218
	第三节	祈丰收	1218

第三章	生活习俗		1219
	概　况		1219
	第一节	家庭	1220
	第二节	服饰	1220
	第三节	饮食	1221
	第四节	居住	1222
	第五节	出行	1223
	第六节	生育	1224
	第七节	寿诞	1225
	第八节	交往	1225

第四章	婚嫁习俗		1227
	概　况		1227
	第一节	托媒合肖	1227
	第二节	定亲送礼	1227
	第三节	结婚办酒	1228

第五章	丧葬习俗		1231
	概　况		1231
	第一节	送终报丧	1231
	第二节	拜忏守灵	1231
	第三节	入殓出殡	1232
	第四节	做七做周年	1232
	第五节	殡葬改革	1233

| 第六章　信仰习俗 | 1234 |

　　概　况 …………………………………………………………… 1234
　　第一节　寺庙 …………………………………………………… 1234
　　第二节　活动 …………………………………………………… 1236

第七章　时尚 ………………………………………………………… 1237
　　概　况 …………………………………………………………… 1237
　　第一节　崇尚"最美" …………………………………………… 1237
　　第二节　超市购物 ……………………………………………… 1237
　　第三节　手机支付 ……………………………………………… 1238
　　第四节　跳广场舞 ……………………………………………… 1238

第八章　方言 ………………………………………………………… 1239
　　概　况 …………………………………………………………… 1239
　　第一节　方言特点 ……………………………………………… 1239
　　　　语音特点 …………………………………………………… 1239
　　　　语法特色 …………………………………………………… 1239
　　第二节　民间词汇 ……………………………………………… 1240
　　　　日常用语 …………………………………………………… 1240
　　　　时间用语 …………………………………………………… 1242
　　　　称谓用语 …………………………………………………… 1242
　　　　生活用词 …………………………………………………… 1244
　　　　情态用语 …………………………………………………… 1244
　　第三节　谚语 …………………………………………………… 1245
　　　　自然类 ……………………………………………………… 1245
　　　　生活类 ……………………………………………………… 1245
　　　　民俗类 ……………………………………………………… 1246
　　　　百业类 ……………………………………………………… 1246
　　　　事理类 ……………………………………………………… 1246
　　　　修养类 ……………………………………………………… 1247
　　第四节　歇后语 ………………………………………………… 1247

第十八编　文献 ………………………………………………… 1251
　　概　述 …………………………………………………………… 1252

一、集体荣誉 ··· 1253
 1954—2005 年凤凰村、交通村、卫家村获萧山县(市)级以上荣誉情况 ········ 1253
 2006—2011 年凤凰村获国家荣誉情况 ··· 1254
 2005—2016 年凤凰村获浙江省级荣誉情况 ····································· 1254
 2005—2015 年凤凰村获杭州市级荣誉情况 ····································· 1254
 2006—2016 年凤凰村获萧山区级荣誉情况 ····································· 1255
 2005—2017 年凤凰村获衙前镇荣誉情况 ·· 1256

二、组织机构及人员配置 ··· 1258
 衙前镇凤凰村组织机构及人员配置(凤字〔1990〕2 号) ······················ 1258
 衙前镇凤凰村组织机构及人员配置(凤委〔2002〕1 号) ······················ 1258
 凤凰村干部任职及分管工作(凤委〔2008〕7 号) ································ 1259
 衙前镇凤凰村干部任职及分管工作(凤委〔2014〕1 号) ······················ 1260
 衙前镇凤凰村干部任职及分管工作(凤委〔2017〕13 号) ···················· 1262

三、村规民约 ··· 1264
 衙前镇凤凰村村规民约(1999 年 8 月) ··· 1264
 衙前镇凤凰村村规民约(2006 年 1 月) ··· 1270
 衙前镇凤凰村村规民约(2011 年 6 月) ··· 1278
 衙前镇凤凰村村规民约(2017 年 7 月) ··· 1287

四、经济联合社章程 ·· 1295
 杭州萧山衙前镇凤凰股份经济联合社章程(2006 年 6 月 20 日) ············ 1295
 衙前镇凤凰股份经济联合社章程(2017 年 6 月 23 日) ······················· 1299

五、凤凰村村歌 ··· 1304

六、衙前镇 1977—2017 年党政负责人名录 ································· 1305

索引 ··· 1306
 图照索引 ·· 1306
 表格索引 ·· 1340

参考文献 ·· 1361

后记 ·· 1364

|凤凰村志|下册|

第六编　衙前农民运动

第一章　衙前农民运动兴起

第二章　军阀镇压

第三章　衙前农民运动胜迹

第四章　衙前农民运动纪念活动

第五章　衙前农民运动纪念设施

第六章　衙前农民运动研究状况

概　述

　　民国10年（1921）9月，中共早期党员沈定一在家乡衙前发动和组织衙前农民运动，成立以衙前贫苦农民李成虎等为委员的衙前农民协会，公布《衙前农民协会宣言》和《衙前农民协会章程》，掀起一场声势浩大的抗租减租斗争。萧绍平原数十个村庄的农民纷纷响应，建立起82个农会组织，为维护农民利益开展了多方面斗争。至12月底，衙前农民运动在官府武力镇压下失败，但它是中共领导的第一次有组织有纲领的农民运动，[①]是中国现代农民运动的开端，在中国革命历史上具有重要地位，其旧址、纪念馆成为当代爱国主义教育基地。20世纪90年代以来，中国中共党史学会、中共浙江省委党史研究室、中共杭州市委党史研究室和中共杭州市萧山区委、杭州市萧山区人民政府多次联合举办衙前农民运动纪念活动，把衙前农民运动的研究推向深入。至2016年底，国内公开出版研究衙前农民运动、沈定一的专著累计9部，公开发表研究衙前农民运动、沈定一的论文累计100多篇。

图0916　位于凤凰村境内的红色衙前展览馆（2013年4月17日，徐国红提供）

---

①　中共中央党史研究室著：《中国共产党历史》第一卷（1921—1949）上册"第三章　中国共产党创建初期的活动　三、党对农民运动、青年运动和妇女运动的领导"，记载党对农民运动的领导，首列沈定一领导的衙前农民运动，其次为彭湃领导的广东海陆丰农民运动。称"在萧山发动和组织衙前农民协会的，是早期共产党员沈玄庐。1921年夏，他回到家乡萧山县衙前村，向农民宣传革命道理。这年暑假，在上海、杭州等地求学或教书的萧山籍人宣中华、杨之华等也回到乡里，热情地向农民宣传革命道理，使萧山农民开阔了眼界，提高了觉悟。经过一系列的酝酿和准备，衙前农民大会于1921年9月27日召开。大会通过了《衙前农民协会宣言》和《衙前农民协会章程》，并按章程规定选出6名农协委员，推举贫苦农民李成虎为领导人。至此，中国第一个新型的农民组织正式成立"。中共党史出版社2002年9月，第95页。

第一章　衙前农民运动兴起

概　况

　　沈定一是较早关注中国农民问题的中共早期党员。民国10年（1921），他在家乡创办衙前农村小学，使之成为开展农民运动的活动中心。沈定一利用各种场合开展演说，向农民宣传革命道理，衙前因此集聚了一批先进的知识分子和觉悟的贫苦农民。9月27日，衙前农民协会成立，标志着衙前农民运动的掀起，各地抗租减租斗争取得成效。11月24日，在萧绍地区82个农会组织基础上，成立衙前农民协会联合会，农民运动呈星火燎原之势。

第一节　中共早期党员沈定一宣传发动

　　民国9年（1920）前后，萧山衙前人沈定一利用其创办与主编的上海《星期评论》，发表大量反映农民受剥削压榨的苦难生活的文章，同时思考中国农村农民的问题，并与《星期评论》编辑俞秀松等共同商讨开展农民运动设想，准备回家乡衙前试行。

　　8月，上海共产党早期组织成立，沈定一参加上海共产党的创建，与陈独秀、李汉俊、李达等成为中共早期第一批党员。此后，沈定一在上海、广州宣传马克思主义和开展工人运动的过程中，意识到开展农民运动的必要性，并把开展农民运动提到议事日程。

　　民国10年（1921）4月，沈定一从广州回到衙前，开始从事农民运动的组织发动工作。他首先仿效城市工人运动从开办工人夜校入手的方法，在其家中筹办起一所农村小学校，命名为衙前农村小学校。沈定一邀请浙江第一师范学校的进步师生刘大白、宣中华、徐白民、唐公宪和杨之华等到校任教。学校教师通过访贫问苦和社会调查，免费吸收穷人子女到小学读书。学校同时开办成人班，帮助农民学习文化，向农民宣传革命道理。

　　在筹办衙前农村小学校时，沈定一办起龙泉阅书报社，出借进步书籍。沈定一与教员们学习研究刚出版发行的中文版《共产党宣言》，共同探讨社会变革问题和农民革命问题，使筹办的衙前农村小学成为开

图0917　民国10年（1921）先进知识分子向衙前农民宣传革命道理情形（选自《衙前风雷》画册）

展农民运动的活动中心。

5月，正值青黄不接之际，一些粮商乘机哄抬米价，农民无法生活。沈定一一方面从自己家里拿出一笔钱分给农民，帮助农民渡过难关。另一方面支持和策动农民与粮商做斗争。以李成虎为首的贫苦农民投入捍卫自身权益的斗争中。他们捣毁坎山的"周和记米店"以及附近其他哄抬粮价的米店，迫使粮商恢复原价。接着，又通过和绍兴县知事的当面评理，争得原被绍兴县官绅把持的萧绍公河西小江的养鱼权和捕鱼权。

民国10年（1921）8月，沈定一为唤起更多的农民投入农民运动，先后在衙前、坎山、塘头等演讲，听演讲的人从起初的100多人骤增至数千人。8月19日，沈定一作《谁是你底朋友》的演讲。9月23日，沈定一在航坞山作《农民自决》的演说。这些演说内容很快在萧绍平原的农村中传播开来。各地涌现出一批农民积极分子，如衙前西曹村的李成虎、项家村的陈晋生、绍兴（今绍兴市柯桥区）前梅村的单夏兰等。

第二节　衙前农民协会成立

民国10年（1921）9月26日，沈定一独资创办的衙前农村小学校正式开学。刘大白、宣中华等人向衙前广大农民群众公布沈定一起草的《衙前农村小学校宣言》，明确"改变有产阶级训练爪牙的教育"，提出衙前农村小学校将为穷人的子女提供受教育的机会，坚持无产阶级的教育性质。

图0918　民国10年（1921）参加衙前农民协会的贫苦农民（1964年，董光中摄）

9月27日，在中共早期党员沈定一和其他革命者的领导组织下，衙前及附近一些村的农民1000余人在衙前东岳庙集会，宣告衙前农民协会正式成立。会议发布由沈定一起草的《衙前农民协会宣言》《衙前农民协会章程》，继宣告"世界上的土地应该归农民使用"。会议民主选举衙前农民协会的领导人，李成虎、陈晋生、单夏兰、金如涛、朱梅云、汪瑞张6人当选为农民协会委员，李成虎等3人当选为议事员。

衙前农民协会的成立以及宣言、章程的发布，推动了萧绍各地农民协会的建立，标志着衙前农民运动的全面掀起。

第三节　抗租减租斗争

民国10年（1921）9月27日衙前农民协会成立后，按照《衙前农民协会章程》，实行"三折还租"，即按原定租额的三折交纳，取消田主下乡收租时要佃户负担的"东脚费"（地主下乡收租时要农民酒饭款待并承担运输费等其他雇工费用），反对交预租，每年看收成好坏交租。对不按农民协会规定收租的地主，就组织农民开展斗争，甚至放火烧掉收租船，或处以罚款，充作农民协会经费。沈定一首先从自己家开始减租，李成虎、陈晋生、单夏兰、金如涛、朱梅云、汪瑞张等领导农民开展捣毁米店、减租反霸等斗争。

萧绍各地农民了解到组织农民协会可以少交租，纷纷仿照衙前筹建农民协会，并先后派人到衙前，索取《衙前农民协会宣言》和《衙前农民协会章程》，并要求见沈定一，有的还邀请沈定一去演讲，每天多达五六百人，大多摇着船来，由于来往衙前的船只太多，以至发生河港堵塞现象。沈定一一方面多次印发宣言和章程，另一方面应邀到一些村镇去演讲，宣传抗租减租，组织农民协会。在短短一两个月内，萧绍地区共有82个村建立同性质的组织。在此基础上，11月24日成立衙前农民协会联合会。

在此期间，沈定一在浙江省议会联合12名议员，就萧绍地区农民要求减租等问题，向省长提出质问案。这一消息在报上披露后，给正在开展斗争的广大贫苦农民以很大的鼓舞。在此前后，早期社会主义青年团员宣中华受中共的指派，以"浙江农民协会代表"的身份，赴莫斯科出席"远东各国共产党及民族革命团体第一次代表大会"。

衙前农民运动掀起之时正值秋收，稻谷登场，地主也开始收租，各地农民协会领导农民开展抗租减租的斗争。衙前农民协会联合会发出告示，作出"三折还租"（佃业双方原定租额的三折交租）的决议，规定改大斗量租为公斗量租，取消地主下乡时要佃农负担的"东脚费"，反对交预租，提出"种当年地还当年租，看年成好坏还租"的正当要求。

各地开始减租后，地主、田主上门收租时，佃户们因有农民协会支持，坚持减租。萧山南沙二三十个村还联合发表《萧山南沙组织农民团体宣言》，"决心不怕牺牲，誓与地主豪绅斗争到底，直到他们屈服"。

地主因收不到租，也联合起来。一次，地主集中80多只收租船，同时分头向农民逼租。农民协会闻讯后，立即鸣锣，聚集千余农民，高呼斗争口号，向收租船投掷烂泥石块，吓得地主不敢上岸收租，空船狼狈逃走。许多地方发生扣留和捣毁收租船事件，有的不法豪绅因强行逼租而遭到农民的痛打。

各地农民协会还联合组织农民到萧山、绍兴县城进

图0919　民国10年（1921）下半年衙前等地农民取得减租抗租斗争的胜利（选自《衙前风雷》画册）

图0920　民国10年（1921）衙前农民协会联合会成立的情景（选自《衙前风雷》画册）

行"跪香请愿",示威游行,要求当局下令减租。规模最大的一次,是以单夏兰为首组织的千余农民到绍兴县城的请愿。许多地主、田主被吓得不敢出门收租,有的同意佃农的"三折还租"要求,有的还向要求减租的农民说情。许多农民因此由原来一年到头吃糠咽菜过日子到交完租后有剩下的稻谷吃,取得减租抗租斗争的胜利。

附录一

衙前农村小学校宣言

单有精神,算不得一个人,单有体力,也算不得一个人。人,必定兼有精神体力并且合而为一的。有人说:"体力容易被掠夺,精神不容易受劫制"——可是体力既经习惯在被掠夺的状况中,精神也一[定]被受了劫制。

中国在海禁未开以前,大多数人底体力和精神,一半被劫夺于君主政治底因袭,海禁一开,便渐渐地换了一新的劫主,革命以后到现在,在新的劫主所施展的新的手段已经十分显著,而且这个新强盗全身分明涌见在大多数人面前,显他威阔、体面。

这个新强盗,便是中国经济史上由欧洲美洲留学速成毕业回来的"有产阶级"。

从来无产阶级体力被有产阶级夺了去替他们生产,这是大众所知道的。一般无产阶级究竟断不得种,这是有产阶级底公意。有产阶级不能离开无产阶级而生存,又不愿无产阶级得到支配经济的知识,所以极秘密极严酷的经济制度压迫着无产阶级底儿童,使渠们永远得不到受教育的机会。要不然,便是施一种为有产阶级作爪牙的教育。

因此,儿童底精神,一部分被有产阶级夺去,一部分被困在压迫底下的穷家庭夺去,一部分又替有产阶级训练爪牙的教师们夺去,一方面显出有产阶级自己儿童底天才,一方面还似乎有遗憾似的说"穷人底儿女到底呆笨"。

处在这种泰山压顶势的私有财产制度底下,真不知压煞多少有天才的儿童!在从前科举时代,"穷读书",也还有万一的希望——如今无产阶级底儿童连不出学费的学校都断了念,还希望甚么高等,专门,大学,出洋留学呢!

照这样下去,不是世界上穷的永远穷,富的永远富,人类最大数陷于穷困愚笨的一境,这不是人类自杀么?

在儿童清洁的心地,从来不染阶级底污秽,我们一方面反抗人类自杀的制度,一方面保持儿童心地底灵光。我们信仰这一种意是高尚的。我们自信是有决心的。我们建立这个"农村小学校"。

农村小学校不能单独脱离有产阶级的势力,可是能够改变现在的社会的教育的社会底性质。因为农村小学校中现在的我们,是从有产阶级势力里面跳出圈子来的。

我们已经了解了农村小学校经费性质,已经改变掠夺劳动剩余性质为自己使用的性质了。我们更了解农村小学校所施的教育性质,已经改变了有产阶级训练爪牙的教育性质为"人底发见"的教育性质了。所以我们不但反抗有产者底掠夺无产者,并且要禁止父母底掠夺儿女。

小学生呵,你们是荆棘丛中最美丽的花,朝起的太阳,正对着你们含笑哩——

这篇宣言,已经于一九二一年,九,二六,在萧山衙前农村小学开幕这天,当着许多工人,农夫,和资本家,地主,官吏,面前宣布——而且用讲解的形式宣布的——听众很动容并且很能容纳；足见中国内地，不是不能宣传不能组织，只是有识无产者缺乏改革的决心罢了。

玄庐附记

[此宣言由沈定一起草，发布于民国10年（1921）9月27日，原载《新青年》第9期第4号"附录"民国10年（1921）8月）]

附录二

衙前农民协会宣言

农民在中国历史上是被尊敬的人民，可惜精神上的尊敬，被第三阶级资本主义底毒水淹死了。

农民出了养活全中国人最大多数的气力，所有一切政费，兵费，教育费以及社会上种种正当和不正当的消费，十有八九靠农民底血汗作源泉，而这许多血汗所换来的，只是贫贱，困顿，呆笨，苦痛。积了许多人的贫贱，困顿，呆笨，苦痛，才造成田主地主做官经商聪明的威福。

我们农民，从小没有受教育的机会，长大时做了田主地主不用负担维持生存条件的牛马奴隶，老来收不回自己从来所努力的一米半谷来维持生活。人生少，壮，老，三个时代这样过度，这还好算是人的生活么？天年丰收，丰收的还是田主地主，我们农民没有分；天年歉收，田主地主在收租簿上就记上一笔第二年该还的欠账；农民今年正不知道怎样图明年的活，却叫农民今年予欠明年的债。乡镇上所有一切典当、杂货、米、布等铺户，又没一家不敲剥农民流剩的一点汗血。

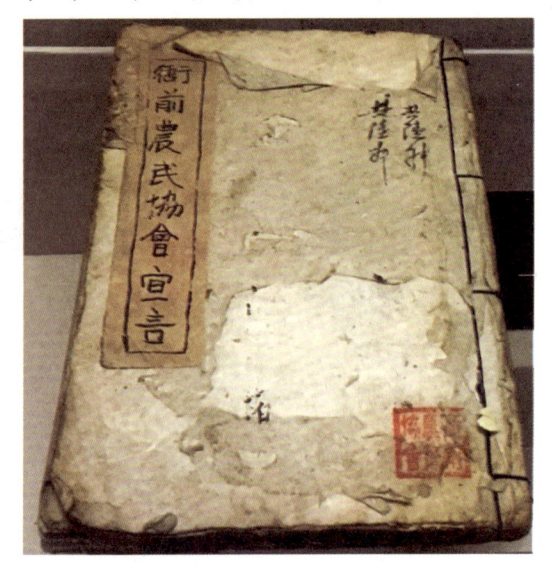

图0921　民国10年（1921）9月衙前农民协会宣言（2017年11月，翁洪霞摄）

一般第三阶级主政的世界，已经支持不住我们所需要的生活了。他们所崇拜的经济制度，发展我们底贫困，比发展他们底私有财产还要快。关于这种不良的经济制度所给的苦痛，农民和工人是一样受着的。照这样看来，他们第三阶级正不配做主权者。

我们底觉悟，才是我们底命运。我们有组织的团结，才是我们离开恶运交好运的途径。决定我们底命运，正是决定全中国人底命运。大地敞着胸襟，欢迎我们下锄头铁耙造成锦绣，人人生活在这锦绣堆中，全仗农民底气力。农民在锄头柄上传播气力，才用得着土地，所以我们该认定"土地是农民传播气力来养活人类的工具"。那么，这种工具不该归农民所组织的团体保管分配么？在目下似乎这句话还很远的。

我们因为处在"这样，叫我怎样活得过去呵！"的叹声中，权且定了一个眼前救急的章程出来。

我们总不忘记世界上农作生产事业是我们底责任。我们不要忘记世界上的土地是应该归农民使用。我们不要忘记土地该归农民所组织的团体保管分配。

[此宣言由沈定一起草，发布于民国10年（1921）9月27日，原载《新青年》第9期第4号"附录"民国10年（1921）8月）]

附录三

衙前农民协会章程

第一条　本村农民，基于本村农业生产者还租的利害关系，求得勤朴的生存条件。

第二条　凡本村亲自下气力耕种土地的，都得加入本会，为本会会员。

第三条　本会与田主地主立于对抗地位。

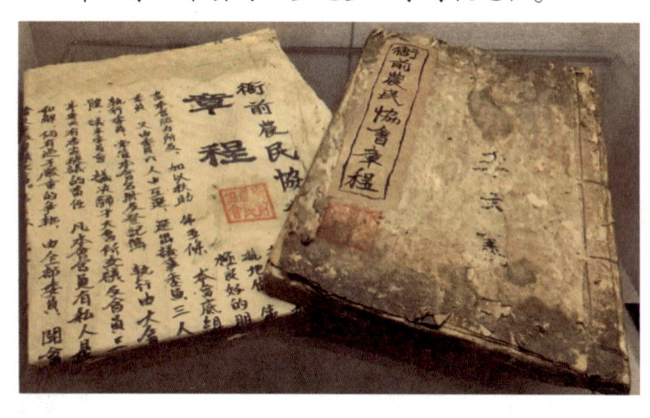

图0922　民国10年（1921）9月衙前农民协会章程（2017年11月，翁洪霞摄）

第四条　凡生产工人及社会主义运动者，本会都认为极良好的朋友；遇必要时，本会对于渠们底团体或个人，应当尽本会能力所及，加以扶助。

第五条　本会底组织，基于会员全体：由大会选举委员六人，为本会委员。又由委员六人中互选，选出议事委员三人，执行委员三人。

委员一年一任，只得连任一次。

执行委员，掌管本会名册及登记簿，执行由大会及议事会议决事件；并联络别村与本村同性质的团体。

议事委员会，议决关于大会所交议及会员三人以上所提议的事件。凡有利益于本会的事项，议事委员有考查提议的责任。凡本会会员有私人是非底争执，双方得报告议事委员，由议事委员调处和解；倘有过于严重的争执由全部委员，开会审议解决。

大会召集，由会员五分之一或议事委员会之主张召集大会。

第六条　本会会员，月纳会费铜元　枚。每月一号，交由执行委员存贮应用。

第七条　本会会员，将每年农作所得成数，分春华，秋收两期，报告执行委员会登记。

第八条　本会会员，每年完纳租息的成数，由大会议决公布。租息成数，以收成及会员平均的消费所剩余的作标准。

第九条　本会会员，有因依照本会大会议决的纳租成数被田主地主起佃者，本会有维持失业会员的责任。如有因上项情事被田主地主送租者，本会全体会员皆为被告人。

第十条　会员不得违反本会底决议案。

第十一条　会员有违反本会决议案及有不利益予本会的行为者，除名。

第十二条　两村以上的农民协会，得组织农民协会联合会。

第十三条　凡是关于两村以上的农民利害关系发生时，随可由联合会协议，议决执行。

第十四条　本章程由大会议决，大会能随时以多数同意修正。

这宣言和章程已经由衙前全村农民，于一九二一，九，二七，在本村议决，并举出委员六人。附近三四百里内的农民，也正在酝酿同性质的团结。

玄庐附记

[此章程由沈定一起草，发布于民国10年（1921）9月27日，原载《新青年》第9期第4号"附录"民国10年（1921）8月）]

附录四

萧山南沙组织农民团体宣言

我们农民，几千年来，天天站在黑暗的势力里潜伏着，不敢探出头来叫一声苦。近十余年，坍江逼近，失业乡民，挨种地亩，地主以为奇货可居，每亩要租四五元，还要课收明年的租，惯称现租一。稍不如意，就要起地另租，当挽中人相恳，又要加租四五角。可怜我们乡民，已经人多地狭，还要被有产阶级，如泰山压顶，弄到无余钱盖屋做衣，吃餐断餐，惨酷的情形，无可言喻。今年八月里，玄庐先生，到我们山北村中戏台上演说，题目叫作"农民自决"，我们听了他的话，如见天日。我们一面自结团体，推翻有产阶级的习惯，预收一年的租。乡民会议（要求）种要（了）当年地，看年成好歹还租。若地主不肯改良，仍照习惯，起我地，送我租，我们联合全体，誓与他们奋斗。

我们今后，已经了解我们农民在社会上的地位。我们承认社会的不安宁不平等，都是有产阶级形成的结果，并且有产阶级发达一步，他们的权力，也跟着发达一步。结果，使我们无产阶级的人，在世放（界）上，没有立足的地位。所以我们从今天以后，具牺牲的态度，斗争的手段，打破有产阶级在社会上的势力，叫他们有产阶级的人，在我们面前屈服！我们的肉体，是可以牺牲的，我们的精神，却是永久的存留着！

最后，我们还很郑重地说：

无产阶级的人，大家起来呀！

［原载上海《民国日报》副刊《觉悟》民国10年（1921）12月20日）］

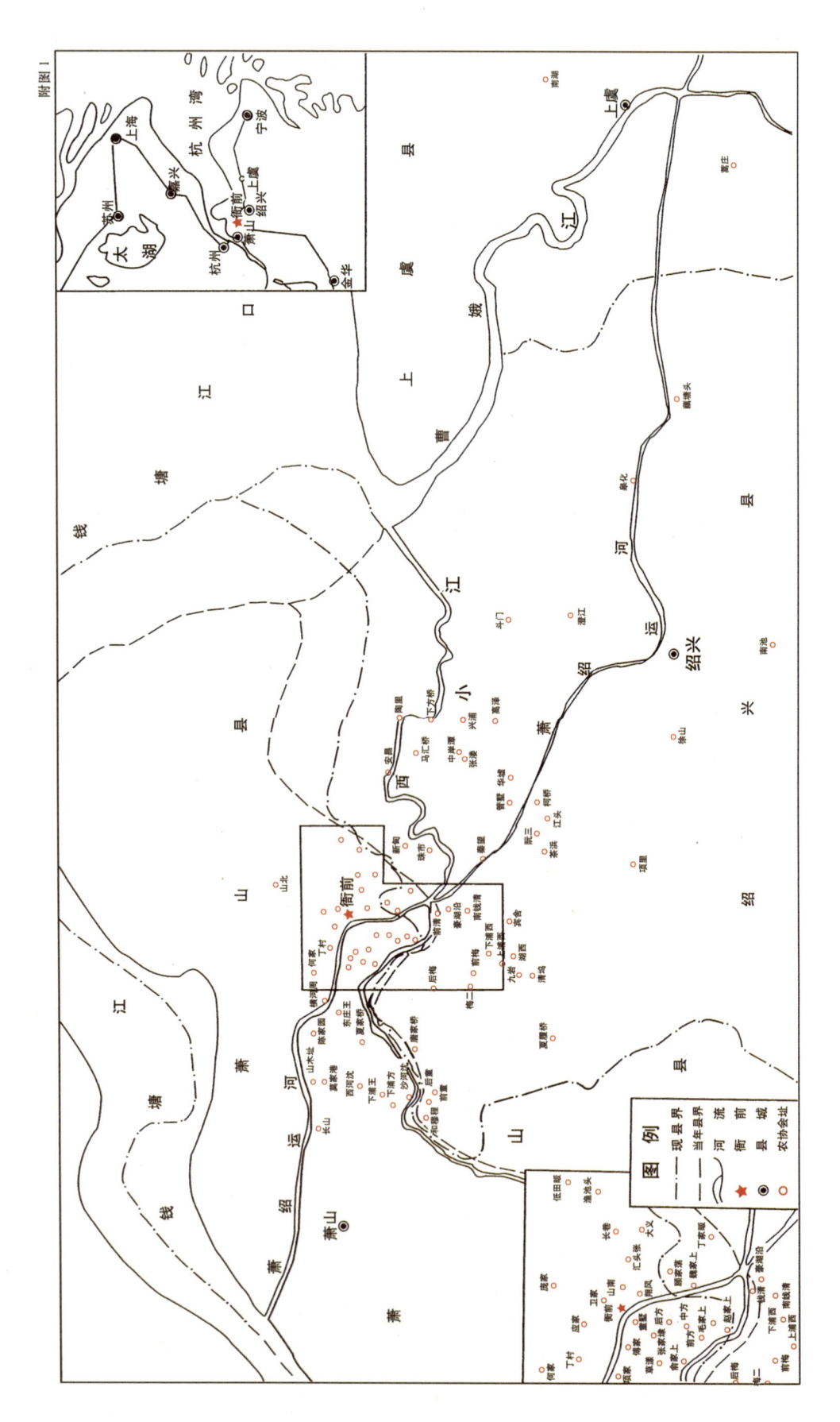

图 0923 1921年衙前农民协会分布图（选自《衙前农民运动》，中共党史资料出版社1987年版）

第二章 军阀镇压

概 况

民国10年（1921），衙前及周围地区农民的斗争，使地主阶级惶恐不安。12月，地主联合向省府告状，浙江省省长下令武力镇压农民运动，强行解散农民协会。衙前农民的斗争被迫转入地下。李成虎被捕后，沈定一曾设法营救，未果。翌年1月李成虎在狱中被迫害致死，李成虎是中国现代农民运动中第一个倒下的农民斗士。

第一节 地主与军阀勾结

民国10年（1921）9—12月，萧绍地区农民抗租减租斗争，使地主阶级惊恐万状。12月中旬，绍兴县地主豪绅陶仲安、陈庆钧等12人，联名写信给绍兴行署和绍属戒严司令盛开第，说农民的斗争是"以共产主义煽惑愚众，表面不过抗租，内容不可思议"等，要求当局尽速派兵镇压。军阀控制的《越铎日报》连篇刊登文章，攻击农民运动。浙江省省长沈金鉴接到萧绍两县知事要求平息农民协会聚众抗租报告后，立即下令查办，并派军警前往弹压。

第二节 农民协会会员被捕

民国10年（1921）12月8日，地主周仁寿带领一批人到九曲乡清坞村收租，因蛮横辱骂并捆绑抗租农民，被农协委员单夏兰等数百农民围追痛打。周仁寿逃回去后向军阀政府起诉，绍兴县的地主也派代表向绍兴戒严司令盛开第请兵。

12月18日，衙前农民协会联合会在东岳庙开会，当局派出100余人的武装士兵包围会场，拘捕正在演讲的农民协会委员陈晋生以及单夏兰与龙泉阁书报社管理员孙继良，并刺伤3人，推下运河多人，搜去各村农民协会委员名册。

12月25日，浙江省省长沈金鉴以军政两长的名义，命令省警察厅派60名保安队员分赴萧绍两县弹压。萧绍两县的军警配合行动，到处张贴布告，强令入会会员销毁会证，收缴农民协会宣言、章程，解散各地农民协会，并四处追捕各村农民协会领导人，被列入拘捕名单的达500余人。

12月27日，农民协会委员李成虎在田里耘泥时被便衣警察逮捕。

农民协会领导人相继被捕入狱后，当局为了保护地主追租，派出军警随地主下乡逼缴，佃农不得不按原额交租，减租抗租斗争归于失败。

第三节 农民领袖李成虎牺牲

李成虎被捕后，在狱中遭严刑拷打。沈定一获悉后曾设法营救，未果。民国11年（1922）1

月 24 日，李成虎在萧山县监狱中被凌虐致死。

沈定一闻讯，立即从上海赶回萧山，亲自主持李成虎遗体的安葬活动。李成虎生前没有上过学，没有照过相，沈定一特意叫儿子沈剑龙按当时农村的乡俗画了一张李成虎肖像，自己出资，安葬李成虎于衙前凤凰山南麓，并亲笔题写墓碑碑文。其碑文一侧为"李成虎君墓"五个隶书大字，另一侧为数行小字："衙前农民协会委员之一，十一年一月二十四日害于萧山县狱中其子张保乞尸归葬 沈定一书石。"

嗣后，沈定一为坟墓开辟东、南、北3条墓道，并在南墓道建造纪念牌坊石柱，并在牌坊石柱上镌刻亲笔撰写的楹联，正面刻着："中国革命史上的农人这位要推头一个"，"四山乱葬堆里之坟墓此外更无第二支"。背面刻着："吃苦在我"，"成功在人"。沈定一还把李成虎的肖像画印制成照片式样，并附印上他撰写的李成虎生平简介广为散发。

图 0924　民国 11 年（1922）沈定一为李成虎亲书的墓碑（1970 年被毁）

沈定一还在原农协会会所东岳庙内设立"成虎纪念堂"，挂上烈士的遗像，陈放烈士生前用过的农具，四周挂满纪念挽联，并题写挽联："为群众而牺牲，问耕耘不问收获；振义声于垄亩，见锄锹如见须眉。"

据李成虎的女儿李阿欣1983年回忆："三先生（沈定一）有个儿子叫六六官（沈剑龙）替父亲画了一张像。伢爹的尸体在门板上挺了两天，三先生讲：'葬到我地里去。'过年过节哉，家里乱七八糟，都蛮悲伤，不久，全家大病一场，我阿姐也死了。父亲死后，家里生活更苦了，三先生救济我们，后来还给了一些沙地。"①

民国 11 年（1922）2 月，陈晋生在绍兴狱中遭毒打致重病，被保释出狱。当月病逝，沈定一出资安葬陈晋生遗体于凤凰山，并亲书墓碑碑文。

农民运动被镇压后，沈定一被当局视为"共产主义的洪水猛兽"。萧绍地区地主豪绅认为此次农民抗租风潮首先由沈定一挑动，于是联名控告沈定一提倡共产，扰乱治安，要求政府予以拿办。沈定一站在农民一边，写下《代农民问官吏》，限浙江省省长8日内答复。未果。沈定一写下《李成虎小传》《衙前农民协会解散后》等诗文，控诉当局黑暗和军阀专制的残忍。

---

① 资料来源：中共浙江省委党史资料征集研究委员会、中共萧山县委党史资料征集研究委员会：《衙前农民运动》，中共党史资料出版社1987年版，第89—90页。

第三章 衙前农民运动胜迹

概 况

民国21年（1922）衙前农民运动在中国革命史上具有重要地位，其旧址、旧物等成了对青少年进行革命传统教育的胜迹。1983年5月，萧山县人民政府公布衙前农民协会旧址为萧山县文物保护单位。1989年12月，浙江省人民政府公布衙前农民协会旧址为第三批浙江省文物保护单位。1994年，浙江省人民政府公布其保护范围和建设控制地带。衙前农民协会旧址胜迹分布于萧绍运河衙前段的两侧及凤凰山麓约1千米的范围内，包括东岳庙旧址、衙前农村小学旧址、李成虎故居、成虎桥、衙前老街、凤凰山墓葬群、农运碑坊遗址等。1995年4月25日，中共萧山市委、萧山市人民政府命名衙前农民协会旧址及李成虎烈士墓为萧山市首批爱国主义教育基地。2004年10月，中共浙江省委、浙江省人民政府命名衙前农民运动纪念馆为浙江省爱国主义教育基地。2011年12月，中共浙江省纪律检查委员会、中共浙江省委宣传部等7个单位联合命名红色衙前展览馆为浙江省廉政文化教育基地。2013年12月，杭州市萧山区人民政府地方志办公室编著、浙江人民出版社出版的《萧山市志》设专节记载衙前农民运动胜迹。

第一节 旧址

东岳庙

清代建筑。位于衙前镇凤凰村，坐南朝北，门对萧绍运河，前有纤道和船埠。香火鼎盛时有99间房屋，占地面积592平方米，分前殿及东西厢房。前殿五架梁、前后廊、穿斗式建筑，上有卷棚，顶用庐斗，屋顶为硬山式。柱上撑拱为木雕狮子，立额、寮檐坊均有木雕图像。门柱镌楷书抱对："氪赭锁重门，屏藩叠嶂；东西分两浙，吴越通衢。"山门后原有一座朝南的万年台（戏台），戏台两边亦有一副楹联："顷刻间千秋事业，方寸地万里山河。""文化大革命"时，戏台被萧山三中的红卫兵拆除。今存前殿及朝北山门。前殿，通面宽15.33米，明间宽5.15米。东西次间各宽4.9米，通进深9米。

东岳庙为衙前农民运动领导人沈定一演讲和农民协会办公、聚会之场所。

图0925 衙前农民协会旧址——老东岳庙（2017年10月26日，李莫微摄）

民国10年（1921）9月27日，中共领导的全国第一个农民协会在这里成立，选举农民协会委员，发表衙前农民协会宣言和章程，拉开了中国共产党领导的最早的农民运动的序幕。此地就成为萧绍地区农民协会联合会的会场和聚集地。李成虎牺牲后，曾设灵堂于此。

新中国成立后，东岳庙一度改作他用。1989年12月，浙江省人民政府公布衙前农民协会旧址东岳庙为浙江省文物保护单位。1990年8月20日，萧山市人民政府立碑保护。

衙前农村小学校（沈定一故居）

为沈定一祖宅"光禄第"的一部分，清代木构二层楼建筑。位于衙前镇凤凰村，坐北朝南，门对萧绍运河。原有校舍10余间，现存4间1弄。

民国10年（1921），沈定一出资在自己的寓所创办衙前农村小学校，校门两边题一对联："小孩子的乐园，乡下人的学府。"上悬横批："世界当中一个小小的学校。"9月26日，衙前农村小学正式开学，免费招收贫苦农民子女66名入学。夜晚、农闲开办成人班，是中共领导的早期宣传马列主义、培训农民运动骨干的场所。楼上最西间曾为杨之华居室，楼下辟为"龙泉阁书报社"和教室。民国20年（1931），改名为定一小学。抗日战争爆发后停办。

图0926 衙前农村小学校旧址——沈定一故居（2016年3月24日，李莫微摄）

抗日战争胜利后，定一小学复办。后几经易名。2001年恢复"衙前农村小学校"名称，薄一波为衙前农村小学校题写校名。

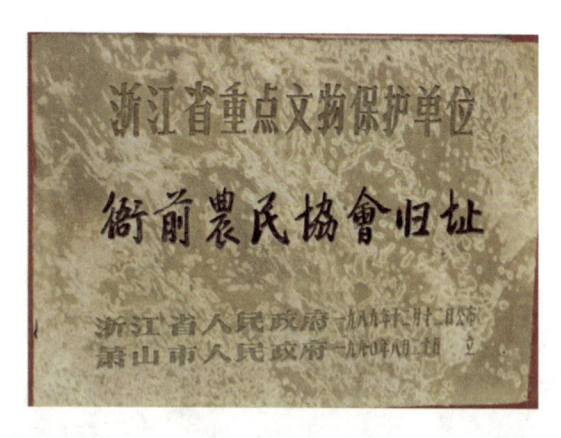

图0927 浙江省重点文物保护单位——衙前农民协会旧址（2017年11月15日，李莫微摄）

图0928 萧山市重点文物保护单位——衙前农村小学（2016年3月24日，李莫微摄）

李成虎故居

清代建筑。位于衙前镇凤凰村，东岳庙西300米的萧绍运河北岸，坐北朝南。原祖宅有3间平屋，后由成虎、成蛟兄弟分居。清咸丰四年（1854），李成虎出生于此。李成虎幼年丧父，随母乞讨长大，至民国10年（1921）12月27日被捕前一直居住在此。现存1间，约40平方米，作为爱国主义教育基地，供民众参观瞻仰。

成虎桥

位于衙前凤凰山南麓。民国11年（1922），为悼念李成虎以及迎接上海工商界的"公祭"，人们在村境之官河两侧砌石礅，架木梁，南北向，称"成虎桥"。1956年，采用石台木桥面，通公共汽车。1971年因公路建设，改建成钢筋混凝土双曲拱桥，延长度为38.4米，跨度20米，桥高9.5米，桥面宽7.16米，两边护栏高1—2米。2001年，又因为衙党公路建设需要重建。

第二节　墓葬

沈定一墓

位于衙前镇凤凰山北麓公墓场，坐南朝北，民国17年（1928）11月建。因沈定一是中共早期党员，后为国民党中央执行委员会委员，故国民党以国葬的仪式安葬沈定一。墓制为中西合璧式，采用当时新材料钢筋混凝土结构建造。墓坐南朝北，面对大潮汹涌之钱塘江。墓穴长、宽、高各3米，其棺木用铁链悬挂其中，外用厚约半米混凝土浇封，整个墓地全用混凝土铺就，墓前竖立高大墓碑，碑上有青天白日图案，上镌浙江省省长张静江手书"沈定一先生之墓"。沿山直达坡地墓道采用彩色鹅卵石铺成，十分讲究。西南角建一墓亭。"文化大革命"期间，墓毁。2011年冬，沈定一后人出资在凤凰山北坡原墓遗址不远处用钢筋水泥重建圆形沈墓。

李成虎墓

民国11年（1922）1月沈定一独资修建，位于凤凰山南坡，坐北朝南。占地面积625平方米，由墓、祭台及墓道组成，粉墙环护，石板铺地。原墓毁于1970年。1983年，萧山县委县政府重建李成虎墓。2002年，衙前镇政府对墓碑等还原为旧。青石墓碑，恢复为原沈定一所书之碑，原萧山县委县政府所树立的那块墓碑移至下方。墓地三面砖墙围砌，墓前有4块标志碑与说明碑。墓高3米，直径5米，呈圆形，用条石砌圈。前设祭台，左右花坛连拜坛，共47平方米。壁嵌瓷板墓主小照，碑刻烈士生平简介，平台二档，计36平方米，分设望柱栏板作护栏。从纪念馆到墓地为5米宽的典尺墓道，条石砌筑，青石柱头，周围花木成荫。

陈晋生墓

民国11年（1922）5月沈定一独资修建，位于衙前凤凰山北麓，坐南朝北。墓面用方块石叠砌，墓前竖一高1.9米、宽30厘米、厚18厘米形似利剑之碑石。沈定一亲笔书写碑文。正面是"农民陈晋生墓"，左侧是："为群众谋利益而牺牲者。"右侧是："晋生为农民协会委会之一 民国十年在军警包围中演说被捕入绍兴县狱刑虐致病出狱寻殁。"墓前设有祭台，隐于丛莽荒草间。2000年底，衙前镇政府将墓迁建于凤凰山西南坡。

第三节　碑坊

"沈定一先生被难处"纪念碑

建于民国17年（1928）11月，位于衙前镇凤凰村傅家自然村村口，104国道南侧。钢筋混凝土结构，通高约10米，碑前立铜像一座。戴季陶题"沈定一先生被难处"。民国24年（1935），著名南社诗人柳亚子游浙东，途经此地，题诗一首纪念诗友沈定一。碑于1953年被毁。1966年，碑

图0929 沈定一先生被难处（1953年纪）

座被拆除，纪念碑全部被毁。

成虎坊

民国11年（1922）沈定一独资修建，位于衙前凤凰山南麓李成虎墓道口。有左右柱石坊，沈定一题书两楹联于柱上。1956年强台风时，柱被刮倒。"文化大革命"时，成虎坊全部被毁。

"精神不死"碑

民国11年（1922）上海工商友谊会捐资立碑，位于衙前凤凰山巅。沈定一题写碑文："李公成虎因集同志，组织农民协会，要求田主减租，被捕，遂死狱。同人佩公为谋公众幸福而牺牲，爰立此碑，以作纪念。"碑毁于抗日战争时期，今凤凰山巅尚存遗迹。

"妇女解放万岁"坊

衙前农民运动期间，沈定一改原节孝牌坊上"钦旌节孝"匾额为"妇女解放万岁"，加书柱联："那部历史当中，不鼓吹吃人礼教；这种牌坊底下，有多少妇女冤魂。"已圮。

第四章 衙前农民运动纪念活动

概 况

1991—2016 年,中央、省、市党史部门,萧山区(市)委、区(市)政府联合举办衙前农民运动 70 周年、80 周年、85 周年、90 周年、95 周年纪念活动,传扬衙前农民运动精神,对衙前农民运动的研究走向深入。

第一节 70 周年纪念

1991 年 9 月 23—27 日,中共浙江省委党史研究室、中共杭州市委党史研究室、中共萧山市委党史办公室在萧山联合举行"纪念衙前农民运动 70 周年学术讨论会"。萧山市委、人大、政协领导,湖南大学、浙江省委党校、温州党校、杭州大学、杭州师范学院的学者,杭州地区各县和绍兴市、上虞县的党史研究室领导,计 49 人与会。会上宣读 18 篇论文,对衙前农民运动发生的时代背景、条件、斗争性质、社会影响和运动领导人沈定一的思想等进行分析论述。

第二节 80 周年纪念

衙前农民运动 80 周年纪念大会

2001 年 9 月 27 日,中国中共党史学会、中共浙江省委党史研究室主办,中共杭州市委党史研究室,萧山区委、区政府共同承办,在衙前镇举行衙前农民运动 80 周年纪念大会。中国中共党史学会常务副会长李传华,解放军后勤指挥学院少将、教授邵维正到会致贺,浙江省委副书记梁平波和萧山区委副书记、区长林振国分别在纪念大会上讲话。参加会议的还有杭州市委副书记朱报春、萧山区四套班子成员;各镇(街道)党(工)委书记;区级机关各部门主要领导;部分研究衙前农民运动史的专家、学者以及衙前镇党员、学生代表等 700 余人。

衙前农民运动 80 周年学术讨论会

2001 年 9 月 27 日下午,中国中共党史学会、中共浙江省委党史研究室在萧山召开"衙前农民运动 80 周年学术讨论会"。会议由中国中共党史学会常务副

图 0930　2001 年 9 月 27 日纪念衙前农民运动 80 周年学术讨论会
(萧山区人民政府地方志办公室提供)

长李传华主持，萧山区委常委、组织部部长张岐致欢迎词，会议共收到论文20篇。解放军后勤指挥学院少将、教授邵维正，中国人民大学教授、博士生导师陈明显，中共中央党史研究室研究员姚金果等专家、学者10余人在会上作了交流。

第三节　85周年纪念

2006年9月26—27日，中国中共党史学会、中共浙江省委党史研究室主办，中共杭州市委党史研究室、萧山区委、区政府共同承办，在萧山举行纪念衙前农民运动85周年座谈会。会议邀请中国中共党史学会常务副会长陈威，解放军后勤指挥学院少将、教授邵维正，中国人民大学博士生导师、教授陈明显以及中共中央、省、市委党史研究领导，在杭州高校专家、学者共40余人参加会议。与会领导和专家就衙前农民运动与新农村建设为主题进行探讨。

第四节　90周年纪念

衙前农民运动90周年学术讨论会

2011年9月27日，中国中共党史学会、中共浙江省委党史研究室主办，中共杭州市委党史研究室和中共杭州市萧山区委、杭州市萧山区人民政府承办，在萧山召开"衙前农民运动90周年学术讨论会"。中国中共党史学会常务副会长谷安林等出席会议，解放军后勤指挥学院少将邵维正、中国人民大学教授陈明显、复旦大学教授戴鞍钢等史学专家参加会议。会议共收到论文16篇。

图0931　2011年9月27日纪念衙前农民运动90周年学术讨论会（柳田兴摄）

纪念建党90周年暨衙前农民运动90周年知识竞赛

2011年，萧山区委组织部、区委宣传部、区直机关党工委、区委党史研究室、区文广新闻出版局、萧山日报社共同举办"纪念建党90周年暨衙前农民运动90周年知识竞赛"。竞赛试题刊登于《萧山日报》（6月24日第9版）和萧山网。共收到答卷1万多份，评出组织奖10个，一等奖5名，二等奖10名，三等奖30名，优秀奖50名。

第五节　95 周年纪念

纪念建党 95 周年、长征胜利 80 周年暨衙前农民运动 95 周年知识竞赛

2016 年，萧山区纪委、区委组织部、区委宣传部、区委党史研究室、萧山日报社共同举办"纪念建党 95 周年、长征胜利 80 周年暨衙前农民运动 95 周年知识竞赛"。竞赛试题刊登于《萧山日报》（6 月 22 日第 3 版）。竞赛内容围绕中共党史、萧山地方党史及地情知识、长征相关内容、党章党纪等开展。共收到答卷 1000 多份，评出组织奖 4 个，一等奖 5 名，二等奖 10 名，三等奖 30 名，优秀奖 50 名。

纪念衙前农民运动 95 周年暨迎国庆大合唱活动

2016 年 9 月 27 日，衙前镇在衙前农民运动纪念馆举行"纪念衙前农民运动 95 周年暨迎国庆大合唱活动"。应邀出席活动的有萧山区委副书记裘超，区委宣传部、区委党史研究室、区文广新局、区文联的领导，农运先驱李成虎烈士的后代和中共早期党员沈定一的后代等。衙前镇机关干部、区级驻衙机构负责人、规模企业党组织书记、事业单位代表、各村（社区）三委班子成员以及群众代表参加此次活动。

第五章 衙前农民运动纪念设施

概 况

衙前农民运动纪念馆、红色衙前展览馆，先后于1999年、2011年开馆。2016年两馆合一，是杭州红色旅游景点、浙江省爱国主义教育基地、浙江省廉政文化教育基地。

第一节 衙前农民运动纪念馆

衙前农民运动纪念馆坐落在衙前镇凤凰山南麓，李成虎墓前百米处。1997年动工兴建，翌年初落成。坐北朝南，为5开间仿古建筑，占地面积1000平方米，建筑面积250平方米。薄一波题写"衙前农民运动纪念馆"馆名。1999年5月开始布展，陈列衙前农民运动领导人沈定一、李成虎、宣中华、刘大白、唐公宪、杨之华等人从事革命活动的百余幅历史照片和40余件展品，并设有汉白玉雕像两座，序厅为汉白玉农民运动聚会群像，再现中国共产党领导的全国最早的农民运动全过程。1999年9月25日，衙前农民运动纪念馆正式开馆，中国革命博物馆馆长夏燕、中共中央党史研究室副主任陈威、中共杭州市委组织部部长王建满、萧山市市长林振国等领导出席开馆仪式。

展馆设有"现代农民运动的思想传播""衙前农民运动的发动""衙前农民运动的爆发""衙前

图0932 2011年6月28日凤凰村党员在衙前农民运动纪念馆前重温入党宣誓（傅展学摄）

农民运动风起云涌""斗争在继续"和"今日衙前"等展览板块。2004年10月26日，中共浙江省委、省人民政府命名衙前农民运动纪念馆为浙江省爱国主义教育基地。

第二节 红色衙前展览馆

红色衙前展览馆坐落在衙前镇凤凰山南麓，坐北朝南，原衙前农民运动纪念馆前右侧200米处。占地面积1800平方米，建筑面积2500平方米。2011年2月开工建设，9月27日衙前农民运动90周年纪念日正式开馆，中国中共党史学会常务副会长谷安林、中共杭州市委副书记王金财为展览馆揭牌。2011年12月，浙江省纪委、省委宣传部、省监察厅、省文化厅、省民政厅、省住房和城乡建设厅、省旅游局联合下文，命名红色衙前展览馆为浙江省廉政文化教育基地。2014年3月6日，美国泽维亚大学2014年MBA中国学术访问团参观红色衙前展览馆。

2016年9月，衙前镇对原衙前农民运动纪念馆和红色衙前展览馆进行两馆合一。整合后的展览馆分"前言""洪流之巅""农运先声""星火燎原""精神不死"等部分，以全新的陈列，运用现代化声光电技术，通过二维、三维特技动画，结合传统的雕塑创作，使观众感受全新的视觉、听觉。当年接待观众近2万人次。

第六章　衙前农民运动研究状况

概　况

20世纪80年代初，国内报刊发表了几篇有代表性的文章，如成汉昌的《中国现代农民运动最早发生于何时何地？》，杨福茂、王作仁的《中国现代农民运动的先声——浙江萧山衙前农民斗争概述》，邵维正的《衙前农民运动始末》（后改为《衙前农民运动》发表于《人民日报》）等。中央党校、北京师范大学、南开大学等高校的中共党史和中国现代史教材，也作了相应的记载，并加以肯定。萧山党史部门广泛征集衙前农民运动的历史资料，开展对衙前农民运动的系统研究。至2016年，国内公开出版研究衙前农民运动的专著（含论文集）累计6部，出版研究沈定一的专著累计3部（详见本志"艺文"编）；公开发表研究衙前农民运动的论文（含论文集论文）50多篇，发表研究沈定一的论文50多篇（详见本志"艺文"编）。

第一节　专著

《衙前农民运动》

1982—1984年，中共萧山县委党史资料征集研究委员会办公室为征集全国重点专题之一的衙前农民运动史料，先后到县内和绍兴、上虞等县市的120多个村庄进行调查，访问200多位知情人；到绍兴、杭州、上海、南京、北京等地图书馆、档案馆、纪念馆收集摘抄有关资料近100万字。于1985年编印自编本《衙前农民运动》，于1987年10月由中共党史资料出版社出版。全书分"中国现代农民运动的最先发轫者""衙前农民运动若干史实的考证""衙前农民运动资料选辑"三个部分，计14万字。

《农运先声——纪念衙前农民运动八十周年诗词集》

2000年12月，衙前镇政府为纪念衙前农民运动80周年，向全国征集诗稿。2001年8月衙前镇政府编《农运先声——纪念衙前农民运动八十周年诗词集》由大连出版社出版，共收录诗词266首。

《衙前农民运动论文选编》

2001年，萧山区委党史研究室将1997年"浙江早期革命者与衙前农民运动学术研讨会"及2001年"衙前农民运动80周年学术讨论会"的论文汇编成册，2002年1月由中共党史出版社出版，共收录论文28篇，计20万字。

《纪念衙前农民运动90周年论文集》

2011年，中共杭州市萧山区委党史研究室、杭州市萧山区人民政府地方志办公室将"衙前农民运动90周年学术讨论会"的论文汇编成册，2013年5月由上海远东出版社出版，共收录论文16篇，计14.4万字。

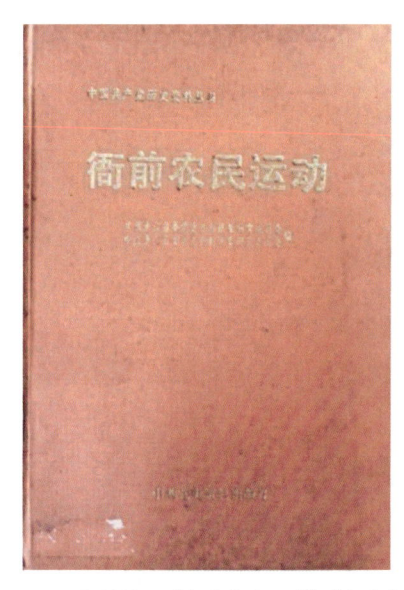

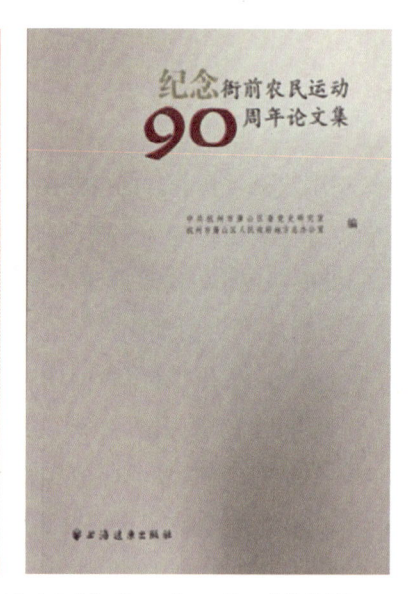

图 0933 《衙前农民运动》《衙前农民运动论文选编》《纪念衙前农民运动 90 周年论文集》（2017 年 11 月，莫艳梅摄）

《纪念衙前农民运动九十周年书画影集》

2011 年 9 月，西泠印社出版社出版衙前镇凤凰村村民邵江飞主编的《纪念衙前农民运动九十周年书画影集》，共收录 90 名作者的作品计 90 幅，其中包括吴山明等 12 名中国美术学院教授、丁茂鲁等 15 名西泠印社社员的作品。

《衙前风雷》

2016 年 11 月，西泠印社出版社出版胡祖明主编、邵江飞编辑、谢治国绘画的《衙前风雷》连环画，生动讲述衙前农民运动的始末，计 31 幅画。

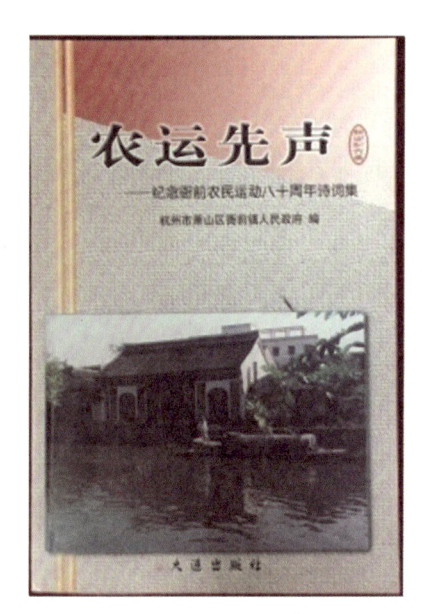

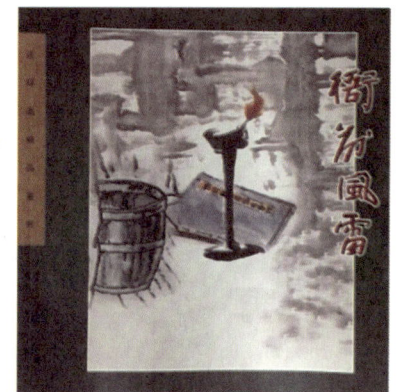

图 0934 《农运先声——纪念衙前农民运动八十周年诗词集》《纪念衙前农民运动九十周年书画影集》《衙前风雷》（2017 年 11 月，莫艳梅摄）

第二节 论文

据不完全统计，1980—2016 年，学术期刊、报纸、文集、论著等公开出版物发表的以衙前农民运动、现代农民运动为主题的研究文章共计 50 多篇。

1980—2016 年学术界研究衙前农民运动的部分著述目录：

成汉昌：《中国现代农民运动最早发生于何时何地?》，《教学与研究》1980 年第 4 期。

杨福茂、王作仁：《中国现代农民运动的先声——浙江萧山衙前农民斗争概述》，《杭州大学学报（哲学社会科学版）》1980 年第 4 期。

周明华：《沈玄庐与衙前农民运动》，《杭州师范学院学报（社会科学版）》1991 年第 4 期。

中共浙江省委党史资料征集研究委员会、中共萧山县委党史资料征集研究委员会编：《衙前农民运动》，中共党史资料出版社 1987 年版。

陈志根：《衙前农民运动性质辨正》，《党史研究与教学》1999 年第 1 期。

今哲：《衙前农民运动》，《今日浙江》1999 年第 6 期。

诸葛达：《衙前农民运动述论》，《浙江师大学报》2001 年第 5 期。

杭州市萧山区衙前镇人民政府编：《农运先声——纪念衙前农民运动八十周年诗词集》，大连出版社 2001 年版。

中共杭州市萧山区委党史研究室编：《衙前农民运动论文选编》，中共党史出版社 2002 年版。

丁晓强：《衙前农民运动研究的几个问题》，《中共党史研究》2002 年第 1 期。

邵维正：《新型农民运动的先声——略谈衙前农运研究的若干问题》，《衙前农民运动论文选编》，中共党史出版社 2002 年版。

柳礼泉：《中国农民运动的伟大开端——1921 年萧山衙前农民运动历史特点探析》，《衙前农民运动论文选编》，中共党史出版社 2002 年版。

陈明显：《衙前农民运动评述》，《衙前农民运动论文选编》，中共党史出版社 2002 年版。

陈明显、刘建萍：《衙前农民运动再评述》，《衙前农民运动论文选编》，中共党史出版社 2002 年版。

高三山：《试析衙前农民运动是党领导的问题》，《衙前农民运动论文选编》，中共党史出版社 2002 年版。

徐义君：《衙前农民运动——中国共产党领导农民运动的开端》，《衙前农民运动论文选编》，中共党史出版社 2002 年版。

张志善、王谦：《试论衙前农民运动的意义和影响》，《衙前农民运动论文选编》，中共党史出版社 2002 年版。

丁晓强：《衙前农民运动论析》，《衙前农民运动论文选编》，中共党史出版社 2002 年版。

石舜瑾：《简论衙前农运历史地位评价之嬗变》，《衙前农民运动论文选编》，中共党史出版社 2002 年版。

熊德利：《论衙前农民协会宣言和章程的思维创新》，《衙前农民运动论文选编》，中共党史出版社 2002 年版。

姚金果：《衙前农民运动的伟大意义》，《衙前农民运动论文选编》，中共党史出版社 2002 年版。

徐树林:《浅谈五四新文化对衙前农民运动的影响》,《衙前农民运动论文选编》,中共党史出版社2002年版。

曾林平:《论衙前农民运动的思想准备》,《衙前农民运动论文选编》,中共党史出版社2002年版。

朱淼水:《浅析衙前农运的社会基础和思想基础》,《衙前农民运动论文选编》,中共党史出版社2002年版。

陈志根:《衙前农民运动爆发之因的历史考察》,《衙前农民运动论文选编》,中共党史出版社2002年版。

方晨光:《农运先声 精神不死——社会科学视野中的衙前农民运动》,《衙前农民运动论文选编》,中共党史出版社2002年版。

卜曹元:《沈定一的农运观——衙前农民运动80年祭》,《衙前农民运动论文选编》,中共党史出版社2002年版。

胡润泽:《沈玄庐与衙前农民运动》,《衙前农民运动论文选编》,中共党史出版社2002年版。

谢国民、王一民:《从宣传革命到提倡改良——沈玄庐对改造中国道路的探索和失败及留给我们的沉思》,《衙前农民运动论文选编》,中共党史出版社2002年版。

王作仁:《衙前农民运动的星火为何熄灭》,《衙前农民运动论文选编》,中共党史出版社2002年版。

赵玲华:《刘大白与衙前农民运动》,《衙前农民运动论文选编》,中共党史出版社2002年版。

陈晓蓉:《略论浙东衙前农民运动》,《江西社会科学》2003年第11期。

殷丽萍:《浙江衙前农民运动与海陆丰农民运动的比较研究》,《广东教育学院学报》2008年第6期。

董为民:《沈定一和衙前农会》,《党史文汇》2008年第5期。

熊彤:《从衙前农民运动看沈定一的农运思想》,《上海革命史资料与研究》2011年第00期。

邵江飞主编:《纪念衙前农民运动九十周年书画影集》,西泠印社出版社2011年版。

刘学礼:《试析衙前农民运动对中共创立时期乡村革命的探索》,《党史研究与教学》2012年第3期。

王铁成、王文兵:《揭开尘封的记忆:沈定一与衙前农民运动再认识》,《党史研究与教学》2012年第3期。

李永芳:《沈定一与衙前农民协会》,《兰台世界》2013年第4期。

王作仁:《萧山衙前农民运动90年祭》,《纪念衙前农民运动90周年论文集》,上海远东出版社2013年版。

谢俊美:《历史大视野下的沈定一和萧山衙前农民运动》,《纪念衙前农民运动90周年论文集》,上海远东出版社2013年版。

石舜瑾:《创党时期掀起的衙前农运》,《纪念衙前农民运动90周年论文集》,上海远东出版社2013年版。

段治文:《简论"衙前农运"对中国革命的发生学意义》,《纪念衙前农民运动90周年论文集》,上海远东出版社2013年版。

徐木兴:《衙前农民运动精神初探》,《纪念衙前农民运动90周年论文集》,上海远东出版社

2013年版。

谢冠富：《衙前农民运动凸显的历史价值》，《纪念衙前农民运动90周年论文集》，上海远东出版社2013年版。

牛玉峰：《发扬衙前农民运动精神更好更快地建设浙江新农村》，《纪念衙前农民运动90周年论文集》，上海远东出版社2013年版。

中共杭州市萧山区委党史研究室、杭州市萧山区人民政府地方志办公室编：《纪念衙前农民运动90周年论文集》，上海远东出版社2013年版。

胡祖明主编：《衙前风雷》连环画，西泠印社出版社2016年版。

（资料来源：莫艳梅根据中国知网（CNKI）、《衙前农民运动论文选编》、《纪念衙前农民运动90周年论文集》等整理）

附录

沈定一与衙前农民运动再认识

沈定一（1883—1928），本名宗传，字叔言，又字剑侯，号玄庐，浙江萧山衙前人。出身于官僚地主家庭，清光绪三十年（1904）捐云南楚雄府广通县知事，后调任武定知州、省会巡警总办。因帮助中国同盟会发动河口起义，被人告密后赴日留学。武昌起义后参加光复上海，二次革命失败后又流亡日本。1916年回国任浙江省议长，1919年与戴季陶创办《星期评论》，1920年与陈独秀等发起组建马克思主义研究会（上海共产主义小组），成为中共早期党员。1921年在家乡衙前领导了农民运动，成为中国农民运动"最先发轫者"。沈定一虽出身官宦之家，但在马克思主义的影响下，加之长期的农村生活经历，使他对中国农民的悲惨状况有着无比同情和深刻认识。有鉴于此，本文通过分析沈定一对农民运动的认知、沈定一发动农民运动的策略和衙前农民运动在其领导下的特点，对沈定一和衙前农民运动做一次重新审视，并从中透视沈定一情系农村、关注农民的心路历程。

一、沈定一对农民运动的认知

民国的成立并没有改善劳动人民的生活状况，军阀的连年混战和帝国主义持续的经济侵略，反而使广大中国农民的生活更加困苦。"在整个中国农村，保持着高出生率和高死亡率的人口统计模式。经济困苦成了中国，特别是中国农村的地方病。"[1] 沈定一家乡的农民生活状况更是令人担忧。在萧山衙前地区地主数量最为集中，佃户长期遭受繁重地租的折磨，生活暗无天日。如果遇上自然灾害，这些贫民随时都有饿死的可能。在当时中国的社会主义者中，沈定一是较早关注中国农民问题的人。早期进步青年潘垂统曾提到："现在中国人做这种运动，除玄庐外似乎还不多。凡是讲社会主义者……不可不大大的注意这个运动！"这句话隐含着两层意义：一是农民运动在中国革命进程中的重要性；二是沈定一是较早关注农民问题的革命者。

1. 对农民生活惨状的关注。帝国主义的疯狂掠夺和地主阶级的残酷剥削，加之连年的灾荒和战乱以及越来越多的人口，使耕地的人均面积越来越少，农业生产长期处于停滞状态，农民生活一直

---

[1] 费正清编：《剑桥中华民国史》（上）卷，中国社会科学出版社2006年版，第26页。

处于贫困之中。在浙江衙前,旧中国的这些"遗产"更是让那里的农民吃尽了苦头,他们生活极其悲惨。"将雏扶老诉公庭,今岁秋收只几亭。该种不成还苦雨,鬻儿无主又添丁。嘉禾蒸水黄参黑,败絮粘泥赭半青。我自横刀向天啸,能操何术拯生灵。"① 沈定一的这首诗形象地刻画出了农民生活极贫的社会图景:由于雨灾,所种庄稼几乎没有收成,一家人扶老携幼,准备到政府讨要些救济钱财,却被无情地拒绝。为了保住一家人的性命被迫出卖亲生儿子,但在还没有找到买主的情况下,又一个孩子出生了。有时候,灾害不但摧毁了农民庄稼,还冲垮了他们的房屋,很多人舍不得离开他们赖以生活的农田,而被大水卷进江中,丧失了性命。那些活着的人找不到可以求救的地方,只有"每天在坍江边拾点飘来的破东西,近处讨点菜边皮,支了一只破砂锅,烧烧吃吃"②。更有甚者,有些人为了活命而去吃死人的尸首,以至于时任萧山东乡赈灾委员会委员长的沈定一不得不明令禁止"不得食即死的灾民"③。这样的悲惨景象经常在旧中国的大地上出现,农民生活极度贫困。在这悲惨的贫困生活状态下,农民不满的情绪正一天天累积和发酵。正如沈定一所预言的那样,"江东赤子一齐饥,挺险公然噬择肥。济众枉求天府粟,耐贫安得首阳薇。平沙哀雁因风举,寒夜饥枭绕月飞。寄语东南诸伯仲,此中聚散伏戎机"④。

2. 对农民生活悲惨原因的认识。沈定一认为,造成农民生活困苦的直接原因是频发的自然灾害与地主阶级的压迫和剥削,而私有财产制度则是一条看不见的枷锁,死死套在中国农民的身上,成为农民生活极贫的根本原因。

萧山是一个自然灾害频仍的地方。尤其是水灾,更给当地农业收成造成了极大的破坏,"浙江七十五县,从六月初遭风雨,一次、两次、三次,几乎无地不灾。绍兴、萧山等七县,灾状最显著而奇惨的,当然要算诸暨……萧山南乡正居诸暨下流之冲,所以,浦南乡一带,有许多田亩,不但收成没有,并且田亩都冲成沟渠……东乡从民国初年,坍去每亩价值三十五元的膏腴第,二十多万亩";⑤"潮风过去,一浪,半个竹园没了;一浪,几陵桑园没了……这种天崩地塌的惨剧,在南沙演了将近廿年了"。⑥ 沈定一通过对农民受灾场面的描述,显示了自然灾害对农民生活的严重影响。在这样的自然条件下,农民的生活没有保障,困苦可想而知。不仅如此,地主无穷的盘剥更使农民陷入生活绝境。他们不但向租种土地的农户索取租金,还要佃农负担下乡收租的"东脚费"和地租预支费,农民生活苦不堪言。沈定一是衙前人,对当地农民的疾苦有很深了解,他用大量的文字描述了自然灾害和地主的剥削给农民生活造成的困顿,"佃户,辛苦了一年,被田主或田主的收租的,罄其所有,收索得干干净净,床底下,锅灶边,草堆里,还要搜检过又搜检,只恐怕你们做牛做马的做了一年,还有留藏不完的米和谷,翻箱倒匣搜查过了,还要账簿上挂上一笔尾欠"。⑦ 衙前是萧山地区地主数量比较集中的区域,各种地租名目繁多,最奇怪的是有一项地租叫预交地租,通常是租种的前一年确定租水(交租比率)。如果佃户交不起,地主就会把地另租他人,该佃户就面临无田可耕的境地。在收成不好的时候,会有大量的农民迫于生活的压力,外出逃荒。"无望,无望,今年收成慌!我只吃糠,他们米满仓。去年如何?年成大熟,租米完过,只够吃粥。采桑养蚕,忍

---

① 沈定一:《辛亥七月十七日暴风雨坏禾成灾》,《沈定一集》(上),国家图书馆出版社2010年版,第54页。
② 沈定一:《他为什么把头低下去》,《沈定一集》(上),国家图书馆出版社2010年版,第175页。
③ 沈定一:《萧山东乡办赈记》,《沈定一集》(下),国家图书馆出版社2010年版,第586页。
④ 沈定一:《辛亥七月十七日暴风雨坏禾成灾》,《沈定一集》(上),国家图书馆出版社2010年版,第53页。
⑤ 沈定一:《浙江萧山县水灾状况》,《沈定一集》(下),国家图书馆出版社2010年版,第574—575页。
⑥ 沈定一:《坍江片影》,《沈定一集》(下),国家图书馆出版社2010年版,第590页。
⑦ 沈定一:《幸呢? 不幸呢?》,《沈定一集》(上),国家图书馆出版社2010年版,第227页。

饥耐寒，纺纱织布，一条穷裤。千头万绪，一手整理，翻新花样，他人身上衣。千门万户，一手造成，造成之后，不许我进门。"① 农民的劳动果实被地主剥夺后，留给自己的只有债务。这两首诗真实地反映了地主对农民的剥削程度之严重，说明了地主和农民之间的矛盾的无法调和性。故沈定一认为，解决这个问题的办法只有一个，就是农民团结起来，开展针对地主的斗争。

马克思主义者指出，私有制是人类社会发展到一定阶段的产物，它的出现导致了人与人之间的战争，制造了人剥削人的现象，是造成人类一切社会不平等的根源。沈定一自觉地将私有财产理论运用于分析造成中国农民贫困问题。沈定一认为，现行的私有财产制度，使人与人为占有生产资料进行无休止的战争与掠夺，自我保护能力低下的农民必然沦为私有制的主要受害者。要使农民摆脱被剥削的命运，就必须消灭私有制。沈定一还认为，如果说私有制制造了人与人之间的差别，那么金钱的产生则拉大了这种差别。他用交换价值理论批判了以金钱为中心的私有制，他认为金钱的产生本来是一件好事，可"世界上有了机器，资本家生了野心，一切的交易，都丧失了本来真实的价值。现在一般人不问货物底价值，如何高贵，只知道有了金钱，也不愁东西买不到。所以个个人都钻进了铜钱孔里，做了钱的奴隶"。② 因为金钱可以买到任何东西，所以为了得到金钱，任何产品都可以拿来出卖。人人都想通过贱买贵卖，来获取更多的金钱。于是货物的价格被压低，货物买卖的成本被放大，而那些小资产者在这场争夺金钱的战斗中，成了无产者和佃户；而那些大资产者只会越来越富有。所以，沈定一认为消灭贫穷的唯一方法，只能是彻底改变"夺到手就算是自己的私有财产制度"。他主张"废止私有财产，土地公有"，并坚信"这个主张将来必有实现的一天"。③《共产党宣言》指出，"共产党人把自己的理论概括为一句话：消灭私有制"，沈定一就是站在一个共产党人的立场上，分析了中国农民贫穷的根源，指出改变农民贫穷的根本办法是消灭私有制，这和列宁解决农民贫困问题的观点和方法如出一辙，由此可见，沈定一已对马克思主义理论有了较为深入的研究。

3. 解决农民贫穷问题的对策。沈定一深知，在私有财产制度下，地主是不会主动地把他们掠夺来的财物交还给农民的，他们必将用全部力量来保护自己的财富。农民如果想索回本该属于他们的东西，"除了靠自己，不能指望别人，依靠别人，劳动人民如果不把自己从贫困中解放出来，谁也不会把他从贫困中解放出来"。④ 所以，沈定一呼吁贫民丢掉不切实际的幻想，自己追求自由，"你们处在这种少不得教，老不得养，壮年的不得自存的生活状况中，你们除去'农民自决'一个方法之外，更找不出别的活路来"。⑤ 贫民只有获取了自由的权利，才有可能组织起来和这不合理的现象做斗争，摆脱被压迫、被剥削的状态。

如果让农民起来斗争，必须让他们了解斗争原因，才能激发斗争的意志。为此，沈定一通过讲述地主和农民在吃、穿、住上的巨大差别，告诉农民造成这种差别的原因，是地主夺走了本该属于农民的劳动成果。他认为，是农民创造了这个世界，农民就应该拥有要回的权利。"世界是劳动者底世界。你们劳动者不要放弃本来的权利给坐食的资本家！你们应该争回被夺的权利了！"⑥ 沈定一旗帜鲜明地指出，吃穿住用等生活资料，都是农民一手创造，而地主只会运用武力和手段对劳动

---

① 沈定一：《忙煞！苦煞！快活煞！》，《沈定一集》（上），国家图书馆出版社2010年版，第155页。
② 沈定一：《谁是你底朋友》，《沈定一集》（下），国家图书馆出版社2010年版，第501页。
③ 沈定一：《农民自决》，《沈定一集》（下），国家图书馆出版社2010年版，第517页。
④ 《给农村贫民》，《列宁选集》第一卷，人民出版社1972年版，第396页。
⑤ 沈定一：《农民自决》，《沈定一集》（下），国家图书馆出版社2010年版，第517页。
⑥ 沈定一：《谁是你底朋友》，《沈定一集》（下），国家图书馆出版社2010年版，第502页。

者进行豪取强夺。地主现在的所有东西，都是从劳动者手里夺来的。所以，农民应该起来斗争。他在回复一个工人的信中说道："你们一切做工的人，都应该从不拿刀枪的强盗手里收回你们自己的东西。"① 如果说此时的沈定一已经意识到了斗争手段的必要性，那么《在李卜克内西、卢森堡纪念会议上的演说》一文中，沈定一则表现出了更强烈的斗争欲望，"我们想得着和平和幸福，我们非社会革命不可……我们非接续李氏的精神，不管成功与否，猛烈向前直进不可！"②

沈定一通过对农村革命形势的分析，得出了农民为反抗地主压迫，必须起来斗争的结论，体现了一个早期共产主义者应有的理论觉悟。

二、沈定一发动农民运动的策略

1. 宣传革命道理，启蒙革命思想。沈定一认为，农民能够忍受地主对他们的残酷剥削，是因为农民缺少受教育，不了解自身贫穷的原因。只有农民接受了教育，他们才会明白怎样才能摆脱贫穷。要解决这个问题，"舍广辟知识、急进程度之外，别无他道也"③。于是，向农民宣传革命道理，成为沈定一发动农民运动的首要问题。

沈定一邀请好友刘大白以及浙江第一师范进步青年学生杨之华、宣中华、潘垂统等人，在家乡创办了衙前农村小学，吸收农民子弟入学，借机宣传革命道理。学校免费提供学生的书籍、纸张，并在课堂上"宣传工人运动以及向农民讲解减租减息、抗捐抗租的道理"④。沈定一和学校教员还创办了龙泉阁书报社，在报社里可以读到马克思、恩格斯、克鲁泡特金的书籍以及沈定一创办的《星期评论》。据潘垂统回忆，在衙前还能读到《共产党宣言》，很多人看了好几遍，大家讨论最多的是社会问题、农民问题。沈定一不仅创办学校、报社以启民智，还利用各种场合演说，向农民宣传减租抗租的道理。沈定一穿着农民的衣服，说着当地农民的话语，在萧山坎山东著草庵的戏台上，向农民发表了著名的演说《谁是你底朋友》，"当时听者，拥挤不堪，大多数的农人工人，听了他的话感动到十二分，这是因为他极力模仿那地方的土话，说出很明白的厉害来，句句话都被农人工人听懂了"⑤。考虑到农民的知识程度较低，沈定一用浅显易懂的话语阐述马克思主义理论，给农民讲解金钱造成农民生活贫穷的原因，讲解地主剥削农民的秘密。这些演说，在农民中间引起了极大的反响，"各地纷纷派人来到衙前……有人要见三先生（沈定一），还有的要请三先生去演讲，开始每天来五六百人，有的步行，有的摇着大船来，由于来往衙前的船只太多，致使有的河港阻塞"⑥。沈定一的演说达到了良好的宣传效果，不仅使农民明白了许多革命道理，还使马克思主义知识在农民中得到了广泛传播，农民的革命热情逐渐高涨起来。

2. 呼吁成立组织，共同反对地主。马克思形容农民像"一个袋子里的马铃薯"，说明农民具有天然的分散性。沈定一也深知这一特性不利于农民起来反抗压迫。为了改变这种对运动不利的现象，增强农民的凝聚力，他不断利用各种场所发表演说，呼吁农民组织起来，共同与地主作斗争。

沈定一深知，地主、劣绅与官府的势力在农村盘根错节，他们为保护自己的私有财产而形成了强大的武装联盟。地主与劣绅榨取农民血汗，把一部分所得作为赋税交给官府，是为自己能得到保

---

① 沈定一：《复一个工人的信》，《沈定一集》（上），国家图书馆出版社2010年版，第294页。
② 沈定一：《在李卜克内西、卢森堡纪念会议上的演说》，《沈定一集》（下）国家图书馆出版社2010年版，第419页。
③ 沈定一：《政论·主权篇》，《沈定一集》（上），国家图书馆出版社2010年版，第38页。
④ 《杨之华的回忆》，《一大前后》第二册，人民出版社1985年第2版，第80页。
⑤ 沈定一：《谁是你底朋友》，《沈定一集》（下），国家图书馆出版社2010年版，第499页。
⑥ 中共浙江省委党史征集研究会、中共萧山县委党史资料征集研究委员会编：《衙前农民运动》，中共党史资料出版社1987年版，第5页。

护；官府本身就掌握在地主与劣绅手里，给他们提供武装保护力量。三者相互勾结，形成共同利益联盟。为了反对已经联合的剥削者，农民也必须组织成坚固的农民联盟来应对。沈定一用阶级斗争理论告诉农民生活贫困、地位低下的原因，主要是因为"现在是有产阶级的世界，他们是有组织的：软来有官吏替他们讲他们的法律，硬来有军警替他们提刀枪，你们是没有组织没有团体一盘散沙似的人民，自然被他们屈服下了降为奴隶牛马"。①

要改变这种现状，农民就要"结合起来，不要做一堆散沙，散沙是容易失败的；你们要结成做一块石头，别人很不容易把你们分开，也很不容易移动你们。"②沈定一不但向农民讲解组织起来的重要性，还讲述了分散斗争必然导致失败的道理，"不可以无组织的暴动。因为无组织的暴动，只是一哄而散"，③不但无益，还会被隐藏在农民革命队伍里的投机者趁乱抢、烧、奸淫、掠夺，结果"只是残害你们的劳动职业的光荣，破坏你们前途底建设"④。沈定一对农民革命抱有乐观主义精神，他认为压迫阶级力量虽很强大，但毕竟只占全部人的少数，而农民则占了绝大多数。"劳动者在世界上是大多数，资本家的数目，很少很少。"⑤农民处于被压迫的地位，是因为他们没有团结起来。以微弱的个体来对抗强大的剥削阶级，失败是必然的。要想取得斗争胜利，必须"赶快的团结呵！大地主们总有一天投降你们的"。沈定一不停地重申组织的重要性，他认为只有农民组织起来，形成革命的共同体，有着共同的斗争目标，才能不被击垮，这是被压迫阶级起来作斗争的基本要求。

三、衙前农民运动的特点

沈定一领导的衙前农民运动，是中国新民主主义时期第一场农民运动，在中国现代农民运动史上具有深远的意义。

1. 科学的理论指导——马克思主义。在《衙前农民协会宣言》中，体现了将马克思主义作为农民斗争的革命指导思想，它明确提出了农民受压迫的根源、运动开展的形式以及运动斗争的方向。

农民没有科学的理论做指导，摆脱不了小农阶级的局限性及封建主义思想的影响，往往陷入封建专制循环的怪圈，不可能取得农民运动的胜利。《衙前农民协会宣言》作为农民运动的理论指导，体现了明显的科学性。首先，《宣言》开篇提到农民的伟大贡献和作用，指出"农民出了养活全中国人民最大多数的气力，所有一切政费，兵费，教育费以及社会上种种正当和不正当的消费，十有八九靠农民底血汗作源泉"。所以农民应该受到应有的尊重，但现实是农民一直受到最不公正的待遇，变得贫贱、困顿、呆笨和痛苦。其次，《宣言》明确指出了现存的经济制度是造成农民贫困的根源，并质疑以地主、大资产阶级为代表的"第三阶级"政权的正当性。大地主大资产阶级"所崇拜的经济制度，发展我们底贫困，比发展他们底私有财产还要快。关于这种不良的经济制度所给的苦痛，农民和工人是一样受着的。照这样看来，他们第三阶级真不配做主权者"。可以看出，沈定一认为农民贫困的直接原因是由于地主阶级的压迫，而更深层次的原因则是现存的经济制度不合理，才造成了富者更富、贫者更贫的结果。所以要想摆脱不受欺诈剥削的处境，就必须起来推翻现存的经济制度，推翻掌权的第三阶级。再次，《宣言》指明了农民起来斗争的形式与斗争的方向，

---

① 沈定一：《农民自决》，《沈定一集》（下），国家图书出版社2010年版，第516页。
② 沈定一：《谁是你底朋友》，《沈定一集》（下），国家图书出版社2010年版，第502页。
③ 沈定一：《农民自决》，《沈定一集》（下），国家图书出版社2010年版，第517页。
④ 同上。
⑤ 沈定一：《谁是你底朋友》，《沈定一集》（下），国家图书出版社2010年版，第502页。

指出"我们有组织的团结，才是我们离开恶运交好运的途径……我们不要忘记世界上的土地是应该归农民使用。我们不要忘记土地该归农民所组织的团体保管分配"。① 由此可见，《衙前农民协会宣言》不但说明了农民为社会进步所作出的贡献，还揭示了农民贫困的根源，号召农民组织起来为争取自身利益而斗争，又指明了农民应该采取何种斗争方式及斗争方向，有层次、有逻辑，为衙前农民运动提供了科学的理论指导。

2. 全新的组织形式——农民协会。与中国历史上的农民斗争利用封建迷信、教会起义不同的是，衙前农民运动所依靠的是一个新型的农民团体——农民协会。以往农民战争的组织方式，是应用宗教或迷信在起义农民中重新树立一个权威，通过强化斗争或战争中的权力中心，使农民紧紧围绕在树立的权威周围，形成一个强大的力量，以应对来自政府的镇压，而这往往形成一个新的封建专制政权。

衙前农民协会是一个非常民主的农民自发团体，《衙前农民协会章程》第五条规定："本会底组织，基于会员全体；由大会选举委员六人，为本会委员。又由委员六人中互选，选出议事委员三人，执行委员三人。委员一年一任，只得连任一次。""议事委员有考查提议的责任"，"议事委员会，议决关于大会所交议及会员三人以上所提议的事件"；"执行委员，掌管本会名册及登记簿，执行由大会及议事会议决事件；并联络别村与本村同性质的团体"。"大会召集，由会员五分之一或议事委员会之主张召集大会"。不难看出，这些规定充分显示了协会的广泛民主性。首先，协会没有规定主要负责人，而只是设立了 6 个委员，来共同协商协会内、外部事宜；并且这些委员一年一任，连任不能超过两次，这就在最广大范围内实行农民的自决；其次，委员分为议事委员和执行委员，两种委员各司其职，各尽其责。议事委员负责考察提议事项，执行委员掌管大会议决事项；最后，大会召集的其中一个条件是要由五分之一会员主张方能召集，充分尊重了广大会员的意愿，具有广泛的民主性。

《衙前农民协会章程》是沈定一组织编写的，体现了沈定一关于农民自决的农运思想以及无压迫、无剥削，人人平等的共产主义理想。

3. 革命的组织者——中共早期党员。五四运动的爆发以及俄国十月革命的胜利，掀起了中国知识分子介绍和宣传马克思主义的热情，对尚属于资产阶级革命派的沈定一产生了重大影响。通过学习马克思主义学说，沈定一认识到资本主义是侵略战争和农民群众受压迫剥削的根源；认识到社会主义终将代替资本主义的社会发展规律；认识到马克思主义剩余价值原理。经过不断地学习和实践，沈定一从一个资产阶级革命派变成了具有马克思主义觉悟的革命者。

通过学习马克思主义经济学说，沈定一认为资本主义制度是造成底层人民贫苦的根源。资本主义社会创造了资本家，资本家残酷地对待雇佣的底层人民。"资本家吃人，比虎豹凶恶，虎豹的吃人是整吃的，资本家吃人是零碎吃的；虎豹吃人是一个时候吃的，资本家吃人是分时分日分月分年吃的；虎豹吃人只是吃一个或咬死几个，资本家吃人是五十个一群或数百数千一群吃的……虎豹吃人用他自身的爪牙，资本家吃人用工人挖出来的银铜。"② 为了改变这种不合理的社会制度，消灭资本家，就必须让生产资料归社会而不是归个人所有，即实行社会主义。所以，沈定一高声赞美社会主义，认为社会主义是"个人尽个人所能够尽的能力，作出有益于人类的东西来，各人得到各自需

---

① 《衙前农民协会宣言》，《新青年》第 9 卷第 4 号；又载中共萧山县委党史资料征集研究委员会、中共萧山县委党史资料征集研究委员会编：《衙前农民运动》中共党史资料出版社 1987 年版，第 23—24 页。
② 沈定一：《吃人的资本家》，《沈定一集》（上），国家图书馆出版社 2010 年版，第 311 页。

要的均等的享用；多余的，拿来供给大家的老年人，小孩子，生病的"，① 如此美好的社会主义正是"做工不够饱，没钱养老小，出力不讨好的人的救星"。② 此外，沈定一还认为，按照社会发展的规律，社会主义必将取代资本主义，"资本主义底国家，已经盖上棺材盖了，继起的就是社会主义底国家"。③ 沈定一非常了解中国农民贫困的现状和根源，准确地总结了社会主义和资本主义的本质。他对社会发展的规律作出的判断符合马克思主义关于社会进化的理论。

沈定一结合中国的实际，对阶级斗争作出了理解。首先，他承认阶级的存在，"世界上只有两大营寨，一个是有产阶级占据着一切生产工具剥夺劳动者的剩余的营寨，一个是无产阶级终身被剥夺被压迫为有产阶级少不来的活机器的营寨"。④ 其次，他认为阶级斗争具有绝对性，由于利益的驱使，有产阶级企图占据一切生产资料，而无产阶级为摆脱受压迫受剥削地位，就要起来和有产阶级作斗争。"世界上有一天阶级存在，必有一天阶级斗争。"⑤ 再次，他认为阶级斗争的结果必将是无产阶级赢得胜利，"有一天阶级斗争，必有一天劳工专政"。⑥ 沈定一对阶级的认识非常接近马克思关于阶级斗争的学说，说明沈定一对马克思主义基本理论已经有了较为深入的了解。

总之，由中共早期党员沈定一发动和组织的衙前农民运动，由于受时代和历史条件的限制，加之中国共产党对农民问题的认识不足及农民领袖自身的局限性，不可能取得完全胜利，但这并不能影响衙前农民运动在中国农民运动史上的伟大意义。作为一个拥有中共党员身份的知识分子，沈定一运用他对马克思主义的理解，给农民讲述、使他们懂得并且实际去用革命手段破坏旧的制度，开中国共产党党员领导农民革命运动之先河。虽然沈定一于1923年底访苏回来后不久加入了国民党，后来参加了旨在反共的西山会议，并最终成为顽固的反共右派，但我们不能因为沈定一政治身份的转变，从而否定他在衙前农民运动中所付出的努力和他所领导的衙前农民运动。

（资料来源：王铁成、王文兵：《揭开尘封的记忆：沈定一与衙前农民运动再认识》，《党史研究与教学》2012年第3期）

---

① 沈定一：《什么叫做非社会主义》，《沈定一集》（下），国家图书馆出版社2010年版，第375页。
② 沈定一：《什么叫做非社会主义》，《沈定一集》（下），国家图书馆出版社2010年版，第375页。
③ 沈定一：《资本主义的国家与社会主义的国家》，《沈定一集》（下），国家图书馆出版社2010年版，第391页。
④ 沈定一：《阶级觉悟》，《沈定一集》（下），国家图书馆出版社2010年版，第461页。
⑤ 沈定一：《劳工专政》，《沈定一集》（下），国家图书馆出版社2010年版，第422页。
⑥ 沈定一：《劳工专政》，《沈定一集》（下），国家图书馆出版社2010年版，第422页。

第七编　村政

第一章　自治组织
第二章　中国共产党
第三章　群众组织
第四章　村务管理
第五章　民兵优抚
第六章　创业新村社区

概　述

　　20世纪20年代，凤凰地区是中国共产党、中国国民党活跃的地区。中国共产党早期党员沈定一在此组织和领导衙前农民运动，建立起中国现代首个农民协会。沈定一先后在杭州、衙前农村小学校建立起"悟社""任社"革命组织，成为杭州、萧山社会主义青年团的最早雏形。作为国民党早期党员，沈定一还组建起国民党浙江临时省党部，指导国民党萧山临时县党部的建立。后推行东乡地方自治、衙前地方自治，为全国首创。沈定一的夫人王华芬则为萧山最早的团支部成员之一，萧山最早的妇女协会会长，积极开展团组织活动和妇女解放运动。

　　新中国成立前，凤凰地区实行保甲制。新中国成立后，废除保甲制，建立中国共产党地方组织和人民政权，组建起地方人民武装和群众团体。1961年，建立凤凰生产大队党支部、交通生产大队党支部、卫家生产大队党支部以及凤凰生产大队管理委员会、交通生产大队管理委员会、卫家生产大队管理委员会，分别隶属衙前人民公社党委、衙前人民公社管理委员会。1984年，各生产大队改为村，生产大队管理委员会改名为村民委员会。1991年，建立凤凰村、交通村、卫家村经济合作社。2005年，凤凰村、交通村、卫家村合并为凤凰村，仍属杭州市萧山区衙前镇。2008年起，凤凰村实行男70周岁、女65周岁以上的高龄工作人员一律离职。

　　2010年，成立创业新村社区，该社区位于凤凰村西南部，为杭州市首个以外来人口为主要服务管理对象的建制社区。

　　2016年，凤凰村党群组织有：凤凰村党委、凤凰村团支部、凤凰村妇女代表会、凤凰村基层工会联合委员会、凤凰村老年人协会等。凤凰村自治组织有：凤凰村民委员会、凤凰村股份经济联合社、凤凰村村务监督委员会、凤凰村治保调解委员会等。村务人员上班时间为：夏令时（5月1日起）：7：30—11：00，13：30—17：00；冬令时（10月1日起）：7：30—11：00，13：00—16：30。

　　2004年以前，凤凰村为衙前镇人民政府驻地。驻地在凤凰地区的机关事业单位有：杭州市公安局萧山分局衙前镇派出所、萧山交通警察大队衙前执勤中队、萧山供电局衙前供电营业所、衙前镇卫生院、萧山区第三高级中学、衙前镇初级中学、衙前农村小学校、衙前中心幼儿园分园、衙前镇文化中心、中国银行萧山衙前支行、中国农业银行萧山衙前支行、中国建设银行萧山衙前支行、衙前农村信用社驻衙前办事处等。2004年9月，衙前镇人民政府办公地址从凤凰村迁至新发王村（2005年新发王村并入衙前村）。至2016年，驻地在凤凰村的机关事业单位有：萧山区交通警察大队衙前执勤中队、衙前镇初级中学、中国银行萧山衙前支行、中国农业银行萧山衙前支行、中国建设银行萧山衙前支行、萧山农村合作银行衙前支行、中国移动衙前点、中国电信衙前支局等。

图0935　2011年4月1日凤凰村民委员会换届选举计票（毕迪摄）

图0936　2011年6月3日凤凰村新一届领导班子（翁洪霞摄）

第一章 自治组织

概　况

民国时期，凤凰地区先后实行衙前村自治会、保甲制度。萧山解放后，凤凰地区行政、经济等管理机构先后经历了村行政委员会（1949年5月至1957年）、生产大队管理委员会（革命领导小组）（1958年至1984年）和村民委员会与村经济联合社（1984年4月至今）3个时期。村领导职务也经历了村长—生产大队长—革命领导小组组长—生产大队长—村委会主任的演变。

第一节　村自治会

民国17年（1928）2月6日，沈定一在家乡成立衙前村试办自治筹备会，发布《衙前村自治筹备会宣言》："本村试办自治，不单是使一般民众得到实际的团结机会，并且要在自治的设施上救济我们的穷困，振拔我们的愚鲁。"

衙前村试办自治筹备会设有委员7人：衙前农民协会代表3人、衙前建筑业工会代表1人、衙前商民协会代表1人、衙前妇女协会代表1人、农村小学校代表1人。由于诸多自治事宜单在一个村无法进行，沈定一继而把自治试验区扩大到以衙前村为中心的整个萧山东部地区（约占全县面积的三分之一）。

民国17年6月8日，沈定一发起召开国民党萧山第二、第六两区党部党员大会联席会议，筹备东乡自治，通过《萧山县东乡自治会组织法》《萧山县东乡自治会章程》《乡自治指导委员会组织法》，选举出东乡自治会委员及指导委员各5人。东乡自治会就此成立。衙前村自治筹备会改为衙前村自治会。

东乡自治区域范围：东南至绍县，北至钱江中流，西至本县附廓之东阳桥大路，西南至大通桥与南乡为界。下辖衙前、钱清、瓜沥、长巷、仁化、坎山、南阳、西仓、靖江、头蓬、赭山、义盛、新湾、党湾、蜀山15个村自治会，计53032户241237人（民国18年（1929）户口调查数据）。

东乡自治分为乡村两级自治会。乡自治会为最高机关，受区党部的直接指导。村自治会为基层组织，受区分部之指导、监察，受乡自治会之指挥。自治会设有农民协会、建筑工会、农村小学、妇女协会、商民协会、村民大会。乡自治会的权力机关为乡民大会、各乡代表大会、全体委员会、执行委员会。村自治会的权力机关是村民大会、全体委员会、执行委员会。从事的工作大致为：调查户口、测量土地、核定地价、普及教育、修建道路、振兴实业、发展社会事业等。

村民大会为地方最高权力机关，在村民大会、全体委员会和执行委员会的领导之下，分设教育股、建设股、统计股。其中建设股又分设丐工局、水利局、公墓局、森林局、道路局、自治会所、消防局；统计股下设粮食局、制表处、估计处、编纂处、测量处、调查处、登记处等；教育股下设息争局、安老局、托儿园、平民学校、乡村师资训练处、卫生局、印刷局等。

民国 17 年 7 月，沈定一主持创办全省第一个合作社——衙前农村有限责任信用合作社，沈定一为社长，社员 300 余人，经营放款及储蓄业务。此后，又成立瓜农信用社、场农信用社、改良种茧贩卖合作社、改良茧缫丝贩卖合作社、衙农贩卖合作社、草帽合作社等。

民国 17 年 8 月，沈定一应戴季陶、张溥泉、朱骝先、周柏年诸先生之邀，赴杭州莫干山谈论地方自治工作。返乡时，在衙前汽车站被刺身亡。

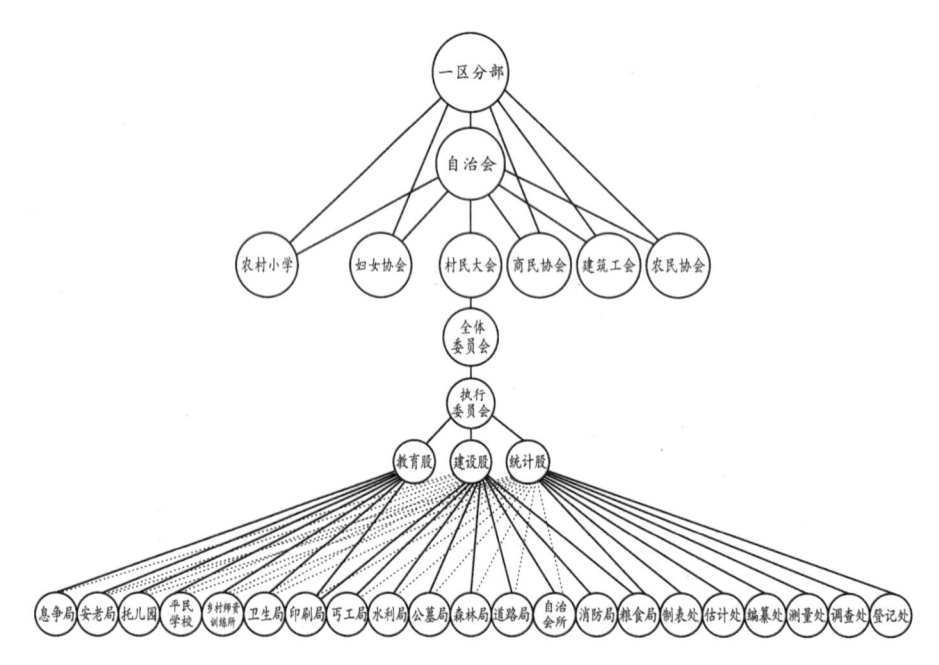

图 0937　民国 17 年（1928）萧山县东乡自治会组织图示

沈定一死后，浙江省政府应自治会的请求，特准东乡自治继续试办一年，并每月给予帮助。期满，终于以法令所关，碍难长此特异，取消一切民众组织，自治会改为一例奉行的区乡镇制。

附录一

萧山县东乡自治会章程

一、本会以东乡为自治范围。

二、本会所范围之各区均应设村自治会。

三、本会受区党部之指导与监督，村自治会受当地区分部之指导与监督，受乡自治会之指挥。

四、凡住居本乡满二年以上，不分男女，年在十八岁以上者（优秀者不在此列）均有选举权、创制权、罢免权、复决权。

五、凡住居本乡满二年以上，确尽地方义务或义务代价者均得享受自治团体之权利，其年老残疾、未成年之人不在此列，妇女在孕育期内得免一年之义务。

六、本会为应地方自治之需要，得依报定地价按亩抽百分之一为自治经费。

七、本会应积极扶助农工商业之发展，力谋地方建设事业之推进并应积极提倡平民教育，特设专局计划处理之。

八、本会因工作之性质分设各局如下：

1. 户籍局　清理户籍，办理人事登记事项。
2. 地籍局　举办土地陈报注册，调查地籍，测量土地事项。
3. 教育局　办理全乡学校教育、社会教育、职业教育事项。
4. 实业局　改良及扩充全乡农业生产并计划发展全乡工业、商业、电气事业。
5. 财务局　谋统一全乡财政调剂金融事项。
6. 社会局　指导全乡民众并培养其使用四权之能力，办理全乡消防警务卫生清洁、育幼养老、济灾恤贫以及改良风俗习惯事项。
7. 水利局　整理全乡江岸，开浚河流、沟渠，修筑堤塘闸坝事项。
8. 道路局　修筑及察勘全乡道路计划路线及工程事项。
9. 息争局　调息全乡人民之争诉事项。
10. 粮食局　调查粮食之产量与来源，管理储蓄，公籴公粜事项。
11. 运输局　举办汽船、汽车、轻便铁道及公共转运事业。

九、本会对于本乡人民有不正当之行为得随时禁止，行为良好者应奖励而扶植之。
十、本会各局章程及办事细则由委员会议订之。
十一、本章程由二区六区党部党员大会联席会议决议施行，修改时亦同。

附录二

衙前村自治会章程

第一条　为促进三民主义之实现，五权宪法之实施起见，遵奉建国大纲及地方自治开始实行法之指示，在党的指导之下，职业不同的民众团体，使构成政治经济的密切组织，试办村自治。

第二条　村自治筹备会的团体分子：

一、农民代表，
二、工会代表，
三、商会代表，
四、妇女会代表，
五、学校代表。

就目前民众团体，分配其人数如下：

一、衙前村农民协会代表　三人，
二、新林周农民协会代表　三人，
三、建筑工会代表　一人，
四、妇女协会代表　一人，
五、商民协会代表　一人，
六、农村小学校代表　一人。

第三条　本会受萧山县第二区第一区分部之指导与监察，受东乡自治会之指挥。
第四条　第二条所列各团体代表，由各团体选出，经党部的认可，即得为筹备员。

第五条 本会的自治事件如左：

一、清查户口及财产；

二、筹备乡村经济组织；

三、测量土地，估定地价；

四、修筑道路及设备各种交通机关；

五、垦殖荒山、矿地；

六、改良农田水利，保护森林；

七、建设学校。

第六条 本会的目前设施，除上条所列各事件于可能范围力求进展外，并设施下列各事务：

一、消防事务；

二、警备盗贼事务；

三、息争事务；

四、卫生事务。

第七条 本会由筹备员中互选出执行委员三人，组织执行委员会，执行村民大会及全体委员会之决议。

第八条 执会每星期之一、三、五必开常会。

第九条 全体委员会每星期至少开大会一次，由执行委员会召集。

第十条 村民大会每月举行一次，由党部召集之。

第十一条 本会以东乡自治会划定之衙前村自治区域为区域。

第十二条 本会会址设在衙前。

第十三条 本会之经费由下列各团体分配成数负担之：

一、衙前村农民协会 百分之三十五；

二、新林周村农民协会 百分之三十五；

三、建筑业工会 百分之八；

四、商民协会 百分之十二；

五、妇女协会 百分之五；

六、农村小学 百分之五。

第十四条 本会应工作的需要，经党部的批准，得向住户募集经费。

第十五条 本会各种手续法及规约、表式等等，由执行委员会提交全体委员会决定之。

第十六条 本会筹备时期暂定六个月。

第十七条 本章程经区分部批准，递呈由区党部转报县党部核准。

第二节 保甲

民国23年（1934），推行保甲制。衙前乡、衙南乡、丁村乡、西江乡4乡合并为衙前乡。乡以下废闾、邻，立保、甲。10户为甲，设甲长。10甲为保，设保长。衙前乡下辖19个保。凤凰地区分属第五、第十三、第十八、第十九保。民间谚云：省长命令发落，县长手枪一督，乡长买田造屋，保长吃鱼吃肉，甲长跑上跑落，老百姓眼泪水跌落。道破了当时的机构层次和阶级关系。

民国30年（1941），日本侵略军侵占衙前，建立汪伪政权和地方武装伪"和平军"，同时建立伪政权维持会，维持会会长如意寺僧章释末，听命于日军，横行乡里，急抽田亩捐。国民党乡政权工作完全停顿，衙前乡乡长王金生逃到南阳雷山避难。直到民国34年（1945）8月，日本投降，伪政权垮台，国民党衙前乡公所才公开露面办公。

民国36年（1947）3月，实行乡镇编并，衙前乡与云英乡合并为渔庄乡，乡公所驻凤凰地区，乡下辖23保，凤凰地区分别为第十四、第十七、第二十保。

民国37年（1948），渔庄乡又析分为云英乡、定一乡，凤凰地区属定一乡，乡长王华芬，凤凰地区属定一乡第七、第十保。

表609　民国时期凤凰地区所属衙前地方政府官员名录

乡公所名称	乡长	任职时间	乡公所名称	乡长	任职时间
南乡公所	金如涛	民国21—23年	衙前乡公所	王乃通	民国35—36年
衙前乡公所	王华芬	民国21—27年	渔庄乡公所	王乃通	民国36—37年
	王金生	民国27—34年	定一乡公所	王华芬	民国37—38年
	傅瑞芬	民国34—35年			

表610　1954—1958年凤凰地区所属农业合作社情况

乡村名	社名	社长	乡村名	社名	社长
交通乡第七村（1954—1956）	胜利初级社	傅金浩	交通乡（1956—1958）	交一高级社	傅金浩
	童墅初级社	陈金龙		交三高级社	周友根
凤凰乡第十村（1954—1956）	凤凰初级社	蔡水泉			
	胜健初级社	王东海			

第三节　村行政委员会

1949年5月萧山解放后，凤凰地区属坎山区定一乡人民政府管辖。1950年6月，撤销定一乡，分设交通、凤凰两乡。交通乡辖6个村（第三、第五、第六、第七、第八、第九村），凤凰乡辖7个村（第一、第二、第四、第十、第十一、第十二、第十三村），凤凰地区分属交通乡第七村（今凤凰村交通片）、凤凰乡第十村（今凤凰村凤凰片、卫家片）。在剿匪斗争和反霸斗争、减租减息运动中，先后废除保甲制度，成立农民协会，组建村行政委员会。

村行政委员会设村长1人，生产、治安委员各1人，民兵队长1人，妇女主任1人，土改时增设没收委员1人，由村民大会选举产生，均不脱产。村行政委员会下设行政小组，正副组长由群众选举产生。

时，交通乡第七村村长傅忠苟（1949年9月至1954年9月在职），凤凰乡第十村村长汪水林（1949年9月至1951年9月在职）、卫阿明（1952年1月至1954年9月在职）。

土改时，主要权力掌握在农民协会手里，并增设没收委员1人。土改后，在村行政委员会引导和村干部带领下，村民自发组织常年互助组和季节性互助组，凤凰乡有54个农业生产互助组。

1955年，中央发出关于农业合作化的指示，交通乡建有初级社25个，凤凰乡建有初级社19个。凤凰地区有胜利初级社（傅家自然村域）、童墅初级社（童墅自然村域）、胜健初级社（西曹自然村域）、凤凰初级社（卫家自然村域、新屋自然村域）。初级社管理委员会设社长、会计、经济保管员等。

1956年，交通乡、凤凰两乡合并为交通乡。由初级农业生产合作社到高级农业生产合作社。凤凰地区分别属交通乡交一高级社（傅家自然村、童墅自然村域）、交三高级社（西曹自然村、卫家自然村、新屋自然村域）。高级社管理委员会设主任、副主任、委员等，由社员代表大会选举产生。

第四节　生产大队管理委员会（革命领导小组）

1958年，全县实现人民公社化，区级建制撤销，成立政社合一的人民公社。以乡、镇建立生产大队，后改名为管理区。以村或数村联合建成生产队，下为生产小队（耕作队）。凤凰地区属坎山人民公社交通管理区交通生产大队。

公社在各自然村办公共食堂，后又合并为大食堂，设食堂主任、会计等。生产队为基本核算单位，设队长、副队长。生产小队一般设三小队长（生产、财务、妇女）、六员（记工统计、实物保管、经济保管、技术检查、会计、保健）、食堂主任和托儿所、幼儿班负责人等。

1961年3月，调整公社规模，撤销管理区。以村为单位设生产大队。凤凰地区设有凤凰生产大队、交通生产大队、卫家生产大队，属蜀山区衙前人民公社。生产大队管理委员会设大队长1人，副大队长2人，治保主任1人，经济保管员1人，会计1人，委员若干人。生产大队以下为生产队，设队长、副队长、会计各1人，由社员选举产生。

1965年3月，浙江省委萧山工作团衙前工作队进驻衙前人民公社12个生产大队，开展"四清"（清思想、清政治、清经济、清组织）运动。之后，凤凰生产大队、交通生产大队、卫家生产大队分别成立贫下中农协会，提出"一切权力归贫协"。

1968年，生产大队管理委员会被生产大队革命领导小组所取代，其成员配置由公社革命委员会审查批准。革命领导小组下辖生产队，设队长、副队长、会计、现金保管员、实物保管员、植保员等职，重点抓阶级斗争、农业学大寨和围垦海涂等工作。

1978年10月，取消生产大队革命领导小组，恢复生产大队管理委员会。

至1984年初，改变政社合一体制，恢复乡镇、村建制。各生产大队改为村。凤凰地区原衙前公社凤凰生产大队、交通生产大队、卫家生产大队改为衙前乡凤凰村、交通村、卫家村。两级管理委员会遂告结束。

表611　1949—2005年凤凰村（生产大队）负责人名录

机构名称	职务	姓名	任职年月
凤凰乡第十村	村长	汪水林	1949.09—1951.09
		陈柏根	1951.09—1952.07
		袁里几	1952.07—1954.09
交通生产大队管理委员会	大队长	傅岳先	1954.10—1961.03
凤凰生产大队管理委员会	大队长	鱼成先	1961.04—1968.05
凤凰生产大队革命领导小组	组长	鱼成先	1968.06—1975.10
		应柏根	1975.10—1978.07
		胡岳法	1978.07—1978.10

续表

机构名称	职务	姓名	任职年月
凤凰生产大队管理委员会	大队长	胡岳法	1978.11—1984.04
凤凰村村民委员会	主任	胡岳法	1984.05—1992.12
		项长根	1992.12—1998.12
		沃关良	1998.12—2005.06

表612　1949—2005年交通村（生产大队）负责人名录

机构名称	职务	姓名	任职年月
交通乡第七村	村长	傅忠苟	1949.09—1954.09
交通生产大队管理委员会	大队长	傅岳先	1954.10—1965.02
		杨玉林	1965.02—1968.05
交通生产大队革命领导小组	组长	杨玉林	1968.06—1970.10
		唐阿利	1970.10—1978.09
交通生产大队管理委员会	大队长	唐阿利	1978.10—1978.12
		傅关荣	1978.12—1980.02
		唐阿利	1980.02—1984.04
交通村村民委员会	主任	唐阿利	1984.05—1984.09
		潘生根	1984.09—1986.10
		傅华明	1986.11—1998.12
		李金木	1998.12—2000.11
		项岳元	2000.12—2005.06

表613　1949—2005年卫家村（生产大队）负责人名录

机构名称	职务	姓名	任职年月
凤凰乡第十村	村长	卫阿明	1952.01—1954.09
山南生产大队管理委员会	大队长	施定生	1954.10—1961.03
卫家生产大队管理委员会	大队长	卫阿虎	1961.04—1965.01
		陈大牛	1965.01—1968.05
卫家生产大队革命领导小组	组长	陈大牛	1968.05—1968.11
		张阿关	1968.11—1969.10
		陈大牛	1969.10—1978.05
		卫小根	1978.05—1978.07
卫家生产大队管理委员会	大队长	卫月兴	1978.07—1984.05
卫家村村民委员会	主任	卫月兴	1984.05—1992.12
		卫小明	1992.12—1995.10
		蔡校泉	1995.10—1998.12
		陈国明	1998.12—2002.05
		卫月兴	2002.05—2005.06

第五节　村民委员会

1984年，成立凤凰村民委员会、交通村民委员会、卫家村民委员会。3村分别下设5个村民小组、6个村民小组、4个村民小组。

村民委员会设主任1人，副主任和委员若干人。每届任期3年。村民委员会初建时，其成员由村民代表选举产生，1988年后，由村民直接选举产生。建有人民调解、治安保卫、文教卫生、民政福利、计划生育等工作班子，村委人员可交叉兼职。

2005年，村规模扩大，凤凰村民委员会、交通村民委员会、卫家村民委员会合并为凤凰村民委员会。

至2016年底，凤凰村民委员会下设有社会综合治理办公室、计划生育办公室、老年办公室、村办事中心、水电办公室、财务办公室、衙前消费品综合市场管理委员会办公室、新鑫凤凰花园管理室、警务室、东岳庙管理委员会、五金管理办公室等部门。下辖15个村民小组。（机构设置与人员配备，参见本志"文献"编）

表614　2005—2016年凤凰村民委员会负责人名录

时间	主任	副主任	委员	时间	主任	副主任	委员
2005.09—2008.05	沃关良	卫建荣 傅建松	周建新 卫　星	2011.04—2013.12	沃关良	卫建荣 傅建松	汪彩娟 周建新
2008.05—2011.04	沃关良	卫建荣	汪彩娟	2013.12—2016.12	沃关良	卫建荣 沈云海	汪彩娟 周建新

第六节　村经济联合社

1991年，萧山市在农村普遍建立村经济合作社。衙前镇在凤凰村试点，首先成立凤凰村经济合作社，发布《凤凰村经济合作社章程》，执行村社员代表大会决定的财务会计制度和社管会年初财务计划。设置总会计岗位，由镇组织进行农村经营管理知识培训。接着，各村经济合作社管理委员会成立，社长、副社长、委员均由村社员代表大会选举产生。其中凤凰村经济合作社：社长曹水根，副社长胡岳法、胡和法，委员周阿根、鱼成虎。交通村经济合作社：社长潘生根，委员傅华明、项美文。卫家村经济合作社：社长卫小根，委员卫小明、张亚军。每届任期3年。

1995年10月、1998年9月，各村经济合作社管理委员会进行换届选举。

1996年实行"两田制"后，打破组与组界限，取消专业会计，由村总会计负责。2000年，凤凰村、交通村、卫家村分别建立村民主理财监督小组，开展清理村级债权债务工作和财务公开工作。凤凰村被评为萧山市财务示范村。

2005年，村规模调整中，交通村、卫家村、凤凰村合并为凤凰村。是年10月，凤凰村社员代表大会选举产生新一届村经济合作社管理委员会成员和民主理财监督小组成员。

2006年6月20日，凤凰股份制经济联合社成立，为萧山区首个村级股份经济联合社。

凤凰股份经济联合社成立后,实行"五个不变",即凤凰村集体资产所有权不变,与村企事业单位签订的合法承包租赁协议在合同时效内保持不变,对村民享受的福利待遇不变,涉及老人福利补贴、考入高中以上学校的教育补贴、大病统筹医疗和困难户补贴等政策不变,凤凰村既定的经济建设和社会事业发展目标不变。

2014年,进行股份制改革,发放《凤凰股金权证》。2016年,凤凰村有股东代表55名。2017年1月,进行2016年度股东分红,全村2042名股东共分红利230多万元。(参见本志"村民访谈"编之"村里的换届选举、股份分红以及福利待遇——张彩琴口述","村级经济 收益分配"编之"村级经济·股份经济联合社"节,"文献"编之"经济联合社章程")

表615 2005—2016年凤凰村经济联合社成员名录

时间	董事长	副董事长	委员	时间	董事长	副董事长	委员
2005.10—2008.05	胡岳法	沃关良	傅柏松 卫传富 张彩琴	2011.04—2013.12	胡岳法	沃关良 沈云海	卫建荣 张彩琴
2008.05—2011.04	胡岳法	傅建松	方　正 卫　星 张彩琴	2013.12—2016.12	胡岳法	沃关良	傅建松 方　正 张彩琴

注:凤凰村经济合作社成立时,设社长、副社长、委员;2006年成立凤凰股份经济联合社后,改设董事长、副董事长、委员。

第七节　村民(股东)代表大会

民国17年(1928),沈定一实行东乡自治、衙前村自治时,就设有村民大会,为地方最高权力机关。新中国成立后,仍有村民大会,选举产生村级政权。

1988年6月,试行《中华人民共和国村民委员会组织法》,村民委员会主任、副主任和委员仍然由村民直接选举产生,涉及全村村民利益的问题,必须提请村民会议讨论决定。

1998年11月起,正式实施《中华人民共和国村民委员会组织法》,村民代表会议讨论决定村民会议授权的事项。村民代表由村民按每5户至15户推选1人,或者由各村民小组推选若干人,任期与村民委员会的任期相同。

2005年,凤凰村、交通村、卫家村三村合并后,凡是涉及凤凰村的重大问题,由村党委、村委会、村经济联合社拟出初稿,提交村民(股东)代表大会讨论通过,方予实施。

2005—2010年,凤凰村村民(股东)代表55名。

2011年,凤凰村村民(股东)代表54名,其中南片18名,其中妇女村民(股东)代表6名;中片26名,其中妇女村民(股东)代表8名;北片10名,其中妇女村民(股东)代表3名。

2016年,凤凰村村民(股东)代表53人,其中南片16名,中片27名,北片10名,先后召开3次代表大会,决议村内重大事项。

表 616　2005—2016 年凤凰村民（股东）代表名录

产生年份	区域	第一小组	第二小组	第三小组	第四小组	第五小组	第六小组
2005 年 (55 人)	凤凰片	曹建良　沃关水 曹水根　童为龙	沈芬仙　曹水泉 周狄夫　胡建平 方　正　胡岳法 胡和法	沃阿毛　方正海 项长根　曹引舟 胡阿素	张彩琴　沈云海 沈国兴　徐建根 周建新	王水林　王玲英 周彩芬　鱼成虎 沃关良	—
	交通片	唐关贤　项国安 唐荣法　项岳元	陈岳先　陈长根 汪彩娟	胡友法　傅传根	傅芬娟　张荣海 傅柏松	傅关木　傅岳土	陈国民　傅关仁 傅金洋　傅建松
	卫家片	陈国明　应柏生 卫传甫	卫小明　卫水荣 卫建荣　卫月兴	卫子仁　卫纪土	卫　星　卫爱凤	—	—
2008 年 (55 人)	凤凰片	曹建良　沃关水 曹水根　童为龙	沈芬仙　周狄夫 胡建平　曹水泉 胡岳法　方　正 胡和法	沃阿毛　曹引舟 方正海　胡阿素	沈国兴　沈云海 徐幼琴　周建新	王水林　张彩琴 王玲英　鱼成虎 周彩芬　沃关良 石成匡	—
	交通片	项国安　唐关贤	陈岳先　陈道德 汪彩娟	胡友法　傅传根	张荣海　傅林洪 傅柏松	傅关木　傅国庆	陈国民　许永平 傅建松　傅金洋
	卫家片	应柏生　陈国明 卫传甫	卫水林　卫小明 卫建荣　卫月兴	卫子仁　卫纪土	卫正荣　卫爱凤 卫　星　俞海梅	—	—
2011 年 (54 人)	凤凰片	曹建良　童为龙 沃关水　曹爱娟	沈芬仙　胡岳法 方　正　胡和法 周狄夫　胡建平 翁洪霞	沃阿毛　胡阿素 曹引舟　方正海 周柏夫	沈国兴　沈云海 周建新　徐幼琴	王水林　沃关良 鱼成虎　张彩琴 王玲英　周彩芬	—
	交通片	项国安　唐关仁 唐关贤　唐荣法	陈岳先　陈道德 汪彩娟	傅传根　胡友法 黄兰英	傅林洪　张荣海 傅柏松	傅关木　胡文雅	陈国民　许永平 傅建松
	卫家片	陈水仙　应岳根	卫水林　卫张金	卫子仁　卫纪土	卫正荣　卫建荣 卫　星　鲁小珍	—	—
2014 年 (55 人)	凤凰片	曹建良　曹水根 沃关水　曹爱娟	沈芬仙　胡岳法 方　正　胡和法 周狄夫　胡建平 翁洪霞	沃阿毛　胡阿素 曹引舟　方正海 周柏夫	沈国兴　沈云海 周建新　徐幼琴 徐丽芬	王水林　沃关良 鱼成虎　张彩琴 王玲英　周彩芬	—
	交通片	项国安　唐关仁 唐关贤　唐荣法	陈岳先　陈道德 汪彩娟	傅传根　傅青华 黄兰英	傅林洪　张荣海 傅柏松	傅关木　胡文雅	陈国民　许永平 傅建松
	卫家片	陈水仙　应岳根	卫张金　卫水林 卫建荣	卫子仁　卫纪土	卫爱凤　卫　星 鲁小珍	—	—
2016 年 (53 人)	凤凰片	曹爱娟　曹水根 沃关水　沃　琦	沈芬仙　胡岳法 方　正　胡和法 翁洪霞　翁海良	周柏夫　胡阿素 曹行舟　沃阿毛 方正海	徐丽芬　沈云海 周建新　徐幼琴 沈国兴	王水林　沃关良 鱼成虎　张彩琴 王玲英　周彩芬 傅玉刚	—
	交通片	项国安　唐关仁 唐关贤	陈岳仙　陈道德 汪彩娟	傅传根　黄兰英	傅林洪　张荣海 傅柏松	傅关木　胡文雅	陈国民　许永平 傅建松
	卫家片	陈水仙　应岳根	卫张金　赵金彩 卫建荣	卫子仁　卫纪土	卫爱凤　卫　星 鲁小珍	—	—

附录一

2009年度村民（股东）代表大会决议

一、会议时间：2009年12月16日14时

二、会议地点：凤凰村三楼1号会议室

三、参加会议人员：村民（股东）代表应到55人，实到47人

四、会议由村主任沃关良主持

五、村党委书记、经济联合社董事长胡岳法提议由村三委研究的有关2010年发展农村经济、建设新农村、村民福利等实施意见。

经村民（股东）代表讨论后，通过决议如下：

（一）关于集镇老区萧明线、成虎大道南的建设规划和房子安置政策的决议

一致通过建造与凤凰南苑同式样五层商住楼及配套车库，所建的底层营业房全部出租，上层套房作居民安置用房。具体政策一切按原决议办理。本村村民无房户、缺房户安置平方计算按1—3人建筑占地面积为98平方米，4人以上原则为108平方米，套房安置可加倍对待，价格按每平方米910元计算。在村工作三年以上的外地技术人员可享受村民供房，价格按成本价计算。

（二）关于凤凰山度假村征用山地的决议

一致通过金马集团征用我村20亩山地，搬迁二户村及坟墓，但要求每年需上缴村不少于每亩2000元的新农村建设资金。

（三）关于解决村民停车难题的决议

一致通过在村庄的空余土地上由村集体出资建造汽车库，分地段评价供自备汽车库，解决村民停车难的实际问题。

（四）关于傅家污水小河覆盖的决议

一致通过对傅家自然村中间一条污水小河进行覆盖治理。拓宽道路，种上绿化，装上路灯，美化环境。

（五）关于推进集镇老区第六期整治改造和新国际贸易中心大楼的决议

一致通过推进集镇老区第六期整治改造（范围为凤凰大厦南、公园以东至供销社老房子西区块），整治后新建国际贸易中心大楼。

（六）关于提升2010年村民福利待遇和2009年股金分红的决议

在凤凰村近几年经济快速发展的前提下，提升村民生活质量，实行村民三大保障，促使村民共同富裕是村发展的最终目的。一致通过提升2010年村民福利待遇和2009年村民股金分红，具体调整分配如下：

1. 增加煤气补贴。每人每月增加5元，全年达到120元。（免费一瓶）

2. 增加老人养老金。50—59岁老人每人每月增加20元，为每人每月300元；60岁以上老人每人每月增加40元，为每人每月320元。

3. 增加医疗费报销比例。萧山定点医院住院费从85%增加10%，提高到95%；杭州定点医院住院费从80%增加10%，提高到90%；其他医院报销比例按照原来规定执行，不作变动。

4. 提高村民丧葬费标准。从原先1000元提高到4000元。

5. 2009年股金分红情况。凤凰片每人670元，交通片每人350元，卫家片每人100元，扣除每人每年50元的医疗保险费，最后分红为：凤凰片每人620元，交通片每人300元，卫家片每人50元。

今年股本清算小组仍由傅建松、张彩琴、卫星三同志组成进行股本清算。

（七）关于建造室外舞场的决议

为给村民提供健身场所，提升村民生活质量，一致通过投入50万元建造凤凰村室外舞场。

（八）关于村庄环境建设投入的决议

为整治环境，美化家园，一致通过村每年不少于150万元资金用于村庄环境建设。

（九）关于农转非独生子女大学生享受村民待遇的决议

由于国家政策调整，我村部分学生在考入大学后转为农转非户口。因其非农户口的身份限制，毕业后返乡无法享受村民待遇。一致通过本村村民独生子女，为本村在册非农户口的返乡大学生可享受村民福利待遇。两个女孩的农户享受村民待遇仍按《村规民约》第三章第8条执行。凡考入国家公务员或事业编制的人员，已经享受国家待遇的，从任职开始一律取消村民待遇。

（十）关于土地庙搬迁时间确定的决议

为促使凤凰庙宇合法化、集聚化，一致通过土地庙搬迁时间为12月30日（农历十一月十五）。具体工作由庙管会负责实施。

附录二

2016年村民（股东）代表大会决议

一、会议时间：2016年3月11日上午8：30

二、会议地点：凤凰村三楼西会议室

三、参加会议人员：村民（股东）代表应到55人，实到55人

四、会议由村主任沃关良主持，由村党委书记、经济联合社董事长胡岳法讲话

经村民（股东）代表讨论后，通过决议如下：

（一）关于集体部分积余资金出借的决议

为进一步加强村级三资管理，盘活部分积余资金，促使资产保值增值，增加村级可用资金，一致通过将村积余的部分资金暂出借给衙前镇人民政府。

（二）关于小商品市场外墙整治工程的决议

为改善老集镇环境面貌，喜迎G20，一致通过对小商品市场进行墙外清洗等整治工程。

（三）关于傅家线路上改下管道通户工程的决议

为更好地实施村庄总体规划，提高环境面貌，一致通过对傅家区块实施线路上改下管道通户工程。

（四）关于全村彩钢棚（房）整治工程的决议

为切实提升G20峰会环境面貌，结合本村实际，一致通过实施全村彩钢棚（房）整治工程。

（五）关于蒸汽管道安装工程分摊款的决议

为配合企业节能减排，减少空气污染，提高生产效益，一致通过村企联合安装蒸汽管道分摊

费用。

（六）关于木屋安装及配套工程的决议

为改善老集镇环境面貌，促使市场规划更加合理，一致通过搬迁原水果市场，在文化中心边建造木屋及配套工程。

（七）关于原北片土地出租种植苗木到期收回补偿款的决议

为更好地实施凤凰山北总体规划，一致通过对原北片土地出租种植苗木到期收回补偿款。

（八）关于游泳池处理维修工程的决议

为给老百姓提供一个健身休闲的娱乐场所，一致通过对游泳池水处理系统进行维修。

（九）关于农户庭院绿化建设的决议

为美化庭院，更好地建设新农村，以良好的面貌喜迎G20，一致通过对农户入庭院进行绿化建设。

（十）关于衙前路提升工程的决议

为改善老集镇环境面貌，以崭新的姿态迎接G20峰会，一致通过实施衙前路提升改造工程，包括土建及绿化工程。

第八节 村务监督委员会

2005年三村合并后，成立凤凰村村务监督委员会，主任为傅柏松。聘任傅金洋、胡和法、卫月兴3人为村务监督员。这3名监督员都是该村的村民代表，其中2名是企业主，1名是原村干部。2006年3月，凤凰村召开村班子会议时，除11名村班子成员参加外，特邀3名村务监督员参会。在发挥监督作用的同时，村务监督员还主动为该村的发展出谋献策，并在村干部和村民之间做了不少沟通工作。

2005—2016年，凤凰村村务监督委员会设有村务公开监督小组、民主理财监督小组、三资管理监督小组、村级工程项目管理监督小组，设主任1人，委员2人，由村民（股东）代表大会选举产生，任期与村民委员会相同。

表617　2005—2016年凤凰村村务监督委员会成员名录

时间	主任	委员	时间	主任	委员
2005.10—2008.05	傅柏松	卫子仁　王玲英	2011.04—2013.02	傅柏松	卫子仁　王玲英
2008.05—2011.04	傅柏松	卫子仁　王玲英	2013.02—2016.12	傅柏松	卫子仁　王玲英

第九节 村民小组（生产队）

1961年，凤凰生产大队、交通生产大队、卫家生产大队成立，分别辖有7个生产队、4个生产队、4个生产队。

1966年，凤凰生产大队下辖6个生产队，交通生产大队下辖4个生产队，卫家生产大队下辖4个生产队。

1975年，凤凰生产大队下辖5个生产队，交通生产大队下辖4个生产队，卫家生产大队下辖2

个生产队。

1980年,凤凰生产大队下辖5个生产队,交通生产大队下辖4个生产队,卫家生产大队下辖2个生产队。

1984年,凤凰村民委员会、交通村民委员会、卫家村民委员会成立后,原生产队范围改为村民小组,下设男、女组长各1人,由组内村民兼职。男组长,由村民民主选举产生,女组长由村委会、村妇女代表会任命,任期与村民委员会的任期相同,可以连选连任。职责是收集组内村民的建议、意见并向村委会反映,向组内村民传达村委会的有关决定和上级文件精神,并协助村委会办理村内公共事务和公益事业。

1985—2004年,凤凰村下辖5个村民小组,交通村下辖6个村民小组,卫家村下辖4个村民小组。

2005年三村合并后,至2016年,凤凰村共15个村民小组、30名村民小组长。

表618 2005—2016年凤凰村村民小组长名录

产生年份	区域	第一组组长		第二组组长		第三组组长		第四组组长		第五组组长		第六组组长	
		男	女	男	女	男	女	男	女	男	女	男	女
2005	凤凰片	曹建良	曹爱娟	沈芬仙	汪芬珍	沃阿毛	曹春仙	沈国兴	徐丽芬	王水林	周彩芬	—	—
	交通片	唐关贤	王文琴	陈岳先	项加多	胡友法	黄兰英	傅芬娟	裘雅珍	傅关木	胡文雅	陈国民	韩凤美
	卫家片	陈国明	陈水仙	卫小明	方素娟	卫子仁	吴水英	卫星	李国英	—	—	—	—
2008	凤凰片	曹建良	曹爱娟	沈芬仙	汪芬珍	沃阿毛	曹春仙	沈国兴	徐丽芬	王水林	周彩芬	—	—
	交通片	项国安	王文琴	陈岳先	项加多	胡友法	黄兰英	张荣海	裘雅珍	傅关木	胡文雅	陈国民	韩凤美
	卫家片	应柏生	陈水仙	卫水林	方素娟	卫子仁	吴水英	卫正荣	李国英	—	—	—	—
2011	凤凰片	曹建良	曹爱娟	沈芬仙	汪芬珍	沃阿毛	曹春仙	沈国兴	徐丽芬	王水林	周彩芬	—	—
	交通片	项国安	王文琴	陈岳先	项加多	傅传根	黄兰英	傅林洪	裘雅珍	傅关木	胡文雅	陈国民	韩凤美
	卫家片	陈水仙	陈水仙	卫水林	方素娟	卫子仁	吴水英	卫正荣	李国英	—	—	—	—
2014	凤凰片	曹建良	曹爱娟	沈芬仙	汪芬珍	沃阿毛	曹春仙	沈国兴	徐丽芬	王水林	周彩芬	—	—
	交通片	项国安	王文琴	陈岳先	项加多	傅传根	黄兰英	傅林洪	裘雅珍	傅关木	胡文雅	陈国民	韩凤美
	卫家片	应岳根	陈水仙	卫张金	方素娟	卫子仁	吴水英	卫爱凤	李国英	—	—	—	—
2016	凤凰片	曹爱娟	曹爱娟	沈芬仙	汪芬珍	周柏夫	曹春仙	徐丽芬	徐丽芬	王水林	周彩芬	—	—
	交通片	项国安	王文琴	陈岳仙	项加多	傅传根	黄兰英	傅林洪	裘雅珍	傅关木	胡文雅	许永平	—
	卫家片	陈水仙	陈水仙	卫张金	方素娟	卫子仁	吴水英	卫爱凤	李国英	—	—	—	—

注:民主选举男组长,以高票者当选,妇女以高票当选为男组长的有之。表中陈水仙、沈芬仙、傅芬娟3名妇女以高票当选为男组长。女组长则由村委会、村妇女代表会任命。

第二章　中国共产党

概　况

中国共产党成立初期,凤凰地区就有党的活动。民国10年(1921),早期共产党员沈定一从广州回到家乡,独资创办衙前农村小学校,宣传革命道理,并发动和组织农民成立衙前农民协会,开展反抗封建压迫剥削的斗争,这是中国共产党领导的全国第一次农民运动。虽然后来被军阀政府镇压,但革命者没有退却,他们坚持在凤凰地区从事普及小学教育、宣传革命的活动。民国11年(1922),沈定一在衙前农村小学校发起组织"任社"革命团体,并在坎山继志小学校创办名为《责任》的"任社"周刊。"任社"成为萧山团组织的雏形。参加衙前农民运动和"任社"革命团体的先进知识分子,有的成为杭州党组织建立后最早发展的一批党员。

1949年5月,萧山解放,中共萧山县委建立。1954年春,衙前镇境内的凤凰乡、交通乡各建党支部1个。1961年,凤凰地区境内有凤凰生产大队党支部、交通生产大队党支部、卫家生产大队党支部。1984年,分别改称凤凰村党支部、交通村党支部、卫家村党支部。2005年,三村合并,称中国共产党萧山区衙前镇凤凰村委员会(凤凰村党委)。2016年,凤凰村共有党员145名。

第一节　村(大队)党支部

1954年春,凤凰乡、交通乡分别建立党支部,在思想觉悟高、工作积极的贫雇农中发展党员。至1955年,凤凰乡党支部、交通乡党支部分别有党员9名、10名。

1956年7月,两乡合并为交通乡,建立党总支,下设6个党支部,有党员82名,凤凰地区分属交通党支部、航坞党支部。党员在农业合作社中担任职务,发挥先锋模范作用。

1957年,建立以高级社为单位的党的支部,凤凰地区分属交通乡党总支中的交通社党支部、航坞社党支部。支部书记由党员推选、乡党总支委任。同时支部书记还兼任高级社社长。

1958年,成立坎山人民公社党委会,下辖4个管理区党总支,其中交通管理区党总支下设6个党支部,有党员47名。

1961年,以乡建社,撤销管理区,成立衙前人民公社党委,下辖6个党支部,凤凰地区境内有凤凰生产大队党支部、交通生产大队党支部、卫家生产大队党支部。

1966年"文化大革命"开始后,党组织被迫停止活动。1978年,摒弃"阶级斗争为纲"口号,工作重点转移到以经济建设为中心的轨道上来。

1984年,衙前人民公社党委更名为衙前乡党委。凤凰生产大队党支部、交通生产大队党支部、卫家生产大队党支部,分别改称为凤凰村党支部、交通村党支部、卫家村党支部。

1985年,衙前乡党委更名为衙前镇党委。1998年,对各村党支部书记统一定量发放工资。

1999年,建立中共凤凰村总支委员会,下设4个党支部:凤凰农业党支部(党员13人)、衙前消费品综合市场党支部（党员5人）、凤凰五金实业有限公司党支部（6人）、凤凰纺织有限公司党支部（党员7人）。

表619　1956—2005年交通村（生产大队）党支部书记名录

党支部	书记	任职时间	党支部	书记	任职时间
交通（交通社）党支部	杨玉林	1956.01—1958.09	凤凰生产大队党支部（1961—1984）	周友根	1961.03—1966.05
				沃阿毛	1966.05—1969.02
				鱼成先	1969.02—1975.10
				汪生根	1975.10—1979.02
交通生产大队党支部	周友根	1958.10—1961.03	凤凰村党支部（1984—2005）	曹水根	1979.02—1992.11
				胡岳法	1992.11—2005.6

表620　1956—2005年凤凰村（生产大队）党支部书记名录

党支部	书记	任职时间	党支部	书记	任职时间
交通（交通社）党支部	杨玉林	1956.01—1958.09	交通村党支部（1984—2005）	傅金虎	1976.02—1985.06
交通生产大队党支部	周水泉	1958.10—1961.03		项岳元	1985.06—1986.09
交通生产大队党支部（1961—1984）	傅金浩	1961.03—1964.12		潘生根	1986.09—1998.08
	杨玉林	1964.12—1970.01		潘园根	1998.09—2000.05
	傅水贤	1970.01—1972.12		朱文英	2000.06—2001.04
	傅岳先	1972.12—1976.02		傅柏松	2001.05—2005.06

表621　1956—2005年卫家村（生产大队）党支部书记名录

党支部	书记	任职时间	党支部	书记	任职时间
航坞（航坞社）党支部	施雪梅	1956.01—1957	卫家村党支部（1984—2005）	卫小根	1980.10—1996.09
	施张兴	1957—1958.09		戚关富	1996.09—1997.04
	施雪成	1957—1958.09		王国荣	1997.04—1998.08
山南生产大队党支部	邱张先	1958.10—1961.03		卫妙兴	1998.08—2002.05
卫家生产大队党支部（1961—1984）	蔡水泉	1961.03—1968.11		卫传甫	2002.05—2005.06
	张阿关	1968.11—1977.11			
	卫永泉	1977.11—1980.10			

第二节　村党委

2005年，凤凰村、交通村、卫家村合并为凤凰村，组建中国共产党萧山区衙前镇凤凰村委员会（凤凰村党委），设党委书记1人、副书记3人、委员2人。下辖4个党支部：农业支部、工业一支部、工业二支部、商业支部。

2007年，增设杭州凤凰纺织有限公司支部，杭州萧山潘氏纺织有限公司、杭州萧山欢达纺织有限公司联合支部。

2016年，凤凰村设有党委书记1人，副书记2人，委员2人。下辖党支部6个：工业一支部（党员28人）、工业二支部（党员27人）、农业支部（党员29人）、商业支部（党员28人）、凤凰村联合支部（党员25人）、凤凰纺织公司支部（党员8人）。

表622　2005—2016年凤凰村党委负责人名录

时间	书记	副书记	委员	时间	书记	副书记	委员
2005.06—2008.03	胡岳法	沃关良 傅柏松 卫传甫	方　正 汪彩娟	2011.03—2013.12	胡岳法	沃关良 傅柏松	方　正 傅建松
2008.03—2011.03	胡岳法	沃关良 傅柏松	胡阿素	2013.12—2016.12	胡岳法	沃关良 傅柏松	傅建松 沈云海

第三节　党员

2004年，凤凰村党员40人，交通村党员42人，卫家村党员20人。2005年，三村合并，共有党员110人。至2010年，共有党员130人，其中20世纪入党的70人。

2016年，凤凰村有党员145人，其中凤凰片党员64人，交通片党员52人，卫家片党员29人。入党最早的是陆关增，入党时间为1955年12月21日；其次为蔡水泉，入党时间为1956年3月5日。

从2011年开始，凤凰村每年组织全体党员集队前往李成虎烈士墓敬献花圈，并庄重宣誓。至2016年，凤凰村已连续6年组织全体党员扫墓并重温入党宣誓活动。

表623　1989—2016年凤凰地区村民当选衙前镇党代会代表名录

届次	姓名	性别	职务	文化程度
1989年 第五次	曹水根	男	凤凰村党支部书记	初小
	胡和法	男	凤凰村党支部委员	初中
	卫小根	男	卫家村党支部书记	初小
	卫月兴	男	卫家村村主任	小学
1993年 第六次	卫小根	男	卫家村党支部书记	初小
	胡岳法	男	凤凰村党支部委员、村主任	初中
	胡和法	男	凤凰村党支部委员	初中
	潘生根	男	交通村党支部书记	大专
	傅华明	男	交通村村主任	初中
1996年 第七次	潘生根	男	交通村党支部书记	大专
	傅华明	男	交通村村主任	初中
	傅岳忠	男	交通村党支部委员	初中
	卫小根	男	卫家村党支部书记	初小
	胡岳法	男	凤凰村党支部书记	初中
	方　正	男	凤凰村村委员	初中
	沃关良	男	凤凰村党支部委员	初中

续表

届次	姓名	性别	职务	文化程度
1999年 第八次	卫妙兴	男	卫家村党支部委员	小学
	胡和法	男	凤凰村老协会会长	初中
	胡岳法	男	凤凰村党支部书记	大专
	汪彩娟	女	交通村村委委员	大专
	潘园根	男	交通村党支部书记	大专
	傅华明	男	交通村村主任	大专
2001年 第九次	卫妙兴	男	卫家村党支部书记	小学
	陈国明	男	卫家村村主任	高中
	傅柏松	男	交通村党支部书记	大专
	傅建松	男	交通村党支部副书记	大专
	汪彩娟	女	交通村妇代会主任	大专
	胡岳法	男	凤凰村党支部书记	大专
	胡阿素	女	凤凰村妇代会主任	大专
	胡和法	男	凤凰村五金支部书记	大专
2006年 第十次	胡岳法	男	凤凰村党委书记	大专
	卫传甫	男	凤凰村党委副书记	大专
	汪彩娟	女	凤凰村党委委员	大专
2011年 第十一次	胡岳法	男	凤凰村党委书记	大专
	傅柏松	男	凤凰村党委副书记	大专
	方正	男	凤凰村党委委员	大专
	胡阿素	女	创业新村党支部书记	大专
2016年 第十二次	胡岳法	男	凤凰村党委书记	大专
	李金土	男	杭州金惠纺织总经理	初中
	翁洪霞	女	凤凰村村务人员	本科

表624　2016年凤凰村党委各支部党员名录

工业一支部党员	工业二支部党员	农业支部党员	商业支部党员	凤凰村联合支部党员	凤凰纺织公司支部党员
傅柏松　张彩琴	傅建松　卫建荣	沃关良　胡和法	方　正　曹行舟	潘生根　汪彩娟	石成匡
卫妙兴　蔡水泉	周狄夫　王关富	周建新　陆关增	徐幼琴　周柏夫	傅正伟　唐小龙	王玲英
项金火　唐先根	曹祖根　曹水福	周寿明　汪小根	沈海军　汪关潮	唐祥龙　胡国良	胡岳法
卫月兴　沃安泉	陈国民　沃关传	沃阿毛　王东海	沈爱珍　鲁小珍	唐松仁　方　磊	胡兴刚
卫小明　陆惠祥	周柏民　蔡海龙	傅长生　曹水根	鲁克娜　徐建根	傅海军　傅岳坤	戚宝春
沈文根　蔡小凤	方正伟　卫　炜	傅水婷　傅银仙	汪阿根　邵关夫	陈金培　傅华明	方　波
汪建洋　胡建平	沈永潮　曹金龙	卫永泉　卫小根	钱建元　蔡校泉	沈雅香　傅岳松	史红丹
王坚虎　卫建华	石雅丽　周国芳	傅岳土　李宝金	卫观强　钱朝军	李金土　傅国庆	徐伟娟
沈云海　卫华飞	邵红萍　蔡成良	唐关仁　郑小平	傅校明　沃　琦	唐水江　项海行	—
卫萍萍　沈春霞	陈方明　卫　烽	周岳根　杨云华	周　伟　王宇星	唐黎丽　邵钊根	—
卫玲琴　陆国文	蔡志尧　沈华锋	邵林桥　傅青锋	沃方敏　沃关水	陈小金　周国民	—

续表

工业一支部党员	工业二支部党员	农业支部党员	商业支部党员	凤凰村联合支部党员	凤凰纺织公司支部党员
卫 佳　潘 梁	翁洪霞　邵红燕	傅林洪　翁叶飞	钱利翔　潘冬英	周志良　潘 江	—
王建宇　王海军	曹建华　周思思	陆科柯　卫 霞	曹水泉　周柏虎	王 军　徐柳莺（预备党员）	—
翁玲玲　邱敏佳	卫国军	陈飞雅　边国权	沃 林　曹方军	—	—
—	—	周建英	—	—	—

表625　2011—2016年凤凰村党员活动情况

时间	组织单位	活动名称	活动地点	参加人数
2011.01.03	衙前镇	党员双评工作会议	村老年活动室	106人
2011.03.03	凤凰村	党组织换届选举候选人预备人选推荐会	村老年活动室	118人
2011.03.05	凤凰村	党组织换届选举	村老年活动室	124人
2011.06.28	凤凰村	凤凰村党员重温入党宣誓	李成虎烈士墓	108人
2011.08.24	凤凰村	老党员老干部座谈会	凤凰村三楼2号会议室	30人
2012.02.25	衙前镇	观看第十一次党代会开幕式	村老年活动室	95人
2012.09.19	凤凰村	老党员老干部座谈会	凤凰村三楼2号会议室	31人
2013.01.10	衙前镇	党员双评工作会议	村老年活动室	103人
2013.03.19	凤凰村	"美丽、文明"凤凰建设年活动动员大会	村老年活动室	105人
2013.04.02	凤凰村	缅怀烈士情怀，提升党员素质	李成虎烈士墓	126人
2013.05.29	凤凰村	文明礼仪讲座	村老年活动室	95人
2013.07.01	衙前镇	七一党员大会	村老年活动室	138人
2013.08.28	凤凰村	凤凰村老党员老干部中秋座谈会	村老年活动室	41人
2014.01.10	衙前镇	党员双评工作会议	村老年活动室	112人
2014.04.03	凤凰村	凤凰村党员重温入党宣誓	李成虎烈士墓	118人
2014.05.06	萧山区	"美德标兵"巡回演讲	村老年活动室	149人
2014.07.01	衙前镇	七一党员大会	村老年活动室	114人
2014.08.28	凤凰村	老党员老干部新农村建设汇报会	村老年活动室	34人
2014.10.13	凤凰村	观看《正风肃纪在行动》电教片	村老年活动室	94人
2014.11.06	凤凰村	中医养生专题知识讲座	村老年活动室	156人
2015.01.13	衙前镇	党员双评工作会议	村老年活动室	104人
2015.04.03	凤凰村	凤凰村党员重温入党宣誓	李成虎烈士墓	92人
2015.04.28	衙前镇	镇党委书记上党课	村老年活动室	101人
2015.05.25	凤凰村	观看《作风建设永远在路上》电视专题片	村老年活动室	127人
2015.06.26	凤凰村	党员先锋指数考评	村老年活动室	116人
2015.07.01	凤凰村	参观红色衙前展览馆	红色衙前展览馆	122人
2015.08.25	凤凰村	观看《党建好声音》电视节目	村老年活动室	85人
2015.09.09	凤凰村	老党员老干部座谈会	凤凰村三楼2号会议室	35人
2015.09.25	凤凰村	党员先锋指数考评	村老年活动室	81人
2015.10.26	凤凰村	学习传达贯彻王岐山书记在福建调研和纪检监察干部监督工作座谈会上的重要讲话精神	村老年活动室	107人

续表

时间	组织单位	活动名称	活动地点	参加人数
2015.11.25	凤凰村	"全民环保健康,预防疾病"教育讲座	村老年活动室	97人
2015.12.25	衙前镇	党员双评工作会议	村老年活动室	123人
2016.03.25	凤凰村	凤凰村党员重温入党宣誓	李成虎烈士墓	100人
2016.04.25	凤凰村	观看廉政动画片《郑义门》	村老年活动室	142人
2016.05.25	凤凰村	党章党规知识测评	村老年活动室	89人
2016.06.25	凤凰村	环境知识讲座	村老年活动室	87人
2016.07.25	凤凰村	"喜迎峰会、环境提质"之清理"牛皮癣"志愿服务活动	村老年活动室	93人
2016.08.25	凤凰村	观看《平安护航G20》政法微电影	村老年活动室	97人
2016.09.25	凤凰村	观看《党建好声音》电视节目	村老年活动室	125人
2016.10.14	凤凰村	选举出席中共衙前镇第十二次代表大会	村老年活动室	132人
2016.11.25	凤凰村	观看"两优一先"专题节目《榜样》	村老年活动室	119人
2016.12.09	凤凰村	参观G20峰会主会场	村老年活动室	142人
2016.12.26	衙前镇	党员双评工作会议	村老年活动室	132人

图0938　2011年6月28日凤凰村党员集队前往李成虎烈士墓敬献花圈（傅展学摄）

图0939　2015年4月3日凤凰村党员在李成虎烈士墓前重温入党誓词（沃琦摄）

第三章 群众组织

概　况

民国时期，沈定一在凤凰地区成立中国共产党领导的中国第一个有纲领、有章程的衙前农民协会。社会主义青年团萧山衙前支部、衙前妇女协会，也是萧山境内最早的群团组织。新中国成立后，先后成立新民主主义青年团（后改为共产主义青年团）、少年儿童队（后改为少年先锋队）、妇女代表会、贫下中农协会（20世纪80年代后自动消失）、基层工会联合委员会、老年人协会等群众组织。

第一节　农民组织

农民协会

民国10年（1921）9月27日，在中共早期党员沈定一组织领导下，1000多农民在衙前东岳庙（今凤凰村官河边）集会，宣告成立衙前农民协会。会议发布由沈定一起草的《衙前农民协会宣言》《衙前农民协会章程》，民主选举李成虎、陈晋生、单夏兰、金如涛、朱梅云、汪瑞张6人为农民协会委员，李成虎等3人为议事员。这是中国共产党领导下的第一个农民协会。至11月，萧绍地区共有82个村建立同性质的农会组织。在此基础上，11月24日，成立衙前农民协会联合会。

12月18日，衙前农民协会联合会在东岳庙开会，军阀政府派出100余人的武装士兵包围会场，拘捕农民协会委员陈晋生、单夏兰等。12月27日，农民协会委员李成虎被捕。以抗租减租斗争为中心内容的衙前农民运动归于失败。

民国16年（1927）初，大革命高潮之际，沈定一重新发起组织衙前农民协会，会员多达2800人，沈定一任会长，副会长金如涛、卫丙贤。农民协会没收东岳庙庙产为经费，改庙堂为中山堂作会址。在衙前农民协会带动下，东乡先后成立20个农民协会，发展会员达3万余人，开展二五减租，破除封建迷信，领导农民打倒土豪劣绅的斗争。后随着沈定一被刺身亡和东乡自治会的取消，农民协会停止活动。

1949年5月萧山解放后，县、乡、村按照"吸收雇农、贫农、中农、手工业者和贫苦的知识分子入会"的原则，组建农民协会。凤凰乡第十村（今凤凰村凤凰片、卫家片）农民协会主任先后有周念二、周荣正（1949.09—1952.09）、曹友兴（1952.09—1954.09），交通乡第七村（今凤凰村交通片）农民协会主任先后有周浩金（1949.09—1951.09）、李阿陆（1951.09—1954.09）。

土地改革完成后，随着农业合作化运动的兴起，农民协会于1954年停止活动。

贫下中农协会

1965年3月，浙江省委萧山工作团衙前工作队进驻衙前公社12个生产大队，开展"四清"（清思想、清政治、清经济、清组织）运动。凤凰地区境内成立凤凰生产大队贫下中农协会、交通生产大队贫下中农协会、卫家生产大队贫下中农协会筹备小组，吸收第一批贫协会员。后各生产大队正式成立贫下中农协会。凤凰生产大队、交通生产大队、卫家生产大队的贫下中农协会主任分别是卫关生、杨玉林、张阿荣，在职时间均为1965年6月至1968年3月。

"文化大革命"开始后，生产大队贫下中农协会停止活动。20世纪70年代初，经公社批准一度恢复活动，设主任、副主任、委员若干人，后因机构、人员过于重叠而自动消失。

图0940　凤凰村民收藏的民国时期农民协会会员证（2017年11月15日，莫艳梅摄）

第二节　共青团组织

民国11年（1922），沈定一在衙前农村小学校发起组织一个名为"任社"的革命团体，并在坎山继志小学校创办一张名为《责任》的"任社"周刊。"任社"成为萧山团组织的雏形。时，在衙前农村小学校担任教师的宣中华、徐白民、唐公宪、王贯三、钱义璋、朱文瑞等均为社会主义青年团团员。团员开展了萧山境内最早的纪念五一国际劳动节的活动，在这年的五一节，按照乡村风俗做一种糕点，在糕点上印有"纪念五一"的字样，分给贫苦农民，使广大农民知道世界上还有为劳动人民争取翻身解放的节日。

民国12年（1923）9月，社会主义青年团杭州地方委员会改选唐公宪为委员长，调整团支部，在衙前农村小学校任教的团员王贯三、赵并欢、张春浩、钱义璋与在绍兴的团员王华芬、钱耕莘划为第三支部。是年底又进行改组，萧山衙前、绍兴的团员分别单独建立支部，在衙前农村小学校的王贯三、张春浩、钱义璋3名团员划为第五支部，为社会主义青年团萧山衙前支部，这是萧山县第一个团组织。

民国13年（1924）初，王华芬调到衙前农村小学校工作。是年是国共合作第一年，衙前的团支部、国民党区分部和衙前农村小学校在五一节联合发起，统一印发传单和标语，组织演讲和游行。上海《民国日报》民国13年5月5日版报道当时活动情况，称"衙前国民党分发党报，青年团分发印刷物，小学生则负旗游行，唱劳动歌，青年团又在傅家集合农民演讲，国民党在轮埠，当轮船过时登船发传单。当游行时，以工作八小时、教育八小时、休息八小时为口号。因'五一'两字该处人民已大多晓得，故今年更进"。

12月，衙前农村小学校的团员青年响应孙中山《北上宣言》、召开国民会议，争取国家和平统一等号召，在上海《民国日报》民国13年12月17日版以《浙江农人也高呼了》为题，发出《告全国农人赞助孙中山主张之通告》。

民国14年（1925），社会主义青年团杭州地方委员会又进行改选。萧山衙前农村小学校仍独立设团支部，为杭州第四支部，有团员5人。

后由于衙前农村小学校教师陆续调离，社会主义青年团萧山衙前支部撤销。

新中国成立后，萧山县于1949年12月建立中国新民主主义青年团萧山县工作委员会。1950

年，各区建立新民主主义青年团区工作委员会。1952 年，交通、凤凰乡各建团支部 1 个，时交通乡团支部书记傅义宝，凤凰乡团支部书记曹友新。

1956 年初，交通乡建团总支，负责人为芦渭波。下设 3 个团分支，有团员 50 名。1957 年，新民主主义青年团改称为共产主义青年团。人民公社化时期，共青团交通管理区负责人为唐发根。

"文化大革命"开始，团组织停止活动。

1971 年，团组织恢复活动。衙前人民公社设有专职团委书记，凤凰生产大队、交通生产大队、卫家生产大队分别设有团支部书记。团的工作主要围绕"三大运动"（阶级斗争、生产斗争和科学实验）开展独立活动，做党的有力助手。

20 世纪 80 年代后，团的工作重心开始转到农村经济建设，开展"学雷锋、树新风，我为团旗添光彩"等活动。

2005 年三村合并前的凤凰村团支部书记分别为王水火（1970—1975 年任职）、张永金（1975—1982 年任职）、卫观林（1982—1985 年任职）、方正（1985—1990 年任职）、鲁小珍（1990—1993 年任职）、高蓉蓉（1993—1995 年任职）、周建新（1995—2005 年任职），交通村团支部书记分别为傅柏松、傅春水、汪彩娟等，卫家村团支部书记分别为卫纪土、卫月兴、赵忠友、卫小明、蔡小凤、卫星等。

2005 年三村合并后的凤凰村团支部书记为周建新，全村有共青团员 52 名。

2010 年，凤凰村团支部书记沈江（2006—2010 年任职），全村有共青团员 55 名。

2016 年，凤凰村团支部书记翁洪霞（2010 年 8 月至今任职），全村有共青团员 53 名。

表 626　2013—2016 年凤凰村组织团员活动情况

时间	活动名称	活动地点	参加人数
2013.03.05	参加衙前镇团委学雷锋广场便民服务活动	衙前三岔路口	15 人
2013.05.17	参加衙前镇团委为外来务工子女送温暖活动	恒逸仁和实验小学	55 人
2013.05.26	参加衙前镇团委幸福衙前第二届相亲大会	恒逸集团园区食堂四楼多功能厅	135 人
2014.03.05	参加衙前镇团委广场便民服务暨"三八"维权日活动	衙前三岔路口	15 人
2014.10.09	参加衙前镇团委迎国庆暨"平安萧山"广场便民服务活动	凤凰大厦门口	20 人
2016.07.25	参加衙前镇团委"喜迎峰会、环境提质"之清理"牛皮癣"志愿服务活动	老集镇农贸市场周边	93 人

第三节　妇女组织

民国 16 年（1927）3 月，衙前妇女协会在东岳庙成立，衙前农村小学校老师、社会主义青年团团员王华芬、叶佩青分别担任正副会长，沈松春为宣传委员，组织开展妇女解放运动。时，参加妇女协会活动的有 60 人。妇女到附近集镇和村庄进行宣传，提倡男女平等，提倡婚姻自由，反对封建礼教，调解婚姻家庭纠纷等。在一座节孝牌坊上写对联：那部历史当中，不鼓吹吃人礼教；这种牌坊底下，有多少妇女冤魂。横批是：妇女解放万岁！这是萧山县最早的妇女组织开展的妇女活动。不久，长巷、钱清（今属绍兴）、头蓬、新林周等地相继建立妇女协会，开展反封建斗争。大革命失败后，妇女协会逐渐停止活动。

新中国成立后，各村在建立农民协会的同时，建立妇女会组织，开展诉苦、反霸、生产等活动。时，凤凰乡有妇女会员804名，其中雇农74人，贫农359人；交通乡有妇女会员794人，其中雇农74名，贫农370名，中农290名。村内的雇农、贫农妇女全数参加妇女会。

1954年，萧山县民主妇女联合会成立，凤凰乡、交通乡分别成立分会。1957年，民主妇女联合会改名妇女联合会。

"文化大革命"开始，妇女组织停止活动。

1973年，妇女组织恢复活动。1979年，衙前人民公社设有妇女联合会，凤凰生产大队、交通生产大队、卫家生产大队分别设有妇女代表会。

20世纪80年代，妇女组织开展的活动有"三八"红旗竞赛活动、"五好"[1]家庭创建活动等。凤凰生产大队、交通生产大队、卫家生产大队的妇女代表会年初有计划，年终有总结，评出"三八"红旗集体、"三八"红旗手、"五好家庭"先进工作者。

20世纪90年代，凤凰村、交通村、卫家村的妇女代表会主要开展"双学双比"[2]竞赛活动、"五好文明家庭"创建活动等。

2005年三村合并前的凤凰村妇女代表会主任为胡阿素（1995—2005年任职），交通村妇女代表会主任为项美文（1984—1992年任职）、汪彩娟（1992—2005年任职），卫家村妇女代表会主任为卫爱凤（2002—2005年任职）。

2005年6月至2016年12月，凤凰村妇女代表会主任为汪彩娟。

表627　2011—2016年凤凰村组织妇女活动情况

时间	组织活动名称	活动地点	参加人数
2011.06.28	迎接建党90周年清洁衙前志愿者服务活动	凤凰加油站至凤凰村委会	20人
2011.06.30	妇女"二癌"（宫颈癌和乳腺癌）检查	衙前镇卫生院	317人
2012.08.15	妇女素质培训（面点培训）	衙前镇成人文化技术学校	8人
2013.09.05	学雷锋、争做最美萧山人	凤凰村三岔路口、农贸市场	40人
2014.04.29	《合理搭配、营养翻倍》讲座（分两批）	凤凰村老年活动室三楼	479人
2015.04.24	妇女预防"二癌"（宫颈癌和乳腺癌）健康知识讲座	创业新村社区	20人
2016.07.25	迎G20志愿者清除"牛皮癣"活动	衙前农贸市场	60人

第四节　工会组织

1995年，衙前镇建立镇工会工作委员会。之后，凤凰村、交通村、卫家村先后成立基层工会联合委员会。2005年，三村合并后，成立新的凤凰村基层工会联合委员会，工会主席为傅柏松。

---

[1] 五好：政治思想、生产工作好；家庭和睦、尊敬老人好；教育子女、计划生育好；移风易俗、勤俭持家好；邻里团结、文明礼貌好。

[2] 双学双比：学文化、学技术，比成绩、比贡献。

2008年,凤凰村基层工会联合委员会同意职工在25人以下的23家企业,按区域和行业以工会小组名义纳入村联合工会委员会管理,编制为4个工会小组,其中凤凰村联合工会委员会第一小组由7家企业组成,第二小组由6家企业组成,第三小组由11家企业组成,第四小组由12家企业组成。

2009年12月,召开凤凰村第一次区域性职工代表大会,正式代表63人,其中一线职工代表57人,列席代表6人。会议通过凤凰村第一次区域性职工代表大会章程、关于凤凰村工会组织推进社会主义新农村建设的决定。

2011年,凤凰村基层工会联合委员会下有企业单建工会27个,联合工会小组4个。

2014年3月至2017年3月,凤凰村基层工会第四届联合会主席为傅柏松,副主席为方正。联合工会委员会第一小组由12家企业组成,第二小组由9家企业组成,第三小组由10家企业组成,第四小组由10家企业组成;单建工会20个。

表628 2016年凤凰村联合工会小组、单建工会情况

联合工会委员会第一小组企业名称	联合工会委员会第二小组企业名称	联合工会委员会第三小组企业名称	联合工会委员会第四小组企业名称	单建工会名称	单建工会名称
杭州萧山宏兴化纤布厂	杭州萧山洁怡布厂	杭州韵天纺织厂	杭州峰霄网络科技有限公司	杭州萧山欢龙纺织厂工会	杭州萧山卫业纺织有限公司工会
杭州萧山创达针织有限公司	杭州萧山五金电器厂	杭州萧山鱼氏布厂	杭州衙前凤盛大酒店	杭州萧山信仁纺织有限公司工会	杭州萧山卫烈纺织厂工会
杭州楚冶粉末冶金构件厂	杭州盛方化纤有限公司	杭州萧山衙前交卫布厂	杭州萧山小鱼沸蓝网加盟网吧	杭州金惠纺织有限公司工会	杭州萧山晨阳纺织厂工会
杭州衙前丝绸化纤厂	杭州亿方电器有限公司	杭州沃氏布厂	杭州萧山无极限网吧	杭州萧山鹏华化纤有限公司工会	杭州美恒纺织有限公司工会
杭州锦诚纺织厂	杭州江文五金塑料厂	杭州皮尔塑管有限公司	杭州萧山飞越沸蓝网吧	杭州凤凰五金实业有限公司工会	杭州林锋纺织有限公司工会
杭州凤南电子元配件有限公司	杭州环安包装材料有限公司	杭州衙前加油站有限公司	杭州凤旺五金机械厂	杭州萧山银门装潢五金厂工会	杭州叶茂纺织有限公司工会
杭州洁欢五金机械厂	杭州常氏办公设备有限公司	杭州金晖彩印包装有限公司	杭州小胖纺织化纤有限公司	杭州萧山莉祺布业有限公司工会	杭州萧山神力合金钢铸厂工会
杭州春远针织有限公司	杭州技博五金电器厂	杭州巨程化纤有限公司	杭州利斌鑫化纤有限公司	杭州正然纺织有限公司工会	杭州萧山金林机械有限公司工会
杭州傅浩汽车修理厂	杭州江明制线有限公司	杭州迈腾纺织有限公司	杭州汇阳纺织有限公司	杭州萧山顺裕纺织厂工会	杭州萧山欢达纺织有限公司工会
杭州常杭五金塑胶有限公司	—	杭州鼎美五金机械厂	杭州宏峰广告设计制作有限公司	杭州萧山卫福纺织厂工会	杭州开元纺织有限公司工会
杭州物建五金机械厂	—	—	—	—	—
杭州可里可纺织有限公司	—	—	—	—	—

第四章 村务管理

概 况

凤凰村级自治组织，依法实行民主选举、民主决策、民主管理、民主监督，建立健全各项制度，村务工作有序开展。2006年被评为浙江省村务公开民主管理示范村，2008年被评为浙江省民主法治村。2005—2016年共获得国家级荣誉2个、省市级荣誉20多个、萧山区级荣誉60多个。

第一节 村务公开

1998年4月，萧山市委办公室出台《关于开展镇乡政务、村务公开工作的意见》（市委办〔1998〕87号），建立市镇乡政务、村务公开工作领导小组。是年，萧山31个镇乡、684个村全面推行政务、村务公开制度。

1998年，凤凰村成立村务公开领导小组，成员为胡岳法、沃关良、胡和法、曹行舟、鱼成虎。成立村务公开监督小组，成员为周阿根、应柏根。成立村民理财小组，成员为沃关良、胡和法、张彩琴、鱼成虎。交通村、卫家村均成立村务公开工作组织，制定村务公开制度，突出以财务公开为工作重点。

从1999年1月开始，村务公开均按季上墙公布。村务公开栏设置于村庄闹区，便于群众查阅。公开内容有村党支部和村委会任期目标、村基本情况数据、村固定资产总额及明细、村经济收益分配情况、村财务管理、企业上缴款管理、土地建房管理、计划生育管理及征兵、水电管理、村重大事项公开管理制度等。1999年8月，《衙前镇凤凰村村规民约》对村务公开机构设置、村务公开内容进行明确规定。

2002年10月，衙前镇实行"村账镇代管"制度，凤凰村财务实施报账制，每月由镇服务中心专职会计和专职出纳审核验收。

2006年，三村合并后的《衙前镇凤凰村村规民约》明确规定村务公开的内容包括发展目标、承诺服务、财务收支、民主管理、工程项目、土地管理、计划生育、及时公开等。

2016年，凤凰村村务财务公开制度，规定村务公开的内容有：村民会议或者村民代表会议讨论决定事项的实施情况；村级财务收支情况，村集体债权债务情况；水、电等费用的收缴情况；村土地、集体企业和财产的承包、经营和租赁情况；征用土地各项补偿费分配和使用情况；宅基地使用、村民建房审批情况；税费改革和农业税减免政策，村内"一事一议"筹资筹劳情况；种粮直接补贴，以及国家其他补贴农民、资助村集体政策的落实情况；最低生活保障和优抚、救灾救济款物的发放情况；国家计划生育政策的落实情况；新型农村合作医疗情况；村干部年度工作目标执行和村干部报酬情况；村公共设施建设项目的投资、承发包情况；涉及村民利益和村民普遍关心的其他事项。

凤凰村村务公开方法：按规定的有关内容，经村务民主监督委员会逐项审核，在便于群众查看的地方设立村务公开栏,及时向村民公布。村级财务必须做到逐笔逐项公开明细账目。村务公开的时间,一般的村务事项至少每季度公开一次,涉及村民利益的重大问题以及群众关心的事项要及时公开。集体财务收支情况应每月公布一次。每月15日至20日为村务财务统一公开日。

2006年9月,凤凰村被评为浙江省村务公开民主管理示范村。

2016年,凤凰村第四季度(2016年10月1日至12月31日)村务公开的实际内容有:凤凰村经济联合社2016年收支预决算表,凤凰村财务会计科目余额公开表,凤凰村财务收入情况公开表,凤凰村财务支出情况公开表,凤凰村村级财产物资明细公布表,凤凰村村级应收款项明细公布表,凤凰村长短期投资明细公布表,凤凰村村级应付款项明细公布表,凤凰村长短期借款明细公布表,凤凰村货币资金盘存明细公布表,凤凰股份经济联合社三委干部报酬明细公布表,凤凰村经营费用明细公布表,凤凰村承包租赁款收缴明细公布表,凤凰村农户水费欠缴明细公布表,凤凰村工程项目明细公布表,凤凰村土地征用及补偿款收支明细公布表,凤凰村专项扶贫资金收支明细公布表。村务公开同时附有"萧山区村级银行日记账"(凤凰村有关部分)。

图0941　2006年9月凤凰村被评为浙江省村务公开民主管理示范村(沃琦摄)

图0942　凤凰村村务公开栏(2010年7月19日,翁洪霞摄)

图0943　凤凰村宣传栏(2010年1月8日,傅展学摄)

表629 1998年交通村村务公开制度情况

公开制度	公开内容	公开标准	公开程度	公开形式	公开时间
1.财务收支公开制度	各项收入的收缴	按资金来源分类公布	经民主理财小组审核	上墙	季度
	各项支出的开支	按实际发生额分类公布	经民主理财小组审核	上墙	季度
	水电费价格及收缴	逐户公布度量、金额及收缴情况	收费员制表,理财小组审核	上墙	季度
	年度财务收支计划	按年度计划的明细项目公布	经村民代表大会和社员代表大会通过	上墙	季度
	集体资产构成、分布	按资金来源明细、分布构成公布	经民主理财小组审核	上墙	季度
		按使用、投资、存放单位或个人逐笔公布	经民主理财小组审核	上墙	季度
	积累的使用、管理	按明细科目公布	经民主理财小组审核	上墙	次年初
	土地征用补偿费的管理使用结存	每次形成的数量、单价、金额及使用按具体项目公布	经民主理财小组审核	上墙	及时
	年度收益分配	按分配项目公布	经民主理财小组审核	上墙	次年初
2.集体资产发包、租赁、转让、拍卖公开制度	集体资产发包、租赁、转让、拍卖的项目	公布资产详细情况	村务公开监督小组参与监督全过程	上墙	及时
	资产评估、确认金额	按评估资质单位、评估金额、确认金额及依据等项目公布	评估结果确认后公布	上墙	及时
	发包、租赁、转让、拍卖的方案	明确要求、投标条件、中标后的权利和义务	经"三委会"集体研究报价	上墙	及时
	投标后的中标金额	按发包租赁款上缴的时间,实际上缴、结欠,分单位或个人逐个公布	"三委会"研究	上墙	及时与定期结合
3.农业"三制一上交"公开制度	农户承包土地的上缴,已上缴及尚欠款情况	逐户公布	经"三委会"集体研究,村民代表大会和社员代表大会通过	上墙该表到户	农户应上缴金额及时公开,其他定期公开
	每个劳动力应投工、已投工及结欠	逐户公布	经"三委会"集体研究,村民代表大会和社员代表大会通过	上墙该表到户	劳动力应投工数及时公开,其他定期
	农业发展基金无偿筹集方案,应筹集而未到位情况	按无偿筹集的单位和个人逐个公布	经"三委会"集体研究,社员代表大会通过	上墙	方案及时公开,其他定期公开
	合作基金会资金入股构成,借款发放、回收和收益分配情况	股金构成、收益分配实行分类公开,其他按单位或个人逐个公开	经社员代表大会通过	上墙	收益分配次年初公开,逾期借款及时公开,其他定期

续表

公开制度	公开内容	公开标准	公开程度	公开形式	公开时间
4. 村民建房用地管理公开制度	村民建房用地政策、法规、用地指标、用地规划	—	—	上墙	常年
	村民建房用地申请户的家庭人口状况、用地面积、建房地点	—	经村领导研究准予后，进入报批程度	上墙	及时
	批准建房户的人口状况，批准用地面积、建房地点及相应收取的税费、押金和验收结果	—	村民建房用地经依法批准后和建房竣工时经用地验收的结果，分两次公布	上墙	及时
5. 建设工程项目公开制度	集体经济投入和入股其他经济组织共同投入的工程项目，工程项目发包形式（方案），工程项目的用途、预算、资金来源，承担勘察、设计、施工、监理、质检等与工程建设有关的企事业单位或个人名称，工程竣工后的质量验收，工程决算以及重大建设工程项目的预（决）算审计等情况	—	1万元以上建设工程项目，经过"三委会"集体研究，提出招投标方案，进行竞争优选；村务公开监督小组参与监督；招标议标邀请镇纪委、监督室进行监督；重大建设工程按省招标投标管理办法，进行社会招投标，并按公开内容逐项公开	上墙	及时
		—	1万元以下工程的承建，由村"三委会"决定，但须将工程项目和承建单位或个人名称公开	上墙	及时
6. 计划生育公开制度	依法登记结婚后，怀孕生育第一个孩子	—		上墙	一次性公布
	照顾生育二孩对象	—	每年4月公布可以照顾生育二孩摸底对象，经市计生委批准后的二孩生育对象	上墙	及时
	违反政策计划外生育对象的处理情况	—	在镇政府作出处理决定，法律文书送达后公布	上墙	及时
	领取独生子女父母光荣证的奖励费，期内放环结扎补贴费，带环怀孕人流术补贴费	—	一次性公布	上墙	及时
7. 征兵工作公开制度	征集条件、要求、任务	—	把征集条件、要求、任务（征兵命令）逐一公开	上墙	及时
	适龄青年、目测初检、复检人员名单	—	经市征兵办批准后进行公开	上墙	及时
	体检、政审合格人员名称	—	复检合格人员经政审合格后进行公开	上墙	及时
	批准入伍新兵名单	—	市征兵办批准入伍新兵名单进行公开	上墙	及时

续表

公开制度	公开内容	公开标准	公开程度	公开形式	公开时间
8. 水电管理公开制度	动力、照明电费价格收缴	—	由收费员收齐后，登上公布栏进行公开	上墙	及时
	企业、民用水费价格收缴	—	由收费员收齐后，登上公布栏进行公开	上墙	及时
9. 村干部工资、福利公开制度	村干部工资、奖金、补贴及福利享受	—	由书记审批后公布	上墙	及时

注：1998年交通村村务公开制度，除表内9项制度以外，还有干部目标责任公开制度、村务公开台账制度。

表630　2006年凤凰村级财务收支公开情况

收入项目	金额（元）	支出项目	金额（元）	支出项目	金额（元）
总收入	15671584.14	总支出	33981486.81	2. 文化体育费用	83250.74
（一）经营收入	5230694.00	（一）经营支出	108146.20	3. 医疗保健费用	610602.99
1. 房产租赁收入	5157691.00	1. 房产租赁费用	46658.49	4. 计划生育费用	27194.50
2. 其他各项收入	73003.00	2. 其他各项支出	61487.80	5. 征兵、烈军属优抚费用	22884.00
（二）发包及上缴收入	2360091.60	（二）管理费用	2749947.66	6. "五保户"供养	2400.00
1. 农户（土地、山林、水面）承包上缴	240926.00	1. 办公费用	98149.97	7. 困难户照顾	7888.13
2. 企事业单位承包上缴	1699115.00	2. 差旅费用	110204.00	8. 养老金费用	430330.00
3. 土地、资产租赁收入	402789.00	3. 邮电通信费用	25759.90	9. 宣传教育费用	65883.00
4. 其他承包款	17261.00	4. 报纸杂志费用	22546.80	10. 退休干部补贴	66905.50
（三）补助收入	1824332.00	5. 村（三委）干部报酬	682306.00	11. 环境卫生费用	951286.00
财政补助	1824332.00	6. 村管理人员报酬	661674.00	12. 道路、水、电维修费用	390356.26
（四）其他收入	2039799.45	7. 男女队长补贴	6925.00	13. 扶贫募捐	35000.00
1. 利息收入	171180.13	8. 会议误工工资	69755.00	14. 其他	721685.58
2. 罚款收入	1850.00	9. 培训费用	18155.00	（五）其他支出	614324.51
3. 水电费盈余	777238.82	10. 考察费用	323437.80	1. 利息支出	154860.00
4. 其他	1089530.20	11. 社会治安、民兵训练费用	242792.15	2. 罚款支出	2311.54
（五）投资收益	11454917.05	12. 经营费用	287241.00	3. 水电费损失支出	10026.22
（六）当年土地征用补偿费收入	3182404.45	13. 其他费用	201001.04	4. 其他支出	447126.75
（七）其他收入	1034262.64	（三）农业事业支出	1268396.29	（六）在建工程支出	20017710.52

续表

收入项目	金额（元）	支出项目	金额（元）	支出项目	金额（元）
积累性收入小计	4216667.09	1. 农用电费支出	19723.29	1. 生产性	19232918.82
—	—	2. 补贴农户（大户）支出	1236873.00	2. 公益性	784791.70
—	—	3. 其他支出	11800.00	（七）直接购置固定财产支出	2188276.00
—	—	（四）社会公益事业支出	3486355.70	（八）当年直接积累支出	3548329.93
—	—	1. 教育事业费用	70687.70	—	—

表631 2016年凤凰村财务收支公开情况

收入项目	金额（元）	支出项目	金额（元）	支出项目	金额（元）
一、集体经济总收入	44239382.09	一、集体经济总支出	9329665.84	2. 其他费用	225208.00
（一）经营收入	20336699.00	（一）经营支出	2051302.44	二、福利费支出	9068897.14
1. 林业收入	2414000.00	1. 林业支出	25220.00	1. 教育事业	44400.00
2. 房产租赁收入	16579392.90	2. 房产租赁费用	717768.07	2. 文化体育	88604.24
3. 其他收入	1343307.00	3. 其他支出	1308314.37	3. 医疗保健	1328978.80
（二）发包及上缴收入	1606008.00	（二）管理费用	4978502.85	4. 计划生育	50160.01
1. 土地承包上缴	475890.00	1. 办公费用	87199.18	5. 征兵费用	6000.00
2. 土地租赁收入	1130118.00	2. 差旅费用	43.00	6. "五保户"供养	43219.60
（三）补助收入	2454706.00	3. 邮电通信费用	36885.66	7. 困难户照顾	126984.48
1. 财政补助	2374706.00	4. 报纸杂志费用	2512.00	8. 养老金	2815507.00
2. 村企结对	80000.00	5. 村（三委）干部报酬	1138100.00	9. 保险费用	348050.00
（四）其他收入	3016132.57	6. 村其他管理人员报酬	2040512.00	10. 宣传教育	157060.50
1. 利息收入	37026.36	7. 男女组长补贴	25650.00	11. 环境卫生	1793944.42
2. 水电费盈余	2232913.61	8. 会议误工工资	41700.00	12. 道路、水、电维修	1195222.09
3. 其他收入	746192.60	9. 社会治安、民兵训练费用	833515.39	13. 村民福利	317690.00
（五）投资收益	16825835.62	10. 其他费用	782385.62	14. 其他费用	753076.00
1. 货币投资分红	1180000.00	（三）农业发展支出	2047052.55	三、附报	
2. 其他投资收入	15645835.62	1. 农用电费	4145.95	（一）在建工程支出	22250411.62
二、附报		2. 贴农、补农	2019306.60	（二）直接购置固定财产支出	13090.00
1. 当年土地征用补偿费收入	519760.50	3. 其他支出	23600.00	（三）当年直接积累支出	1278307.38
2. 其他收入	1086205.64	（四）其他支出	252808.00	（四）农户分配支出	2140000.00
		1. 罚款支出	27600.00		

第二节 村规民约

1999年8月,《衙前镇凤凰村村规民约》经过村民小组长反复讨论,在村民代表大会上通过,要求村民对照贯彻执行。内容有奋斗目标、政策性规定条例、违规的处理规定:第一章达到文明村的规定,第二章创建工作规定,第三章土地集约经营规定,第四章工商企业的规定,第五章土地管理的规定,第六章征兵服役的规定,第七章水电管理的规定,第八章村民福利待遇的规定,第九章计划生育的规定,第十章村务公开 民主理财的规定,第十一章表扬奖励的规定,第十二章社会治安违规处理的规定,共十二章。

2002年8月,凤凰村为适应新形势发展,再次制订《衙前镇凤凰村村规民约》,经过村民代表大会通过,要求村民遵守并受其约束。内容有创两个文明建设的规定、政策性的规定、违法违章处理的规定:第一章达到文明村的规定,第二章创建工作的规定,第三章工商企业的规定,第四章土地管理规定,第五人口管理规定,第六章征兵服役的规定,第七章水电管理的规定,第八章村民福利待遇,第九章村务公开规定,第十章表扬奖励的规定,第十一章社会治安违规处理的规定,共十一章。

2006年1月,三村合并后的《衙前镇凤凰村村规民约》,内容包括创建工作、政策性规定、违法违章处理规定:第一章达到文明村的规定,第二章创建工作的规定,第三章工商企业的规定,第四章人口管理,第五章征兵服役的规定,第六章水电管理规定,第七章企业租房用地的规定,第八章综合性的有关规定,第九章村务公开规定,第十章表扬奖励规定,第十一章社会治安违规处理的规定,共十一章。

2008年6月,《衙前镇凤凰村村规民约》内容有较大调整:第一章精神文明建设的规定,第二章人口管理的规定,第三章认可享受股民、村民待遇人口的规定,第四章股民村民待遇的规定;第五章老年人享受待遇的规定,第六章征兵服役的规定,第七章水电管理的规定,第八章企业租房用地的规定,第九章股份经济联合社股本金结算及奖励费用的规定,第十章村民建房的规定,第十一章教育补贴的规定,第十二章村干部及工作人员退休政策的规定,共十二章。从2008年6月1日开始实施并发给每户1本,要求每个村民配合履行。

2011年6月,《衙前镇凤凰村村规民约》,内容又有较大调整:第一章精神、物质文明建设的规定,第二章人口及股民变动的规定,第三章股民享受的时间及变动规定,第四章股民待遇享受的规定,第五章股民老年人享受待遇的规定,第六章股份经济联合社股本金结算及奖励费用的规定,第七章财务管理的规定,第八章建设工程规范化管理的规定,第九章征兵服役的规定,第十章水电燃气管理的规定,第十一章企业租用土地及房屋的规定,第十二章企业租用老厂房改造的规定,第十三章村民建房的规定,第十四章学生入学奖励的规定,第十五章村干部及工作人员发放退休金的规定,第十六章计划生育补助的规定,第十七章发放抚恤金的规定,第十八章发放丧葬费的规定,第十九章表扬奖励的规定,第二十章违法违章违规处理的规定,共二十章。新《衙前镇凤凰村村规民约》印成小本,发给每户1本,要求每个村民配合遵照实施。

2014年1月23日,凤凰村村民(股东)代表大会决定:修改《衙前镇凤凰村村规民约》,其中修改或新增的内容是:增加学生奖学金,每年评选10户最美家庭,每年向老年村民拜年发红包,村民股本金短期改长期。3月,《衙前镇凤凰村村规民约》再次印发:第一章精神、物质文明建设的规定，第二章人口及股东变动的规定，第三章股东股本金及分配的规定，第四章股东待遇享受的规定，第五章股东老年人享受待遇的规定，第六章股份经济联合社奖励与费用开支的规定，第七章财务管理的规定，第八章建设工程规范化管理的规定，第九章征兵服役的规定，第十章水电燃气管理规定，第十一章企业租用土地及房屋的规定，第十三章村民建房的规定，第十四章学生入学奖励的规定，第十五章村干部及工作人员发放退休金的规定，第十六章计划生育补助的规定，第十七章发放抚恤金的规定，第十八章发放丧葬费的规定，第十九章表扬奖励的规定，第二十章违法违章违规处理的规定，共20章。

从1999年8月至2016年12月，《衙前镇凤凰村村规民约》先后有6个不同的版本，篇幅从1999年版的5000多字增加到2014年版的9000多字。通过《衙前镇凤凰村村规民约》依法依章治村，如实施《衙前镇凤凰村村规民约》过程中，碰到具体问题，或村规民约不适应新形势发展，均与时俱进进行修改完善。2017年7月，《衙前镇凤凰村村规民约》第7次修订，修改内容：村民门前环境保洁、保护绿化、垃圾分类、家畜禁养等进入村民自治条例；随着物价指数的增长，对行政村调整前的企业，租金还未调整的给予增加20％的租金；由于国家对户口政策的变化，从2017年1月1日起，股民结婚，女方（或上门女婿）户口迁入本村的，按国家新规定家庭户口增加股民待遇。（《衙前镇凤凰村村规民约》全文，详见本志"文献"编）

图0944　1999年、2002年、2006年、2008年、2011年、2014年、2017年《衙前镇凤凰村村规民约》（2017年12月，莫艳梅摄）

第三节　便民服务

2009年8月，凤凰村建立便民服务中心，为日常民情办事机构。由村党委书记、副书记分别担任便民服务领导小组的正副组长。日常服务中心窗口由2名大学生和治保主任、计生主任共4人值班，配备电脑、电话、打印机、复印机等办公设施。

村便民服务中心工作人员实行工作日全天候服务，节假日值班或预约服务，按规定接待前来咨询、申请办理服务事项的群众，受理、办理职责范围内的办理事项，指导申请人填写相关申报材料，通知或送达承办件的办理结果；免费为办事群众提供代办服务，实行全程代理。主要工作面涵盖村的党建工作、社会保障、综合治理、计划生育等内容，实行"办理+全程代理"的"一站式办公"综合性服务模式。2010年3月，便民服务中心被杭州市人民政府评为"杭州市农村社区示范性服务中心"。

2012年7月统计，上半年便民服务中心开展的工作有：党建工作：共处理函调回信12件，办理2名正式党员手续；社会保障：全村发放粮食、油料、天然气等共2000多人次，村民医疗报销

图0945 2011年6月凤凰村便民服务中心（翁洪霞提供）

达21万元，农转非参加新养老保险达180人，各类培训达10次；综合治理：处理各类调解纠纷45件，其中案卷15件，凤凰"和事佬"协会调解30件，办理外来人员暂住证4100本；计划生育工作：办理《计划生育服务证》7本、《独生子女父母光荣证》4本、《流动人口婚育证明》3本。

2016年，村便民服务中心继续执行办事公开制、全程代理制、首问责任制、AB岗工作制、服务承诺制、一次性告知制、限时办结制、失职追究8项制度，把村民关心关注、涉及村民切身利益作为工作重点，按照"便民、高效、廉洁、规范"原则，服务好广大人民群众。

第四节 扶持经济薄弱村

1987年8月，萧山县委印发《关于扶持集体经济薄弱村的若干规定》（县委〔1987〕30号），对集体经济薄弱村进行扶持。1998年1月，萧山市委印发《关于继续做好经济薄弱村扶持工作的通知》（市委办〔1998〕70号），实行市级机关、强镇、强村、强工业企业与集体经济薄弱村结对扶贫。确定1998—2000年扶持经济薄弱村80个，其中20个薄弱村由所在镇乡政府扶持，60个薄弱村由市级机关和1997年度市级红旗村、标兵村和经济强村结对扶持。

时，凤凰村、交通村都是萧山市级标兵村，分别结对帮扶欢潭乡汇头钟村、河上镇高都村，帮助薄弱村脱贫。至2001年4月，凤凰村被评为1998—2000年扶持经济薄弱村先进单位。

2001年后，凤凰村继续扶持许贤乡陈家村等。2006年2月，凤凰村被评为萧山区2005年度帮扶工作先进单位。

附录

《萧山市志》红旗村、标兵村选介

凤凰村位于衙前镇北，南靠104国道，萧绍运河贯穿全境。2000年，全村有261户，911人，村民小组5个；耕地面积710亩。

1974年创办五金厂，1985年建起加油站，1993年成立凤凰工贸实业公司。1996—1997年兴建综合市场和坯布市场。1998年集中全村耕地，实行专业承包规模经营和机械化耕作。2000年，全村集体资产总额6454万元，完成工农业总产值1.74亿元，实现利润633万元，缴纳税金352万元；农村经济总收入18234万元，村级集体可用资金250.70万元，人均2782元；农村居民人均纯收入8258元。支付外来务工人员报酬477.8万元。村内道路均为混凝土路面，路灯、绿化等配套，有线电视、自来水进村入户。农民住宅均为楼房别墅，村庄建设达到城镇化水平。1994年投资兴建村文化大楼。村民子女从幼儿园到初中全部实行免费教育，对考入大学的学生给予奖励。男性60周岁、女性55周岁以上的村民每月发给养老补贴。

凤凰村为中国农民运动先驱李成虎诞生地。1990—2000年，凤凰村年年为萧山市标兵村。

（资料来源：杭州市萧山区人民政府地方志办公室编著：《萧山市志》，浙江人民出版社，2013年12月，第624页）

第五节　财务管理

1955—1982年，主要为集体收益分配，分配工作以会计工作为基础，经济分配、粮食分配、油料分配、饲料柴草分配以及奖售物资的发放与分配等，都通过会计和出纳量化分配到户。

农业合作化时期，合作社设总会计和助理会计。生产队不设会计，由助理会计记录生产队账户，生产小队设立记工员。总会计记录和结算各生产队的平衡，找补在社进行。

人民公社化后的1961年，实行"三级所有、队为基础"，一直延续到1982年承包到户，生产队解体。时，"三账六簿"成为生产队分配的基础。全面记录生产队全年的经济收支情况，由会计负责做账，现金保管员和仓库保管员辅助。会计是单位的内当家，财会队伍成员由有一定文化知识而又大公无私有责任感的人员担任。

1991年，始设置村级总会计，衙前镇下文任命鱼成虎为凤凰村总会计，项美文为交通村总会计，张亚军为卫家村总会计。

图0946　凤凰村被评为2013年度萧山区村级财务规范化管理工作先进单位（2017年12月，莫艳梅摄）

1996年12月31日衙前镇调查统计，凤凰村共有村会计1人，已取得会计证；交通村共有村会计1人，已取得会计证；卫家村共有村会计2人，其中已取得会计证1人。按年龄分组，凤凰村会计在51岁以上，交通村会计在31—50岁间，卫家村会计在31岁以下1人，在31—50岁1人。按从事财会工作年限分组，凤凰村会计在10—20年间，交通村会计在10—20年间，卫家村会计在5年以下2人。按文化程度分组，凤凰村会计为初中文化，交通村会计为初中文化，卫家村会计为初中文化1人、高中文化1人。[①]

2005年6月，凤凰村、交通村、卫家村三村合并前，3村有各自的财会队伍，财务主管（负责人）均由村支部书记兼任。

2005年6月至2016年底，凤凰村财务主管由村党委书记胡岳法兼任，会计为张彩琴，出纳为鲁小珍。村属企业、公司均有各自的财务管理人员。

---

① 资料来源：衙前镇《一九九六年农村合作经济组织会计人员基本情况调查表》。此表的会计人员不包括村办企业的会计人员。财会工作年限指累计工作年限。

表632　1957—2016年凤凰地区财务人员情况

名称	会　计		出　纳	
	姓　名	任职时间	姓　名	任职时间
凤凰村 （1957—2005）	徐雨辰	1958年前	朱德本	1957年前
	沈大方	1959—1962.12	胡和法	1958.03—1958.08
	胡和法	1963.01—1974.06	阮午校	1958.09—1962.12
	谢迪娟	1974.07—1979	翁永泉	1963.01—1974.06
	鱼成虎	1980—2001.03	沈海君	1974.07—1974.08
	张彩琴	2001.04—2005.05	汪关华	1974.09—1984.08
	—	—	鲁小珍	1984.09—2005.05
交通村 （1957—2005）	钱关潮	1957年前	邵水根	1982年前
	项金火	1958—1982	唐阿利	1983—1986
	傅金生	1983—1986	汪彩娟	1987—2005.05
	项美文	1987—2005.05	—	—
卫家村 （1957—2005）	卫关友	1968年前	蔡小凤	1989年前
	王米英	1969—1980	卫华君	1990—2000.09
	张亚军	1981—2005.05	卫东	2000.10—2005.05
凤凰村 （2005—2016）	张彩琴	2005.06—2016.12	鲁小珍	2005.06—2016.12

注：20世纪50—80年代的财务人员，源于老同志的回忆。

第六节　安全管理

2006年，凤凰村成立安全生产、消防安全领导小组，组长沃关良，副组长傅柏松、方正，成员周建新、卫星、唐荣法、徐建根。下设办公室，方正兼办公室主任。

2008年，凤凰村建立起凤凰村党委、村委会、村经济联合社负责人安全生产消防检查制度。检查日在每月的25—30日，检查时间为3个工作日，检查范围为本村范围内从事生产经营的单位、管理机构单位和个体经济组织、有关店面商家，检查内容为贯彻执行有关安全生产、消防安全的法律法规、规章以及各级政府安全生产、消防安全工作的文件规定的情况。时，村安全生产委员会主任沃关良，副主任傅柏松、方正，成员傅建松、卫建荣、卫星、周建新、曹行舟、唐荣法、沈云海、徐建根。下设办公室，方正兼办公室主任。另建立凤凰村安全生产监察中队、凤凰村产品质量和食品安全领导小组、凤凰村道路交通安全管理小组。

图0947　凤凰村被评为2012年度杭州市萧山区安全生产示范村（沃琦摄）

2012年，凤凰村设立安全生产工作领导小组，村属各企业相应建立安全生产管理小组，健全企业安全生产制度，完善安全生产管理台账，制订安全生产事故应急预案。凤凰村投入20余万元，开展全员安全生产培训，督促村境内企业参与安全生产示范村的创建活动。

2013年1月，凤凰村获"2012年度杭州市萧山区安全生产示范村"称号。

2016年，凤凰村继续执行定期检查制度，对安全生产、消防安全、道路安全有隐患的单位发出通知，提出整改意见，特别是娱乐场所要取得消防合格后才能营业，确保辖内不发生安全事故。

第七节 档案管理

凤凰村建有档案陈列室，设有档案管理、档案鉴定领导小组。村党委一名副书记负责。

2012年4月，凤凰村投入50万元，添置电脑、摄像、印刷、平板银屏等档案设施和设备。完善档案保管、档案利用、档案鉴定销毁、档案保密和档案交接等法规制度。村档案室各门类的档案案卷级和文件级目录分门别类按序录入电脑，建立起村级数字档案室，与村便民服务中心结合起来，方便村民查阅。同时编写《新农村、新凤凰、新发展》《廉政凤凰》《同一片沃土、同一个家园》等材料。

2012年9月统计，凤凰村档案室室藏档案有4类：

第一类是文书档案：按年份分永久、长期、短期三类，共493卷。其中永久档案305卷（1970年开始），有全引目录、案卷目录。长期档案139卷（1970年开始），有案卷目录。短期档案49卷，有案卷目录。

第二类是会计档案，共638册（1999—2001），有案卷目录。内容包括村党委、村委、村经济联合社文件、决议，上级有关文件，村换届选举，村民（股民）代表大会决议，土地承包租赁合同协议，土地流转、村民建房，财务公开，户口迁移、出生、死亡变动，优秀学生奖励，社会保障，医药费报销，大病保险，农业经济年报，股民分红，重大会议活动，老年人三大保障，春节慰问，各类申报材料，工业企业月报季报半年报等。

图0948 2012年9月3日全国社会主义新农村建设档案工作示范区验收组检查指导凤凰村档案工作（沃琦摄）

第三类是特种载体档案，包括奖状、奖牌、照片等。其中奖状、奖牌83块（2005—2010），含国家级2块、省级6块、杭州市级20块，荣誉证书18本。照片276幅，含中央、省、市、区领导视察指导照片28幅，省内外兄弟单位参观指导照片14幅，重大会议、培训照片61幅，村级各类活动照65幅，村容村貌工程改造照27幅，荣誉奖牌照81幅。

第四类是科技档案，主要是基本建设档案，共10卷。

2012年11月9日，凤凰村档案工作通过全国社会主义新农村建设档案工作示范点验收合格。

2016年12月，凤凰村档案室库房面积60平方米，档案柜17套，共有档案888卷，其中永久档案421卷（创业新村20卷），30年档案225卷（创业新村37卷），10年档案217卷（创业新村17卷）。

第八节　水电管理

1984年，继衙前镇建立电力管理站后，凤凰村、交通村、卫家村相继设立电力管理组，由村领导兼任组长，配备专职电工1名。镇、村两级的电管员和电工均由萧山县供电局进行业务培训，取得合格证书后才能上岗。村电力管理组除了维护日常维修外，平时注重农村安全用电知识的普及，严禁带电操作、私拉乱接、一灯多用等违规行为发生。

2005年三村合并后，凤凰村继续在每期年度工作规划中对水电部门提出工作要求。水电部门的主要任务是为全村企业、村民、其他住村户的水电服务，负责水电维修、安装、收缴水电费等。

2005—2013年，凤凰村水电办主任沈云海，副主任唐关仁。

2014—2016年，凤凰村水电办主任唐关仁，副主任方正海。

到2016年底，凤凰村水电组有工作人员共8人，其中水电服务室2人，负责日常开票收费事项；用电管理室3人，用水管理室2人，负责日常村境三片水电用户的水电正常运行。

第九节　治保调解

治保

民国时期，凤凰地区驻有警察。据民国3年（1914）《浙江警察杂志·警察驻地一览表》记载，东乡派出所有警察30名。该杂志第16期载，东乡派出所长官为四等警佐，姓名楼秉权。东乡自治期间，东乡派出所改称警察分所，直接成为东乡自治会的社会治安职能部门。另据《重修浙江通志稿》记载，"自30年（1941）起，仍恢复原有建制，对区设警察所，乡镇设分驻所或派出所，保设保警，担任警管区之勤务"。

1949年，萧山县人民政府成立公安局，各区成立派出所，处理日常治安事务。

1951年开始，全县城乡、村以上建立治安保卫委员会，设治保主任1人，委员若干人，协助人民政府肃清反革命、防奸、防谍、保卫公众治安。1970年起，治保工作主要是防特、防盗、防火、防治安事故等。

1991年5月，成立萧山市社会治安综合治理委员会，各镇乡、村成立相应机构和工作班子。

1992年，萧山市公安局交通警察队衙前交通管理站（1987年成立）更名为衙前交警中队。1994年，衙前镇派出所成立。各村建立联防分队，开展群防群治。

21世纪初，镇村两级构筑起密集的物防人防相结合的立体化治安防控体系。

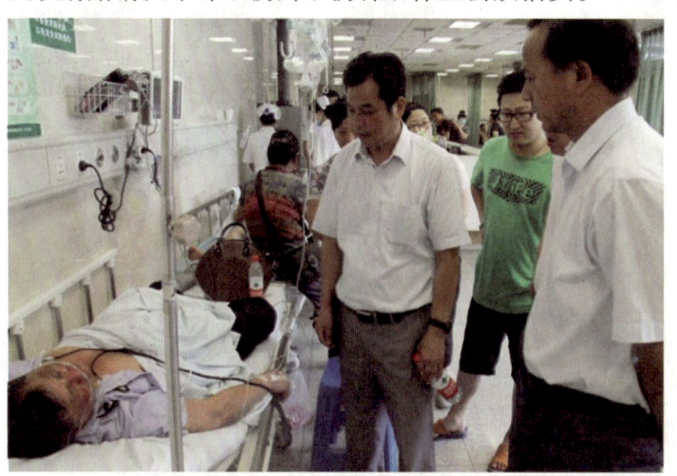

图0949　2015年8月7日凤凰村领导看望巡防队员（凤凰村委会提供）

空中有视频监控，地面有巡逻，路上有治安卡点，室内有技防设施，实行全方位、全天候治安联防工作。

2015年，凤凰村发放平安巡防队员工作手册，列举11类紧急事件的处置、10类重点人员和重点物品的辨别和管控，普及日常巡防知识。8月7日深夜，凤凰村巡防队夜巡组长张荣海在下班途中，奋不顾身抓捕小偷，后被萧山区见义勇为基金会表彰为见义勇为，奖励人民币3000元。

2016年，凤凰村联防分队24人，警务室3人，开始统属衙前镇治安联防队（20世纪80年代成立）管理。

调解

20世纪50年代，各村建立调解委员会，调处本村各类民事纠纷。"文化大革命"中，调解组织瘫痪。1980年恢复。

1981年，萧山县成立司法局，各公社成立司法办公室。各生产大队设调解主任1名，委员2—3名，生产队设调解信息员1名。

2008年11月，凤凰村完善村治安调解委员会组织，方正为治保调解委员会主任，副主任唐荣法兼专职调解员，调解委员会成员卫星、徐建根、周建英。凤凰片信息员曹建良、沈芬仙、沃阿毛、沈国兴、王水林，交通片信息员项国安、陈岳仙、胡友法、张荣海、傅关木、陈国民；卫家片信息员应柏生、卫水林、卫子仁、卫正荣。

凤凰村对纠纷调解处理制订承诺制度，调解委员会成员要做到解调处理小事不出组，大事不出村，一般纠纷当日

图0950　2015年12月29日凤凰村聘请老党员为维稳、和美协调员（徐国红摄）

受理，较难纠纷5个工作日调处，疑难纠纷10日内调处，依法公正，自愿平等，不限制诉讼法律，不徇私舞弊，不泄露当事人隐私，调解不收取任何费用等。

2008年9月，凤凰村被浙江省司法厅、浙江省民政厅、浙江省普法教育领导小组办公室评为"浙江省民主法治村"。2010年9月，方正被萧山区司法局聘为萧山区首届首席人民调解员。

2015年12月29日，凤凰村召开维稳、和美协调员会议。全村32位老党员被聘为凤凰村维稳、和美协调员。

2016年，凤凰村治安调解委员会4人，全村有调解员2人，信息员15人，全年排查调处矛盾纠纷10多起。

凤凰法制教育基地

2010年，凤凰村与萧山区司法局、萧山区依法治区普法教育领导小组办公室、衙前镇政府合作在凤凰村创业新村社区建立全省首个农村法制宣传教育基地——萧山凤凰法制教育基地。基地分展厅和报告厅两大部分，占地面积620平方米，总投入80多万元。采用图文、电教片、游戏等形式，以农村干部、外来务工人员、村民代表、企业管理人员为重点目标人群，宣传安全生产、禁毒、人口与计划生育、食品安全与交通等法律法规。

图0951　2011年5月凤凰村法制宣传基地（翁洪霞提供）

2010年9月21日，基地投入使用，免费向公众开放。2013年起，对展厅内容进行更新，增加酒驾、国防和反邪教等知识宣传。至2016年，累计接待参观者13000余人。

凤凰"和事佬"协会

2009年，凤凰村成立"和事佬"协会，为萧山农村第一家"和事佬"协会。凤凰村福利待遇好，家庭、邻里纠纷不多，但村内企事业单位较多，劳资和工伤纠纷占9成以上。凤凰"和事佬"协会立足早发现、早控制、早解决原则，实行日常排查、定期排查和重点排查相结合，多措并举化解矛盾。

据统计，2009年，全村18名"和事佬"，共调解纠纷近百起，调解成功率95%以上。同年7月，萧山区在衙前召开"和事佬"协会现场会，在全区推行"和事佬"协会。至2016年，"和事佬"协会会长为方正，副会长唐荣法、刘继平，会员12人。

附录

大事化小小事化了 "和事佬"消弭矛盾有一套

婆媳矛盾升级引发家庭危机、邻里间因一点小事大打出手、子女不肯赡养老人……一个地区的经济越发达，矛盾纠纷往往也越复杂。而小纠纷处理不好，就有可能转化成大矛盾。

那么，怎样才能把矛盾纠纷尽早化解在基层？怎样才能将法律服务及时送到急需的外来人员手中？于是，专门调解矛盾纠纷的"和事佬"应运而生了。

衙前镇凤凰村"和事佬"协会主任方正就是萧山众多"和事佬"中的一员。前不久，刚有村民因建房产生的纠纷找到村里的"和事佬"协会，要求调解。

方正组织双方进行了6次调解，傅大哥表示的确是自己疏忽在先，今后对方造房子要是有砖块等掉落在他家的檐沟里，损失由他们自己承担，两家人也终于达成了初步的调解意向。

"邻里间免不了磕磕碰碰，小矛盾如果不及时化解，就容易演化为大矛盾，酿成大纠纷，破坏和谐稳定。"方正说，"和事佬"工作室给当地群众提供了一个畅所欲言的平台，通过说事、办事，消除了怨气，树立了正气。一些鸡毛蒜皮的矛盾纠纷被消灭在萌芽状态，乡村更加和谐。

老方是萧山区第一届首席人民调解员，在他随身携带的背包里，总是装着笔、印泥和一本法律书，只要有空闲，他就将书拿出来翻阅。"调解纠纷要合情、合理、合法，如果自己都不懂法，怎么能以理服人。"他说作为一名"和事佬"，解决乡村纠纷，既要讲原则又要灵活变通，才能真正做到公平公正。

（资料来源：《萧山日报》2015年10月19日第B1版）

第十节 表彰先进

凤凰村、交通村、卫家村三村合并前，就有表彰先进的规定。随着时代的不同，表彰的内容也有所变化。

1986年始，凤凰村每年对在中考、高考中成绩优秀的凤凰学子进行表彰奖励。至2017年，已坚持32年，共表彰优秀学生348名，发放奖学金28.7万元。（详见本志"教育卫生"编之"奖学金制度"节）

1999年8月，《衙前镇凤凰村村规民约》对表扬奖励进行规定："1. 每年评定一次高科技、新项目、新产品、高产高效的单位个人，进行表扬奖励。2. 当年被评上镇级以上优秀、先进户和个人，当年可给予一定奖励。3. 对坏人坏事敢于大胆现场抓住或能举报揭发的个人，根据功绩大小给予一定的奖励。"

2003年9月，凤凰村授予沈国兴、施阿坤、王老毛、鱼成虎、张彩珍、何留庆、丁光宜、赵婉珍、施根娣、张彩琴10人"老有所为、敬老好媳妇"荣誉称号。

2014年始，凤凰村每年评选表彰"最美家庭"，至2017年，已举行4届"最美家庭"表彰会。

表633　2005—2016年度凤凰村表彰先进情况

年月	表彰名称	受表彰人物
2005.09	通报表扬（工程建设）	沃关良、项岳元、周建新、卫建荣、唐荣法、胡和法
2005.12	通报表扬（农村示范村创建）	傅建松、周建新、唐荣法、沈云海、徐建根
2006.10	老有所为	沃引泉、唐先根、卫永泉
	好媳妇	汪佳娣、项月仙、俞惠芳
	高龄老人	汪水林、卫阿松、陈阿茶、汪阿大
2007.01	2006年度村务工作积极分子	傅柏松、卫传甫、卫建荣、张彩琴、鲁小珍、沈云海、曹行舟、胡和法、方正、徐建根、胡阿素
2007.10	老有所为奉献奖	沈国兴、谢迪娟、陈德法、卫志兴
	好媳妇金榜奖	胡小苏、应桂凤、周杏芬、沈美华、沃雅美
	好母亲奖	韩金秀
	高龄老人寿星奖	陈阿茶、汪水林、沈爱香、汪阿大
2008.01	2007年度村务先进工作者	卫传甫、傅建松、张彩琴、胡和法、曹行舟、胡阿素、沈云海、徐幼琴、周来德、汪张坤
2009.01	2008年度村务先进工作者	卫建荣、方正、傅建松、张彩琴、沈云海、胡和法、曹行舟、汪彩娟、唐关仁、卫爱凤、唐幼虎、杨彩云
2012.01	2011年度党员积极分子	胡岳法、沃关良、傅柏松、傅建松、张彩琴、胡和法、潘生根、胡建平、石成匡、曹行舟、傅林洪、胡兴刚、翁洪霞、周国芳
2013.01	2012年度党员积极分子	胡岳法、沃关良、傅柏松、傅建松、张彩琴、胡和法、潘生根、胡建平、石成匡、曹行舟、唐小龙、傅林洪、胡兴刚
2014.01	最美家庭	李泽洪家庭、潘生根家庭、项国安家庭、傅关浩家庭、丁光宜家庭、方牛珍家庭、王水林家庭、鱼和英家庭、周国英家庭、应岳根家庭、卫福荣家庭

续表

年月	表彰名称	受表彰人物
2015.01	最美家庭	邵孝忠家庭、沈雅香家庭、傅传根家庭、施水娟家庭、周彩凤家庭、施阿凤家庭、沈永良家庭、徐茶仙家庭、陈水仙家庭、卫月祥家庭
2016.01	最美家庭	周国校家庭、方正伟家庭、孔尧林家庭、汪佳娣家庭、陈金培家庭、黄兰英家庭、傅林洪家庭、卫志铨家庭、卫张泉家庭
2016.01	最美巡防队员	张荣海
2016.01	最美好媳妇	葛玉凤
2016.01	最美老干部	沃阿毛
2017.01	最美家庭	阮人校家庭、曹水泉家庭、周月美家庭、鲁忠友家庭、鱼关海家庭、唐关贤家庭、俞美娟家庭、裘雅珍家庭、卫张金家庭、卫子仁家庭

图0952 2015年1月27日凤凰村举行第二届"最美家庭"表彰会（傅展学摄）

图0953 2016年1月12日凤凰村举行第三届"最美家庭"表彰会（傅展学摄）

附录

凤凰村美丽家庭评选实施办法

为提高村民素质，加快凤凰新农村建设，促进物质力量与精神力量的协调提升，实现文明和谐，制订凤凰村美丽家庭评选实施办法。

一、必备条件（五好）

（1）热爱祖国、关心集体、遵纪守法好；

（2）爱岗敬业、热心公益、奉献社会好；

（3）计划生育、保护环境、勤俭持家好；

（4）夫妻和睦、尊老爱幼、教育子女好；

（5）邻里团结、移风易俗、健康生活好。

二、基本条件（五美）

1. 家庭生活美：家庭成员和睦相处；诚实劳动，勤劳致富；合法经营，无欺诈行为，无违约和毁约行为；按时缴纳各类应交款项。重视家庭教育；主动参与各类文明创建，厉行节约，生活方式科学。

2. 居室环境美：爱护公共设施和公共财物，保护花草树木；庭院前后整洁，达到绿化、净化、美化标准；居室内外装饰典雅大方，盆景花草错落有致。保持杂物不乱堆，垃圾不乱倒、污水不乱泼、摊点不乱摆、车辆不乱停；不随地吐痰，不违章搭建，不乱穿马路。饲养家禽、宠物符合政府有关规定，不得影响邻里休息，不污染环境。宠物伤人由主人负责赔偿。

3. 心灵健康美：家庭成员有较强事业心，乐观向上、开拓进取，是非观念清，荣辱意识强，积极参与群众性精神文明创建活动。

4. 公益慈善美：弘扬中华传统美德，孝敬老人，敬重他人，邻里关系融洽；热衷社会公益和慈善事业，关心帮助弱势群体，积极主动参与各级组织开展的扶贫帮困和其他社会公益活动。

5. 道德风尚美：模范遵守公民道德基本规范，自觉维护社会公共秩序，移风易俗，婚丧嫁娶不大操大办，自觉抵制封建迷信、赌博等各类社会不良风气，品德高尚，见义勇为，不参加非法宗教活动。

三、一票否决

凡年度发生以下情况之一的，取消评选资格：1. 违法犯罪的；2. 有"黄赌毒"情况的；3. 参与邪教活动及封建迷信活动的；4. 有家庭暴力行为的。

四、奖励办法

1. 由村民代表按照评选标准，对其代表区域内家庭进行民主评议、评选。做到公正公开，及时反馈到户，主动接受社会监督。2. 做到每季度评议、通报一次，半年考评一次；并将结果报村委、村纪委、村监委，接受组织监督。3. 年终汇总结果报村党委审核，兑现奖励。村里按人均100元的标准，奖励凤凰美丽家庭。

五、对象范围

本村农户家庭。

六、实施时间

《评选实施办法》于2013年1月1日起执行。由评选领导小组组织实施，并负责解释。

2013年3月19日

第五章　民兵优抚

概　况

民国初期，军队通过招募形式扩充兵员。民国22年（1933）6月，国民政府颁布《兵役法》，实行征兵制，但实际盛行抓兵。民国27年（1938）10月，浙江省政府颁布《浙江省战时纳金缓役暂行办法》，凡适龄壮丁只要向政府缴纳一定数量现金，就可缓服兵役。这使富人可逃避兵役。民国28年（1939），萧山县政府制订《萧山县制止逃亡偷渡壮丁暂行办法》，严格管制壮丁，防止逃亡。抗日战争胜利后，国民政府大规模扩充军事力量，强征壮丁入伍当兵。各地实行摊派，采取强拉、强抓、强买手段，或以抽签方式将征兵名额落实到保、到人，俗称"抲壮丁"。征兵对象大多是贫苦农民和城镇贫民。凤凰地区境内有钱人家为了不让自己的孩子去当兵，花钱买通保长、乡长，买人冒名顶替入伍。由此产生"壮丁费"，按"三丁抽一"落实到户，时价为大米10石至20石不等。出不起费用的，不堪忍受的，只好外逃。时，凤凰地区境内各村落贫苦农民"逃壮丁"者甚多，不愿做炮灰。从"抲壮丁"到"逃壮丁"再到"抓壮丁"，这是国民政府募兵制的真实写照。

新中国成立后，为维护地方治安，保卫人民胜利果实，巩固人民政权，开始建立民兵组织。实行新的兵役制度。先后实行志愿兵役制和义务兵役制。1978年开始，实行以义务兵役制为主体的义务兵与志愿兵相结合，民兵与预备役相结合的兵役制度。凤凰地区青年王海宝、金六斤等曾参加中国人民志愿军，奔赴抗美援朝战场。傅岳土、陈金培等参加中越边境反击战。1955年至2016年，凤凰地区共有86名青年光荣入伍，为保家卫国做出自己应有的贡献。党和政府对军人、军属实行优抚政策。村民兵连长负责征兵工作、民兵组织整顿与训练工作等。

第一节　民兵

萧山解放初期，民兵分基干民兵和普通民兵。基干民兵一度配发枪支弹药，持枪者必须是贫下中农子弟，并且政治表现好，身体素质好，历史清白，17—25周岁的男性公民和18—30周岁的复员军人。普通民兵为政治好，身体好，17—40周岁的男性公民。时，凤凰地区担任村落民兵队长的有王东海。

1958年"大办民兵师"，各公社、管理区、生产队、生产小队分别设民兵团、营、连、排。民兵排以下设有尖兵班、基干班、普通班、妇女基干班和妇女普通班。至此，适龄妇女也动员参加民兵组织。全体民兵坚持劳武结合，平时不脱产、不集中，除集中训练外，节日要轮流值班。

1959年6月调查统计，凤凰地区所属坎山人民公社交通管理区交通生产大队设有民兵营1个，下辖6个连、11个排、66个班，共有基干民兵272人，普通民兵931人，合计1203人，其中女民兵586人。

1960年，县委成立民兵工作组，领导以民兵为主的全民武装工作。各公社成立民兵工作领导小组。1962年，撤销民兵工作组，成立县人民武装委员会。

1969年，根据国务院、中央军委《关于县组建武装民兵独立团的命令》，公社、生产大队、生产队，分别设民兵连、排、班或组。衙前人民公社凤凰生产大队、交通生产大队、卫家生产大队分别设有民兵排，下辖民兵班或组。

1981年，根据中央"关于调整民兵组织问题的指示"，调整民兵组织。普通民兵从原来的16—45周岁改为18—35周岁（基干民兵18—28周岁）。凡符合民兵条件的28周岁以下的退伍军人和经过基本训练的人员编为基干民兵，其余编为普通民兵，女性公民只编基干民兵。取消县民兵师、公社民兵团。

调整后，衙前人民公社设有民兵营。凤凰生产大队、交通生产大队、卫家生产大队分别设有民兵连。连长一般由复员退伍军人担任，由生产大队党支部书记兼任民兵连指导员。民兵连长每年要到萧山县人武部参加集中训练，以提高政治觉悟和军事素质。

1990年，再次进行民兵整组，重点是保持基干民兵的数量和质量。个别专业技术兵的年龄可适当放宽，已训练的合格人员和退伍军人，都要编入基干民兵组织，通过整组，要求这两者占基干民兵总数的95%以上。民兵连长是党员的进入村党支部，非党员的进入村委会，村党支部书记兼任民兵连指导员。建立基干民兵、普通民兵花名册，做到组织落实，名册齐全。1999年，凤凰村有基干民兵8人，普通民兵68人。

1981—2004年，凤凰村民兵连长先后有周狄夫、曹水根、周柏夫、方正海、沃关良、周建新。交通村民兵连长先后有汪阿根、傅长生、陈金培、李金木、唐荣法。卫家村民兵连长先后有卫小海、陈岳荣、卫传甫、陈国民、卫星。

2005年凤凰村、交通村、卫家村合并后，凤凰村组建征兵工作领导小组，领导小组下设办公室，由村委会主任任组长，副组长2人，成员5人。民兵连长任副组长兼办公室主任，负责落实上级交给的征兵任务。从2012年冬季征兵开始，政策发生3个方面变化：学生缓征政策被取消；非农户口青年征集比例限制也被取消；征集对象以高中毕业以上文化程度的青年为主。同等条件下，优先征集学历高的青年和应届毕业生，特别是普通高等学校应届毕业生。2013年，

图0954　2009年12月9日凤凰村党委书记胡岳法看望入伍青年（凤凰村委会提供）

全国征兵时间首次从冬季调整到夏秋季，对在校学生实施相应的学费补偿和国家助学贷款代偿，每人每学年不超过6000元。萧山区政府对每人每年的优抚金提高到2.05万元。2014年，开通网上报名。2016年，网上兵役登记对象为2016年12月31日前年满18周岁的男性公民，当年年满17周岁未满18周岁的男性高中毕业生本人自愿的也可参加兵役登记。在杭州、萧山应征入伍的全日制

大专以上毕业生和在校大学生（指参加全国普通高等学校统一招生考试，经省招生办公室录取进入普通高等学校学习的学生），给予一次性奖励2万元。

2005—2008年，凤凰村民兵连长为卫传甫，指导员胡岳法（兼）。2008年7月至2016年底，凤凰村民兵连长为周建新，指导员胡岳法（兼）。主要负责征兵工作、民兵组织整顿与训练工作等。

1951—2016年，凤凰地区累计有86名青年光荣入伍，其中凤凰片39人，交通片34人，卫家片13人。（具体信息详见本志"人物"编之"人物表·1951—2016年凤凰村参加中国人民解放军名录"）

表634　1951—2016年凤凰村参加中国人民解放军人员情况

区域	凤凰片					交通片						卫家片			
组别	1	2	3	4	5	1	2	3	4	5	6	1	2	3	4
人数	13	10	3	4	9	1	6	6	8	2	11	7	3	1	2

第二节　优抚

民国27年（1938），萧山县政府制定《萧山县各区乡镇征集志愿兵办法》规定："年满18岁至35岁的壮丁，不论签号远近，如志愿应征者，皆得征集之。"志愿兵送县验收合格后，每人发给安家费。安家费由各保长向保内各户摊派，如拒不缴纳者，由保长转报县政府强制执行。民国37年（1948），萧山县政府令各乡镇将民国35年度（1946）征拔新兵原籍有无眷属、应领安家费调查册报县政府。

新中国成立后，人民政府重视对烈属、军属、残疾军人的优抚工作，退伍军人的安置工作。

农民群众对家居农村的烈属、军属、残疾军人在生产、生活等方面多有照顾。从20世纪50年代开始，给予帮工代耕农田、优待劳动日，后发展为补贴工分和发放现金等多种形式。帮助军属克服困难，使军属生活能够略高于一般社员的水平。

从20世纪80年代开始，根据衙前镇政府规定，凤凰村、交通村、卫家村对抗美援朝的复员退伍志愿兵实行优抚政策，每人每月发放优抚费，并陆续增加。

1987年，根据衙前镇政府规定，从1987年1月1日起，现役军人、烈属、牺牲、病故军属由全镇平衡负担，统一优待，每人每年480元（当年入伍者按月计算）。全镇优抚总额50%按耕地，50%按人口分摊到村。各村将所负担金额限交镇政府，由镇统一发放。同时，并对服役期间立功军人予以现金奖励：荣立一等功1次200元；二等功1次100元；三等功1次50元。

1990年，实行义务兵养老保险制度。凡萧山籍现役义务兵均可入保。保险费不得少于每人每年350元，多交不限。保险费原则上从当年所筹的义务兵优待金中支付。养老保险的期限从投保人办妥保险之日起，至保险人死亡时止。领取年龄一般为50岁、55岁、60岁3个档次，由投保人自行选择。

1999年，对军人抚恤优待金的款额再次提高。每个现役义务兵优抚费发放标准为每年6400元，当年入伍的发给2个月，即1999年11月、12月，每月530元，合计1060元。优抚费的筹集，按向例以人口、田亩数各占一半的金额平衡分摊到村，各村须在2000年1月15日前将优抚金发放到军属家中。

从2011年8月1日起，根据国家规定，给部分农村籍退役士兵发放老年生活补助。部分农村籍退役士兵是指从1954年11月1日试行义务兵役制后至《退役士兵安置条例》实施前入伍、年龄在60周岁以上（含60周岁）、未享受到国家定期抚恤补助的农村籍退役士兵。补助标准为每服一年义务兵役（不满一年的按一年计算），每人每月发给10元。国家将根据经济社会发展情况，适时适当提高标准。

对于残疾士兵退役或者移交政府安置时残疾抚恤金的发放，则根据2007年7月31日民政部颁发的《伤残抚恤管理办法》执行，现役残疾军人转业、退伍、离退休移交民政部门安置的，当年的抚恤金由部队负责发给，安置地民政部门从翌年1月起按当地标准发给残疾抚恤金。

2016年，凤凰村对86名义务兵役制阶段的参军服役人员发放优抚费，其中凤凰片39人，交通片34人，卫家片13人。军属优抚费用为每人每年3万元，退伍军人为每人每年200元。

表635　1990年凤凰村、交通村、卫家村义务兵优抚费平衡负担情况

村名	负担				
	人口（人）	按人口负担数（元）	田亩（亩）	按田亩负担数（元）	合计（元）
凤凰村	778	1312	546	1023	2335
交通村	595	1003	612	1147	2150
卫家村	403	679	288	540	1219
合计	1776	2994	1446	2710	5704

注：优抚费按人、亩各一半平衡负担到村。

表636　2000年凤凰村、交通村、卫家村义务兵优抚费平衡负担情况

村名	负担					现役人数		优抚标准（元）	优抚费（元）	结果	
	人口（人）	按人口负担数（元）	田亩（亩）	按田亩负担数（元）	合计（元）	原有人数	当年人数			找进（元）	找出（元）
凤凰村	901	5010	514	4185	9195	2	1	6868	13736	4541	—
交通村	657	3719	559	4551	8270	3	1	6868	21748	13478	—
卫家村	441	2496	280	2280	4776	—	—	6868	—	—	4776
合计	1999	11225	1353	11016	22241	5	2	6868	35484	13243	4776

表637　2005—2016年凤凰村军属优抚费负担情况

单位：元

年份	金额	年份	金额	年份	金额
2005	19100	2009	31600	2013	41100
2006	22900	2010	34900	2014	17800
2007	12000	2011	71500	2015	30000
2008	18800	2012	54400	2016	30000

第三节 军民共建

2013年初,杭州警备区与凤凰村结成军民共建对子。萧山成立"军民共建文化示范村"活动领导小组,萧山区人武部、衙前镇政府和凤凰村各指定1名联络员,双方在春节、建军节等重大节日进行互访;拟订活动规划,共建"文化育民、文化惠民、文化乐民、文化富民"目标,主要共建红色文化、企业文化、校园文化、网络文化、武装文化等内容。规划开展"十个一"共建活动:大力做好各文化场所建设,开展一次党的十八大精神宣讲辅导,过一次集体组织生活,组织一次"村庄环境大整治"活动,建设一个青年民兵之家,开展一次"访农户、暖民心"活动,村两委领导过一次军事日活动,组织一次军民联欢文艺演出,组建一支30人的腰鼓队和10人的"民兵和事佬"队伍,培养一支文化骨干队伍。

2015年7月,杭州警备区授予凤凰村民兵连党支部"民兵红旗党支部"称号。

第六章 创业新村社区

概 况

　　创业新村社区位于凤凰村西南部，为外来创业人口集聚区，故名。成立于2010年1月（见《杭州市萧山区人民政府关于同意建立衙前镇创业新村社区的批复》（萧政发〔2010〕11号）），是杭州市首个以外来人口为主要服务管理对象的建制社区。2016年，实际占地面积23333.45平方米，下辖3个居民小组，518户、2018人。有16幢民工公寓楼、2幢综合楼，总建筑面积5.6万平方米，可供3000人居住，并实行一站式公共服务。社区内有法制教育基地、职工培训学校、职工俱乐部、蓝领驿站等。

　　2009年底，创业新村一期工程竣工，千名外来职工住进装饰一新的新居。一下子涌入如此多的来自全国各地的外来居民，又互不相识，矛盾纷争多、环境卫生脏乱差等问题相继产生。如何管理，派谁管理，又成了创业新村亟待解决的问题。凤凰村抽调了6名村务人员到创业新村进行服务管理工作。同时聘用了3名保安和3名清洁工，为创业新村配备卫生、治安等设施。新村内房前屋后绿化，垃圾日产日清。新村服务站、新村警务室等公共平台运作正常。

　　2010年1月，萧山区人民政府发文同意建立衙前镇创业新村社区。同年4月22日，创业新村社区正式挂牌运行，创业新村社区党的支部委员会也于同日挂牌运行。

　　2010年，创业新村为凤凰法制教育基地。2011年，成立职工俱乐部。2013年，实施流动人口生育关怀项目，2014年，成立区域化党员服务中心。2015年，创业新村社区成功创建为萧山区青春健康教育示范基地。2016年1月30日，青春健康俱乐部在社区开展"火红青春迎新年"青春健康教育活动。2016年，实施流动人口社会融合创建项目，在流动人口中开展青少年亲子活动、安全教育、青春期变化、心理健康、生殖健康等活动，加强"生育关怀—青春健康"教育工作。

图0955　2010年4月22日创业新村社区授牌启用仪式（傅展学摄）

图0956　2010年4月22日创业新村社区公寓楼（傅展学摄）

第一节 工程建设

2005年，随着经济快速发展，有80多家企业在凤凰村落地生根，在凤凰村的外来人口达7000多人，是凤凰村户籍人口的3倍多。凤凰村根据"三园二区"（工业园、商贸园、文化园、村民集中居住区、外来人口集中居住区）建设总体规划，制定外来职工集中居住小区建设规划。计划总投资6300万元，建成居住面积为5万余平方米、可容纳3000名外来职工集中居住的现代化小区。规划得到萧山区、衙前镇的支持，于2006年获得批准，2007年底开始动工。整个创业新村工程建设分两期进行。

一期工程，投资3800万元，占地面积13333.4平方米，建筑面积3.7万平方米，包括5层公寓楼9幢、1.3万平方米建筑面积的文化、娱乐、生活配套设施用房。至2009年，一期工程竣工。居住用房总面积达2.4万平方米，可供近1800名外来职工集中居住。

凤凰村采取"村企共建"的模式，由凤凰村集体与凤凰村范围内企业共同出资建设，由村统一组织建设并提供管理与配套服务。参建企业按照出资额度获得凤凰创业新村一定数量居住楼的使用权或租用权。在凤凰村域的浙江金洋控股集团有限公司、杭州凤谊纺织有限公司、杭州宏峰纺织集团有限公司、杭州萧山潘氏纺织有限公司等8家企业共出资1380万元，参与凤凰创业新村的建设，共取得9幢公寓楼的使用权，另有10多家企业租用85间集体宿舍。

一期创业新村，还建有21间汽车库、1个篮球场、1处健身公园。每幢楼前后，绿化、环保设施配套齐全。新村里有一站式公共服务站、法制教育基地、区域党建服务中心、职工培训学校、电子书屋、星光老年之家等。

2009年5月10日，新落成的凤凰创业新村一派喜庆气氛，首对新人入住安家。婚房90多平方米，两室一厅，书房、厨房、卫生间、储物间一应俱全。新郎潘健亲，新昌人，新娘王飞，山东利津人，两人都是杭州宏峰纺织集团的职工。

图0957 2009年5月10日创业新村喜迎前来安家的首对新人（傅展学摄）

是日，已有400多名凤凰村域企业职工入住创业新村。

二期工程改变原先的"村企共建"模式，投资2500万元，以租赁的形式，解决外来职工住宿问题。至2012年5月，二期创业新村投入使用，有1500余名外来职工在此住居。由于配套齐全，凤凰工业园区吸引周边20多家企业落户，被上级命名为"浙江省中小企业创业基地"。

第二节 社区组织

2009年上半年凤凰创业新村投入使用后，凤凰村就成立凤凰创业新村管理委员会，在9人组成的凤凰创业新村管理委员会班子中，有4人是居住在这里的外来职工。之后，创业新村陆续建立起党群组织，实行"以外（外来职工）管外（外来职工）"的社区管理服务新模式。同时，还相继设立创业新村警务室、社会治安综合治理办公室，配备7名专职负责治安的工作人员。

2010年4月22日，衙前镇创业新村社区正式挂牌运行，同日，衙前镇创业新村社区党支部、居委会、工会等组织宣布成立。

社区实行组团式网格化管理模式，分成3个组，由党员牵头外来人员直接参与社区管理。同时，成立社区义务志愿队、民情联系组等服务组和职工培训班，投入41万元，完善文化、娱乐、生活等各项配套设施。

2011年3月29日，创业新村社区第一届居民委员会选举日，共有20名社区居民代表，代表1500余名外来居民参加选举。5名居委会委员候选人中，有3名是外来职工。选举产生主任1名，委员2名。4月8日，外来职工陈德福（河南省商城县余集镇人，时年34岁。1998年，与妻子一起到衙前工作，1999年在杭州萧山潘氏纺织有限公司工作）领取衙前镇人民政府颁发的《当选证书》，成为衙前镇首位法定外来"社区官"——衙前镇创业新村社区第一届居民委员会委员。

图0958　2011年3月5日创业新村社区党组织换届选举投票（傅展学摄）

图0959　2013年12月25日创业新村社区居民委员会换届选举投票（傅展学摄）

2011年8月2日，创业新村社区计划生育协会成立，选举产生包括陈德福、王金领2名新萧山人在内的衙前镇创业新村社区计划生育协会第一届理事会。这是萧山区首个以新萧山人为主体的计划生育协会。2012年9月26日，全国5省15县市的50多名人口计划生育工作负责人在参加"萧山区流动人口计划生育区域协作交流活动"后，集中到创业新村参观考察。

2011年9月28日，衙前镇职工学校在创业新村成立。当天上午，萧山区总工会、衙前镇党委举行"杭州市萧山区衙前镇职工学校"揭牌仪式。浙江省总工会宣教部部长杨谷人、杭州市总工会宣教部部长何惜飞、萧山区委副书记谭勤奋、萧山区总工会主席俞柏祥、衙前镇党委书记周吾灿出席仪式。

2012年12月，创业新村社区召开第一届妇女联合代表大会，选举产生社区妇女联合委员会。创业新村社区30名妇女代表参加选举。经民主投票选举，社区书记胡阿素当选为妇女联合会主席，吴杰、何银学、周建红等3名"新萧山人"当选为妇女联合会委员。在萧山区妇联等上级部门的支持和指导下，完善"流动妇女之家"活动设施，每年免费为外来流动妇女提供各类培训。至2015年底，参与培训人员已达1万余人次。"流动妇女之家"组织巾帼志愿者慰问困难家庭、独生子女家庭、女孩家庭，关注并联系解决外来子女入园、入学等问题。

至2016年底，创业新村社区有在职党员10名，入住外来职工2018人，其中男1200人，女818人。创业新村社区配备车库车棚、超市、图书室、篮球场、棋牌室、健身器材等。安装监控系统20套，保安24小时值班。

表638　2009—2016年创业新村社区党支部成员名录

时间	职务	姓名	时间	职务	姓名	时间	职务	姓名
2009.10—2011.03	书记	胡阿素	2011.3—2013.12	书记	胡阿素	2013.12—2016.12	书记	胡阿素
	支部委员	卫星		支部委员	卫星		支部委员	卫星
	支部委员	唐荣法		支部委员	唐荣法		支部委员	唐荣法

表639　2009—2016年创业新村社区居民委员会成员名录

时间	职务	姓名	时间	职务	姓名	时间	职务	姓名
2009.10—2011.03	主任	卫星	2011.3—2013.12	主任	卫星	2013.12—2016.12	主任	卫星
	委员	唐荣法		委员	唐荣法		委员	刘继平
	委员	陈德福		委员	陈德福			

图0960　创业新村社区健身场所（2012年4月3日，傅展学摄）

图0961　创业新村社区的小居民们（2012年4月3日，傅展学摄）

第三节　凤凰蓝领驿站

2014年10月，衙前镇以凤凰区域为试点，融合区域内凤凰村、创业新村社区和凤凰工业园区各类资源，建立凤凰蓝领驿站（外来务工人员之家）。驿站以集中聚居在创业新村社区内的2000多名蓝领职工为主要服务对象，辐射带动凤凰区域内其他的蓝领职工，先后组织开展"我是党员我带头"、"看萧山变化"、职工技术比武、乒乓球比赛、广场志愿服务等活动。

凤凰蓝领驿站是萧山首个蓝领驿站。驿站培养蓝领的职业技能。自成立至2015年3月，共有

289人通过驿站培训获得"电工""电焊工""起重工"等各类技术工种的上岗证或初级证书。

2015年2月12日，杭州市人大常委会副主任、市总工会主席郑荣胜率队再次来到创业新村社区，对外来务工人员进行慰问走访，向外来务工人员送去春节慰问品。14日下午，社区工会会员和蓝领志愿者把大米和食用油等慰问品送到每个未回家过年的外来职工家中。

2016年3月5日，衙前镇团委、妇联、计划生育办公室和凤凰蓝领驿站组织开展"学雷锋暨三八维权日志愿服务活动"，走进创业新村社区，开展免费理发、义诊、医疗咨询、计划免疫咨询、计生咨询、禁毒宣传、法制宣传、法律咨询等活动，吸引社区居民前去参加。

图0962　2016年2月24日衙前镇妇联、计生协会在凤凰创业新村社区举办包水饺活动，近100名外来务工人员及其家属参加活动（华兴桥摄）

|凤凰村志|下册|
第八编　村区建设

第一章　交通设施
第二章　供水排污
第三章　供电供气
第四章　信息传媒
第五章　村办公场所
第六章　村庄建设

概　述

　　1983年3月萧山县政府颁布《关于搞好村镇建设规划，加强建房用地管理的试行规定》（萧政〔1983〕25号）后，凤凰村开始编制村庄建设规划，并实施村区建设。1985年，凤凰村被评为萧山县文明村。

　　1990年后，凤凰村推进城镇化、小康型村的新农村建设，对村庄建设规划进行修订、调整，逐步配套完善交通道路、供水、排污、供电、供气和村务信息化等基础设施建设。1999年，又按照新农村布局优化、路面硬化、水体净化、路灯亮化、卫生洁化、村庄绿化的"六化"建设小康型村庄试点规划的要求，开始实施村区建设。是年，凤凰村通过杭州市新农村建设示范村考核。至2000年，共计投入资金117万元，建成凤凰山公园盘山公路，沥青路面宽5米、长2200米，路旁辅以路灯、标语。后又几经修整，路面靠山处增设下水道，上覆模板。2005年8月，凤凰片基本完成基础设施建设，同时建有休闲公园3个、农民公寓楼8900平方米，基本实现小康型村庄试点规划的要求。

　　2005年6月撤村并村后，凤凰村启动"退二产进三产"工程，[①]又先后实施新农村建设的"三园二区"、三改一拆、五水共治、旧村改造和生态文化园建设等村区建设工程。2009年，以建设"富裕凤凰、红色凤凰、生态凤凰、文明凤凰"为目标，按照"经济水平高、生活质量高、农民素质高、社区标准高、村民风尚高、管理效能高"的要求，深入开展新农村建设示范村创建活动。至2011年，先后被评为浙江省文明村、浙江省全面小康建设示范村、全国文明村镇，并认定为浙江省生态文化基地。

　　2012年起，凤凰村开展安全生产示范村创建活动。至2013年，建成标准厂房13万平方米、村民公寓楼5万平方米、村民公寓楼底层商铺3.55万平方米，基本形成"三园二区"的新格局，凤凰村村区生态环境、村容村貌焕然一新，被评为杭州市十大美丽家园。

图0963　104国道穿村而过（2018年4月16日，沃琦摄）

　　2014年12月，凤凰村成为首批萧山区安全生产示范村（社区）。至2015年，该村实现"十二五"期间（2011—2015）村区建设的各项计划目标。2016年初，《衙前凤凰山区块旅游开发总体规划》[②]通过镇组织评审。8月，镇村两级进一步改造官河公园。

---

　　① 凤凰村的"退二产进三产"工程，即推进产业向园区集聚，居住向小区集中，第二产业由村中心向外迁，居住向村中心集中。

　　② 凤凰山区块旅游开发计划三年内投资1亿元，实施生态文化园、百姓乐园、宗教文化园；凤凰山风景区和景观河道的"三园二景"工程建设。

第一章 交通设施

概 况

南宋年间，修建萧绍运河南侧纤道，即官塘路，为经村境陆路之主干古道，途经凤凰、卫家。凤凰村地处萧绍平原中端，地理位置优越，104国道贯穿境内，浙东运河穿村而过。旧时，经村境的水路有运河乙线，东至瓜沥，东南至钱清，西至县城。水路客运曾是远路乡村间运输的主力。

直至1983年后，随着个体运营市场的兴起，瓜沥至萧山改为中巴客运经营，即所谓随上随下的"手招车"，在凤凰村公路沿线任意地点都可以上下车。1994年2月开通萧山至义蓬的公交2路（今为744路，已改道）线路后，凤凰村设有萧山第三中学站、衙前站两个公交停靠站。2008年7月1日萧山与杭州主城区公交一体化后，有740路、731路、736路、743路、746路、758路6条公交线路在凤凰村设有停靠站点；城际公交绍兴的616线、萧绍快线等也在该村设有站点；还有从村境到重庆、安徽、河南等地的不定时长途客车。

境内官河路、凤南路、凤西路、凤工路、凤山路等干道纵横交错，连接凤凰村各个和相关村民居住区，并与邻村邻镇的要道相连。新农村建设时期，许多机耕路也成了水泥路、沥青路，道路成网，交通便捷。

第一节 道 路

民国14年（1925）11月修成的萧绍公路，为穿越境内的第一条公路。萧山解放后，境内的村道和途经之国道、省道、县乡道等逐步纳入县乡公路主干道建设，并遵循"一路一名"原则，穿境内的衙老线、水昭线、衙坎线、萧明线等公路均以起讫点命名；村内的成虎路、之华路、定一路、晋生路等部分道路以该村衙前农民运动时的著名人物命名；凤凰路、官河路、凤工路、童墅路、凤山路、永乐路等以地处境内凤凰山周边的不同方位，以自然、历史或所处地理环境而命名，所列路名均由萧山民政管理部门批准命名。

1984年，浙江省交通厅工程管理局在卫家村征地2.923亩（约1948.68平方米），建二层楼房，设立萧山公路段专业养护队衙前道班，负责衙前境内省、县道及1982年前建成的县乡公路的养护、建设和路政管理。翌年，境内省、县道及县乡公路的养护和路政管理统由萧山公路段专业养护队衙前道班负责。至2013年12月，境内的村道和途经之国道、省道、县乡道等道路均建成。

2015年5月，《2014年全省和全市普通国省道公路路况排名评定报告》中，通过村境内的104国道、萧山区国省道公路考评均获全市第一名，其中三项指标均为优：路面使用性能指数（PQI）均值达91.1，分别比省、市均值高出2.1、4.1；路面损坏状况指数（PCI）均值达90.2，分别比省、市均值高出2.5、3.7；路面行驶质量指数（RQI）均值达92.2，分别比省、市均值高出3.3、4.5。

穿越境内公路干线

104 国道 前身为萧绍公路，建于民国 14 年（1925）11 月，是穿越境内首条公路干线，萧绍公路建成后几经更名。新中国成立后，陆续修筑衙老线、衙坎线、水昭线、萧明线和成虎路。至 2016 年，穿越境内公路干线共有 6 条。

104 国道 横贯村域中部，一直以来是凤凰村的重要交通线。创建于民国 14 年，时称萧绍公路。新中国成立后，定名杭甬公路，并不断对公路进行整修拓宽，1982 年被交通部纳入京福国道，编号为 G104（以北京为起点，经济南、南京、杭州，到达福州的国道，全长 2217.74 千米），故称 104 国道。

1990 年全省公路普查后，城厢镇西城桥以西段列为省道杭金线，划归省公路局管辖，编号 S03，故称 03 省道。塘下金至钱清段仍称 104 国道。其中凤凰村段东起翔凤桥，西至项漾村路口，全长 2000 多米。1995 年，104 国道开展创建文明样板路活动。翌年，衙前镇对境内国道段（衙前路）两侧实施"104 绿色工程"，设花坛，建设绿化带。

1996 年下半年，104 国道萧山段开始全线改造，弃老线建新线，工程列入省第六批交通基础设施"四自工程"、省重点建设项目。该工程全长 22.79 千米，其中主线塘下金（K1478+236）至钱清（K1489+706）段长 11.47 千米，按一级公路标准建设，高级路面。至 2000 年 12 月底建成通车，途经凤凰村境内。路面结构为沥青路面，四车道，设计时速为 100 千米。

图 0964 2009 年 5 月改造后的 104 国道村境段（傅展学摄）

2000 年开始，衙前镇对老 104 国道镇境内萧明线段进行整治改造，起点为安达加油站，终点在成虎路东侧路基边缘。2009 年 5 月 15 日萧明线公路改建工程竣工，开通。该工程全长 2772 米，起点为镇九婆桥，终点与成虎路相交。通过改造，该路段原先 10.50—11.50 米的道路机动车道已拓宽至 15 米宽、双向四车道，通行能力大幅提高。今村境内之老国道线两侧，饭店、商店林立，银行、超市、加油站、娱乐中心一字长蛇阵排开。

衙老线 起点为衙前镇凤凰村境，东至老益农，全长 23.5 千米。东乡自治时，衙前至坎山建有黄包车车道，为碎石路面。民国 24 年（1935），去瓜沥、头蓬均有黄包车车道作为县道。新中国成立后，对原道路拓宽、取直，逐段通车。1958 年，建成衙党（党山）线，长 15.27 千米。1980 年，接至党山至老益农段，长 8.03 千米。1987 年，拓宽改造，后逐步建成沥青路面，路基宽 6—9.50 米，路面为 5—7 米，称今名，为衙前乃至村通往南沙地区的交通枢纽。

衙坎线 前身为衙老线（衙前至老益农闸），起点为凤凰村境，终点为坎山镇与八柯线交界处，县道编号 X137。1958 年，改为衙前至党山段。1980 年，接至党山至老益农段。2006 年 11 月 15 日，衙坎公路改建工程动工，南起村境成虎桥，北至坎山镇镇碑。至 2007 年 11 月 30 日完工。拓宽为二级公路，全长 4.25 千米。路基宽 19.5 米，路面宽 14 米。概算投资 0.62 亿元。

水昭线 西起村境水獭桥，东至昭东，乡道编号为 Y108。1984 年，该线路建成，建成之初里程为 3 千米。1993 年，按三级公路标准进行改建，局部裁弯取直，里程缩短，长 2.73 千米，路基宽 8.7 米，路面宽 7 米，为四级公路。

萧明线　西起通惠路大花坛，东至该镇明华村，全长 14.7 千米，途经该村境内。原为 104 国道一个区段，2000 年 104 国道萧明线段改建完成后，改为县道，县道编号 X132。该村境内段路基宽 26 米，路面宽 15 米，为二级公路，属"1918"市政工程项目之一。

成虎路　2003 年建成。为纪念衙前农民运动领袖李成虎而命今名，县道编号 X154。起点位于 104 国道，终点位于瓜渔线。设计时速 60 千米；与规划中的彩虹大道相重合。全长 5.32 千米，宽 26 米，是衙前镇东、西向要道。途经凤凰村村境 104 国道、定一路、衙前路，跨萧绍运河，通向沈定一的老家瓜沥长巷。

穿越境内道路

今穿越境内主要道路有 31 条，其中原本有路（泥路、碎石路或石板路等）而后改建和扩建的 17 条，有的原无路而新建的 14 条。20 世纪八九十年代，改建、扩建和新建的一般是水泥路。后陆续铺设为沥青路面。至今，穿越境内的 31 条道路均已铺设为沥青路面。

定一路　始建于民国年间，南起衙南路，连接 104 国道与白鹤路，北至衙前路；南北走向，与成虎路相交。因路边曾有早期共产党人沈定一的纪念塔，故命名今名。1997 年修建拓宽。今定一路长 1200 米，宽 18 米，沥青路面，成为衙前镇与该村的一条重要道路。

农协路　1985 年建泥路。南起成虎路，北至毕公桥；长 700 米，宽约 8 米。1985 年后铺设水泥路面、沥青路面，为出入集镇之主干道，翌年 10 月，因路在当年衙前农民协会旧址（原东岳庙）东边，故命名今名。

凤凰路　民国时期建有沙石路。是凤凰村进入山区的主要干道，南起衙前路，北至凤凰山路；长约 630 米，宽 12 米。1986 年 10 月，因路在凤凰山脚下，故命名今名。20 世纪 90 年代重修，铺设沥青路面。今已延伸至凤凰山上（环凤凰山）。

凤工路　2007 年建成水泥路，命名今名。后铺设为沥青路面。为村内直通凤凰工业园的主要道

图 0965　萧明路（2018 年 5 月 12 日，徐国红摄）

图 0966　成虎路（2018 年 5 月 9 日，徐国红摄）

图 0967　定一路（2018 年 5 月 6 日，徐国红摄）

图 0968　凤凰山凤西路（2018 年 4 月 10 日，徐国红摄）

图 0969　之华路（2018 年 5 月 12 日，徐国红摄）

图 0970　官河路（2015 年 7 月 29 日，范方斌摄）

路。东起凤凰山路，西至凤凰河；长 400 米，宽 18 米。今路东端出口处有村碑，其北路边设文化长廊，人行道宽 2 米。

凤山路　始建于民国时期，全路在凤凰村境内。南起凤凰路，北接衙党公路；长 500 米，宽 25 米。后改建成沥青路面。1997 年，因北向与通往坎山之衙党公路连接，故命名今名。

凤南路　1985 年建成，为原西曹居民出入要道。东起凤凰路，西至凤凰河；长约 500 米，宽 5 米。1997 年，因路位于凤凰山之南，故命名今名。2015 年 4 月，修建并铺设为沥青路面。

凤西路　1984 年后建成。南起官河路，北至凤凰山脚下；长约 500 米，宽 10 米；水泥路面。1997 年，因位于凤凰山之西，故命名今名。2011 年后修建凤凰山公园，在山脚西修便道，长 500 余米，宽 10 米，水泥路面上铺设沥青，凤西路向北延伸与之连接。

凤东路　2002 年建成水泥路。南起成虎路，北至山南路；长 460 米，宽 12 米。2010 年因路在凤凰村东，故命名今名。

文化路　始建于民国时期。萧山解放后重建。东起萧绍运河，西至衙前路；长约 350 米，宽 16 米；水泥路面。1997 年，因路处衙前文化中心前面，故命名今名。

之华路　建于民国时期。南起成虎路与衙前路交叉口，北至萧绍运河；长约 300 米，宽 12 米；水泥路面。1997 年重修，因衙前农民运动期间革命家杨之华在衙前农村小学校任教，曾住在此路上，为纪念她，故命名今名。

晋生路　原有泥路，无名。东起衙前路，西至定一路；长约 400 米，宽 12 米；沥青路面。2000 年，为纪念衙前农民运动先烈陈晋生，故命名今名。

官河路　原有路，为村境内主要干道之一。位于官河北沿，东起毕公桥，西至凤凰桥；长约 1000 米，宽 15 米。1998—1999 年投资 130 万元，修建为水泥路面，后几经改造。2015 年初，在河边改设木扶栏，3 月改铺设沥青路面，河边增设花坛、塑木走廊。1997 年，因凤凰村沿官河

（萧绍运河）建村筑路，故命名今名。

永乐路　原有路，1996年修建水泥路面。东起永乐桥，西至衙前路（萧明线）；长约300米，宽12米。1997年，因路直通到永乐桥，故命名今名。

老新华路　原有泥路，萧山解放初修建，南起老街路，北至卫家自然村；长约650米，宽3米。1996年扩建为水泥路面。1997年命名今名。

施家祠堂路　建于民国时期，原为石板路。南起永乐路，北至文化路；长约300米，宽2.5米。1997年，因附近原有施家祠堂，故命名今名。

马车桥路　建于民国时期，在村境内官河附近，长约300米，宽2.5米，水泥路面。1997年，因旧时常有马车通过，故命名今名。

长弄堂路　原有泥路，1990年改建。位于卫家自然村，南起文明路，北至衙党公路；长约400米，宽3.5米；水泥路面。1997年，因原路边多有房屋，路形似长弄堂，故命名今名。

蔡家漊　原有泥路，1985年建成水泥路面。南起官河路，北至衙党公路；长300米，宽2.5米。1997年，因此地有一小溪沟，附近有蔡姓聚居，故命名今名。

东岳路　民国时期建造。位于凤凰山脚下，东起东岳庙，西至凤凰路；长160米，宽10米；水泥路面。1997年修建，通往凤凰山东岳庙，故命名今名。

教工路　1990年建成，水泥路面。东起凤凰路，西至凤西路；长200米，宽4米。1997年，因路为通往衙前初中和原萧山三中教工宿舍的必经之路，故命名今名。2012年拓宽至6米。

农贸路　1990年建成，水泥路面。南起永乐路，北至文化路；长约200米，宽5米；沿途有之华公寓、文化中心等建筑。1997年，因路紧邻衙前农贸市场西侧，故命名今名。

振卫路　1996年建成，水泥路面。位于卫家自然村内，南起衙党公路，北至卫志芳住宅旁；长约250米，宽3.5米。1997年，因是通往振卫实业公司的主要道路，故命名今名。

文明路　1996年前建成。位于卫家自然村内，东起杭州卫烈纺织有限公司，西至振卫路；长300米，宽4.5米，水泥路面。1997年命名今名。

新华路　原有小路，公社化时已存在，后修建为水泥路面、沥青路面。在村境的卫家村内，长200米，宽3米。1997年命名今名。

通河路　原有路。1990年改建，水泥路面。位于卫家自然村内，东起卫家河（今凤凰河），西至园田路；长300米，宽3.5米。1997年，因路直通卫家河，故命名今名。

园田路　原是机耕路。1996年改建成水泥路面。位于卫家自然村内，南起南大路，北至衙党公路；长约500米，宽6米。1997年，因原为机耕路，延续旧意故命名今名。

童墅路　原有路。1996年10月建成水泥路。位于童墅自然村内，南起白鹤路，北至成虎路；长1586米，宽4.5米。1997年，因路为通往童墅自然村的主要道路，故命名今名。沿途有浙江恒逸集团有限公司等单位。

胜利路　原有路。1996年改建水泥路。位于傅家自然村内，南起富强三路，北至衙前路；长约450米，宽4米。1997年，因路中间有座胜利桥，故命名今名。

富强一路　原有路。1996年改建水泥路。位于傅家自然村内，东起浙江金洋控股集团有限公司，西至定一路；长250米，宽3.5米。1997年，因交通村有家富强实业公司，名字颇吉利上口，傅家自然村内三条横路，故以此吉利名加序数一命名今名。

富强二路　原有路。1996年改建水泥路。位于傅家自然村内，亦东起浙江金洋控股集团有限公司，西至定一路；长375米，宽3.5米。1997年，因原交通村有家富强实业公司，名字颇吉利上口，傅家自然村内三条横路，故以此吉利名加序数二命名今名。

富强三路　原有路。1996年改建水泥路。位于傅家自然村内，亦东起浙江金洋控股集团有限公司，西至定一路；长350米，宽3.5米。1997年，因原交通村有家富强实业公司，名字颇吉利上口，傅家自然村内三条横路，故以此吉利名加序数三命名今名。

村境道路电子警察抓拍点

2012年8月1日起，随着萧山境内主要道路开始设电子警察抓拍点，[①] 联系凤凰村周边道路也开始设电子警察抓拍点。至2014年5月12日止，联系村境周边道路设的电子警察抓拍点有：萧明线成虎路（萧明线项漾村）、104国道成虎路口（成虎路长巷村）、萧明线新城路（八柯线的坎山大道）、104国道香樟路（104国道迎宾路口）、萧明线南大路（萧明线迎宾路口）。

第二节　桥梁

凤凰村地处水乡泽国，河流纵横，随处可见各种石桥横跨两岸。旧时，桥多为石板桥，以单孔洞桥为主。1986年11月，衙前镇政府将凤凰桥、毕公桥定为镇级文物单位。2004年，毕公桥定为第五批杭州市文物保护单位。今该村境内还建有成虎桥、官河桥、水獭桥、万安桥（运河上的石桥公路桥）、永兴桥、胜利桥、童墅桥、富强桥（交通村成虎路上，钢混结构）；与邻村、邻镇交界的主要桥梁有：沙湖桥、胜明桥（在凤凰村交通片，分别与四村、优胜村交界的专用公路桥，均为钢混结构）、凤凰桥（为石桥，在西曹自然村，跨凤凰河与坎山相接）等。

为村区建设、美化村庄环境，促进经济发展增添亮点，凤凰村民对旧时的桥都是百般的爱护，毕公桥、白鹤桥、卫家桥等已年代久远，饱经沧桑，至今依旧保存完好。后改建、扩建桥，则采用钢梁和钢筋混凝土新材料，桥梁跨度增大，桥面平缓，行人称便。村境内主要桥梁有毕公桥、永乐桥、成虎桥、官河桥、水獭桥、大洞桥、凤凰桥等。（大洞桥、凤凰桥，详见本志"文化 体育"编之"文物胜迹"节）

毕公桥

位于凤凰村境东接老街交界处的运河支流上，系单孔石拱桥，为宋代毕

图0971　古毕公桥（2018年4月30日，傅展学摄）

[①] 车辆行驶时，凡不按信号灯指示通行、不按导向车道行驶、越线停车等违法行车，均会被道路设的电子警察抓拍点抓拍。

士安建造，故名。清光绪年间重建，桥长8米，宽2.7米，高2.5米。为保护古桥，今毕公桥旁建有平板铁桥，便于车辆通行。

永乐桥

在毕公桥南不远处运河上的人行桥，中间为单孔石桥，洞顶拱圈，高出河面许多，便于舟船往来。南北向，两端砌石蹬，方便行人过桥。新中国成立前夕已存在，新中国成立后几次修建。

成虎桥

民国11年（1922）1月，衙前农民协会领袖李成虎遇害，为悼念李成虎烈士及迎接上海工商界的"公祭"，在村境之官河两侧砌石磴，架木梁，称"成虎桥"。1956年，采用石台木桥面，通公共汽车。1971年，修建成双曲拱桥，重力式桥台。其延长度为40.4米，跨度20米，桥高9.5米，桥面宽7.7米，两边护栏高1.2米。线路编号X137，桥位中心桩号K0+192。1973年，重建，横跨31米。2001年后，因公路建设需要，再次扩建，加高加大。

图0972　成虎桥（2018年4月25日，陈妙荣摄）

水獭桥

位于衙老线卫家自然村，民国时期已有，新中国成立后多次修建。今该桥为境内的公路桥，长23米，宽12米，钢混结构，上部为砼板梁。

新卫家桥

建于2007年，为混凝土公路桥，地处卫家河（今凤凰河）中段东西走向，跨度8米，宽度8米，桥面离水面2米。

永兴桥

是一座古桥，建筑年代不详。为石砌石梁桥，南面桥额刻有"卫家桥"3个字，北面桥额刻有

"永兴桥"3个字。据八旬老人卫寿仙称，此桥已有几百年历史，又名卫家桥，永兴是造桥人。现紧邻2007年建的新卫家桥，东西桥腿分别为14级石阶，东桥腿因筑路填高，只见11级石阶，跨度8米，宽度1.5米，距水面高度4米。

图0973　新卫家桥（2018年9月25日，陈妙荣摄）

图0974　永兴桥（2018年9月25日，陈妙荣摄）

第三节　公交停靠站

民国时期，在凤凰地区境内建有衙前公共交通停靠站——老衙前站。直至改革开放后，随着交通事业的发展，多条公共交通线路陆续在境内建成通车。

2008年7月1日，萧山区与杭州主城区实现公交一体化。至2016年，凤凰村境内已设有公交停靠站5个：凤凰山度假村、衙前镇中学、衙前、恒逸公寓、成虎路104国道口公交停靠站；公交停靠站的线路有6条：731路（凤凰山庄、衙前）、736路（凤凰山庄、衙前镇中、衙前）、743路（含农场线和区间线，凤凰山庄、老三中、衙前）、740路（凤凰山庄、老三中、衙前）、746路（恒逸公寓、成虎路104国道口）、758路（衙前）。

图0975　衙前公交站（2018年5月12日，陈妙荣摄）

第二章 供水排污

概况

历史上凤凰地区农户用水主要依靠运河水和天落水,为方便吃水、用水,境内运河边每隔一段距离建有一个河埠。天落水即雨水,引入水缸中,主要是用作吃喝,缸上覆以木盖,预防杂质和虫豸进入水缸中。20世纪90年代,农户开始用上干净清洁卫生的自来水。

境内农户生活污水的排放,以前直接排入河道。直至1994年开展小集镇建设后,开始治理生活污水,埋设地下雨污合流管道。2014年,凤凰村生活污水治理覆盖率达到百分之百。

第一节 供水

村民用水历来取自河流和池塘,部分取自深井和天落水(下雨时用大缸接储,以备不时之需)。20世纪60年代后,推广络麻种植,浸洗络麻期间,污染河水。80年代,工业企业发展,水质污染日趋严重。萧山市政府实施"西水东调"工程,解决东片地区居民饮水问题。

90年代初,开始村级供水管网建设。1992年10月,自来水工程总管道一期建设,自筹资金170万元,分摊到村、厂。分摊到村的比例为按人口70%,村办工业企业按固定资产原值39%计算。1997年10月,开始自来水工程总管道二期建设,自筹资金则按村、工业企业规模和年用水量分摊。其间,进村总管为水泥管,接到农户家的支管多为镀锌管。

2006年3月,为解决自来水管网受损、管道老化,内积污垢多,水流量变小,水压降低等问题,凤凰村把实施村级自来水管网改造工程列入为民办的"十项民生工程"之一。此次供水管网改造中,进村总管选用当时最好的管线——球墨管,接到农户家的支管选用PPR管,用户自来水表为数字表。2009年7月,投资140多万元、涉及近700户农家的凤凰村级自来水管网改造第二期工程开始施工。是年底工程竣工,使全体村民和居住在该村的外来人员均喝上清洁安全的自来水[①],直接受益人口6000多人。至2015年6月,村境内自来水用户全部改用新式IC卡智能水表,解决第一期工程没有进行防冻保暖措施而造成智能水表大面积破裂的问题。

第二节 排污

1994年起,开始小集镇建设,在凤凰村的文化路、农协路、成虎路、定一路等主要道路埋设地下雨污合流管道,结束凤凰村无地下排污管道设施的历史,一定程度上改善了村庄环境。

2014年7月,随着萧山区首批44个亮点村治理农村生活污水项目动工建设,凤凰村组织由党

---

① 2014年12月,省卫生计划生育委员会对萧山区的5家饮用水供水单位进行卫生信誉等级评定。经等级评定,5家饮用水供水单位均属省A级饮用水(最高是A级,A级为饮用水卫生安全信誉度优秀单位)。

委书记挂帅、党委成员直接负责的专门班子,实施污水纳管、雨污分流建设工程。该工程从农户确认、专家审核、主材招标、全程管理四方面开展工作。村组织力量,用20多天时间走访村民726家,就接管与管网走向、施工草图等内容提前与农户沟通,确认单户设计方案,并得到每一位户主的签字认可。对于纳管农户在50户以下的,主要采用无动力厌氧污水处理模式,即厌氧池+人工湿地模式。而纳管农户在50户以上的,主要采用微动力处理模式,即在前者模式的基础上加装动力,提高处理能力。村设计方案通过评审后,进入施工招投标。同时,坚持"严入严出"的选材标准,对直接关系农村生活污水治理实效的大众管材、塑料检查井、玻璃钢化粪池、玻璃钢一体化设备、承重井盖等主材实行统一招投标。落实"一月一督查、一月一通报"的监督机制,通过村民代表时时监督,村监督员跟班监督,形成全方位的质量监督体系。全村生活污水治理工程包括卫家片、交通童墅片、交通傅家片、凤凰中片的污水、废水收集排放,覆盖农户687户,总投入690多万元。至2014年底,实现村生活污水处理农户受益率达80%以上,所涉自然村生活污水治理覆盖率达到100%。

图0976　2014年10月乙方施工人员正在将通往农户家庭的污水支管接到总管上(沃琦摄)

第三章　供电供气

概　况

村民生活能源，历史上长期依靠柴草，家家户户砌有柴灶。家境较好的砌3眼灶，一般人家砌2眼灶，中间嵌汤锅，利用余热烧热水；条件差的砌单眼立式灶（俗称缸灶），汤锅只好悬在灶口上。

20世纪80年代后，供电、供气先后成为农户家中的生活燃能，煮饭用电饭煲，炒菜用液化石油气，特别是2010年12月天然气管道的开通，农户家庭陆续使用天然气，煮饭、炒菜更为方便。至2011年8月，凤凰村成为萧山区首个户户接通天然气的村。不过，还有少量老年人用柴火做饭，山上有的是枯枝等柴草资源，捡回来一晒就可以烧了。

第一节　电力

1963年湘湖变电所通过10千伏瓜沥线向衙前供电后，凤凰生产大队队队通电，结束了村民长期以来依赖煤油灯、蜡烛照明的历史。1963年萧山电力公司成立后，按照低压线路装置标准改造凤凰地区境内之低压电网，用混凝土电杆取代木电杆、毛竹电杆，并推广农用地埋线。

1983年始，为解决电网缺电严重，配电网络落后，供电半径长，电压不稳定，导致电动机无法正常运转，日光灯无法启辉，电灯时明时暗，供电质量较低的问题，萧山县建立35千伏变电所，同时采取分配方式用电。1985年衙前镇建电力管理站后，凤凰村、交通村和卫家村分别设电力管理组，由各村领导兼任组长，配备专职电工1名。村电管员和电工均经县供电局业务培训，经考核合格，取得上岗资格。村电管组注重农村安全用电知识的普及，负责严禁带电操作、挂钩用电、私拉乱接、一灯多用等情况；取消"长明灯"，禁止生活用电炉等高耗电用具。

1991年5月，位于卫家村建立的35千伏衙前临时变电所通电使用，安装5000千伏安主变压器供电，新架10千伏线路3千米，缓解了衙前一带用电供需矛盾。1993年4月，改建的35千伏衙前变电所竣工，安装8000千伏安主变压器2台，新架10千伏线路6条，较大程度地满足了衙前一带包括凤凰地区的工业企业与居民家庭用电需求。

1995年起，凤凰村住宅小区低压线路逐步换为电缆线。1996年12月，萧山市供电局对衙前变电所主变压器又一次增容，主变压器容量为2×1.6万千伏安，供需矛盾缓解。

2008年初，镇村投资44.7万元，在凤凰山盘山公路沿线共安装成套照明灯47盏、成套景观灯8盏。每天早晚时分，盘山公路沿线运动健身活动的居民平均每天有200—300人，成为衙前镇最大的群众性健身与休闲场所。是年6月5日，镇村投资9.8万元，开始在衙前镇老集镇区块的永乐路和农协路安装路灯37盏。至2009年8月，凤凰村完成农村电气化改造。农村生活用变压器电容量为33520千伏安，比农村电气化改造前提高了168%。

2011年，为解决衙前镇用电严重超负荷的问题，凤凰村党委对水电部门提出切实安排好全村工业、商业、生活用电，做到了解在先、服务在先、安装在先的工作要求。

2012年7月1日起，凤凰村执行新版居民阶梯电价，从以前的按月用电量累进加价调整为按年用电量划分三档阶梯式累进加价。① 2016年1月1日开始，又实施居民生活用电"一户多人口"阶梯用电政策。②

图0977　电力维修（2018年5月14日，陈妙荣摄）

2015年3月，凤凰村变压器的分布分为4块：第一块（凤凰片）：凤凰大厦500千伏安变压器2台，固定资产原值818020元；小溇变压器630千伏安、蔡家溇变压器400千伏安、杭州萧山凤凰五金实业有限公司变压器315千伏安、萧山凤凰时装厂变压器315千伏安、萧山凤凰时装厂变压器400千伏安、杭州庆恒绣品有限公司400千伏安、国际贸易中心10千伏安配电。第二块（卫家片）：农用变压器，固定资产原值67833元；东鹤楼变压器，固定资产原值350011元；桥西变压器，固定资产原值357950元；配电房1间；文明路南变压器，固定资产原值229716元；杭州林鹏布业有限公司400千伏安变压器、杭州顺裕纺织厂400千伏安变压器、杭州卫业纺织有限公司400千伏安变压器；新区配电房1间。第三块（交通片）：变压器房4间，农用水泵及电动机1台，其他各型号电动机6台；强力变压器房1间；400千伏安变压器主机1台。第四块（村本级）：主要分布在凤凰工业园和创业新村。工业园2400千伏安变压器，固定资产原值1241000元；杭州萧山凤凰五金实业有限公司400千伏安变压器、成虎桥边315千伏安变压器各1台。

2015年4月，萧山区供电公司启动110千伏输变电工程可行性研究工作，选择该村成虎变电站试点，计划建成占地面积小、绿色环保的GIC变电站。该工程设计投入主变压器2台、110千伏架空线路电缆总长近7公里。5月26日凌晨2时，在夏季用电高峰前成功投入运用，使得萧山中部电网新增变电容量10万千伏安。

2016年5月，国家电网萧山公司在衙前镇中西南靠近凤山路与凤凰路交叉口的三角地带设置250千伏安变压器一组。8月，为考虑扩容与交通环境等因素又移至凤凰路西凤凰公寓北侧、红色衙前展览馆东南角。至此，凤凰村境内250—400千伏安的综合变压器设置点20处，其中交通片6处，凤凰片5处，集镇5处，创业新村2处，卫家片2处，由镇变电站统一管理。

2016年底，村境内有交通202线、成凤A561线、叶茂197线、衙南C577线、衙泥C579线、昭东C572线、卫家自然村G17线、旭龙A556线等多条由萧山区供电公司掌控的电力线路。凤凰村变压器分布情况：农村生活变压器：南片1600千伏安，中片1380千伏安，北片800千伏安，农民

---

① 新版居民阶梯电价为三档阶梯式累进加价：第一档电量为年用电量2760度及以下部分，电价为0.538元/度；第二档电量为2761度至4800度，电价为0.558元/度；第三档超过4800度部分，电价为0.838元/度。

② 居民生活用电"一户多人口"阶梯用电政策：户籍人口为5人及以上的家庭，每户每月增加100度的阶梯电量基数；户籍人口达到7人及以上的家庭，可以选择执行居民合表电价，合表价即每月电费统一为0.558元/度。一年最多可增加一档电量1200度。家庭人口以《户口簿》为认定依据。

公寓楼变压器 5340 千伏安；工业变压器：南片 715 千伏安，中片 1430 千伏安，北片 1830 千伏安，工业园区 2800 千伏安；市场专用变压器 1000 千伏安。是年，凤凰村水电部有工作人员 8 人，其中水电服务室 2 人、用电管理室 3 人（含副主任 1 名）、用水管理室 2 人。

第二节　燃气

煤气

20 世纪 80 年代，凤凰生产大队、交通生产大队和卫家生产大队有农户开始逐渐告别煤球炉使用瓶装煤气。至 2010 年 7 月，凤凰村农户大多使用瓶装煤气，村里每年按季按户发放煤气补贴。

2010 年 8 月，凤凰村开展天然气覆盖全村工作后，凤凰村农户开始使用天然气，使用瓶装煤气的农户逐渐减少。至 2011 年 8 月凤凰农户都能使用天然气。

天然气

2010 年 8 月 21 日凤凰村与杭州中燃城市燃气发展有限公司签订天然气管道安装合同后，开展天然气覆盖全村工作。至 12 月，有 15 家农户率先接通天然气。

2011 年 8 月，凤凰村包括农户、公寓楼、商住楼的全体用户共计 1068 户，已户户接通天然气，使用清洁能源，成为萧山区首个户户接通天然气的村。天然气管道安装工程总投入 400 万元。

天然气覆盖全村后，中燃城市燃气发展有限公司在村境内设有客户燃气服务中心，为村民提供购气、维修服务。每年，该公司的工作人员还会上门为每一用户进行安全检查，让村民们用气更放心。2011 年 1 月 1 日开始，按村规定对每个股东（村民）每月补贴 15 元，按季度提前发放。

图 0978　2010 年 12 月 15 日凤凰村民方正海在天然气启动仪式当天使用天然气（傅展学摄）

天然气与液化石油气（煤气）比较，天然气使用方便，又经济实惠，每立方米价格为 2.35 元。有村民计算过一笔账，一家人一年用天然气 200 多立方米，一年也就 400 多块钱。如用液化石油气，一年至少要用 10 瓶，耗费 1000 多元。

第四章 信息传媒

概 况

萧绍运河开通后，穿过凤凰地区境内的萧绍运河是重要的水上驿道，官府设有多个水站。① 明嘉靖十八年（1539），凤凰地区境内设有白鹤铺等。② 清光绪十六年（1890）建萧山邮局后，境内的邮件由坎山、钱清设的邮寄代办所投递。民国时期改为中华邮政时，境内的邮件由坎山、衙前的邮务代办所（信局）投递。其间，邮件大多由萧绍运河轮船或埠船带运。

萧山解放后，凤凰地区的邮件由坎山邮电所投递。直至1958年，邮件改由交通管理区设自办邮电所投递。

1958年，交通邮电所开始使用磁石式交换机和摇把子电话机。1968年，凤凰生产大队、交通生产大队和卫家生产大队家家通广播。1979年，3个生产大队均已接通有线电话。后村民开始购置电视机。1984年，凤凰村集体置有投影电视，卫张泉、蔡观荣两农户住宅安装私人电话，电话机号码为4位数。后电话机号码逐步发展到5位、6位、7位、8位数，长途电话由半自动发展到全自动。

1990年后，随着萧山区信息传媒的发展，凤凰村、交通村和卫家村逐步实现广播和电视双入户，村民先后使用无线寻呼、移动电话（手机）、小灵通。随着小灵通的产生与发展，无线寻呼逐年减少。

2000年开始，村级管理部门办公电脑接入互联网。2011年，开始建立凤凰村网站系统，翌年，已建有万村联网门户网站和凤凰村网站，主要用于对内和对外传递该村各项事业发展的基本情况。

至2016年，信息传媒已由邮件传递扩展为电话、电报、传真、手机、小灵通、电子邮件和网站等多种方式的信息传递。相对于传统的信息传媒，新传媒以其形式丰富、互动性强、渠道广泛、覆盖率高、精准到达等特点，在信息传媒中占据重要的位置，但仍然不能完全替代平信、印刷品、包裹等的邮寄传递方式，网络购物、邮件快递等在村年轻人中已普遍应用。

第一节 邮政 电信

邮政

明嘉靖十八年，凤凰地区境内建急递铺（急递铺是专司传递文书的邮站），时称"白鹤铺"。民国时期，县城至衙前的邮件由在萧绍运河行驶之埠船带至位于凤凰地区境内之衙前邮务代办所，

---

① 中国的邮递制度早在西周时就已开始。汉代以后，各朝代都非常重视邮驿传递，邮驿的设置逐步网络化，传递的程序逐步制度化。隋唐时期，邮递制度相当健全，时邮递归兵部管理，在战争期间，邮递工作由军士担任，称为邮卒或驿卒。北宋时期归枢密院管辖，亦纳入军事系统。宋人沈括在《梦溪笔谈》中说，当时邮递分三等，即步递、马递、急脚递。至元二十四年（1287）诏令扬州等地沿陆路设置马驿，沿水路设置水站，陆路、水路结合进行传递。越人有"以船为车，以楫为马"的说法。

② 明嘉靖十八年，萧山设总铺，县内设有十里铺、新林铺、白鹤铺等6处，每距离10里设一铺。其中新林铺、白鹤铺均在运河边的今村境内。

然后分发，寄萧山或外地的邮件则再由埠船带运。

萧山解放初期，凤凰地区属坎山邮电所投递点。1956年，交通乡、凤凰乡合并为交通乡，设邮电信报站。翌年，凤凰地区邮件在交通乡邮政代办所（地点在衙前老街）办理。该邮政代办所设柜营业，门口挂木质信箱，柜内售邮票、信封等，代办汇款、寄包裹等业务，转交坎山邮电所人员办理。

1958年10月坎山成立人民公社后，交通管理区自办邮电所1个。邮递员步行投递至各生产大队，信件、报刊送至生产大队，汇款单、包裹投递到户。1965年12月，通邮扩展至生产队。①

至1993年4月，衙前邮电所（前身是交通邮电所）开始自主经营函件、电信、包裹、汇兑、报刊发行等邮电业务。由专人投递人员按投递路线，用自行车（后为机动车）把邮件物品直接投递至凤凰村、交通村、卫家村到户，用户可看到当天的报纸。同时，衙前邮电所开始办理邮政储蓄。邮政储蓄创办初期，年末储蓄存款余额在200万元左右。

1998年9月2日邮政、电信分离后，衙前邮政分局（前身是衙前邮电所）仍有专人负责对凤凰地区投递报刊信件到村到户。至2000年末，邮政储蓄存款余额达到800万。2004年末，增加到1000万以上。

2010年成立的中国邮政速递物流股份有限公司萧山区分公司，在衙前凤凰村境内104国道边设有投递站点，直至今。邮政速递采用的是海、陆、空联运的运输方式，通过最佳组合方式达到最快时限，提供迅速、准确、安全、方便的物流服务，新疆的葡萄干、内蒙古的奶制品一昼夜可到凤凰村。

电信

1958年，交通邮电所置有10门磁石式交换机1部，架设单线通话，总机分设单线，分别连接用户的摇把子电话机。

1979年衙前邮电所安装扩容后，凤凰生产大队、交通生产大队和卫家生产大队都接通有线电话。1985年，衙前磁石式交换机总容量为100门，电话已改为双线。是年6月萧山邮电3000门自动综合机房开通使用后，凤凰地区开始采用4位数电话号码。卫家村的卫张泉、蔡观荣等村民安装有住宅电话。

1986年10月1日，凤凰山南麓微波站建成使用。90年代，为扩大网络容量，凤凰山南麓建有中国移动GSM移动通信基站和TD-SCDMA移动通信基站，村民称之为中国移动中继站。

1991年9月萧山首期万门程控电话开通后，凤凰地区电话号码升至6位数。1994年1月，凤凰地区开通程控电话。6月，萧山与杭州电话网联网后，凤凰地区电话号码升至7位数。10月，实行全程全网大程控，凤凰村、交通村、卫家村电话通信全面实现自动化、程控化、数字化。至1999年，凤凰村有电话287部、交通村132部、卫家村130部。2001年5月，凤凰村、交通村、卫家村电话号码升至8位数。

2015年11月，凤凰村凤凰南苑和成虎路43—45号设有中国移动4G光宽带移动营业厅，村民只要拨打10086或到该移动营业厅，即可办理中国移动4G业务。

2016年，移动光宽带已覆盖凤凰全村的家家户户，光纤宽带可以提供高达100兆/秒甚至更高的速度，有农户全家4部手机号码每月共同保底消费套餐，就能免费使用10兆光宽带，家里4个

---

① 坎山人民公社实行亦工亦农的投递员制度，半日务农，半日投递，工分加津贴，津贴由坎山邮电所给付。1971年，亦工亦农投递员被邮电局吸收为正式人员，改为自行车投递。

人可同时在电脑上玩游戏，用 iPad 看视频，用手机上微信，而且还送无线路由器 1 只。是年，该村编印有村内电话通信录，可免费缩号拨打凤凰村用户电话。

微波站

1984 年 7 月，随着移动通信的发展，凤凰地区境内凤凰山南麓的微波站动工。1986 年 10 月 1 日建成投入使用。该微波站由浙江省邮电设计院设计，省杭甬微波工程办公室负责建造，工程全长 153 千米，在两个端站间，建有微波通信定向中继站 3 个。该站占地 8.289 亩（约 5526.03 平方米），建筑面积 1000 平方米。

图 0979　衙前微波站（2018 年 5 月 10 日，陈妙荣摄）

中继站初建时，均使用模拟微波国产设备。1994 年，部分改用日本富通产数字微波。1997 年网络扩大容量后，全部采用数字微波。时有工作人员 16 人。1998 年 9 月 2 日邮政、电信分开后，人员锐减。至 2016 年，仅有 1 人留守。

第二节　广播　电视

1968 年衙前公社有线广播站建立后，凤凰生产大队、交通生产大队、卫家生产大队农户家庭开始安装有线广播。至 1983 年，3 个生产大队有线广播已基本实现输线圆杆化（用空心圆形水泥杆架线）、线路皮线化和动圈喇叭化的"三化"要求，各生产大队分别建立广播室。

1984 年，凤凰村集体购置投影电视，供社员群众集体观看。1987 年建立镇文化广播电视站后，电视机的普及、发展迅速，由黑白电视机到彩色电视机，由小屏幕到大屏幕，由自架天线到有线闭路。村境内有条件的企事业单位自设转播室，安装闭路电视。

1990 年全镇实行有线广播、有线电视共缆传输后，凤凰村、交通村、卫家村农户家庭达到广播、电视双入户。设备及联网费等费用由镇政府拨款，镇至各村主干线所需资金以村为主、企事业单位支助为辅解决。镇至各村主干线所需资金按村面积、人口分摊，卫家村负担最少，为 2 万元。有线广播、电视实行统一管理、维护一体化。有线电视实行自收自支，单独建账，独立核算。据《2000 年衙前镇有线电视收取表》记载显示：2000 年凤凰村年收取金额为 30360 元，交通村为 17160 元，卫家村为 12480 元。有线电视开播之初，有送歌和点歌节目，深受观众欢迎，凤凰村、交通村、卫家村经常有村民去提出点播节目要求。

图 0980　凤凰村广播室（2018 年 5 月 16 日，陈妙荣摄）

1996年12月，卫家村安装有线电视104户。1997年1月，交通村安装有线电视143户。2月，凤凰村253户全部安装了有线电视。

2016年，广播户户通，有线电视家家有，村老年活动中心还提供大屏幕液晶彩电，供老年村民观看节目。全村广播人口和电视人口的综合覆盖率均达100%。

第三节　村务信息化

基础设施

1993年，为加快村办公自动化，凤凰村购买一台15000元的电脑，主要用于办公，确保信息得以长久保存。

2000年后，村财务管理办公室、市场管理办公室、综合治理管理办公室、计划生育管理办公室、水电管理办公室等部门陆续购置办公电脑，并接入互联网，以确保从中央到地方各类信息的收集，同时便于与上级部门信息之间的传输。

2005年接入政府网后，加快了网络化进程，促使政府、村及部门之间各类信息的传输与交流，电脑逐渐普及村民家庭。

至2016年，凤凰村委会共有电脑31台。

网站建设

万村联网门户网站　2011年始，依托浙江农民信箱万村联网建设，该村在万村联网门户网站（http://www.zjwclw.cn/programs/zdgl/layout/autoset.jsp？zdid=10629&mbid=1&ysid=9）开设村级网站。万村联网网站系统栏目包括：基本概况、领导班子、村规民约、基层党建、新农村建设、村务公开、农技服务、信息动态、镇村信息、荣誉展示、劳务需求等。主要呈现本村的各项村级情况，是凤凰村对内和对外宣传的一个重要窗口。

该网站系统服务对象主要是面向全体村民、广大社会人士，为群众提供村级信息浏览窗口等内容。由村党政办公室负责管理，其他办公室人员协助管理，全体村民有对本网站监督建议的义务。自建万村联网门户网站后，主要用于区、镇、村三级政府及部门之间信息的传递与交流。

凤凰村网站　2012年开始，建立凤凰村网站（http://yaqian.xsnet.cn/html/cw/fhc/）。该网站是衙前镇（政府）门户网站下属的一个网站。网站系统栏目包括：凤凰村情况介绍、村级领导、村务公开、红色凤凰、媒体关注、"三园二区"、三大保障、新凤凰人之家、魅力凤凰等。主要呈现该村各项事业发展的基本情况。

该网站系统服务对象也主要是面向全体村民、广大社会人士，为他们提供信息浏览窗口等内容。由村党政办公室负责管理，其他办公室人员协助管理，全体村民有对本网站监督建议的义务。

自建凤凰村网站后，村级各类信息及时更新，使广大村民更好地了解村级信息动态。该网站每月更新信息4—5条。

第五章 村办公场所

概 况

萧山解放后，凤凰地区属萧山县坎山区定一乡，建立农民协会。1950年6月，撤定一乡，凤凰地区分属交通乡第七村、凤凰乡第十村。从农民协会到村行政委员会、农业合作社、生产大队管理委员会、村民委员会，村级机构名称几经变化，其办公地点也相应变动。2005年三村合并后，凤凰村办公楼位于成虎桥南至今。

第一节 办公场所变迁

村办公场所，随着村规模的调整和道路平整、土地规划的实施而变动。

凤凰村的办公地点变化较多：新中国成立初在西曹俞家老屋，1963年搬至曹国范住宅房，1967年搬至沿河新二楼，1974年搬至新建的村大会堂门口两侧，1976年搬至成虎桥南衙党公路东二楼，1985年搬至黄家池堂东北新三楼，1992年搬至文化路北农工商二楼，2003年搬到成虎桥南凤凰村办公楼至今。

交通村的办公地点：新中国成立初在傅家大楼房，1974年搬至交通五金厂，1985年搬至修理厂，1994年搬至富强实业公司办公楼，最后合并到凤凰村办公楼。

卫家村的办公地点：新中国成立初在今卫家片老年活动室东侧一户富农人家的没收房办公，1974年搬至洛思山脚下磷肥厂内，20世纪80年代初在卫家桥东北处建起6间2层楼房，其中第二层东面3间作为村办公场所，其余为企业用房，90年代初在凤凰山脚下建起13间房子，其中7间为3层，第三层作为村办公场所，其他的为2层，店面出租，作为村集体收入。

2005年6月，三村合并，在凤凰村办公楼办公至今。

图0981 20世纪80年代建的原卫家村办公楼（左）与90年代建的原卫家村办公室楼（右）（2018年9月14日，陈妙荣摄）

第二节　凤凰村办公楼

凤凰村办公楼于2003年建成，作为凤凰村办公场所。该村办公楼占地面积605平方米（其中含道地240平方米），三层楼房，建筑面积1090平方米。2005年6月凤凰村、交通村和卫家村三村合并为凤凰村后，该凤凰村办公楼作为凤凰村办公场所，内部结构稍有变动。2016年，凤凰村办公楼内设办公室15间、村民代表议事室1间、大型会议室及音控室1个。各间办公室均配备有办公桌椅、电脑等办公设备，会议室配备有大型办公桌椅、投影仪、话筒等音响设施。

图0982　凤凰村委会办公楼（2018年5月12日，徐国红摄）

第六章　村庄建设

概　况

1979年后，随着工业企业的发展，凤凰地区境内的环境污染逐年加重，有工业企业排放的废水、废气、废渣；农业生产污染源有烂麻水、农药化肥、禽畜粪便等；生活污染源有生活污水、生活废气和生活垃圾；因地处交通要道，来往车辆频繁，车辆尾气污染，交通噪声。1996年3月8日国务院下发《关于环境保护若干问题的决定》（国发〔1996〕31号）后，根据萧山市政府提出的环境保护目标责任制，凤凰村、交通村、卫家村严格把关，坚决控制新污染；限期达标，加快治理老污染。至2000年，凤凰地区境内重点污染企业已基本实现达标排放。

2001年，凤凰山森林公园被批准为萧山市森林公园。2004年萧山区启动生态创建工作后，凤凰村累计投入上千万元资金用于生态文化建设，全面实施"硬化、绿化、净化、美化"工程。通过"以路带绿、以房兼绿"工程，结合道路绿化，厂区绿化，河岸绿化和公共场所绿化等形式，增加绿化面积，不断提高全村绿化档次和质量，村内主要道路绿化覆盖率达100%，全村林木绿化面积达752亩。通过多种形式，营造浓厚的文化氛围。

2005年6月三村合并后，实施新农村建设。2009年12月，村民代表大会决议提出，为整治环境，美化家园，村每年不少于150万元资金用于村庄环境建设。2010年1月，按照镇政府提出的要求，依托凤凰山自然风光和人文资源，逐步推进凤凰山旅游区开发。

2011年，围绕新农居示范区建设要求，凤凰村对旧村庄进行改造。对村民居住的老区块占地面积大、利用率不高，两处住房多的区块进行拆屋还地，重新规划，村的整体规划按照凤凰远期规划环境建设要求相配套，加强对村庄环境的整治力度。对成虎桥西至凤凰桥的道路进行改造、实施线路上翻下工程和童墅河砌石扶岸工程，对涉及沿河两户住户列入计划搬迁。是年8月底，镇政府再投入200多万元，凤凰山风景区基础设施（包括修建一所公厕，加宽800多米盘山公路等）改造工程如期完工，衙前农民运动纪念馆周边的环境面貌焕然一新。是年，凤凰村被授予"浙江省生态文化基地"称号、被评为全国文明村。2012年，凤凰村获全区第一批"萧山区森林村庄"称号。

2012年开始，为改善村民的居住环境，凤凰村共投入资金6000万元，实施新农居建设，游泳池建设、村庄绿化建设、凤工路和环山公路建设、风情小河建设五大工程。

图0983　官河水暖鸭先知（2016年3月18日，徐国红摄）

2013年开始，响应区政府号召，开展"三改一拆"和"五水共治"。2013年4月，开始实施凤凰村山地绿化工程。是年7月凤工路和环山公路改造、风情小河、村民新居、游泳池等五大工程完工。

2014年1月凤凰村被评为"萧山区十佳最清洁村庄"，后杭州市美丽乡村精品村又通过考核验收。

2014年，凤凰村制订村庄改造建设工程计划，全面推进旧村改造，计划于2017年完工。此计划还包括新区建设环山路贯通，长度180米；拆除养猪场，建设凤凰文化广场。2016年，根据村庄改造建设工程计划，以整治环境为重点，继续推进3—5期旧村庄改造，即成虎桥以东、傅家及卫家老村庄区块的旧村庄改造；进一步改造官河公园。同时，按照区、镇政府提出的红色旅游中心风景区要求，建设成虎桥东至毕公桥沿河两侧的凤凰特色区块。

2015年7月9日，凤凰生态文化园正式启动并对外招商项目。

第一节　新农村建设

2005年6月三村合并后，凤凰村实施新农村建设，每届村党委、村委会和经济合作社"三套班子"均对本届任期内的新农村建设提出目标和要求。至2016年，该村实施新农村建设先后进行"退二产进三产"工程和"三园二区"建设、美丽乡村建设、最清洁村庄创建和旧村改造等，村集体累计投入3.50亿元，拆迁面积7.50万平方米，搬迁企业35家，农户120多户；建设多层标准厂房12万平方米、多层集体商铺3.50万平方米、公寓楼11万平方米。其间，先后获得浙江省文明村、浙江省全面小康建设示范村、杭州市社会主义新农村建设标兵村、杭州市"庭院整洁"工作示范村（社区）、全国文明村镇，成为萧山第一个"全国文明村"。

"三园二区"建设

2005年6月凤凰村、交通村、卫家村合并为凤凰村，衙前老集镇商业区块属凤凰村区域，商业利用价值颇大。鉴于原有许多商业设施落后、环境脏乱差，既影响村容村貌，又制约了应有商业价值的实现，境内衙前农民运动系列文物遗址被列为浙江省首批红色旅游经典景区，新一届凤凰村党委、村委会和经济合作社"三套班子"，充分利用"三大优势"，即中国共产党领导农民运动发祥地的品牌优势，交通便捷、工业商业基础相对成熟的区位优势，积累有雄厚资本和投资经验的优势，放眼长远，采取"集体统一规划，统一实施"，将货币资金、土地资源转化为经营性资产，实施新农村建设的"三园二区"规划，即工业园、商贸园、文化园、村民集中居住区和外来人口集中居住区（后取名创业新村社区）[①]。针对发展空间有限的问题，进行资源的优化组合，实施大规模集约化建设和改造，逐步将"产业向园区集聚，第二产业由村中心向外迁，居住向村中心集中，退二进三，隆市兴村"。首先对老集镇商业区进行改造提升，即把原先的一层经营用房改造成五层商住楼，把新建的集体标准厂房从原先的1层提高到3层，建筑5—16层公寓楼等。通过改造，使原先低矮、破旧、单一的商用设施，变成现代、亮丽、结构多元的商业综合体。

[①] 2005年，随着工商企业的快速发展，有80多家企业入驻凤凰村落户。企业所需职工人数日益增加，凤凰村流动人口数量已近万名。随之而来外来人口的居住环境卫生、治安管理、安全隐患等问题成了凤凰村管理中的一大难题。根据并村后的"三园二区"建设总体规划，围绕"以人为本、以民为先"的精神，凤凰村决定建造外来人口集中居住区。

2007年10月开工建设凤凰工业园①。2010年4月22日,萧山区首个以外来人口(民工)为主体的创业新村社区挂牌成立。是年,为改善省级文物保护处的周边自然环境,完善交通条件,凤凰村修建长300米、宽7米的凤凰沿河(官河)公园。至2012年,凤凰村已拆除陈旧住宅区、废弃闲置旧厂房和违法建筑7.10万平方米,累计投入资金1.45亿元,建设"三园二区"15万平方米。

2013年,继续推进新农村示范村凤凰山西新农居建设工程。为改善道路交通环境,实施凤凰山西新农居路面浇注柏油工程。是年5月,凤凰山以西新农居建成。至6月,凤凰村实施"三园二区"新农村建设已累计投入资金3.20亿元,基本实现产业集聚、居住集中。其间,拆迁面积7.50万平方米,搬迁企业35家,农户120多户;建设多层标准厂房12万平方米、多层集体商铺3.50万平方米;建设公寓楼11万平方米。

图0984　凤凰村建设新貌(2018年4月30日,傅展学摄)

美丽乡村建设

2012年,根据《萧山区美丽乡村建设总体规划》编制的要求②,凤凰村从实际出发,发挥自身优势,开始以"最清洁城乡工程"为重点,加强基础建设,实施美丽乡村建设规划。即完善农村道路、供水、供电、供气、通信等基础设施,按照村庄园林化、庭院花园化、道路林荫化的要求,进行造林绿化,打造森林村庄、绿色村庄。凝聚合力,整体推进,加强环境治理,重点是农村垃圾和生活污水处理等基础设施建设。内外兼修,集村庄建设、产业发展、生态保护、历史传承和文化发掘于一体,着力打造村庄优美、生态秀美、生活甜美、乡风和美,人人就业、家家创业、村村兴业

---

① 凤凰工业园与创业新村隔路相望,入驻凤凰工业园的企业中有杭州萧山潘氏纺织有限公司等企业参与创业新村建设,并获得了房屋优先租用权,解决了这些企业中来自河南、安徽、江西等地的1500多名外来职工的居住问题。让外来人员在此精神上有家园、政治上有归属,有尊严劳动、享品质生活。

② 2012年,《萧山区美丽乡村建设总体规划》(以下简称《规划》)编制完成。《规划》形成"一核两带三区"的美丽乡村建设空间布局,明确了萧山美丽乡村建设的总体布局和思路。坚持区镇村三级联动、政村企三位一体、经济科技思想"三管齐下"的原则。

的"四美三业"富裕美丽乡村精品特色区块。

2013年,实施凤凰广场及文化长廊等工程。是年7月8日,在凤凰村美丽乡村建设成果汇报暨新盛游泳池启用仪式上,凤凰村凤凰花园、新盛游泳池正式落成启用。此次落成的凤工路和环山公路两路改造、风情小河、村民新居、游泳池和凤凰山地绿化五大工程,总投入资金7500万元,是凤凰村继创业新村社区、凤凰工业园后的又一重大投入。

2014年1月20日,凤凰村被杭州市农业办公室、杭州市精神文明建设委员会、杭州电视台等8部门联合评选为第一批"2013杭州市十大美丽家园"。

表640 2014年凤凰村美丽乡村新农村建设项目

单位:万元

项目名称	项目工程量	项目建设地段	估算投资
凤凰广场及文化长廊	占地10亩左右(2014—2015年)	凤凰山西	800
村民会馆、居家养老中心	占林地5亩左右(2014—2015年)	凤凰山脚边	1800
拆迁二户农户	二户拆迁	凤凰官河边	100
农村污水治理工程	建两个微动力池及3000米管网和道路修复	交通片、卫家片	250
村庄道路建设	扩建道路约10000平方米	凤凰村3片	120
推进"四管齐下"	—	凤凰村3片	70
西曹沿河公园	占地约5亩	凤凰片	75

注:①2014年,衙前镇制定的《衙前镇美丽乡村新农村建设规划》中的凤凰村美丽乡村新农村建设项目。
②推进"四管齐下"是指推进电线、电话线、广播线、有线电视等线路上改下,农户家庭生活污水纳入总管道排放等工程。

2015年9月,按照衙前镇美丽乡村新农村建设项目的计划要求,凤凰村开始有计划地创建凤凰山旅游区、小镇生活风情区、官河风情带等一系列项目。

2016年初,凤凰山旅游区块发展总体规划通过衙前镇组织的评审。是年,衙前镇制定《衙前镇美丽乡村新农村建设规划》中的凤凰村建设项目全部完工。

最清洁村庄创建

2013年起,凤凰村开始争创"区十佳最清洁村庄",为此,进一步完善基础设施的建设。结合爱国卫生月和环境卫生整治年活动,在村主干道路设置果壳箱,对村部分公共卫生设施进行改造,加大村庄绿化养护力度,建设凤凰山西新农居示范点和村庄文化长廊;进行宣传、奖励,首次投入资金50万元,50%用于制作宣传标语,50%奖励遵守

图0985 2016年9月1日凤凰村巾帼志愿者在擦洗凤凰文化走廊(翁洪霞摄)

村规民约、争创文明清洁的家庭和个人；加强日常管理，实行保洁公司承包打扫清洁卫生，同时，做到村与保洁公司的双重管理，每年召集保洁公司员工到村开见面会，熟悉每位保洁员，定期与不定期相结合检查保洁质量，并对保洁公司实行一定的奖惩措施；配合政府部门不定期深入开展老集镇环境综合整治。

2014年1月，经区文明办、区城乡一体办和区妇女联合会联合考核评定，凤凰村被评为"萧山区十佳最清洁村庄"。这是自最清洁城乡工程实施以来镇内首个被评为"区十佳最清洁村庄"荣誉的村庄。至今，凤凰村一直保持定期与不定期地检查村庄清洁情况，并组织人员进行卫生清理。

旧村改造

2014年5月开始，凤凰村结合"美丽文明新凤凰"的建设，根据制订的凤凰村村庄改造建设工程计划，① 开展有史以来力度最大的旧村庄改造，计划投资6000万元，实施分期改造，计划于2017年全部改造完成，改造后的旧村将与新村一个样。此次改造分为上、中、下三部分：上，即所有在空中的电线等都要埋到地下，广告牌将采取统一的模式；中，即包括道路、栏杆、围墙、文化长廊等；下，即所有地下管网，都将一次性改造完成。至2015年秋，村庄环境发生很大变化。道路变宽了，灰色的墙头变成美丽大方的文化墙。在即将完成改造的一期和二期村域，原先高低不一、颜色不一的农家围墙不见了，取而代之的是统一的仿古式栅栏和古色古香的大门，村里在每户每家门口都建有小花坛，屋后建有仿古大花盆，种植有住户自选的花卉、树木。先期改造的农户小院内种满各种植物，藤蔓沿着仿古的栅栏向四周延伸，成为炎炎夏日里一抹绿色的风景。

图0986　坚持在风雨中的清洁工（2010年12月15日，徐国红摄）

2015年，建设特色凤凰与整治环境同步并进，全面实施"二改一园"工程，"二改"，即分别将加油站西边、东边改建商用房、代建房；继续推进小楼口西至凤凰桥二期旧村庄改造；"一园"，启动凤凰山生态文化园建设。至是年10月，凤凰村旧村改造已投入资金2500万元，占计划投资总额的41.67%。

2016年3月，衙前镇及凤凰村专题研究凤凰山景区官河段的成虎桥以东区块改造工作。4月19日，凤凰村召开协调会，商讨成虎桥以东老集镇区块改造项目。至7月，凤凰山景区官河段成虎桥以东区块改造工作预期完工。

---

① 凤凰村村庄改造建设工程计划于2014年4月制订。该建设工程主要是对村庄内的道路、农户墙体、庭院进行改造，实施五管齐下（线路上改下、自来水管、天然气管、污水管、排水管）、健身、宣传、绿化、路灯、监控等设施配套。涉及范围：南至官河、西北至凤凰河、东至衙坎线，占地面积0.186平方千米，农户135户。改造村庄涉及五横一纵6条道路、河道一条，即五横，指管河路、官河二路、小婆路、凤南路、凤工路；一纵，指凤西路，长度1100米；河道一条，指官河，长度约900米。

图0987　凤凰村务工人员在埋设管道（2013年3月28日，傅展学摄）

图0988　凤凰村村务人员全程监督村级工程（2012年9月19日，傅展学摄）

第二节　三改一拆

2005年6月三村合并后，针对星罗棋布的陈旧住宅区、废弃闲置的老旧厂房和乱搭乱建的违法建筑现状，凤凰村实施大规模的不间断的拆迁。至2012年，共拆除改造旧房7.10万平方米，有效推进"三园二区"建设。

2013年6月开始，凤凰村开展"三改一拆"① 三年行动。按照镇政府统一部署，凤凰村计划利用半年时间（2013年6—12月），全面完成全村的"一户两宅"清理和旧住宅区、旧厂区改造工作。至2013年11月，凤凰村完成清理"一户多宅"农户4户，完成率100%；违章建筑拆除面积1544平方米，占违章建筑计划拆除面积1900平方米的81.26%。至12月，全部完成。

2016年初，为迎接G20峰会在萧山区钱江世纪城召开，根据萧山区召开的

图0989　官河沿线违法建筑拆除现场（2017年6月2日，华兴桥摄）

彩钢房（棚）集中整治工作会议的精神，凤凰村对违法搭建、存在视觉污染和有碍观瞻的彩钢房（棚）建（构）筑物进行集中整治，实施"地毯式"排查，对工业企业、农业企业（种养殖场）、商场（农贸市场）、小区屋顶、建筑工地、教育设施、卫生设施、农户房前屋后（田间简易棚房）进行全面梳理，并对整治对象进行详细登记、填表造册、建立台账等，为整治工作的开展提供依据。此次整治的原则是"拆改结合、以改为主""应改尽改""应拆尽拆"。5月，凤凰村及各单位、农户，凡存在的违法搭建、存在视觉污染和有碍观瞻的彩钢房（棚）建（构）筑物均整治完成。

---

① "三改一拆"，根据浙江省人民政府2013年2月21日下发的《关于在全省开展"三改一拆"三年行动的通知》（浙政发〔2013〕12号）精神，指旧住宅区、旧厂区、城中村改造和拆除违法建筑。

第三节　五水共治

20世纪60年代后，浸洗络麻期间，河水受阶段性污染；农业种植使用的有机磷剧毒农药污染饮用水源。随着印染化纤等工业废水和生活污水的直接排放，使境内地表水逐渐受到污染。1996—2000年，萧绍运河翔凤桥段河水为Ⅳ类中污染。①

表641　1996—2000年紧邻凤凰村的萧绍运河翔凤桥段
河水主要污染物污染指数情况

主要污染物污染指数							综合污染指数	平均污染指数	污染分担率（%）
溶解氧	高锰酸钾	非离子氨	氯化物	六价铬	铅	汞			
3.80	1.07	2.53	0.01	0.08	0.18	0.21	7.88	1.13	86.60

注：①资料来源于萧山市环境监测站2001年编写的《萧山市环境质量报告书（1996—2000）》中的"1996—2000年萧山市江河水质情况"。
②"综合污染指数"栏，是指该监测点位主要污染物污染指数之和。"平均污染指数"栏，是指该监测点位主要污染物污染指数均值。"污染分担率"栏，是指该监测点位主要污染物综合污染指数占所有监测污染物综合污染指数之比率。

2014年3月，根据杭州市萧山区人民政府办公室于2014年3月7日印发的《关于加快推进"五水共治"②工作的实施意见》（萧政办发〔2014〕45号）提出的要求，凤凰村展开以治污为重点，"清淤、治理、拆违"三措并举，全面有序推进"五水共治"，集中开展生活污水治理、河道治理、生活垃圾处理、生猪禁限养、防洪排涝、截污纳管、节能减排等系列整治。治理中坚持河道治理与疏浚清淤相结合、与河岸绿化相结合、与拆违控违相结合、与清洁保洁相结合。在持续改善全村河道水环境的同时，凤凰村还注重排污口的治理，违章建筑的拆除、养猪场的整体搬迁和拆除等工作，全面消除河道黑臭的污染源。设立河长制，派出河道巡查员、垃圾浮萍打捞人员等，进一步加强河道后续保洁管理，完善村境内河道长效保洁机制。

图0990　官河又见捕鱼翁（2011年10月1日，徐国红摄）

凤凰工业园内的童墅河流经镇境内3村，全长1800米，平均宽度25米，之前基本上是条死河，水体不流通，水质容易变黑，尤其是夏天，散发着阵阵臭味。通过清障、清淤、清垃圾等"三清"行动，清除淤泥4000立方米。同时，对该河河岸进行加固，拆除沿线违法建筑，并进行景观绿化，

---

①　2001年，萧山市环境监测站编写：《萧山市环境质量报告书（1996—2000）》，其中"1996—2000年萧山市江河水质情况"表显示：中部内河，萧山市出口（地点在衙前镇萧绍运河翔凤桥段），河水Ⅳ类中污染。
②　"五水共治"，即治污水、防洪水、排涝水、保供水、抓节水。节水的关键是控制污染源产生和治理污染，治水先治污。

复绿面积500平方米。积极推进沿线企业的纳管工作，对2家企业的污水排放口进行封堵。落实保洁人员进行长效管理，负责打捞垃圾、清理河道，并在河道设立公示牌，写明河道的基本信息、责任主体、责任人等，从此告别"黑臭"。今童墅河有成群的鱼儿穿梭其中，岸边新建的绿化景观带一片青绿，郁郁葱葱，赏心悦目。

图0991　环卫工人清运凤凰河道垃圾（2014年5月17日，徐国红摄）

凤凰河全长1275米，宽25米左右，其中老水塔桥以北段为衙前与瓜沥的界河。河道一直存在脏乱差、臭气熏天的情况。夏秋季节，蚊蝇滋生，为区级黑臭河整治对象。衙前与瓜沥两镇经协调，形成整治方案，投入资金几十万元，经动员部署、突击治理、设计招标、扫尾整理等几个阶段。污水口地毯式排查整治工作同步推进，对河段内81个排放口进行编号，封堵雨水口及废弃口10个，对3个生活污水排放点进行改造并截污纳管。同时建设雨污水检查井5个。2014年5月基本完成水面垃圾清理，7月完成清淤工作，8月落实了河道长效保洁机制。11月28日，通过区政协和区五水办验收组验收合格。

2015年8月26日，省治水办公室对凤凰村官河萧山出口断面整治工作进行调研。调研组现场查看官河萧山出口断面水质检测点、凤凰村农村生活污水治理情况、凤凰村工业污水治理情况等，现场听取情况介绍。省、市、区相关部门负责人，区相关镇街分管负责人参加此次活动。调研组肯定了凤凰村的治水成果，同时要求各部门协调参与，共同努力，加快截污纳管工作。各部门就官河断面整治工作及五水共治工作提出建议和意见，对具体问题进行研讨和商议。是年，衙前镇投入资金80万元，对境内8400米的官河进行综合整治。打捞河内漂浮物，清理网箱、地笼等障碍物10余处；拆除河岸堆放物、临时搭建物等30余处；整治及封堵沿岸不规范排放口50多个；美化墙体300平方米；绿化补种树苗约3000平方米。达到"水清、岸绿、景美、流畅"的目标。

图0992　官河整治（2016年11月15日，华兴桥摄）

2016年新年伊始，衙前镇及凤凰村将手机"微信"时效快的优势与河道督查工作有机融合，创建"五水共治"微信平台，在"发现"与"整治"之间架起高速通道，保证河道管理的实时监督。在这个平台上，不仅有治水工作阶段性成果展示、工作动态，更有对河水污染的自我曝光。群内人员包括河长、副河长、河道联络员、相关部门负责人及各村主要负责人等，确保第一时间收集问题线索，第一时间作出答复响应，第一时间公布整治方案、治理进度及结果，让"三河"无处遁形。通过信息互通、共同监督、凝心聚力、齐抓共管，真正将治水工作落到实处。

表642　2005—2016年凤凰村村级工程项目管理情况

年份	新开工项目 项目数量（个）	新开工项目 项目金额（万元）	竣工项目 项目数量（个）	竣工项目 项目金额（万元）	年份	新开工项目 项目数量（个）	新开工项目 项目金额（万元）	竣工项目 项目数量（个）	竣工项目 项目金额（万元）	年份	新开工项目 项目数量（个）	新开工项目 项目金额（万元）	竣工项目 项目数量（个）	竣工项目 项目金额（万元）
2005	4	2500	0	0	2010	3	2039	3	2039	2014	8	225	9	337
2006	12	2088	5	111	2011	4	2309	4	2309	2015	3	73	14	579
2008	9	2446	6	2023	2012	3	590	4	1340					
2009	10	1672	9	1509	2013	5	5001	2	156					

注：2007年、2016年，村年报表中均无填报。

附录

杭州市新农村建设示范村考核评价

1998年，凤凰村总人口891人，总户数257户，耕地面积514.6亩，农村经济总收入12160.16万元，村级集体固定资产净值5924.37万元，企业纳税总额304.60万元，村级集体可支配年收入总额324.90万元，农民人均纯收入6914元，1996年，获杭州市先进党支部荣誉称号。[①] 1999年，凤凰村以98分的成绩，通过杭州市新农村建设示范村考核。

表643　1999年杭州市新农村建设示范村考核评价凤凰村情况

指标	基数值	目标值	权数	1998年 数值	1998年 得分
1. 人均经济总收入（元）	3000	≥1000	10	13648	10
2. 粮田亩产（千克）	800	≥1000	5	838	4
3. 人均拥有村级集体可支配资金（元）	80	≥200	15	365	15
4. 人均纯收入（元）	1100	≥2000	20	6914	20
5. 每百户拥有千元以上耐用消费品（件）	30	≥100	5	98	5
6. 计划生育率（%）	—	100	5	100	5
7. 九年义务制教育普及率（%）	—	100	5	100	5
8. 享受一项以上社会保障人口比重（%）	60	100	5	100	5
9. 依法用地，没有抛荒	—	—	5	100	5
10. 生态环境得到有效保护			5	100	5
11. 村容村貌整洁、按村规划建房、主要道路硬化			5	100	5
12. 社会风尚良好，无赌博、封建迷信活动			5	100	5
13. 刑事案件立案数（件）	—	<1	5	100	4
14. 村级组织健全、村党支部为一类支部			5	100	5
综合得分	—		100	—	98

---

① 资料来源：1999年《凤凰村村级新农村建设主要业绩总结材料》。

凤凰村志 下册

第九编　农业

第一章　生产关系变革
第二章　耕地
第三章　种植业
第四章　养殖业
第五章　林业
第六章　水利
第七章　农机具

概　述

　　凤凰村农耕历史悠久，农业资源丰富。凤凰村民在萧绍运河两边的河网平原上耕作，繁衍生息。传统的农业以种植水稻、大麦、小麦、络麻、油菜和蔬菜为主。同时，利用依山傍水的有利条件，种植林木果树和茶树，饲养耕牛、鸡鸭和养鱼捕鱼等。

　　萧山解放前，凤凰地区极大部分土地被地主、富农和中农占用，农业生产水平低下。

　　萧山解放后，实行土地改革，开展农业互助合作，兴修农田水利，推广农业新技术，发展农业生产。1954年，交通乡胜利农业社被评为萧山县农业生产一等模范。1959年，交通生产大队被评为萧山县农业战线社会主义建设先进单位（水利），交通生产大队胜利生产队被评为萧山县农业战线社会主义建设先进单位（粮食）。

　　1970年后，凤凰生产大队、交通生产大队和卫家生产大队先后成立科学实验组[①]、配备农业技术员[②]、建立种子田[③]，农业生产得到发展。1977年，凤凰生产大队集体生产粮食总量263.90吨、络麻41.65吨，分别比1970年增长9.50%、19.96%。

　　1978年中共十一届三中全会后，中国进入改革开放和社会主义现代化建设的新时期，凤凰生产大队、交通生产大队和卫家生产大队开始改革农村经济体制，实行农业生产责任制，解放了农村生产力，充分调动了农民生产积极性。同时，因经济建设需要而征用耕地，耕地陆续减少。1982年，凤凰生产大队集体生产粮食总量422.45吨、络麻48.35吨、油菜籽17.63吨，分别比1977年增长60.03%、16.83%、92.26%。

　　1983年实行家庭联产承包责任制后，逐步调整农业产业结构、建立土地流转机制，农业产业结构开始以粮麻的主体农业向经济农业发展，农业生产发展加快。1984年9月，凤凰村与衙前乡联办苗木场，发展苗木种植业。1986年，因苗木滞销等原因，苗木场停办。1988年，凤凰村围垦挖鱼塘15亩养殖淡水鱼。1992年，凤凰村粮食总产量428.00吨、络麻16.20吨、油菜籽11.56吨，分别比1982年增长1.31%、-66.49%、-34.43%。1994年后，凤凰村不再种植络麻。

　　1996年实行第二轮家庭联产承包责任制后，先后对家庭承包土地进行确权登记、核发土地承包权证，土地流转加快。同时，推进适度规模经营，农业产业结构调整加快，先后开展村集体经营、农业大户承包经营，重视农业基本建设，提高机械化程度，村民的劳动工具发生根本性的变化，从传统农具发展到机械化操作，提高了农业生产效率。

　　1997年11月，凤凰村启动现代农业示范园区建设。是年，农业示范园区种

---

　　① 1970年凤凰大队科学实验组1个，4人；1971年15人；1975年6人；1976年3人；1979年生产队科学实验组5个，17人。

　　② 1971年凤凰大队赤脚农业技术员4人；1974年5人；1975年20人；1977年5人。

　　③ 1973年凤凰大队建立种子田的生产队1个，面积2亩；1974年建立种子田的生产队5个，面积5亩；1976年7.40亩；1977年种子田生产队6个，面积21.04亩；1979年种子田大队2亩，生产队15亩；1980年生产队20亩。

植早稻270亩、晚稻300亩,实现农业总产值28.70万元。1998年后,凤凰村不再种植大麦。1999年,村集体投入农业基本建设资金47.61万元(比1998年增加6.72%),其中开发性生产项目18.68万元、添置农业机械3.39万元、修建农田机耕道路和沟渠10.85万元、其他14.69万元。是年,农业示范园区种植小麦250亩、晚稻250亩、鲜切花50亩,实现农业总产值127.80万元,农业总产值比1997年增长345.30%,1998—1999年农业示范园区农业总产值年均增长211.02%,农业示范园区通过杭州市级验收,凤凰村被评为萧山市农业先进集体。

2001年,凤凰村实现以粮的主体农业向经济农业的转变。是年,农业示范园区内种植鲜切花250亩,占农业示范园区耕地面积(300亩)的83.33%;鲜切花产值137.50万元,占全年农业总产值的54.30%。

至2003年末,凤凰村尚有耕地473亩,其中内地281亩、围垦192亩。内地耕地比1978年的567亩减少286亩,减少50.44%。是年,凤凰村实现农林牧渔总产值323.10万元,其中农业总产值173.40万元。1988—2003年,农林牧渔总产值年均增长14.81%,农业总产值年均增长13.26%。

2005年三村合并后,凤凰村农业产业结构调整进一步加快,经济建设所需要被征用的耕地比以前减少。2012年后,凤凰村不再养殖淡水鱼。

图0993 2011年6月3日凤凰村干部胡岳法(左二)、沃关良(右一)、傅柏松(左一)实地查看农作物种植情况(翁洪霞摄)

至2016年,凤凰村尚有耕地771亩,其中内地436亩、围垦335亩。内地耕地比2005年的574亩减少138亩,减少24.04%。是年,内地耕地农业大户种植有樟树、紫薇、海棠、红叶石楠、红花檵木等苗木。围垦耕地农业大户种植有苗木265亩、西瓜35亩,水稻35亩、亩产500千克、总产量17.50吨。全村实现农林牧渔总产值1377万元,其中农业总产值1377万元,占农林牧渔总产值的100%。2006—2016年,农林牧渔总产值年均增长5.49%,农业总产值年均增长7.63%。

表644　1987—2004年凤凰村农林牧渔总产值及产业分类情况

年份	农林牧渔总产值（万元）	农业		林业		牧业		渔业	
		总产值（万元）	占（%）	总产值（万元）	占（%）	总产值（万元）	占（%）	总产值（万元）	占（%）
1987	35.47	23.65	66.68	0.04	0.11	11.69	32.96	0.09	0.25
1997	170.84	161.36	94.45	2.82	1.65	5.80	3.39	0.86	0.50
1999	239.95	127.82	52.27	18.85	7.86	92.48	38.54	0.80	0.33
2000	341.25	200.82	58.85	25.95	7.60	107.34	31.45	7.14	2.09
2001	380.00	253.20	66.63	16.50	4.34	99.10	26.08	11.20	2.94
2002	396.50	280.80	70.82	13.60	3.43	90.90	22.93	11.20	2.82
2003	323.10	173.40	53.67	8.90	2.75	129.60	40.11	11.20	3.47

注：①"渔业"栏，1987年为副业数据。
②1988—1996年、2004年，村年报表中均无填报。

表645　2005—2016年凤凰村农林牧渔业劳动力分布情况

单位：人

年份	总人数	农业	林业	牧业	渔业	年份	总人数	农业	林业	牧业	渔业
2005	42	22	8	5	7	2009	32	14	8	5	5
2006	34	16	8	5	5	2010	32	14	8	5	5
2007	32	14	8	5	5	2011	33	14	8	6	5
2008	32	14	8	5	5	2012	38	24	8	6	0

注：2013—2016年村年报表中均无填报。

表646　2005—2016年凤凰村农林牧渔总产值及产业分类情况

年份	农林牧渔总产值	农业		林业		牧业		渔业	
		总产值（万元）	占（%）	总产值（万元）	占（%）	总产值（万元）	占（%）	总产值（万元）	占（%）
2005	764.72	613.50	80.23	17.10	2.24	122.52	16.02	11.60	1.52
2006	680.00	489.00	71.91	15.00	2.21	153.00	22.50	23.00	1.38
2007	746.31	329.32	44.13	16.66	2.23	377.73	50.61	22.60	3.03
2008	793.09	508.68	64.14	16.70	2.11	244.53	30.83	23.18	2.92
2009	906.30	663.55	73.22	16.70	1.84	209.90	23.16	16.20	1.79
2010	828.00	649.00	78.38	8.00	0.97	165.00	19.93	6.00	0.72
2011	1159.00	818.00	70.58	1.00	0.09	334.00	28.82	6.00	0.52
2012	1224.00	731.00	89.72	1.00	0.08	492.00	40.20	0	0
2013	1480.00	945.00	63.85	1.00	0.07	534.00	36.08	0	0
2014	1412.00	696.00	49.29	0	0	716.00	50.71	0	0
2015	1377.00	1377.00	100.00	0	0	0	0	0	0
2016	1377.00	1377.00	100.00	0	0	0	0	0	0

第一章 生产关系变革

概 况

重农固本，乃安民之基。凤凰村地处水乡泽国，土地肥沃。新中国成立前，大部分土地为地主、富农和中农所占有，广大贫农、雇农很少有土地甚至没有土地，靠打工度日。

1951年5月土地改革运动后，广大贫农、雇农获得了土地，激发了广大翻身农民的劳动生产积极性，凤凰乡短短几个月支援前线数百万斤粮食和军用物资，先后建立农业互助组、农业初级社。1956年10月成立农业高级社后，土地开始全部归集体所有。

1978年中共十一届三中全会后，进行农村经济体制的改革，先后实行以组为单位生产责任制、生产队联产承包责任制、统一经营联产到队承包责任制和两轮家庭联产承包责任制。实行家庭联产承包责任制期间，建立土地流转制度，实行"两田制"①，核发土地承包权证，土地先后由集体经营、承包大户经营，村民逐步从田野走向市场，由单一的农业经济向一、二、三产业协调发展转变，由温饱向小康转变，由生产型向经营型转变。凤凰村涌现出一批勤于思考、勇于创新、善于创业、懂得管理、擅长经营的企业家、实干家，正向着农业现代化、农村城镇化、农民富裕化的方向迈进。

第一节 土地改革前

自土地由私人占有后，土地可以租赁、买卖和典当，土地大量向地主、富农和中农阶层集中，使占人口极少数的地主拥有大量土地。地主通过土地的租赁、典押、雇佣等手段剥削无地农民。由于地主的欺诈与掠夺，加上频繁的水灾、旱灾、蝗灾，多数村民生计无着，温饱问题难以解决。

民国初期，土地的租赁方式有分租制、定租制和预租制，② 地租一般为正产全收量的50%，高的达70%。民国10年（1921）衙前农民运动爆发前夕，凤凰地区及周边村因农业歉收断粮，饿死100余人。

民国10年9月，为反对定租制和预租制，衙前农民协会曾作出"三折还租"和看年成好坏交租的决议，旋即遭反动军阀镇压而未果。民国15年（1926），衙前农民协会又作出减轻佃农佃租25%的规定（业主得正产全收量50%的前提下减去25%），时称"二五"减租。但由于《中华民国土地法》肯定封建土地所有制，故"二五"减租得不到有效贯彻而终止。地主仍以旧法的分租制、定租制和预租制等方式收租。

---

① "两田制"特点是，坚持土地"三权分离"：强化土地所有权、稳定土地承包权、搞活土地使用权。
② 分租制，亦称现租制，俗称"看起花收租"，即按每季作物收获情况，业佃双方设定分配比例，有四六、对半和三七分租等，不过业主往往是占大头的。定租制，确定交租数量后，无论年景丰歉，不能更动，吃亏的总是佃户。预租制，即押租制，也就是先交租后种田，业主一本万利，佃户负担加重。

1950年土地改革前,交通乡拥有土地3503.761亩,其中地主、半地主式富农、富农、中农、小土地出租者所占有土地2482.361亩,为交通乡土地的70.85%;贫农和雇农占土地988.859亩,占28.22%;公地31.005亩,占0.88%;其他1.50亩,占0.04%。凤凰乡拥有土地3966.3293亩,其中贫农和雇农占土地1151.091亩,占凤凰乡土地的29.02%。

表647 清光绪年间凤凰地区土地官方绝卖文契登记情况

编号	都图	出卖人	出卖对象	时间	坐落	土名	中人	卖主	银
7	23都4图	施宝琦	鸣字号1073号0.9亩	光绪十八年五月	两头湖		施宝珩		15千文
8	23都4图	施宗敏 施宗泰 久桢	鸣字号田1.13亩	光绪三十年十一月	新大路西		施武泰 施武全	章	13两
9	23都4图	施宝琦	鸣字号1074号0.9亩 又字号1093号1.275亩	光绪二十六年八月	山北庄两头坞西寺庵东首		施武全 施承炎	施瑞龙	52两
12	23都4图	施吴氏 媳沈氏	凤王及字18.429亩	光绪三十三年	衙前村		施武泰 施承炎	章	170两
18	23都4图	黄星搓	兵字号山地寿塘4穴	光绪二十六年十二月	航坞山	家湖内	周仙帆 施兆富		40元

注:资料来源于《衙前镇志》编纂委员会:《衙前镇志》,方志出版社,2003年12月,第326—327页。

表648 民国时期凤凰地区土地民间买卖契约情况

编号	都图	出卖人	所卖对象	时间	坐落	土名	中人	卖主	银
27	23都4图	方俊贤 方俊富	竹字141号0.7515亩	民国14年3月	衙前庄派进回		方桂全 方俊炀		52.65元
45		卫正奎 侄炳辉	王字号凤凰山水獭桥北首	民国11年3月	凤凰山		施大刚 沈五毛	汪	16.00元
46		周长有	凤凰山南大山头坟山一穴	民国18年11月	凤凰山	大山头	周阿龙 周维庆	汪	20.00元
47		金元法	朝北老坟拜地一块	民国12年8月	童墅庙	庙山	卫成俊 卫正奎	汪	3.00元
92		卫成俊 卫正奎	坟山一块	民国11年10月	童墅庙	庙山	卫成浩 卫炳德	汪	22.00元

注:资料来源于《衙前镇志》编纂委员会:《衙前镇志》,方志出版社,2003年12月,第329页。

第二节 土地改革

土地改革是消灭封建剥削制度的深刻的社会变革。1950年12月,为贯彻落实中央人民政府颁布的《中华人民共和国土地改革法》，凤凰地区开始土地改革运动。根据"依靠贫农、雇农，团结中农，中立富农，有步骤、有计划地消灭封建剥削制度，发展农业生产"的指导方针，从实际出发，废除封建土地所有制，给无地或少地的农民无偿分配土地和农具等生产资料，实行耕者特别是贫农、雇农有其田，翻身当家做主人。土地改革分宣传教育、划分阶级、没收地主土地和财产、分配土地和财产等四个阶段。

第一阶段：宣传教育。1950年12月，土地改革工作队进驻凤凰地区，运用老解放区进行土地改革的经验，领导开展土地改革，帮助整顿村农民协会和妇女联合会，紧紧依靠贫农、雇农，积极发展农村积极分子。召开不同形式的大小会议，宣传《中华人民共和国土地改革法》，发动群众诉苦，鼓励贫农、雇农站起来，与地主剥削阶级展开斗争。

第二阶段：划分阶级。根据《中华人民共和国土地改革法》和政务院颁发的《关于划分农村阶级成分的决定》，划分阶级成分。按照依靠贫农、雇农，团结中农，中立富农的方法，分清界限，找出典型户，民主讨论评定成分。时交通乡989户，其中划定地主12户、半地主式富农2户、富农28户、中农325户、贫农538户、雇农76户，小土地出租者1户、工商业资本家1户、工人6户。西曹自然村评定地主2户、富农1户。

第三阶段：没收地主土地和财产。由土地改革工作队指导，整顿组织，提拔优秀骨干，建立土地没收委员会。首先向地主收缴图照、田契。同时发动贫农、雇农调查地主、富农瞒报的土地，完成土地资料的整理，核实地主的土地和财产并予以没收。其间，开好土地没收大会，由群众和积极分子上台诉苦。

第四阶段：分配土地和财产。根据核实汇总全村可分配的土地数量，包括公地，土地在分配中，按土地好坏分一、二、三等3个档次评定结算到户。地主也可按家庭人口分得同等一份土地和房屋。分田中，由土地改革工作队指导，发扬团结互让精神，反对绝对平均主义。

在土地分配中，原有的自种地，不超过规定部分一般不予调动；适当搭配高田和低洼田，在可能情况下每户家庭土地保持连片。在具体操作步骤上，对照政策，采取自报与村委会讨论相结合，乡农民协会审核同意，报萧山县政府批准后，发给每户家庭土地所有权证。雇农、贫农还可分给农具、耕畜、房屋、粮食等生产资料和生活资料。

土地改革前，交通乡有地主12户，占有土地为贫农的17倍、雇农的64倍。土地改革后，交通乡分配到土地的雇农67户、贫农160户、其他67户，共计294户。交通乡地主、半地主式富农、富农、中农、小土地出租者所占有土地为交通乡土地的50.60%，比土地改革前少20.25个百分点；贫农和雇农占48.76%，比土地改革前多20.54个百分点。凤凰乡贫农和雇农占42.95%，比土地改革前多13.93个百分点。

土地改革中，没收的土地，分出去的土地，都详详细细地用大红纸张榜公布。然后召开大会，颁发土地证，集中烧毁地契；丈量土地后，把写上户主名字的木牌插进每户分得的土地里。有雇农蹲在自己分得的土地上，捧着芳香的泥土一遍遍地亲吻，有人搂着写有自己名字的地界木牌一遍遍地抚摩。

1951年5月土地改革结束。1952年，各农户领到由萧山县人民政府颁发的土地所有权证。至此，完成了土地所有制的划时代变革，废除了民国时期的田赋制度，结束了租地农民向地主交租的历史，开始实行新的农业税制度。

在整个土地改革过程中，除成立农民协会参与外，还组织妇女会、青年团、民兵连、儿童团等人员参与，土地改革工作搞得红红火火。

表 649　土地改革前后交通乡各阶层土地占有情况

单位：亩

项目	地主	半地主式富农	富农	中农	贫农	雇农	小土地出租者	工商资本家	公地	其他	合计
土地改革前	489.636	41.872	350.003	1591.711	960.776	28.119	9.139	0	31.005	1.50	3503.761
土地改革后	90.446	14.326	368.989	2581.932	2616.287	328.335	9.153	0	1.900	27.80	6039.168

注：资料来源于《衙前镇志》编纂委员会：《衙前镇志》，方志出版社，2003年12月，第335页。

表 650　土地改革前后凤凰乡各阶层土地占有情况

单位：亩

项目	地主	半地主式富农	富农	中农	贫农	雇农	小土地出租者	工商资本家	公地	其他	合计
土地改革前	418.5754	132.244	298.4036	1873.9565	1138.5525	12.5385	22.0417	61.3431	0	8.674	3966.3293
土地改革后	67.3700	77.889	266.9934	2553.7303	2161.8136	147.643	22.0417	17.8500	0	61.336	5376.667

注：资料来源于《衙前镇志》编纂委员会：《衙前镇志》，方志出版社，2003年12月，第335页。

第三节　农业互助合作

农业互助组

1951年5月土地改革后，雇农、贫农分得土地。雇农、贫农为此而欢欣鼓舞。然而，落后的生产力，制约着农业生产的进一步发展；有农户缺乏劳动力，缺少牲畜和农具等生产资料，农业生产面临着困难。1952年春耕时，为发展农业生产，根据萧山县委提出的坚持"自愿互利，典型示范"的原则，交通乡建立农业互助组[①]35个、凤凰乡建立农业互助组54个。是年，凤凰乡有常年农业互助组3个，季节性农业互助组51个。办得较好的农业互助组有施阿大组、施雪成组、周友根组、沈张法组等八九个组。农业互助组的建立，既解决了个体农民在生产上的困难，也促进了农业生产。

农业生产合作社

1954年2月，交通乡试办胜利农业初级社。至年底，经多次组织动员，几经反复重组，交通乡建立农业初级社12个。1954年交通乡胜利农业社被评为萧山县农业生产一等模范。

1955年秋，贯彻中共中央主席毛泽东"关于农业合作化问题"的指示，凤凰地区掀起建立农业初级社高潮。初级农业生产合作社社员土地入股，集体耕种，秋后按股分红；大型农具折旧，分期偿还；农民土杂肥料作投资入社，折价付款。社员参加集体劳动，按日评定工分，年终按工分获取劳动报酬，多劳多得，体现按劳分配的原则，调动了社员劳动生产的积极性。

---

① 1951年9月，中央召开第一次互助合作会议，讨论通过《关于农业互助合作的决议》。政府除了采取贷粮、贷款、救济等扶贫帮困措施外，还积极引导农民按照"自愿互利，等价交换，民主管理"的原则，组织农业生产互助组。以几户或十几户为单位，有常年互助、农忙互助等形式。

1956年10月，开始贯彻中共七届六中全会通过的《关于农业合作化问题的决议》精神，并乡后的交通乡分片成立中心高级社3个。高级社成立后，土地归集体所有，由集体统一经营管理，社员实行按劳分配。高级社以生产小队为单位，由小队长主持，根据劳力强弱、技术高低、男女性别等不同情况，对全队每一位劳动力评出"底分"（标准分）。底分评定采取自报公议和民主评议相结合的方法评定，每年调整一次。农活采用定额计酬或小段包工、包工到组的办法，并实行奖励制度。年终按各农户总工分和土肥投资等各项总和分红。鳏寡孤独、无劳力者满足其基本口粮，并在公益金中予以开支。部分人员实行"五保"（保吃、保住、保穿、保医、保葬），此政策一直延续至今。

第四节　人民公社化

1958年10月，成立坎山人民公社。① 人民公社实行"政社合一""工农商学兵五位一体"，下辖生产大队、耕作队。时凤凰地区属交通生产大队。人民公社土地归集体所有，由集体统一经营管理。按照"一大二公"（人民公社第一规模大，第二公有化程度高）的要求，将私有牲畜和庭院、竹木、池塘等一律收归集体所有。实行公社核算体制，劳动力由公社统一调配，搞共产主义大协作；对生产和生活资料，搞无偿调用。"一大二公"在生产劳动方面体现为"三个化"：组织军事化，按部队营、连、排、班编制划编劳务组织；行动战斗化，搞大兵团作战，劳动力听从公社指挥、调遣，实行田头扎营，送饭到田，日夜苦战；生活集体化，办集体食堂，吃饭不要钱。凤凰地区办起多个食堂，实行粮食供给制。时社员有这样的顺口溜："出工一直头，吃饭一钵头，劳动点人头。"

1958—1960年，开展生产"大跃进"运动。其间，创办集体食堂，盛行"三股风"，即领导干部单凭热情"瞎指挥"的冒进风，不顾客观实际一味放"卫星"的浮夸风，搞"一平二调"的共产风，加上三年（1959—1961）自然灾害，造成农业大幅度减产，社员群众吃不饱饭，不少村民得了浮肿病，被集中送到地藏寺救治，后果严重，教训深刻。

1961年春，生产大队划分给社员自留地，归还屋前房后的家庭竹园和树木，并提出"屋前屋后，谁种谁有"，同时停办集体食堂，鼓励发展家庭副业等。1962年贯彻中共中央发布的《农村人民公社工作条例（草案）》（即农业60条）和《关于改变农村人民公社基本核算单位问题的指示》后，实行"三级所有（人民公社、生产大队、生产队），队（生产队）为基础"，确立以生产队为基本核算单位，使组织生产和进行分配的单位统一起来，才真正解决"一平二调"问题，纠正"四风"（共产风、浮夸风、命令风、干部特殊化风），促进农业生产的发展。

1964年后，大寨成为当时中国农村和农业战线的光辉榜样，贯彻毛泽东主席提出的关于"工业学大庆，农业学大寨，全国学人民解放军"的指示精神，凤凰生产大队、交通生产大队、卫家生产大队和全国农村一样，兴起"农业学大寨"运动，"农业学大寨"的口号一直延至70年代末。

20世纪70年代，实施山、水、田、林、路统一规划，综合园田化建设。1970年，根据县政府提出的"土地平整、田块成方、渠路成网、排灌自如、绿树成行"的园田化建设要求，实施综合园

---

① 1958年为大办钢铁、大办粮食之年。是年5月，中共八届二中全会提出"鼓足干劲，力争上游，多快好省地建设社会主义"的总路线。7月，公布中共中央主席毛泽东关于"人民公社好"的两次谈话；8月，中央发布《关于在农村建立人民公社的决定》。于是，轰轰烈烈的人民公社化运动和生产"大跃进"运动在该地农村蓬勃开展。时人民公社、总路线、"大跃进"，号称"三面红旗"。1958年10月，萧山兴起大办人民公社运动。

田化建设。至1978年,凤凰生产大队、交通生产大队、卫家生产大队基本实现以大格子园田为主、小格子园田为辅的园田化建设目标。

1964—1977年,虽然农村经历农业学大寨运动、"文化大革命"运动和知识青年上山下乡运动等,但土地仍归集体所有,生产队为基本核算单位从未改变,但农业生产艰难推进,发展速度缓慢。1977年,集体粮食总产量263.96吨,1971—1977年,集体粮食总产量年均增长1.31%。

1978年中共十一届三中全会后,改革农村经济体制,凤凰生产大队、交通生产大队和卫家生产大队先后实行以组为单位的生产责任制、生产队联产承包责任制和统一经营联产到队承包责任制。1983年后,实行家庭联产承包责任制。

1984年4月,改变"政社合一"体制,恢复乡镇、村建制,取消人民公社、生产大队和生产队。改名凤凰村、交通村、卫家村,3村设村民小组共计15个。

第五节　家庭联产承包责任制

1978年中共十一届三中全会后,开始改革农村经济体制,同时,因经济发展需要,耕地被征用而陆续减少。1979年,凤凰生产大队、交通生产大队和卫家生产大队分别实行以组为单位的生产责任制,即定农作物面积、定劳力、定产量、定成本、超产全奖、减产全赔的"四定一奖赔"生产责任制。1981年末,根据县委大田联产承包试点经验,凤凰生产大队、交通生产大队和卫家生产大队实行大田联产承包。1982年,进一步完善农业生产责任制,各生产大队以生产队为单位,统一经营联产到队。1983年后,实行家庭联产承包责任制。1985年,开始完善"统、分"结合的双层经营体制,发展村级集体经济,完善农业社会化服务。

1996年8月后,实施第二轮家庭联产承包责任制,即"强化集体土地所有权、稳定土地承包权、搞活土地使用权",建立完善土地使用权流转机制,发展农业适度规模经营。1999年8月,完善家庭联产承包责任制,即开展延长土地承包期、落实土地承包权、核发土地承包权证。至9月3日颁发土地承包权证结束。

第一轮家庭联产承包责任制

1983年,凤凰生产大队、交通生产大队、卫家生产大队所有农户开始实行家庭联产承包责任制,生产大队与社员签订承包合同,分责任田、口粮田,实行统一管理,包干到户,首期承包期为3年。承包合同中的责任田,主要事项有粮食、络麻、油菜籽的种植面积、单产和总产量,每年承担国家各种实物的上缴、征购、派购、超购等任务;以及集体管理、公积金、公益金和生产大队干部等费用。同时,还规定上缴(售)实物及现金的时间、期限,完不成则实行经济处罚等条款。社员责、权、利的有机挂钩,提高了劳动积极性,精神面貌焕然一新。社员个个起早贪黑,产量骤增,经济效益明显提高。是年,凤凰生

图0994　农民在责任田里打稻(1995年11月12日,邵江飞摄)

产大队原5个生产队197户农户，实行家庭联产承包责任制。1984年建立3个农业专业队后，开始流转承包责任田。

1986年起，凤凰村实行"两田制"，即按人口包口粮田、按劳力和能力承包责任田。

表651　1986—1995年凤凰村双层经营承包责任制情况

年份	生产队（个）	家庭联产承包农户（户）	实行"两田制"耕地面积（亩）	口粮田	责任田	年份	生产队（个）	家庭联产承包农户（户）	实行"两田制"耕地面积（亩）	口粮田	责任田
1986	5	230	521	304	217	1993	5	247	433	332	101
1990	5	242	501	311	190	1994	5	247	393	338	55
1991	5	247	482	311	171	1995	5	193	313	313	0
1992	5	247	473	311	162						

注：1987年、1988年、1989年，村年报表中均无填报。

表652　1990—1995年凤凰村双层经营承包责任制合同情况

年份	集体承包款（元）		农业承包款（元）		承包耕地（亩）	已交耕地承包款面积（亩）	应交耕地承包款（元）	已交耕地承包款（元）	农业承包合同（份）	规范合同
	应交	已交	应交	已交						
1990	192500	157500	7522	7522	501	501	7522	7522	242	242
1991	482261	482261	4840	4840	482	482	4840	4840	247	247
1992	510400	510400	7100	7100	473	473	7100	7100	247	247
1993	1838200	1838200	6500	6580	433	433	6500	6500	247	247
1994	1844600	1844600	5900	5900	393	393	5900	5900	247	247
1995	2016700	2016700	4700	4700	313	313	4700	4700	193	193

第二轮家庭联产承包责任制

"两田制"　1996年8月萧山市委、市政府下发《关于完善农业大田生产责任制若干政策的规定》（市委〔1996〕75号）后，凤凰村、交通村、卫家村建立土地使用权流转机制，推进适度规模经营；以"两田制"即按以人包田、按劳按能承包责任田的家庭联产承包责任制。明确村经济合作社是村集体所有土地的发包方，村民或专业队和其他人是承包方。村经济合作社对村农民集体所有的土地依法行使经营、管理权。责任田承包期为5年，口粮田承包期为10年，并进行确权登记颁证。此次确权登记颁证，按照原有承包关系确权登记。口粮田已承包到户，且四至（东南西北）明确清晰、权属明确的，一律"确权确面确地"到户；责任田以及整村、整组、成片、成畈流转的土地，因难以明确四至，在所涉整片土地测量定位基础上，采取虚拟还原、按序排位等农民认可的方式确权确地到户。已流转给承包大户的农地，承包大户继续耕种。1997年，凤凰村家庭联产承包土地210亩，其中集体专业队经营44亩。是年，农业总产值161.36万元，比1987年（23.65万元）增长5.82倍，年均增长17.02%，占农林牧渔总产值的94.45%。

表653　1997年、1998年凤凰村农业承包经营责任制情况

年份	家庭承包经营		专业队		"两田制"			责任田中招标承包	土地规模经营		
	农户（户）	土地（亩）	数量（个）	土地（亩）	土地（亩）	口粮田	责任田		面积（亩）	集体经营	适度规模经营
1997	144	210	1	44	254	210	44	44	44	44	44
1998	144	210	2	210	210	171	39	39	39	39	39

表654　1997年、1998年凤凰村双层经营承包责任制合同情况

年份	各业承包金（万元）		农业承包金		耕地承包款（万元）		农业承包合同（份）			
	应交各业承包金	已交各业承包金	应交	已交	应交耕地承包款	已交耕地承包款	总计	规范合同	兑现承包合同	合同鉴证
1997	184.32	184.32	0.59	0.59	0.59	0.59	193	193	193	193
1998	106.23	106.23	—	—	—	—	193	193	193	193

核发土地承包权证　1999年8月，为了进一步稳定健全家庭联产承包责任制，贯彻萧山市委办公室下发的《关于延长土地承包期、核发土地承包权证，进一步稳定完善第二轮家庭联产承包责任制的实施意见》（市委办〔1999〕73号）的精神，凤凰村、交通村、卫家村开展延长土地承包期、落实土地承包权、核发土地承包权证的第二轮土地承包责任制完善工作。

核发土地承包权证，即以1996年止的分配人口为依据承包期限延长至30年，即从1996年11月15日—2026年11月15日，坚持家庭承包的责任制长期不变。村公布第二轮土地延长承包期实施细则，由村经济合作社作出关于延长土地承包期限实施方案的决议，再提交社员代表举手表决通过，社员代表签名后决议才有效；然后由村填写《农村集体土地承包权证审批表》，由村经济合作社签署意见后，上交衙前镇政府签署意见，报送市农村经济委员会批准。农村集体土地承包权证由浙江省人民政府农村工作办公室统一印制。《浙江省农村集体土地承包权证》中，发包方为衙前镇凤凰村经济合作社，填写有承包方村民姓名、家庭成员、承包土地面积、承包地块、承包期限、合同号等，9月3日，发放《浙江省农村集体土地承包权证》。全村共发放土地承包权证、签订土地承包合同582户。同时，根据村民代表大会通过的《决议》、农户土地注册、承包合同、土地承包权证和审批表等，统一编号建档管理。

至2002年，凤凰村268户家庭联产承包的473亩土地转包给2户专业户经营。

2005年三村合并，至2016年，凤凰村耕地均由农业大户承包经营。

表655　1999—2004年凤凰村农业土地规模经营情况　　　　单位：亩

年份	规模经营面积	集体经营	规模经营	年份	规模经营面积	集体经营	规模经营
1999	515	515	515	2001	488	488	488
2000	497	497	497	2002	473	473	473

注：①2002年，268户家庭承包经营责任制耕地473亩转包给2户农业大户。
②2003年、2004年，村年报表中均无填报。

表656 1999—2004年凤凰村双层经营承包责任制合同情况

年份	各业承包金（万元）		农业承包合同（份）			
	应交各业承包金	已交各业承包金	总计	规范合同	兑现承包合同	合同鉴证
1999	89.86	89.86	272	272	272	242
2000	159.90	159.90	272	272	272	242
2001	191.05	191.05	272	272	272	256
2002	212.38	212.38	272	272	272	272
2003	241.04	241.04	46	46	46	46
2004	300.00	300.00	46	46	46	46

注：2003年，应交农业承包金7.6万元，已交7.6万元。2004年，承包耕地面积150亩，应交农业承包金3.6万元，已交3.6万元。

表657 2005—2016年凤凰村农业土地规模经营情况

年份	土地流转面积（亩）	涉及流出农户（户）	规模经营		土地流转入其他主体户		按经营规模分					
							20—50亩		50—100亩		100—200亩	
			户数（户）	面积（亩）	户数（户）	面积（亩）	户数（户）	面积（亩）	户数（户）	面积（亩）	户数（户）	面积（亩）
2005	914	583	7	456	576	458	5	176	1	80	1	200
2006	856	584	7	456	577	396	5	180	1	80	1	200
2007	856	584	7	460	577	396	5	180	1	80	1	200
2008	856	584	8	586	34	270		192		80		314
2009	831	584	1	621	1	210	6	227	1	74	2	320
2010	808	584	8	608	1	200	4	147	2	143	2	318
2011	793	584	8	610	1	183	4	170	2	142	2	318
2012	773	584	8	590	1	183	4	140	2	132	2	318
2013	773	583	8	590	1	183	4	140	2	132	2	318
2014	773	582	8	590	1	183	4	140	2	132	2	318
2015	731	582	6	411	1	181	4	137	1	74	1	200
2016	771	582	6	411	1	181	4	137	1	74	1	200

注：土地流转时间为1—5年。

表658 2005—2016年凤凰村各业承包金情况

单位：万元

年份	应缴各业承包金	已交各业承包金	农业承包金		年份	应缴各业承包金	已交各业承包金	农业承包金	
			应交	已交				应交	已交
2005	532	532	19.00	19.00	2007	246	236	24.00	24.00
2006	236	236	24.00	24.00	2008	380	380	96.52	96.52

注：①2006年、2007年、2008年、2009年，流转时间1—5年。
②2009—2016年村年报表中均无填报。

第六节　萧山市衙前镇凤凰现代农业示范园区

1997年11月起，为实现农业现代化，发展农业生产，通过土地流转，开始建设凤凰现代农业示范园区[①]。该园区内耕地田块平整，地势开阔，被裁成整齐的长方形地块，两边环河，机耕路和水渠道相交于各田块，有机埠，抽水、泄水极为方便；山地在凤凰山脚下，坡度小，土层深厚。是年，种植早稻270亩，亩产380千克；晚稻300亩，亩产390千克；实现农业总产值28.70万元、利润3.90万元，亩产值956元，亩利润123元。

至1998年5月，基本完成园区硬件建设，建成面积400亩，其中耕地300亩、山地100亩。修筑4米宽的机耕路6条，总长2160米；开挖沟渠9条1650米，渠道砌石护岸900米；建机埠1座，购置大型农机具2台（套）、插秧机1台、水稻直播机2台，高压喷雾机1台，运输车1辆；建设电力线路1000米、机库4间等。投入园区建设基础设施、购置机械设备和建设配套设施的资金共计100万元，达到"田块成方，路渠成网，水旱两宜"的要求。

图0995　凤凰村花卉苗木基地一角（2018年5月10日，陈妙荣摄）

该园区建成后，建立由11人组成专业生产队伍，签订责任制，衙前镇农技站确定有两人负责园区技术指导，实行产前、产中、产后全程服务。从萧山市种子公司引入良种"杨美159""秀水63"品种。采用小麦免耕直插、晚稻机械直插和机械播种的轻型栽培先进适用技术，粮食生产基本实现全部机械化，翻耕、开沟、播种、植保、收割、烘干、运输等全程机械化作业。突破原单一粮食种植结构，建立萧山市水稻地区首个鲜切花试验基地50亩。鲜切花利用分体式温室大棚栽种，投入资金40万元，建有分体式温度大棚58个，引进扶朗、康乃馨等名优花卉。

1999年，种植小麦250亩，亩产265千克；晚稻250亩，亩产495千克；种植鲜切花50亩，产值102.60万元；农业实现总产值127.82万元、利润30.80万元，亩产值4260元，亩利润1026元。亩产值、亩利润分别比1997年增加3.46倍、7.34倍。是年，除园区规模、喷滴灌设备和注册商标尚欠各扣除1分外，其他指标均达到要求。以总评得分97分的成绩，通过杭州市级农业示范园区验收。

2000年起，该园区将花卉产业作为优先发展对象。2016年，该园区种植有樟树、紫薇、海棠、红叶石楠、红花檵木等花卉苗木。

[①] 凤凰现代农业示范园区位于凤凰山以西，西北至凤凰河，南至萧绍运河。

第二章 耕地

概 况

1969年起,凤凰村、交通村和卫家村组织村民参加3次围垦,并分得土地。1979年后,为发展经济,耕地被陆续征用。实行家庭联产承包责任制后,一部分先富起来的农户新建住房占用耕地。至2003年,凤凰村、交通村和卫家村前后共分得围垦土地340亩。凤凰村被征用耕地308.504亩,尚有内地耕地281亩。

2005年三村合并后,征地减少。至2016年,凤凰村被征用耕地143亩,全村共有耕地771亩,其中内地耕地436亩、围垦335亩。

第一节 内地耕地

据1970—2004年凤凰村填报的农业统计综合年报表等资料显示,1978年,凤凰村内地耕地有567亩。1979年后,因国家征用、社队基建使用、兴修水利占用等减少耕地。至2003年,凤凰村减少耕地308.504亩,其中国家征用耕地66.763亩、镇村(社队)基建用地212.293亩(用于农户建房16.781亩、农村道路建设12.31亩、镇村(社队)企业用地112.97亩、其他70.232亩)、兴修水利22.722亩、其他用地6.726亩。其间,填平了马家浜,平整了朱土墩、和上墩。至当年末,尚有内地耕地281亩。

据2005年三村合并后凤凰村填报的农村经济统计报告表等资料显示:2005年,凤凰村集体所有的耕地有914亩。2006年开始,因国家征用、镇村基建使用等原因而减少耕地。

至2016年,凤凰村减少耕地143亩,其中国家征用耕地5亩、镇村基建用地138亩(农户建房1亩、农村道路建设38亩、其他用地99亩)。是年末,凤凰村尚有内地耕地436亩,其中水田411亩、旱地25亩,农业大户种植有樟树、紫薇、海棠、红叶石楠、红花檵木等苗木。

表659 1979—2004年凤凰村(生产大队)被征用耕地情况

单位:亩

年 份	总计	国家征用	镇村(社队)基建	农户建房	农村道路	其他	镇村(社队)企业	兴修水利	其他
1979	2.700	1.200	1.500	0	0	1.50	0	0	0
1980	1.000	1.000	0	0	0	0	0	0	0
1982	0.450	0.450	0	0	0	0	0	0	0
1983	0.997	0.997	0	0	0	0	0	0	0

续表

年份	总计	国家征用	镇村(社队)基建	农户建房	农村道路	其他	镇村(社队)企业	兴修水利	其他
1984	11.360	3.750	7.610	0	0	7.610	0	0	0
1985	17.275	14.280	0.735	0	0	0.735	0	3.260	0
1986	14.994	4.588	7.304	7.304	0	0	0	2.102	0
1987	14.889	3.845	6.044	2.044	0	4.000	0	5.000	0
1988	3.875	0.638	2.537	1.500	0	1.037	0	0	0
1989	10.639	2.940	2.400	2.400	0	0	0	4.100	1.199
1990	12.100	7.400	4.000	0	3.00	1.000	0	0.700	0
1991	9.200	1.990	4.850	1.000	2.50	1.350	0	1.360	1.000
1992	31.200	7.860	18.413	0.113	0	10.000	8.30	1.100	3.827
1993	18.220	0	18.220	0	0	0	18.22	0	0
1994	40.060	0	40.060	0.890	0	0	39.17	0	0
1995	13.910	0	8.810	0.330	3.10	0	5.38	5.100	0
1996	56.010	10.200	45.810	0.500	0.81	43.000	1.50	0	0
1997	4.400	0	4.400	0	0	0	4.40	0	0
1998	3.600	0	3.600	0.700	2.90	0	0	0	0
2000	17.625	5.625	12.000	0	0	0	12.00	0	0
2001	9.000	0	9.000	0	0	0	9.00	0	0
2002	15.000	0	15.000	0	0	0	15.00	0	0
2003	0	0	0	0	0	0	0	0	0
2004	0	0	0	0	0	0	0	0	0
合计	308.504	66.763	212.293	16.781	12.31	70.232	112.97	22.722	6.726

表660 2005—2016年凤凰村被征用耕地情况　　　　　　　　　单位：亩

年份	总计	国家征用	镇村基建	农户建房	农村道路	其他	年份	总计	国家征用	镇村基建	农户建房	农村道路	其他
2005	0	0	0	0	0	0	2012	20	0	20	0	0	20
2006	58	0	58	0	0	58	2013	0	0	0	0	0	0
2007	0	0	0	0	0	0	2014	0	0	0	0	0	0
2008	0	0	0	0	0	0	2015	2	0	2	0	0	2
2009	25	5	20	1	0	19	2016	0	0	0	0	0	0
2010	23	0	23	0	23	0	合计	143	5	138	1	38	99
2011	15	0	15	0	15	0							

第二节　围垦耕地

耕地面积

萧山县每次围垦海涂，均按出动劳力人数和完成土方、石方数量分配土地，也可流转邻村围垦土地。1969年11月30日—12月7日，凤凰生产大队、交通生产大队和卫家生产大队首次组织社员参加县革委会组织的"五万二千亩"围垦。此次围垦完成后，3个生产大队共分得围垦土地142亩，其中凤凰生产大队分得76亩、交通生产大队50亩、卫家生产大队16亩。

1986年11月和1987年1月先后参加5.2万亩围垦一、二期工程。至1987年，凤凰村、交通村和卫家村前后共分得围垦土地340亩，其中凤凰村192亩、交通村72亩、卫家村76亩。今凤凰村有围垦耕地335亩。

土地开发利用

围垦土地分到生产大队后，大队再将土地分配到各生产队，由各生产队集体耕种。各生产队分得土地后，在围垦地头建造草舍，派人管理。生产队给派往围垦劳动的人员每人每天补贴，一般为每人每天补贴大米0.25千克，人民币2角。围垦土地具有盐分重、水质苦涩和易板结等特点，干旱季节有不同程度返盐现象，有强烈的石灰反应和明显的夜潮性。经过种植咸青去碱、放水拔咸、草蒿泥盖铺耕地等方法，促使土壤表层熟化。同时，镇村联合筑路、造桥、建闸、挖河等，使排水灌水畅通，使土壤咸性淡化。耕地开发利用，以粮麻种植为主向以经济作物种植为主转变，围垦耕地经营方式，从集体垦种到专业户承包种植、养殖。

1969年，围垦土地试种络麻成功。翌年，络麻种植正式列入国家计划。1970年，试种水稻成功。1971年后，油菜、大豆试种成功。1982年，凤凰生产大队围垦土地面积128亩，种植粮食（晚稻）面积85亩，单产200.50千克，总产量17042.50千克；大豆72亩，单产80.50千克，总产量5796千克；油菜籽128亩，单产88千克，总产量11264千克；络麻22亩，单产250千克，总产量5500千克。交通生产大队种植粮食（晚稻）面积45亩，单产236.50千克，总产量10642.50千克；大豆56.50亩，单产107.85千克，总产量6093.53千克；油菜籽38亩，单产104千克，总产量3952千克。

1985年后，由镇政府为主负责排灌渠道和机耕道路等基础设施建设。1986年，在围垦种植刺槐、冬青、芦竹等，营造防风林带。

围垦土地具有地势平坦，土质疏松利于耕作，且适种性强的特点，有利于土地适度规模经营。1987年，随着家庭承包经营责任制的实施，土地开始流转，围垦50亩土地转由承包户耕种。1988年，凤凰村围垦挖鱼塘15亩，用于淡水鱼养殖。1989年，在全面开展封山育林，绿化荒山和"四旁绿化、义务植树"活动中，开辟果园，在围垦区试种柑橘等果木。

1996年8月村实行"两田制"后，随着镇政府加大对农业基础设施的投入，凤凰村及时推进适度规模经营，累计投入资金近300万元，开展农田基本建设，购置农机具，建造仓库、宿舍、晒场、食堂等，并将围垦192亩土地发包给农业大户承包经营，实行大田统一耕作，实施园田化的现代农业。至1999年，凤凰村、交通村和卫家村的围垦土地全部实现耕、种、收的机械化操作。

至2000年，随着"西水东调"工程的实施，引淡排咸，翻水灌溉农田，使围垦土壤表层熟化，咸性淡化，围垦耕地实现"淡水有来源，咸水有去路，旱时可引灌，涝时可排泄"，解决围垦耕地盐分重、水质苦涩、易板结等问题，从而加快围垦土地综合开发利用的步伐，推进农业产业结构的调整。后农业经营大户凭着自主的经营权、灵活的经营方式，根据市场需求，调整农业结构，逐渐向经济作物种植为主转变。

2005年6月三村合并后，凤凰村的围垦耕地有340亩。2012年，鱼塘退养还田，不再养殖淡水鱼。

2016年，凤凰村在围垦的耕地335亩均由农业大户承包经营。是年，种植有垂柳、海棠、红叶石楠、石榴、紫薇、海桐球和鸡爪槭等苗木265亩；水稻35亩，亩产500千克，总产量17.50吨；西瓜35亩，亩产300千克，总产量10.50吨。

表661　1970—1982年凤凰生产大队耕地情况

单位：亩

年份	年末内地耕地		年末内地耕地中		年末围垦耕地			全年粮食耕地面积
	集体耕地	农民自留地	实际种植面积	水田	集体耕地	水田	实际种植面积	
1970	569	28	400	569	76	76	51	451
1971	569	28	420	569	76	76	70	423
1972	569	24	569	569	76	76	72	427
1973	569	24	569	569	76	76	57	432
1974	569	24	569	569	76	76	55	420
1975	567	24	567	567	76	76	72	434
1976	567	24	567	567	76	76	67	406
1977	567	24	567	567	76	76	76	414
1978	567	28	567	567	76	76	76	407
1979	564	31	564	412	76	76	76	413
1980	565	31	565	413	76	76	76	411
1981	565	31	565	413	128	128	128	409
1982	564	24	564	413	128	128	128	415

表662　1983—1995年凤凰村（生产大队）耕地情况

单位：亩

年份	年末内地耕地		年末围垦耕地		全年粮食耕地面积	年份	年末内地耕地		实际种植面积	年末围垦耕地		全年粮食耕地面积
	集体耕地	农民自留地	耕地	实际种植面积			承包耕地	农民自留地		承包耕地	实际种植面积	
1983	563	24	128	128	411	1989	503	12	503	35	35	441
1984	552	15	128	128	417	1990	484	12	496	50	50	476
1985	535	24	128	128	500	1991	482	10	482	50	50	494
1986	520	14	128	128	440	1992	451	10	417	50	50	467
1987	513	12	50	50	436	1993	443	10	443	50	50	456
1988	511	10	50	50	474	1994	393	10	403	50	50	453
						1995	377	10	339	50	50	389

表663　1970年、2000年凤凰村（生产大队）、交通村（生产大队）、卫家村（生产大队）耕地情况

单位：亩

村名	1970年末					2000年末				
	内地	围垦	小计	人均耕地		内地	围垦	小计	人均耕地	
				内地	内地围垦				内地	内地围垦
凤凰	569	76	645	0.80	0.90	304.98	192	496.98	0.34	0.55
交通	642	50	692	1.17	1.27	305.68	72	377.68	0.46	0.57
卫家	264	16	280	0.77	0.82	204.21	76	280.21	0.46	0.64
合计	1475	142	1617	0.92	1.01	814.87	340	1154.87	0.41	0.58

表664　1996—2004年凤凰村耕地情况

单位：亩

年份	总计	年末内地承包耕地	年末围垦承包耕地	全年粮食耕地面积	年份	总计	年末内地承包耕地	年末围垦承包耕地	全年粮食耕地面积
1996	459	331	128	380	2001	488	296	192	411
1997	454	326	128	483	2002	473	281	192	411
1998	515	323	192	485	2003	473	281	192	215
1999	515	323	192	446	2004	350	150	200	120
2000	497	305	192	487					

注：2004年，村年报表中"全年粮食耕地面积"无填报。

表665　2005—2016年凤凰村耕地情况

单位：亩

年份	总计	内地耕地			围垦耕地		年份	总计	内地耕地			围垦耕地	
		小计	水田	旱地	小计	水田			小计	水田	旱地	小计	水田
2005	914	574	547	27	340	340	2011	793	458	431	27	335	335
2006	856	516	489	27	340	340	2012	773	438	411	27	335	335
2007	856	516	489	27	340	340	2013	773	438	411	27	335	335
2008	856	516	489	27	340	340	2014	773	438	411	27	335	335
2009	831	496	469	27	335	335	2015	771	436	411	25	335	335
2010	808	473	446	27	335	335	2016	771	436	411	25	335	335

第三章 种植业

概　况

萧山解放前，凤凰地区传统农业以种植水稻为主，间以大麦、小麦、油菜和蔬菜及用作稻田绿肥栽种的苜蓿（黄花草籽），还种植有二粟、六谷、打粟干、小米、番薯、绿豆、茄子、芝麻和油冬儿菜、芋艿、茭白等。春花作物主要是大麦、小麦。水稻有早稻、中稻、晚粳稻。

萧山解放后，主要种植有水稻、大麦、小麦、络麻、油菜籽、蔬菜（菜用瓜），还种植有蚕豆、豌豆、荸荠、花生等。随着推广农业科学技术，引进水稻优良品种，有效提高了水稻单位面积产量。1987年，种植业总产值23.65万元，占农林牧渔业总产值的66.68%。

至1993年，随着粮食市场放开，该村种植结构调整，推广单季晚粳稻搭配小麦的种植方式。1994年后络麻不再种植。翌年后开始种植花卉苗木。1998年后大麦不再种植。1996—2004年，种植有少量的大豆、番薯。2000年后，只种一季晚粳稻。2000年，种植业总产值200.82万元，比1997年增长24.45%；占农林牧渔业总产值的58.85%，比1997年减少35.60个百分点。

2005年三村合并后，每年种植有水稻、小麦、大豆、蚕（豌）豆、玉米和西瓜，还有少量甘蔗。2009年后，每年种植有少量番薯。

至2016年，凤凰村种植的粮食作物有小麦、玉米、大豆、蚕（豌）豆、番薯、马铃薯，合计产值8万元；其他作物有蔬菜、花卉、水果（果用瓜）、茶叶，合计产值1369万元，其中蔬菜产值648万元、花卉产值583万元、水果（果用瓜）产值128万元、茶叶10万元。是年，种植业总产值1377.0万元，比2005年增长124.45%；占农林牧渔业总产值的100%，比2005年增加19.77个百分点。

表666　1970—2004年凤凰村（生产大队）生产粮食情况

年份	全年粮食耕地面积（亩）	生产粮食总量（吨）	年份	全年粮食耕地面积（亩）	生产粮食总量（吨）	年份	全年粮食耕地面积（亩）	生产粮食总量（吨）	年份	全年粮食耕地面积（亩）	生产粮食总量（吨）
1970	451	241.05	1979	413	486.09	1988	474	457.20	1997	483	406.06
1971	423	246.95	1980	411	365.24	1989	441	452.00	1998	485	380.47
1972	427	321.31	1981	409	343.74	1990	476	452.60	1999	446	336.21
1973	432	291.43	1982	415	422.45	1991	494	442.60	2000	487	403.10
1974	420	284.28	1983	411	401.18	1992	467	428.00	2001	411	228.36
1975	434	249.05	1984	417	479.91	1993	456	362.64	2002	411	158.50
1976	406	266.39	1985	500	402.51	1994	453	388.00	2003	215	70.00
1977	414	263.9	1986	440	421.00	1995	389	311.39	2004	120	51.00
1978	407	404.08	1987	436	418.80	1996	380	339.26			

第一节　水稻

民国时期，凤凰地区的传统农业以水稻为主，品种单一，土地利用率不高，产量低。正常年景，亩产徘徊在150千克上下。

1953年起，经过土地改革，走互助合作之路，推广水稻间作、连作技术，种子由国家组织挑选培育后提供，引进后进行试种、繁育。粮食产量有较大提高。

20世纪50年代后期，从部分两熟稻，过渡到全部两熟稻。早稻引入"早26"和"有芒早粳"等品种，晚稻推广"乌紫糯"等品种。1964年，推广以早稻"矮脚南特"和晚稻"农垦58"为主的矮秆品种，产量稳步上升，亩产达到375千克。1973年早稻推广迟熟品种"二九青"，晚稻以"农虎6号"取代"农垦58"，同时推广杂交水稻。1975年以后，晚稻品种主要是"嘉湖4号"和"秀水"系列（秀水04、秀水85—46、秀水85—72、秀水85—79）。这些新品种由于产量高、米质好，深受农民欢迎。

20世纪80年代后，水稻基本达到良种化，品种向高档、优质发展。2000年，种植水稻开始转为一季晚粳稻，亩产增加，晚粳稻亩产最高的2002年达到510千克，比1999年（446千克）增加14.35%；亩产最少的2000年也有454千克，也比1999年（446千克）增加1.79%。

图0996　20世纪60年代农民在选种（董光中摄）

三村合并后的2005—2010年，凤凰村单季稻播种面积和产量基本稳定。2011年，单季稻播种面积为130亩，比2010年少种植320亩。此后，种植面积减少。

2016年，凤凰村内无水稻种植。

表667　1970—2004年凤凰村（生产大队）早稻面积和产量情况

年份	面积（亩）	亩产（千克）	总产量（千克）	年份	面积（亩）	亩产（千克）	总产量（千克）	年份	面积（亩）	亩产（千克）	总产量（千克）
1970	417	288	120096	1981	351	484	169884	1992	427	381	162687
1971	372	262	97464	1982	351	470	164970	1993	368	410	150980
1972	365	368	134320	1983	351	360	126100	1994	376	414	155664
1973	365	370	135050	1984	349	471	164400	1995	337	356	119972
1974	362	339	122718	1985	390	458	178600	1996	337	412	138834
1975	359	326	117034	1986	396	439	173850	1997	357	409	146013
1976	358	319	114202	1987	383	425	162775	1998	296	384	113660

续表

年份	面积（亩）	亩产（千克）	总产量（千克）	年份	面积（亩）	亩产（千克）	总产量（千克）	年份	面积（亩）	亩产（千克）	总产量（千克）
1977	356	279	99324	1988	421	398	168000	1999	183	390	71370
1978	348	384	133632	1989	425	405	172000	2000	220	385	84700
1979	351	513	180063	1990	427	421	180000	2001	124	409	51000
1980	355	451	160105	1991	427	415	177205	2002	30	360	10800

注：①1983—1986年不含围垦海涂、农户自营。

②2003年、2004年村年报表中均无填报。

表668　1970—2004年凤凰村（生产大队）晚稻面积和产量情况

年份	面积（亩）	亩产（千克）	总产量（千克）	年份	面积（亩）	亩产（千克）	总产量（千克）	年份	面积（亩）	亩产（千克）	总产量（千克）
1970	487	214	102292	1982	413	416	171808	1994	469	—	—
1971	417	256	106752	1983	413	398	164100	1995	398	440	175120
1972	418	319	133342	1984	411	464	190450	1996	423	410	173500
1973	417	291	121347	1985	458	319	145550	1997	471	458	215718
1974	418	254	106172	1986	470	402	188700	1998	496	477	236810
1975	413	232	95816	1987	469	404	189476	1999	451	446	201130
1976	415	288	119520	1988	512	424	217100	2000	457	454	207400
1977	414	331	137034	1989	462	402	186000	2001	247	506	124982
1978	415	445	184675	1990	492	405	199100	2002	192	510	97920
1979	415	446	185090	1991	497	428	201600	2003	60	480	28800
1980	407	251	102157	1992	492	425	209100	2004	80	479	38320
1981	412	238	98056	1993	469	415	195000				

注：1983—1986年不含围垦海涂地农作物、农户自营农作物。

表669　2005—2016年凤凰村单季稻播种面积和产量情况

年份	面积（亩）	亩产（千克）	总产量（吨）	年份	面积（亩）	亩产（千克）	总产量（吨）	年份	面积（亩）	亩产（千克）	总产量（吨）
2005	483	380	183.54	2007	365	500	182.50	2009	250	500	125.00
2006	486	493	239.60	2008	250	505	126.25	2010	450	482	216.90

注：①2011年，单季稻播种130亩，亩产468千克，总产量60.84吨。

②2012—2016年，村年报表中均无填报。

第二节　大麦　小麦

萧山解放前，凤凰地区的大麦、小麦种植方法是整畦两边麦子，中间草籽（苜蓿），多是有芒、有棱的品种，易倒伏，产量也不高。萧山解放后，逐年推广良种，大麦品种有光芒二棱、矮秆红、矮粒多等；小麦品种有"浙农9号"、洋麦等。20世纪70年代，开始引进小麦新品种"洋麦4

号"，试种后，产量很高，且抗病力强。其间，大麦以"早熟3号"、浙农大麦为主，小麦以"九〇八"和"洋麦4号"为主。大麦、小麦种植面积和亩产基本稳定。

至1993年后，随着粮食市场放开，开始调整农业种植结构，大麦、小麦种植面积减少，亩产基本稳定。1997年，凤凰村大麦种植面积93亩，比1992年减少108亩（1998年后，不再种植大麦），而小麦种植面积相应增加。是年，小麦种植面积103亩，比1996年增加91亩。至2004年后，小麦种植面积减少，亩产基本稳定。2004年，凤凰村只在围垦种植小麦，内地无种植小麦。

三村合并后的2005—2012年，凤凰村交通片和卫家片在内地种植有小麦，小麦种植面积基本稳定。2013年后，交通片和卫家片内地也不再种植小麦，小麦只在围垦地种植。

至2016年，凤凰村小麦种植面积50亩，比2005年（130亩）减少80亩；亩产296千克，比2005年（290千克）增加6千克。

图0997 小麦（2008年4月，徐国红摄）

表670　1970—1997年凤凰村（生产大队）大麦面积和产量情况

年份	面积（亩）	亩产（千克）	总产量（千克）	年份	面积（亩）	亩产（千克）	总产量（千克）	年份	面积（亩）	亩产（千克）	总产量（千克）
1970	64	172	11008	1980	231	239	55209	1990	203	221	45000
1971	133	187	24871	1981	211	220	46420	1991	201	151	30351
1972	157	205	32185	1982	221	201	44421	1992	201	190	38190
1973	199	124	24676	1983	271	203	55013	1993	72	240	17280
1974	150	178	26700	1984	271	248	67208	1994	100	200	20000
1975	134	108	14472	1985	237	187	44319	1995	75	193	14475
1976	117	108	12636	1986	123	247	30381	1996	170	150	25500
1977	128	91	11648	1987	247	200	49400	1997	93	184	17112
1978	135	205	27675	1988	255	207	52800				
1979	174	274	47676	1989	226	221	50000				

注：1998年后，村年报表中均无填报。

表671　1970—2004年凤凰村（生产大队）小麦面积和产量情况

年份	面积（亩）	亩产（千克）	总产量（千克）	年份	面积（亩）	亩产（千克）	总产量（千克）	年份	面积（亩）	亩产（千克）	总产量（千克）
1970	74	219	16206	1982	79	199	15721	1994	10	210	2000
1971	82	201	16482	1983	51	253	12903	1995	10	150	1500
1972	86	220	18920	1984	51	398	20298	1996	12	120	1440
1973	87	102	8874	1985	44	365	8100	1997	103	201	20725

续表

年份	面积（亩）	亩产（千克）	总产量（千克）	年份	面积（亩）	亩产（千克）	总产量（千克）	年份	面积（亩）	亩产（千克）	总产量（千克）
1974	125	146	18250	1986	112	331	18500	1998	150	201	30000
1975	108	119	12852	1987	74	170	12580	1999	261	244	63710
1976	121	111	13431	1988	71	254	18000	2000	386	288	111168
1977	113	83	9379	1989	62	242	15000	2001	120	300	36000
1978	91	253	23023	1990	81	202	16000	2002	120	260	31200
1979	109	302	23918	1991	86	191	16426	2003	120	260	31200
1980	109	228	24852	1992	86	160	11380	2004	20	260	5200
1981	100	145	14500	1993	7	202	1414				

注：1982—1985年、1995—1998年，村年报表中均无填报。

表672　2005—2016年凤凰村小麦播种面积和产量情况

年份	面积（亩）	亩产（千克）	总产量（吨）	年份	面积（亩）	亩产（千克）	总产量（吨）	年份	面积（亩）	亩产（千克）	总产量（吨）	年份	面积（亩）	亩产（千克）	总产量（吨）
2005	130	290	37.70	2008	60	305	18.30	2011	160	298	47.68	2014	75	286	21.45
2006	170	295	50.15	2009	180	293	52.74	2012	150	303	45.45	2015	60	296	17.96
2007	170	290	49.30	2010	250	310	77.50	2013	80	275	22.00	2016	50	296	14.80

第三节　油菜

萧山解放前，凤凰地区油菜品种单一，产量很低，种植面积少。解放后，引进甘蓝型"胜利6号""川油2号"等新品种。1971年，围垦开始种植油菜，从此油菜种植面积扩大，并陆续引进甘蓝型新品种"77—55""77—46"、中熟"78—251"、中油"621"等。

1993年后，因取消食油定量供应，放开食油销售，市场食用油供应充足，油菜种植面积减少，而亩产增加。2002年，凤凰村油菜种植面积30亩，比1992年减少112亩；亩产160千克，比1992年增加95.12%。

2005年三村合并后，凤凰村油菜种植面积骤减，而亩产亦趋下降。

图0998　油菜花（2013年3月28日，傅展学摄）

2016年，凤凰村油菜种植面积7亩，比2009年（15亩）减少8亩；亩产142千克，比2009年（220千克）减少78千克。

表673　1970—2004年凤凰村（生产大队）油菜籽面积和产量情况

年份	面积（亩）	亩产（千克）	总产量（千克）	年份	面积（亩）	亩产（千克）	总产量（千克）	年份	面积（亩）	亩产（千克）	总产量（千克）
1970	110	105	11550	1981	166	107	17762	1992	141	82	11562
1971	112	107	10735	1982	141	125	17625	1993	51	86	4386
1972	95	113	10735	1983	142	73	10366	1994	50	75	3750
1973	95	82	7790	1984	124	104	12896	1995	35	78	2730
1974	131	97	12707	1985	165	108	17820	1996	170	150	25500
1975	153	69	10557	1986	220	92	20240	1997	81	91	7371
1976	150	71	10650	1987	166	90	14940	1998	45	76	3400
1977	139	66	9174	1988	138	96	13248	1999	20	100	2000
1978	138	89	12282	1989	152	86	13072	2000	27	119	3213
1979	122	121	14762	1990	133	93	12000	2001	30	120	3600
1980	136	142	19312	1991	141	135	19035	2002	30	160	4800

注：2003年、2004年，村年报表中均无填报。

表674　2009—2016年凤凰村油菜籽面积和产量情况

年份	面积（亩）	亩产（千克）	总产量（千克）	年份	面积（亩）	亩产（千克）	总产量（千克）	年份	面积（亩）	亩产（千克）	总产量（千克）
2009	15	220	3300	2012	5	220	1100	2015	8	147	1176
2010	35	240	8400	2013	6	196	1176	2016	7	142	994
2011	12	230	2760	2014	6	140	840				

第四节　络麻

凤凰地区种植络麻的历史不长。1962年，凤凰地区水田试种络麻成功。1970—1984年，凤凰村（生产大队）络麻的种植面积年均为152亩。1985年后，乡村企业开始发展，种植络麻的劳动强度大，经济效益低，脱胶沤洗又污染水环境，络麻的种植面积骤减。该村种植的络麻品种主要有荚头麻（麻秆细、长、韧）、印度洋麻（麻秆最粗，单位面积产量最高）等。每当谷雨时节前后，把黄花草籽（苜蓿）翻转埋在土中作基肥，然后撒上络麻籽。秋季收割后，将络麻泡在水中沤，待浸洗出麻筋后，再剥麻皮。1994年后，凤凰村不再种植络麻。

表675　1970—1993年凤凰村（生产大队）络麻面积和产量情况

年份	面积（亩）	亩产（千克）	总产量（千克）	年份	面积（亩）	亩产（千克）	总产量（千克）
1970	152	310	34720	1982	152	318	48350
1971	152	307	46664	1983	152	316	48032
1972	152	269	40888	1984	152	283	43016
1973	152	303	46056	1985	65	458	29770
1974	152	253	38465	1986	56	454	25424
1975	152	292	44384	1987	68	391	26588
1976	152	258	39216	1988	37	450	16650
1977	152	274	41648	1989	51	400	20400
1978	152	390	59280	1990	36	400	14400
1979	152	350	53200	1991	40	405	16200
1980	152	308	46816	1992	40	405	16200
1981	152	304	46208	1993	16	405	6480

注：络麻为生麻面积和产量。

第五节　蔬菜（菜用瓜）

凤凰地区农户历来种植蔬菜。村民在自己的房前屋后、山坡、岸边、路旁，只要是荒地、空地，见缝插针种蔬菜。蔬菜成熟时节，花香宜人。种植的蔬菜品种多，凭农户喜好种植。种植的蔬菜主要是自给自食，农户邻里之间余缺互相调剂，多余的蔬菜也到集镇出售。

种植蔬菜以春秋两季为多。1981—2001年，凤凰村蔬菜（菜用瓜）种植面积除少数年份外，均在30—40亩之间。

2002年后，随着农户家庭联产承包经营土地的流转，种植结构的调整，蔬菜（菜用瓜）种植面积骤然增加。2002年，凤凰村蔬菜种植面积147亩，比2001年增加122倍。2003年、2004年，凤凰村蔬菜（菜用瓜）种植面积分别增加到160亩、269亩。

2005年三村合并后，凤凰村蔬菜（菜用瓜）种植面积增加，亩产增加。

至2016年，凤凰村蔬菜（菜用瓜）种植面积1123亩，亩产2885千克，总产量3239.86吨。种植的蔬菜（菜用瓜），叶菜类主要有荠菜、黄芽菜、包心菜、芹菜、榨菜、空心菜、苋菜、菠菜、花菜、长梗白、油冬儿菜、芥菜、莴苣笋、青椒等；菜用瓜有番茄、丝瓜、葫芦、蒲子；薯类有芋艿、土豆（马铃薯）；豆类有毛豆、蚕豆、扁豆、长豇豆、四季豆等；竹笋类有毛笋、园笋、哺鸡笋、青壳尖笋。此外，还种植有芝麻、生姜、玉环、茭白、菱藕等。

表676　1981—2004年凤凰村（生产大队）蔬菜（菜用瓜）情况

年份	面积（亩）	春季	夏季	秋季	年份	面积（亩）	亩产（千克）	总产量（吨）
1981	22	11	—	11	1992	34	—	—
1982	39	11	—	28	1993	15	—	—
1983	39	28	—	11	1994	16	—	—
1984	39	33	—	16	1995	10	1200	12
1985	37	14	2	21	1998	25	2500	63
1986	38	11	9	18	1999	20	2500	50
1987	47	15	16	16	2000	40	3000	120
1988	22	4	9	9	2001	25	5400	135
1990	36	12	10	14	2002	147	2796	411
1991	30	20	8	8	2003	160	2800	448
					2004	269	2800	753

注：①1997年，蔬菜（菜用瓜）总产量10吨。
②1989年、1996年、1997年，村年报表中均无填报。

表677　2005—2016年凤凰村蔬菜（菜用瓜）情况

年份	面积（亩）	亩产（千克）	总产量（吨）	年份	面积（亩）	亩产（千克）	总产量（吨）	年份	面积（亩）	亩产（千克）	总产量（吨）
2005	726.0	2998	2176.55	2009	855	3400	2907.00	2013	1499	2968	4449.03
2006	1211.0	3400	4117.40	2010	962	2481	2386.72	2014	1125	2868	3226.50
2007	111.9	3400	380.46	2011	904	3265	2951.56	2015	1149	2848	3272.35
2008	902.0	3418	3083.04	2012	1344	3268	4392.19	2016	1123	2885	3239.86

第六节　其他作物

凤凰地区传统的种植业，除水稻、大小麦、络麻、油菜和瓜果蔬菜等外，还种植有蚕（豌）豆、大豆、番薯等其他作物。1983年实行家庭联产承包责任制后，随着农业结构的调整，除种植水稻、小麦、油菜籽、蔬菜（菜用瓜）、大豆、番薯、蚕（豌）豆外，时断时续种植少量荸荠、西瓜和花生等其他作物。至2004年，种植有大豆、番薯、西瓜等其他作物。

2005年三村合并后，农业结构调整加快，凤凰村每年都种植大豆、蚕（豌）豆、玉米和

图0999　村民在房前屋后种植玉米、花生作物（2018年6月2日，陈妙荣摄）

西瓜，还时断时续种植少量甘蔗。2009年，开始每年都种植少量番薯。至2016年，凤凰村种植有

玉米、蚕（豌）豆、大豆、番薯、西瓜等其他作物。

表678　1971—1983年凤凰生产大队蚕（豌）豆播种面积和产量情况

年份	面积（亩）	亩产（千克）	总产量（千克）	年份	面积（亩）	亩产（千克）	总产量（千克）	年份	面积（亩）	亩产（千克）	总产量（千克）
1971	18	124	2250	1975	12	75	900	1980	5	128	650
1972	23	129	2950	1976	5	76	400	1981	5	123	600
1973	16	100	1600	1978	7	124	8500	1982	16	175	2700
1974	16	105	1700	1979	15	128	1950	1983	17	128	2150

注：1977年，缺项。

表679　1984—1995年凤凰村蚕（豌）豆播种面积和产量情况

年份	面积（亩）	亩产（千克）	总产量（千克）	年份	面积（亩）	亩产（千克）	总产量（千克）
1984	17	162	2750	1989	26	115	3000
1985	15	110	1650	1991	26	142	3679
1986	16	100	1600	1992	26	150	3900
1987	12	167	2004	1993	5	—	—
1988	5	150	800	1995	4	80	320

注：1990年、1994年，缺项。

表680　1997—2004年凤凰村大豆、番薯播种面积和产量情况

| 年份 | 大豆 | | | 番薯 | | | 年份 | 大豆 | | | 番薯 | | |
	面积（亩）	亩产（千克）	总产量（千克）	面积（亩）	亩产（千克）	总产量（千克）		面积（亩）	亩产（千克）	总产量（千克）	面积（亩）	亩产（千克）	总产量（千克）
1997	64	108	6912	—	—	—	2001	82	200	16400	—	—	—
1998	—	—	—	30	300	9000	2002	26	200	5200	5	800	4000
1999	35	170	5950	—	—	—	2003	10	180	1800	5	850	4250
2000	82	175	14350	—	—	—	2004	10	232	2320	5	1000	5000

表681　2005—2016年凤凰村其他农作物播种面积和产量情况

| 年份 | 大豆 | | | 蚕（豌）豆 | | | 番薯 | | | 玉米 | | |
	面积（亩）	亩产（千克）	总产量（吨）	面积（亩）	亩产（千克）	总产量（吨）	面积（亩）	亩产（千克）	总产量（吨）	面积（亩）	亩产（千克）	总产量（吨）
2005	285	240	68.40	11	273	3.00	—	—	—	15	379	5.69
2006	67	232	15.54	3	270	0.81	—	—	—	47	378	17.77
2007	72	250	18.00	3	270	0.81	—	—	—	51	383	19.53
2008	60	250	15.00	9	275	2.48	—	—	—	10	383	3.83
2009	60	251	15.06	—	—	—	88	600	52.80	20	386	7.72
2010	190	260	49.40	5	180	0.90	20	588	11.76	120	380	45.60
2011	198	250	49.50	5	240	1.20	40	635	25.40	15	378	5.67

续表

年份	大豆			蚕（碗）豆			番薯			玉米		
	面积（亩）	亩产（千克）	总产量（吨）	面积（亩）	亩产（千克）	总产量（吨）	面积（亩）	亩产（千克）	总产量（吨）	面积（亩）	亩产（千克）	总产量（吨）
2012	144	264	38.02	6	245	1.47	—	—	—	30	375	11.25
2013	200	230	46.00	7	254	1.78	40	613	24.52	35	350	12.25
2014	17	210	3.57	8	180	1.44	12	463	5.56	13	368	4.78
2015	17	212	3.60	10	169	1.70	12	430	5.16	13	401	5.21
2016	15	210	3.15	9	187	1.68	14	461	6.45	13	467	6.07

注：2005年，种植甘蔗10亩，亩产3吨，总产量30吨。2006—2009年，每年种植甘蔗5亩，亩产4吨，总产量20吨。

表682　2005—2016年凤凰村西瓜播种面积和产量情况

年份	面积（亩）	亩产（千克）	总产量（吨）	年份	面积（亩）	亩产（千克）	总产量（吨）	年份	面积（亩）	亩产（千克）	总产量（吨）
2005	234	5200	1216.80	2009	195	5000	975.00	2013	300	2346	703.80
2006	292	5100	1489.20	2010	250	4940	1235.00	2014	248	2535	628.68
2007	60	5100	306.00	2011	360	4630	1666.80	2015	185	2615	483.78
2008	320	5000	1600.00	2012	60	4635	278.10	2016	192	2900	556.80

第四章　养殖业

概　况

　　凤凰地区农户素有养殖家禽、畜牧的传统，家禽以散养为主，养猪数量，随国家政策的变化而变化。交通片、卫家片还饲养有少量的牛。1953年实行农业合作化后，受国家政策的扶持和鼓励，有农户建立养猪场。为发展集体生产需要，交通片、卫家片养殖耕牛增加。

　　1972年后，生产大队配备兽医员。1976年，凤凰生产大队养殖有长毛兔，年末长毛兔存栏44只。1988年，凤凰村围垦挖鱼塘15亩用于养殖淡水鱼。1970—2004年，几乎每年都养殖有羊（山羊、湖羊），养殖最多的2000年有38只。

　　2006年4月，凤凰村引进梅花鹿130头圈养，时为省内最大的养鹿场之一。2012年后，不再养殖淡水鱼。2014年"五水共治"后，关停清栏养猪场。至2016年，凤凰村境内的养殖业主要是家禽和鹿。

　　此外，农户曾饲养有狗、鹅、鹌鹑和鸽子，数量不多。20世纪90年代，农户饲养较为普遍，后逐年减少。至2016年，仍有农户饲养鸽子和狗。

图1000　凤凰山上的宠物狗（2015年12月26日，徐国红摄）

第一节　家禽

　　凤凰地区农户饲养家禽历史悠久，家禽养殖以鸡、鸭最为普遍，大多自养自用，也有少量到集市出售，增加些许收入，贴补家用。新中国成立后，仍以村民分散户养鸡、鸭为主。公鸡出生，饲养到一定的日龄后，公鸡需要阉割，即镦鸡①，去掉公鸡的雄性睾丸。阉割后的公鸡，也叫阉鸡、劁鸡。镦鸡是农村传统的肉鸡饲养方式，鸡肥肉嫩、鲜美。

　　村域地处运河两边，为河网水乡，地理条件适宜养鸭，农家几乎每户都有饲养。1953年互助合作化后，生产队集体饲养数量在几百到上千不等，并有专人管理，产禽蛋和出售肉鸭为主。饲养鸭的品种主要是选择觅食能力强、成熟快、食谱广、饲料省而产蛋多的麻鸭，俗称"潮鸭"。也有饲

---

　　① 镦鸡在乡下是一门手艺。初夏，春天抱出来的小鸡已经开始张羽毛，也能分辨公母。镦鸡的人就骑着自行车带着工具，开始走村串户。他们的工具是一个长把的抄子，捉鸡用的。再有就是一个带夹子的小木板，待镦的小公鸡就绑在这上面。刀子是特制的长柄窄刃，另外加一个钩子。在待镦的小公鸡一侧划开一口子，找到睾丸，一割一钩，取出睾丸，动作异常快捷。

养个头大肉肥壮的北京鸭。1959—1961年三年困难期间，粮食紧张，养鸭数量减少。

1979年改革开放后，出现专业养鸭户，养鸭数量增加。

1983年实行家庭联产承包责任制后，农户饲养家禽量增加。1985年，发生畜禽瘟疫，年末存栏量减少。2001年，由于市场上禽蛋过剩，销售价格下降，导致饲养家禽数量减少。

2004年后，随着住房条件的改善，饲养场地缺少，农户饲养家禽的数量明显减少。

2005年三村合并后，凤凰村家禽饲养量最少的2007年只有2000只，饲养量最多的2008年只有2万只。

2013年后，由于严控禽流感，影响了家禽业的发展，加上居住集中化，凤凰村的家禽饲养量日趋减少。2014年后，由于预防禽流感，关闭了所有活禽交易市场，凤凰村家禽数量更少。至2016年，只有极少数农户家庭饲养有家禽。

表683　1984—2004年凤凰村家禽养殖情况

年份	年末存栏（只）	年内出栏（只）	出售（只）	自吃（只）	禽蛋量（千克）	年份	年末存栏（只）	年内出栏（只）	出售（只）	自吃（只）	禽蛋量（千克）
1984	1900	900	100	800	610	1994	1890	4720	2620	2100	1890
1985	1300	1050	150	900	1100	1995	4600	8530	4400	4130	2255
1986	1900	1600	750	850	1000	1998	8000	10000	4000	6000	4800
1987	2293	1500	300	1200	550	1999	8000	12000	4000	8000	5000
1988	2520	3000	1800	1200	900	2000	9000	13000	5000	8000	5500
1989	1990	6699	5481	1218	2388	2001	6000	7000	—	—	4000
1990	1940	6691	5481	1210	2389	2002	9600	7000	—	—	6200
1991	3100	3900	2350	1550	7140	2003	9600	7000	—	—	6200
1992	1116	4145	2551	1594	4782	2004	2300	2600	—	—	8000
1993	2040	5290	3420	1870	2320						

注：1996年、1997年，村年报表中均无填报。

表684　2005—2016年凤凰村家禽饲养情况

年份	年末存栏（万只）	其中		年内出栏（万只）	其中			禽蛋产量（吨）	年份	年末存栏（万只）	其中		年内出栏（万只）	其中			禽蛋产量（吨）
		肉禽	蛋禽		鸡	鸭	鹅				肉禽	蛋禽		鸡	鸭	鹅	
2005	0.3	0.1	0.2	2.00	1.00	0.70	0.30	1.50	2009	0.8	0.4	0.4	1.70	0.70	0.70	0.30	4.40
2006	0.3	0.1	0.2	0.18	0.07	0.07	0.04	1.00	2010	0.7	0.5	0.2	1.50	0.70	0.40	0.40	1.50
2007	0.2	0.1	0.1	0.18	0.07	0.07	0.04	1.00	2011	0.6	0.3	0.3	1.70	1.00	0.40	0.30	1.20
2008	2.0	1.0	1.0	1.20	0.50	0.50	0.20	0.95									

注：2012年后，村年报表中无填报。

第二节　家畜

生猪

凤凰地区农户素有养猪的习惯。1954年，实行生猪派养派购。1955年，农业生产合作社创办生猪集体饲养场。后生猪饲养量逐年增加。1960年，交通生产大队生猪饲养量260头，为交通管理区各生产大队之最。20世纪80年代，村民开办有小猪行。

1984年开始，除完成国家下达任务数外，余下部分可以自吃，也可拿到市场出售。1988年，为鼓励农户家庭养猪，促进生猪补栏，肉猪收购价调高至每千克7.50元，每头补贴平价饲料票75千克。

20世纪90年代以后，个体私营企业的发展，劳动力紧张，且养猪效益低，出栏周期又较长，多数农户放弃养猪，生猪饲养逐步转向专业化。周观明在凤凰山西界河前创办养猪场，自配饲料，自养自销，规模经营，饲养采用新饲料，推广新科技，降低了养猪成本，减少了劳力投入，提高了经济效益，仅1999年，该养猪场出栏肉猪1000多头，并在衙前镇食品市场设立专业墩头自售鲜肉，每天上市1—2头，生意颇为红火，形成自家经营特色。

表685　1970—2004年凤凰村（生产大队）生猪养殖情况

单位：头

年份	年末存栏	集体饲养	年内出栏肥猪	全年饲养量	能繁殖母猪	年份	年末存栏	年内出栏肥猪	全年饲养量	能繁殖母猪
1970	349	—	198	547	18	1987	201	385	586	2
1971	340	22	233	573	23	1988	135	356	491	1
1972	295	35	253	548	18	1989	182	291	473	8
1973	270	28	218	488	16	1990	180	297	477	8
1974	264	12	265	529	12	1991	195	335	530	10
1975	216	10	239	455	10	1992	198	402	600	10
1976	189	—	141	330	—	1993	287	522	809	22
1977	246	97	96	342	26	1994	358	837	1195	18
1978	276	111	134	410	45	1995	535	1055	1590	22
1979	341	65	356	697	18	1998	780	1200	1980	16
1980	365	80	406	771	15	1999	668	1660	2328	8
1981	348	48	348	696	7	2000	658	1180	1838	8
1982	302	44	330	632	11	2001	750	1600	2350	12
1983	254	40	345	599	4	2002	696	1400	2096	8
1984	256	20	345	601	2	2003	700	2130	2830	40
1985	183	5	308	491	1	2004	890	1500	2390	40
1986	206	—	367	573	1					

注：1996年、1997年，村年报表中均无填报。

2005年三村合并后，随着新农村建设，农户家庭不再饲养生猪，只有周观明创办的养猪场仍在饲养生猪。

2014年，在"五水共治"治污中，由政府补贴，周观明创办的养猪场迁址，2015年，该养猪场关停。

表686　2005—2016年凤凰村生猪饲养情况

单位：头

年份	年末存栏	年内出栏肥猪	全年饲养量	能繁殖母猪	年份	年末存栏	年内出栏肥猪	全年饲养量	能繁殖母猪	年份	年末存栏	年内出栏肥猪	全年饲养量	能繁殖母猪
2005	560	1200	1760	110	2009	2000	2400	4400	280	2013	1400	3820	5220	260
2006	450	1400	1850	190	2010	1600	1450	3050	280	2014	0	5101	5101	0
2007	1900	2900	4800	280	2011	1874	2549	4423	200					
2008	1900	2000	3900	280	2012	680	3810	4490	200					

注：2015年、2016年，村年报表中均无填报。

牛

牛，历来为凤凰地区农户耕田所用。境内为水乡，故饲养的是水牛。人工劳力为主的时代，牛是农户的好帮手，也有用牛拖动排水车排水。但因牛购买成本高，又需有专人管理等因素制约，牛饲养数较少，如农户需牛耕地，往往雇用有牛农户帮助并支付工钱。

萧山解放前夕，定一乡境内有耕牛5头。1955年建立农业初级社时，凤凰乡、交通乡共有耕牛10头。

1958年"大跃进"时，交通乡有耕牛77头。后随着农业机械的逐渐普及，牛的饲养量逐年减少。1970年，凤凰生产大队有牛3头，1971年有牛1头。2000—2016年，凤凰村境内无牛。

第三节　特畜

凤凰地区境内本无特畜（鹿）。2006年4月，杭州绿宇园林绿化工程有限公司设立杭州绿宇鹿业有限公司，并从吉林省长春市引进130头梅花鹿、马鹿圈养在凤凰山东麓，占地150亩，时为省内大型的养鹿场之一。此次引进，大多是梅花鹿，也有少量的马鹿；既有种鹿，也有母鹿和小鹿，最贵的一头种鹿价值为13.50万元。后又陆续引进200多头梅花鹿。饲养梅花鹿成本低，经济效益高，又不与家禽争饲料，麦壳、秸秆、秕谷皆可作饲料。村境的凤凰山是原生态的森林，气候适宜，草地资源丰富，与长春市的养殖环境相比，具有独特的优势，非常适合梅花鹿的生长和繁育。鹿茸、鹿鞭、鹿肉、鹿血等鹿产品的药用、保健、食用价值日益显现，国内外市场空间在进一步扩大，杭州绿宇园林绿化工程有限公司在该镇设立的杭州绿宇休闲农庄内供应有该公司生产的部分鹿产品。

图1001　凤凰山东麓养鹿场圈养的鹿群（2007年9月10日，徐国红摄）

2016年，对该养鹿场进行改造。2017年1月，改造后的养鹿场由吉林省长春市养鹿专业户许某承包。至2017年6月1日止，该养鹿场有鹿468头，其中梅花鹿404头、白鹿48头、马鹿10头、黑鹿6头，价值600万元左右。

第四节 淡水鱼

萧绍运河横穿村域，凤凰地区村境内河渠纵横，渔业资源丰富，水产养殖、捕捞历史悠久，养鱼捕鱼为村民传统副业，但在旧社会，水面被渔霸占有。西小江是流经萧山、绍兴两县的界河，河阔水深，盛产鱼虾，但养鱼权却长期被绍兴县的官绅把持。民国10年（1921）衙前农民运动时，该地农民决心夺回公河养鱼权，计划在西小江养鱼捕鱼，遭到绍兴县地主、渔霸的阻挠。时值绍兴县知事在西小江察看，西曹自然村的李成虎召集农民前去评理，质问知县："西小江既是公河，为何不许我们萧山人养鱼捕鱼？"知县无言以对，口头应允衙前农民可以在西小江养鱼捕鱼。后来，衙前农民在西小江上筑箔建籪，准备养鱼，因知事口说无凭，绍兴渔霸竟放火烧掉衙前农民新筑的箔籪。矛盾激化，引发械斗。沈定一获悉后，赶去江边制止械斗。这时绍兴县知事也到了现场。沈定一暗示李成虎等农民把知县的坐船拖至衙前，沈定一将知县"请"进沈府"光禄第"，当面谈判，李成虎等农民在旁据理力争。绍兴县知事最后只得重申，衙前农民可以在西小江养鱼捕鱼，并正式立下了字据。从那时起，衙前农民才夺回西小江的养鱼权。

此后，境内时常有专业捕鱼人，备有小船和渔网等捕鱼工具，穿梭在运河水域，在渔箔设置处渔籪（用捕鱼用的竹栅，插入河中，以拦捕鱼蟹）。境内淡水鱼品种主要有鲢鱼、草鱼、鳊鱼和鳙鱼，还有鲫鱼、青鱼、鲇鱼、乌鱼、鲤鱼和泥鳅、黄鳝、虾蟹、螺蛳等，品种较为丰富。家家都有大小不一的捕鱼工具，在早晚时间和农闲时节，见缝插针、张网捕鱼。一则改善伙食，二则少量出售补贴家用。

20世纪80年代，随着境内西小江上游及两岸工业的兴起，工业废水和生活污水的排放，河道污染逐渐严重，鱼虾资源逐渐减少。

1988年，凤凰村围垦挖鱼塘15亩，养殖淡水鱼。养殖淡水鱼初期，主要养殖草鱼、鲢鱼。1997年后，增加鲫鱼、鳊鱼两个品种。1997年，淡水鱼总产值0.86万元，占农林牧渔总产值的0.50%。

2000年后，主要养殖草鱼、鲢鱼、鲫鱼、青鱼。至2003年，凤凰村淡水鱼总产值11.20万元，占农林牧渔总产值的3.47%。

表687 1991—2004年凤凰村淡水鱼生产情况

年份	渔业（池塘）		淡水鱼品种（千克）						
	水面总面积（亩）	淡水鱼产量（千克）	草鱼	鲢鱼	鲫鱼	鳊鱼	青鱼	黑鱼	其他
1991	10	1000	500	500	0	0	0	0	0
1997	10	1500	500	800	100	100	0	0	0
1998	10	1500	400	900	100	100	0	0	0
1999	10	1500	400	900	100	100	0	0	0
2000	10	8100	2000	2000	1000	0	2000	500	600
2001	10	16000	3000	9000	2000	0	2000	0	0
2002	10	16000	3000	9000	2000	0	2000	0	0
2003	10	16000	3000	9000	2000	0	2000	0	0
2004	10	16000	3000	9000	2000	0	2000	0	0

注：1992—1996年，村年报表中均无填报。

2005年6月三村合并后,养殖淡水鱼的主要品种有草鱼、鲢鱼、鲫鱼、青鱼和黑鱼5种,单位面积产量减少。2005年,凤凰村单位面积产量0.48吨,比三村合并前的2004年减少1.12吨;淡水鱼总产值11.60万元,占农林牧渔总产值的1.52%。

2010年,凤凰村单位面积产量0.17吨。2011年,淡水鱼总产值6.0万元,占农林牧渔总产值的0.52%。

2012年后,不再养殖淡水鱼至今。

表688 2005—2016年凤凰村淡水鱼生产情况

年份	水面总面积（亩）	鱼类产量（吨）	草鱼	鲢鱼	鲫鱼	青鱼	黑鱼	年份	水面总面积（亩）	鱼类产量（吨）	草鱼	鲢鱼	鲫鱼	青鱼	黑鱼
2005	60	29	6	14	4	4	1	2008	60	20	3	10	4	2	1
2006	60	29	6	14	4	4	1	2009	60	20	3	10	4	2	1
2007	60	29	6	14	4	4	1	2010	60	10	2	8	0	0	0

注:2011—2016年,村年报表中均无填报。

附录

传统捕鱼工具和方法

渔大网 较大型捕鱼工具,可围几亩至十几亩的水面,网眼较稀,专捕一斤重以上的大鱼。最多的一网可打10万斤左右。也有稍小的网,网眼较密,可捕小范围水面的鱼,一般在池娄屯浜中使用。

兜斗网 根据网眼大小形成各种规格,两边用长竹竿撑起。网上纲有"浮子",网下纲"蜡锡"。平时早晚到河边兜一圈,就能捕到一些鱼,用以改善生活。

鱼叉 用钢铁打成排叉或七星叉,叉尖锋利,铁叉柄装在一长竹竿上。在春、夏、秋三季农闲或劳动休息时,持叉到岸边或船上,看到水面有鱼浮头或有鱼游动产生水波时,投掷鱼叉,自有收获。特别是沙地片浸洗络麻,烂麻水起时,沙地与里坂的水源交汇处,浮头鱼更多,收获颇丰。

海兜 用网袋和毛竹弹做成长心形的兜,一般在发大水时,河里的鱼会逆水流到沟渠中产卵。拿着海兜,背着克篓(置鱼工具),到沟中就能捉到鱼了。该工具因为制作简单、携带方便,几乎家家都有。

打网 这是一种三角锥体无底的网,捕鱼有两种方法:一种是人在小船上或岸上撒网,沉到水底后慢慢地收拢拉起,因网底有近一尺的网向里卷起,所以能将鱼捕住,这叫"打网"。还有一种是在白天,在小船上将网打下,捕鱼人赤身扎猛子下水,捉摸网住的鱼,这叫"落水网",夏秋季常用。

有丝网 用丝织成较长的网,宽1米多,长度不一,长的近百米;网眼根据网的大小而定,大的有一寸多。将网拉放在河中或水草边,再用竹竿等在水中捅着赶鱼,鱼受惊逃逸,一碰上网就会被缠住。

跃进兜 自20世纪70年代塑料丝生产后产生。在河中或池塘、沟渠进出口拦上八字网,在八字小口用网从大到小拖成一串,逐节用毛竹缠圆,内有多节大小口,鱼只能进不能出,每天去倒一二次即可。

簖 旧时不少家庭有置，网底为长方形三面竖围网，一面无网为门，用两根竹竿交叉或成十字弯成框架，把网底四角和围网缚住，使成整体。捕鱼时把簖放入河中水边，用扫巴或棍棒赶鱼、虾入网门，提出水面，鱼虾即被捕住。也可以人入水中，网门一面用脚驱赶鱼虾，然后把捕住的鱼虾放入克篓即可。不过这个方法有一定危险，因水面混浊看不清水底，极易被水底硬物划伤脚。

罢 三角形网，用两根竹竿撑开，对面用绳上"弦"，在有水草的水中从下向上，然后拉出水面，将水草下的鱼捕获，放入克篓。

罾 网呈正方形，四周用绳叫纲绳，中间网略向下坠，网四角用四根竹竿（罾竿竹）弹住，中间十字交叉，在十字支架上再缚上粗长竹竿作扳竿。罾有多种规格，小的一米见方，叫"响罾"，在河边用力放下，水发出响声，鱼听到响声以为有食，游到罾中，拉起罾将鱼捕获，一般鲤鱼较多。也可以朝天做成"向天罾"来诱捕鱼儿。一种叫扳罾，放在桥洞边或河埠头，用人力拉起；有大小之分，大的上面扳的要用几根竹做成长三角，在河边捕鱼处要打上桩，用绳

图1002　20世纪70年代萧山农民用鱼叉戳鱼（董光中摄）

索拉扳，用长柄海兜套捞罾中的鱼。还有一种叫"过河大罾"，罾网四周均用纲绳，面积颇大，需在河两边插上四根毛竹，用绳索与纲绳相连，再用盘车将罾拉放。过去有人在官河上使用，驶着小船在拉起的罾上用海兜捞鱼，一年四季均有收获。

钓鱼 最简易可行的当然是钓鱼了，主要有手钓竿。1965年以前，材料为竹竿、琴线、钓钩；后用尼龙线替代琴线。到20世纪70年代用上了玻璃钢竿，后来又换上了碳素钢竿，还装上了摇轮。还有从日本、中国香港地区等地进口的伸缩钓竿。当然还是有用竹竿作钓具的，在岸上或船上将鱼钩穿上诱饵抛入河中，专钓青鱼、鲢鱼、草鱼等。此外，还有用成串小竹片制成的弹钓，用一长排锋利钢钩制成的滚钓等。

除上述捕鱼工具和方法外，其他还有放笼（罩笼、筛笼）、八字箔和竹筒（诱鳗、蟹等），打鳖、捉虾等多种方法。甚至使用石灰、农药、电击等不良方法捕鱼。

第五章　林业

概　况

凤凰村境有洛思山、凤凰山、乌龟山、馒头山等山岭，为历代文人所称颂。山坡上还有茶树、果树种植。民国时期，由于战乱，特别是日本侵略军侵入期间，国民党部队修筑工事的砍伐，日本侵略者的烧杀轰炸，将山上参天古树破坏殆尽。

新中国成立后，林业、茶园恢复发展。1971年，凤凰生产大队建立山林队，专业人员8人，翌年增加到13人。1977年，山林面积200亩，果木总面积20.80亩。1987年，林业总产值400元，占农林牧渔总产值的0.11%。

1989年，根据萧山市委、市政府提出的"一年做好准备，四年消灭荒山，八年绿化萧山"的林业发展目标，全面开展封山育林、绿化荒山，"四旁绿化，义务植树"活动。1993年，凤凰村和卫家村消灭荒山，有村民开始生产经营花卉苗木。1999年后，开始种植发展鲜切花。2000年，林业总产值25.95万元，占农林牧渔总产值的7.60%。后林业总产值逐年减少。

图1003　2004年11月凤凰村被评为杭州市园林绿化村（沃琦摄）

图1004　凤凰山樟树林（2018年5月9日，陈妙荣摄）

2001年，萧山启动"森林村镇"活动，凤凰山森林公园批准为萧山市级森林公园。至2004年，山林（封山育林）面积240亩，造林5亩，果园面积80亩；集体茶园面积50亩，苗木面积200亩。

交通村无山。2005年三村合并后，山林仍由凤凰村集体经营，继续开展封山育林，四旁绿化，发展果园、花卉苗木。2005年，林业总产值17.10万元，占农林牧渔总产值的2.24%。

至2016年，山林队专业人员9人。是年，凤凰村山林（封山育林）640亩，造林15亩，集体茶园面积60亩，花卉苗木面积424亩。

第一节　山林　果木

萧山解放初，凤凰地区开始封山育林，大规模种植松树、杉树、毛竹等，使荒山秃岭有所改变。后经历"大跃进"时的大砍大伐,"文化大革命"初期的开辟梯田种植粮食作物等,林木面积和蓄积量大幅度缩减。

1971年,凤凰生产大队重建山林队,集体经营山林、果木。是年,零星植树1600株,桑园面积3亩,产蚕茧150千克。

1984年贯彻实施《中华人民共和国森林法》后,退耕还林,全民植树,山林面积恢复和扩大。1984年,凤凰村桑园面积11亩。1986年,按照衙前镇采取的"以工补农"的方式,开展荒山绿化造林,在围垦区种植刺槐、冬青、芦竹等,营造防风林带。

1989年,开展"四旁绿化、义务植树"活动,凤凰村安排人员,组成专业队,上山护林,开辟果园,在围垦区试种柑橘等。至1999年末,凤凰村果园面积80亩,卫家村40亩,生产柑橘、桃子、梨头等上百吨水果。此外,还有松树、杉树等山林资源。

2001年1月,萧山市农业局批准凤凰山森林公园为萧山市级森林公园。

2004年,凤凰村有梨园、葡萄园、杨梅园和桃园。

2005年三村合并后,凤凰村继续发展林业、果木。至2009年,凤凰村山林(封山育林)640亩,果园面积210亩,其中梨园50亩、杨梅园100亩、桃园40亩、葡萄园20亩。后因经济效益低而放弃。2016年已无果园。

表689　1971—2004年凤凰村(生产大队)山林果木情况

(一)

年份	山林面积(亩)		零星植树(株)	果木(亩)		年份	山林面积(亩)		零星植树(株)	毛竹蓄积量(株)	果木(亩)	
	总计	柴山		梨园面积	桑园面积		总计	柴山			梨园面积	桑园面积
1971	100	100	1600	—	—	1979	200	200		100	100	5
1972	200	200	7000	—	—	1980	200	200		100	100	14
1973	200	200	8000	—	—	1981	200	200		100	100	13
1974	200	200	—	3.0	3	1982	145	145		100	100	12
1975	200	200		3.0	16	1983	145	145		100	100	11
1976	200	160		2.8	11	1984	145	145	—	300	300	11
1977	200	160		2.8	18	1985	145	145	1000	300	300	3
1978	200	200	—	6.0	9	1986	145	145	1000	350	350	

(二)

年份	山林面积				零星植树(株)	年份	山林面积	零星植树(株)	果木(亩)			
	总计(亩)	毛竹(亩)	经济林(亩)	其他林(亩)			总计(亩)		果园总面积	梨园面积	葡萄面积	桃园面积
1987	145	2	0	143	1000	1997	145	7000	—	50	—	—
1988	145	2	0	143	1000	1998	145	7000	80	50	10	20
1989	145	2	0	143	—	1999	240	10000	80	50	10	20
1990	145	2	28	115	—	2000	240	10000	80	50	10	20
1991	145	2	22	121	—	2001	240	1000	80	50	10	20

续表

年份	山林面积					年份	山林面积		果　木（亩）			
	总计（亩）	毛竹（亩）	经济林（亩）	其他林（亩）	零星植树（株）		总计（亩）	零星植树（株）	果园总面积	梨园面积	葡萄面积	桃园面积
1992	145	2	22	121	—	2002	240	1000	80	50	10	20
1993	145	2	22	121	—	2003	240	1000	80	50	10	20
1994	145	2	22	121	5000	2004	240	1000	80	50	10	20
1995	145	2	22	121	6000							

注：①1978年，毛竹蓄积量为100株。2000年，采伐木材1立方米、毛竹1万根。

②1996年，村年报表中无填报。

③1989—1998年，每年封山育林145亩；1999—2004年，每年封山育林240亩。1990—1993年，每年葡萄面积均为2亩。2001年、2002年、2003年，柑橘面积均为5亩。

表690　2005—2009年凤凰村山林果木情况

年份	营林面积			果　木（亩）				
	造林（亩）	零星植树（万株）	封山育林	果园	梨园	杨梅园	桃园	葡萄园
2005	15	0.3	640	210	50	100	40	20
2006	15	0.3	640	210	50	100	40	20
2007	20	0.4	640	210	50	100	40	20
2008	15	0.3	640	210	50	100	40	20
2009	15	0.3	640	210	50	100	40	20

注：2010年后封山育林640亩。

第二节　茶园　采茶

凤凰村和交通村茶叶栽培历史较长，茶叶品质优良，但种植面积小。按茶叶采摘期分为春茶、夏茶、秋茶，主要是春茶。在清明前采摘的春茶，俗称明前茶。春茶数量较多，村曾安排专人收购茶叶。在谷雨时节前采摘的，称雨前茶，统属"浙江龙井"范畴。农户家庭茶叶制作主要是"炒青"绿茶。1990—1992年，曾生产有绿毛茶。也有做工精致，色、香、味、形俱佳的，因色翠、香郁、味醇、形美而享有"五绝"之称，不过数量极少。

境内民间有"春茶苦，夏茶涩，要喝茶，秋白露"的传统说法。白露时节的茶树经过夏季的酷热，此时正是它生长的最佳时期。白露茶既不像春茶那样鲜嫩、不经泡，也不像夏茶那样干涩味苦，而是有一种独特甘醇清香，尤受老茶客喜爱。

据凤凰村的年报表记载：1977年，凤凰村集体茶园面积2亩，采摘茶叶200千克，其中春茶150千克、夏茶50千克。

1984年后，集体茶园面积增多。至1998年，凤凰村茶园增加到50亩，设专人管理。2000年后，由于开辟凤凰山公园，建设烈士陵园和拓展农民运动烈士墓葬群，山南又辟为公墓，农户家庭茶地面积大幅减少，而集体茶园面积仍保持50亩不变。

2005年三村合并后，凤凰村集体茶园面积保持60亩不变，农户家庭茶地面积继续减少。至

2016年，凤凰村集体茶园面积60亩，农户家庭茶地仅剩李成虎墓地两边留有少量茶地和馒头山上微波站内尚有部分茶地。

表691　1977—2004年凤凰村（生产大队）茶园采茶情况

年份	面积（亩）	采摘	产量（千克）	春茶	年份	面积（亩）	采摘	产量（千克）	春茶	夏茶	秋茶
1977	2	2	200	150	1990	20	20	700	700	0	0
1978	2	2	50	50	1991	20	20	700	700	0	0
1979	2	2	150	100	1992	20	20	700	700	0	0
1980	2	2	50	50	1993	15	15	1000	1000	0	0
1981	10	8	50	50	1994	15	15	1000	1000	0	0
1982	36	2	50	50	1995	15	15	1000	1000	0	0
1983	36	2	50	50	1997	13	13	1000	1000	0	0
1984	26	8	200	200	1998	50	50	6800	3000	1700	2100
1985	26	8	250	250	1999	50	50	7200	4200	0	3000
1986	26	13	400	400	2000	50	50	5000	4000	800	200
1987	26	20	600	600	2001	50	50	5000	4000	0	1000
1988	20	20	1000	1000	2003	50	50	5200	4000	0	1200
1989	20	20	1000	1000	2004	50	50	5200	4000	0	1200

注：①1990年、1991年、1992年，生产的是绿毛茶。

②1977年、1979年，分别采摘有夏茶50千克。

③1996年、2002年，村年报表中均无填报。

表692　2005—2016年凤凰村茶园采茶情况

年份	面积（亩）	采摘（亩）	产量（吨）	春茶	秋茶	年份	面积（亩）	采摘（亩）	产量（吨）	春茶	秋茶
2005	60	60	6.2	4.70	1.5	2011	60	60	0.2	0.2	0
2006	60	60	6.2	4.70	1.5	2012	60	60	0.2	0.2	0
2007	60	60	6.2	4.70	1.5	2013	60	60	0.2	0.2	0
2008	60	60	0.03	0.03	0	2014	60	60	0.2	0.2	0
2009	60	60	0.16	0.16	0	2015	60	60	1.0	1.0	0
2010	60	60	0.20	0.20	0	2016	60	60	1.0	1.0	0

第三节　花卉　苗木

长期以来，凤凰地区农民忙于传统的粮食油料作物生产，解决温饱问题。"文化大革命"后期，人民公社发展多种经营，才有农户种植茉莉花，但数量不多，只有零星种植。

1984年9月，衙前镇政府与凤凰村联办苗场，有职工6人，买入苗木花费4.08万元。由于苗木种植周期长、见效慢等原因，步履维艰。至1986年12月，终因苗木滞销、国家扶持的绿化资金减少而停办。

1993年后，随着粮食计划面积的取消，农业产业结构的调整，华东地区最大的花卉苗木集散中心——浙江（中国）花木城的建立，有新街、宁围等地的苗木种植户陆续来凤凰村租用土地，承包苗木种植，村民逐渐转行其他产业。这种情况延续至今。

1999年，凤凰村在现代农业示范园区内建立萧山市水稻地区的首个鲜切花试验基地。首期面积50亩，投资40万元，建有分体式标准钢管大棚58个，引进扶朗、康乃馨等名优花卉品种，使用轻便耐用、卫生价廉的塑料盆和PVC盆种植鲜切花，产品远销省内外。是年，鲜切花产值102.60万元。

2000年后，在农业示范园区内优先发展鲜切花。2001—2003年，凤凰村每年种植花卉苗木250亩。2004年为200亩。

2005年三村合并后，继续发展种植花卉苗木，并以观赏绿化苗木为主。至2016年，仍采用分体式标准钢管大棚，使用塑料盆和PVC盆种植鲜切花。是年，种植花卉苗木面积424亩，其中花卉23亩、观赏绿化苗木401亩，产值583万元。

图1005 凤凰村花卉苗木基地（2013年3月28日，傅展学摄）

表693 2005—2016年凤凰村内地花卉苗木情况

单位：亩

年份	面积总计	花卉	观赏绿化苗木	年份	面积总计	花卉	观赏绿化苗木	年份	面积总计	花卉	观赏绿化苗木
2005	221	0	221	2009	300	0	300	2013	48	0	48
2006	100	0	100	2010	200	0	200	2014	379	0	379
2007	300	0	300	2011	200	0	200	2015	692	58	634
2008	300	0	300	2012	200	0	200	2016	424	23	401

第六章　水利

概　况

萧山解放前，凤凰地区水利设施缺乏，土地高低不平，沿山集雨面又大，一到雨季，土地受淹严重；遇到高温干旱，则土地板结、龟裂，农民苦不堪言。加之土地私有化，根本无法进行一定规模的农田水利建设。

萧山解放后，水利建设得到各级政府重视，政府号召兴修水利，完善水利基础设施，境内村民积极参与修筑沟渠、疏浚河道、平整土地等建设，农业生产条件得到有效改善，实现旱涝保收，农业增产、农民增收和农村稳定。

1996年后，随着农户家庭承包的耕地逐渐流转给农业大户经营，为实现旱涝保收，农业经营大户也十分重视水利建设，积极参加河道整治，重视堰坝、涵闸、渠道和机埠的维修，经常更新水泵。

1985—2003年，因兴修水利用地22.722亩（约1.51万平方米）。

第一节　河道整治

萧绍运河流经村域，为凤凰村主干河道。运河堤岸南侧为古纤道，俗称官道，历代砌有条石坎，上横铺石板，可以拉纤行路。北侧堤岸砌石坎不多。由于动力船只往来波浪激荡，两岸石坎久经冲击，经常有石坎圮于水中，历史上曾多次修理，多为民办公助，条石上往往刻有捐助者的姓氏。

萧山解放后，政府组织对运河各段进行多次疏浚、对运河堤塘也多次进行护岸砌坎，特别是省级文明保护单位东岳庙段河道至今保存完好。

20世纪70年代开始，对运河及邻近河道采取"上引、中控、北导"的整治措施，新开河道，调整水系，对运河及其支流由生产大队逐段用条石砌坎护岸。直到90年代，才完成此项工程。

1990年，又开展河道治理，镇村组织力量对萧绍运河等河道进行清障，拆除"跃进兜"、滚钓等阻水渔具，提高河道的排灌能力。后又对村境内河道进行拓宽疏浚，并砌石护岸，形成四通八达的排灌网。仅1999年投入资金19.80万元，对凤凰村段运河进行砌坎护岸。

2014年开始，镇、村两级进一步对运河北侧进行加固并完善堤岸护栏，美化绿化运河公园，整治拓宽官河大道。至2016年末完工。

第二节　堰坝　涵闸

钱塘江经南大门时，村境北丁村港为出入大洋之港口，村境内应有多条古塘与北海塘连接，因历史久远，今难觅踪迹，但从毕公塘等古地名的沿革可窥一斑。村域内为水乡平原，河渠纵横，暴雨季节为防洪水泛滥，历代都在各河口修筑塘闸堰坝。《明史·魏骥传》有乡贤魏骥返乡后"倡修螺山、石岩、毕公诸塘堰，捍江潮，兴湖利"的记载。其中螺山在镇境，毕公在村境。明代时，还在村域的白鹤铺驻汛兵5名。新中国成立初，大多塘闸已被废弃。

新中国成立后，各级政府不遗余力兴修水利工程，利用每年冬闲时节，组织兴修水利活动，疏浚、拓宽河道沟渠；开凿新河——大治河，建造钱塘江排涝涵闸，境内建造节制闸，以连接西小江、萧绍运河和钱塘江。

1965—1974年，在镇内支河建造人工启闭的小型单孔木板闸，用于排涝。1967年，交通村的万家浜建造人工启闭的小型单孔木板闸，排涝面积500亩（约33.33万平方米）。1968年，凤凰村的小溇口、山西小闸、山南小闸、三中南闸等也建造人工启闭的小型单孔木板闸，排涝面积520亩（约34.67万平方米）。后，经常维修堰坝、涵闸至今。

第三节　机电排灌

萧山解放前，凤凰地区境内农田排灌全靠人力畜力，主要采取水车，少量使用戽斗提水，这种状况一直延续到新中国成立初。1954年5月下旬，天降大雨，境内发生洪涝，全民出动，用水车、戽斗排涝，没日没夜苦干，劳动强度大，但效率低下。

1956年，高级合作社购置首台木炭抽水机。1958年，凤凰地区属坎山人民公社。公社组织平土会战，修建机耕路，修筑渠道沟，为机耕、机灌做准备。同时，分配给交通管理区抽水机2台，以内燃机小型机械排灌替代人工水车，既方便又节省劳动力，颇受社员群众欢迎，并抽调人员参加机手培训。

1962年后，境内通电，在内燃机小型机械排灌的同时，迅速发展电力排灌，逐步形成电力排灌网，使90%以上的耕地面积受益，促使农村复种指数提高，旱涝保收面积扩大，粮食产量增加。凤凰生产大队、交通生产大队和卫家生产大队除在沿河设固定机埠外，还增设流动机埠，凤凰生产大队利用2艘流动机船，巡回于流动机埠间，向田间地头输水。

图1006　20世纪60年代排灌使用的流动抽水机船（来自《衙前镇志》）

1970年，根据县政府提出的"平整土地、渠系配套，实现农田格子化"规划和公社提出的"河道整齐，田地平坦，路渠笔直，沟沟相通，渠渠相连，一格一丘，排灌灵活，机耕方便，旱涝保收"的要求，凤凰生产大队、交通生产大队和卫家生产大队开始逐步实现良田格子化。[①] 是年，凤凰生产大队购置农用水泵2台。1973年，凤凰生产大队建有排灌机埠10个。是年，凤凰生产大队、交通生产大队和卫家生产大队农田排灌基本实现机械化。至1980年底，集体耕地基本实现园田格子化，极大地提高了排灌机械的使用效率。同时，将泥渠改建成三面光的水泥沟渠，与机埠、水泵相配套，确保旱涝保收，使得农作物产量逐年稳步上升。是年，凤凰生产大队农用水泵增至3台。

1984年，凤凰村排灌机埠有27个，排灌用动力机械4台，其中内燃机1台、电动机3台，农用水泵3台。1988年，排灌用动力机械增至5台，其中内燃机2台、电动机3台，农用水泵4台。后，经常维修渠道、机埠，更新水泵。2004—2006年，该村围垦农业大户农用水泵为2台；2007—2010年为3台；2011—2016年增至4台。

表694　1970—1988年凤凰村（生产大队）排灌设施情况

单位：台

年份	排灌用动力机械		农用水泵	年份	排灌用动力机械		农用水泵	年份	排灌用动力机械		农用水泵
	内燃机	电动机			内燃机	电动机			内燃机	电动机	
1970	1	1	2	1977	1	1	2	1984	1	3	3
1971	1	1	1	1978	1	1	2	1985	1	3	3
1972	1	1	2	1979	1	1	2	1986	1	3	3
1973	1	1	2	1980	1	2	3	1987	1	3	3
1974	1	1	2	1981	1	2	3	1988	2	3	4
1975	1	1	2	1982	1	2	3				
1976	1	1	2	1983	1	3	3				

[①] 良田格子化，要求每块田长60米，宽30米；或长70米，宽25米，面积在2.7亩左右。田塍统一为面宽0.4米，底宽0.6米。

第七章 农机具

概 况

凤凰地区耕地极大部分为水田，小部分为旱田。新中国成立初，村民耕作和收割大多沿用以竹木铁为材质的传统老式农具，延续几千年的"四弯腰"①的劳作方式，翻耕田地全靠人掘牛耕，水田翻耕用犁，碎土有耙，旱田翻耕用尖齿铁耙，清除耕地杂草杂木有柴刀、刮子、茅刀等。农作物治虫用手工捉虫、菜油灭虫等。收获水稻用割子、镰刀，大麦、小麦、油菜用茅刀。脱粒稻谷、大麦、小麦用稻桶，脱粒油菜籽则是放置于地上用架子拷打。传统的耕作、收割和脱粒方式费时，工效低下，劳动强度最大。农户家庭加工粮食也是采用人力劳作，工具有木砻、筛子、风箱、石臼、石磨等。②

1958年后，掀起农具革新高潮，逐步使用新式农机，发展农业机械，劳动强度才逐渐减轻。20世纪70年代，先后使用电动打稻机、电犁、机引农具和农副产品加工机械、稻麦两用脱粒机、机动喷雾器和手扶拖拉机。80年代，普及耕作、植保机械。1988年，凤凰村拥有拖拉机、机引农具各6台，开沟机、翻耕机、播种机各2台，插秧机1台，新型联合收割机2台，电动打稻机41台等。

20世纪90年代后，农业机械化向农、林、牧、副、渔业和农副产品加工业拓展，耕作、植保、收割、脱粒、加工、运输均实现半机械化、机械化，从而彻底改变了传统的劳作方式。2000年，耕地全部实行机械化耕作。

第一节 传统农具

传统农具主要有铁耙、锄头、镰刀、割子、茅刀（毛刀）、耙、耖、水车等。铁耙，四齿一孔，前齿后孔；齿扁带圆，铁制。孔装竹柄，可上下挥动作掘地用。锄头，铁质锄板，锋口嵌

图1007 铁耙、铁锹（2018年5月，陈妙荣摄）

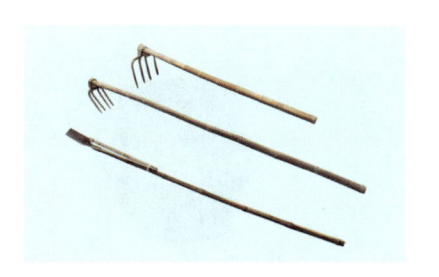

图1008 割子（2018年5月，陈妙荣摄）

图1009 茅刀（2018年5月，陈妙荣摄）

图1010 风箱（2018年5月，陈妙荣摄）

---

① "四弯腰"指传统农业劳作中的插秧、耘田、除草和收割都需要弯腰操作。
② 粮食加工先用人力牵动木砻，借砻齿搓擦使稻谷脱壳；脱壳后的糙米、谷壳再用筛子或风箱扇动，使糙米与谷壳分离；再将糙米放置于石臼内，手持石杵上下捣击，使之成白米为止。如需要米粉或面粉，则再需人力牵动石磨磨成。

图1011　笠帽（2018年5月，陈妙荣摄）

图1012　斗（2018年5月，陈妙荣摄）

图1013　水桶（2018年5月，陈妙荣摄）

图1014　石臼（2018年5月，陈妙荣摄）

图1015　年糕榔头（2018年5月，陈妙荣摄）

钢，木柄。挖山和平地用锄头，锄板有宽窄之分。镰刀、割子、茅刀（毛刀），形似半月，刃口锋利，短柄。镰刀、割子多用割稻；茅刀多用割麦、割草。耙、耖，用于碎泥土和平畦地，有铁制和木制两种，铁制耙为弯刀形，木制耙为丁字形；铁耖齿为丁字形，木耖齿用竹片制成。水车，有脚踏水车和手摇水车两种。水车用于抽水灌溉农田，每当三伏天抗旱时更需要用水车抽水灌溉耕地，效率比手摇水车高。脚踏水车，俗称龙骨车，木制，由车厢、车骨、车板三部分组成，脚踏水车还有立竿、横竿等附件，便于人靠在上面，用脚踩滚动车骨。还有脱粒稻麦类使用的稻桶，油菜类脱粒用竹制连枷，施肥用粪桶、粪勺，除草用刮子、小茅刀，培土用上泥铁耙、泥锹，砍柴用斧、锯、柴刀等。运输农具有扁担、箩筐、畚箕，独轮车、小划船。雨天下地还有蓑衣、笠帽等。

第二节　耕作机具

1957年，农业合作化时推广使用双轮双铧犁，交通乡还召开现场会，举办双轮双铧犁操作技术培训班。20世纪60年代以后，推广电犁、机引农具，替代牛耕人作。70年代中期，电犁、机引农具成为全村主要耕作机械。至1978年，凤凰生产大队拥有3马力手扶拖拉机2台，电犁4套，机引犁、机引耙各4台。

1979年后，犁体笨重、翻耕质量较差的电耕犁被杭产"东风"12型拖拉机和沪产"丰收"35型拖拉机替代。大马力方向盘式拖拉机，还配备了拖斗、机引犁和旋耕犁等，降低了人的劳动强度，提高了生产效率。每个生产小队配备有小型拖拉机1台，大型拖拉机为生产大队所有，成立生产大队农机管理队，有专人负责调度管理，实行独立核算。至1980年底，凤凰生产大队、交通生产大队和卫家生产大队共有手扶拖拉机15台、大型拖拉机6台。

1983年实行家庭联产承包责任制后，农用大中型拖拉机仍归生产大队或生产队集体所有，承包给拖拉机机手，采用"五定二保一奖赔"合同制，即五定：定人、定机、定任务、定油耗、定成本；二保：保耕作质量、保安全操作；一奖赔：节约成本奖，超用成本赔。拖拉机机手与农户签订机耕面积合同。1987年后，农户自行购买拖拉机逐年增多。

1993年，衙前镇列为萧山市农机化试点。翌年，交通村列入镇农机化试点村，购入联合收割机。1995年，衙前镇又被列为浙江省农机化规模服务建设7

个试点单位之一，先后投资155万元，购入上海-50型拖拉机、松江产IGF-160反转灭茬旋耕机等。凤凰村、交通村均列入试点示范区，重点推广应用"粮食生产全程机械化，大面积服务"，以达到农业增产、农民增收的目的。大中型机械采取专业服务队和机手抵押承包责任制，承包期7年。1996年3月，又引进2ZPY-C型抛秧机。5月，通过抛秧机机手培训，实施大田早稻抛秧机抛栽，合计抛栽100亩。7月26日，镇政府又在凤凰村、交通村进行连作晚稻秧机抛栽试验。1998年，集体所有小型拖拉机全部转让给农户家庭。

至2000年末，凤凰村集体拥有大型拖拉机（含联合收割机）4台、插秧机2台和一定量的机引农具配套，耕地已全部实行机械化耕作。

第三节　收割机械

1958年人民公社化，提出"消灭人工打稻打麦"，凤凰地区开始改革收割机械，在打稻机上安装滚珠轴承，成为脚踏打稻机。1960年，交通管理区有双人打稻机、单人打稻机数十台。20世纪60年代中期，使用电动打稻机，但由于田间用三相电源接电不便，故使用脚踏打稻机打稻仍不在少数。1970年，凤凰生产大队拥有电动打稻机3台、脚踏打稻机11台。70年代初，凤凰生产大队购置3

图1016　20世纪90年代大型收割机（来自《衙前镇志》）

马力慈溪产内燃打稻机。与电动打稻机相比，内燃打稻机显得既方便又安全，成为当时打稻的主要工具。1974年，凤凰村购置稻麦两用脱粒机1台，机动脱落面积400亩。

1983年实行家庭联产承包责任制后，农户开始自行购置或联户购置小型电动打稻机，集体电动打稻机和稻麦两用脱粒机也折价转让给农户。1987年，凤凰村机动脱粒面积1153亩。

1995年衙前镇列入省农机化规模服务建设试点后，购入大型联合收割机，凤凰村被列为试点示范区，主要作业实现机械化，收割机械化程度达到92.5%，脱粒机械化程度达100%。

1999年末，该镇的27台联合收割机都与凤凰村、交通村、卫家村农户签订收割脱粒合同，实现收割机械化程度和脱粒机械化程度均达100%。围垦农业大户曾有购置稻麦两用脱粒机，后因种植苗木为主，使用至2013年。

第四节　其他机具

农业合作化后期，凤凰地区开始使用人力喷雾器喷洒农药。20世纪60年代，开始使用排灌动力加工粮食。70年代后，有碾米机、饲料粉碎机、农用钢丝车、农用木船和农用水泥船。80年代实行家庭联产承包责任制后，先后有农用机动船、拖拉机、货运汽车和电动喷雾器。至2016年，其他机具主要有电动喷雾器、加工用电动机、钢丝车、农用机动船。

喷雾器

农业合作化后期，凤凰地区开始购置人力喷雾器喷洒农药灭虫。喷雾器和农药的使用，结束了农户手工捉虫和菜油灭虫的历史。1970年，凤凰生产大队有喷雾器12只。翌年增加到21只。

1983年实行家庭联产承包责任制后，喷雾器增加。1988年，凤凰村喷雾器由1984年的53只增加到180只。后每户农户都购置有喷雾器。

2004—2009年，凤凰村围垦农业大户每年有电动喷雾器15只，2010—2016年每年有电动喷雾器20只。2016年，内地农业大户有电动喷雾器3只。

加工机

20世纪60年代初，利用排灌动力为农户加工粮食。1971年，有碾米机、饲料粉碎机。1974年，用磨粉机等农产品加工机械，后又添置年糕机、面条机等，实现粮食加工不出队，产品生产一条龙，方便、省时、省力。

2005年后，凤凰村农业大户购置有加工用电动机。2015年后，无加工用电动机。

运输机械

1970年，凤凰生产大队集体购置有农用钢丝车4辆、农用木船10只，1972年购置农用水泥船3只。1984年凤凰村用拖拉机进行运输的运输专业户1户，1985年购置农用机动船1艘。1986年，凤凰村运输专业户发展到5户，还有农户在农忙时用拖拉机翻田耕地，农闲时搞运输。

1993年，凤凰村农户家庭购置货运汽车3辆。1998年，农户家庭购置的拖拉机增加到10台。2000年，农户家庭购置货运汽车增加到10辆。2016年，凤凰村农业大户主要使用的是钢丝车、农用机动船。

表695　1970—1988年凤凰村（生产大队）农机具拥有量情况

（一）

年份	手扶拖拉机（台）	电犁（套）	机引农具（台）			打稻机（台）		稻麦两用脱粒机（台）	机动脱粒面积（亩）	喷雾器（只）
			机引犁	机引耙	旋耕犁	脚踏	电动			
1970	0	0	0	0	0	11	3	0	—	12
1971	0	3	4	4	0	12	3	0	—	21
1972	0	3	4	4	0	10	4	0	—	22
1973	0	4	4	4	0	11	5	1	250	15
1974	0	4	4	4	0	11	7	1	400	17
1975	0	4	4	4	0	5	13	1	450	17
1976	0	4	4	4	0	3	12	1	450	19
1977	0	4	4	4	0	3	12	1	450	26
1978	2	4	4	4	0	3	12	1	415	27
1979	6	4	2	4	0	1	12	1	415	15
1980	6	4	2	4	0	1	13	1	762	30
1981	6	4	2	4	0	1	12	1	974	25
1982	6	4	2	4	0	1	12	1	985	21
1983	6	4	2	4	6	1	15	1	764	46
1984	6	4	2	4	6	1	17	1	760	53
1985	6	4	2	4	6	2	17	1	848	83
1986	6	4	2	4	6	2	17	1	1126	115
1987	6	4	2	4	6	2	22	1	1153	150
1988	6	4	2	4	6	2	41	1	—	180

（二）

年份	钢丝车（辆）	农用木船（只）	农用水泥船（只）	农用机动船（艘）	加工用电动机（台）	农副产品加工机械（台）			其他加工机械（台）
						饲料粉碎机	碾米机	磨粉机	
1970	4	10	0	0	0	0	0	0	—
1971	4	10	0	0	2	1	1	0	—
1972	4	9	3	0	3	1	1	0	—
1973	3	5	4	0	3	1	1	0	—
1974	4	8	4	0	3	1	1	1	—
1975	4	8	4	0	3	1	1	1	—
1976	1	8	4	0	3	1	1	1	—
1977	1	8	4	0	3	1	1	1	—
1978	1	7	6	0	3	1	1	1	—
1979	1	7	7	0	3	1	1	2	—
1980	1	6	7	0	5	1	1	2	1
1981	3	5	8	0	5	1	1	2	1
1982	7	4	9	0	5	1	1	2	1
1983	7	2	10	0	5	1	1	2	1
1984	10	2	5	0	4	1	1	1	1
1985	11	2	3	1	4	1	1	1	1
1986	11	1	4	1	4	1	1	1	1
1987	15	1	4	1	4	1	1	1	1
1988	15	1	2	1	4	1	1	1	1

表696　2004—2016年部分年份凤凰村围垦农业大户农机具拥有量情况

年份	增氧泵（只）	电动打稻机（台）	稻麦两用脱粒机（台）	电动风箱（台）	喷雾器（只）	钢丝车（辆）	农用木船（只）	农用机动船（艘）	加工用电动机（台）	翻斗车（辆）
2004	0	6	1	0	15	0	0	0	0	0
2005	0	6	1	0	15	1	0	1	1	0
2010	0	0	1	0	20	1	0	1	1	0
2011	3	0	1	0	20	1	0	1	1	0
2013	3	0	1	1	20	1	1	1	1	0
2014	3	0	0	1	20	1	1	1	1	4
2015	3	0	0	1	20	1	1	0	0	4
2016	3	0	0	1	20	1	0	0	0	4

|凤凰村志|下册|

第十编 工业 建筑业

第一章 工业行业
第二章 工业园区
第三章 企　业
第四章 企业信息化
第五章 产品 商标

概　述

凤凰地区历史上只有家庭手工业。传统的家庭手工业主要有纺织、缝纫等。妇女以家庭纺织为主，后来转为以挑花边为主。从传统手工业到村工业的发展，经历了一个漫长的过程。

境内家庭纺织历史悠久。南宋时期，家庭的土纺土织①开始兴起。民国12年（1923）后，挑花边成为境内妇女传统的手工业技艺，老小传授，邻里帮教，延续数十年。

至20世纪60年代，凤凰生产大队、交通生产大队和卫家生产大队利用交通与地理优势，知识青年下乡的关系，城乡挂钩，开始创办集体企业。

20世纪70年代，境内挑花边的鼎盛时期，女孩长到10岁左右，就由母亲、姐姐教学挑花边。其间，几乎所有的女孩子都会挑花边。农家用挑花边所得收入补贴家用，甚至有用挑花边赚来的钱盖房修屋、买嫁妆。80年代后，随着萧山自动梭式绣花机的引入和机织网扣花边的出现，手工挑花边渐趋衰退。

改革开放后，凤凰生产大队、交通生产大队和卫家生产大队队办工业异军突起，个体工业户兴起，村民组建建筑施工队，出现私营工业企业以生产大队集体的名义注册。1991年，个体纺织户兴起，凤凰村、交通村和卫家村建立戴集体企业"红帽子"体制。②

1995年，贯彻萧山市政府印发的《关于推进乡（镇）村产权制度改革的若干意见》（萧政〔1995〕8号）精神，凤凰村、交通村和卫家村集体企业开始实行多种形式的产权制度改革，个体私营工业迎来前所未有的发展机遇，个体私营工业发展加快。

1997年，村办集体企业进一步深化产权制度改革，将集体资产从企业中退出。是年上半年开始，有梭织机产品滞销，部分个体纺织户开始亏损，所需上缴村集体的资金出现困难，由村集体纺织公司担保的贷款也没钱归还，而剑杆织机产品畅销，生产经营者因不是法定代表人，不能拥有自己产品的品牌，影响发展，名为集体实为个体经营的弊端暴露无遗，个体户与村集体企业脱钩，摘掉集体企业"红帽子"，分别向工商行政管理部门注册登记；为个体户"红帽子"而建立的集体企业转制为股份合作制。1998年5月，萧山市凤凰纺织实业公司和衙前卫家网络丝厂注册登记实行股份合作制。

---

①　土纺土织，工序繁多，过程复杂，最后一道才是纺织机织布。传统纺织机具，主要用竹木制作，结构简单，操作简便，手脚并用。脚踩踏板，一上一下；手推布筘，前推后返，并抛梭穿织，利用梭子来回穿梭织成布。人动机转，梭随手飞，安全系数高而生产效率低，一天下来织布不过数丈。

②　集体企业"红帽子"体制，即"村建房子，个人买机制"，由村设立集体纺织企业，将以前分散在各家各户的织机集到村新建的厂房，视规模大小，安排厂房，统一供电、供水和运输，各自独立核算，并按织机台数计算厂房租金、电力设施配套费用、管理费、村公共积累资金和包干税款一并上缴村设立的集体纺织企业。

1999年，衙前镇在境内开工建设萧山纺织工业园区。2000年，凤凰村、交通村、卫家村实现由农业村向工业村的转变。2001年后，境内轻纺工业向规模效益型企业发展，工业形成轻纺工业、五金机械两大支柱行业。

2005年凤凰村、交通村、卫家村三村合并为凤凰村后，凤凰工业园（后改称浙江省中小企业创业基地）开工建设。

至2016年末，凤凰村境内拥有工业企业68家，建筑施工队1家。工业企业按规模分：规模以上工业企业8家，规模以下工业企业60家；按行业分：轻纺工业企业48家，五金机械工业企业20家。工业企业总资产约425.91亿元，所有者权益205.04亿元，全部从业人员平均人数9367人。浙江省中小企业创业基地入驻的企业共计14家。轻纺工业企业生产的产品主要有棉纱、混纺纱、化纤纱、棉布、混纺布、化纤布、涤棉坯布；五金机械工业企业的产品主要有塑料配件、五金配件、电子配件、汽车零配件、摩托车配件。其中中国名牌产品1只、杭州市名牌产品2只。中国驰名商标1只、浙江省著名商标1只、杭州市著名商标1只。是年，实现工业总产值约790.64亿元、利润约9.13亿元、上缴税金约5.14亿元。建筑施工队在衙前镇及周边区域具有一定的知名度。

图1017　凤凰工业园（2011年5月，傅玉刚摄）

第一章 工业行业

概 况

20世纪60年代，凤凰生产大队开始创办石料厂等；采用机埠水泵发电机，创办小型的粮食、饲料加工厂，创办香木扇厂、五金厂、磷肥厂、地毯厂等。

20世纪70年代、80年代，凤凰生产大队先后创办衙前街道综合厂、凤凰五金塑料厂、萧山电子元配件厂和凤凰时装厂。80年代后期，凤凰村、交通村、卫家村的工业行业有轻纺工业、五金电器、电子元件、机械修配和农副产品加工业等。

1995年，村集体工业企业开始转制，村办集体工业企业减少，个体私营工业企业相应增加，轻纺工业逐渐向村支柱行业发展。

至2000年，凤凰村、交通村、卫家村3村的工业以轻纺工业和五金机械为主。年末拥有工业企业43家，其中轻纺工业企业21家、五金电器19家、机械修配2家、电子元件1家。就工业行业而言，与80年代相比，少了粮食、饲料加工厂的农副产品加工业。2001年后，境内轻纺工业企业发展加快，轻纺工业、五金机械成为境内两大支柱行业。

2005年凤凰村、交通村、卫家村三村合并后，凤凰村境内轻纺工业继续加快发展，而五金机械发展缓慢。

至2016年，凤凰村境内轻纺工业企业48家、五金机械工业企业20家，分别占村境内工业企业数量的70.59%、29.41%。是年，轻纺工业企业实现工业总产值7899523万元、五金机械工业企业实现工业总产值6918万元，分别占村境内工业企业的99.91%、0.09%。

表697　2016年凤凰村境内工业企业主要指标情况

工业企业	企业数量（家）	年末员工人数（人）	年末资产（万元）			经营业绩（万元）			
			总资产	负债总计	所有者权益	总产值	销售产值	利润	上缴税金
轻纺工业	48	9276	4256346	2208170	2045932	7899523	7853150	90821	51237
五金机械	20	91	2799	556	2243	6918	6779	455	168
合　计	68	9367	4259145	2208726	2050419	7906441	7859929	91276	51405

表698　2016年凤凰村境内工业类型主要经济指标情况

工业类型	企业数量（家）	从业人数（人）	年末资产（万元）			经营业绩（万元）			
			总资产	总负债	所有者权益	总产值	销售产值	利润	上缴税金
规模以上企业	8	8157	4219445	2198926	2020519	7814188	7769539	85205	49140

续表

工业类型	企业数量（家）	从业人数（人）	年末资产（万元）			经营业绩（万元）			
			总资产	总负债	所有者权益	总产值	销售产值	利润	上缴税金
规模以下企业	60	1210	39700	9800	29900	92253	90390	6071	2265
合　计	68	9367	4259145	2208726	2050419	7906441	7859929	91276	51405

注：①根据凤凰村总会计张彩琴提供的年度《私有企业主要经济指标汇总表》资料汇总整理。

②"从业人数"栏，规模以上企业是年末人数，规模以下企业是全部从业人员年平均人数。

第一节　轻纺工业

南宋时期，随着棉花的普遍种植，凤凰地区农户家庭的土纺土织开始兴起。清乾隆年间，土布织造已颇为兴盛。农户家庭土纺土织的布，除解决家庭人员的穿衣外，还到布行或集市出售，补贴家用。民国时期，不少家庭靠妇女纺纱织布来维持生计，甚至抵租还债、度过饥荒。其间，多数农民家庭已备有土布织机、土锭纺车。村民称自织的布为土布，洋布称"龙头细布"。新中国成立后，仍有不少农户纺织土布。至20世纪70年代后期，经"四清"运动、"文化大革命"，土纺土织逐渐销声匿迹。

图1018　土布织机（2018年5月，陈妙荣摄）

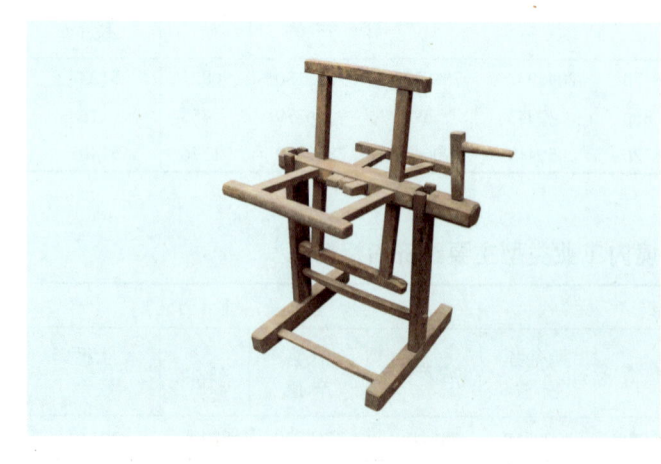

图1019　绕纱绷（2018年5月，陈妙荣摄）

1982年后，境内开始采用"绸机"（铁木机）纺织涤纶丝被面（后改织涤卡被面），产品适销对路，利润可观，交通生产大队和卫家生产大队农户开始购置铁木机织布，并以村集体的名义创办企业。随着毗邻的绍兴柯桥轻纺市场的规模迅猛扩大，逐渐成为亚洲最大的纺织原料集散地，村集体纺织企业和个体纺织户加快纺织机具的更新换代，铁木机逐渐被较先进的自动织机所替代。

1991年后，为个体纺织户提供戴集体企业"红帽子"，交通村、卫家村开始创办集体纺织实业公司，凤凰村个体纺织户开始在萧山市凤凰村布厂下设立分厂（至1997年，萧山市凤凰村布厂下设立的分厂有19家）。

1993年后，境内纺织业逐步形成化纤、纺丝、织造、印染一条龙的生产经营体系，从熔体直纺、加弹、棉纺、产业用布、工业用布，到家纺面料、服装面料的化纤纺织品生产产业链，逐渐成为凤凰村、交通村和卫家村工业的重点行业。至1995年，铁木机全部淘汰，普遍改用"K74""K84""GK272""GK274"等自动织机。1996年，境内纺织企业个体纺织开始引进剑杆织机等高档自动织机、无梭织机，微电脑程控，自动化程度更高。

1997年，有梭织机产品滞销，部分假集体的个体纺织户停产，欠发职工工资和欠交集体管理费；使用剑杆织机的假集体个体纺织户生产的产品畅销，但因没有自己的品牌而制约发展，个体户开始与村的集体企业脱钩，摘掉集体的"红帽子"，分别申请办理营业执照。

1999年后，轻纺工业企业转型升级，企业间同行交流联合，设备不断更新改造、升级、换代，纺织技术不断进步，产品产量不断增加，轻纺工业成为凤凰村境内工业的支柱行业。

2005年3村并为凤凰村后，轻纺工业继续向规模效益型发展，先后注册成立杭州宏峰纺织集团有限公司、浙江金洋控股集团有限公司。至2016年，境内轻纺工业企业48家，占村境内工业企业数量的70.59%。是年，境内轻纺工业企业实现工业总产值7899523万元，占村境内工业企业数量的99.91%；销售产值7853150万元，占村境内工业销售产值的99.91%。

表699　2016年凤凰村境内轻纺工业企业主要经济指标情况

工业类型	企业数量（家）	从业人数（人）	年末资产（万元）			经营业绩（万元）			
			总资产	负债总计	所有者权益	总产值	销售产值	利润	上缴税金
规模以上企业	8	8157	4219445	2198926	2020519	7814188	7769539	85205	49140
规模以下企业	40	1119	36901	9244	27657	85335	83611	5616	2097
合计	48	9276	4256346	2208170	2048176	7899523	7853150	90821	51237

注：①"从业人数"栏，规模以上企业是年末人数。
②规模以下企业"从业人数"是全部从业人员年平均人数。

表700　2005—2016年凤凰村境内规模以下轻纺工业企业主要经济指标情况

（一）

年份	汇总企业（家）	从业人数（人）	主营业务收入（万元）	增加值（万元）	利润总额（万元）	上缴税金（万元）	资产总计（万元）	所有者权益（万元）	固定资产原值（万元）
2005	32	681	22845.20	4441.84	1062.52	493.80	10595.58	7760.19	7911.50
2006	28	681	24085.20	5427.24	1926.72	614.39	10595.58	7860.69	7911.50
2007	27	849	32596.68	6615.12	2688.72	600.65	10813.00	8039.00	7293.50

（二）

年份	汇总企业（家）	从业人数（人）	工业总产值（万元）	工业销售产值（万元）	增加值（万元）	利润总额（万元）	上缴税金（万元）	资产总计（万元）	所有者权益（万元）	固定资产原值（万元）
2008	38	1118	41615.	41009	8007.84	3190	1500.36	14125.	10518	8674
2009	—	1100	50160	49200	7977.60	345	1092.00	14125	10518	8674
2011	40	1050	67500	66120	10007.16	4200	1430.40	28550	19580	18650
2014	40	1050	74220	72720	11603.16	4920	1793.40	28550	19580	18650

续表

年份	汇总企业（家）	从业人数（人）	工业总产值（万元）	工业销售产值（万元）	增加值（万元）	利润总额（万元）	上缴税金（万元）	资产总计（万元）	所有者权益（万元）	固定资产原值（万元）
2015	40	1022	75020	73520	11723.16	4990	1498.40	28550	19580	18650
2016	40	1119	85335	83611	13850	5616	2097.00	36901	27657	27195

注：①工业总产值、工业销售产值均为现行价。
②从业人数是指全部从业人员年平均人数。
③"上缴税金"栏，2011—2016年为所得税与应缴增值税之和。
④2010年、2012年、2013年缺项。
⑤凤凰村境内规模以上工业企业均为轻纺工业企业。2016年凤凰村境内规模以上轻纺工业企业主要经济指标情况，见本编第三章"企业"第二节"规模以上企业"。

第二节 五金机械

境内五金机械工业起步晚，发展慢。五金机械工业企业始于20世纪70年代。1974年，凤凰村创办衙前街道综合厂。1981年，凤凰村创办凤凰五金塑料厂。1987年，凤凰村创办萧山电子元配件厂。至此，凤凰村、交通村和卫家村的五金机械工业有五金电器、电子元件和机械修配等企业。

20世纪90年代，五金机械工业企业有所发展。至1999年末，凤凰村五金机械工业企业有19家。

2000年后，五金机械工业企业发展缓慢。至2004年末，凤凰村五金机械工业企业20家，从业人数58人。是年，实现主营业务收入4354.80万元、利润306.48万元、上缴税金47.88万元。

2005年凤凰村、交通村和卫家村三村合并后，凤凰村五金机械工业企业仍然发展缓慢，在原有企业数量上徘徊。2011年，新增杭州洁欢五金机械厂、杭州凤旺五金机械厂、杭州常杭五金塑胶有限公司、杭州江文五金塑料厂、杭州亚辰精密机械厂、杭州技搏五金电器厂6家五金机械工业企业。至年末，凤凰村五金机械工业企业停业6家。境内五金机械工业企业仍是20家。

至2016年，凤凰村五金机械工业企业20家，占村境内工业企业数量的29.41%。是年，实现工业总产值6918万元，占村境内工业企业的0.09%；工业销售产值6779万元，占村境内工业销售产值的0.09%。

表701 1999—2004年凤凰村五金机械工业企业主要经济指标情况

年份	汇总企业（家）	从业人数（人）	主营业务收入（万元）	增加值（万元）	利润总额（万元）	上缴税金（万元）	资产总计（万元）	所有者权益（万元）	固定资产原值（万元）
1999	19	73	125.44	33.40	21.90	4.60	335.40	20.07	128.00
2000	19	73	—	—	22.21	5.95	408.18	19.85	128.42
2001	20	90	4406.40	545.16	279.96	37.2	439.76	223.20	150.00
2002	20	60	4354.80	567.60	306.48	47.88	471.14	241.20	148.40
2003	20	58	4354.80	567.60	306.48	47.88	591.14	381.20	148.40
2004	20	58	4354.80	567.60	306.48	47.88	471.14	241.20	148.40

注："主营业务收入"栏，1999年为工业总产值（现行价）。

表702　2005—2016年凤凰村境内五金机械工业企业主要经济指标情况

(一)

年份	汇总企业(家)	从业人数(人)	主营业务收入(万元)	增加值(万元)	利润总额(万元)	上缴税金(万元)	资产总计(万元)	所有者权益(万元)	固定资产原值(万元)
2005	19	58	4354.80	567.60	306.48	47.88	471.14	241.20	148.40
2006	19	58	725.80	94.60	51.08	7.98	471.14	241.20	148.40
2007	20	58	4354.80	653.28	392.16	99.12	471.14	241.20	148.40

(二)

年份	汇总企业(家)	从业人数(人)	工业总产值(万元)	工业销售产值(万元)	增加值(万元)	利润总额(万元)	上缴税金(万元)	资产总计(万元)	所有者权益(万元)	固定资产原值(万元)
2008	19	58	5094	4355	653.28	392	99	471	241	148
2009	19	100	6000	5880	653.28	392	60	471	241	148
2011	20	58	6000	5880	696.84	360	178	950	720	550
2014	20	58	6000	5880	696.84	360	178	950	720	550
2015	20	58	6000	5880	696.84	360	178	950	720	550
2016	20	91	6918	6779	1122.00	455	168	2799	2243	2205

注：①凤凰村境内五金机械行业均为规模以下工业企业，规模以上工业企业无五金机械行业。
　　②工业总产值、工业销售产值均为现行价。
　　③从业人数是指全部从业人员年平均人数。
　　④"上缴税金"栏，2011—2016年为所得税与应缴增值税之和。
　　⑤2010年、2012年、2013年缺项。

第二章　工业园区

概　况

1999 年，为发展轻纺工业，衙前镇设立萧山纺织工业园区。[①] 2007 年 10 月，开始建设凤凰工业园（后定名浙江省中小企业创业基地）。2010 年后，萧山纺织工业园区统一由衙前镇政府职能部门管理。至 2016 年，浙江省中小企业创业基地入园的工业企业 14 家。

第一节　萧山纺织工业园区

1999 年 6 月 9 日，为加快提升轻纺产业，衙前镇在原有基础上，将交通村、卫家村等地域的部分区块划为萧山纺织工业园区，并设立园区管理委员会和园区投资开发有限公司。由投资开发有限公司实施建设，统一为企业征用土地，帮助企业发展。该园区是萧山经济技术开发区的配套园区，也是浙江省的纺织专业园区。分两期两区块，一期为交通村区块、二期为卫家村等村区块。批准园区总规划开发面积 5300 亩（约 353.34 万平方米），其中工业性用地 4800 亩（约 320.0 万平方米）。规划总投入 46.0 亿元，其中基础设施总投资 0.80 亿元，工业性总投入 45.20 亿元。至 2000 年底，入驻园区的工业企业有 12 家。

2001 年 4 月 19 日，萧山区政府下发《关于加快工业园区建设的若干意见》（萧政〔2001〕1 号）。9 月，一期交通村区块园区建设基本完成。10 月 2 日，园区二期规划经萧山区职能部门及专家评审通过。至 2003 年 9 月，园区已投产轻纺工业企业 19 家，其中镇内企业 14 家，中外合（独）资企业 4 家，萧山区外内资企业 1 家；占地总面积 1569.5 亩（约 104.63 万平方米），总资产 444139 万元，固定资产总额 170543 万元，所有者权益总额 168960 万元，注册资本总额 33906 万元，从业人员 7062 人。

至 2004 年 2 月，园区完成开发面积 3080 亩（约 205.33 万平方米），基础设施总投资 0.66 亿元，工业性总投入 35.14 亿元。[②] 后不要求上报园区建设相关资料。[③] 2009 年 12 月 1 日，为鼓励村支持园区建设，衙前镇政府制订《关于对纺织工业园区建设的有关奖励政策意见》（衙镇〔2009〕26 号），提出从 2009 年 1 月 1 日起，按企业实际用地面积给予每年（一期区块奖励时间 2006—2019 年、二期区块奖励时间 2007—2020 年）每亩财政奖励 1250 元。后园区统一由衙前镇政府职能部门管理，撤销园区管理委员会和园区投资开发有限公司。

[①] 《萧山纺织工业园项目可行性报告》由浙江省工业设计院编制，萧山纺织工业园区建设经浙江省计划委员会立项批准。
[②] 《杭州市重点培育工业园区考核跟踪表》之"萧山纺织工业园区（2004 年度 1—2 月）"，2004 年 3 月 23 日。
[③] 2004 年 4 月 16 日，根据国务院清理整顿各类开发区（园区）的部署和要求，浙江省人民政府公布《各类开发区（园区）清理整顿方案的公示》，全省撤销各类开发区（园区）共计 624 个，萧山纺织工业园区亦在撤销之列。是年，全省清理整顿开发区（园区）的工作基本结束。杭州市对园区用地一律暂停审批。

第二节　浙江省中小企业创业基地

浙江省中小企业创业基地的前身是凤凰工业园，开工建设于2007年10月。该工业园地处环镇南路，是凤凰村远期规划建设的重点工程项目之一，由凤凰村股份经济联合社投资建设，实行由凤凰村集体"统一配套、集中管理和服务"。

2008年，凤凰工业园一期建成。凤凰村民潘生根创建的杭州萧山潘氏纺织有限公司在凤凰工业园一期建成后，租用工业园厂房和办公楼近2万平方米，把企业迁入凤凰工业园。是年，凤凰工业园实现工业产值10.1亿元、利税8200万元，经济效益凸显，被浙江省中小企业局、浙江省乡镇企业局定为"浙江省中小企业创业基地""省级标准化厂房示范区"。

至2014年7月，该园拥有村集体标准厂房12万平方米，为工业企业和个体私营工业户提供了创业场地。

至2016年，投入凤凰工业园建设资金8200万元，建成的工业园占地面积100亩（约66667平方米），建筑面积8万平方米，设有标准化厂房区、办公区、生活区，可容纳30多家企业入园。是年，浙江省中小企业创业基地内已入驻企业14家，以轻纺工业为主，主要生产经营各类纺织制品等产品。合计实现工业产值58307万元、利润1262万元、上缴税金562万元。村每年可收取租金650万元。

表703　2016年浙江省中小企业创业基地入驻工业企业主要经济指标情况

单位：万元

企业（法定代表人）名称	工业产值	利润总额	上缴税金	企业（法定代表人）名称	工业产值	利润总额	上缴税金
杭州信仁纺织有限公司（唐松仁）	1730	4	3	杭州巨盛化纤有限公司（毛建军）	368	0	16
杭州庆恒纺织有限公司（傅国庆）	2600	0	3	杭州凯豪化纤有限公司（周志根）	308	4	9
杭州韵天织造厂（陆惠祥）	2452	11	6	杭州华亨纺织有限公司（李柱根）	17590	96	230
杭州美浩花边有限公司（周海江）	209	0	6	杭州黄晨洋针纺有限公司（黄建坤）	758	3	11
杭州亿方电器有限公司（方利祥）	1836	33	68	杭州卫洋化纤有限公司（卫华平）	930	15	3
杭州萧山潘氏纺织有限公司（潘生根）	27580	1077	170	杭州煜佳化纤有限公司（周国芳）	515	15	12
杭州金惠纺织有限公司（李金土）	783	0	12	合　计	58307	1262	562
杭州盛方化纤有限公司（方波）	648	5	13				

注：资料由萧山区财政局衙前财税组提供。

第三章 企业

概 况

20世纪60年代起,凤凰生产大队、交通生产大队和卫家生产大队开始创办集体企业。创办集体企业初期,生产经营规模都比较小。凤凰生产大队先后创办的石料厂(1964年设立)、凤凰香木扇厂(1967年设立)、衙前街道综合厂(1974年设立),在创办之初分别有职工15人、20人、30人。1974年末,衙前街道综合厂固定资产只有5.80万元,是年实现工业产值28万元、利润6万元。

1978年,衙前街道综合厂更名萧山电器五金二厂,车间数量增加到6个,职工数扩大到287人。

改革开放后,凤凰生产大队、交通生产大队和卫家生产大队队办工业企业增多,个体工业户兴起,村民组建建筑施工队。1991年,轻纺市场产销兴旺,个体纺织户兴起。为解决个体纺织户缺少场地、供电之困扰,凤凰村、交通村和卫家村先后建立个体户戴集体企业"红帽子"体制。是年,萧山电器五金二厂、凤凰五金塑料厂和萧山电子元配件厂实现工业总产值445万元、利润40万元、上缴税金15.50万元。后增加萧山市银门装潢五金厂等五金机械企业。

至1992年,凤凰村集体企业有萧山凤凰电器五金二厂、凤凰五金塑料厂、凤凰香木扇厂、凤凰锯板加工厂、萧山电子元配件厂、凤凰时装厂和萧山市凤凰布厂7家。年末,凤凰村集体企业拥有固定资产450万元,员工540名,其中引进外地人才5名。是年,实现工业总产值1600万元,比1978年增长10.9倍;利润65万元,比1978年增长9.5倍。

1995年,凤凰村、交通村和卫家村集体企业开始实行多种形式的产权制度改革。是年,凤凰村村办集体企业组建股份合作制的1家,实行租赁1家,拍卖1家,其他2家。村办企业实施产权制度改革后,凤凰村集体可得资金159万元,在企业的村级所有者权益3835.35万元。凤凰村3年(1993—1995)工业企业实现利税完成衙前镇政府规定的要求(1993年实现利税120万元,1994年186万元,1995年299万元,年平均利税202万元),负责人胡岳法获衙前镇政府规模效益奖,奖励住宅(中户)1套,折价款6万元。

1997年上半年,凤凰村、交通村和卫家村的个体私营企业开始与村集体脱钩摘"红帽子",分别向工商行政管理部门申请办理营业执照。至年末,凤凰村个体户共拥有剑杆织机244台(套)、倍捻机60台、加弹机4台、五金设备机器138台,主要生产设备固定资产2314万元。

是年10月,村办集体企业经进一步深化产权制度改革,分别注销集体企业变更为私营企业的有萧山市银门装潢五金厂、萧山市凤凰五金实业有限公司、萧山市电子元配件厂、萧山交通机械修配厂和萧山市衙前土石方工程队5家。是年,凤凰工贸实业公司、萧山市凤凰五金实业有限公司、萧山电子元配件厂和杭州萧山市银门装潢五金厂4家工业企业从业人员517人,实现工业总产值12065.22万元、工业销售产值10725.65万元。4家工业企业实现工业总产值比1992年的7家增长

6.54倍。

1998年5月，萧山市凤凰纺织实业公司①和衙前卫家网络丝厂转制，明确产权归属，实行股份合作制。萧山市凤凰纺织实业公司资产经该镇工业办公室评估，公司总资产494.76万元，净资产293.80万元。5月18日注册登记杭州萧山凤凰纺织有限公司（2000年3月改制组建杭州凤凰纺织有限公司）。公司总股本为293.80万元，其中村集体股132.70万元、自然人入股161.10万元。年末，凤凰村、交通村和卫家村集体拥有工业企业和建筑企业有凤凰纺织实业公司、振卫纺织实业公司、萧山市凤凰五金实业有限公司、萧山市银门装潢五金厂、萧山市电子元配件厂、萧山交通机械修配厂和萧山市衙前土石方工程队7家。

1999年后，境内轻纺工业企业开始转型升级，发展加快，浙江恒逸集团有限公司与浙江兴惠化纤集团有限公司合作投资聚酯熔体直纺项目，成为中国民营企业中第一个聚酯熔体直纺项目。2009年，浙江恒逸集团有限公司聚合物销售近60亿元，占整个衙前工业销售产值的将近1/6。2003年浙江兴惠化纤集团有限公司与杭州宏峰纺织集团有限公司合资成立杭州邦联氨纶股份有限公司。杭州宏峰纺织集团有限公司和浙江金洋控股集团有限公司等3家纺织企业与中国第一重型机械股份公司合作实施"年产500万吨冷连轧工程"建设，固定资产投资50亿元，投产后年销售收入350亿元。

2000年，凤凰村、交通村和卫家村境内共有工业企业、个体私营工业单位27家，实现了由农业村向工业村的转变。是年，凤凰村在企业的村级所有者权益5528.0万元。后随着企业改革的深入，集体资产逐步从企业中退出。

2003年，凤凰村在企业的村级所有者权益0.74万元。是年，凤凰村工业企业实现工业总产值36171.07万元、工业销售产值34217.08万元、利润1185.82万元。

2005年，凤凰村、交通村、卫家村三村合并为凤凰村。是年，国家统计部门开始将年主营业务收入2000万元及以上的工业法人单位列入每年度规模以上工业企业法人单位统计。年末，凤凰村境内拥有工业企业57家，其中规模以上工业企业6家，规模以下工业企业51家。51家规模以下工业企业总资产11066.72万元，所有者权益8001.39万元。51家规模以下工业企业全部从业人员平均人数739人，实现主营业务收入27200万元、利润1369万元、上缴税金541.68万元。

2006年后，浙江恒逸集团有限公司先后建立控股的子公司恒逸石化股份有限公司，企业技术中心被评为国家级企业技术中心，恒逸石化股份有限公司股票上市，全球单线产能最大（年产20万吨）的己内酰胺项目试产成功。杭州凤谊纺织有限公司增加化纤丝生产，并投资4000万元进行技术改造和产品升级，用涡流纺取代环锭纺，推动企业的转型升级。杭州宏峰纺织集团有限公司先后成立浙江联鸿纤维科技股份有限公司和浙江联鑫板材科技有限公司。杭州叶茂纺织有限公司进行技术改造，淘汰剑杆织机，购置OCN-FK6-1000（双丝道）4台和YJ800D-240锭高速电脑加弹机2台，增加差别化纤维生产能力11000吨，提高了产值及附加值。杭州凤凰纺织有限公司形成了全部进口的水刺无纺布生产线4条、特种纤维生产线8条的生产规模，具备了较强竞争力，在国内纺织行业具有一定的知名度。杭州萧山潘氏纺织有限公司企业先后投入技术改造和技术创新的资金为6000万元，形成年产人造棉纱10000吨的生产能力。

至2016年，凤凰村境内拥有工业企业68家，其中规模以上工业企业8家，规模以下工业企

---

① 萧山市凤凰纺织实业公司的前身是萧山市凤凰布厂，创建于1990年，1993年5月更名为萧山市凤凰纺织实业公司。

业60家。年末，68家工业企业拥有总资产约425.91亿元，所有者权益约205.04亿元。是年，全部从业人员平均人数9367人，实现工业总产值约790.64亿元、利润约9.13亿元、上缴税金约5.14亿元。浙江恒逸集团有限公司在全国工商联发布的"2016中国民营企业500强"中居第28位。其间，浙江恒逸集团有限公司、杭州凤谊纺织有限公司等工业企业曾先后列入萧山区年度缴纳税收500万元以上独立企业荣誉榜。建筑施工队1家，该施工队在衙前镇及周边区域享有一定声誉。

第一节 企业集团

1994年10月18日浙江恒逸集团有限公司登记注册。2005年5月8日杭州宏峰纺织集团有限公司注册成立。2015年12月14日浙江金洋控股集团有限公司注册成立。2016年底，凤凰村境内有集团企业3家。

浙江恒逸集团有限公司

前身是萧山县衙前公社针织厂，创办于1974年10月18日，系衙前公社社办集体所有制企业，位于交通生产大队境内。创建初期，只有15台手摇袜机，几十名女工加工涤纶袜，年产14.50万打（每打12双）。1983年，购置几台布机，更名萧山色织厂，生产化纤坯布。1991年末，企业总资产260万元，员工200余人，处于亏损状态。

1993年后，采取"借鸡生蛋，借梯登高"的滚动发展方式，实施"老厂办新厂，一厂办多厂"的经营方针。1993年5月，该厂与北京隆兴经贸公司共同出资4500万元，组建杭州恒逸化纤公司；6月，组建杭州恒逸实业总公司。又投资2100万元，与宁波江南能源物资公司共同出资2500万元，组建杭州恒逸印染公司。至此，该企业形成化纤、纺丝、织造、印染一条龙的生产经营体系；从熔体直纺、加弹、棉纺、产业用布、工业用布，到家纺面料、服装面料的化纤纺织品生产产业链。1994年5月，兼并濒临倒闭的衙前镇办江南大酒店，改建成恒逸宾馆。

1994年10月，以杭州恒逸实业总公司为核心组建浙江恒逸集团有限公司，注册资本5180万元，其中杭州恒逸实业总公司出资3780万元，占恒逸集团有限公司注册资本的72.97%；北京隆兴经贸公司1000万元，占19.31%；宁波经济技术开发区江南能源物资公司400万元，占7.72%，成为浙江省首家按《中华人民共和国公司法》组建的企业集团。恒逸集团有限公司拥有紧密层企业4家、半紧密层企业3家，专业生产PTA、聚酯纺丝、化纤加弹和进出口业务经营的企业集团。年末，拥有总资产16463万元、固定资产原值7814万元、所有者权益6922万元，职工977人，其中专业技术人员48人。是年，完成工业总产值32946万元、产品销售收入26240万元、上缴税金470万元、利润767万元。翌年11月，恒逸集团被农业部批准为国家级乡镇企业集团。1996年3月8日，化纤布产品商标注册。

1997年3月，投资8000万元，引进120台意大利剑杆织机，在萧山同行中率先淘汰有梭织机实现无梭化。1998年，又投资5000万元引进72台日本喷水织机。关闭杭州恒逸印染公司和恒逸宾馆。是年12月在萧山轻纺行业中率先通过ISO9002质量体系认证。

1998年7月，恒逸集团成立技术开发中心。1999年6月，与东华大学和中国化纤工业协会合作成立中逸新合纤面料开发中心。该中心从美国、加拿大和国内招聘技术人才28人。6月17日，恒逸集团公司调整注册资本。① 9月，开始筹备建设聚酯熔体直纺项目，开展"1000万元人才工程"，与浙江工业大学等高等院校、科研单位合作，培养企业高素质的员工队伍，设计和推广实施 VI 形象识别系统；与浙大灵峰科技公司合作，在生产管理和财务管理中采用计算机网络管理，建立企业信息化系统工程，使恒逸集团公司进入全面整合的发展阶段。是年，化纤布产品涤纶长丝被评为杭州市名牌产品（2001年，被评为浙江省名牌产品）、浙江省优秀科技产品。

2000年，恒逸集团投资4.50亿元，扩建聚酯化纤生产项目15万吨。是年12月，设立浙江恒逸新合纤面料开发股份有限公司。该公司总股本为3000万元，其中恒逸集团出资2010万元、东方国际集团上海市纺织品进出口有限公司450万元、东华大学科技园发展有限公司240万元、上海新悦科技有限公司150万元、杭州兴惠化纤有限公司150万元。该公司成立后，恒逸集团将萧山色织厂改为公司新产品中试基地，并淘汰国产剑杆机，引进72台意大利喷气织机，生产的"天丝"系列面料研发项目被列为浙江省高技术产业化项目。至年末，共设计开发新产品400多个，其中天丝系列面料的质量达到国际水平。是年，化纤布产品商标被评为杭州市著名商标，恒逸集团实现工业总产值3.72亿元、利润1408万元。新合纤面料销往欧洲、北美等10多个国家，销售量400多万米，占总产量的40%以上，销售额5000万元。生产的杭州市名牌产品恒逸牌涤纶长丝29299.70吨，产品销售收入35160万元，利润1409万元，上缴税金589万元。

2002年12月8日，东华大学恒逸集团研究院在上海成立。2003年12月，设立博士后科研工作站。② 是年，化纤布产品商标被评为浙江省著名商标。2005年，建立化纤行业研发中心。是年，恒逸集团完成聚合物23线TCS改造和210线扩建项目，与荣盛化纤集团有限公司联合在宁波投资建设的逸盛石化PTA项目一期工程投产，从而实现了向产业链上游的进一步拓展。具有年产值PTA300万吨、聚酯150万吨、涤纶加弹丝35万吨的生产能力。

2006年9月，恒逸集团建立控股企业恒逸石化股份有限公司。11月26日，企业技术中心被评为国家级企业技术中心。2007年，恒逸集团承担的"年产20万吨聚酯四釜流程工艺和装备研发暨国产化聚酯装置系列化"项目获得2006年度国家科学技术进步二等奖，为萧山区企业获得的最高科技奖项。恒逸牌涤纶长丝被评为中国名牌和国家免检产品。2009年，实现工业总产值255亿元、销售收入260亿元，在中国企业500强中，居第252位；中国民营企业500强中，居第29位；浙江省民营企业百强中居第6位，综合实力位居全国同行前三位。是年，恒逸集团总部迁至位于萧山经济开发区（市心北路260号恒逸南岸明珠大楼）。

2011年6月，恒逸石化股份有限公司整体资产在深交所主板A股上市，"恒逸石化"股票代码：000703。12月6日，恒逸石化与中国石化巴陵分公司共同出资组建的浙江巴陵己内酰胺有限责任公司举行成立仪式。是年，恒逸石化以净利润19.196亿元，登上浙江上市公司利润榜首。

---

① 2001年9月12日，调整恒逸集团公司股权结构，注册资本5180万元，其中集团公司职工持股会1400.46万元、衙前镇资产经营公司211.15万元、邱建林等14位自然人3568.39万元，分别占集团公司的27.04%、4.08%、68.89%。其中邱建林自然人2009.97万元，占38.80%。

② 2004年，恒逸集团设立博士后科研工作站招收博士后4人，其中招收差别化功能性聚酯纤维研究项目（聚酯化纤专业）、超细粉体表面处理及共混加工技术研究（聚酯化纤专业）、投融资与利率汇率研究（金融、投资专业）、人力资源管理研究（人力资源专业）的人员各1名，并为博士后提供两居室公寓1套；每年薪资（津贴）不少于15万元，并根据研究成果给予奖励；妥善解决配偶工作、户口迁移、子女上学等事宜。至2016年，恒逸集团博士后科研工作站总计项目经费450万元，主持省部级项目2个，申请专利3项，与复旦大学、浙江大学、华东理工大学、东华大学等高等院校达成联合培养博士后协议，完成培训的博士后3人。

2012年5月29日，全球单线产能最大（年产20万吨）的己内酰胺项目试产成功，首次生产的己内酰胺、硫酸铵均为优级品。翌年，逸盛石化、逸盛大化实现净利润分别达到2.83亿元和1.89亿元。是年，PTA项目实现净利润占恒逸石化实现净利润的50%以上。翌年，恒逸集团名列中国民营企业外贸500强第9位，萧山首家中国民营企业外贸前十强企业。

2014年1月13日，认定恒逸石化有限公司使用的恒逸牌涤纶长丝商品的注册商标为中国驰名商标。是年，年终分享会暨两化融合创新奖颁奖典礼中，恒逸集团申报的HY数据分析平台项目获省两化融合创新项目奖、智能化的资金管理系统项目获优秀项目奖。

2016年4月12日，为促进大数据与化纤产业的融合发展，提升企业自身在石化化纤产业的服务能力，恒逸石化与行业龙头华鼎锦纶、三联虹普和大数据巨头金电联行强强联合，深度融合互联网、大数据、云计算等技术，打造化纤产业大数据联盟。9月25日，恒逸锦纶公司的锦纶装置A线一次开车成功。恒逸锦纶项目采用世界领先工艺，年产差别化民用高速纺锦纶6切片能力为16.50万吨，投产之后使恒逸"涤纶＋锦纶"双产业链驱动发展模式的优势得到进一步发挥。12月10日，由美中经贸投资总商会（USCGC）、世界品牌组织（WBO）等机构联合推选的2016度世界著名品牌500强企业名单在美国纽约向世界公布，恒逸集团成为其中入选世界著名品牌企业之一（中国大陆榜上有名的世界著名品牌企业198家）。年末，恒逸集团已发展成为一家专业从事化纤与化纤原料生产的现代大型民营企业，拥有员工6637人（拥有高级管理人员和生产储备干部300余名，其中职业经理人占99.9%），总资产约391.67亿元（其中主业资产占比85%以上）。恒逸集团主要生产的产品有PTA产品（精对苯二甲酸，PTA）、短纤产品（涤纶短纤，PSF）、聚对苯二甲酸乙二酯切片、瓶级切片和阻燃纤维（FDY、DTY），系全球最大的经营PTA、PET的石油化工企业和中国首家掌握大容量聚酯熔体直纺技术以及200万吨级PTA工艺、工程技术的企业，设有国家级企业技术中心和博士后科研工作站。恒逸集团控股参股企业具备年生产精对苯二甲酸（PTA）1350万吨、聚酯（PET）260万吨、涤纶低弹丝（DTY）35万吨、己内酰胺（CPL）20万吨、聚酰胺（PA6）16.5万吨的能力，在国内同行中形成独一无二的"涤纶＋锦纶"双产业链驱动发展模式。

图1020　浙江恒逸石化股份有限公司（2018年4月7日，陈妙荣摄）

今恒逸集团居中国民营企业500强第28位。恒逸集团系中国纺织工业协会科学技术奖奖励委员会成员单位、中国化学纤维工业协会副理事长单位。恒逸集团董事长邱建林获2007年中国制造业十大领袖称号。

表704　1996—2014年浙江恒逸集团有限公司主要经济指标情况

年份	营业收入（万元）	利润（万元）	入库税费（万元）	增加值（万元）	所有者权益（万元）	新产品产值率（％）	万元产值综合能耗降低率（％）	研发经费占销售收入比例（％）
1996	26293	766	669	—	6922	95.00	—	—
1997	29463	1002	619	—	9536	95.39	—	—
1998	23725	602	394	3704	17449	93.78	—	—
1999	29205	1102	445	3799	25179	96.96	—	—
2000	47241	1408	583	5113	41948	98.39	—	—
2001	107895	5182	1691	14974	53196	97.90	—	—
2002	205346	8436	4560	22170	91733	98.60	—	—
2003	400192	16504	8337	58022	80405	99.90	—	—
2004	656935	10943	6936	65281	107886	99.50	-1.70	—
2005	1048432	32296	7668	110066	107253	100.60	59.80	—
2006	1242530	51669	5707	133407	126353	98.00	-23.90	0
2007	2001595	45749	16978	258385	155908	98.40	8.00	1.00
2008	2228201	6816	9285	157680	187105	29.98	4.72	1.57
2009	2607402	124620	10937	223910	482496	29.47	26.66	1.58
2010	3607627	253797	27119	229259	746386	23.60	-21.81	1.99
2011	5629501	420114	32604	253770	1370376	23.80	-2.00	1.84
2012	7032005	101558	27533	180714	960612	24.70	-182.20	1.40
2013	7853700	86209	10153	240575	949795	30.80	4.30	33.10
2014	7911115	960124	15982	318467	—	—	-13.70	37.00

注：①资料来源于杭州市萧山区地方志编纂委员会办公室编的2006—2015年的《萧山年鉴》。

②"营业收入"栏，1996年、1997年、2004年为销售收入。1998—2003年为销售产值。2005—2007年为工业销售收入。

③"新产品产值率"栏，1996—2007年为工业产品销售率。

杭州宏峰纺织集团有限公司

公司前身为杭州宏峰纺织有限公司，由李泽洪①创建，1999年1月26日经工商登记注册，系私营有限责任公司，公司位于凤凰村。公司创建时，仅有剑杆织机（意大利引进）96台、倍捻机28台、络丝机6台、包覆机9台、分条整经机3台，员工30人。主要生产混纺布。

投产不久又从日本引进33H加弹机。2000年，公司实现产值3814万元、利润97万元。

2003年6月，公司建立杭州宏海纺织有限公司。该公司坐落于风景秀丽的钱塘江畔国家级新兴工业园区杭州江东工业园区内。宏海纺织有限公司建立后，不断升级改造，引进国外先进生产设

----
① 李泽洪，山东省利津县人，1983年南下，在萧山县、绍兴县经营布料生意。李泽洪为人诚信、厚道，让与其打交道的供应商对他十分信任。1995年，注册成立泽洪化纤有限公司，从事面料和化纤原料生意。积累资本后，于1999年成立杭州宏峰纺织有限公司。

备,淘汰落后产能。今公司拥有全流程瑞士立达气流纺20000余头;台湾卜硕大圆机250台;巴马格锦纶空包一体机30台;日本丰台进口喷水织机640台,津田驹进口喷气织机260台,各类国产先进织机数百台。形成年产5万吨高档人棉纱、10000余万米高档服装面料和15000吨高档针织服装面料以及20000吨锦纶包覆丝的庞大生产能力。

2003年,杭州宏峰纺织有限公司与浙江兴惠集团有限公司合资成立杭州邦联氨纶股份有限公司。该公司与宏海纺织同处于江东工业园区内。杭州邦联氨纶股份有限公司是一家实力强大、技术底蕴深厚、人力资源丰富、管理机制规范的企业,是中国质量信用AAA企业。同时拥有一大批氨纶行业内综合素质高、技术力量强、富有团队和创新精神的资深专家和年轻新秀,工程师及以上职称的专业技术人员106人,占员工总数的18%,大专及以上学历人员82人,占员工总数的15%。成立以来不断推进技术创新,管理创新。实现高效率,低成本扩张。今已可生产10D-1120D等不同规格的高品质氨纶丝,广泛应用于经编、纬编、机织、裤袜等多种织物。产品性能、生产效率和盈利能力均位居国内前列。

2005年5月8日,注册成立杭州宏峰纺织集团有限公司,注册资本16000万元。该集团公司拥有全资子公司杭州宏海纺织有限公司、杭州宏峰进出口有限公司2家;合资子公司杭州邦联氨纶股份有限公司、浙江联鸿纤维科技股份有限公司、浙江联鑫板材科技有限公司3家。

2010年,为了进一步延伸产业链,形成多元化发展,宏峰集团在海宁尖山新区分别成立浙江联鸿纤维科技股份有限公司和浙江联鑫板材科技有限公司。是年1月,宏峰纺织集团有限公司"宏峰"商标被浙江省工商行政管理局认定为"浙江省著名商标"。

浙江联鸿纤维科技股份有限公司是由杭州宏海纺织有限公司、杭州萧山潘氏纺织有限公司共同出资组建的纺织原料生产基地。公司占地面积240亩,总投资达10亿多元。公司现有全流程瑞士立达气流纺15000余头,年产黏胶OE纱2万多吨;拥有立达并条机、意大利萨维奥全自动络筒机等国际一流先进设备的环锭纺和赛络纺15万锭,年产黏胶系列、莫代尔系列、竹纤维系列等赛络纺纱线3.6万余吨;公司还将进一步优化产业、扩大规模,计划形成年产(100万锭)20万吨高档混纺纱的生产规模,实现销售收入超50亿元。

浙江联鑫板材科技有限公司是一家集钢材深加工、剪切配送和贸易于一体的综合型企业。占地818亩,注册资本3亿元人民币,主要生产经营酸洗板、轧硬卷、热镀锌板、彩涂板等产品,产品广泛应用于汽车、家电、装饰、五金、建筑等行业。公司设计、规划产能为220万吨,分两期建设,总投资约为35亿元人民币。一期工程投资13亿元,建设有120万吨连续酸洗机组、100万吨六辊五机架冷连轧机组、20万吨单机架可逆轧机、20万吨热镀铝锌机组、25万吨热镀锌机组、12万吨彩色涂层机组、剪切配送中心(酸洗板横剪、纵剪,镀锌板横剪、纵剪)、检化验中心及能介公辅设施。

至2016年末,该集团拥有全资子公司杭州宏海纺织有限公司、杭州宏峰进出口有限公司2家;合资子公司杭州邦联

图1021 杭州宏峰纺织集团有限公司(2013年1月19日,傅展学摄)

氨纶股份有限公司、浙江联鸿纤维科技股份有限公司、浙江联鑫板材科技有限公司3家。为集化纤纺纱、服装面料、钢铁板材深加工、实业投资于一体的现代化私营集团企业。是年，生产混纺布4038万米。

宏峰集团不仅重视做大、做强，更注重做细、做精。产品研发能力高居行业前列。公司拥有发明专利6件，实用新型专利18件，浙江省级工业新产品更是多达数十种，公司生产的气流纺纱、锦纶包覆丝、赛络纺纱、高档针织服装面料、高档梭织服装面料不仅在业内有较高的知名度，同时也赢得了国内外客户的一致青睐。产品远销欧盟、美国、中东、东南亚等国家和地区。公司为中国长丝织造协会副会长单位、中国纺织企业家联合会理事单位；2009年，公司"宏峰"商标被认定为浙江省著名商标、宏峰牌弹力面料为杭州市名牌产品、成为国家功能性弹力面料开发基地等称号；连续12年被评为企业信用等级AAA级企业；连续6年被评为杭州市萧山区百强企业、杭州市萧山区外贸出口30强企业等。

建立公司后，董事长李泽洪多次被评为"加盟衙前经济发展功臣"、镇劳动模范，并当选为区政协第十一届委员。李泽洪于2006年4月18日成为首位凤凰村"荣誉村民"。

表705　1999—2016年几个年份杭州宏峰纺织集团有限公司主要经济指标情况

年份	年末员工人数（人）	年末占地面积（平方米）	年末建筑面积（平方米）	年末资产（万元）			经营业绩（万元）				
				总资产	所有者权益	注册资本	总产值	销售产值	出口交货值	利润	上缴税金
1999	30	6148	5663	352	298	300	264	76	0	-2	5
2013	336	13869	12406	97282	19106	16000	33197	31131	5955	1150	677
2014	330	13869	12406	106911	20691	16000	30671	30163	9551	1585	406
2015	305	13869	12406	92702	22525	16000	34097	33581	4329	1834	523
2016	273	13869	12406	101469	24382	16000	33125	32686	7881	1857	1176

浙江金洋控股集团有限公司

前身为金洲纺织有限公司，系私营企业，创建于1990年，创办人傅金洋，公司位于交通村。该公司以生产涤纶丝、纺织各种高档化纤面料为主。创建时，拥有总资产105371万元，员工396人。拥有一流的标准厂房及配套设施，建有纺丝生产线、加弹生产线，汇集日本村田33H，日本TMT S+Z加弹机，德国巴马克FK6V-1000、FK6M-1000，德国欧瑞康FK6V-1000S+Z加弹机等国际先进设备。品种有涤纶半消光、全消光、大有光、异形丝，以及各类混纺面料，包括白色和有色POY、DTY丝，阳离子改性POY、DTY以及其他差别化纤维。

1997年9月2日，企业注册变更为金洋纺织有限公司。该公司系私营有限责任公司，主要生产与经营化纤布织造；涤丝加弹，纺丝；气流纺纱；化纤原料、轻纺产品销售等。是年，公司通过提升存量，推动升级，改造传统织机，设备升级换代，先后引进意大利和日本的高档剑杆机52台、加弹机6台，提高了科技含量和产品质量，生产出质优附加值高的中高档面料，颇受市场欢迎。

至2000年，公司成为纺丝、加弹、织造一条龙，产销一体化的镇重点企业。公司还参股邦联（亚洲熔体纺第二的氨纶生产基地）、联鑫（浙江省最大的薄钢板生产基地，总投资30亿）。公司拥有自营进出口权，属 ISO9001：2008 和 ISO14000 的认证企业。公司被认定为浙江省科技型企业、杭州市高新技术企业、杭州市名牌产品和杭州市著名商标、清洁生产企业。

2015年12月14日，登记注册成立浙江金洋控股集团有限公司，系私营有限责任公司，总股本6000万元。法定代表人傅春霞。该控股集团拥有成员企业7家，公司占地面积32813平方米。

2016年，拥有一流的标准厂房及配套设施，建有纺丝生产线、加弹生产线，汇集日本村田33H，日本TMT S+Z 加弹机，德国巴马克 FK6V-1000、FK6M-1000，德国欧瑞康 FK6V-1000S+Z 加弹机等国际先进设备。产品品种有涤纶半消光、全消光、大有光、异形丝，以及各类混纺面料，包括白色和有色 POY、DTY 丝，阳离子改性 POY、DTY 以及其他差别化纤维。是年，生产涤纶丝28000吨、混纺面料1488万米。

图1022　浙江金洋控股集团（2018年4月20日，陈妙荣摄）

表706　2009—2016年浙江金洋控股集团有限公司主要经济指标情况

年份	年末员工人数（人）	年末占地面积（平方米）	年末建筑面积（平方米）	年末资产（万元）			经营业绩（万元）				
				总资产	所有者权益	注册资本	总产值	销售产值	出口交货值	利润	上缴税金
2009	400	32813	19783	36105	34496	6000	50829	63494	0	103	386
2010	448	32813	19783	49921	34650	6000	67362	68183	0	154	484
2011	437	32813	19783	53246	34954	6000	87800	86347	0	304	797
2012	448	32813	19783	84648	38803	6000	76807	74492	0	534	832
2013	408	32813	19783	86844	39306	6000	73960	72146	0	503	509
2014	368	32813	19783	105783	39628	6000	92352	78055	0	322	634
2016	380	32813	19783	108112	44497	6000	94646	88071	0	2596	318

第二节　规模以上企业

2005年将年主营业务收入2000万元及以上的工业法人单位列入每年度规模以上工业企业法人单位统计后，至2016年，境内规模以上工业企业8家，除浙江恒逸集团有限公司、浙江金洋控股集团有限公司、杭州宏峰纺织集团有限公司3家集团企业外，其他规模以上工业企业有杭州叶茂纺织有限公司、杭州凤谊纺织有限公司、杭州萧山潘氏纺织有限公司、杭州凤凰纺织有限公司、杭州美恒有限公司5家。

表707 2005—2016年凤凰村规模以上工业企业名录

年份	规模以上工业企业名称
2005（6家）	浙江恒逸集团有限公司、杭州宏峰纺织集团有限公司、浙江金洋控股集团有限公司、杭州萧山潘氏纺织有限公司、杭州凤凰纺织有限公司、杭州萧山欢达纺织有限公司
2006（9家）	浙江恒逸集团有限公司、浙江金洋控股集团有限公司、杭州宏峰纺织集团有限公司、杭州凤凰纺织有限公司、杭州萧山潘氏纺织有限公司、杭州萧山欢达纺织有限公司、杭州华亨纺织有限公司、杭州叶茂纺织有限公司、杭州凤谊纺织有限公司
2007（8家）	浙江恒逸集团有限公司、杭州宏峰纺织集团有限公司、浙江金洋控股集团有限公司、杭州凤凰纺织有限公司、杭州萧山潘氏纺织有限公司、杭州叶茂纺织有限公司、杭州萧山欢达纺织有限公司、杭州华亨纺织有限公司
2008（9家）	浙江恒逸集团有限公司、浙江金洋控股集团有限公司、杭州宏峰纺织集团有限公司、杭州凤谊纺织有限公司、杭州萧山潘氏纺织有限公司、杭州凤凰纺织有限公司、杭州萧山欢达纺织有限公司、杭州叶茂纺织有限公司、杭州萧山银门装潢五金厂
2009（9家）	浙江恒逸集团有限公司、浙江金洋控股集团有限公司、杭州宏峰纺织集团有限公司、杭州凤谊纺织有限公司、杭州萧山潘氏纺织有限公司、杭州凤凰纺织有限公司、杭州萧山欢达纺织有限公司、杭州华亨纺织有限公司、杭州叶茂纺织有限公司
2010（9家）	浙江恒逸集团有限公司、杭州宏峰纺织集团有限公司、浙江金洋控股集团有限公司、杭州凤谊纺织有限公司、杭州叶茂纺织有限公司、杭州凤凰纺织有限公司、杭州萧山潘氏纺织有限公司、杭州萧山欢达纺织有限公司、杭州华亨纺织有限公司
2011（9家）	浙江恒逸集团有限公司、浙江金洋控股集团有限公司、杭州宏峰纺织集团有限公司、杭州凤凰纺织有限公司、杭州萧山潘氏纺织有限公司、杭州华亨纺织有限公司、杭州萧山欢达纺织有限公司、杭州凤谊纺织有限公司、杭州叶茂纺织有限公司
2012（10家）	浙江恒逸集团有限公司、杭州宏峰纺织集团有限公司、浙江金洋控股集团有限公司、杭州叶茂纺织有限公司、杭州凤谊纺织有限公司、杭州萧山潘氏纺织有限公司、杭州凤凰纺织有限公司、杭州美恒纺织有限公司、杭州萧山欢达纺织有限公司、杭州华亨纺织有限公司
2013（10家）	浙江恒逸集团有限公司、杭州宏峰纺织集团有限公司、浙江金洋控股集团有限公司、杭州叶茂纺织有限公司、杭州凤谊纺织有限公司、杭州萧山潘氏纺织有限公司、杭州凤凰纺织有限公司、杭州美恒纺织有限公司、杭州萧山欢达纺织有限公司、杭州华亨纺织有限公司
2014（10家）	浙江恒逸集团有限公司、杭州宏峰纺织集团有限公司、浙江金洋控股集团有限公司、杭州叶茂纺织有限公司、杭州凤谊纺织有限公司、杭州凤凰纺织有限公司、杭州萧山潘氏纺织有限公司、杭州美恒纺织有限公司、杭州萧山欢达纺织有限公司、杭州华亨纺织有限公司
2015（10家）	浙江恒逸集团有限公司、杭州宏峰纺织集团有限公司、浙江金洋控股集团有限公司、杭州叶茂纺织有限公司、杭州凤谊纺织有限公司、杭州萧山潘氏纺织有限公司、杭州凤凰纺织有限公司、杭州美恒纺织有限公司、杭州华亨纺织有限公司、杭州萧山欢达纺织有限公司
2016（8家）	浙江恒逸集团有限公司、浙江金洋控股集团有限公司、杭州宏峰纺织集团有限公司、杭州叶茂纺织有限公司、杭州凤谊纺织有限公司、杭州萧山潘氏纺织有限公司、杭州凤凰纺织有限公司、杭州美恒纺织有限公司

表708 2016年凤凰村境内规模以上工业企业主要指标情况

企业（法定代表人）名称	年末员工人数（人）	年末占地面积（平方米）	年末建筑面积（平方米）	年末资产（万元）			经营业绩（万元）				
				总资产	所有者权益	注册资本	总产值	销售产值	出口交货值	利润	上缴税金
浙江恒逸集团有限公司（邱建林）	6637	394291	378338	3916708	1905808	5180	7538998	7520307	364703	75133	45268
杭州宏峰纺织集团有限公司（李泽洪）	273	13869	12406	101469	24382	16000	33125	32686	7881	1857	1176
浙江金洋控股集团有限公司（傅春霞）	380	32813	19783	108112	44497	6000	94646	88071	0	2596	318
杭州叶茂纺织有限公司（项长根）	153	20000	13800	18730	17383	2000	42654	42717	0	1560	388
杭州凤谊纺织有限公司（胡建平）	365	35164	32000	15701	4064	2800	36824	36547	0	1263	785
杭州萧山潘氏纺织有限公司（潘生根）	111	18032	16047	27125	2485	5000	28600	13100	0	393	282
杭州凤凰纺织有限公司（石成匡）	150	30000	18000	20800	13900	1776	21121	19611		1323	523
杭州美恒纺织有限公司（沈美华）	88	6000	7820	10800	8000	288	18220	16500	3800	1080	400
合　计	8157	550169	498194	4219445	2020519	34394	7814188	7769539	376384	85205	49140

注：① 2016年凤凰村境内规模以上工业企业均为轻纺工业企业。

② "浙江恒逸集团有限公司"项的"年末占地面积"和"年末建筑面积"两栏均系该集团公司设在凤凰村境内的两个生产基地（浙江恒逸石化股份有限公司、浙江恒逸聚合物有限公司）的合计数值。

③ 尚有杭州凤凰纺织有限公司自营出口1700万美元。浙江恒逸集团有限公司出口总额为5.60亿美元。

杭州叶茂纺织有限公司

2000年9月22日，由项长根、卫利民、项欢庆、项欢军4人共同出资2000万元组建的萧山市叶茂纺织有限公司登记注册。创建时，拥有佰路剑杆织机68台。后佰路剑杆织机逐渐淘汰，更新为2.3米国产高速剑杆织机108台及高速倍捻机、络丝机、整经机等先进纺织设备和加弹机8台。

2003年，投资2000万元，改造厂房面积4800平方米，新增FK6M-1000型和FK6V-1000型加弹机各3台。

2010年，企业技术改造，淘汰剑杆织机108台，购置OCN-FK6-1000（双丝道）4台和YJ800D-240锭高速电脑加弹机2台，增加差别化纤维生产能力11000吨，提高了产值及附加值。是年，实现工业总产值22438万元。

2016年，拥有化纤厂2家，加弹机20台，年产75D-600DTY丝或DTY网络丝36096吨。产品销往河北、山东、江苏等地。化纤加弹用原料直接由桐昆集团公司、浙江双兔公司提供，产销基本平衡。是年，实现工业总产值42654万元，其中新产品产值34123.10万元。

表709　2012—2016年杭州叶茂纺织有限公司主要经济指标情况

年份	年末员工人数（人）	年末占地面积（平方米）	年末建筑面积（平方米）	年末资产（万元）			经营业绩（万元）				
				总资产	所有者权益	注册资本	总产值	销售产值	出口交货值	利润	上缴税金
2012	155	20000	13800	14314	12974	2000	40274	39482	0	707	85
2013	158	20000	13800	15250	13968	2000	47168	46028	0	1022	103
2014	151	20000	13800	17229	15088	2000	48495	47493	0	1595	176
2015	156	20000	13800	17750	16216	2000	43837	43560	0	1116	185
2016	153	20000	13800	18730	17383	2000	42654	42717	0	1560	388

杭州凤谊纺织有限公司

前身是萧山市凤凰布厂所属的第二布厂（戴集体"红帽子"企业），创办于1991年，主要生产棉纺与纺丝。

1997年1月，组建杭州萧山凤谊纺织有限公司。2002年更名杭州凤谊纺织有限公司，注册资本1000万元。该公司主要生产棉纺与纺丝。公司占地面积6667平方米，建筑面积3000平方米。拥有总资产663万元，所有者权益1001万元，员工80人，其中专业技术人员3人。有纺纱设备，主要生产黏胶人造棉。

2008年后，根据市场需求增加化纤丝生产。2015年8月开始，为使企业能在优胜劣汰的市场环境中求得生存发展，凤谊纺织投资4000万元进行技术改造和产品升级，用涡流纺取代环锭纺，推动企业的转型升级。转型升级、提挡加速后，自动化机器设备不仅减少五分之四的用工，产品质量也较之前更为稳定。生产的各种规格的POY、DTY环保型涤纶色丝，年产各类色丝2万吨，以其绚丽的色彩、一级的色牢度、极低的断线率、舒适的手感在国内外客户中赢得了极好的口碑。

至2016年，公司职工人数365人，其中，其中工程师及以上职称的专业技术人员10人，占员工总数的2.74%；大专及以上学历人员30人，占员工总数的8.22%。主要生产黏胶人造棉、有色POY、FDY、DTY纤维。是年，生产人造

图1023　杭州凤谊纺织有限公司（2013年1月29日，傅展学摄）

图1024　外来农民工在食堂就餐（2018年7月25日，陈妙荣摄于杭州凤谊纺织有限公司）

棉纱 10427 吨、化纤丝 20516 吨。

公司先后被评为"重合同守信用企业""市创新发展企业奖",同时也被多家银行授予"AAA 级信用企业客户"。

表710　2004—2016 年杭州凤谊纺织有限公司主要经济指标情况

年份	年末员工人数（人）	年末占地面积（平方米）	年末建筑面积（平方米）	年末资产（万元）			经营业绩（万元）			
				总资产	所有者权益	注册资本	总产值	销售产值	利润	上缴税金
2004	80	6667	3000	1663	663	1000	2062	1941	9	61
2005	80	6667	3000	1636	1008	1000	2438	2229	50	74
2006	112	6667	3000	2126	1015	1000	3543	3364	60	89
2007	168	21844	12000	2782	1041	1000	4820	4519	138	127
2008	231	21844	12000	5744	919	1000	10831	10012	168	129
2009	323	21844	12000	7120	1376	1000	20420	17319	438	302
2010	389	28504	21000	9991	2197	1000	22167	21109	808	703
2011	443	28504	21000	11465	1990	1000	23310	22225	315	179
2012	529	28504	21000	10294	2040	1000	28136	24121	320	209
2013	544	28504	24000	11235	2043	2800	32212	31424	390	413
2014	529	28504	24000	12996	2640	2800	41251	40351	599	683
2015	467	35164	32000	15778	2820	2800	36200	35778	380	450
2016	365	35164	32000	15701	4064	2800	36824	36547	1263	785

杭州萧山潘氏纺织有限公司

潘氏纺织创建于 1997 年 10 月,由潘生根和潘刚父子俩共同出资创办。公司创办初期,总资产 450 万元,其中所有者权益 230 万元。注册资本 50 万元。仅有设备剑杆机 36 台、倍捻机 9 台、洛丝机 3 台,员工 20 人,主要生产 T/R,T/C,POLY 4 WAY、涤黏布、涤棉布。1998 年,实现工业总产值 1000 万元、产品销售收入 950 万元、利润 42 万元、缴纳税金 30 万元,员工 60 人。

该公司成立后,根据客户对产品的不同需求,不断进行技术改造、技术创新和开发新产品。同时,公司不断探索一条专业化生产公司如何扬长避短,创纺织产品的名牌之路,并逐步建立起一支具有丰富经验和专业化水平的质量检验队伍,对各个环节进行全程跟踪,并严格验收每一批次的产品,从而全方位把握了产品的质量和产品交付期。

2008 年,凤凰工业园一期建成后,企业整体搬迁进凤凰工业园。2010 年后,改为生产人造棉纱。2010—2014 年,企业先后投入技术改造和技术创新的资金为 6000 万元,形成年产人造棉纱 10000 吨的生产能力。

至 2016 年,公司已发展成一家拥有总资产近 3 亿元、所有者权益 2845 万元、注册资本 5000 万元,员工 111 人,其中工程师及以上职称的专业技术人员 10 人,占员工总数的 9.01%;大专及以上学历人员 20 人,占员工总数的 18.02%。拥有转杯纺纱机 18 台、梳棉机 16 台、并条机 9 台、储棉机 3 台、凝棉器 3 台、多仓混棉机 3 台、抓棉机 2 台等设备。形成一家生产高档化纤弹力面料、全棉面料及人造棉纱的专业企业。除常规纺织品外,具有大批量生产宽幅弹力、提花、交织、色织、扎染、雕印、面底双色、人造棉纱等各种产品的能力。产品质量达到国内同类产品先进水平。公司还具有自营进出口权，产品远销美国、加拿大、乌克兰、东南亚等国家和地区。是年，生产人造棉纱15888吨。

表711　1998—2016年杭州萧山潘氏纺织有限公司主要经济指标情况

年份	年末员工人数（人）	年末占地面积（平方米）	年末建筑面积（平方米）	年末资产（万元）			经营业绩（万元）				
				总资产	所有者权益	注册资本	总产值	销售产值	出口交货值	利润	上缴税金
1998	50	5000	4500	450	230	50	180	150	0	10	5
1999	50	5000	4500	560	230	50	280	200	0	15	6
2000	60	5000	4500	750	240	50	800	640	0	36	16
2001	63	9135	7150	1660	745	550	1150	1000	0	50	25
2002	120	9135	7150	3044	742	550	3054	2500	0	75	48
2003	126	9135	7150	3223	746	550	4180	3626	1279	109	87
2004	132	9135	7150	4254	779	550	6530	5906	3944	187	118
2005	130	9135	7150	4863	792	550	6860	6240	4646	187	135
2006	132	9135	16047	8772	1211	1000	7560	6846	3785	205	118
2007	135	18032	16047	9938	1229	1000	12532	10512	6382	191	163
2008	145	18032	16047	11340	1113	1000	13457	12344	9607	288	182
2009	186	18032	16047	14847	1729	1500	13628	10036	6231	300	189
2010	196	18032	16047	21571	2295	2000	14295	12574	5569	177	258
2011	184	18032	16047	27211	3165	5000	20560	14114	3833	323	250
2012	165	18032	16047	26460	4791	5000	23720	14920	2719	347	227
2013	118	18032	16047	28330	3973	5000	37462	13249	1143	327	288
2014	116	18032	16047	26985	3248	5000	27253	12662	439	300	240
2015	117	18032	16047	30129	2845	5000	28560	14492	0	335	299
2016	111	18032	16047	27125	2485	5000	28600	13100	0	393	282

杭州凤凰纺织有限公司

2000年3月，由凤凰村27户村民和村经济合作社共同出资888万元，组建杭州凤凰纺织有限公司。是年，公司购置二手织布机17台，后不断发展，先后引进瑞士苏拉飞梭机、法国史陶比尔提花机、意大利苏尔寿剑杆机、德国多尼尔刚性剑杆织机等世界一流生产设备，生产销售各类窗帘布艺产品；引进日本特种加弹机、假燃机等新式机型，生产的空变和机变类花式纤维可广泛应用于家纺装饰布、汽车用布、服装面料等。

2001年，开始开展电子商务业务，公司初创时期的客户主要来自电子商务，通过电子商务发展外贸业务并组建研发销售团体。

2004年，该公司新建花式丝生产车间，进口欧洲的高档花式丝原料。2006年，新建绣花车间，形成原料开发、花型设计、织造刺绣的高档窗帘布艺生产链。是年，拥有窗帘布艺制造各类织机200余台，完成了年产窗帘布艺5000万元的目标。

2011年，该公司开始第二次转型，引进法国、德国的水刺无纺布生产线，生产的产品广泛适用于医疗卫生、革基材料、擦拭等领域。引进法国安德里茨水刺无纺布生产线和意大利FOR梳理机，翌年正式投入生产，进入水刺无纺布生产的新领域。

2016年末，公司拥有进口水刺无纺布生产线4条的生产规模，在国内纺织行业具有一定的知名度，成功实现从劳动密集型向资本加技术的先进制造企业的转型。是年，生产无纺布和窗帘布500万米，比2013年增加200万米，增长66.67%；生产特种丝6000吨，比2013年增加3000吨，增长100%。

表712 2000—2016年几个年份杭州凤凰纺织有限公司主要经济指标情况

年份	年末员工人数（人）	年末占地面积（平方米）	年末建筑面积（平方米）	年末资产（万元）			经营业绩				
				总资产	所有者权益	注册资本	总产值（万元）	销售产值（万元）	自营出口（万美元）	利润（万元）	上缴税金（万元）
2000	10	6000	2600	888	888	888	512	52	0	0	0
2003	150	6000	4500	2800	2100	888	31210	2821	100	312	110
2006	350	30000	18000	5600	4100	1776	6022	5502	300	582	250
2009	110	30000	18000	8700	6300	1776	80131	7511	500	753	300
2013	140	30000	18000	14500	8500	1776	13812	13122	900	1121	480
2016	150	30000	18000	20800	13900	1776	21121	19611	1700	1323	523

图1025 杭州凤凰纺织有限公司生产车间（2010年3月，石成匡提供）

图1026 杭州凤凰纺织有限公司生产的产品（2010年3月，石成匡提供）

杭州美恒纺织有限公司

前身是家庭作坊，创建于1992年，主要生产涤纶布。1992年，生产涤纶布10万米。1997年后，先后注册登记杭州萧山轻纺有限公司、杭州林锋纺织有限公司（后由妻弟经营），法定代表人卫水林，公司位于衙前镇凤凰村凤山路25号。

2006年5月25日注册今名，注册资金50万元，法定代表人沈美华。公司成立时，拥有总资产2700万元，所有者权益2700万元；员工41人，其中专业技术人员4人；加弹机7台，主要生产涤纶丝。

公司成立后，建立了管控到位、责任落实明确、运行相互制衡的内控管理体系。同时，注重发展电子商务和日常管理信息化。是年，该公司生产涤纶丝1426吨。

2008年8月8日，为增强企业竞争实力，扩大企业规模，注册资本增加至288万元。2010年10月，公司迁址至衙前老街东，公司占地6000平方米。2016年，该公司拥有加弹机9台、机械包覆机3台。员工88人，其中专业技术人员5人。是年，生产涤纶丝6180吨、多功能纤维15000吨。产品销售市场覆盖国内近30个省市和网上各大电商平台。

图1027 杭州林锋纺织有限公司（2013年1月29日，傅展学摄）

表713 1992年、2006年、2016年杭州美恒纺织有限公司主要经济指标情况

年份	年末员工人数（人）	年末占地面积（平方米）	年末建筑面积（平方米）	年末资产（万元）			经营业绩（万元）				
				总资产	所有者权益	注册资本	总产值	销售产值	出口交货值	利润	上缴税金
1992	20	1200	1600	80	51	20	150	137	0	21	5
2006	41	3600	4620	820	570	50	2160	1954	55	55	16
2016	88	6000	7820	10800	8000	288	18220	16500	3800	1080	400

第三节 规模以下企业

2017年，编修《凤凰村志》期间，为了弥补档案资料的不足，全面系统地记述规模以下工业企业的发展历史与现状，对2016年境内规模以下工业企业进行普查。此次普查，采用发放表格式的问卷方法，① 共发放表格44份（不含2016年已停产和半工半停的企业），实际收回表格44份，占发放表格数量的100％。② 此次调查的44家企业资料显示：

按工业行业分：轻纺工业企业30家、五金机械14家。

按企业创办时间分：创办企业的最早时间是1974年。1974年，凤凰村创办衙前街道综合厂，有职工30人。1978年，该厂更名萧山电器五金二厂，有车间6个，职工287人。1987年，创办萧山电子元配件厂。1988—1994年没有创办新企业。

1995—2016年创办新企业42家：

---

① 表格式问卷的主要项目有企业创建时间，创办企业时的注册资本、占地面积、建筑面积、员工人数、主要设备、主要产品，创办企业年份的工业产值、产品销售收入、利润、上缴税金；创办企业后的发展过程中投资的资金、用途；2016年12月31日止，企业的占地面积、建筑面积、员工人数、主要设备、主要产品，是年的工业产值、产品销售收入、利润、上缴税金。

② 2016年境内规模以下工业企业的普查资料（表格式问卷调查表）由沃琦负责发放与收取。根据企业填报数据汇总整理、分析。

企业创办时的注册资本 4940 万元，其中 300 万—528 万元，5 家，2108 万元；100 万—280 万元，12 家，1850 万元；50 万元，17 家，850 万元；10 万—38 万元，7 家，128 万元；4 万元，1 家，4 万元。

企业创办时的员工 933 人，其中不足 7 人的企业 16 家，65 人；8—16 人的 14 家，138 人；20—70 人的 13 家，430 人；300 人的 1 家，300 人。

企业创办时拥有的设备，填报数据齐全的 25 家轻纺工业企业（占此次调查的轻纺工业企业家数的 83.33%）统计，主要设备有布机 168 台、捻丝机 119 台、倍捻机 60 台、小剑杆织机 136 台、提花剑杆织机 24 台、空变机 3 台、空压机 1 台、花色丝机 6 台、圆机 14 台、加弹机 15 台、绣花机 10 台；填报数据齐全的 12 家五金机械工业企业（占此次调查的五金机械工业企业家数的 85.71%）统计，主要设备有注塑机 37 台、冲床 96 台、车床 2 台、砂轮机 8 台、切割机 1 台、线切机 26 台、仪表车 29 台、拌料机 1 台、送料机 1 台。

企业创办初期生产的产品，轻纺工业企业主要产品有坯布、原丝、包覆丝、纺织空变丝、花色丝、竹节丝、颗粒丝、加弹丝、涤纶丝、纺织布、家纺布、针织布、织造布料、提花窗帘布、混纺纱线、棉纱；五金机械工业企业主要产品有塑料配件、五金配件、桌脚配件、电子配件、汽车零配件、支架、模具、垫片、簧片、弹片、风轮、轮子、纺机、石油机械、矿山机械、阀门、酒瓶盖、灯罩、线切割加工、冲压件、秤杆、钳手。

企业创办后，再加投资，增置和更换设备，扩大生产和更新产品的企业有 24 家（占调查企业数量的 54.55%）。杭州萧山衙前丝绸化纤布厂创建于 1996 年，注册资本 528 万元，创建时拥有布机 120 台、捻丝机 98 台，主要生产织造布料。2000 年该企业调整设备、更换产品，投资 200 万元，购置剑杆织机 48 台；投资 160 万元，购置倍捻机 8 台；投资 50 万元，购置配套设备，主要用于生产金片绣花及常规绣花和纺织原料。杭州盛方化纤有限公司创建于 2007 年，注册资本 400 万元，主要生产竹节丝、颗粒丝，创建时拥有日产空气变形机 1 台、空压机 1 台。2009 年，该公司投资 325 万元，增置日产空气变形机 1 台、空压机 1 台、货车 1 辆。至 2016 年，该公司实现工业总产值 700 万元、产品销售收入 650 万元、利润 40 万元、上缴税金 15 万元，分别比 2007 年增长 40.0%、44.44%、50.0%、36.36%。

2016 年末，44 家企业的员工 625 人，比企业创办时少 341 人，减少 35.30%。其中不足 7 人的企业 15 家，71 人；8—16 人的 14 家，156 人；20—70 人的 15 家，398 人。轻纺工业企业主要设备有剑杆织机 120 台、倍捻机 8 台、布机 76 台、加弹机 14 台、空变机 1 台、空压机 1 台、圆机 7 台、包覆机 14 台、绣花机 8 台。五金机械工业企业有冲床 8 台、车床 6 台、注塑机 6 台、机械升 2 台、拌料机 3 台、电焊机 2 台。

是年，轻纺工业企业主要产品有涤棉坯布、坯布、棉纱、原丝、包覆丝、纺织空变丝、花色丝、竹节丝、颗粒丝、加弹丝、涤纶丝、纺织布、家纺布、针织布、织造布料、涤棉坯布、提花窗帘布、特种

图 1028　凤凰村三岔口企业招工（2014 年 2 月 16 日，徐国红摄）

花色纱线、混纺纱线、金银线、涤黏纱、双面绒、金片绣花及常规绣花。五金机械工业企业主要产品有塑料配件、五金配件、桌脚配件、电子配件、汽车零配件、摩托车配件、支架、垫片、簧片、弹片、风轮、轮子、纺机、石油机械、矿山机械、阀门、酒瓶盖、灯罩、线切割加工、冲压件、秤杆、钳手。

1974—2016年，企业实现工业总产值和产品销售收入增长幅度在10%以上的有24家，占此次调查的44家工业企业的54.55%；下降幅度在10%以上的有5家，占11.36%；与创办初期基本持平的有15家，占34.09%。实现利润增长幅度在10%以上的有27家，占此次调查的工业企业家数的61.36%；下降幅度在10%以上的有8家，占18.18%；与创办初期基本持平的有9家，占20.45%。实现利润增长幅度在10%以上的27家企业中，利润不足10万元的有18家，11万—20万元的有5家，两者合计23家，占实现利润增长幅度在10%以上企业数量的85.19%。而实现利润下降幅度在10%以上的8家中，有1家企业利润减少了125.38万元，另有1家企业利润减少300万元。

表714　1995—2016年凤凰村境内规模以下工业新企业创建时主要经济指标情况

创办年份	数量（家）	注册资本（万元）	占地面积（平方米）	建筑面积（平方米）	员工人数（人）	经济指标（万元）			
						工业总产值	产品销售收入	利润	缴纳税金
1995	1	380	8000	6000	35	5000	5000	45	50
1996	1	528	3000	3000	300	1200	1000	40	30
1998	1	500	8467	14000	70	2000	1800	500	100
1999	3	324	2380	3900	48	870	866	74	24
2000	1	150	6600	4000	40	650	600	20	10
2001	4	730	6600	7400	111	2200	1560	70	47
2002	9	418	5258	5618	118	2023	1888	77	50
2006	2	100	1500	1100	11	385	317	25	15
2007	1	400	1000	1000	6	500	450	20	11
2009	2	200	2500	2800	68	3000	1950	70	35
2010	3	270	1960	3000	31	701	672	46	20
2011	9	700	5407	6307	59	1680	1534	156	69
2012	4	220	1438	1187	34	1415	1289	26	29
2016	1	20	88	88	2	56	48	3	1
合计	42	4940	45898	57880	933	21680	18974	1172	491

注：规模以下工业企业均为个体私营工业企业。根据企业填报的表格式问卷调查表数据汇总整理。1974年创建的衙前街道综合厂、1987年创建的萧山电子元配件厂，未统计在表内。

表715　2016年凤凰村境内规模以下工业企业行业主要经济指标情况

行业	企业数量（家）	占地面积（平方米）	建筑面积（平方米）	员工人数（人）	经济指标（万元）			
					工业总产值	产品销售收入	利润	缴纳税金
总计	44	52804	63036	625	25981	22719	1185	628
轻纺工业	30	39853	48685	433	19846	17202	918	451
五金机械	14	12951	14351	192	6135	5517	267	177

注：规模以下私营工业企业均为个体私营工业企业。根据企业填报的表格式问卷调查表数据汇总整理。

表716 2005—2016年凤凰村境内规模以下私有工业企业主要经济指标情况

(一)

年份	汇总企业（家）	从业人数（人）	主营业务收入（万元）	增加值（万元）	利润总额（万元）	上缴税金（万元）	资产总计（万元）	所有者权益（万元）	固定资产原值（万元）
2005	51	739	27200.00	5009.44	1369.00	541.68	11066.72	8001.39	8059.90
2006	48	739	28400.00	6080.52	2318.88	713.51	11066.72	8101.89	8059.90
2007	47	907	36951.48	7268.40	3080.88	708.88	11284.14	8280.20	7441.90

(二)

年份	汇总企业（家）	从业人数（人）	工业总产值（万元）	工业销售产值（万元）	增加值（万元）	利润总额（万元）	上缴税金（万元）	资产总计（万元）	所有者权益（万元）	固定资产原值（万元）
2008	57	1176	49709	45364	8661	3582	1599	14594	10759	8822
2009	60	1200	56160	55080	8631	3840	1150	14594	10759	8822
2010	60	1108	66480	65040	9673	4080	1426	19500	12705	11617
2011	60	—	73500	72000	10704	4560	1608	29500	20300	19200
2014	60	1108	80220	78600	12300	5280	1971	29500	20300	19200
2015	60	1080	81020	79400	12420	5350	1676	29500	20300	19200
2016	60	1210	92253	90390	13849	6071	2265	39700	29900	29400

注：①根据凤凰村总会计张彩琴提供的年度《私有企业主要经济指标汇总表》资料汇总整理。

②工业总产值、工业销售产值均为现行价。

③从业人数是指全部从业人员年平均人数。"上缴税金"栏，2010—2016年为所得税与应缴增值税之和。

④2012年、2013年，缺项。

第四节　建筑企业

凤凰村地处镇街边缘，新中国成立初期有20余人从事泥瓦匠、木匠等行业。1964年、1988年，先后组建有建筑企业计2家，其中石料厂（后改称萧山衙前土石方工程队）发展缓慢，建筑施工队发展较快。至2016年，萧山衙前土石方工程队已歇业，建筑施工队在衙前镇及周边区域具有一定的知名度。

萧山市衙前土石方工程队

该队的前身是石料厂（后改称萧山衙前土石方工程队），创办于1964年，系凤凰村办集体企业，也是萧山解放后该村的首家企业。该建筑企业主要从事建桥、建房、砌河坎、铺路、平晒场、建抽水机埠，还铺设打麦石板和稻壁等，原材料主要来自平整土地后的坟石等。该队创办初期，员工15人，石匠出身的员工为多，厂长周友根（原凤凰村党支部书记）。该工程队施工工程不稳定，发展缓慢。至1992年末，该工程队员工14人，总资产21.44万元（固定资产净值0.62万元），其中投资基金0.15万元、借入基金1.10万元、结算及其他资金来源19.49万元、专用基金1.71万元。是年，实现利润0.07万元。

1997年10月13日，随着村办集体企业的转制，萧山衙前土石方工程队注销，变更为萧山市衙前土石方工程队，系私营企业，注册资本3万元，法定代表人孔先尧。

1999年末，该工程队员工5人。是年，实现主营业务收入0.88万元、利润0.06万元。后因法定代表人孔先尧生病，该工程队歇业。

建筑施工队

1978年中共十一届三中全会后，随着经济的发展、社会的进步，村民生活水平的日益提高，村民平房改楼房的需求越来越多，凤凰村的沃关水、钱来荣、陈冬水、陈道德等村民陆续组建建筑施工队。后除沃关水施工队逐渐发展外，其余建筑施工队均先后停业。

1988年，沃关水组建建筑施工队。该施工队创建初期，员工只有6人，以建造村民住宅建筑为主。20世纪90年代初，随着工业的快速发展，厂房需求越来越多，该施工队由村民住宅建筑为主向承接建筑工程为主转变，施工队人员迅速发展壮大，并聘请专业技术人员为施工员。1995年，已有施工队人数31人，其中专业技术人员4人，并逐步建立了相应的管理制度。

1996年，承建衙前小商品市场商住楼工程；2002年，承建凤凰村办公楼工程；2003年，承建东岳庙工程；2005年，承建凤凰村农民公寓楼工程；2010年，承建浙江省中小企业创业基地厂房工程；2011年，承建创业新村宿舍楼工程；2015年，承建凤凰商贸大楼工程等。至2016年，共计完成施工项目30余个，累计完成建筑面积15万平方米。

图1029　凤凰村道路施工（2018年5月9日，陈妙荣摄）

建筑施工队创建以来，从小到大，从分散到集中，从建造民房到建设高楼大厦，队伍日益壮大，技术日趋精湛，全程管理制度严格，制订有明确的建筑项目的施工范围、施工质量、施工成本、完成时间、原辅材料等指标。

2016年，施工队人数为80人，其中国家二级建造师2人、建筑助理工程师3人、其他各类技术施工人员5人。该建筑施工队在衙前镇及周边区域具有一定的知名度。

第四章 企业信息化

概 况

20世纪80年代后期，随着计算机的应用逐渐普及，凤凰村、交通村、卫家村境内工业企业开始陆续配备计算机，主要用于文字打印、文字编辑等日常办公，以方便档案资料的便捷查找和长久保存。

20世纪90年代，为加快办公自动化，计算计的应用在凤凰村、交通村、卫家村境内工业企业中得以普及。随着萧山通过数字数据网（Digital Data Network，DDN）专线与因特网（Internet）的连接，凤凰村、交通村、卫家村境内工业企业开始陆续建立计算机网络，少数企业接入因特网。

进入21世纪，随着因特网浙江节点在杭州开通，使计算机网络建设加快，无论是投资者创业，还是传统工业企业的转型升级，互联网已经成为凤凰村境内工业企业不可或缺的媒体。网上申报、电子发票等的出现，使境内工业企业应用互联网趋向多元化。为了更好地展示企业的自身形象，"恒逸网站""凤凰网站""宏峰网站"和"金洋网站"等企业网站相继建立并择时升级改版，杭州凤凰纺织有限公司和杭州宏峰集团有限公司等企业相继开展电子商务业务。企业网站和电子商务应用于企业信息的发布与国内外市场信息的收集、市场策划、网络营销、原料采购、异地办公等，但受网络安全、信用体系、传统习惯及外商客户等因素制约，企业电子商务的主要业务内容是基于互联网的信息收集、信息发布和在线下单为主，尚未开展在线支付的应用，只停留在在线下单，产品（商品）交易的后续流程，还需要在线下辅助完成。2003年，为扩大产品销路，杭州凤凰纺织有限公司总经理石成匡加入阿里巴巴"中国供应商"会员。是年8月27—29日，在上海新国际博览中心召开的中国国际家用纺织品及辅料（秋冬）博览会上，该公司在阿里巴巴网站上获得2000多万美元的订单，全年的客户几乎全部来自网络。

2016年5月20日手机门户网站——手机萧山网上线后，境内工业企业通过手机萧山网即时掌握全球资讯、萧山新闻及萧山各个政府部门的最新动向，为企业经营决策服务。浙江恒逸集团有限公司、浙江金洋控股集团有限公司先后开通微信公众平台（二维码）、微信公众号"恒逸集团"。

至2016年末，凤凰村境内建立网站的工业企业有4家，其中正常运行的3家、因故暂停的1家；开展电子商务的企业2家；开通微信公众号的企业1家，开通微信公众平台（二维码）的企业2家。（2007年，浙江恒逸集团有限公司开始开展电子商务，杭州宏峰纺织集团有限公司开通微信公众平台（二维码）、微信公众号）

第一节 企业网站

恒逸网站

恒逸网站是由浙江恒逸集团有限公司主办，2001年8月5日开始运行。恒逸网站属于企业商业类别，由万网高科技信息技术有限公司提供服务器，网址为 www.hengyi.com，IP 地址为 115.28.192.49，ICP 备案号为浙 ICP 备 05085011 号。2009 年 5 月 19 日，恒逸网站升级改版。改版后的恒逸网站有一级栏目 8 个、二级栏目 27 个。

2011 年 2 月 18 日，通过网站申请、主办单位审核、考察验收和专家评审等多个环节，"恒逸集团网 www.hengyi.com"在全区优秀网站评选活动中脱颖而出，获得"第三届萧山区十佳优秀网站"。[①] 恒逸集团网以网页页面布局合理、色调美观、大方、检索方式、站外导航完善、总体界面美观、功能实用、管理规范而最终胜出。

栏目建立 创办恒逸网站初期，只是为了便于集团对外的信息交流与沟通，扩大社会影响，设立有"走进恒逸""新闻资讯""领导关怀"等栏目。2009 年 5 月 19 日，为促进集团对国内外轻纺市场信息的交流与沟通，让集团更加了解国内外轻纺市场行情，加强 VI 的规范与推广，提升公司整体品牌形象，发展企业的生产与经营，恒逸网站特升级改版。改版后的恒逸网站有"走进恒逸""新闻资讯""领导关怀""主营业务""合作伙伴""人力资源""社会责任""查询反馈"等一级栏目 8 个，二级栏目 27 个。

网站管理 为加强对栏目建设与管理，恒逸集团有限公司制订的《浙江恒逸集团有限公司网站管理规定》（浙逸〔2009〕12 号）。根据该规定，由集团办公室全面负责公司网站的建设、管理和维护工作，归口审核发布网站信息，重要信息呈报集团领导审核，确保网站信息无损公司形象和公司利益；《恒逸报》编辑部负责网站信息收集、录入、上传及更新等工作；集团信息管理中心负责网站防病毒、防黑客攻击及网站安全稳定运行等日常维护等工作；集团营销采购中心负责"主营业务—市场网络、产品总汇和合作伙伴—供应制造"等网页模块具体内容的提供、修改和确认工作；集团研发管理中心负责"主营业务—新品展示"等网页模块具体内容的提供、修改和确认工作；集团投资发展部负责"走进恒逸—组织架构、主营业务—主业布局和合作伙伴—产业投资"等网页模块具体内容的提供、修改和确认工作；集团人力资源部负责走进"社会责任—公益事业和查询反馈—人才招聘"等网页模块具体内容的提供、修改和确认工作；集团财务部（资金结算中心）负责"合作伙伴—金融机构和社会责任—税收义务"等网页模块具体内容的提供、修改和确认工作；集团综合管理部门负责"社会责任—安全环保、关爱员工"等网页模块具体内容的提供、修改和确认工作。

信息发布流程 对网站各对应栏目均设置信息员一名，各信息员负责本部门相关网站信息的收集、整理和归纳，发送给本部门负责人审核后，发至网站信息发布员汇总初审，通过统一审核后，上传并在网上发布。重要信息须呈报集团领导审核后发布。每季度考核集团责任部门，考核的结果由集团办公室汇总后，通报给集团领导及其各相关人员、上级相关部门。

网站访问量 2009 年 5 月 19 日恒逸新版网站开通运行后，至 2010 年 12 月，页面日点击量为 4 次，产品销售咨询和客户服务咨询日均 3 次，留言数量为日均 2 次，恒逸网站社会反映良好。[②] 2017 年 8 月，总访问量 4675 次，当月均访问量 71.29 次，日均访问量 2.31 次，8 月 28 日访问量 33 次。

[①] 2011 年 1 月，中共杭州市萧山区委对外宣传工作领导小组、杭州市萧山区互联网宣传管理工作领导小组联合下发的《关于表彰第三届萧山区十佳优秀网站、十佳特色网站的通知》（萧外宣〔2011〕号、萧网宣管〔2011〕号）。

[②] 恒逸网站提交给中共杭州市萧山区委对外宣传工作领导小组办公室、杭州市萧山区互联网宣传管理工作领导小组办公室和杭州市萧山区网络文化协会主办单位，参加 2011 年第三届萧山区十佳优秀网站评选的上报申请评选工作总结材料。

宏峰网站

2004年1月1日，为了更好地展示企业的自身形象，杭州宏峰集团有限公司建成宏峰网站并开始运行。企业网址为http：//www.hftexg.com，IP地址为220.189.208.92，ICP备案号为浙ICP备08011010号。该网站刚开始运行初期，页面设置有"企业概况""在线订单""产品简介""联系我们"栏目4个。

2008年，宏峰网站改版。宏峰网站改版后，设置的一级栏目有"集团概况""新闻中心""技术实力""产品展示""销售服务""人力资源""联系我们"7个；二级栏目有"集团简介""企业文化""企业历程""企业荣誉""组织架构""形象展示""企业新闻""行业新闻""研发中心""纺纱设备""织造设备""纱线系列""坯布系列""面料系列""销售网络""服务体系""人才战略人才观念""招募"18个。

宏峰集团办公室全面负责公司网站的建设、管理、维护和收集、审核发布网站信息。集团办公室设网站信息发布员一名，由信息员负责对集团相关信息的收集、整理和归纳，并分发给集团相关部门负责人审核后，再发至办公室信息发布员汇总审核，经办公室负责人通过统一审核后，由办公室网站信息发布员上传并在网上发布。重要信息呈报宏峰集团领导审核，以确保网站信息无损集团公司形象和集团公司利益。

2016年，企业网站点击量为28656次、日均点击量为80次。企业网站的开通运行，更好地促进了公司国内外轻纺工业信息的交流与沟通，提升了公司整体品牌形象。

金洋网站

2004年1月1日，浙江金洋控股集团有限公司建成金洋网站并开始运行。企业网址为http：//www.jinyangtex.com，IP地址为122.224.81.235，ICP备案号为浙ICP备15044904号-1。该网站运行初期，页面设置栏目有"企业概况""在线订单""产品简介""联系我们"4个。2016年，为促进集团公司内外信息交流与沟通，提升金洋控股整体品牌形象，金洋网站改版设置的栏目有"关于金洋""新闻中心""技术实力""金洋产品""在线订单""电子相册""联系我们"7个。

集团公司办公室负责网站的建设、管理维护和信息发布，并设有网站信息发布员一名，一般信息由集团公司相关部门负责人审核，重要信息需经集团公司领导审核，以确保网站信息的准确无误。2016年，企业网站点击量为29565次、日均点击量为82次。

金洋网站运行更好地促进了集团公司与国内外轻纺工业信息的交流与沟通，提升了公司的整体品牌形象。

第二节　电子商务

杭州宏峰集团有限公司电子商务

2001年1月3日起，杭州宏峰集团有限公司与阿里巴巴开展合作，成为诚信通的供应商，为中外客户提供商品，企业生产的坯布、棉纱和包覆纱三种产品开始开展电子商务业务。是年，实现贸易收入500万美元。2007年电子商务突破1600万美元，2008年突破3500万美元。2009—2016年企业在线电子商务的业务收入稳定在3500万—4000万美元。2016年，在线电子商务业务收入4000万美元。

宏峰集团电子商务业务支付方式都采用线下信用证或电汇，信用证支付方式为最多。

浙江恒逸集团有限公司电子商务

浙江恒逸集团有限公司于2007年3月开始开展电子商务。企业传统客户有一半以上在线下单，但只停留在在线下单，后续流程需要在线下辅助完成。

第三节　移动新媒体

浙江恒逸集团有限公司微信公众平台：二维码

2016年8月13日，浙江恒逸集团有限公司正式开通微信公众平台（二维码）、微信公众号"恒逸集团"。微信公众号为：hengyi_ 1974。该平台二维码由集团公司党群工作部负责运营。该公众号聚焦公司热点，突出原创，力求视角独特、形式新颖、传递及时。公众号的开通旨在加强互动，传递价值，维护老客户，影响新客户，让更多的人关注恒逸、了解恒逸。开通后经多次改版，今主要设置的一级菜单有"微恒逸""微资讯""微天地"3个，分设的专栏有"简视频""企业文化""企业简介""商城""采购""官网"和"投稿"7个。

图1030　浙江恒逸集团有限公司于2016年8月13日开通的微信二维码公众平台

这是顺应时代发展，将企业宣传文化工作和互联网理念相结合，运用网络新兴媒体的重要举措，有利于更加快速有效地宣传企业。

恒逸集团微信公众号正式上线运行后，至2016年8月已累计推送企业相关信息203条，总阅读量突破25万，点赞的总数量超过4000次，已有4000多名粉丝对该公众号进行关注，在与粉丝加强互动的同时，也为全方位、立体化企业宣传工作打下良好基础。

浙江金洋控股集团有限公司微信公众平台：二维码

2016年10月18日，浙江金洋控股集团有限公司开通微信公众平台（二维码）。该平台二维码由集团办公室负责运营，主要介绍集团公司的生产规模和产品品种。公众平台的开通，可随时随地为消费者提供集团公司信息和服务，并能提供更长时间的信息和服务。微信公众平台二维码相对于PC机而言，手机是用户会随身携带的工具，借助移动端优势，微信凭借天然的社交、位置等优势，会给商家的营销带来更多方便，从而更好地弥补了官网的不足。

图1031　浙江金洋控股集团有限公司于2016年10月18日开通的微信公众平台二维码

杭州宏峰纺织集团有限公司微信公众平台：二维码

浙江省杭州宏峰纺织集团有限公司于2017年7月7日开通微信公众平台（二维码）后，注册的杭州宏峰集团有限公司微信公众号同时开通试运行。微信公众号：杭州宏峰纺织集团有限公司，微信号：hzhffzjt，类型为服务号。该公众号设一级菜单有"魅力宏峰""产品介绍""纺织动态"3个，二级菜单设有"宏峰简介""微官网""高德地图""百度地图""建言献策""挑纱""选布"

图1032 杭州宏峰纺织集团有限公司于2017年7月7日开通的微信二维码公众平台

"特价秒杀""联系我们""纺织大讲堂""纺闻参考""招贤纳士"12个。

公众号发布的信息收集、整理、归纳的工作,由宏峰集团办公室专职信息员负责。发布的信息按企业规定审核,凡涉及国家、企业的重要信息,必须呈报宏峰集团领导审核,以维护国家形象、利益为根基,以保障宏峰集团形象和利益的原则,确保杭州宏峰纺织集团有限公司稳定发展。企业公众号的开通,为消费者提供了更优质、更便捷服务的同时,进一步促进公司企业文化和产品宣传。手机已经成为当代人必备工具,借助移动端和微信的普及等优势,便于第一时间给商家传递信息。

第五章 产品 商标

概 况

1981年，卫家纺织厂采用"62"式铁木机试织"涤卡"成功。1982年后，凤凰村、交通村和卫家村的纺织企业引进可K74、K84和GA-615等自动化织机，专织化纤产品，品种有小精纺、大精纺、金秋呢和中华呢等。

1991年，纺织企业开始新增捻丝设备，织机改装双梭箱，使化纤原料多样化，产量增加，主要产品有麻纱王、卡丹王、万事达和太子呢等。翌年，又新增高速倍捻机。杭州恒逸实业总公司（浙江恒逸集团有限公司的前身）为提高产品质量，还增设"FK6-700"加弹机。1992年，主要产品有电器五金配件、香木扇、涤纶布等。至1995年，铁木机全部淘汰，改用K74、K84和GA-615等自动化织机为主。是年，杭州林锋纺织有限公司用剑杆织机、加弹机和网络丝机生产坯布、原丝和包覆丝。

1996年3月，经国家工商行政管理局商标局核准注册浙江恒逸集团有限公司"恒逸"商标。1997年3月，浙江恒逸集团有限公司从意大利购进剑杆织机120台，用剑杆织机生产的产品主要有白纹麻、方格麻、时装麻等。1998年起，浙江恒逸集团有限公司等纺织企业开始引进喷气织机、喷水织机，并根据市场需求，新增加印尼麻、双色麻、胜毛等产品。这些产品是适宜制作四季服装的布料，其质地、性能不亚于天然麻毛。1999年，恒逸牌化纤布被评为萧山市名牌产品、杭州市名牌产品、浙江省优秀科技产品。2000年，交通村纺织企业生产化纤布1350万米，卫家村纺织企业生产化纤布617万米、氨纶包覆丝2400吨。境内浙江恒逸集团有限公司、凤凰纺织有限公司（杭州凤凰纺织有限公司的前身）、杭州宏峰纺织有限公司（杭州宏峰纺织集团有限公司的前身）和金洲纺织有限公司（浙江金洋控股集团有限公司的前身）4家较大轻纺工业企业生产化纤布3084.92万米、加弹丝29229.70吨、涤纶丝29299.70吨。

2001年，恒逸牌涤纶长丝被评为浙江省名牌产品。

2002年、2003年，浙江金洋纺织有限公司"金巨JINJU"商标、杭州宏峰纺织集团有限公司"宏峰"商标和杭州叶茂纺织有限公司"叶茂纺织"商标，先后经国家工商行政管理局商标局核准注册。2005年，生产化纤布1130.34万米、加弹丝5174.40万吨。2006—2009

图1033 工人一丝不苟工作（2013年1月19日，傅展学摄）

年，恒逸牌涤纶长丝被评为中国名牌产品和国家免检产品，宏峰牌弹力面料为杭州市名牌产品、成为国家功能性弹力面料开发基地，金巨牌涤纶低弹丝认定为杭州市名牌产品。2014年，杭州凤谊纺织有限公司"凤谊化纤"商标核准注册。

至2016年，境内工业企业有中国名牌产品1只、杭州市名牌产品2只。注册商标有中国驰名商标1只、浙江省著名商标1只、杭州市著名商标1只。是年，境内轻纺工业企业生产的产品有棉纱、混纺纱、化纤纱、棉布、混纺布、化纤布、涤棉坯布等；五金机械产品有塑料配件、五金配件、电子配件、汽车零配件、摩托车配件等。主要产品生产量集中在8家规模以上轻纺工业企业。8家规模以上轻纺工业企业，生产有DTY加弹丝41.69万吨、POY丝76.26万吨、FDY丝40.13万纯、己内酰胺（CPL）22.32万吨、切片20.50万吨、PYA947.69万吨、硫酸铵32.68万吨、混纺布5526万米、涤纶丝70276吨、化纤丝20516吨、特种丝6000吨、人造棉纱26315吨、窗帘布和无纺布500万米、多功能纤维15000吨。

第一节　产品

精对苯二甲酸

图1034　2016年，浙江恒逸集团有限公司生产的PTA（沃琦提供）

精对苯二甲酸（PTA）产品由浙江恒逸集团有限公司生产。该产品是芳香族二羧酸中的一种，以对二甲苯（PX）为原料，以醋酸为溶剂，在催化剂的作用下，与空气进行液相氧化，生成粗对苯二甲酸，经深度氧化后去除杂质，再经结晶、离心分离、干燥，制得精对苯二甲酸产品。精对苯二甲酸主要用于与乙二醇（MEG）酯化聚合，生产聚酯切片、长短涤纶纤维，是纺织工业的主要原料。

短纤

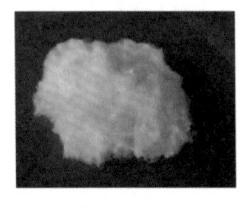

图1035　2016年，浙江恒逸集团有限公司生产的短纤（沃琦提供）

短纤产品（涤纶短纤，PSF）由浙江恒逸集团有限公司生产。该产品是由聚酯熔体或切片经纺丝牵伸、紧张热定型、卷曲、切断、打包等工序制成，具有良好的纺织性能，有较好的耐热、耐光、耐磨以及良好的电绝缘性，吸湿性低，不耐强碱。恒逸短纤生产线采用直接纺丝工艺流程和PCS管理控制系统，主设备从德国纽马格公司进口，现有产品规格为1.4—1.5D*38MM高强棉型，主要适用于棉纺织、水刺、针刺等无纺非织造、家纺装饰等行业。

聚酯切片

图1036　2016年，浙江恒逸集团有限公司生产的聚酯切片（沃琦提供）

该产品（聚对苯二甲酸乙二酯切片，PET-CHIP）由浙江恒逸集团有限公司生产。该产品是聚酯装置的主要产品，以精对苯二甲酸和乙二醇为原料，采用直接酯化、缩聚等方法生产而成。它是一种高分子缩聚物，具有耐热、耐光和化学稳定性高等特性，主要用于生产棉型和毛型短纤维、中空纤维、POY丝、FDY丝等。恒逸生产的聚酯切片涵盖半消光、薄膜级、工业丝级3个品种。

瓶级切片

该产品由浙江恒逸集团有限公司生产。公司现拥有年产25万吨的瓶级切片生产能力，可根据客户需求生产不同黏度、不同规格的切片。主要生产技术和生产设备从德国和瑞士等国引进，该生产技术和设备处于国际领先水平。生产出来的瓶级切片具有分子量分布窄、黏度稳定、乙醛含量低、透明度高、色泽好和粉尘少等优点；完全符合国家卫生标准、美国（FDA）和欧共体（EEC）卫生认证标准要求。主要瓶片产品有：热灌装切片（HY－H01）、水瓶级切片（HY－W01）、油瓶级切片（HY－O01）、碳酸级切片（HY－C01）。

图1037　2016年，浙江恒逸集团有限公司生产的瓶级切片（沃琦提供）

多丽丝（DTY）

该产品由浙江恒逸集团有限公司生产。公司利用低弹段和僵丝状紧捻段相间不规则分布的结构特点，纺制出具有美观的镂空结构及极强的仿麻手感织物——多丽丝。产品主要有半光多丽丝、有光多丽丝、全消光多丽丝、黑彩多丽丝等系列产品。

图1038　2016年，浙江恒逸集团有限公司生产的多丽丝（沃琦提供）

阻燃纤维（FDY、DTY）

该产品由浙江恒逸集团有限公司生产。公司生产的阻燃FDY、DTY等具有防火性能的涤纶长丝，含磷量高达6500ppm；织物极限氧指数大于30%，损毁长度小于75cm，阻燃效果及使用性能良好。

图1039　2016年，浙江恒逸集团有限公司生产的阻燃纤维（沃琦提供）

四面弹

该产品由杭州宏峰纺织集团有限公司生产。产品特征：四面弹面料具有一定的弹性、能适应人体的活动，随伸随缩，轻快舒适，而且也能保持服装的外形美，衣服的膝部、肘部等部位不致因穿着时间长而变形鼓起。通常利用氨纶弹力丝以赋予织物一定的弹性，含氨纶丝的弹力面料有经向弹力、纬向弹力及经纬双向弹力之分等。四面弹面料舒适，是女装休闲服装的首选面料。

图1040　2016年，杭州宏峰纺织集团有限公司生产的四面弹（沃琦提供）

罗缎面料

该产品由杭州宏峰纺织集团有限公司生产。2004年，一种独具魅力、风格别致的喷气织造"人棉罗缎面料"，外观亮丽迷人、质地轻薄柔软等长处广博众爱，看样订货颇为踊跃。而后，涤棉罗缎，锦棉罗缎成热销一族。2007年，一种风格出众、外观亮丽的弹力面料——T/R弹力罗缎，在浙江湖州中国织里棉布城一些布行上市亮相，其以外观亮丽迷人、质地轻薄柔软等长处广博众爱，看样订货颇为踊跃。2012年，提花弹力罗缎推出，成功成为罗缎族的佼佼者。罗缎面料适用于时装裤子面料以及女性服饰等。

图1041　2016年，杭州宏峰纺织集团有限公司生产的罗缎面料（沃琦提供）

涤纶低弹丝

该产品是由浙江金洋控股集团有限公司生产，是涤纶化纤的一种变形丝类型，以聚酯切片（PET）为原料，采用高速纺织涤纶预取向丝（POY），再经牵伸假捻加工而成。除具有一般涤纶断裂强度和弹性模量高，热定型性优异，回弹性能好，耐热性、耐光性、耐腐蚀性强，易洗快干等特点外，还具有蓬松性高、隔热性好、手感舒适、光泽柔和等特点，是针织（纬编、经编）或机织加工的理想原料，适宜制作服装面料（如西装、衬衫）、床上用品（如被

图1042　2016年，浙江金洋控股集团有限公司生产的金巨牌涤纶低弹丝（沃琦提供）

图1043　2016年，杭州叶茂纺织有限公司生产的花色丝（沃琦提供）

图1044　杭州凤谊纺织有限公司于2016年生产的凤谊化纤牌POY、DTY环保型涤纶丝（何建中提供）

图1045　2016年，杭州萧山潘氏纺织有限公司生产的人棉混纺纱（沃琦提供）

图1046　2016年，杭州凤凰纺织有限公司生产的无纺布（沃琦提供）

面、床罩、蚊帐）及装饰用品（如窗帘布、沙发布、贴墙布、汽车内装饰布）等。其中细旦丝（特别是三叶异形丝）更适合做仿丝绸织物，中粗旦丝可做仿毛型织物。2006年、2009年先后认定为萧山名牌产品、杭州市名牌产品。

花色丝

75D—600DTY丝是由杭州叶茂纺织有限公司生产。该产品是经网络喷嘴在压缩空气的作用下加工而成，即DTY丝是丝条在网络喷嘴中，经喷射气作用、单丝相互作用而呈同期性网络点的长丝，在改进DTY丝的极光效应和蜡状（树脂）感方面有较好的效果，并给DTY丝带来独特的风格。该产品具有强度高、弹性好、耐热性和热稳定性等特点，在合成纤维中，属最好的，其涤纶表面光滑、耐磨性均比其他天然纤维织物要好，耐腐蚀、牢度好，不易褪色。

环保型涤纶丝（POY、DTY）

POY、DTY环保型涤纶丝由杭州凤谊纺织有限公司生产，年生产能力2万多吨。POY、DTY环保型涤纶丝以其绚丽多彩、一级的牢度、极低的断线率、舒适的手感在国内外客户中赢得极好的口碑。公司与十多个国家和地区建立贸易关系，在国际市场上具有较高的知名度。

人棉混纺纱

该产品由杭州萧山潘氏纺织有限公司生产，人棉纤维的干强接近于涤纶，由于是黏胶纤维混纺，因此湿强要比普通黏胶提高许多，光泽、柔软性、染色性、染色牢度均优于纯棉产品；人棉混纺纱基本上是指黏胶纤维长丝和短纤维丝混纺的纱，即人们所熟知的人造棉、人造丝等。用该原料制成的面料，织物颜色明亮而饱满，能保持柔软、滑爽、悬垂性好，穿着舒适；经过多次水洗后，依然会保持原有的光滑，柔顺手感、柔软与明亮，由于人造纤维织物具有很好的吸湿性能，其吸湿性在化纤中最佳。但其湿强很低，仅为干强的50%左右，且织物缩水率较大，因此在裁剪前应预先缩水为好。布面平整、细腻、光滑，吸湿性能、透气性能优于纯棉织物，是理想的贴身织物和保健服饰产品，是高档女衣内衣布料。制成的成衣效果好，形态稳定性强，具有天然的抗皱性和免烫性，使穿着更加方便、自然。

无纺布

该产品由杭州凤凰纺织有限公司生产，具有均匀性：采用进口设备生产，布面平整均匀，克重偏差控制在行业标准范围内，品质得到保证；卫生性：符合《一次性使用卫生用品卫生标准》（GB15979—2002）要求，材料对皮肤无刺激与过敏反应，加工过程全程封闭、生产现场环境整洁；稳定性：采用优质原材料生产，成分配比足额、准确，保证了材料性能稳定；多样性：品种系列化，适用范围广等性能特点。产品规格：克重，30—150克/平方米；结构，平纹、网孔、凹凸、提花；幅宽，20—300厘米；颜色，本白。该产品主要应用于生产各类袋装、桶装、盒装湿巾、卫生湿巾等领域。

表717　1999—2002年凤凰村个体私营五金机械工业企业主要生产设备情况

年份	设备
1999	压注机1台、冲床55台、注塑机8台、线切割加工6台、车床9台
2000	压注机1台、冲床52台、注塑机12台、线切割加工6台、车床11台
2001	压注机2台、压力机59台、注塑机14台、线切割加工9台、车床9台
2002	压注机3台、压力机61台、注塑机14台、线切割加工10台、车床9台

表718　1994—2003年凤凰村工业企业主要产品生产量（销售量）情况

年份	主要产品生产及产品销售量
1994	涤纶布352.82万米（销售量317.54万米），香木扇11万元（销售量8.8万元），服装（生产量全部出口）329.03万元，碰吸383.64万元（全部销售，其中出口371.30万元）
1995	电子五金零配件193.92万元，电子产品零配件190.01万元，香木扇11.97万元，手链、碰吸、门吸、碰钩753.20万元，涤纶布4334.98万元
1997	化纤布1048.56万米，冲件34630.40万只，塑料件284.46万只
1998	化纤布989.81万米（销售量909.10万米），冲件29489.71万只（销售量26074.80万只），塑料件8658.22万只（销售量7644.27万只）
1999	五金配件2620.75万只、塑料件412.20万只
2000	五金配件2773.75万只、塑料件1029.80万只
2001	化纤布1569.92万米，家具五金4568.18万件，其中出口4509.90万件（出口交货值1321.21万元），配件36720万只、塑料件12240万只
2002	化纤布1725.70万米（销售量1704.86万米），加弹丝1.40万吨（销售量1.40万吨），家具五金2572.41万件（销售量2572.41万件），五金配件27960万只、塑料件12360万只、电子配件10337.16万只
2003	化纤布1622.60万米（销售量1625.24万米），加弹丝1.56万吨（销售量1.56万吨），五金配件27960万只、塑料件12360万只、电子配件10337.16万只

注：1996年数据缺失。

表719　2016年凤凰村境内规模以上工业企业生产产品及产量情况

企业名称	创办年月	年生产产品、产量	
		创办初期	2016年
浙江恒逸集团有限公司	1974.10.18	加工涤纶袜174.0万双	DTY加弹丝41.69万吨、POY丝76.26万吨、FDY丝40.13万纯、己内酰胺（CPL）22.32万吨、切片20.50万吨、PYA947.69万吨、硫酸铵32.68万吨
杭州宏峰纺织集团有限公司	1999.01.26	混纺布35万米	混纺布4038万米
浙江金洋控股集团有限公司	1990	化学纤维3847吨、化纤布846万米	涤纶丝28000吨、混纺布1488万米

续表

企业名称	创办年月	年生产产品、产量	
		创办初期	2016 年
杭州叶茂纺织有限公司	2000.09	涤纶丝等 36746 吨	涤纶丝 36096 吨
杭州凤谊纺织有限公司	1991	人造棉纱 1294 吨	人造棉纱 10427 吨、化纤丝 20516 吨
杭州萧山潘氏纺织有限公司	1997.10	涤纶布 30 万米	人造棉纱 15888 吨
杭州凤凰纺织有限公司	1990	窗帘布 150 万米	窗帘布和无纺布 500 万米、特种丝 6000 吨
杭州美恒纺织有限公司	1992	涤纶布 10 万米	涤纶丝 6180 吨、多功能纤维 15000 吨

第二节　商标

浙江恒逸集团有限公司"恒逸"商标

图 1047　1996 年 3 月 28 日核准注册的浙江恒逸集团有限公司"恒逸"商标（沃琦提供）

1996 年 3 月 28 日经国家工商行政管理局商标局核准注册，注册证第 827472 号，核定使用商品为第 24 类化纤布。2000 年，被评为杭州市著名商标。2002 年，被评为浙江省著名商标。2014 年 1 月 13 日，国家工商总局商标评审委员会认定恒逸石化有限公司使用的恒逸牌涤纶长丝商品的注册商标为中国驰名商标。

恒逸徽标整体呈椭圆形状，象征了恒逸集团的企业气质就像椭圆的外周曲线一样圆润美丽、卓尔不群；而椭圆作为具有两个中心的曲线，更是象征了恒逸集团永远保持开放、大气之秉性，永远与世界（顾客、伙伴、社会等）一起缔造美好的明天。整个标识以蓝、淡蓝绿两色为标准色，蓝色象征着恒逸以高科技为依托的发展背景，淡蓝绿色象征着恒逸的蓬勃生机。两种颜色雅致高洁，浑然一体，彰显"美丽恒逸，生命恒久"的发展愿景。

浙江金洋控股集团有限公司"金巨 JINJU"商标

"金巨 JINJU"商标是浙江金洋纺织有限公司于 2002 年 8 月 28 日经国家工商行政管理局商标局核准注册后使用，注册证第 1935446 号，核定使用商品为第 23 类"长丝；强力丝（纺织用）；纺织用弹性纱和线；聚乙烯单丝（纺织用）；落丝；纱"。"金巨 JINJU"商标象征企业朝气蓬勃、奋发向上、做精、做大、做强。2007 年，"金巨 JINJU"商标被认定为萧山著名商标，2009 年被认定为杭州市著名商标。

图 1048　2002 年 8 月 28 日核准注册的"金巨 JINJU"商标（沃琦提供）

杭州宏峰纺织集团有限公司"宏峰"商标

杭州宏峰纺织集团有限公司"宏峰"商标于2002年10月21日经国家工商行政管理局商标局核准注册，注册后使用，注册证号第1932148号，核定使用商品为编织织物：布；纺织的弹性布料；纺纤维织物；棉织品；平针织物（纤维）；人造丝织品；亚麻布；织物；装饰织品等。"宏峰"商标寓意为拥有目标宏大，勇攀高峰。2012年杭州宏峰纺织集团有限公司对"宏峰"商标续展注册。2009年12月授予"宏峰"商标产品为杭州名牌产品。2010年12月"宏峰"商标产品被认定为杭州出口名牌。2010年1月，"宏峰"商标被认定为浙江省著名商标。

图1049　2002年10月21日核准注册的杭州宏峰纺织集团有限公司"宏峰"商标（沃琦提供）

杭州叶茂纺织有限公司"叶茂纺织"商标

"叶茂纺织"商标于2010年4月7日经国家工商行政管理局商标局核准注册，注册证第6311379号，核定使用商品为制造、加工化纤丝、化纤布、装饰布。经营化纤原料、轻纺产品。"叶茂纺织"商标的组成：两边为两片绿叶，中间为一花瓣。绿叶寓意根深叶茂，象征企业有雄厚的经济实力和良好的经营环境。绿叶和花瓣组成花状，象征企业有着美好发展前景。商标的基色为绿色寓意在红色笕前这块土地上，企业将秉持绿色发展的理念。

图1050　2010年4月7日核准注册的杭州叶茂纺织有限公司"叶茂纺织"商标（王玲霞提供）

杭州凤谊纺织有限公司"凤谊化纤"商标

2013年5月，杭州凤谊纺织有限公司申请并使用"凤谊化纤"商标。2014年11月14日经国家工商行政管理局商标局核准注册，注册证第12689083号。核定使用商品为：棉纱、棉线、绣花纱线、人造纱线、强力丝、纺织用纱线、长丝等。"凤谊化纤"商标图样注明"凤谊化纤"四字。取用"凤谊"二字汉语拼音的第一个字母，并融入企业主要产品纱线及色彩中。标志以深蓝色、天蓝色为标准色。深蓝色象征凤谊以高科技为发展依托与象征企业生机勃勃的天蓝色互绕，整个图案倾斜设置，寓指企业始终昂首阔步与时俱进的发展理念。

图1051　2014年11月14日核准注册的杭州凤谊纺织有限公司"凤谊化纤"商标（何建中提供）

第十一编　商业　服务业

第一章　商业网点
第二章　服务业
第三章　物业服务
第四章　金融

概 述

晋代太康年间（280—289），凤凰山附近人口增加，村落形成。随着萧绍运河的开凿，船只往来，纤夫歇脚，游客憩息，毕公桥两边，已现集市雏形，商贸活动日趋频繁。清晨集市，日高集散，从来自有古越遗风；茶馆酒家、饭庄货栈，特有水乡小镇风貌。沈定一有诗云："锁岸高桥石洞深，山村小市两边陈"，说的就是村境内的大洞桥边的小街情景。

萧山解放后，凤凰地区境内曾有供销部门组织的各种物资交流会。街面狭小，交易场地局促，买卖人流拥挤，时有堵塞现象发生。计划经济时期，曾对近百种农副产品、生活用品、日用工业品实行凭票凭证凭券供应。

1976年，衙前人民公社南新辟4米宽街路，规划街路两侧建设新街区。凤凰生产大队、卫家生产大队参与新街区建设。新街区建成后，初步形成包括供销合作社商店、生产资料部、集市等在内的商业一条街。1980年恢复个体私营商户登记后，解除长途贩运、个体经商的限制，新街区商业一条街商品交易活跃。

1985年6月，凤凰村与浙江省石油公司萧山县分公司联营创办全省第一家联营加油站——萧山县衙前加油站。1994年，开始发展超市连锁店。1996年，在凤凰村农协路建造杭州萧山衙前消费品综合市场和萧山轻纺坯布市场。翌年10月1日两市场开业，营业面积19000平方米。同时，在市场周边开发建造的新型住宅楼一层均开设商业、服务门店，很快形成了凤凰村新商业区。新商业区内道路纵横、商铺林立，使凤凰村商业、服务业得到较快发展。

2005年6月凤凰、交通、卫家三村合并为凤凰村后，衙前镇老集镇商业区块均属凤凰村行政区域，商业发展空间增大，但鉴于原有许多商业、服务设施落后、环境脏乱差，影响村容村貌，又制约了应有商业价值的实现，凤凰村制定和启动了隆市兴村的"退二产进三产"工程，逐步推进产业向园区集聚，居住向小区集中，第二产业由村中心向外迁，居住向村中心集中。同时，对原集镇商业园区进行改造提升，把原先一层平房，改造成五层商住楼；把集体厂房从原先的平房增到3层楼房，以及建设5—16层公寓楼等。通过改造，使原先低矮、破旧、单一的商用设施，变成现代、亮丽、结构多元的商业、服务业综合体。随着商业和服务设施完备、经营环境的改善，新商业区很快形成，使凤凰村形成以"集体为主体、多种所有制并存共同发展"的商业、服务业体系。

至2008年底，投资1100万元，拆迁完成位于凤凰村三岔路口东鹤路的凤凰文化娱乐城建设项目的旧房，外来民工居住区工程沿路1300多平方米的商业、服务业用房工程在建设之中。是年，商业、服务业收入1250万元，占凤凰村集体可用资金2200万元的56.82%，比2005年6月凤凰、交通、卫家三村合并之初，增加78.57%。2011年3月，被中共杭州市委评为杭州市农村社区（示范型）服务中心。

至2012年初，凤凰村已拥有商铺、店面房3.50万平方米，市场2个，联营加油站3个。

2016年8月，凤凰村18—59周岁劳动力人口的1314人中，从事商业、服务业人数为164人，占全村劳动力人口的12.48%，其中个体商业的人数56人，营业员82人，个体经营泥水建筑包工、木匠包工和油漆工等"五匠"人数26人。是年末，凤凰村建有市场2家，街道门店经营各种行业的经营户399家，其中商品经营户281家，餐饮业56家，住宿业8家，居民服务业及其他服务业54家，[①]还有金融机构4家。是年，399家街道门店经营户中：租赁村集体房（市场）的有229家，占经营户家数的57.39%；租赁厂房的29家，占7.27%；自用房的141家，占35.34%。

图1052　凤凰小商品市场外观（2018年5月10日，徐国红摄）

---

① 编修《凤凰村志》期间，对凤凰村街道门店经营情况摸底调查的结果。其中，之华路段（文化路至永乐路口）属衔前镇毕公桥社区和供销社区域，不列入调查范围。

第一章　商业网点

概　况

晋代太康年间（280—289），凤凰地区境内渐成集市。至70年代后期，衙前镇建成新街区商业一条街。1980年恢复个体私营商户登记后，凤凰地区境内街道开设的商品经营门店逐渐增多。1994年开始发展超市、连锁店。1997年10月1日，杭州萧山衙前消费品综合市场和萧山轻纺坯布市场（小商品市场）建成营业，市场周边新建住宅一楼开设商业网点。2008年5月，被杭州市人民政府评为2007年度杭州市农村连锁经营发展工作先进单位（超市连锁经营）。至2016年，凤凰村境内有商品市场2家、超市连锁店11家、村街道商品经营门店281家。

第一节　市　场

图1053　1997年9月杭州萧山衙前消费品综合市场竣工（杭州萧山衙前消费品综合市场提供）

凤凰村南靠绍兴钱清，东北邻瓜沥，西接老104国道（今为萧明线），交通方便，地理位置优越，有利于发展商品市场。1996年12月，经市计划委员会立项审批同意，创办杭州萧山衙前消费品综合市场和萧山轻纺坯布市场（小商品市场）。两市场在衙前镇商业区中心同一地块征地22亩（14666.74平方米），其中杭州萧山衙前消费品综合市场和萧山轻纺坯布市场各11亩（约7333.37平方米），并同时动工。1997年9月竣工，两市场总投资1400万元，占地面积12300平方米，营业面积19000平方米。10月1日，两市场同时开始营业，平均摊位581个，其中集体营业用房225个、摊位356个；入场经营户355个，其中国有企业1家、个体户354个。两市场实行统一管理，配备有负责人、会计、水电工、保安员、检测员、保洁人员等各类管理人员，负责管理市场内的消防安全、卫生、消费投诉、安全保卫、检测、计量、商品准入等各项工作。

1998年，两市场商品成交额近3800万元。但轻纺坯布市场缺乏吸引力，营业不久，改为小商品市场。2003年，萧山轻纺坯布市场将集体营业用房出租给上海宾佳超市。2009年9—11月，对杭州萧山衙前消费品综合市场进行全面提升改造。2011年，两个市场摊位容量611个，翌年摊位容量622个。

至2016年，杭州萧山衙前消费品综合市场和小商品市场摊位容量622个，入场经营户360个。是年，市场商品成交额17036万元。

杭州萧山衙前消费品综合市场

该市场坐落在衙前镇文化中心南。1997年10月1日正式开始营业，营业用房225个、摊位356个、入场经营户270个。主要经营农副产品、衣着、日用品。该市场营业后，即公布《入场须知》《市场公示制度》《市场消防安全管理制度》《市场水电工职责》《市场管理人员守则》《卫生管理制度》《市场安全保卫制度》《计量管理制度》8个。

2006年1月，投入资金4.5万元，建立蔬菜食品安全检测室，开始利用化学试纸和药剂对上市蔬菜食品开展每日抽检。蔬菜食品安全检测室建立后，不断更新检测设备，增加抽检批次，从每日抽检5个批次逐步增加到每日20个批次，对不合格食品予以监督销毁，使消费者买得放心，吃得安心。将检测结果及时公示和上报，并做好检测资料的归档保存。同时建立《市场检测人员管理制度》《市场检测室管理制度》《市场检测室职责》，遵照执行。

2008年5月至10月，先后制订《食品安全管理制度》《市场食品安全检测管理制度》《豆制品管理制度》《卤味熟食制品管理制度》《蔬菜管理制度》《猪肉管理制度》《市场消费投诉处理工作制度》和《市场商品准入管理制度》8个管理制度。

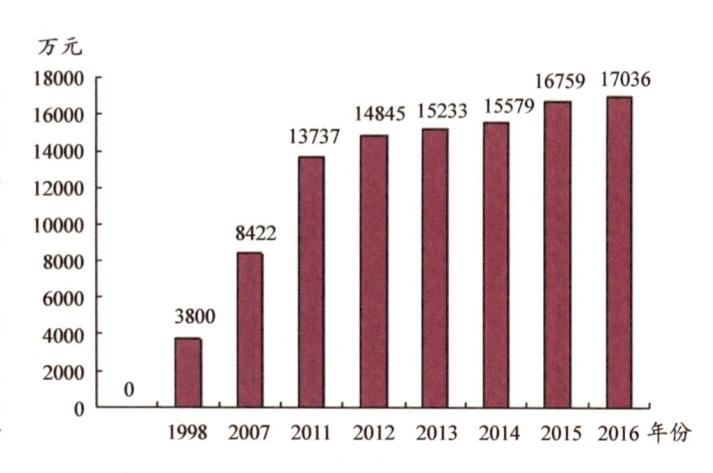

图1054　1998—2016年几个年份萧山衙前消费品综合市场和小商品市场商品成交额情况

图1055　2009年12月20日经过改造后的杭州萧山衙前消费品综合市场（杭州萧山衙前消费品综合市场提供）

2009年9—11月对市场进行全面提升改造，投资400多万元，增加摊位到384个，其中独立隔离家禽类的摊位10个。2010年3月、2011年10月，先后制订《市场消防安全应急预案》《市场经营户守则》2个制度文件。

2014年7—8月，为了严防禽流感带来的危害，投资11.39万元，再次对家禽类摊位进行改造。8月，制订《家禽管理制度》，对家禽统一实行索证索票管理。按照上级部门的要求，家禽进入市场必须出示"一证两标"，即检疫合格证明、检疫合格标志和产品标识，未能出示"一证两标"的冷鲜禽，均不得上市销售。严禁在市场内进行活禽交易，并禁止在市场内现场屠宰和加工家禽，必须到定点销售单位进行采购。至此，该市场共制订的管理制度有22个。

2006—2015年，市场先后被评为2006年萧山区流通领域食品安全定性工作先进单位、2007年萧山区食品安全管理示范市场、2007—2009年浙江省二星级文明规范市场、2008—2009年萧山区检测工作先进单位、2009年杭州市萧山区"绿色市场"和"最佳农贸市场"、2009—2013年连续五年萧山区最佳农贸市场、2010年萧山第二届商贸品质奖十大市场、2010年杭州市绿色市场、

2011—2013年杭州市二星级文明规范市场、2012—2014年萧山区二星级规范检测室、2013—2015年萧山区三星级规范检测室。

2016年末,市场已具有相当的规模,成为萧山东片地区一家重要的零售消费品综合市场,经营品种齐全,交易兴旺秩序良好,环境整洁,制度齐全;经营有蔬菜、鲜肉、水产、海产、禽蛋、副食品、日用百货等,市场商品成交额(含小商品市场)17036万元。

表720　2005—2016年衙前消费品综合市场蔬菜食品卫生安全检测情况

年份	检测次数(批次)	合格(批次)	合格率(%)	不合格(批次)	不合格率(%)	销毁数量(千克)
2005	147	129	87.76	18	12.24	300.00
2006	2810	2761	98.26	49	1.74	229.15
2007	4418	4403	99.66	15	0.34	43.55
2008	4284	4279	99.88	5	0.12	13.80
2009	4904	4890	99.71	14	0.29	39.45
2010	4381	4360	99.52	21	0.48	45.20
2011	3958	3893	98.36	65	1.64	357.40
2012	4640	4515	97.31	125	2.69	527.00
2013	4949	4931	99.64	18	0.36	96.19
2014	4305	4289	99.63	16	0.37	85.54
2015	4320	4313	99.84	7	0.16	30.27
2016	3980	3977	99.92	3	0.08	5.71

注:①资料来源:杭州萧山衙前消费品综合市场蔬菜食品安全检测室。
②"2005年",为2005年11月11日至12月31日的检测数据。

萧山轻纺坯布市场

该市场坐落在衙前镇文化中心南,集体营业用房96间,市场外围个人住宅营业用房14套(每套4间)为56间,合计152间,主要经营轻纺白坯布、色坯布、印花布、窗帘布、经编布等各类布匹。由于衙前是个轻纺行业重镇,交通便利,客户选择直接到原料生产厂家提货、经销,不到该市场周转,结果市场形成不了,营业不久,改为小商品市场。

2003年10月1日,将96间集体营业用房出租给上海宾佳商贸有限公司,即上海宾佳超市。2012年,该超市转租给杭州萧山衙前嘉佰乐超市。

小商品市场

小商品市场设有营业用房96间、市场外围个人住宅营业用房19套(每套4间)为76间,合计172间,主要经营服装鞋帽、针织品、日用百货等商品,品种齐全,价格合理,生意一直比较兴隆,是萧山东片地区规模较大的小商品零售市场。

附录

杭州萧山衙前消费品综合市场经营户守则

为加强市场规范化管理,维护市场经营秩序,规范经营户的行为,确保市场交易正常有序进行,依据国家相关法律法规和《浙江省商品交易市场管理条例》等地方法规，特制订市场经营户守则。

第一条　进入市场的经营户，须事先与市场管理办公室签订租赁协议，同时签订市场经营户守则、消防安全责任书、食品安全管理责任书，一个月内向工商部门办理有关行业执照；做到亮照（证）经营，人证相符，不得擅自调换、租借摊店，未经市场同意不得转让摊店。

第二条　经营户要积极配合市场创卫、创绿、创建星级市场等各项活动；自觉履行合同义务，在合同界定的摊店和划定界线内经营，自觉按照市场划行规市要求，不超范围经营；商品摆放整齐美观，不超高，不跨线，不占道经营，不在摊外和场内交易，不在过道、进出口堆放商品和杂物。

第三条　遵守自愿、公平、诚实、守信的交易原则，讲究职业道德，文明经营，礼貌待客，明码标价，不欺行霸市、不强买强卖、不以次充好、不打架斗殴，严禁在市场内赌博，不得从事与经营无关的娱乐活动，不得在通道上就餐，服从市场管理，自觉维护市场秩序。被公安机关行政拘留的，一律中止合同收回摊店。

第四条　必须使用国家法定计量器具并定期鉴定，不缺斤少两，不掺杂使假。计量器具不准的，予以没收或强制校对；缺斤少两的，缺一补二；情节严重的，市场予以相应的处理或交有关行政执法部门处理。

第五条　经营户应确保上市商品的安全，国家上市包装食品要有质量认证（QS），商品采购要建立台账，登记完整，资料存档两年以上；实行市场商品准入制，自觉做到上市商品索证索票全覆盖，配合市场食品检测工作；不出售国家或上级规定禁止上市的商品（如鸟类、蛇类、青蛙、活禽等），不出售腐烂变质、有毒有害、有损人体健康的商品；不得采取浸泡、拌渣夹物、扎粗绳等人为手段，加重出售商品，不准用染色等欺诈手段出售商品以牟取非法利润。对检测不合格或不符合规定的上市商品，主动配合市场和有关部门作下柜封存、销毁处理。

第六条　自觉维护市场内及周边卫生环境，保持摊店内外整洁，做好垃圾分类并及时倒入垃圾桶内，严禁向摊店外乱丢垃圾，乱倒污水；经营户摩托车、三轮车等车辆禁止进入农贸市场，卸货平板推车用后一律在停车场停放，不得乱停乱放，影响道路畅通。

第七条　自觉履行经营户基本义务，按时交纳摊店租费、水电费和其他规费。拖欠市场规费的，责令立即补交，未按市场规定时间补交的，每延期一天追缴年租金1%的滞纳金（在保证金内扣除），情节严重的，中止合同，收回摊店。

第八条　自觉遵守市场消防安全管理制度，不得在市场摊店内外擅自搭、建、接、挂任何设施和物品，不得将易燃易爆危险品带入市场，不得在场内使用明火和大功率机器；自觉按照市场规定要求用水用电，不私拉乱接电线和安装电器设备，不偷电偷水。被发现偷水偷电的，每次额外补水电费损失500—5000元；随意改变市场内原设施结构和增添设施的，责令限期改正，恢复原样、赔偿损失。

第九条　自觉遵守国家法律法规和市场有关交易、投标、卫生、食品安全、治安、消防、安全生产、控烟等各项规章制度；对故意扰乱市场秩序、散布谣言、诬告威胁、拍租串标、侮辱殴打管理人员及他人，经查属实造成一定后果的，由市场作出严肃处理，情节严重的移交公安司法部门处理。

第十条　摊店租赁期间（每年），连续处罚5次以上的，视情节取消摊店期满的租赁资格，累计处罚8次以上的，立即中止合同，收回摊店。

第十一条　经营户违反有关法律法规和上述条款相关内容的视情节轻重予以责令期限整改、警告、严重警告、停业整顿3—30天，同时停电停水、取消摊位租赁期满后投标或抽签资格、取消摊位租赁期满后的租赁资格、中止合同取消摊位租赁资格或取消经营资格并处每次扣文明保证金50—500元不等的处理。

本守则适用在杭州萧山衙前消费品综合市场内经营的经营户，并由市场管理办公室负责执行和解释。

2011年10月

第二节　商品经营门店

晋代萧绍运河开凿后，凤凰地区境内开设有南北货栈、布庄和米行等。日本侵略军侵入凤凰地区境内时，商品经营门店多数关闭。新中国成立前夕，境内只剩几家布店和杂货铺。新中国成立后，因国家对个体私营商户经济政策的几经调整，商品经营门店发展缓慢。

表721　1995—2016年凤凰村街道门店开业情况

年份	门店（家）	年份	门店（家）	年份	门店（家）	年份	门店（家）
1995	2	2001	4	2007	24	2013	32
1996	0	2002	6	2008	21	2014	38
1997	22	2003	17	2009	25	2015	40
1998	0	2004	4	2010	21	2016	60
1999	2	2005	17	2011	21	合计	399
2000	8	2006	16	2012	19		

注：之华路段（文化路口至永乐路口）属衙前镇毕公桥社区和供销社区域，不列入统计。根据徐建根调查资料汇总整理。

1980年恢复个体私营商户登记后，境内开设的商品经营门店逐渐增多。1986年，凤凰村个体商业、服务业有证经营户4家、人员4人，其中商业3家、人员3人，服务业1家、人员1人。

1997年10月两市场营业后，商品经营门店增多。至2016年末，凤凰村街道商品经营门店281家，从业人员516人，营业额13289万元。其中，经营服装百货92家，从业人员153人，营业额3359万元；副食品57家，从

图1056　凤凰街头（2018年5月9日，徐国红摄）

业人员 93 人，营业额 1811 万元；五金电器 42 家，从业人员 62 人，营业额 1582 万元；通信设备 17 家，从业人员 43 人，营业额 1305 万元；其他商品 62 家，从业人员 125 人，营业额 3485 万元；超市连锁店（经营多类别商品）11 家，从业人员 40 人，营业额 1737 万元。[1]

表 722　2016 年凤凰村街道门店基本情况

商品类别	门店（家）	从业人员（人）	营业额（万元）	行业类别	门店（家）	从业人员（人）	营业额（万元）
服装百货	92	153	3359	超市连锁	11	40	1737
副食品	57	93	1811	餐饮业	56	184	2274
五金电器	42	62	1582	住宿业	8	31	291
通信设备	17	43	1305	服务业	54	160	1914
其他商品	62	125	3485	合计	399	891	17758

注：之华路段（文化路口至永乐路口）属毕公桥社区和供销社区域，不列入统计。根据徐建根调查资料汇总整理。

第三节　超市　连锁店

1994 年 8 月 1 日，萧山市供销贸易中心在该村境内设立的衙前商场（连锁商场）开业，首开全市连锁商场之先河。该连锁商场经营商品以彩电、录像机、冰箱、洗衣机、自行车、摩托车和小家电为主。

至 2005 年 6 月，凤凰村的成虎路设立新益佳超市连锁店。11 月，凤凰村第一幢 16 层的农民公寓——凤凰大厦营业。该农民公寓第 1—3 层是营业用房，设有三江超市。后超市连锁有所发展。至 2016 年，凤凰村境内有超市连锁店 11 家，从业人员 40 人，营业额 1737 万元，其中杭州萧山衙前家乐美超市和杭州萧山衙前嘉佰乐超市相对规模较大。

杭州萧山衙前家乐美超市

杭州萧山衙前家乐美超市成立于 2010 年 1 月 1 日，位于衙前镇成虎路 39 号，营业面积 1650 平方米（二层），从业人员 10 人。超市主要经营卷烟、日用百货、预包装食品、散装食品等。是年，营业额达到 1000 万元。后由于竞争激烈，外来人员偏少，营业额趋于减少。至 2016 年营业额 580 万元。

图 1057　家乐美超市（2018 年 5 月 9 日，徐国红摄）

---

[1] 编修《凤凰村志》期间，徐建根按家挨户调查村境内街道门店情况，包括开业时间、商品种类、从业人数和营业额等。

杭州萧山衙前嘉佰乐超市

杭州萧山衙前嘉佰乐超市位于杭州萧山衙前消费品综合市场内1—96号营业房。于2012年1月12日从上海宾佳超市转入,并经过提升装修改造,于4月26日正式开业。总面积1610平方米,解决劳动就业30人。超市主要经营日用百货、手机、服装、预包装食品、散装食品、蔬菜、水果、香烟等。超市单店经营品种1万多种,是衙前镇2012年至今经营品种最全、购物环境较好、档次较高、服务较优的综合性一站式生活超市。超市2012年营业额达650万元。2016年营业额达750万元。累计发放超市会员卡2万多张。

图1058　嘉佰乐超市(2018年5月9日,徐国红摄)

第二章 服务业

概　况

凤凰村交通便捷，周边企业多，人口集聚。尤其是凤凰村三岔路口素有"黄金地段"之称，而这样的黄金地段却曾长期没有产出"黄金效益"。

20世纪80年代后，随着改革开放，凤凰村利用地理优势、交通优势，开始发展服务业，先后创建联营加油站、度假村，设立金融网点，开展水电管理服务和出租房维修等物业服务等。

2005年6月凤凰村、交通村、卫家村三村合并为凤凰村后，凤凰村坚持因地制宜，利用"黄金地段"发展服务业，制定和启动了"三园二区"新农村建设规划，进行了4.1万平方米的拆迁，外迁企业28家，拆迁店面70多间、农户6户，使凤凰村三岔路口焕然一新，已不见昔日低矮破旧的店面房、杂乱无章的小厂房，成为凤凰新农村建设的一张"名片"，一批满足消费者更高层次消费的服务项目逐年增多，使服务业成为强村富民的重要经济来源之一。

至2016年，凤凰村街道门店经营居民服务业及其他服务业有理发和美容美发、维修、洗浴和足浴、养生服务、网吧和中介服务等54家。建有联营加油站3家，凤凰山度假村1家，以及物业服务等。

图1059　凤凰街头土烧酒门店（2018年5月4日，徐国红摄）

图1060　凤凰街头服务门店（2018年5月4日，徐国红摄）

第一节　运　输

水路运输

凤凰地区境内村落依傍萧绍运河而建，河网如织，在公路运输出现之前，自古大宗运输和客运主要依靠水运。

宋代，萧绍运河运输非常繁忙，境内段可通两百石舟。元代的张招《萧山四咏》诗云："古市直通南北路，官河不断利民船。"最初的水路运输主要是"橹摇船"。因其用途不同而有着不同的称呼，如埠船、航船、快班船、罱泥船等。埠船，是一种用来运客运货的日间班船。都是早上从甲地起航，沿途停靠几个埠头，上下一些乘客，顺便搭卸货物，最后到达终点，当天往返甲地。埠船有三个船舱，各舱均设船篷，人在舱中不能直立，也就是所谓的"满篷船"。船篷用竹编成，中间夹以箬壳，呈半圆形，并用烟煤和桐油漆成黑色，但通常只叫埠船而不叫乌篷船。

明代、清代，萧绍运河出现航船。航船有夜航船、埠快船、脚划船等运送旅客，商旅往来如织。埠船前舱乘客人，中舱客货共用，后舱为船夫搭床烧饭之处。前舱和中舱两边，都搁有整排的坐板，供客人就座。运河两岸用条石砌成直立河坎，南岸用石板铺成纤道，供行船背纤之用。航船，是相对于埠船的一种装货搭客的船只，因是夜间航行，故也称"夜航船"。"夜航船"的航行距离比较远，目的地可以在绍兴与杭州间往返。比起埠船来，航船的船身要大得多，一般是40吨左右的大船。这就相当于现在的长途班车了，行程稳妥而安全系数高。埠快船的船身比埠船要小。满篷，背纤，用两个橹摇船居多，也有采用三个橹摇船的。凡用三个橹的，中间一个橹兼舵、橹两项功能。为避免中间一个橹与旁边两个橹相碰，中间一个橹几乎直立，俗称"挖屁股橹"。行船时，三个橹三人扳推俯仰，穿插合拍，很有节奏，船尾水花飞溅，哗哗有声，船只的速度极快，背纤者常作小跑步行进。

民国2年（1913），萧绍运河又出现客轮运输。绍兴越安轮船公司小火轮途经该村运河段开往西兴。还有快船与夜航船穿梭在运河上，载货载客，客货两用；载客捎货，代客递信。

萧山解放后，凤凰地区境内相继出现镇乡航运队与船民个人参与经营机帆船、挂桨机船，开通衙前至外地多条运输线路。船体由木质向水泥质发展，最后以钢质船取代了其他船。其特点是吨位

图1061　20世纪上半叶的官河与小划船（衙前镇政府提供）

大、功率强、运输安全、装货量大、线路长、速度慢。村境地处水乡，民宅依水而建，有村民自置小划船，一则可以捕鱼，二则可作为交通工具。脚踏手摇，人工操作，吨位较小，穿桥过巷，来回行踪方便。

至20世纪80年代，境内公路交通设施的日趋完善，公路客运、货运的迅速发展，水路客运、货运日显萧条，遂陆续停航。2000年，凤凰村境内已无水路客运。

2004年10月，凤凰村境内运河东岳庙段作为省级文物保护单位后，少数农户持有小划船、水泥船的小吨位船只运输货物。至2016年8月，在运河成虎桥以西境内河道边仍停泊有停运的小船只七八条。

陆路运输

凤凰地区境内的陆路货物运输从肩挑、手提和两人抬货物开始，运输货物的工具有扁担（竹制和木制）、木杆、绳索、箩筐等。随着时代的发展，科学的进步，货物运输和客运的工具逐渐发展到木轮独轮手推车、胶轮独轮手推车、胶轮手推双轮车、自行车、摩托车，直到汽车（包括轿车）。

民国后期，境内出现独轮车、钢丝车等运输工具运输货物。至20世纪60年代后，随着道路的不断改造和拓宽，村办集体企业和个体工商户出现，运输工具有很大的发展，手推两轮车和脚踏三轮车兴起，自行车成为短途运输货物和迎来送往客人的交通工具。

20世纪70年代初，农户开始购置手扶拖拉机运输货物。后购置中型拖拉机运输货物。1983年实行家庭联产承包责任制后，凤凰生产大队、交通生产大队、卫家生产大队的农户家庭普遍购置有钢丝车，使用钢丝车搬运货物。随着改革开放的深入，村办企业和个体工商户的兴起，凤凰村、交通村、卫家村购置机动车客运、货运的数量增多。

1984年后，凤凰村有运输专业户购进小方向盘的小型拖拉机搞个人运

图1062　汽车出租（2018年5月9日，陈妙荣摄）

营。1986年，凤凰村运输专业户有5家。1997年10月建立萧山联托中心市场后，运输专业户陆续歇业。

至2000年，凤凰村、交通村和卫家村拥有货车269辆、拖拉机2辆、轿车17辆、摩托车185辆、电瓶车（助动车）81辆、自行车1461辆。后随着村民生活水平的提高，货运服务中介业的兴起，轿车、电瓶车相应增加，货车、摩托车和自行车逐年减少。

至2015年，凤凰村共有货车52辆（含拖拉机）、轿车447辆、摩托车72辆、电瓶车81辆、自行车237辆。

第二节　居民服务业及其他服务业

凤凰地区地处衙前集镇区域，境内理发、餐饮、住宿和磨剪刀、戗菜刀、修理（补锅、修缸、

补氅、锔碗）等居民服务业历史悠久。随着运河的开通，过往客商增多，理发、餐饮、住宿等生意兴旺。随着社会进步，逐渐增加修伞、修铁桶、修钟表、修车辆等修理项目。

20世纪90年代后，境内修伞、补锅、修钟表等专业修理摊（点）逐渐消失，车辆修理、美容美发、洗浴和足浴、网吧、养生服务、中介服务等逐渐增多。1997年10月1日杭州萧山衙前消费品综合市场和萧山轻纺坯布市场营业后，凤凰村街道门店经营开始发展。1997年10月开设张幼芬机动车修理店，主要从事三类机动车修理，为首家居民服务业及其他服务业。后理发和美容美发、洗浴和足浴、网吧、养生服务、广告和旅游中介服务等相继开业。

至2016年，凤凰村街道门店经营居民服务业及其他服务业的有54家，从业人员160人，营业额1914万元。其中理发和美容美发12家，从业人员56人，营业额188万元；维修10家，从业人员23人，营业额306万元；洗浴和足浴10家，从业人员44人，营业额286万元；养生服务5家，从业人员8人，营业额78万元；网吧5家，从业人员14人，电脑338台，营业额167万元；中介、快递、棋牌、台球、加工等其他服务12家，从业人员15人，营业额889万元。餐饮业56家，从业人员184人，营业额2274万元；住宿业8家，从业人员31人，营业额291万元。

第三节　加油站

1978年中共十一届三中全会后，凤凰地区境内外机动车拥有量逐年增多，凤凰村地处104国道的来往汽车流量日益增加。凤凰村抓住机遇，于1985年6月与萧山商业局石油公司联合投资创办全省第一家联营加油站——萧山县衙前加油站，总投资150万元，其中凤凰村出资45万元，占总投资的30%；萧山商业局石油公司出资105万元，占70%。地点设在衙前老汽车站旁。是年，实现利润15万元，为凤凰村淘得第一桶金。

图1063　凤凰加油站（2013年3月28日，傅展学摄）

1992年4月，凤凰村与萧山商业局石油公司又联营开设第二家萧山市凤凰加油站。后加油站发展势头较好，凤凰村又与石油公司、土地管理局3家合营联办万盛加油站，至此，凤凰村共有3家联营加油站。2016年，3家加油站实现营业收入2200万元、利润160万元。

第四节　凤凰山度假村

凤凰山度假村地处萧绍边界背靠杭甬高速公路，位于萧山衙前凤凰山生态园区内，是一家三星级江南庭院式的涉外旅游度假宾馆。该度假村由浙江萧然工贸集团公司（是金马饭店的成员企业）投资建设，总投资5000万元。2001年10月动工兴建。2002年5月1日正式营业。度假村占地面积1万平方米，外观造型优美，房屋格局错落有致，环境优雅，山水灵动，林茂竹秀，村内亭台楼阁，曲径幽廊，自然环境和城市空间在这里得到完美的渗透与融合。度假村内部装饰高雅，服务设施齐全，拥有各类客房62间（套）、100余个床位，配备有可容纳250余人同时用餐的宴会厅1个、风格迥异的中西包厢18间和营业面积不同的餐厅2个，还配备有会议室、棋牌室、大堂吧、商务中心、美容美发、桑拿足浴中心等设施，是一个聚会宴请、商务洽谈、度假休闲的理想场所。翌年，度假村二期工程规划筹建，计划投资2亿多元，将建成一个拥有260余间（套）客房，1000余个餐位，会务、康娱设施一应俱全的四星级高档度假酒店。

2005年4月，凤凰山度假村被正式列入"红色之旅"重要线路。

2007年后，生意开始惨淡，营业量过少，员工又较多，度假村经营步入下滑趋势。2013年，由原卫家村村民卫月明承包，但因卫月明不善服务业管理，经营3年后，放弃承包。之后于2016年由杭州新迈酒店管理有限公司承租。土地使用权为金马饭店所有。

图1064　凤凰山度假村一角（2018年5月9日，陈妙荣摄）

第三章 物业服务

概　况

1984年，随着衙前镇建立电力管理站，凤凰村、交通村和卫家村相继设立电管组，负责村境内各单位和农户的用电管理。1986年、1989年3村的老厂房、营业房出租后，即明确维修责任人。20世纪90年代初，为确保村民饮用清洁水，3村开始分别建设村供水管网。2005年三村合并后，重视村庄环境卫生，组织自发人员进行清扫，后发包给杭州金鑫保洁公司负责村庄环境卫生。2006年1月，为切实保证工业、商业、生活用水、用电，制订《凤凰村水电管理规定》，明确水电安装费用承担、费用收缴等事项，后为完善水电管理，3次修订《凤凰村水电管理规定》。2008年3月，凤凰村被评选为萧山区"整洁庭院内外，共建美好家园"清洁行动示范村。2011年2月，凤凰村被评选为杭州市"庭院整洁"工作示范村。至2016年，维修出租新建标准厂房6起，维修出租厂房6起，多次抢修自然灾害对水管电网的损害，确保家园整洁，企业、个体工商户的生产、经营正常运行。

第一节　水电管理服务

1984年，凤凰村、交通村和卫家村各设立电管组，由村领导兼任组长，配备专职电工1名。村电管员和电工均经萧山县供电局业务培训，考核合格，取得上岗资格。村电管组织注重农村安全用电知识的普及，严禁带电操作、挂钩用电、私拉乱接、一灯多用等情况；取消"长明灯"，禁止生活用电炉等高耗电用具。

1986年、1989年凤凰村、交通村和卫家村的集体老厂房、土地和营业用房，先后出租给工业企业和个体经营户后，开始对承租工业企业和个体经营户使用的水电进行管理服务。1996年，凤凰村成立水电管理办公室。2005年凤凰村、交通村、卫家村三村合并后，凤凰村成立水电服务室，并制订《凤凰村水电管理规定》。至2016年，凤凰村制订和修订的水电管理规定共有4个，都规定了管理服务范围为工业、商业、民用的水电。

20世纪90年代初，随着工业企业发展，水质污染，为使村民饮用清洁水，凤凰村、交通村和卫家村开始分别建设村供水管网，进村总管为水泥管，农户以镀锌管为多。[①] 农户生活用水和用电均有村级经济合作社支付。2000年，凤凰村和卫家村农户生活用水和用电设施由村合作经济支付1.40万元。

2006年1月，制订《凤凰村水电管理规定》，明确安装费用承担：属于厂房向村租用的企业开始时供电，村负责安装好变压器，三相电线放到车间，每间安装一盏灯。自来水总管村负责接到就

---

① 2006年3月，在3村供水管网改造中，总管选用球墨管，支管选用PPR管，用户水表为数字表。2009年7月使用IC卡智能水表。2015年6月，凤凰村境内全部改用IC卡智能水表。

近点位置，安装一表一个水龙头；村民用电由镇用电管站直接管理收费；村民用水的总管安装由村承担。还规定了相关费用的收缴：公用专变（编者注：村集体公用专用变压器）的电费由村负责代收上缴供电部门；自来水费由村代收代缴；村民建房用电、用水按水表显示数据收费。对安装、维修也作了明确规定：从高压线路到配电柜有供电部门的承装公司安装、维修；民用户低压到电表一律由镇电管站帮助安装、维修；民用户自来水总管到水表一律由村水电工帮助安装、维修；今后上级有关单位有新的规定，按新规定实施。

2008年6月，《凤凰村水电管理规定》（以下简称《规定》）经过两年半时间的运作，对《凤凰村水电管理规定》进行第一次修订。该次修订主要是对《规定》的不及之处进行修订。修订《凤凰村水电管理规定》主要是两个方面，一是对水电初装费用的承担作了修订完善：用电，工业企业属于多户专变（编者注：村集体公用专用变压器）的由村承担，属于村出租房的商业两相用电由电管站或村承担，民用的两相用电室外由电管站承担，工业企业属于村出租房的由村承担；商业，属于村出租房的由村承担；民用，室外全部由村承担。二是对水电费用的收缴作了修订完善：工业企业属于多户专变（编者注：村集体公用专用变压器）的由村水电办公室代收代缴供电部门；自来水费全部由村水电办公室代收代缴供水部门。

2011年初制订的《凤凰村工作规划》中，提出"负责水电的管理部门，要切实安排好全村工业、商业、生活用电，做到了解在先、服务在先、安装在先"的要求。2012年5月15日，浙江在线新闻网站报道《属牛书记领路发展　凤凰村涅槃让外来党员也找到"家"》一文中称，"在凤凰，有一种归属感：江西人徐福生和同事合租了一套公寓，两人平摊租金。他给记者算了一笔账，租整套公寓一年2500元，加上水电费，每人每年的租金支出也不会超过2000元"。

2014年3月，再次修订《凤凰村水电管理规定》。根据相关行政管理部门的新规定，对《凤凰村水电管理规定》作了进一步完善，使《凤凰村水电管理规定》的条款更加明确。电力，工业企业属于向村租用厂房的，按图纸初装时由村负责安装；村出租的商业营业房，两相用电由电管站或村承担；民用的两相用电室外申请，由电管站承担负责安装；属于公寓楼，初装期间按图纸安装的费用由村承担；需安装三相用电的用户应向村及镇电管站申请，保证所装三相电表只用于生活照明用电，不用于工商业生产经营用电。同时，应申请用电承诺书保证，并遵守电管站的有关规定，今后如发现未经申请同意用于工商业生产经营用电的，按照区供电局居民生活供用电合同的条款，按违约用电处理。用自来水，属于村出租房的工业企业用自来水和属于村出租房的商业用自来水的初装费用均由村承担。

2016年1月20日，"BOSS级"强寒潮南袭凤凰村。凤凰村连续出现大雪、严寒，由于冰冻引起管道破损、水表冻裂、无水、漏水等问题。至29日，村境内有数百只水表受损，严重影响村民用水，水电组人员加班加点进行抢修，确保村民用水。

2016年末，凤凰村民委员会下设有用电管理室、用水管理室、水电服务室，共计工作人员8人，其中用电管理室3人（含副主任1名）、用水管理室2人、水电服务室2人。

第二节　出租房维修

1986年凤凰村、交通村和卫家村的老厂房出租后，一切维修都有承租户负责；只有各村新建标准厂房出租后，由村负责维修。1989年营业房出租后，一切所需维修全部由村负责。2007年，凤凰村开始新建标准化厂房。2010年，杭州黄晨洋针纺有限公司和项小平工厂两生产企业租用的新建标准化厂房地皮起沙，导致地面破损严重。凤凰村组织人员对该两企业的破损地面重新采用水泥铺面，这两企业系最早维修的新建标准厂房。

至2016年，维修出租新建标准厂房共计6起，无维修出租的营业房。

第三节　环境卫生

2005年凤凰村、交通村和卫家村三村合并后，村庄环境卫生一直是众多工作之中的一个重点。至2008年3月31日，环境卫生由凤凰村民委员会组织人员20人左右进行清扫，给环卫人员按月发放工资。

2009年4月1日开始，凤凰村将村庄环境卫生承包给杭州金鑫保洁公司，凤凰村按年支付给承包费65万元，由保洁公司负责村庄环境卫生的各类工作。保洁公司有工作人员20人。2012年3月，凤凰村被萧山区委、区政府评为"2011年度美丽乡村精品村"。

图1065　环卫工人在打扫卫生（2018年5月10日，陈妙荣摄）

至2016年，村庄环境卫生仍由杭州金鑫保洁公司承包，该村按年支付给杭州金鑫保洁公司承包费65万元不变。

第四章 金　融

概　况

民国之初，凤凰地区开始有为生产和生活服务的金融机构。民国 13 年（1924），沈定一在衙前村创办全省首个农村信用合作社。民国 24 年（1935），该社停办。

至 1954 年，萧山按乡成立农村信用社时，成立了交通乡和凤凰乡两个信用合作社。后随着行政区域的调整几经变动。

图 1066　凤凰村境内的中国农业银行（2018 年 5 月 9 日，徐国红摄）

1994 年，中国银行衙前办事处和中国农业银行衙前办事处在凤凰村境内相继设立，并开通全国电子联行系统。是年 11 月，农业银行率先在境内使用自动柜员机（ATM）。1997 年起储蓄开始全省通存通兑，103 借记卡则全国通存通兑。2000 年后，各金融机构先后加入全国、全省网络支付系统，以满足村民及企事业单位跨地区存取服务的需要。至 2016 年底，凤凰村境内设有农村合作银行、中国农业银行、中国银行和中国建设银行分支机构 4 家，并配备自助银行点 6 处。

金融业是"百业之王"，农村合作银行、农业银行、中国银行和中国建设银行分支机构的设立，为凤凰村经济的发展和村民生活的服务做出了贡献。

第一节　全省首个农村信用合作社

民国 13 年，衙前凤凰人、中共早期党员沈定一在衙前村创办农村信用合作社，为全省首个农村信用社。[①] 该信用社设在东岳庙西厢房内，推举金如涛、李张保（李成虎之子）、卫炳荣等组成委员会，金如涛为主任委员，衙前农民协会干事沈炳荣兼任信用社干事。委员和干事均为义务兼职，只在农民协会领取生活补贴。每户农户缴银圆 1 元作股金入股，用于社员小额贷款（不计利息）。开始时筹得基金 200 余元，后陆续增至 540 元（股金入股农户 540 户，其中自耕农 11 户、半

---

① 民国 37 年 3 月《浙江经济月刊》载："本省信用合作社创立最早的，首推萧山县衙前信用合作社，时在民国 13 年"。1983 年 6 月浙江省人民银行《浙江金融研究》载文，再次肯定衙前信用社为省第一个信用社的历史地位。翌年 9 月，经中国人民银行总行派员考证确认，北伐战争前由共产党人发动成立的衙前信用合作社为本省第一个农村信用合作社，也是全国第一个革命金融机构。资料来源，《衙前镇志》编纂委员会：《衙前镇志》，方志出版社，2003 年 12 月，第 655 页。

自耕农111户、佃农398户、其他20户)。据省建设厅于民国18年(1929)9月30日的调查显示：该信用社社员540人，认股540元，每股金额1元，已缴股金540元，借入资金6490元，放款总额68200元。

民国18年，因沈定一遇刺身亡而作停办信用合作社之准备，贷款只收不贷，社员股金逐步退还。至民国21年(1932)春，股金全部退还，后再无业务。民国24年(1935)，被省建设厅令除名。

第二节　萧山渔庄乡合作社

民国时期，凤凰地区曾为萧山县渔庄乡乡公所驻地。民国36年(1947)2月，建立萧山渔庄乡合作社，驻地在西曹自然村内。理事会主席王华芬(沈定一的夫人)，监事会主席王金生。社员256人，每股银圆10元，共认股19200股、96000元，分2次缴纳。民国38年(1949)春关闭。

第三节　萧山农村合作银行衙前支行

其前身为交通乡信用合作社和凤凰乡信用合作社，创建于1954年10月。[1] 信用合作社设社长、会计各1名。信用社积极发展农村储蓄，发放农业贷款，帮助农民摆脱高利贷的盘剥。社员有股金入股，每股为2元。

1971年，衙前信用合作社于衙前人民公社机关院内开始营业。[2] 时有平房4间，职工4人。此后，随着社队企业的发展，存贷款的稳步上升，生产性贷款的相应增加，信用社规模日渐扩大。至1984末，衙前信用合作社具有自有资金(包括股金、拨入基金、企业基金、公积金)10.30万元，放款余额101.10万元，存款余额112.10万元，其中储蓄余额77.60万元，转存银行36.80万元。是年，盈利6.60万元。

1991年，衙前信用合作社新大楼在凤凰村境内建成，占地1.40亩(933.34平方米)，建筑面积2000平方米，下设分社3家、服务站13家。凤凰村、交通村均设有服务站。2000年末，该信用社存款余额19916万元，其中储蓄余额16540万元；贷款余额12949万元，其中农业贷款额2665万元。是年，实现综合效益750万元，社员入股户为5066户，入股金额133252.40元，3年股金红利7696.29元，其中凤凰村入股户数为5组、168户，入股金额479元，股金红利258.66元；交通村入股户数为6组、137

图1067　凤凰村境内的萧山农村商业银行存取款一体机(2018年7月31日，陈妙荣摄)

---

[1] 1954年，萧山按乡设立农村信用社。
[2] 1958—1983年，萧山按公社设立农村信用社。

户，入股金额400元，股金红利216元；卫家村入股户数为4组、101户，入股金额204元，股金红利110.16元。至2004年4月25日成立萧山农村合作银行衙前支行前，农户入股资金清退完毕。

衙前信用合作社多次被评为存款百强农村信用社、资产质量优胜单位。

2004年，衙前信用合作社更名为萧山农村合作银行衙前支行，增设浙江萧山农村合作银行衙前支行凤凰分理处。2007年6月25日，该支行新营业大楼在衙前镇政府西南角动工建设，建成后迁至新建办公楼内营业，原址为浙江萧山农村合作银行衙前支行凤凰分理处使用。

2014年，浙江萧山农村合作银行衙前支行凤凰分理处更名为浙江萧山农村商业银行股份有限公司衙前支行凤凰分理处，一直沿用至今。2016年，萧山农村合作银行配备有ATM机，为离行式自助银行（衙前镇凤凰村文化路）。

表723　1992—2000年衙前信用合作社存款贷款余额情况

单位：万元

年份	存款	储蓄	贷款	农业贷款	年份	存款	储蓄	贷款	农业贷款
1992	2038	1456	1353	13	1997	12581	10654	9432	697
1993	4525	3361	3028	48	1998	13078	12241	9906	991
1994	6240	5481	4799	126	1999	16124	14068	10272	1258
1995	8359	7790	6580	307	2000	19916	16540	12949	2665
1996	11815	10858	8695	749					

表724　2009—2016年萧山农村合作银行衙前支行存款贷款余额情况

单位：万元

年份	存款	储蓄	贷款	涉农贷款	年份	存款	储蓄	贷款	涉农贷款
2009	13.05	7.21	9.92	1.00	2013	21.99	11.13	18.24	2.15
2010	16.09	8.37	12.64	1.37	2014	23.70	13.18	19.84	2.44
2011	17.80	9.21	13.95	1.59	2015	24.08	14.21	20.21	2.75
2012	20.24	10.21	15.21	1.79	2016	26.15	15.45	23.93	4.81

第四节　其他金融机构

1994年，农业银行衙前办事处（后升格为分理处）、中国银行衙前办事处（后升格为分理处）先后在凤凰村境内设立。

2004年1月，中国农业银行衙前分理处升格为支行。2005年5月，中国银行衙前分理处升格为支行。11月，中国建设银行衙前分理处在凤凰村境内设立。2009年4月，中国建设银行衙前分理处升格为支行。

至2016年底，境内其他金融机构有中国银行衙前支行、中国农业银行衙前支行、中国建设银行衙前支行3家金融机构，均实现全程电脑化，服务标准化。主要金融业务均为存款、贷款及办理结算。中国银行衙前分理处侧重外汇业务、三代（代收、代付、代缴）业务。中国农业银行衙前分理处侧重国际结算，开具信用证、承兑汇票等。各银行分理处均配备有 ATM 机，中国农业银行衙前分理处设立有行式自助银行（衙前镇衙前路 618 号）、离行式自助银行（衙前镇成虎路）、离行式单点自助通（交通片富强一路：浙江金洋控股集团有限公司办公楼内），中国银行衙前分理处设立有离行式自助（衙前镇成虎路 20 号），中国建设银行衙前分理处设立有行式自助银行（衙前镇衙前路 190 号）。

表 725 2003—2016 年三家银行存款贷款余额情况

单位：亿元

年份	中国农业银行衙前支行			中国银行衙前支行			中国建设银行衙前支行		
	存款	储蓄	贷款	存款	储蓄	贷款	存款	储蓄	贷款
2003	7.30	5.22	7.96	—	—	—	—	—	—
2004	7.91	5.98	8.62	—	—	—	—	—	—
2005	8.20	6.13	8.97	5.16	1.74	1.70	—	—	—
2006	10.20	7.22	9.20	5.91	2.24	2.89	—	—	—
2007	18.91	11.67	21.42	6.81	2.54	3.63	1.4	0.7	0.4
2008	19.17	12.01	22.07	8.88	3.08	3.55	1.5	0.7	0.6
2009	19.47	12.02	22.11	11.64	3.59	6.88	1.9	1.1	0.8
2010	19.71	12.07	22.37	13.55	4.10	9.64	2.4	1.2	0.9
2011	20.47	12.17	22.41	15.83	4.34	11.16	2.9	1.2	2.4
2012	19.32	12.01	22.37	15.31	3.74	12.08	3.0	1.4	3.0
2013	18.94	12.52	22.11	15.38	4.08	12.89	3.2	1.4	4.0
2014	15.83	9.24	21.66	15.31	4.79	12.36	3.1	1.8	5.7
2015	15.94	7.20	17.71	10.98	4.33	20.51	3.0	2.6	6.5
2016	16.35	7.62	13.65	8.29	5.20	18.54	3.5	3.0	8.0

图 1068 凤凰村境内的中国建设银行（2018 年 8 月 1 日，莫艳梅摄）

图 1069 中国建设银行存取款一体机（2018 年 8 月 1 日，莫艳梅摄）

|凤凰村志|下册|

第十二编　村级经济　收益分配

第一章　村级经济
第二章　收益分配
第三章　缴纳国家税款　投资固定资产

概　述

凤凰地区的村级经济收入与收益分配均始于1956年。1956年建立农业合作社后，农户的土地收归集体经营，大型农具从高级农业生产合作社均折价归集体所有，作为农户入社股金记入村户分户账，到年终参加决算分配。入社后，村民的劳动报酬以工分形式记入工分账，土肥投资记入土肥投资账。年终决算时，需编造决算方案，收入扣除生产费用、农业税、预留下年度的生产费用和提留公积金、公益金后的全部现金，按照全部劳动工日进行分配。每户收入，扣除全年实物（主要是粮食）分配和现金借支，结算后的盈余农户叫"丈支户"，参加"分红"；收不抵支的农户称"超支户"，也称"倒挂户"。

1956年成立高级农业合作社后的收入分配为高级农业合作社核算。1958年9月成立人民公社后，收入分配经历了生产大队为基本核算单位的二级经济核算体制、"三级所有、队为基础"的两种核算体制，但村民的劳动报酬仍以工分形式分配为主。其间，主要为农业的收益分配。

1983年实行家庭联产承包责任制后，承包土地由农户自主经营，自主处理国家、集体和个人三者关系，结束了长达28年以农业收益为主的分配。随着改革开放的逐步深入，村级经济收益和村民收入，不仅有传统的农业收入，还有工业、商业、服务业收入等。2004年，凤凰村经济总收入41290.63万元，其中费用支出39283.18万元、国家税金801.55万元、村民分配1055.10万元、其他150.8万元，村民分配占村经济总收入的2.56%。

2005年6月凤凰村、交通村、卫家村三村合并后，坚持集体资源（土地）所有权在集体，增值在集体，收益在集体，分配在村内，凤凰村形成以"物业为主体、多种来源并存"的集体经济收入模式。同时，围绕以"绘新型人居城镇"为目标，逐步推进建市兴村的"退二产进三产"工程，加快对原集镇商业园区和老集镇区块的升级改造，使村级经济收益来源增多，村级经济收益与分配增加，村民收入大幅度提高。

至2016年，凤凰村经济总收入504033万元，2006—2016年年均增长20.02%；经济总收入扣除生产费用，加上投资收益，可分配净收入23330万元，其中支付国家税金4376万元、上缴国家有关部门402万元、企业留利4800万元、集体所得800万元、非农成员分利800万元、外来人员带走劳务收入2880万元、农民经营所得9272万元。农民经营所得占村经济总收入的1.84%。2006—2016年农民经营所得年均增长12.87%。

第一章 村级经济

概 况

1955年后，实行农业集体化，土地收归集体经营，村级经济才有收入。村级经济收入主要来源是农业的种植业和村集体副业收入。1958年，交通乡交通社二大队被评为萧山县先进乡社。至1978年，村级经济有一定程度的发展。是年，凤凰生产大队经济总收入164739.28元。1972—1978年，凤凰生产大队经济总收入年均增长5.96%。

1978年中共十一届三中全会后，进入改革开放和经济建设的新时期，凤凰生产大队、交通生产大队和卫家生产大队开始改革农村经济体制，调整农村经济结构，发展集体企业，出租厂房、土地和经营房，使村级经济由单一的农业收入向第一、第二、第三产业协调发展转变；农业由单一的种植业向农、林、牧、副、渔业全面发展转变，使村级经济迅猛发展。1990年，凤凰村被市政府命名为萧山市标兵村。1995年，凤凰村、交通村、卫家村分别被命名为萧山市经济50强村。是年，凤凰村经济总收入2843.94万元。1979—1995年，凤凰村经济总收入年均增长35.39%。

1996年后，发展农业示范园区，创办商品市场，出租市场营业房和摊位。2004年，凤凰村经济总收入41290.63万元。1979—2004年，凤凰村经济总收入年均增长35.13%。2005年2月，凤凰村被衙前镇政府命名2004年度经济发展十强村。

2005年6月三村合并后，村规模扩大，发展空间增加，可用资金增多，凤凰村集中资金发展经济，全力推进工业园、商贸园等建设，使村级经济在原有发展的基础上，又有新的更快发展。2011年，集体物业租金超过2000万元，集体经营性净资产回报率达到12%。

2016年，凤凰村经济收入主要来自厂房及土地、营业用房、经营房出租的租金和加油站的税后利润的分利。是年，村经济总收入504033.00万元。2006—2016年，凤凰村经济总收入年均增长20.02%。

第一节 村级经济收入

经济收入

1956年建立高级农业生产合作社，土地开始收归集体经营，农户的大型农具均折价归集体所有，作为农户入社股金记入村户分户账，到年终参加决算分配。20世纪60年代后，凤凰地区创办集体企业。1956—1982年，因经济发展水平的局限，村级经济收入主要是农业的种植业和副业，少数来源于工业、林业、牧业、渔业。1982年，凤凰生产大队经济总收入276883元。1972—1982年，凤凰生产大队经济总收入年均增长8.77%。

1983年实行家庭联产承包责任制后，凤凰、交通、卫家村（生产大队）创办集体企业，凤凰村还创办联营加油站、建设商业中心和新型住宅楼一层开设商业、服务门店出租。1986年起，3村老厂房及土地出租。1989年开始,经营房出租。

至2004年,村级经济收入除农业、林业、牧业等收入外,还有村办集体企业收入、租金收入和村集体股的红利收入,凤凰村还有联营加油站利润分成收入、市场集体营业用房和摊位出租收入等。是年,凤凰村经济总收入41290.63万元。1983—2004年,凤凰村经济总收入年均增长39.40%。

2005年6月凤凰村、交通村和卫家村合并为凤凰村后,凤凰村坚持土地所有权在集体,增值在集体,收益在集体,分配在村内,形成了以"物业为主体、多种收入并存发展"的集体经济收入模式,先后实施"退二进三,隆市兴村",改造提升老商业区,把原先的一层经营用房改造成五层商住楼,新建的集体标准厂房增加到3层,建筑5层到16层公寓楼等;按照"三园二区"新农村建设规划,建造的新型住宅楼一层开设商业、服务门店,建设凤凰工业园,并将商业用房、厂房等出租。至2011年初,凤凰村累计投入新农村建设资金1.45亿元,建造集体标准厂房10.50万平方米、商铺和店面房3.50万平方米。是年,收缴物业收入和租金收入超过2000万元。

2015年3月31日,凤凰村原生产大队留存的固定资产有机房1间、仓库10间;内地农场农用房3间,面积113平方米;农场管理梨树用房1间,面积20.14平方米;管理山林队农用房2间、毛竹园农用房1间。围垦有农业用房9.5间。

2016年,村级集体经济收入以经营性收入为主,还有发包及上缴收入、投资收益等。经营性收入,主要是集体资产租赁收入,是村集体经济收入的主要来源;发包及上缴收入,主要是村民承包款上缴、企业承包款上缴;投资收益,主要是联营企业分利收入、定期存款收益。是年,凤凰村经济总收入从2006年的150600万元增加到504033万元。2006—2016年,凤凰村经济总收入年均增长20.02%。

表726　1971—1982年凤凰生产大队农村经济总收入情况

年份	户数(户)	人口(人)	收入总额(元)	农业	林业	牧业	渔业	杂项	副业
1971	159	727	109855.83	98555.83	—	—	—	—	11300.00
1972	159	737	123181.39	108731.03	568.57	—	—	—	13881.79
1973	162	747	115553.99	102158.35	50.07	—	—	967.04	12378.53
1974	174	764	119149.99	98277.39	547.40	—	—	1073.67	19251.53
1975	177	797	106956.24	91076.08	410.05	—	—	1187.37	14282.74
1976	187	781	120315.92	95162.87	256.18	—	—	—	24896.87
1977	191	794	124221.72	92259.69	112.23	1.00	—	—	31848.80
1978	191	791	164739.28	124860.52	1334.24	1749.83	—	7459.73	29334.96
1979	178	770	199280.00	164854.00	1065.00	2627.00	147.00	4268.00	26319.00
1980	173	770	190733.00	138449.00	220.00	84.00	110.00	26665.00	25205.00
1981	188	761	238524.81	136007.29	623.78	—	79.45	24439.23	77375.06
1982	189	753	276883.00	168935.00	—	—	71.00	51599.00	56278.00

注:"杂项"栏,1980年、1981年、1982年含企业收入。

表 727　1983—2000 年凤凰村（生产大队）农村经济总收入情况

年份	户数（户）	人口（人）	收入总额（元）	农业	林业	牧业	渔业	杂项（企业）	副业
1983	197	756	257582	167306	2052	45428	—	17291	25505
1984	205	752	359651	265174	700	36975	2400	36160	18242
1985	209	754	1810555	244956	—	43077	—	1305104	217418
1986	230	761	2774500	276300	—	63800	—	1347200	1087200
1987	241	761	5307300	251600	2300	45300	—	1894900	3113200
1988	252	769	11843200	217200	2300	46100	—	2328000	9249600
1989	280	779	12941800	257800	2300	63800	—	2409500	10208400
1990	280	782	9152400	303000	2300	57700	—	19711000	6818300
1991	247	797	6629600	242900	2300	53200	—	5097700	1233500
1992	252	814	7495800	228000	2000	84600	—	6242400	938800
1993	258	830	20494300	293600	9600	101600	—	16342100	3747400
1994	261	845	27982000	368000	45800	208700	—	26646500	713000
1995	252	859	28439400	505200	32600	178400	—	27143800	579400
1996	257	859	71610500	558300	—	172000	—	57325200	13555000
1997	257	875	102286900	529000	—	204200	12000	83508600	18033100
1998	257	891	121921600	562500	—	200900	6000	92980200	28172000
1999	260	893	170315607	378007	—	—	—	129151800	40785800
2000	261	891	182336000	539000	30000	—	20000	147310000	34437000

表 728　2001—2004 年凤凰村农村经济总收入情况

年份	户数（户）	人口（人）	收入总额（万元）	农业	林业	牧业	工业	第三产业
2001	261	909	21174.39	10.72	0.79	—	17181.04	3981.84
2002	268	914	28721.87	10.40	—	10.60	26240.50	2460.37
2003	257	895	36012.05	10.40	—	10.60	33054.84	2936.21
2004	257	898	41290.63	10.40	—	10.60	39285.34	1984.29

表 729　2005—2016 年凤凰村农村经济总收入情况

（一）

年份	户数（户）	人口（人）	总计（万元）	按经营形式分（万元）		
				集体经济收入	农民家庭经营收入	其他经营收入
2005	598	2067	67692	1003	2079	64610
2006	598	2076	150600	1145	2200	147255
2007	597	2085	189937	2066	2500	185371
2008	595	2086	218258	2208	3050	213000
2009	593	2098	286724	1377	4197	281150
2010	590	2118	362210	1715	4895	355600
2011	586	2115	405859	1988	5871	398000
2012	584	2129	462399	2035	9164	451200
2013	583	2146	492400	1977	9923	480500
2014	582	2155	501463	2229	10173	489061
2015	583	2170	502130	2563	10067	489500
2016	581	2204	504033	2488	11122	490423

(二)

年份	按行业分(万元)									
	农业	林业	牧业	渔业	工业	建筑业	运输业	商业饮业	服务业	其他
2005	613.5	17.1	122.52	11.6	64585.89	515.05	180	519.5	100	1027
2006	489.0	15.0	153.00	23.0	147255.00	520.00	200	690.0	110	1145
2007	329.0	17.0	378.00	23.0	185371.00	583.00	270	770.0	130	2066
2008	508.0	17.0	245.00	23.0	213000.00	937.00	378	800.0	142	2208
2009	664.0	17.0	210.00	16.0	281150.00	1440.00	460	1210.0	180	1377
2010	765.0	9.0	135.00	6.0	355600.00	1800.00	540	1410.0	230	1715
2011	591.0	1.0	333.00	6.0	398000.00	2600.00	560	1500.0	280	1988
2012	731.0	1.0	492.00	0	451200.00	3500.00	580	3500.0	360	2035
2013	745.0	1.0	534.00	0	480500.00	3800.00	638	3800.0	405	1977
2014	696.0	0	716.00	0	489061.00	3800.00	640	3921.0	400	2229
2015	1377.0	0	0	0	489500.00	3850.00	640	3800.0	400	2563
2016	1377.0	0	0	0	490423.00	4285.00	720	4260.0	480	2488

收入特征

1983—2016年实行家庭联产承包责任制期间，凤凰村村级经济收入呈现3个特征：一是建立土地流转机制，耕地趋向集约化经营，耕、种、收实现机械化，减少成本支出，增加种植业净收入；调整农村经济结构，逐步调减水稻、络麻等传统种植品种，同时发展花卉、苗木、蔬菜等经济作物，提高了土地利用率，增加农业经济收入。二是以农业收入为主向经营性收入和服务业收入为主转变。三是为不断壮大集体经济，注重盘活存量资产，重视固定资产投资，增设商业网点、服务网点，凤凰村先后投资新建联营加油站，独资建设凤凰工业园（后改称浙江省中小企业创业基地）、杭州萧山衙前消费品综合市场和萧山轻纺坯布市场（后为小商品市场），并将厂房及土地、营业用房、经营房出租，使村级经济收入来源多元化。

老厂房及土地出租 始于1986年。1986年，凤凰村、交通村、卫家村的原集体创办的老厂房及土地开始出租。至2016年，承租的企业有48家。租期：凤凰片老厂房及土地为14年3个月；卫家片、交通片为15年。该村每年可获取老厂房及土地租金收入143.24万元。据租赁协议记录统计，其中15家企业共计租用厂房11059.27平方米；26家企业共计租用土地30431.70平方米。承租企业主要生产轻纺、五金电器、电子元件行业产品和从事机械修配、农副产品加工等。

经营房出租 始于1989年。1989年，卫家村、交通村和凤凰村的原交通修理厂房屋、南墅花苑底层、凤凰南苑1—7幢、成虎桥南北公路两侧房屋、定一路公路两侧房屋的经营房开始出租。至2016年，承租人有116人，其中租期3年90人、2年17人、1年6人、10年2人、20年1人。该村每年可获取经营房租金收入398.26万元。经营房承租人主要经营移动通信器材、五金配件、自来水配件、医疗器材、中西药品、管道、家具、服装、鞋帽、眼镜、图书、玩具、副食品、水果、花木等商品和从事理发和美容美发、维修、洗浴和足浴、养生服务、网吧、中介服务等居民服务业及其他服务业。

除以上经营房出租外，还有浙江省中小企业创业基地标准厂房等经营房出租，仅每年浙江省中小企业创业基地可收取租金650万元。

市场营业房和摊位出租 始于1997年。1997年10月1日杭州萧山衙前消费品综合市场和萧山轻纺坯布市场（后为小商品市场）开始营业，入场经营户有355个。2009年9月，投资400多万元，开始对消费品综合市场进行全面提升改造，其中独立隔离家禽类的摊位10个，11月完工，增加摊位28个；2014年7—8月，为严防禽流感带来的危害，投资11.39万元，再次对家禽类摊位进行改造，使租金收入相应增加。该消费品综合市场营业房和小商品市场营业房出租为每三年一租，摊位为每年一租。2015—2017年，消费品综合市场营业房和小商品市场营业房收取租金总额为381.63万元，比2006—2008年收取的租金总额增加24.01%。2016年，杭州萧山衙前消费品综合市场摊位收取租金111.02万元。2007—2016年，市场摊位收取租金年均增长6.83%。

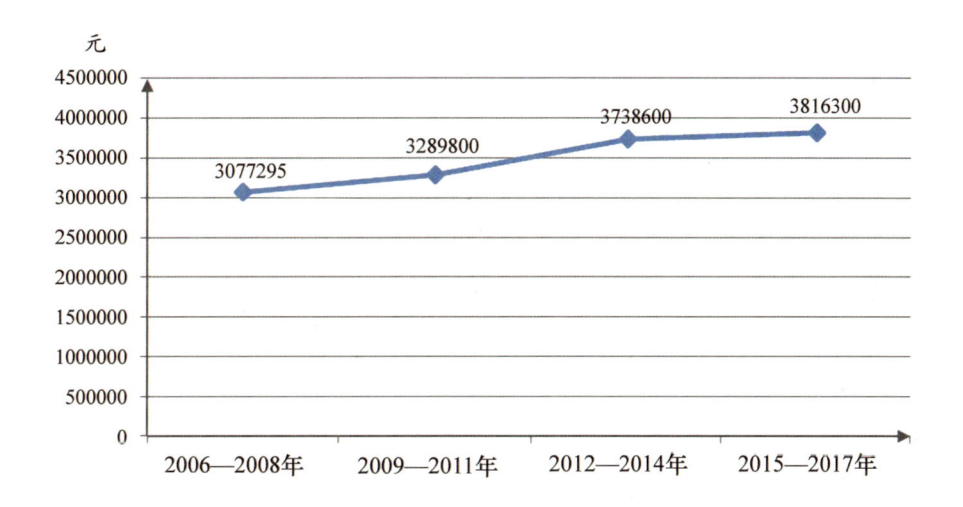

图1070　2006—2017年杭州萧山衙前消费品综合市场营业房（三年一租）和小商品市场营业房（三年一租）合计收取租金情况

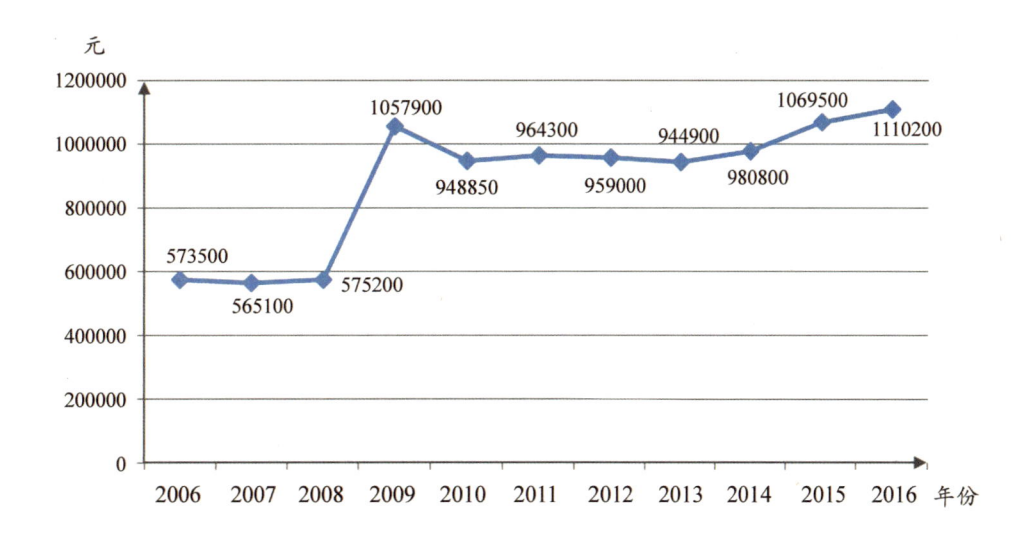

图1071　2006—2016年杭州萧山衙前消费品综合市场摊位收取租金情况

第二节 股份经济联合社

1991年,根据萧山市委、市政府于1991年10月19日下发的《关于组建村经济合作社的通知》(市委〔1991〕56号)精神,衙前镇党委、镇政府在凤凰村开展组建村经济合作社试点。是年,凤凰村经济合作社建成。村民代表大会通过《凤凰村经济合作社章程》、制定财务会计制度和社务管理委员会下年初财务计划,并设置有总会计岗位。后交通村、卫家村的村经济合作社也相继建立。凤凰村、交通村、卫家村经济合作社的相关人员均由该镇组织进行农村经营管理知识的培训。1996年实行"两田制"后,不分组与组之界限,取消专业会计,由村总会计负责。2000年,凤凰村、交通村、卫家村分别建立村民主理财小组,开展清理村级债权债务工作和村务公开工作。凤凰村被评为萧山市财务示范村。

2005年,凤凰、交通、卫家三村合并为凤凰村。2006年6月20日,凤凰股份经济联合社成立,成为萧山区首个村级股份经济联合社。凤凰股份经济联合社成立后,实行"统一建账、分级核算"的财务管理模式,由此却形成了原先3村的财务"分割"的局面,在统一调配村级资产、统一规划和同村同福利等方面新的问题,制约了全村资源的整合。为实现统一调配资源、统一核算,集中资金办大事,该村以"法律化认可、股份化管理、市场化运作"的思路,对村经济合作社进行股份制改造,按照"不漏、不少、评实不评虚"的原则,对截止于2006年3月31日的所有资产进行评估。经资产评估,全村经营性净资产为11374万元,在坚持原经济利益主体不变的前提下,按1000元1股(原始股),将11374万元的净资产全额量化给2001名村民,每人可以分得相应的股份成为股东。根据凤凰村村民代表大会通过的《杭州萧山衙前镇凤凰股份经济联合社章程》规定,股东亡故、外出做上门女婿、出嫁到外地、进入国家机关或全额拨款事业单位的在编干部和职工等6种情况的股东权利自动取消;股东所得的股份不能转让、赠予、继承;集体经营的净收益按股权分配,先提留公积金、公益金两项20%,再按需提留应付福利费,其余按股权比例分配红利给股东,无盈利时不透支分配;继续保持凤凰村集体资产所有权不变,与村企事业单位签订的合法承包租赁协议在合同时效内保持不变,对村民享受的福利待遇不变,涉及老人福利补贴、考入高中以上学校的教育补贴、大病统筹医疗和困难户补贴等政策不变,凤凰村既定的经济建设和社会事业发展目标不变。股东的股本金只作每年结算分红的依据,股本金不能支付现金或转让。

股本金划分

2005年6月三村合并时,出于原3个村之间存在经济实力悬殊的考虑,为促进和谐,体现"既尊重历史事实,又体现公平共享"的原则,2006年3月通过的《杭州萧山衙前镇凤凰股份经济联合社章程》明确,保持原经济利益主体不变为前提,即从2006年3月到2013年12月,凤凰片、交通片和卫家片的新增资产分别按各片量化。当年净收益按股权分配,其顺序和比例是:公积金、公益金两项共提留20%,应付福利费按需提留,其余分配给股东,无盈利时不透支分配。

凤凰村股份制改革对股东的股本金按3个时间段分别进行划分:第一阶段,按三村合并前的凤凰村、交通村、卫家村经营性资产作为股东的股本金,属原始股。村民股东以2006年3月31日的《萧山区衙前镇凤凰股份经济联合社股东清册》所记载的村民为准。第二阶段,2006年4月1日至2013年12月31日(按93个月计算),对3片分别核算,各片新增加的经营性净资产实行股本金量化（分别对固定的老股东、迁出或死亡的老股东、迁入或出生的新股东3种情况实施不同的量化办法）。第三阶段，核实2013年12月31日止，凤凰村股份经济联合社经营性净资产为21340万元，股民户数为578户，股东为2041名。各村每个股东平均股本金：凤凰片为139185.29元、交通片为101873.37元、卫家片为41892.14元。

如翁友仙于2007年2月去世。至此，翁在村股份经济联合社有原始股金97004元，加上2006年4月1日至去世之日，共11个月有新增的股金4994元，合计101998元。随去世第二月起，自动丧失股本权利。

2014年1月1日起，凤凰村新增加的经营性净资产，实行全村统一结算量化，不再分片结算。新增股金每5年增加一次，并以家庭为单位对新增股金进行结算量化到户，记入每户家庭的股权证，

图1072　2014年5月28日凤凰村村民沃阿毛夫妇喜看《凤凰股金权证》（傅展学摄）

向村民股东家庭发放股金权证。并明确保留外出做上门女婿、出嫁到外地、进入国家机关或全额拨款事业单位的在编干部或职工、已亡等6种情况的股东股金。且首次在萧山区明确村民股东股金的终生持有权和继承权。

股东股金确权

按照"依据法律、尊重历史、公平公正"的思路，2014年3月1日，凤凰股民代表大会通过《股份经济联合社股权改革方案》。《股份经济联合社股权改革方案》贯彻"一稳、二改、三不变、四不能"的原则。"一稳"，即从保持凤凰长期发展稳定角度考虑，使股权明确，稳定人心。"二改"，即股本金短期改长期，可以继承，并且由结算到人改为结算到户。"三不变"，即股金分红与村民保障分配比例不变、人口增减的原政策不变、以后新增人口与新增资产的结算不变。"四不能"，即股东股金不转让、不兑现、原始股不再变动、新股东不再按片分别核算。

《股份经济联合社股权改革方案》中，凤凰村首次全面明确股东股金的终生持有权和继承权，将股金的权利进行了调整。规定从2006年4月1日起，持有凤凰村股份经济联合社的股金将长期保持，股金可由股东直系亲属股继承。村民翁关增领到自家的《凤凰股金权证》，上面标注一家人所持村股份经济联合原始股金485020元，全家共持股金总额681148元。最引人注目的是，《凤凰股金权证》内有翁友仙的姓名，他是翁关增的父亲，已于2007年2月去世，但股金权证还显示，翁友仙所持原始股金97004元，加上2006年4月1日至去世之日，共11个月新增的股金4994元，合计101998元。翁友仙去世后，股金曾被取消，按新《股份经济联合社股权改革方案》规定，从是年1月1日起，翁友仙生前的全部股金得到恢复，并享受每年分红的权利，由其家人继承。据统计，自2006年4月1日至2013年12月31日间，全村共有89名像翁友仙这样因亡故而被取消股本金的股东，又得到恢复。

自2014年起，新增股份每5年调整一次，以家庭为单位结算，并明确保留了外出做上门女婿、出嫁到外地、进入国家机关或全额拨款事业单位的在编干部或职工、已亡等6种情况股东的股金。换言之，即已故或因户口迁出而被取消股本的"凤凰人"今后也能享受一年一度的股金分红权了。

按《股份经济联合社股权改革方案》，除了像翁友仙这样的已故股东恢复了股本，另有59名因户口迁出而被取消股本的"凤凰人"也恢复了在凤凰的股本。他们虽然不再享受股东福利与新增资产的股权量化权，但可以享受一年一度的股金分红权。

为体现同村同股同权利，《股份经济联合社股权改革方案》还明确，2014年起，各片新增经营性净资产在全村统一量化，在户口外迁、亡故等6种情况之外的股东间平均增加股金。

2014年5月28日，村股份经济联合社新一轮股权改革正式完成。村股份经济联合社发放股金权证。将21377万元总授权股金确权给578户家庭，共2041名股东。首次在萧山区明确股东股金的终生持有权和继承权。

2016年1月12日新年伊始，凤凰村在文化大礼堂召开由全村党员、干部和户主参加的提前建成高水平全面小康社会动员暨第三届最美家庭表彰大会。该村党委书记胡岳法在会上提出，改革创新是凤凰过去兴旺的法宝，也是凤凰最大的潜力所在，必须继续坚持"改革创新"的决心。到2020年，凤凰村将实施3个开放：股东持有的股金可以抵押、转让；允许个人、企业向股份经济联合社认购集体股金；股份经济联合社管理权开放，实施法律化认可、股份化运作。

图1073　一位老奶奶分红后笑逐颜开（2018年1月7日，华兴桥摄）

表730　2004年凤凰村、交通村、卫家村资产情况

村名	经济总收入（万元）	人均经济总收入（万元）	可用资金（万元）	人均可用资金（元）	资产总额（万元）	固定资产净值（万元）	所有者权益（万元）			
							实收资本	公积金	公益金	合计
凤凰	41290.63	45.98	348.69	3882.96	7420.65	6520.20	2531.80	5253.83	123.31	7908.96
交通	14168.18	21.40	155.09	2342.75	2028.05	755.73	467.53	1452.55	24.60	1944.68
卫家	12978.54	31.97	146.56	3609.85	—	—	—	—	—	—

表731　2005—2016年凤凰村资产情况

年份	经济总收入（万元）	人均经济总收入（万元）	可用资金（万元）	人均可用资金（元）	资产总额（万元）	固定资产净值（万元）	所有者权益（万元）		
							实收资本	公积金公益金	合计
2005	67692.16	34.38	1027.47	5218.23	11809.79	7953.32	3353.12	7616.13	10969.25
2006	150600.00	75.26	1145.49	5724.59	13481.00	9833.00	3353.12	7818.00	11171.12
2007	189937.45	94.45	2066.04	10273.69	14349.00	10406.00	3353.12	8875.00	12228.12
2008	218258.00	107.30	2208.34	10857.13	18648.00	14621.00	3353.12	10259.00	13612.12

续表

年份	经济总收入（万元）	人均经济总收入（万元）	可用资金（万元）	人均可用资金（元）	资产总额（万元）	固定资产净值（万元）	所有者权益（万元）		
							实收资本	公积金公益金	合计
2009	286724.00	136.54	2361.59	11245.67	18146.00	15296.00	3353.12	11437.00	14790.12
2010	362210.00	171.02	2768.88	13073.09	21523.00	15512.00	3353.12	13243.00	16596.12
2011	405859.00	191.62	3033.68	14323.32	23263.00	20201.00	3353.12	15224.00	18577.12
2012	462399.00	217.19	3514.71	16508.74	24641.00	21025.00	3353.12	17203.00	20548.12
2013	492400.00	239.73	3882.81	18903.65	29147.00	24250.00	3353.12	19727.00	23080.12
2014	501463.00	232.70	4073.59	18902.97	30957.00	24995.00	3353.12	22224.00	25577.12
2015	502130.00	231.40	4221.80	19455.30	32923.00	25854.00	3353.12	24591.00	27944.12
2016	504033.00	228.69	4423.93	20072.28	35948.46	27539.00	3353.12	27070.86	30423.98

第二章 收益分配

概 况

村经济收益分配是村经济总收入在扣除费用支出后,将净收入在国家、集体和个人三者之间的分配。凤凰地区经济收益分配始于1956年。1956年建立高级农业合作社后,开始工分制度。直至1983年实行家庭联产承包经营责任制后结束。实行工分制度期间,凤凰、交通、卫家生产大队(合作社)的收入分配,经历高级农业合作社核算、生产大队核算和生产队核算的3种核算体制。集体收益支付费用支出、缴纳国家税款、提取公积金和公益金等,支付民办教育费用、五保户供养、困难户照顾、烈军属户优抚、医疗卫生、生活用水用电设施等公益事业经费后,才给予社员分配。分配给社员的是以粮食为主的实物分配。

1983年实行家庭联产承包责任制后,随着凤凰、交通和卫家村(生产大队)经济的不断发展壮大,集体分配的资金来源呈现多元化。分配给社员的均是现金,给社员的实物亦折算成现金。

2005年6月凤凰村、交通村和卫家村合并为凤凰村后,建立凤凰村股份经济合作社,划分给村民股本金、明确股权,按股分红,使村民成为拥有"薪金、股金、租金和保障金"的"四金"农民。至2016年,凤凰村先后5次被评为村级财务规范管理工作先进单位。其中2006年9月被省村务公开和民主管理工作领导小组评为浙江省村务公开民主管理示范村。

第一节 农业集体化时期

农业合作化时期(1955—1957)

从1955年开始,凤凰地区先后建立初级农业合作社、高级农业合作社。根据《初级农业合作社示范章程》和《高级农业合作社示范章程》,对初级农业合作社、高级农业合作社收益进行分配。1955—1957年,收益分配包括实物和现金两个方面:实物分配,主要是指粮食,分配给村民的实物按一定的价格折算为金额,从村民应得的收入中扣除。分配工作一般在春季和早稻收获时各进行一次预分,年终进行决算,这种分配方式一直延续到实行家庭联产承包责任制止。现金分配,扣除本年度的生产费用和预留下年度的生产费用、按规定提留公积金和公益金后的全部现金,再按照全部劳动工日进行分配。劳动日通过"工分"的方式记录,在分配时,将全年的劳动工分折算成标准的劳动工日。

人民公社初期(1958—1961)

收益分配以生产大队为基本核算单位的二级经济核算体制,生产大队担负各生产队"五保户"、"军属户"、干部社务工分、农业农田基础设施水利建设、管理费支出和公益事业支出等分配。以上这些支出均需各生产队平衡负担。其间,生产大队虽有集体企业,但经营规模较小,发展空间不大,收入较少,所支出的大部分亦需由各生产队平衡负担。因此,生产大队每年要造一次方案。通过编造的方案，结算平衡各生产队的钱、粮余缺予以找补。

公社化初期，社员都吃食堂饭，实行"一平二调"，生产队之间找补也不严格。"四清"运动开始后，社员对此意见较大。此后，在贫下中农协会代表监督下，每年的结算平衡才较为严格。后又改为由社员查账代表（今称村民主理财监督小组）监督。查账的监督方式一直沿用至今。每年初，生产大队把粮食征购任务、农业税等分配落实到各生产队，下达各项指标。年终，对国家、集体、个人三者关系提出处理意见，要将生产大队社务工分、军属、五保户等支出以方案形式平衡分配到各生产队。每年年终结算的时间定为当年的11月16日至第二年的11月15日。当时的社务工分支出，项目也较繁杂，有公社开会、公社三级会议、社员大会、妇女社员会、青年民兵会等工分支出；有农田水利、基建工分等支出；有军属补贴工分、会计工分支出等。

人民公社中后期（1962—1982）

收益分配实行以生产队为基本核算单位的"三级所有、队为基础"的经济核算体制和社员分得自留地。其间，"三账六簿"① 是生产队分配的基础。它全面记录生产队全年的经济收支情况，由会计负责做账，现金保管员和仓库保管员辅助。原始单据需由生产队长签字后方可入账，账目经贫下中农协会代表查账以后定期公布。全年进行一次清查核实后，才能编造方案。分配方案是分配的依据，一般有现金分配方案和实物分配方案两类。先编造总方案，结算全队的收、支、留、分等数目，求出工分值和按口粮、工分、土肥投资的可分配实物基数；再编造分户方案，计算各户可得数。

"三账六簿"，每年都要换新账。新账开头需写明"上年结转"字样，末尾写上"结转下年"字样；账面过页要写明"过此页"和"承上页"；有些科目如生产成本、收入须当年结清，要写上"转分配"而结平。

生产队分配最重要的工作是编造分配方案。方案由生产队集体讨论后由会计编造，一年分春、夏、秋三季预算方案和年终决算方案。每次需编造现金和实物两个方案，工作量较大，有时需要开夜工才能完成。

春季预算方案在春花作物收获期编造，也叫春花方案。一般工分和土肥投资在5月10—15日结断，根据春花作物估产情况计算分配。在分配方案中，一般春粮安排2个月口粮，按大小麦对换计划，到粮站对换大米。50公斤小麦对换大米40公斤，50公斤大麦对换大米36公斤。留起种子和饲料，其余缴国家征购任务，一般不分超产粮。生产队在分配中，80%按口粮，20%按工分和土肥投资分粮。油菜籽首先完成国家派购任务，再分全年人口油，每人0.625公斤。超产菜籽可增分一些超产油，最多为总量1公斤，多数超售给国家。其他如麦秆、菜秆等按分配方案

---

① "三账六簿"是指：现金日记账、分类账、社员分户账和社员劳动工分簿、土肥投资簿、实物分配簿、财产登记簿、物资登记簿、现金登记簿等。现金日记账：由现金保管员记录收支并按期将发票报给会计，会计将每笔收支分门别类记入账户，再编制现金结算单。分类账：以现金日记账为基础，将账册分门别类。主要有：收入、公积金、公益金、固定资产、社员投资、社员预支、生产成本、下年生产费、小农具添置等科目。账页在发生的余额后设有生产成本支出科目的分析栏中还要分种子、肥料、农药、管理费等明细。社员分户账：记录每户社员投资明细和社员预支金额、分配实物数量。劳动工分簿：以户为单位记录社员全年劳动工分，一个月或半个月汇总一次，上墙分户公布后，记入劳动工分账。按件计酬，根据农忙、农闲情况，安排社员劳动。农忙时1—2天，农闲时一周甚至十多天记一次。土肥投资簿：记录社员全年所投土肥数量及金额，内设猪粪、人粪、猪羊粪、鸡鸭窝、草木灰等明细栏目，一户一页。实物分配簿：记录生产队每次分给社员的粮食、副产品（稻麦草、菜秆、山柴、麻秆、蔬菜）等实物。粮食分配，一般分潮谷、潮麦，因农忙收获季节晒场不足，收一天、分一次；留起标准谷10—50公斤，由专人在生产队晒场负责晒燥。柴草以"夹"或"个"为单位折斤计算。财产登记簿：登记生产队集体所购置的财产及主要农机具，便于年终结算。物资登记簿：由仓库（实物）保管员记录库存种子、饲料、储备粮和其他专项实物的变动情况。现金登记簿：由现金保管员登记现金收付发生的单据记录，定期报给会计入账，一般为一个月结报一次。

比例计算。

夏季预算方案在早稻收获前编造，叫早稻方案。工分和土肥投资在7月10—15日结断，根据早稻估产情况算出总产。首先完成国家粮食征购任务，留起种子和饲料粮。口粮分配一般为4个月，超产部分按工分80%，土肥投资20%分配。副产品按粮食比例分。

第三次在晚稻和络麻收获前编造，叫全年预算方案。这时的工分和土肥投资按历年惯例在11月15日前已结断，根据晚稻估产，加上春花、早稻的实产和络麻的收入进行编造。在总方案中，现金部分全年收入和支出要估算，与生产大队各项平衡要估算，结算出可分配数及每个工分的初步报酬；粮食部分要结出全年总产量，减去国家任务，留足种子、饲料及储备粮，计算可分配数。如若人均分配口粮超过250公斤加15%，即287.5公斤，要交售超产粮。决算总方案确定后，要编造好分户方案，计算出每户社员的现金分配和实物分配方案。

上述三次方案均称预算方案。生产队会计为了在每笔实物分配时便于计算，一般根据每户社员的可分配数求出全年生产队的百分比。这样，在分粮分草时，只要总数乘以可得比例，马上就可以计算出该户的应得数来。

最重要的当然是编造年终决算方案了。每年的11月15日将工分、土肥投资结断后，就在12月底编造决算方案。这时，先与生产大队将财务工分、军属户、"五保户"、机耕水电等应收应付费用找补结清；国家粮食征购和超售粮、农业税结清；留足种子、饲料及储备粮；生产队盘好仓；查账公布，开好社员大会，讨论落实补贴工分等遗留问题；估出萝卜等未收产品的收入，留起一定的稻谷和稻草，转出下年生产费等，才能编造决算方案。决算方案先编造好总方案，再编造出分户方案。在合作社及公社化初期，一般是干部说说，会计算算。"四清"工作以后，生产队成立贫协小组，要进行查账和参与队委会讨论决策，再交社员大会讨论。决算方案出来后，定时进行找补，找补时有的"倒挂户"如一时拿不出钱来，要将尚可分配的粮食和副产品暂扣起来，存放在生产队仓库中。或用现金买，一手交钱一手取粮，或发给统销粮票。"倒挂户"中，有的是在外工作，工资缴队评分后，还可有一些补贴，能够买现粮。而务农社员的"倒挂户"是劳动力少、吃口多、负担重的困难户，无赚钱门路，确实很困难。即使发给粮票，还是买不起粮食的，最终还是生产队给予照顾，分给现粮。

这一分配制度，一直到1982年。1983年后，实行家庭联产承包责任制，这种以农业经济收入分配为主的分配不再存在。

表732　1971—1982年凤凰生产大队收入分配情况

单位：元

年 份	费用支出	国家税款	公积金	公益金	粮食储备基金	生产基金	社员分配	合 计
1971	33105.83	3202.11	4394.00	3296.00	818	—	65039.89	109855.83
1972	41993.47	2985.71	6158.00	2461.00	—	—	69583.21	123181.39
1973	36919.31	3197.06	4622.75	3465.00	—	—	67349.87	115553.99
1974	37939.06	3175.45	4672.00	3581.00	—	—	69782.48	119149.99
1975	39932.56	3184.94	4294.00	3173.00	—	—	56371.74	106956.24
1976	43411.81	3202.63	4189.00	4134.00	—	—	65378.48	120315.92

续表

年 份	费用支出	国家税款	公积金	公益金	粮食储备基金	生产基金	社员分配	合 计
1977	41280.00	3202.63	4663.48	4006.00	—	—	71069.61	124221.72
1978	49487.75	3162.22	6987.00	4316.35	1718	—	99067.96	164739.28
1979	62175.00	3407.00	8813.00	4821.00	1919	3870	114275.00	199280.00
1980	64031.00	3679.00	8331.00	1666.00	110202	2824	—	190733.00
1981	69257.24	3651.20	11925.00	2384.00	—	2823	148484.37	238524.81
1982	68334.70	3651.00	11250.50	4098.50	—	—	189548.30	276883.00

注:"费用支出"栏,包括生产费用、管理费用和其他支出。

附录一

凤凰生产大队的工分制度

1956年成立高级农业合作社土地收归集体经营后,实行工分制度,评工记分成为计算农民劳动报酬的唯一方法。此方法一直延续到1983年土地承包到户为止,历时28年之久。农业劳作,工种多样,每种不同;农业劳力,男女老少,力强力弱,手脚快慢,对农活此专彼生,工效相去甚远。评工记分,既关系到每个劳动力的切身利益,又要在劳动力之间相对合理,促进彼此的劳动积极性,确实困难。时曾提倡"政治挂帅""思想领先""共同富裕",又有"阶级斗争"这根纲,虽然评分时有争吵,但还是能把工分评好,相对民主和合理。这种民主和合理主要依靠公认的劳动底分和合理的按件计酬定额,以及生产队干部的大公无私精神和威望,也有大多数社员出于公心或息事宁人的心态。

劳动底分,简称底分,也叫劳动折头。凡是能参加生产队劳动的,不论男女老少,人人都有底分,底分是评定一个劳动力工分的基础。在劳动力名册中,凡出工的都画上一直,时俗称"出工一直头"。这个计分方法比较简单,一般一月结一次,记工员只要按每个劳动力一月的出勤日数乘以劳动底分,就是该劳动力一月的总工分了。

评定劳动底分难度很大。从成立初级社的1955年就已开始评底分,以后每年要评一次或几次。评定底分,需要集中生产队全部劳动力。先把男女老少劳动力分成几等,在等级中再互相对照,逐批逐人确定。一般先评男整劳力,如全队男整劳力30人,最高为10折,相比之下,有20人劳力相等,各种农活都会做,大家一直同意评定为10折;还有10人,有的不会种田,有的不会摇船,有的劳动力虽然差一点,但有耕田等绝活,通过互相比较,这些人可分别评为9.9折、9.8折、9.7折不等;也有身体差评定为9折的。以此类推,上老下小,分档定折。老的60岁左右,虽力气不足,但经验丰富农活娴熟,年轻的十六七岁,力气较好但农活不专,定为7—8折。下面的如15岁左右小伙子和65岁以上老年人,只有妇女劳动力的折头了,一般为5—6折。最小或最老参加劳动的,有评2—5折不等的。男劳力评好后,再评妇女。妇女全劳力多数生产队评为6个半折头,也有个别小队评为7折的。以下5折、4折、3折不等。农忙时能管晒场的老婆婆和小姑娘也有评2个折头的。也有些队评底分时,分成几个组,自己参加的组评别组人员,不评自己组人员,自己组人员的底分由别的几个组来评。俗称"调换敲背"。

每年进行一次评底分,年轻的要加,年老的要减,新来的媳妇要增评,便于新一年工分的计算。从合作化到"四清"前，多数农活都按工记分，特别是1958—1962年吃食堂饭期间，群众戏称"一直头、一钵头"，意即一日点名直一下，一餐吃一钵头饭。1966年开始，"农业学大寨"期间，底分采取自报公议方法评定。1972年，又采取底分活评为主的方法，即以"同工同酬"为原则，男女劳动工种相同，工效相当，就要增加妇女的工分。

按底分以日评分，多数生产队整劳动力每天为10分，"双抢"大忙季节或围垦摇船两头摸黑时，增加到每天15个工分。以日记工，劳动工效不高，群众戏称为"买日头""撑凉帘（俗'挣几钱'谐音）"。按田亩计算，集体经营时的用工量远比承包到户要大得多。

附录二

凤凰生产大队的按件计酬和小段包工计分

按件计酬和小段包工是生产队实行生产责任制的两种分配形式，也是实行工分制度期间的评工记分的两种方法。按件计酬和小段包工都是实行同工同酬，能提高劳动工效，但实际操作过程比较复杂，费工费时，所以曾尝试发放工分票的方法进行记分。工分票记分方法虽然简单，但时有废票浑水摸鱼的情况产生而停用。所以，实行生产责任制期间，多数工种采用评定劳动底分记工分，特殊工种采用按件计酬和小段包工计分。

按件计酬，需先制订合理的劳动定额和质量标准。实行高级农业合作社后，开始制订劳动定额，农活中的罱河泥、扒湖苔、割青草等一直采用定额计酬。河泥、湖苔以船为单位，青草、垃圾以箩记分。其中推行政治评分时期，按件计酬范围较小，1958年"大跃进"时期和1968年"三忠于"活动时期，评分采取"一直头"。1964年、1965年"四清"运动时期，大忙季节，从耕田、摊田、种田、挑河泥到收割稻麦、收剥络麻等农活都采取按件计酬。

小段包工计分，是按件计酬的一种延伸，有些农活，分次定额计分，质量难以保证。所以，拔麻地草、割田埂草、耘田、上泥等以培育管理为主的难以验收的农活，一般采用小段包工计分办法。

表733　1970年3月16—30日凤凰生产大队第一生产队
农活小段包工计分办法

工种（单位）	用工数量（工）	折合工分（分）	工分计算方法
捻河泥（船）	30.0	840	采用6吨船，每天2船，每船28个工分
做田塍（工）	32.0	384	3200米
掘秧田（工）	16.7	200	2亩
清麻地沟（工）	50.0	600	每工12分计算
打药水（工）	25.0	300	每工12分计算
大队误工（工）	50.0	600	每工12分计算
造机库（工）	20.0	2400	每工12分计算
修机埠（工）	10.0	1200	每工12分计算
清垃圾（工）	20.0	240	每工12分计算

续表

工种（单位）	用工数量（工）	折合工分（分）	工分计算方法
清粪坑底（工）	15.0	180	每工12分计算
收肥料（工）	30.0	360	每工12分计算

注：①资料来源：《衙前镇志》编纂委员会：《衙前镇志》，方志出版社，2003年12月，第435页。
　　②凤凰生产大队第一生产队有内地面积117亩，围垦26.5亩，合计143.5亩，人口158人，男女整半劳力103人，其中社队企业：男7人，女25人，山林队3人；务农男劳力45人，女23人。

表734　1970年凤凰生产大队第一生产队农活定额计分办法

序号	工种（单位）	数量	工分（分）	规格质量要求
1	割青草（箩）	1	3.0	泥少，按季增减
2	垃圾（箩）	1	4.0	按质量好坏定分
3	捻河泥（吨）	6	28.0	按标准浮泥增加
4	捻河泥（吨）	3	14.0	按标准浮泥增加
5	挑翻塘泥（担）	1	0.3	100米计算
6	割麦（亩）	1	25.0	细收细刈，麦头拾净
7	捆麦（亩）	1	5.00	捆齐，结实
8	背麦（亩）	1	5.00	
9	打麦（个）	1	0.30	干净，草捆起、堆好
10	机器打麦（亩）	1	25.00	干净、草扎起
11	挑麦（亩）	1	5.00	150米4分，300米6分
12	割横槽麦（亩）	1	15.00	干净，齐，麦头拾净
13	背横槽麦（亩）	1	3.00	干净，齐，麦头拾净
14	割边麦（亩）	1	8.00	干净，齐，麦头拾净
15	捆沟边麦（亩）	1	3.00	干净，齐，麦头拾净
16	晒麦（亩）	—	—	按前妇女记分，勤翻
17	拔油菜（亩）	1	15.00	轻放，整齐
18	摊田（亩）	1	7.00	平面糊，边掘横头（大的高低田杂工挑）
19	拔秧（2平方米）	1	1.20	齐，无断秧，散秧
20	种田（亩）	1	55.00	连挑秧，不同规格密植按不同计算
21	种田（亩）	1	75.00	（小秧）不同规格密植按不同计算
22	挑撒头河泥（担）	1	0.30	100米计算
23	撒河泥（担）	20	2.00	均匀，石头拣出
24	劈田塍草（亩）	1	1.00	—
25	耘头遍田（亩）	1	7.00	扶苗补缺，拔掉杂草
26	施毛畈氨水（亩）	1	1.50	氨水50斤，施均匀
27	耘二遍田（亩）	1	10.00	每株摸到，拔掉杂草
28	耘三遍田（亩）	1	15.00	每株摸到，均耘精耘
29	施肥，治虫	—	—	同等劳力对照

续表

序号	工种（单位）	数　量	工分（分）	规　格　质　量　要　求
30	掘麻地（亩）	1	20.00	精细平整
31	套播麻（亩）	1	25.00	精细平整
32	播麻（亩）	1	25.00	踏平、灰壅好
33	种麻（亩）	1	70.00	连拔麻秧，按标准质量
34	掘种麻地（亩）	1	25.00	精细平整
35	拔麻地草	—	—	按草数量决定工分多少
36	浇麻料（亩）	1	12.00	每亩20担，施均匀
37	贴麻边（亩）	1	12.00	连接搭牢，不脱头
38	芟小麻	—	—	按杂工记分
39	剥麻（千克）	50	7.00	包括拔、夹（称按杂工）
40	洗麻（绞）	1	0.15	干净（捞、晒、卖按杂工）
41	割早稻（亩）	1	15.00	放得轻、齐（晒谷按同等劳力对照）
42	打早稻（亩）	1	20.00	机器打、细收细打、夹好稻草
43	挑早稻谷（亩）	1	3.50	150米内
44	挑耙头河泥（担）	1	0.25	指二井田内
45	挑令背河泥（担）	1	0.20	指二井田内
46	挑畈田河泥（担）	1	0.20	指二井田内
47	摊田（亩）	1	5.00	平整、糊
48	拔晚稻秧（亩）	—	18.00	每串长24米阔2米无断秧
49	种田（亩）	1	60.00	按上级要求无余株（大秧）
50	掘油菜秧田（亩）	1	70.00	掘转、播下、踏平、灰壅好
51	掘麦地（亩）	1	60.00	包括开好沟、壅好灰
52	割晚稻（亩）	1	13.00	整齐、轻放
53	打晚稻（亩）	1	20.00	机器打、细收细打、夹好稻草
54	挑晚稻谷（亩）	1	4.00	中井田
55	掘麦地（亩）	1	65.00	地面平整
56	开深沟（亩）	1	30.00	指卅字沟、十字沟
57	播麦（亩）	1	25.00	包括壅灰、整好盖泥
58	掘油菜田（亩）	1	35.00	整平、七杆头
59	种油菜（亩）	1	30.00	油菜秧自拔
60	浇油菜粪（亩）	1	24.00	包括出落、每亩20担
61	上油菜泥（亩）	1	25.00	质量要好
62	晒谷（亩）	—	—	按同等劳力对照
63	防病治虫	—	—	按同等劳力对照
64	种蚕豆（亩）	1	20.00	—
65	压麦（亩）	1	12.00	达到规定标准

续表

序号	工种（单位）	数量	工分（分）	规格质量要求
66	撒麦（亩）	—	—	按杂工记
67	浇常熟式麦（亩）	1	20.00	每亩30担
68	斩稻秆（亩）	1	8.00	—
69	贴边（亩）	1	12.00	—
70	浇氨水（亩）	1	15.00	—
71	做田塍（米）	100	12.00	敲结实，做平
72	掘稻田（亩）	1	100.00	深掘，削碎，扎细，做平，边齐
73	做秧田（亩）	1	—	大摊20分，细摊20分，耥平10分

注：资料来源于《衙前镇志》编纂委员会：《衙前镇志》，方志出版社，2003年12月，第435—438页。

附录三

凤凰生产大队的社务工分与补贴工分

社务工分即大队工分，是干部、社员在生产队以外工作所记的工分，由生产大队记账。社务工分即大队工分内容繁多，有县以上开会工分，公社开会工分。县以上开会有补贴，每天现金0.8元，其中0.4元交大队，记一天工分。公社会议没有补贴，大队可以记务工。

大队工分有：干部社员开会工分、农田水利工分（大队为单位的农田基本建设，如建造机埠、排灌渠道、建闸、建桥、挑围垦）、基建工分（建造学校、大队仓库、机房及其他房屋）、大队人员工分（抽水机手、民兵训练人员、副业队人员、粮加厂人员、文艺宣传队人员等）和军属补贴工分等。社务工分由生产大队会计记账，每月社务工分要向生产队划拨。从农业合作化到1982年，年年基本如此。

补贴工分，主要是生产队对队里干部和部分对队有贡献的社员实行一年一次的补贴。干部补贴工分一般年初已定，也有到年底才定的。补贴随政治气氛的高低有上落。生产队长补贴最高，一年在360—500分之间；其次，会计120—200分；其余生产队委、仓管员、技术员、植保员、记工员和妇女队长补贴不等，一般在50—80分之间。每年底，还会对放水员、饲养员等社员予以补贴，补贴20分、30分、50分不等。在"四清"和"三忠于"期间，为人民服务为主，不但不拿补贴工分，也不拿全队最高工分，"斗私批修"嘛。

第二节　家庭联产承包责任制时期

1983年实行家庭联产承包责任制后，农户成为独立的生产经营主体，以集体统一分配为主要形式的收益分配方式和以粮食为主的实物分配已不复存在。土地承包到农户，农户按所分得的土地，完成国家粮食定购任务和缴纳农业税收，向村（生产大队）缴纳承包费后，其余均由农户自行支配。村干部由工分制转为工资制，民办教育费用、五保户供养、困难户照顾、烈军属户优抚、医疗卫生、生活用水用电设施等所需的资金均由村（大队）集体经济收入中予以支付。

表 735　1983—2004 年凤凰村（生产大队）收入分配情况

单位：元

年份	费用支出	国家税款	公积金	公益金	粮食储备基金	生产基金	社员分配	合计
1983	79577	3651	2824	4052.00	—	—	167478	257582
1984	143613	4176	4810	5713.00	—	—	201339	359651
1985	1013986	83639	271773	—	—	—	441157	1810555
1986	1852900	84800	291100	—	—	—	545700	2774500
1987	3870200	375100	306300	—	—	—	755700	5307300
1988	9839600	764000	418900	—	—	—	820700	11843200
1989	10840400	834500	318400	—	—	—	948500	12941800
1990	7298800	567900	233900	—	—	—	1051800	9152400
1991	4521000	714100	205300	—	—	—	1189200	6629600
1992	5235400	349500	513100	—	—	—	1397800	7495800
1993	17120300	639400	488400	—	—	—	2246200	20494300
1994	23922500	303500	1095100	—	—	—	2660900	27982000
1995	23040400	904600	1157900	—	—	—	3336500	28439400
1996	65192800	714800	—	485800	238000	522900	4456200	71610500
1997	91302700	1932500	—	1854400	1522200	521500	5153600	102286900
1998	107873200	2962300	—	930100	2273800	2084800	5797400	121921600
1999	153100400	3870500	—	2002200	3701400	1200000	6441107	170315607
2000	162682000	4646000	—	2490000	4778000	1100000	6640000	182336000
2001	187882000	6028900	1389500	—	5275000	3510000	7658500	211743900
2002	259707100	8308000	1462600	—	5308000	3830000	8603000	287218700
2003	331786500	7170000	1807500	—	4708000	5500000	9148500	360120500
2004	392831800	8015500	—	—	—	—	10551000	412906300

注：①"费用支出"栏，包括生产费用、管理费用和其他支出。
②"公积金"栏，2001—2003 年为集体提留。"生产基金"栏，2001—2003 年为企业各项留利。
③"粮食储备基金"栏，2001—2003 年为分配给外来务工人员收入。

表 736　2000 年凤凰村、交通村、卫家村合作经济支付公益事业经费情况

单位：万元

村名	民办教育	计划生育	烈军属优抚	五保户供养、困难户照顾	村镇建设	医疗卫生	生活用水用电设施	广播电视事业补贴	退休村干部补贴	其他	小计
凤凰	9.90	0.40	1.20	2.80	0	7.00	1.00	0.10	14.40	19.10	46.90
交通	0.50	0.50	0.60	0.40	1.00	0	0	0	0.72	0	3.72
卫家	0.50	0.30	1.50	5.50	2.50	1.30	0.40	0	0	2.32	14.32
合计	10.90	1.20	3.30	8.70	3.50	8.30	1.40	0.10	15.12	21.42	64.94

第三节　建设新农村时期

2005 年 6 月凤凰村、交通村和卫家村三村合并为凤凰村后，进入建设新农村的新时期，建立凤

凰村股份经济合作社，划分股本金，明确股东股金，按股份分红；将货币资金、土地资源转化为经营性资产，确保集体资产的保值增值，村股份经济合作社收益分配增加。同时，适龄农村劳动力向第二、第三产业转移增加，使越来越多的农民有了非生产性收益分配收入。

表737　2005—2016年凤凰村农村经济收入分配情况

单位：万元

年份	费用支出	净收入	投资收益	可分配净收入总额	国家税金	上缴国家有关部门	外来人员带走劳务收入	企业各项留利	镇村集体所得	非农成员分利	农民经营所得
2005	63493.81	4198.35	24.50	4222.85	754.18	20	850	150	0	0	2448.67
2006	142125.00	8475.00	0.00	8496.00	1719.00	50	2210	1200	640	0	2677.00
2007	179720.00	10217.00	40.00	10257.00	2163.00	105	2510	1300	540	0	3639.00
2008	206898.00	11360.00	40.00	11400.00	2276.00	110	1344	1560	1956	0	4154.00
2009	273589.00	13135.00	725.00	13860.00	2976.00	208	1847	2960	1100	450	4319.00
2010	347536.00	14764.00	468.00	15142.00	3536.00	263	2236	3365	415	480	4847.00
2011	388843.00	17016.00	360.00	17376.00	3960.00	295	2500	3860	465	550	5746.00
2012	443359.00	19040.00	615.00	19655.00	4280.00	339	2600	4370	735	826	6505.00
2013	472493.00	19907.00	1018.00	20925.00	4330.00	380	2860	4650	772	836	7097.00
2014	480267.00	21196.00	1117.00	22313.00	4380.00	390	2890	4800	800	800	8253.00
2015	481104.00	21026.00	1334.00	22360.00	4360.00	390	2985	4800	800	800	8225.00
2016	482388.00	21645.00	1685.00	23330.00	4376.00	402	2880	4800	800	800	9272.00

注：2006年，可分配净收入总额中含农民外出劳务收入21万元。

表738　2005—2016年凤凰村支付公益事业经费情况

单位：万元

年份	民办教育	计划生育	烈军属优抚	困难户照顾	五保户供养	征兵费用	医疗卫生	养老保险	广播事业	村老干部退休金	其他支出	购建公益性财产支出	合计
2005	5.03	2.72	0.71	4.59	0.56	1.20	17.89	0.00	0.00	3.66	197.04	0.00	233.40
2006	7.07	2.72	0.38	0.79	0.24	1.91	61.06	43.03	6.59	6.69	218.15	78.48	427.11
2007	6.05	2.24	0.00	15.18	0.24	2.56	74.71	64.75	0.00	3.24	183.59	167.21	519.77
2008	6.64	2.38	1.30	1.87	0.24	0.58	102.59	75.36	0.00	5.98	208.84	75.58	481.36
2009	5.97	2.25	0.26	10.34	0.30	2.90	131.80	91.79	0.00	7.26	238.12	173.15	664.14
2010	6.27	2.50	2.40	14.38	0.24	1.09	169.11	137.41	0.00	9.11	310.57	432.59	1085.67
2011	5.29	5.49	2.50	13.76	0.00	4.65	143.44	163.08	0.00	8.06	256.73	471.18	1074.18
2012	2.61	4.64	3.69	13.17	0.62	1.75	175.74	368.67	0.00	4.27	275.92	407.09	1258.17
2013	2.81	3.57	0.00	20.31	0.96	4.11	187.76	270.99	0.00	5.91	296.09	418.88	1211.39
2014	4.05	3.75	0.00	29.14	0.96	1.78	117.75	212.58	0.00	3.94	339.92	328.17	1042.04
2015	4.20	5.00	0.00	19.79	1.80	4.40	162.59	256.16	0.00	6.10	349.59	104.43	914.06
2016	4.44	5.02	0.00	12.70	4.32	0.60	132.90	275.42	0.00	6.13	465.37	491.41	1398.31

第三章　缴纳国家税款　投资固定资产

概　况

　　1983年前,凤凰生产大队、交通生产大队和卫家生产大队在经济净收入中,缴纳国家税款后,再进行集体和个人分配。集体分配的积累资金(自有资金)用于投资固定资产,扩大生产能力,使缴纳国家税款相应增加。凤凰生产大队年度报表显示:实行家庭联产承包责任制前的1982年,利用集体积累资金完成固定资产投资金额1.04万元,占同期完成固定资产投资金额的49.06%。在净收入分配中,缴纳国家税款3651元,占大队净收入的1.75%。1972—1982年,缴纳国家税款年均增长1.20%。

　　1983年实行家庭联产承包责任制后,为发展集体经济,凤凰村(生产大队)、交通村(生产大队)和卫家村(生产大队)重视固定资产投资,使一、二、三次产业逐步协调、稳定发展,农业稳步发展,商业网点增多,村办工业兴起。据凤凰村年度报表记载:1984—1992年,利用集体积累资金完成固定资产投资金额583.1万元,占同期完成固定资产投资金额的91.02%。其中1985年、1987—1991年的6年时间,完成固定资产投资281.22万元,按用途分:完成工业固定资产投资189.86万元,占同期完成固定资产投资的67.51%;完成农业水利建设固定资产投资19.74万元,占7.02%;文化、教育、卫生、住宅(工业企业职工宿舍)等71.62万元,占25.47%。1991年,凤凰村缴纳国家税款71.41万元,占凤凰村净收入的33.87%,比1982年增加32.12个百分点。1983—1991年,凤凰村缴纳国家税款年均增长79.72%。

　　1992年后,完成固定资产投资资金骤增。至1997年完成固定资产投资1043万元。1992—1997年,完成固定资产投资年均增长53.57%。随着完成固定资产投资的增加,凤凰村缴纳国家税款呈现稳步增长的良好态势,特别是1995年后缴纳国家税款快速增加。至2004年,凤凰村缴纳国家税款801.55万元,占凤凰村净收入的39.93%,比1991年增加6.06个百分点。1983—2004年,凤凰村缴纳国家税款年均增长41.87%。

　　2005年6月凤凰村、交通村和卫家村合并为凤凰村后,实施工业园、商贸园、文化园、村民集中居住区和外来人口集中居住区的"三园二区"新农村建设。至2013年6月,凤凰村实施"三园二区"建设累计投入资金3.20亿元,缴纳国家税款继续保持良好的发展态势。至2016年,凤凰村缴纳国家税款4376万元,占凤凰村净收入的20.22%。2006—2016年缴纳国家税款年均增长17.33%。

第一节 缴纳国家税金

农业税

民国时期，对田地征收的税称田赋。① 1951年5月土地改革结束后，废除民国时期的田赋制度，结束了农民向地主交租的历史，开始实行新的农业税制度。② 对种植农林特产的土地，均按农林特产的平均收入折合主粮并入各农户内，计征农业税（1988年，农林特产所征税款从农业税中分离出来）。1950年，土地改革中保留的公有土地，出租给农户耕种，收取谷租。翌年，承租户按规定缴纳农业税。1952年，经土地改革，凤凰村农户分得土地，开始实行新的农业税制度。③ 1955年建立农业合作社后，农户的土地收归集体经营，年终决算时，在收入中扣除农业税。

1958年6月3日颁布《中华人民共和国农业税条例》后，废除累进税制，改行比例税制，根据土地自然条件和当地耕作水平，正常年景产量，评定计税产量，按规定税率计算征收。凤凰地区为水稻区，农业税以主粮（稻谷）为统一计算标准，开始由生产大队为纳税单位，税款由生产大队缴纳，每年在12月底结清农业税。

图1074 农民踊跃交粮（董光中摄）

1983年凤凰生产大队、交通生产大队、卫家生产大队实行家庭联产承包责任制后，土地承包到户，农户成为独立的生产经营主体，农业税就由农户缴纳，可用现粮，也可用现金缴纳。1983年10月1日起，凡以代金缴纳农业税的结算价格，一律按照当地稻谷统购牌价计算。是年，凤凰生产大队缴纳农业税3651元。

---

① 田赋为中国最古老的税种，其来源可追溯至夏、殷、周三代，三代的征收方法虽不同，但税负大体为收获物的1/10。明洪武二十四年（1391），萧山田赋每亩官田起科5升3合、民田3升3合、重税田8升3合、芦田5合3勺。清代沿袭明制，清顺治十四年（1657），田赋分粮银、南米、人丁3项，粮银田每亩最高银钱3分2厘，乡民每人银1钱4分8厘、米9合7勺。清宣统三年（1911），萧山田赋正税有地丁、南米和租课3种，地丁即土地税与人丁税之合称，按银两计算，正税银1两；南米是供应南方驻防官兵的军粮，以米石计算，每石折银3元；租课系公田的租金和税课，公粮上则每亩征钱300文、中则200文、下则100文，草地每亩征钱60文，牧租熟地每亩300文，未垦地每亩征草租60文。民国田赋承清制。民国元年（1912），漕银和南米改征银两，称为抵补金，地丁与租课仍照旧章。民国21年（1932），废除地丁和抵补金名称，改称上、下期田赋，同时改银两计征为银圆计征。民国30年（1941），田赋征实，每元赋额折收稻谷2市斗，仍折收货币，每石30元。民国33年（1944）每石折米450元。民国34年（1945）抗日战争胜利，豁免是年田赋。翌年征收实物，照民国33年赋额5成实征，每元赋额折征稻谷3市斗、征借1市斗、公粮9升，共计4斗9升，以迄萧山解放。

② 1949年，根据省政府颁布的一九四九年征收农业税暂行办法，规定按每户占用土地多少，分16级；按田亩肥瘠分4等，分别确定每亩应征税额。翌年9月，根据政务院颁布的《新解放区农业税暂行条例》，废除民国时期的田赋制度，根据当时土地占有情况，采取全额累进税。

③ 1954年8月，由坎山区粮管所代征收农业税的粮食。是年，凤凰乡计征收稻谷为241087千克，减免户数147户，减免11291千克，完成应征数为229796千克。交通乡计征收稻谷为266235千克，减免户数127户，减免9481千克，完成应征数256754千克。两个乡完成农业税的粮食均为100%。

1985年1月1日取消农产品统派购制度后,农业税由征收主粮(稻谷)为主改为折征代金为主,实现从实物税向货币税的转变。农业税征收价格一律为每50千克稻谷11.70元,可征收实物或代金。现粮由粮食部门收购时代征。1986年,农业税由村派员挨家挨户征收。1988年,凤凰村缴纳农业税0.64万元。

1989年,调整农业税征收价格,早稻每千克为0.444元。1992年,规定在是年10月31日前按早稻定购价每50千克24.60元征收;11月1日后按当地调整后的晚稻定购价计算征收,实行实物征收、货币结算的办法不变。是年,凤凰村缴纳农业税0.72万元。

1993年起,农业税实行实物征收,对没有粮食定购任务或定购任务小于农业税任务的纳税人,可折征代金。1995年,农业税征收价格调整为每50千克57元。1996年,凤凰村缴纳农业税1.50万元。

2000年开始,农业税由村用资金垫付,不再向农户收取农业税。2000年,凤凰村缴纳农业税3.0万元。

2004年起,政府开始实行减征或免征农业税的惠农政策。

至2006年1月1日,取消农业税,凤凰村农民千年延续的农业税终结,走向"零税赋"时代。是年,在凤凰村流行这样一副门联:

上联:开天辟地头一回

下联:种田不缴农业税

横批:普天同庆

企业所得税　营业税　增值税

萧山解放后,境内纳税人向税务管理行政部门纳税申报,并直接向税务专管人员缴纳工商所得税和营业税。1972年,凤凰生产大队集体企业缴纳工商所得税0.06万元。

1973年试行工商税后,工商税几经改革与调整,纳税人上缴税收逐渐转为工商税收。1984年10月1日,境内个体工商户缴纳的营业税,开始由批发单位在个体商业户批发商品时代扣。翌年,个体工商户开始建账建证,对不建账或账证不全的个体工商户按户评定的营业额缴税。1986年,随着税种的变动,集体企业主要缴纳企业所得税和营业税,个体工商户缴纳所得税。1989年,私营企业开始缴纳企业所得税。是年,凤凰村集体企业缴纳国家税款82.75万元。

1994年1月1日实行分税制后,缴纳营业税、企业所得税和增值税等。1994年,个体化纤织造工业户按织机数量确定缴税额,新增的化纤织造行业中的个体工业户、私营工业企业,统一按织机台数核定月销售额征收税收,即1台织机核定月销售收入5000元,1台牵经车按2台织机核定月销售收入。织机户按核定的销售收入缴税后,仍按规定纳税申报,增加织机,须按规定补缴税款。是年凤凰村各类企业缴纳的国家税款72.48万元。

1998年起,工商企业、个体工商户开始自核自缴、自行申报或由社会中介服务机构代理,由税务机关稽查。1999年,逐步对境内的娱乐业、饮食业、建筑业等个体工商户建立会计账册、会计制度。2000年,凤凰村各类企业缴纳的国家税款461.6万元。

2003年10月1日起,境内工商企业和个体双定户(双定指的是定期、定额)参加税务部门组织的无纸化缴税培训,并开始向税务部门通过电子申报(无纸化)缴纳税款、一般纳税人企业使用电脑版普通发票。至2005年底,境内工商企业和个体工商户实行网上申报和无纸化缴税、使用电脑版普通发票。

2014年，凤凰村私有工业企业（不含规模以上工业企业）缴纳所得税792万元。杭州凤谊纺织有限公司（规模以上工业企业）缴纳税收618万元，列入《萧山区2014年度缴纳税收500万元以上独立企业荣誉榜》。2015年，浙江金洋控股集团有限公司（规模以上工业企业）缴纳税收689万元，列入《萧山区2015年度缴纳税收500万元以上独立企业荣誉榜》。2016年，境内企业无列入萧山区2016年度缴纳税收500万元以上独立企业荣誉榜。

第二节 投资固定资产

1955年实行农业集体化后，凤凰地区先后实行以生产大队为基本核算单位的二级经济核算体制、以生产队为基本核算单位的"三级所有、队为基础"经济核算体制，按规定比例提取集体积累。因此，在农业集体化时期，凤凰生产大队、交通生产大队、卫家生产大队随着经济纯收入的增长，集体积累亦同步增长，用于生产大队的固定资产投资亦相应增加。1983年实行家庭联产承包责任制后，农户家庭成了独立的生产单位和核算单位，村（生产大队）集体提留（集体积累）的主要来源有村（生产大队）经营收入、发包及上缴收入、物业租赁收入、资源发包收入、投资收益等，村（生产大队）集体提留（集体积累）增加。2004年，凤凰村、交通村的固定资产净值分别为6520.2万元、755.73万元。2005年三村合并后，凤凰村固定资产净值7953.32万元。至2016年，凤凰村固定资产净值27539万元。

固定资产投资资金来源

凤凰、交通、卫家3村（生产大队）固定资产投资的资金来源，主要是自有资金（集体积累资金），少数年份有信贷资金，个别年份有群众集资、国家资金，还有少数的其他资金。据1982—1998年凤凰村填报的13个年份的统计报表显示，凤凰村共完成固定资产投资总额2387.97万元，其中自有资金（集体积累资金）1850.36万元，占完成固定资产投资总额的77.49%；信贷资金102.60万元，占4.30%；群众集资49.0万元，占2.05%；国家资金25.0万元，占1.05%；其他资金361.01万元，占15.12%。

固定资产投资用途

凤凰村1982—1991年填报的数据完整的7个年份统计报表显示，凤凰村固定资产投资主要用于生产性的工业、农业水利、修建道路和非生产性的文化教育卫生，住宅及其他。其间，用于生产性项目投资总额238.30万元，占7年完成固定资产投资资金（283.36万元）的84.10%。其中工业投资资金189.90万元、农业水利20.20万元、修建道路3.20万元、其他25.0万元。用于非生产性项目投资总额45.06万元，占7年完成固定资产投资资金的15.90%，其中文化教育卫生28.07万元，住宅、其他16.99万元。

1995年、1997年、1998年，3年完成固定资产投资1745.23万元，其中用于建筑工程1542.81万元，占3年完成固定资产投资的88.40%；安装工程157.50万元，占9.02%；购置设备14万元，占0.80%；其他30.92万元，占1.77%。

表739 1982—1998年部分年份凤凰村（生产大队）集体完成固定资产投资情况

（一）

年份	投资总额（万元）	资金来源（万元）		资金用途（万元）				投资总额中		竣工房屋建筑面积（平方米）	
		贷款	自有资金	农业水利	工业	文教卫	住宅	购买设备器具	住宅	总计	其中：住宅
1982	2.14	1.1	1.04	0.46	0.04	0.15	1.49	0.24	1.49	464	464
1985	30.50	0	30.50	2.84	26.66	1.00	0	18.00	0	2500	1200

（二）

年份	投资总额（万元）	资金来源（万元）		资金用途（万元）						投资总额中：购买设备器具	竣工房屋建筑面积（平方米）
		自有资金	其他	生产性				非生产性			
				农业水利	工业	修建道路	其他	文教卫	其他		
1987	59.40	58.40	1	0	40.9	1.2	10.0	2.80	4.5	28.7	1585
1988	39.32	39.32	0	3.4	18.8	0	10.0	0.12	7.0	15	120
1989	26.50	26.50	0	9.5	7.0	2	3.5	2.00	2.5	7	148
1990	46.00	36.00	10	2.0	41.0	0	1.5	0	1.5	10	2000
1991	79.5	36.50	43	2.0	55.5	0	0	22.00	0	39	1310

注："资金来源"的"其他"栏，1991年含贷款23万元。

（三）

年份	完成投资（万元）					新增固定资产（万元）	资金来源（万元）					房屋建筑面积（平方米）	
	总额	建筑工程	安装工程	设备购置	其他费用		贷款	自筹	国家资金	群众集资	其他	竣工面积	其中：住宅
1995	256.30	210.70	40.5	0	5.10	210.70	75	96.70	0	49	35.60	285.7	0
1997	1043.00	912.00	117.0	14	0	912.00	0	1043.00	0	0	0	14000.0	10104
1998	445.93	420.11	0	0	25.82	445.93	25	126.52	0	0	294.41	7361	357

|凤凰村志|下册|
第十三编　村民生活

第一章　商品供应　粮油分配
第二章　村民收入
第三章　村民消费
第四章　村民保障

概　述

民国时期，凤凰地区农民收入水平很低，生活贫困，不少农民在死亡线上挣扎。境内曾流传着这样的说法："省长命令发落，县长手枪一督，乡长买田造屋，保长吃鱼吃肉，甲长跑上跑落，老百姓眼泪水跌落。""东庄王、西庄王，一百二十根讨饭棒。"说的就是新中国成立前各级官僚对凤凰地区农民作威作福和农民的悲惨生活。

新中国成立后，社会稳定，农业增产，村民生活不断改善。经过土地改革，解放了凤凰地区生产力；农业合作化，推动了经济结构的重大变化，来自合作社分配收入增加；人民公社前期，实行按劳分配，允许农民经营自留地、发展副业，提高农副产品收购价格，村民收入总体水平提高。

"文化大革命"时期，以阶级斗争为纲，否定按劳分配，是村民收入增长最慢的时期。

1978年中共十一届三中全会后，不再以阶级斗争为纲，而是以经济建设为中心，乡镇企业异军突起，村级经济快速发展，家庭经营趋向多元化，村民收入来源渠道增加。实行家庭联产承包责任制，使村民收入来源从主要依靠农业生产集体分配的单一结构渠道向多元化多渠道转变，除了工资性收入、家庭经营收入之外，还有包括储蓄存款利息及股息、红利、租金等在内的财产性收入和部分转移性收入。凤凰地区农民收入出现长时间的高速增长，实现由基本温饱向总体小康的转变并向全面小康迈进。

2000年，凤凰村年人均纯收入8258.03元，交通村人均纯收入7293元，卫家村人均纯收入7364元，分别比萧山市农村居民人均纯收入6152元增加34.14%、18.55%、19.70%。曾在20世纪七八十年代被奉为至宝的自行车、手表、缝纫机"老三件"已微不足道；取而代之的是电视机、洗衣机、电冰箱"新三件"；汽车、电脑、空调、传真机、手机等已进入平常人家。2011年，凤凰村用于保障和公益事业的资金有1350万元。是年12月20日，凤凰村成为萧山历史上第一个"全国文明村"。

至2016年，越来越多的村民拥有"薪金、股金、租金和保障金"，村民人均年收入达到49555元。"小有所学、老有所靠、病有所医、困有所济、难有所帮"是凤凰人的真实生活写照。先富起来的凤凰村民普遍过上了小康生活。

图1075　老街·老人（2018年4月30日，傅展学摄）

第一章 商品供应 粮油分配

概 况

1952年春耕后,互助组生产的粮食分配由种子粮、饲料粮、储备粮、其他用粮和组员分配5部分构成。1953年11月17日起,为解决商品供不应求,萧山开始实行粮油统购统销。组建的互助组、初级合作社、高级合作社生产的粮食,除去上缴国家征购粮,留足种子粮、饲料粮、储备粮,余下部分粮食作为队(组、社)员口粮分配;收获的油菜籽,除提留种子、完成国家计划统购任务外,分配给队(组、社)员。1958年建立人民公社后,生产大队办食堂,粮油由生产大队管理。其间,为了保持供需平衡,对关乎民生的必需的吃、穿、用商品实行凭证凭票凭券定量供应。

1993年1月1日后,国家不再下达粮油收购计划,取消粮油凭票凭券定量供应,粮食收购改为合同定购。2001年1月1日,只向年售粮5吨以上的种粮大户合同定购。

第一节 商品供应

1953年11月17日萧山粮油开始实行统购统销后,实行粮食凭证定量供应,1954年9月棉布凭票供应。1961年10月食糖凭票供应。村民用自产的鸡、鸭蛋、生猪等去交换供销社的糖票、布票、煤油票等票证。1960年,棉毛衫裤、毛巾床毯等针棉织品也开始凭票供应。20世纪60年代,曾一度实行凭证凭票凭券限量供应的商品有猪肉、禽蛋、食糖、烟酒、食盐等农副产品和棉布、百货等生活用品及自行车、缝纫机等日用工业品上百种。[1] 70年代末后,凭证凭票凭券限量供应的商品有增无减。

至1979年,萧山的生产资料进入商品流通领域,生活资料除粮油、棉布、絮棉仍凭票供应外,其余商品均敞开供应。[2] 后随着商品经营体制的改革,商品的日益丰富,凤凰村、交通村和卫家村的村民使用的票、证、券逐渐减少。至1993年1月1日,所有证、票、券取消,商品供应全面放开,村民生活明显转好。

表740 1970年凤凰地区配给物资情况

名 称	配给物资情况
酒	每户9市斤(白酒按折率不变),凭票供应
茶叶	每户0.5斤
肥皂	社员每人1块,居民、机关、企事业单位职工每人2块,凭萧山县购货证县内通用

---

[1] 杭州市萧山区人民政府地方志办公室编著:《萧山市志》第二册,浙江人民出版社,2013年12月,第1134页。
[2] 杭州市萧山区人民政府地方志办公室编著:《萧山市志》第二册,浙江人民出版社,2013年12月,第1101页。

续表

名 称	配给物资情况
火柴	社员每人3小盒，1人户5盒；居民每人2小盒，单身汉4小盒。凭萧山县购货证县内通用
三股线	每人2支，1只线球抵1支三股线。凭萧山县购货证县内通用
铁锅	在供应新铁锅同时，回收旧铁锅，凭证供应
煤球	居民1人户30斤，2人户50斤，3人户60斤，以上每多1人增加10市斤

第二节 粮油分配

口粮分配

口粮是农业合作化时期的产物，以稻谷定粮，按50千克稻谷出米36千克计算。20世纪50年代，凤凰地区确定为国家指令性粮麻种植区之后，村民的粮食来源主要依靠生产队集体种植粮（俗称自产粮）和国家统销粮两部分组成。口粮按基本口粮和劳动日相结合的办法分配。基本口粮人均250千克，余下部分按工分80%、土肥20%分配。根据各社（组）情况，有时分配比例会略有变动。

1956年10月，根据1955年情况，确定平均口粮和人口变化增减口粮（新生儿以平均口粮的20%增加）、种子、饲料、村民余粮等。人均口粮标准为原粮250千克，其中正劳力360千克，新生儿50千克，其余各人员按年龄增减。

1958年4月生产大队开始办食堂，实行粮食包干，5年不变。1958年10月，成立人民公社，以生产队为单位办公共食堂，开始提出"吃饭不要钱，放开肚皮吃饱饭"口号，实行"生活集体化"，伙食供给制。粮食由生产队保管，粮食吃光，就到别的生产队去"平调"。当时，社会上浮夸风盛行，食堂的粮食供应比较紧张。1959年后的"三年困难时期"，粮食生产遭虫灾人祸而减产，出现饥荒，实行以人定粮，定粮到户，粮食管理到食堂，凭票吃饭，节约归己。1961年，食堂在口粮中掺杂青菜、萝卜、菜瓜等，出现社员上山采野菜、掘葛根等充饥的情景。

1962—1982年，确立三级（公社、生产大队、生产队）所有，生产队为基础，以生产队为基本核算单位，使组织生产和进行分配的单位统一起来。生产队规模缩小，生产队数量增加，实行劳力固定、土地固定、耕畜固定和农具固定的"四固定"，各项分配得到落实。

1964年，粮食分配按田畈、田方、田块分上中下三个级别制订好粮食产量；生产队核定人口，以岁定量，计算好每户基本口粮；留足种子、饲料、储备粮、机动粮；核定国家粮食征购任务，落实超购粮。以岁定量标准，在生产大队的生产队之间完全统一，人均定粮，一定三年，三年期满调整一次。1979年，凤凰生产大队社员口粮按人口、按劳、按肥分配，分别为190710千克、138579千克、31071千克。

生产队口粮分配一般春粮安排2个月，早稻安排5个月，年终一次性结算分配到户。1962—1982年生产队为基础时期，各生产队仍实行留足基本口粮，超产部分按劳按肥分配方法。1977—1978年，曾实行"按月分粮"的方法。由于生产队土建仓储保管有困难，易造成粮食霉烂变质，不得不又恢复分春粮、早稻和年终三次分配到户的粮食分配方法。

1983年实行家庭联产承包责任制后，村民的粮食来源转变为农户种植粮和国家统销粮两部分组成。直到1993年放开粮食市场，粮票取消。

表741　1964—1984年凤凰、交通、卫家村（生产大队）口粮分配情况

年份	凤凰				交通				卫家			
	生产队（组）	参加户数（户）	分配数量		生产队（组）	参加户数（户）	分配数量		生产队（组）	参加户数（户）	分配数量	
			人数（人）	平均每人口粮（千克）			人数（人）	平均每人口粮（千克）			人数（人）	平均每人口粮（千克）
1964	6	146	609	242	4	111	468	228	4	55	287	250
1965	6	174	638	284	4	110	490	281	4	55	298	300
1966	6	147	657	303	4	111	499	366	4	58	304	335
1967	6	150	663	305	4	111	503	334	4	58	310	327
1968	1	150	678	242	4	112	511	271	4	58	321	225
1969	1	155	705	261	1	123	534	287	1	62	336	259
1970	1	155	713	266	1	133	547	285	1	66	342	249
1971	3	159	727	269	2	132	552	265	2	69	354	279
1972	5	159	737	338	3	128	553	318	2	66	352	375
1973	5	162	747	295	4	126	554	284	2	69	358	289
1974	5	174	763	285	4	124	551	304	2	71	360	290
1975	5	177	776	249	4	125	547	265	2	74	374	239
1976	5	187	781	272	4	137	556	296	2	81	375	327
1977	5	191	794	264	4	138	571	282	2	82	374	307
1978	5	191	791	368	4	142	574	383	2	85	380	403
1979	5	178	770	468	4	127	554	442	2	92	387	475
1980	5	173	770	336	4	130	559	340	2	93	391	311
1981	5	188	761	323	6	121	560	303	4	92	388	276
1982	5	189	753	379	6	143	568	383	4	100	391	378
1983	5	197	756	374	6	144	566	415	4	102	394	406
1984	5	205	752	470	6	142	566	511	4	105	397	454

种子粮

集体化时期，对种子粮的留选十分重视。从农业互助组成立开始，种子粮年年须留，且要留足留好，不得动用。大部分生产队采取"自选自留"，根据种植面积计算，留取一定数量作为粮食再生产的种子。一般春粮按明年的种植面积，亩留15千克；早稻按粮食面积85%，亩留20千克；晚稻按100%种植面积，亩留17.50千克。种子要单收单晒，务求纯净，而且须专人专柜保管。也有鉴于品种老化等原因，少数生产队向上级农业农技部门调取优良种子，或由生产大队组织到外地购买新品种的。种子粮用后有多余的，也按劳按肥分配到户，直至1982年家庭联产承包责任制前。1983年家庭联产承包责任制后由农户自行留选种子粮。

饲料粮

饲料粮主要用于养猪，农业合作化时期，政府十分强调养猪业，饲料供应也主要是猪饲料的供应。饲料品种有大小麦、番薯、米糠等，晚稻不用作饲料粮。饲料粮为供应集体养猪场和奖励社员家庭养猪所用。集体牧场饲料留存，根据牧场饲养生猪头数实际需要量留足。也有向酒厂购买酒糟、向豆制品加工厂购买豆腐渣掺和在饲料中的。人民公社化初期，以生产大队、小队为单位办养猪场，社员家庭不养猪。1961年下半年，集体养猪场倒闭，生猪分养到社员家庭饲养。1968年后，在"农业学大寨"运动中，又开始兴办集体养猪场。到1977年时，公社、生产大队、生产队三级

办集体养猪场，加上社员家庭饲养，生猪饲养量创新高，是年饲料粮留存数量也创新高。当时，社员生猪饲养有奖励政策，凡投售一头肉猪，除国家发给饲料票25千克外，供销社有肉票、糖票等奖励，生产队也有奖售政策。况且又可增加土肥投资，所以社员养猪积极性较高。1983年家庭联产承包责任制后，由农户家庭自行解决养猪饲料。

储备粮

1959年，粮食分配中就有了储备粮。据坎山公社1959年终分配统计资料显示，时已留储备粮121757千克。由于自然灾害，粮食减产，社员吃粮标准很低，就全部分给了社员。后根据中央提出"备战、备荒、为人民""深挖洞、广积粮、不称霸"，生产大队开始储粮留钱，即所储的都是现粮。储备现粮的提存，按总产量的2%—5%不等。储备粮的储存方式，起初由生产队仓库保管。生产队建有简易粮仓。20世纪70年代后，利用下乡知识青年留下的"知青房"改建成储粮仓库。随着粮食的增产，储备粮的增多，凤凰生产大队、交通生产大队和卫家生产大队都组织有专业维修队，维修和扩建集体粮仓。为明确职责，切实保管好粮食，凤凰生产大队多年坚持分期分批培训生产队会计和保管员，以老带新，努力提高保管人员保管粮食的业务水平。后储备粮的储存由生产队自储与国家粮食部门代生产队或个人储备粮食相结合。代储粮食以5年为限，一次性收足2%的实物以弥补费用。代储又有两种形式，一是储现粮，叫"储粮储钱"；二是储粮入库后，由国家付给粮价款，生产队保管储粮票。青黄不接时，经公社及公社粮食专管员批准，在动用完生产队储粮后，再动用储于国家粮库的粮食，每年年终分配时扣还补足。1964—1977年有借粮情况。1978年后，社员不再吃借粮了。

1983年，土地开始承包到户，生产队仓储的一部分储备粮也被分配到户。名义上是分户代储，实质是分粮到户。另一部分储粮作为超产超购售给国家。

1985年，国家代储的储备粮均转为国家超购粮，其中现粮部分结算到村作为村积累，存票部分补贴差价也一并结算到村。1986年，村集体不再储备粮食。

表742　1971—1983年凤凰生产大队储备粮情况

单位：千克

年份	年末累计储备粮			年份	年末累计储备粮			年份	年末累计储备粮	
	总计	库存现粮	国家代储		总计	库存现粮	国家代储		总计	国家代储
1971	42786	13754	25962	1976	66331	3305	63026	1980	91700	42574
1972	51950	10300	41055	1977	67720	8943	58777	1981	91700	42574
1974	64797	9666	55132	1978	84775	37168	47607	1982	68984	42574
1975	65703	8498	57206	1979	91700	43171	34002	1983	91700	42574

注：①1970年，累计储备粮38695.5千克，其中国家代储23375千克。1971年，借出粮食3070千克。1972年库存粮票600千克。1983年、1984年、1985年，生产大队（村）年储备粮报表账面数均为68984千克，实有数（代储）均为42574千克。

②1973年，村年报表中无填报。1980—1983年，村年报表中无"库存现粮"数据。

其他用粮

农业集体化时期，集体用于日常必要支出的粮食，在年报表统计中列入"其他用粮"项。各级政府部门人员到生产大队，由生产大队接待供饭的用粮；机埠、排灌机房等由生产大队统一管理和维修等人员用粮，均在"其他用粮"项中支出。还有萧山以外公出的补贴用粮，也需要在"其他用粮"中支出。"其他用粮"的留存，生产大队根据需要而定。

生产队的其他用粮主要是特殊工种的补贴用粮，如外出"扒湖苔"、围垦劳动、运围垦石料等。运石料去围垦，一般每工补贴稻谷0.50千克或大米0.25千克。一般按每亩面积留5千克稻谷，用作机动用粮。1984年实行家庭联产承包责任制后，村集体不再留存其他用粮。

食用油分配

凤凰地区农民的食用油主要是菜油和猪油。农业集体化时期，食用油分配主要是互助组、初级社、高级社和生产队油菜籽的分配。集体收获的油菜籽除提留种子、完成国家计划统购任务及集体其他支出外，分配给队（组、社）员。集体生产的油菜籽到衙前油坊榨油，菜饼归集体作为肥料，菜油分配给队（组、社）员。分配部分，采取按劳与按需分配相结合，但数量都比较少。而肉猪的宰杀又受国家指令性计划控制，猪油远不能满足农户家庭的需要。

1986年，国家不再下达油菜籽统购任务，村民种植的油菜可以自给，菜籽油成为村民最主要的食用油。后，随着农业产业结构的调整，出现大豆油、玉米油、葵花籽油等多个品类的食用油。村民习惯于到市场购买色拉油、天然谷物调和油和葵花籽油、非转基因压榨的玉米油、茶油、芝麻油、橄榄油等，直至今。

第三节　粮油征购

粮食收购

1953年11月实行粮食统购起，至1955年的粮食征购均以农户为单位缴售。1956—1982年以生产队为单位。1983年起，实行家庭联产承包责任制，恢复以户为单位缴售。

1985年4月1日粮食年度起，取消粮食统购，小麦、稻谷、玉米改为合同定购，并按定购的粮食数量对农户奖售平价化肥（合同定购以内的粮食，每百千克奖售平价尿素0.25千克、碳铵10千克）。大麦等其他品种粮食自由购销，按市场价随行就市收购。翌年，粮食供不应求，为促进合同定购粮食的完成，对缴售定购粮农户增加供应平价柴油（每百千克定购粮增加供应平价柴油1千克）。1989年11月，由合同定购改为国家定购。

1993年1月1日起，全省放开粮食购销及价格，不再下达粮食收购计划，粮食收购改为合同定购。2001年1月1日，改为向年售粮5吨以上的种粮大户合同定购方式收购粮食，建立产销关系。

油脂收购

1955年10月1日，实行油脂统购统销。食用植物成品油和菜籽、棉籽等油料均有收购，其中收购的油料按出油率折算成成品油。1956年，油脂收购开始实行按比例统购，即油菜籽按实际产量的70%统购，棉籽除每亩留种10千克外，全部统购。1957年，实行全部统购、按比例留油返饼，即按规定比例，以分期发放油票和油饼票的形式留人口油、返油饼。后几次调整留油返饼比例。1962年6月1日，留油包干、余油统购，即以生产队为单位，核定产量，留起种子：菜籽每亩0.5千克、棉籽每亩10千克和人口油每人每年1千克，其余全部统购。后又几次调整留种留油标准。1971年起，实行超购加价（农民留油有余部分交售，按一定比例提高收购价，提高比例为10%—30%）。

1984年，取消统购，油菜籽按"倒四六"（40%按统购价，60%按加价）比例价收购；棉籽按"顺四六"（40%按加价，60%按统购价）比例价收购。1985年，食用油料改为合同定购。对油菜籽收购实行退饼政策，退饼比例为55%，即按交售油菜籽量的55%平价供应油饼。

1992年，停止实行退饼政策，对油菜籽收购仍为合同定购。

1993年1月1日，随着粮食购销和价格的全面放开，放开油脂收购和价格，油脂收购改为食用油料收购，并改为议价收购。2001年，国有粮食部门不再收购食用油料。

表743 1970—1982年凤凰生产大队粮油征购及粮食分配结算情况

单位：千克

年份	包干征购指标	集体生产粮食总量	粮食分配						社员口粮		油菜子统购	
			实际入库		种子	饲料	储备	其他	总量	平均每人	任务	实绩
			征购	超购								
1970	20849	241050	20849	2579	17395	4825	4500	1350	189553	266	3213	3213
1971	11266	246949	11266	4871	19947	8201	4090	3062	195514	269	3800	7218
1972	11334	321313	11334	10310	26191	9546	9025	5741	249167	338	3800	5320
1973	11329	291425	11329	11691	25371	8184	8716	5884	220252	295	3800	5320
1974	10433	284275	10433	11915	25009	9716	4128	5703	217373	285	3798	7669
1975	10427	249054	10427	4090	24726	8987	2168	4269	194393	249	3765	4442
1976	10427	266393	10427	5010	24162	7312	1574	3031	214779	272	3767	3770
1977	10427	263960	10427	5010	23965	10994	0	4319	209245	264	3767	4482
1978	10427	404081	10427	8000	27290	45533	16375	11952	290804	368	3800	9911
1979	9879	486092	9879	29396	33099	42235	6925	4490	360069	468	3800	19884
1980	9879	365239	9879	11591	27521	37173	0	13930	265149	345	3800	3800
1981	9397	343741	9397	15000	24190	41147	783	8987	245803	323	3800	3800
1982	8174	422453	9194	28187	23424	66847	1875	7623	285304	379	3800	3800

注："粮食分配"栏，1981年、1982年含大豆；1981年，包括其他粮食489千克。粮食分配实际入库的"超购"栏，1982年为加价收购量。1982年，还有议购1897千克。

表744 1983—1985年凤凰村（生产大队）粮油征购及粮食分配结算情况

单位：千克

年份	包干征购指标	集体生产粮食总量	其他	粮食分配						社员口粮		油菜籽统购	
				实际入库			种子	饲料	其他	数量	平均每人	任务	实绩
				征购	加价收购	议购							
1983	9674	401183	1477	9674	36316	1289	16512	24768	31646	282456	374	22675	21676
1984	9174	479910	0	9187	48174	0	23783	45612	0	353155	470	22675	22675
1985	—	402512	6249	—	—	0	23699	23050	0				

注："集体生产粮食总量"栏，1985年为全社会生产粮食。

表745　1986—1992年凤凰村粮油征购及粮食分配结算情况

| 年份 | 农户（户） | 全社会生产粮食（吨） | 定购到户合同 | | | 年份 | 农户（户） | 全社会生产粮食（吨） | 定购到户合同 | | | 议购（吨） |
			计划（吨）	农户（户）	粮食（吨）				计划（吨）	农户（户）	粮食（吨）	
1986	230	421.0	30.7	121	30.7	1990	242	452.6	28.3	121	28.3	69.3
1987	241	418.8	60.3	121	60.3	1991	247	442.6	25.4	113	25.4	71.5
1988	252	457.2	30.5	210	30.5	1992	—	428.0	—	—	—	—

注：①1989年，村年报表中无填报。1992年后，村年报表中均无填报。

②1990年、1991年，口粮分配人数分别为784人、769人，分配口粮分别为274.40吨、266.10吨，种子粮分别为16.70吨、16.90吨，饲料粮分别为52.20吨、52.70吨，其他粮分别为11.70吨、10.0吨。

附录

粮食收购价与供应价

1953年11月，实行粮食统购，早稻收购价每50千克7.20元，早籼米供应价每50千克11.30元。1962年，早籼谷（四等）收购价每50千克8.70元。

1965年4月1日，为解决粮食购销价格倒挂，调整统销价格，四等标二籼米每50千克由11.30元调整到12.20元，标二粳米每50千克由12.70元调整到13.30元。并对职工发放粮价补贴。

1966年，早籼谷收购价格每50千克由8.70元提高到9.70元，早籼米（四等标二）供应价每50千克由12.20元提高到13.80元，即每0.50千克供应价由0.122元提到0.138元，群众口语谓"早米一角三分八"。1979年11月，由于部分副食品销售价格提高，发给职工副食品价格补贴为一月5元。

1985年，调整粮油购销政策和价格，粮食实行合同定购，按"倒三七"比例计价，早籼谷每50千克统购价11.70元，比例价15.50元，超购价17.60元。

1993年1月1日起，浙江省粮食购销体制改革，试行全面放开粮食的购销和价格。粮食以新的价格上市，敞开供应。

至1999年，较大幅度提高农副产品收购价格，早籼谷收购价格每50千克由9.70元提高到11.70元，超售部分加价由30%提高到50%。

2001年3月，浙江省决定取消粮食定购，全面放开粮食收购、销售价格，实行粮食购销市场化。允许国有、集体、个私、股份制企业等多种所有制经济主体，经工商注册可以从事粮食收购和经营。价格随行就市，实行优质优价。

第二章 村民收入

概 况

民国时期,凤凰地区农民受各官僚的盘剥,收入水平极低。新中国成立后,贫苦农分得了土地,但生产力低下,村民生活还是困难。农业合作化以后,农民参加集体劳动,评工记分成为农民收入的基本计酬方式,凤凰生产大队、交通生产大队、卫家生产大队的农民收入总体趋小幅上升之势,大部分农民尚能温饱,但仍有不少超支户、贫困户。至1966年,凤凰生产大队、交通生产大队、卫家生产大队的农民人均年收入分别为82元、94元和109元。"文化大革命"时期,凤凰生产大队、交通生产大队、卫家生产大队的农民收入总体亦呈小幅上升之势。至1976年,凤凰生产大队、交通生产大队、卫家生产大队的农民人均年收入分别为99元、110元和186元。

至1978年中共十一届三中全会后,村办集体企业兴起,村民收入呈现多样化,除农业、工业、商业服务业收入外,还有工资收入、集体福利收入、住房出租收入,村民收入增加较快。1998年,村办集体企业开始实行股份合作制,入股村民又增加了投资收入。2004年,凤凰村、交通村、卫家村人均年收入分别为12068.04元、10800元、10975元。1984—2004年,凤凰村、交通村、卫家村人均年收入分别年均增长18.25%、16.99%和17.69%。

2006年凤凰村股份经济联合社成立,集中资金用于经济建设,村民不但增加集体分配所得分配,而且又增加了股金红利收入,使村民收入大幅度增长。

2016年,凤凰村的村民总收入10922万元,人均年收入49555元。2006—2016年,凤凰村的村民总收入年均增长14.46%,村民人均年收入年均增长13.29%。

表746　1966—1982年凤凰、交通、卫家生产大队社员与全社人均年收入情况

单位:元

(一)

村 名	1966年	1967年	1968年	1969年	1970年	1971年	1972年	1973年	1974年
凤 凰	82	102	79	109	106	111	117	108	108
交 通	94	95	76	108	93	98	88	100	114
卫 家	109	126	89	110	115	121	130	134	141
全 社	90	93	72	96	94	102	100	113	116

(二)

村 名	1975年	1976年	1977年	1978年	1979年	1980年	1981年	1982年
凤 凰	91	99	103	138	165	162	195	268
交 通	107	110	104	143	181	156	167	196
卫 家	146	186	140	181	187	174	179	206
全 社	105	107	114	143	176	160	173	231

注:①资料来源于《衙前镇志》编纂委员会:《衙前镇志》,方志出版社,2003年12月,第445页。

②"全社"项,是指衙前人民公社全部生产大队社员的人均年收入。

表747　1983—2004年交通、卫家村（生产大队）村民人均年收入情况

单位：元

村名	1983年	1984年	1985年	1986年	1987年	1989年	1990年	1991年	1992年	1993年	1994年
交通	468	580	599	558	818	656	1350	1310	1475	2300	3000
卫家	422	455	695	707	961	1003	1426	1503	1815	2346	3833

村名	1995年	1996年	1997年	1998年	1999年	2000年	2001年	2002年	2003年	2004年
交通	3660	5755	5921	6217	6903	7293	8001	8661	9393	10800
卫家	4608	5503	6000	6785	6830	7364	7982	8624	9301	10975

注：1988年缺项。

表748　1971—1995年凤凰村（生产大队）村民收入情况　单位：元

年份	收入总额	村分配收入	家肥报酬	人均收入	年份	收入总额	村分配收入	村办企业工资	人均收入
1971	80710.41	65039.89	15670.52	111.02	1984	333757.00	201339.00	132418	442.65
1972	86490.79	69583.21	16907.58	117.36	1985	539027.00	441157.00	97870	714.89
1973	80586.51	67349.87	13236.64	107.88	1986	612700.00	545700.00	67000	805.12
1974	82776.63	69782.48	12994.15	108.49	1987	814270.00	755700.00	58570	1070.00
1975	70350.97	56371.74	13979.23	90.66	1988	893700.00	820700.00	73000	1162.16
1976	76949.37	65378.48	11570.89	98.53	1989	1021500.00	948500.00	73000	1311.30
1977	81598.95	71069.61	10529.34	102.77	1990	1114800.00	1051800.00	63000	1425.58
1978	108872.16	99067.96	9804.20	137.64	1991	1189200.00	1189200.00		1492.10
1979	126708.00	114275.00	12433.00	164.56	1992	1397800.00	1397800.00		1717.20
1980	14528.00		14528.00	162.00	1993	2246200.00	2246200.00		2706.27
1981	148484.37	148484.37		195.12	1994	3010700.00	2660900.00	349800	3562.96
1982	189548.30	189548.30		268.48	1995	3832100.00	3336500.00	495600	4461.12
1983	319078.00	167478.00	151600.00	421.50					

表749　1996—2004年凤凰村村民收入情况

年份	收入总额（元）	村分配收入	其他所得	人均收入（元）	年份	收入总额（万元）	村分配收入	其他所得	人均收入（元）
1996	5000400	4456200	544200	5821.19	2001	814.30	765.85	48.45	8958.20
1997	5672500	5153600	518900	6482.86	2002	885.30	860.30	25.00	9686.00
1998	6161000	5797400	363600	6914.70	2003	929.55	914.85	14.70	10386.03
1999	6891107	6441107	450000	7716.81	2004	1083.71	1055.10	28.61	12068.04
2000	7457000	6640000	817000	8258.03					

注："其他所得"栏，1996—2000年包括村办企业工资和集体分配所得；2001—2004年包括企业投资所得和集体分配所得。

表750　2005—2016年凤凰村村民收入情况

年份	村民收入（万元）							人均年收入（元）
	种植业	林业	畜牧业	渔业	第二产业	第三产业	合计	
2005	71.00	17.10	122.52	11.60	1790.85	460.00	2473.07	12560.00
2006	72.00	8.00	102.00	3.00	2327.00	506.00	3018.00	15082.46
2007	189.32	4.66	257.73	12.80	2594.60	580.00	3639.11	18096.00
2008	51.00	9.00	147.00	14.00	3402.00	610.00	4233.00	20811.00
2009	55.00	9.00	160.00	14.00	3561.00	1049.00	4848.00	23086.00
2010	60.00	5.00	100.00	4.00	4030.00	1220.00	5419.00	25585.00
2011	105.00	0.00	203.00	4.00	4649.00	1460.00	6421.00	30316.00
2012	154.00	0.00	247.00	0.00	4785.00	2280.00	7466.00	35068.00
2013	186.00	0.00	274.00	0.00	5578.00	2050.00	8088.00	38377.00
2014	209.00	0.00	346.00	0.00	6753.00	2045.00	9353.00	43401.00
2015	413.00	0.00	0.00	0.00	7195.00	2167.00	9775.00	45046.00
2016	417.00	0.00	0.00	0.00	7842.00	2663.00	10922.00	49555.00

表751　2005—2016年凤凰村村民年收入来源情况

单位：万元

年份	按收入形式分		按来源分			按产业划分			农民家庭经营所得按产业划分		
	货币性收入	实物性收入	村集体所得	农民家庭经营	其他经营方式	第一产业	第二产业	第三产业	第一产业	第二产业	第三产业
2005	2473.07	0	24.4	460	1988.67	222.22	1790.85	460.00	152	0	308
2006	3018.00	0	341.0	506	2171.00	185.00	2327.00	506.00	156	0	350
2007	3639.00	0	—	580	3059.00	464.00	2595.00	580.00	162	0	418
2008	4233.00	0	79.0	610	3544.00	221.00	3402.00	610.00	221	0	389
2009	4848.00	0	229.0	1049	3570.00	238.00	3561.00	1049.00	238	800	11
2010	5329.00	90	292.0	1220	3907.00	169.00	4030.00	1220.00	169	0	1051
2011	6301.00	120	365.0	1460	4596.00	312.00	4649.00	1460.00	312	0	1148
2012	7326.00	140	425.0	2280	4761.00	401.00	4785.00	2280.00	401	0	1879
2013	7928.00	160	450.0	2510	5128.00	460.00	5578.00	2050.00	460	0	2050
2014	9193.00	160	470.0	2600	6283.00	555.00	6753.00	2045.00	555	0	2045
2015	9615.00	160	950.0	2580	6245.00	413.00	7195.00	2167.00	413	0	2167
2016	10757.00	165	1050.0	3080	6792.00	417.00	7842.00	2663.00	417	0	2663

第一节　劳动报酬

评分计酬

农业合作化时期，农民收入主要来自参加生产队集体劳动评定的工分及按工分值[①]记的收入。在集体经营期间，生产队的工分值和人均年收入都比较低，而且各生产队之间有一定差异。工分值

---

① 生产队工分值，是指以生产队为核算单位所计算的单位工分价值。

的高低主要决定于来自农产品的收益多少。

1958年建立人民公社后，农副产品价格较为稳定，生产队工分值一般在人民币0.04—0.10元之间浮动，最少的工分值仅0.03元，当时群众调侃为"一角三分"。如果单位工分值超0.10元，一个整劳力一天工分10分，可得劳动报酬1元，那已相当不错了。生产队社员年收入，主要有劳动报酬和土肥投资所获得的收益，不包括家庭副业（挑花边、纺花、编簸箕、搓草绳等）和家庭饲养禽畜的收入。人均年收入经常波动，但总的是趋上升之势。1960年，生产队年人均收入在40元以下。20世纪60年代人均年收入在70—90元之间波动。

1964年起，创办村集体企业，对企业职工采用评工记分方法，企业的分配形式是"劳动在厂，分配在队，厂队结算，适当补贴"；其他外出打工赚钱的社员，仍向队里按月交纳规定的收入，以换取生产队里同等劳动力的相应工分，年终参加生产队分配。1972年、1973年、1974年，企业下拨生产队及社员工资收入分别为0.57万元、0.43万元、0.23万元。1975年、1976年、1977年、1978年，社员在企业获得报酬（补贴）结算到生产队分别为0.24万元、1.07万元、0.08万元、0.82万元，付给社员本人分别为0.06万元、0.09万元、1.66万元、1.76万元。1978年，凤凰生产大队社员年人均收入138元，比1971年的111元提高了24.32%。

1979年后，随着农副产品收购价格提高、村副业收入增加，大部分生产队单位工分值超过0.10元，在企业的社员交生产队的工资增多。1981年，凤凰生产大队社员年人均收入195元，比1978年提高了41.30%。

1982年后，外出劳动力经营收入不交队，不参加生产队分配。

工资收入

1978年中共十一届三中全会后，全党的工作重点均转到发展经济上来，开始创办企业，劳动力从事农业、副业生产为主，逐步向从事企业为主转变。1982年，社员在社办企事业单位工作的有35人，工资收入0.81万元；社员其他外出12人，收入0.26万元。

1983年凤凰生产大队、交通生产大队、卫家生产大队实行家庭联产承包责任制后，大批农村剩余劳动力从农业生产中解脱出来，集体企业异军突起，从事第二、第三产业的劳动力逐年增多，村民工资性收入增加。是年，凤凰生产大队社员在大队办企业工作的工资收入为15.16万元，占该大队社员总收入的47.51%。

1985年，凤凰村仅从事工业的劳动力有335人，占全村劳动力（532人）的62.97%，是从事农业劳动力的2倍多，首次超过从事农业劳动力，从而增加了村民的工资收入，村民总体收入也随之增多，使村收入呈稳定增长态势。1995年，凤凰村在村办企业工作的村民工资收入增加到49.56万元，比1984年增长2.74倍，年均增长10.37%，占村民总收入的12.93%。

1996年8月实行"两田制"后，发展规模农业，该村集体织造业兴起、商业服务业发展。至2000年，凤凰村、交通村、卫家村从事第二、第三产业的劳动力人数占3村劳动力人数的95%以上。

2005年三村合并后，凤凰村从事第二、第三产业的劳动力1375人，占全部劳动力（1417人）的97.04%。村民总收入2473.07万元，按经营方式分，从村组集体所得24.40万元（其中工资报酬24.40万元，占100%），农民家庭经营所得460.00万元（其中工资报酬400.00万元，占86.96%），其他经营方式所得1988.67万元（其中从私营企业所得工资报酬1600.00万元，占64.70%）。按产业分，来源于第二、第三产业的收入2321.07万元，占村民总收入2473.07万元的93.85%。

2016年，凤凰村从事第二、第三产业的劳动力1510人，占全部劳动力（1528人）的98.82%。

村民总收入10922万元，按经营方式分，从村组集体所得1050万元（其中工资报酬885万元，占84.29%），农民家庭经营所得3080万元（其中工资报酬3080万元，占100%），其他经营方式所得6792万元（其中从私营企业所得工资报酬4410万元，占64.93%）。按产业分，来源于第二、第三产业的收入10505万元，占村民总收入10922万元的96.18%。

表752　1985—1999年凤凰村劳动力在工业企业的职工人数

单位：人

年份	劳动力人数	劳动力在工业企业工作人数	乡镇办工业	村办工业	村以下工业	年份	劳动力人数	劳动力在工业企业工作人数	乡镇办工业	村办工业	村以下工业
1985	532	335	79	255	1	1991	589	348	93	244	11
1986	559	355	67	260	28	1995	595	416	91	313	12
1987	560	317	72	245	28	1996	590	419	92	315	12
1988	561	313	73	227	13	1997	584	419	92	315	12
1989	561	313	73	227	13	1998	596	409	87	310	12
1990	559	311	93	207	11	1999	599	414		414	15

注："村办工业"栏，1999年，为集体工业企业人数，含乡镇集体工业企业人数。1992—1994年无数据。

表753　1971—2004年凤凰村（生产大队）劳动力在非农业部门就业情况

单位：人

年份	人数	就业非农部门总人数	工业	建筑业	交通运输邮电	商业服务	文教卫	乡村行政管理	外出打工	出省打工	其他
1971	256	8	8	0	0	0	0	0	0	0	0
1984	526	347	62	15	1	2	1	3	11	0	20
1985	532	422	335	11	7	23	3	3	23	3	17
1986	559	483	355	35	23	26	3	3	25	0	13
1987	560	484	317	26	33	26	6	2	59	2	15
1988	561	480	313	24	25	38	7	15	32	1	26
1989	561	472	313	24	25	38	7	3	47	1	15
1990	559	478	311	24	25	38	0	3	35	1	42
1991	589	503	348	24	25	38	1	4	35		27
1995	595	533	416	31	25	33	2	0	5	0	21
1996	590	536	419	31	25	33	2	0	3	0	23
1998	596	540	409	51	25	33	0	0	3	0	19
1999	599	560	414	51	37	33	0	0	4	0	21
2001	612	591	418	50	35	33	0	0	23	2	25
2002	582	561	384	31	38	83	0	0	0	0	25
2003	588	567	403	28	39	75	0	0	0	0	22
2004	588	567	434	22	35	75	0	0	0	0	22

注：1972—1983年，1992—1994年，1997年、2000年，村（生产大队）年报表中均无填报。

表754 2005—2013年凤凰村劳动力在非农业部门就业情况

单位：人

年份	人数	就业非农部门总人数	工业	建筑业	交通运输邮电	信息传输计算机服务和软件	批发零售	住宿餐饮	其他非农行业	其中外出打工
2005	1417	1375	1069	62	51	0	109	32	52	20
2006	1382	1348	1052	60	52	0	110	38	36	0
2007	1388	1356	1056	58	52	4	116	38	32	0
2008	1395	1363	890	55	54	4	156	38	166	0
2009	1400	1368	920	55	54	4	150	38	147	0
2010	1405	1373	955	55	50	4	160	35	114	0
2011	1430	1397	980	65	0	0	0	0	352	0
2012	1495	1408	983	65	0	0	0	0	360	0
2013	1502	1416	987	65	0	0	0	0	364	0

第二节 集体福利

1986年，凡凤凰村务农的村民男满60周岁、女满55周岁以上开始享受的助养金每人每月12元，后又几经增加。1992年起，凤凰村干部及村级工作人员实行定额凭证医疗，为在企业工作的村民办理人身保险和意外事故医疗费保险。2000年，凤凰村、交通村、卫家村发放烈军属优抚、五保户供养、困难户照顾、医疗卫生补贴、广播电视事业补贴和退休村干部补贴等支付公益事业经费共计64.94万元，占全年村民收入的8.71%。

2005年三村合并后，大米、面粉、菜油均免费供应；女满50—59周岁，村发放助养金；60周岁以上村民，村集体每人每月发放120—160元不等的养老金。

2006年6月20日凤凰股份经济联合社成立后，保持对村民享受的福利待遇不变，即老人福利补贴、考入高中以上学校的教育补贴、大病统筹医疗和困难户补贴等政策不变。每年度应付集体福利费用按需提留。是年，凤凰村享受养老保险的有147人，发放烈军属优抚、五保户供养、困难户照顾、医疗卫生补贴、广播电视事业补贴和退休村干部补贴等支付公益事业经费共计427.11万元，占全年村民收入的14.15%。

2008年，凤凰村享受养老保险的有320人。2010年开始，增加村民煤气补贴每人每月5元；增加满50—59周岁每人每月养老金20元，满60周岁以上每人每月增加40元；萧山定点医院住院费报销提高到95%，杭州定点医院住院费报销提高到90%。2010年，凤凰村村民人均享受集体福利4250元，占村民人均收入的16.61%。2011年，村民丧葬费从原先1000元提高到4000元。

2012年1月1日起，农业户口转非农业户口的"凤凰人"也开始享受凤凰村村民的基本生活、医疗和老年人助养的集体福利，粮油和助养金等一季度一领，按名册发放，粮油凭提货单到定点粮站提取。2012年，凤凰村向村民发放的基本生活、医疗和老年人助养金的集体福利金额人均近6000元。

2014年开始，向每个股东每季度发大米票60斤，粮食补贴45元，天然气补贴款45元；每年发食用油票3公斤、面粉票1公斤、糯米票1公斤；股东已参加城镇医疗保险的，给每人每年补贴350元；女满50周岁开始每人每月发放助养金320元，满55周岁开始发放500元；男、女60周岁以上，相似与农业户口转非农业户口的股民待遇发放，还享受中秋节每人月饼1公斤、重阳节50

元、春节拜年发放慰问金,慰问金从500元开始,后有增加。

《萧山日报》于2016年7月1日在"身边的典型 学习的榜样"栏目,刊登《好班子带出幸福村 捧起"凤凰"新腾飞——萧山区衙前镇凤凰村党委》一文。文章指出,"2015年,村民人均福利达到7500元,不少老年人由衷地感叹,村集体就是自己的"大儿子""村民集体福利连续多年排名萧山行政村(社区)第一""已坚持39年,年年给本村考入重点高中、重点大学的学生和他们的家长戴大红花,发奖金和证书"。

2016年,凤凰村发放五保户供养、困难户照顾、医疗卫生补贴、养老保险、广播电视事业补贴和退休村干部补贴等支付公益事业经费共计1398.31万元,比2005年增加4.99倍,占全年村民收入的12.80%。是年,村民集体福利列居萧山区各村(社区)之首位。

第三节 住房出租

1996年4月,随着凤凰村及周边村工商企业经营规模的扩大,产品产量和员工数量增加,使该地域所招收员工的技术和管理难以适应生产、经营的需要,外来务工人员增多。为解决外来务工人员的住宿问题,凤凰村农户住房开始出租给外来务工人员居住。后凤凰村、卫家村、交通村出租住房的农户越来越多、居住的外来务工人员也越来越多、住房的租金也年年提高。至2005年(三村合并第一年),凤凰村出租住房的农户有185家、出租房1480间、居住的外来务工人员6300人、每间房的租金96元/月。

2006年后,出租住房的农户及出租房逐年增加、居住的外来务工人员逐年增多、租金逐年提高。至2014年,出租住房的农户265家,比2005年增加43.24%;出租房1712间,比2005年增加15.68%;居住的外来务工人员11200人,比2005年增加77.78%;每间住房的租金300元/月,比2005年增加212.50%。

2015年后,由于工业企业的转型升级,为了更好地留用企业员工,方便员工的吃住行,提供宿舍给外来打工人员居住,导致出租房居住的外来务工人员呈现减少趋势,使出租住房的农户、出租房的数量减少,而每间房的租金仍是有增无减。

至2016年,出租住房的农户为256家,出租住房1677间,居住的外来务工人员10390人,分别比2014年减少3.40%、2.04%、7.23%;每间住房的租金360元/月,比2014年增加20.00%。是年,出租住房的收入603.72万元,占全年村民收入的5.53%。

表755 2005—2016年凤凰村农户住房出租情况

年份	出租房房东数(户)	出租房数(间)	居住人数(人)	租金收入(万元)	年份	出租房房东数(户)	出租房数(间)	居住人数(人)	租金收入(万元)
2005	185	1480	6300	142.08	2011	243	1650	10700	396.48
2006	190	1520	6600	182.40	2012	250	1672	10800	401.28
2007	202	1545	7200	222.48	2013	257	1687	11000	404.88
2008	210	1560	7500	224.64	2014	265	1712	11200	513.6
2009	226	1595	8800	287.64	2015	258	1692	10500	568.51
2010	240	1638	9600	354.24	2016	256	1677	10390	603.72

第四节 股金红利

村民股东的股本金红利分配，是以上年12月25日24时前，认可的股东股本金作为下一年底可量化结算红利的依据。每年度红利分配前，均成立股本金清算小组，对股本金进行清算，核实每一村民的股本金。股金红利分配，坚持"先福利后分红"的原则。2013年（含2013年）前，凤凰、交通、卫家3片分别核算股本金及红利分配。2014年（含2014年）后，根据凤凰村民代表大会于2014年3月8日通过的《杭州萧山衙前镇凤凰股份经济联合社章程》确定的股权改革方案，"实行统一核算股本金及红利分配。股东可以每年享受一次股本金分红，按股金额度，通过量化结算，将红利分配到每个股东"。该《股份经济联合社章程》还规定，"每年股东的股金分红不少于股金的千分之八，根据效益可适当增加，年终分配到户。"5月，完成凤凰村股份经济联合社新一轮股权改革。

图1076 2010年1月8日，凤凰村82岁的沃岳炎老人（左一）高高兴兴地领到凤凰股份经济联合社2009年度股东分红6820元（傅展学摄）

2015年1月22日下午，凤凰村股份经济联合社向股东发放2014年股金红利。

2016年，股东分配红利214万元，占全年村民收入的1.99%。

表756 2005—2016年凤凰村股份经济联合社股金分红情况

年份	股东人数（人）	量化总资产（万元）	折合股份（股）	每股股值（元）	总分配（万元）	每股红利（元）	人均分红（元）	每股收益率（%）
2005	895	2898.33	289333	100	20	0.69	223.46	0.69
2006	2001	11374.00	113740	1000	36	3.17	179.91	3.17
2007	2011	11374.00	113740	1000	77	6.77	382.89	6.77
2008	2034	14929.00	149290	1000	80	5.36	393.31	5.36
2009	2100	14929.00	149290	1000	80	5.36	380.95	5.36
2010	2118	16818.00	168180	1000	92	5.47	434.37	5.47
2011	2118	16818.00	168180	1000	125	7.43	590.18	7.43
2012	2129	16818.00	168180	1000	135	8.03	634.10	8.03
2013	2129	16818.00	168180	1000	155	9.22	728.04	9.22
2014	2041	21340.00	213400	1000	175	8.20	857.42	8.20
2015	2042	21340.00	213400	1000	192	9.00	940.25	9.00
2016	2042	21340.00	213400	1000	214	10.03	1047.99	10.03

注："2005年"项，是并村前的凤凰村股金分红情况。

第三章　村民消费

概　况

1978年中共十一届三中全会后，随着经济社会的发展，改革开放的逐步深入，凤凰生产大队、交通生产大队、卫家生产大队及村民经济收入不断增加，消费水平不断提高，而且消费观念也悄然更新，村民生活逐步从缺衣少食到丰衣足食。文化娱乐设施逐步建立与完善，凤凰生产大队、交通生产大队和卫家生产大队的村民进入歌舞厅、录像厅、卡拉OK厅、台球厅、游戏房、音乐茶室、歌咏比赛等的文娱活动场所逐渐增多；村民家庭的收音机、录音机、电视机、照相机、摄像机、影碟机、组合音响、中高档乐器、电脑等娱乐用品逐渐普及。1990年开始，随着萧山区电信的发展，凤凰村、交通村和卫家村村民先后使用无线寻呼、移动电话（手机）、小灵通。至2000年，固定电话和有线电视普及农户家庭，无线寻呼、手机、小灵通基本普及中青年。

至21世纪，凤凰村村民消费观念有了根本性的改变，村民生活发生翻天覆地的变化，住宅几经更新换代，从草房、平房、楼房到别墅；衣着舒适时尚，出行以车代步；家庭的彩色电视机、空调、冰箱、洗衣机等高档家用电器基本普及；改变买菜自己烧饭、买布自己裁衣的"实用型"消费方式，吃快餐、吃大排档、吃滋补品、买成衣、出门打的、假日旅游、结伴出游等越来越多。

2005年凤凰村接入政府网后，与萧山区图书馆联网，打开电脑即可浏览图书；农户开始订阅报纸。2008年后，随着中国手机3G网络正式商用，特别是2011年中国移动4G网络开始商用以后，越来越多村民通过手机浏览资讯、收看视频。年轻人则更热衷于手机游戏（俗称手游）、玩微信，随时随地尽享手机所带来的无限乐趣。随着支付宝、微信支付等移动支付手段的悄然兴起，使用网购、网淘、网上订票等消费方式，足不出户，一键搞定，日常生活，一网搞定，已成为凤凰村年轻人的时尚。至2016年，全村每个农户家庭都订阅《萧山日报》，村办公室还订有《人民日报》《浙江日报》《钱江晚报》《杭州日报》《浙江法制报》等党报，村民的文化娱乐消费呈现增长之势，实现了文娱活动多样化、文娱活动普及化、读报看书经常化。

图1077　新中国成立前凤凰地区农户住宅（陈妙荣摄）

第一节　住宅

萧山解放前，凤凰地区境内农户住宅多为简易瓦房。简易瓦房一般为穿梁砖木结构，以平房为主，用料经济，结构牢固，也有少量的草房和二层楼房。到20世纪70年代，仍以老房为主，即使孩子结婚，也只是稍加布置，或粉刷墙壁，或粘贴花纸，权作新房。80年代后，随着村庄规划的逐步实施，环境的不断改善，村民经济收入的不断增加，农户开始新建住宅，而从住宅结构、外墙和内部装修到家庭使用的日常用品、家用电器等不断更新。20世纪50年代至2016年，凤凰村农户经历了6代住宅的变迁。

第一代住宅

20世纪60年代，凤凰村还是衙前镇内倒数第一、第二的贫困村。2017年编修《凤凰村志》期间，村民钱某某讲，她家以前住的房屋，常常漏雨，遇风易倒，遇雨易潮，遇火易着；肚皮瘪塌塌，袋里没钞票。凤凰村常见的仍是灰白色平房，土砖砌成的墙，黑瓦盖的屋顶，并使用木材作为柱子和顶架，增加了牢固度。

20世纪70年代，房屋内地铺有砖块或大石板用于防潮，但采光不好。砖瓦房夏可避暑，冬可御寒，但时间一长，墙壁石灰容易脱落，屋顶也不密封，屋内有潮气，老人常犯风湿病。

第二代住宅

20世纪80年代初期，农户可以审批"2间1户"宅基地，农户建房热情高涨。于是一部分"先富起来的农户"盖起了第一批以砖混结构为主的两层"涂灰楼"楼房。1982年，凤凰生产大队农户竣工房屋投资3.2万元，竣工砖木结构房屋22间，其中楼房2间；竣工房屋面积753平方米。

20世纪80年代中期，农户建房开始以钢筋混凝土为主。这是凤凰村第二代住宅。1986年，凤凰村农户投资23.50万元，建设住宅4670平方米。

第三代住宅

20世纪90年代，凤凰村掀起又一轮翻盖新房热潮，农户建房进入升级换代阶段。其间，农户建房应用混凝土框架结构，房屋建筑面积更大，以3层楼房为多，有光彩夺目的外墙，中西合璧功能齐全，外加走廊，具备防震性能。有铝合金门窗、花岗岩地板，组合式家具、抽水马桶、热水器、淋浴房等现代化的卫生设施也开始慢慢普及。

第四代住宅

20世纪90年代末，别墅式住宅一枝独秀，混凝土框架结构现场浇注，最高有5层，可以防地震。底下一层为车库，四周筑有围墙，院内植有名贵花草，每楼通道处还设有监控。住房面积更大、装修更豪华。家家户户的围墙、大门越来越精致、气派。庭院里不再是光秃秃的道地，而是规划出了花园绿化，有的农户在家建了景观池和亭子，别有情

图1078 20世纪五六十年代凤凰地区农户第一代住宅（陈妙荣摄）

图1079 20世纪70年代凤凰地区农户第一代住宅（陈妙荣摄）

图1080 20世纪80年代凤凰村农户第二代住宅（陈妙荣摄）

图1081 20世纪90年代凤凰村农户第三代住宅（陈妙荣摄）

调。室内装修有大理石地面,美观的旋转楼梯、多彩的石板、光滑的瓷砖地板,雪白的乳胶漆等,室内的各项设施一应俱全。不少人家还请设计师设计专门的健身房、棋牌室;卫生间一尘不染,每天都可洗个热水澡。厨房使用新式灶具,管道天然气统一安装入户,还有电磁炉、消毒柜一应俱全。其间,出现一户多宅的现象。

第五代住宅

21世纪开始,随着新农村建设的推进,按照萧山区委、区政府《关于加快农村住房改造建设的若干意见》要求,凤凰村围绕新农村建设,按照村庄总体建设规划,农户住房建设实行统一规划用地、统一建房式样、统一施工的"三统一",设施配套,住房集中连片,由村出资集体建造村民公寓楼,个人认购,分期交房。2003年,村集体投资1600万元,建造萧山最高的农民高层住宅——16层的凤凰大厦。凤凰大厦是凤凰村的标志性建筑,村民周志明在凤凰大厦内的新住宅面积达196平方米。

2010年1月,迁入凤凰大厦内新住宅的村民有36户。还有不少村民在萧山城区买有商品房、排屋、别墅。早上来凤凰上班,晚上自驾回家,过上城里人的生活。

第六代住宅

2006年10月,凤凰村已建起9幢5层的农民公寓楼,有90户村民入住。至年底,又有村民迁住南墅花苑、凤凰公寓楼、凤凰山西新农居等,外观整齐、美观,颇受村民欢迎。内部装修凭个人喜好,风格各异。如今一排排新房错落有致,公寓楼之间一条条水泥路宽阔通畅。

第二节 烟酒

卷烟

清末民初,凤凰地区抽烟的老年人多数用散烟丝抽水烟①。后改用散烟丝抽潮烟②。年轻人多数抽低价纸烟。

20世纪60年代,境内农民主要还是抽低价纸烟,有经济牌卷烟,8分钱一包;雄狮牌卷烟,1毛8分一包;新安江牌卷烟,2毛4分一包。

1979年改革开放后,随着农民经济收入的增加,农民开始抽大红花牌卷烟,3毛3分一包;利

图1082 21世纪初凤凰村农户第四代别墅式住宅(陈妙荣摄)

图1083 2010年凤凰村农户第五代住宅(陈妙荣摄)

图1084 凤凰大厦农民公寓楼(2008年8月,徐国红摄)

---

① 抽水烟,需用水烟管。境内村民抽水烟的水烟管一般是铜制,形体像弯转了的喇叭花,下沉的花管中央有一个存水处为水烟筒;花口安装有可以拆卸的烟嘴,烟气通过水烟筒吸入口中。

② 抽潮烟,用潮烟管头。制作潮烟管头的材料有的采用连着根须的小竹,在根须之上截一尺左右长的竹竿,然后除去根须,留下根部,再用烧红的8号铁丝将竹竿内部打通,就可在根部放散烟丝,点燃后,竹竿一端即可抽烟气。也有的用细竹,贯通了,在一端套上铝制的烟管头就成了。

群牌卷烟，2毛9分一包；西湖牌卷烟，3毛4分一包。

1995年，农民抽的卷烟品种增加，档次提高，主要抽省内产的"杭州""西湖""新安江""利群""大红花""大红鹰"，还抽省外产的"中华""红双喜""牡丹""前门""玉溪""红塔山""红山茶"等品牌卷烟。

2016年，多数农民抽利群牌卷烟、红双喜牌卷烟等，少数抽中华牌卷烟或者外省的黄鹤楼牌卷烟，个别抽熊猫牌卷烟。吸烟危害健康，已有许多村民戒了烟。

酒类

清末民初，凤凰地区居民大多喝绍兴黄酒（俗称老酒），少数自己烧制白酒（俗称烧酒）。中华人民共和国成立至20世纪六七十年代，人们喝的黄酒大多为散装的坛头酒，要想喝酒，就到小店买上4两、8两酒（当时1市斤为16两，1斤黄酒3角6分）。70年代还有一种酒叫汽酒，酒精度较低，不易喝醉，价格又比黄酒便宜，广受欢迎。80年代，人们生活水平有所提高，散装的黄酒、白酒、啤酒、葡萄酒进入寻常百姓家。时，黄酒主要有"会稽山""花雕酒"；白酒有"竹叶青""四特酒"；啤酒有"湘湖啤酒""钱江啤酒"等。

进入21世纪，人们生活水平有质的提升，价格1000多元一瓶的五粮液、茅台酒、葡萄酒摆上凤凰村民餐桌。

第三节　耐用消费品

萧山解放前，凤凰地区境内农户家庭没有电器设备。新中国成立初，农户家庭也没一家有电器设备。至20世纪50年代后期，个别经济条件较好的农户开始购买自行车。1958年杭州电网接入萧山后，凤凰地区农户家庭开始通电，交通管理区有了磁石式交换机电话座机。六七十年代，部分农户陆续有了缝纫机等。

20世纪70年代中期后，随着村办企业的发展，农户收入逐步提高，开始购买机动车、自行车、手表、缝纫机、电风扇等，少数农户还购买有电视机、电脑、彩电、冰箱。

20世纪80年代，汽车、电脑、空调、热水器、吸排油烟机、手机等进入凤凰村的部分农户家庭，村民生活有了质的提高。

20世纪90年代，农户家庭的空调、照相机、电冰箱、录像机、放像机的拥有量逐渐增多，组合式或走入式家具、高档卫浴设施开始进入农户家庭。90年代后期，有农户家庭开始使用微波炉、电磁灶、脱排油烟机。至2000年，凤凰村、交通村、卫家村农户家庭拥有电冰箱613台、空调343台、洗衣机709台、电风扇1360台、缝纫机257台。

2005年底，凤凰村农户购置的电脑，均安装了宽带，有的家庭购买2台电脑，用来收发电子邮件、查找资料、看新闻、与朋友聊天；也有村民网上炒股票、购物，生产经营企业单位开展电子商务等。

2016年，除以旧换新外，电冰箱、空调、洗衣机、电风扇、缝纫机没有增加。除部分独居的没有文化的高龄老人外，全村农户家庭基本普及电脑。家家拥有电视机、电冰箱、电风扇、换气扇、洗衣机、电话机、手机、空调等高档家庭生活用品；还有电剃须刀、电磨机、电吹风、吸尘器、电熨斗、电热毯、取暖器等小家电。

表 757　1984—2000 年凤凰村农户家庭拥有电视机情况

年份	电视机（台）	彩电	年份	电视机（台）	彩电	年份	电视机（台）	彩电	年份	电视机（台）	彩电
1984	14	0	1989	180	20	1994	255	81	1999	287	202
1985	41	0	1990	200	30	1995	255	81	2000	305	295
1986	60	0	1991	221	56	1996	257	101			
1987	79	5	1992	250	75	1997	260	171			
1988	179	10	1993	255	80	1998	264	171			

表 758　1984—2000 年凤凰村农户家庭生产生活用品情况

（一）

年份	自行车（辆）	摩托车（辆）	三卡（台）	助动车（辆）	拖拉机（台）	汽车（辆）	客用车	收录机（台）	缝纫机（架）
1984	75	0	0	0	0	0	0	25	20
1985	191	2	0	0	0	0	0	20	39
1986	201	2	0	0	0	0	0	30	49
1987	250	2	0	0	0	0	0	59	55
1988	405	2	1	0	0	0	0	151	35
1989	410	2	1	0	0	0	0	150	38
1990	420	2	3	0	3	1	1	150	48
1991	453	3	3	0	6	1	1	189	52
1992	460	3	5	0	6	3	3	195	52
1993	465	5	5	0	4	5	2	201	52
1994	465	13	5	0	9	11	7	199	53
1995	465	13	5	0	9	11	7	199	53
1996	510	17	6	0	9	16	8	250	53
1997	525	25	10	6	9	16	8	277	63
1998	535	35	12	10	10	16	8	477	63
1999	565	41	5	15	9	23	13	490	71
2000	565	45	8	25	9	23	13	490	71

（二）

年份	手表（只）	洗衣机（台）	照相机（架）	电冰箱（台）	电风扇（台）	换气扇（台）	空调（台）	脱排油烟机（台）	录音机（架）	放像机（架）	VCT（只）
1984	312	0	0	0	0	—	0	0	0	0	0
1985	435	1	2	1	143	—	0	0	0	0	0
1986	559	1	2	1	—	—	0	0	0	0	0
1987	611	2	2	2	270	—	0	0	0	0	0
1988	611	8	2	9	395	80	0	0	0	0	0
1989	611	15		21	415	100	0	0	0	0	0
1990	612	20	2	50	425	150	0	0	0	0	0
1991	651	22	2	55	492	181	1	3	3	3	—

续表

年份	手表（只）	洗衣机（台）	照相机（架）	电冰箱（台）	电风扇（台）	换气扇（台）	空调（台）	脱排油烟机（台）	录音机（架）	放像机（架）	VCT（只）
1992	651	30	2	65	501	190	2	5	10	10	—
1993	651	35	2	70	521	195	3	5	15	15	—
1994	—	35	3	71	521	196	5	6	20	20	—
1995	—	35	3	71	521	196	5	6	20	20	—
1996	—	67	7	125	521	205	25	10	25	31	—
1997	—	101	10	245	550	258	75	25	93	97	11
1998	—	110	12	245	575	458	85	30	105	107	21
1999	—	125	15	267	580	460	95	35	125	147	31
2000	—	125	25	267	580	460	115	45	135	147	55

注：1994年、1996年，"录音机"栏为录像机。"助动车"栏含电瓶车。

表759　2000年、2015年凤凰地区农户家庭拥有高档耐用消费品情况

单位：台

年份	电冰箱	空调	洗衣机	电风扇	缝纫机
2000	613	343	709	1360	257
2015	639	1372	557	1208	150

注：2000年为交通村、凤凰村、卫家村3村情况，2005年为三村合并后的凤凰村情况。

表760　2015年凤凰村农户家庭拥有高档耐用消费品情况

单位：台

家电名称	凤凰片						交通片							卫家片				
	一组	二组	三组	四组	五组	合计	一组	二组	三组	四组	五组	六组	合计	一组	二组	三组	四组	合计
空调	106	156	82	104	149	597	132	93	54	71	71	70	491	77	55	69	83	284
电冰箱	57	70	40	56	67	290	54	44	28	26	34	29	215	37	31	28	38	134
洗衣机	54	64	34	43	59	254	42	38	22	22	27	23	174	30	28	28	43	129

注：2016年，除以旧换新外，空调、电冰箱、洗衣机没有增加。

表761　2000年、2015年凤凰地区农户家庭拥有有线电视情况

品种	2000年			2015年凤凰村			2015年凤凰村凤凰片				
	凤凰村	交通村	卫家村	凤凰片	交通片	卫家片	一组	二组	三组	四组	五组
有线电视家庭（户）	248	143	104	254	182	117	54	65	31	48	56
彩色电视（台）	295	400	124	460	413	256	54	123	52	89	142

注：2016年，除以旧换新外，彩色电视没有增加。

第四节　电信用品

1985年6月，卫家村的卫张泉、蔡观荣等村民开始安装住宅电话。后在固定电话发展的同时，移动通信也得到了发展。1989年9月萧山无线寻呼开通后，凤凰村、交通村、卫家村村民开始使用无线寻呼。1992年7月28日开通模拟（A网）首期基站后，凤凰村、交通村、卫家村的村办工业企业厂长等开始购置摩托罗拉模拟移动手机（模拟移动手机形似砖头，俗称"砖头机""大哥大"）。1994年，仅凤凰村有大哥大3只，传呼机17只。

1995年，凤凰村、交通村、卫家村村民开始改用第一代数字移动手机。1996年后，凤凰村、交通村、卫家村使用固定电话和移动电话村民逐年增多。1996年仅凤凰村有大哥大7只，传呼机25只。

1997年，开始使用第二代数字移动手机。1999年12月23日小灵通电话业务开通后，凤凰村、交通村、卫家村村民开始使用小灵通。

2000年后，随着小灵通的产生与发展，使用无线寻呼的村民开始逐年减少。

表762　1987—2000年凤凰村农户家庭拥有电信用品情况

年份	电话机（部）	大哥大（只）	传呼机（只）	年份	电话机（部）	大哥大（只）	传呼机（只）
1987	3	0	0	1994	16	3	17
1988	3	0	0	1995	16	3	17
1989	4	0	0	1996	23	7	25
1990	6	0	0	1997	53	25	63
1991	3	0	0	1998	73	35	103
1992	5	0	0	1999	105	55	125
1993	5	0	0	2000	137	90	125

2008年、2013年，凤凰村民先后使用第三代、第四代移动手机。随着移动手机的更新换代，使用8位数拨号小灵通的村民逐步更换11位数拨号的移动手机。

至2015年，凤凰村共有固定电话387部，移动手机1512部，人均移动手机0.72部。

2016年，凤凰村村民使用移动手机数量与2015年的拥有量并无多大增减，只是在更新换旧后，机型上有些差异。村民使用的移动手机有苹果、三星、HTC、索尼、中兴、华为等品牌。2016年5月20日手机门户网站——手机萧山网正式上线后，手机用户通过手机萧山网观看娱乐、网络视频，随时随地尽享手机萧山网所带来的无限乐趣。

表763　2000年、2015年凤凰地区农户家庭拥有电信用品情况

项目	2000年			2015年凤凰村			
	凤凰村	交通村	卫家村	凤凰片	交通片	卫家片	合计
固定电话（部）	137	200	92	170	121	96	387
移动手机（部）	90	200	42	651	520	341	1512

第五节 文教娱乐

2000年，凤凰村用于文教娱乐的支出5.34万元。2004年，增至8.05万元。2005年，三村合并，凤凰村用于文教娱乐的支出17.42万元。2011年，增至25.62万元。2016年，13.30万元。据调查，村民用于文教娱乐的人均支出从2000年的1500元增加至2016年的8000元左右。

表764 2000—2016年凤凰村文教娱乐支出情况

年份	文教娱乐支出（万元）	年份	文教娱乐支出（万元）
2000	5.34	2009	13.35
2001	7.11	2010	15.87
2002	4.46	2011	25.62
2003	8.01	2012	25.21
2004	8.05	2013	13.97
2005	17.42	2014	15.40
2006	15.40	2015	10.50
2007	15.93	2016	13.30
2008	21.90	合计	236.84

注：2000—2004年，为三村合并前的凤凰村文教娱乐支出数据；2005—2016年，为三村合并后的凤凰村文教娱乐支出数据。

图1085 凤凰村民在家看电视（2010年4月5日，傅展学摄）

表765 2016年凤凰村民翁关增家庭文教娱乐消费情况

项 目	金 额（元）
次女翁洪涛读大学全年费用	20000
外孙女翁孙榕读幼儿园费学杂费	5700
外孙女翁孙榕参加绘画、书法、启蒙英语等培训	30000
给外孙女、外孙子购买各类图书及玩具	10000
长女翁洪霞、长女婿、外孙女看电影4次	270
次女翁洪涛到日本游玩	8000
购买华数电视节目费用	252
合 计	74222

注：①翁关增家庭成员7人：户主翁关增、妻子方美珍、长女翁洪霞、次女翁洪涛、长女婿孙德华、外孙女翁孙榕、外孙子孙翁钦。
②2016年全家年收入25万元。在此之前，已购有家用电脑iPad一台。

图1086 学生在家看书休闲（2010年4月5日，傅展学摄）

第六节　休闲旅游

　　进入21世纪后，凤凰村的村民开始休闲旅游。2009年3月，20位村民自发组团到中国台湾地区旅游，其中，女9人、男11人；年纪最大的69岁，最小的46岁。此次旅游8天游程，参观了台北故宫博物院、101大楼和阿里山、日月潭等景点。

　　2015年4月，19位村民自发组团到澳大利亚和新西兰旅游，观看悉尼歌剧院演出，去贝尼朗餐厅吃饭和观赏夜景。9月，又有村民相约游览西安、华山等地。

　　2016年，不少村民近到韩国、日本、东南亚旅游，远到俄罗斯、欧洲、美国、加拿大和澳大利亚、新西兰等国家或地区旅游。

图1087　2009年3月凤凰村民自发组团到中国台湾地区旅游（凤凰村委会提供）

图1088　2010年4月凤凰村民自发组团到美国旅游（凤凰村委会提供）

第四章 村民保障

概 况

1986年，凤凰村实行养老保险制度。凡本村务农村民男60周岁、女55周岁以上享受助养金为每人每月12元。1992年，凤凰村人均收入1717.20元，比1978年增长11.5倍。是年起，村民参加农民风险型合作医疗。1999年8月，《衙前镇凤凰村村规民约》明确规定，子女要尽赡养父母、照顾老人的义务，对虐待老人屡教不改，情节严重的，报法律部门处理。多年来，涉老纠纷调解成功率达100%，无侵害老年人合法权益案件发生。2000年3月，凤凰村被评为萧山市"1999年度十佳敬老服务先进单位"。2001年，凤凰村主任沃关良被评为萧山市十佳敬老服务先进个人。2002年4月，凤凰村被评为萧山区"2001年度敬老村"。2005年，凤凰村党支部书记胡岳法被评为"萧山区十佳敬老先进个人"。2006年，凤凰村被全国老龄工作委员会办公室授予"全国敬老模范村居（社区）"。

2005年后，凤凰村在生活保障方面，粮食、油料、天然气全部免费供应。养老保障方面，女50—59周岁，由村发放助养金，60周岁以上村民由村集体每人每月发放120—160元不等的养老金。2011年起，村民就医可以门诊报销72%和住院报销95%。2012年1月1日起，229名农转非凤凰人开始享受凤凰村的基本生活保障。加上村民医疗保障和老年人助养，构成凤凰村民的"三大村级保障"。是年，凤凰村民基本生活、医疗、养老三大保障共开支1200多万元，人均近6000元。

2016年，用于村民保障的开支增长150万元，与村财政做到同步。主要用于老年人口的增长，企业退休人员工资的同步调整，年末股金分红的适量增加等。调整困难户补助方式，对确实需要帮助的困难户给予重点照顾，保证凤凰没有一户特困户。全年凤凰村民基本生活、医疗、养老三大保障共开支从2010年的900多万元增加到1445.17万元，人均开支从2010年的4500元增加到6557元。

第一节 生活福利

1999年8月，《衙前镇凤凰村村规民约》规定，村民生活福利，口粮供应：每人每月供应大米10公斤，按季发放。菜油供应：每人每月供应2公斤。每年春节供应鲜鱼每人1公斤。煤气供应：每户每年供应煤气8瓶，一次性收取瓶费510元。每瓶供应价35元，不足部分由村承担。个别特困户在春节期间，经分析讨论，可作适当补助。

2005年三村合并后，凤凰村的粮食、油料、天然气全部免费供应。具体标准是：粮食、副食品每人每月大米提货单10公斤，附贴现金15元；每人每年菜油3公斤，面粉1公斤，糯米1公斤。煤气发放：交通片（南片）、卫家片（北片）实行每人每月贴款5元。凤凰片（中片）实行每户每年8瓶，收现金每瓶55元，企业收现金每瓶75元。

村民丧葬费从2005年以前的300元/人提高到2006年的1000元/人，2011年提高到4000元/人。2014年开始，60周岁以上的老人亡故，除补给丧葬费4000元以外，还增加抚恤金10000元，合计支付 14000 元/人。

至 2016 年，凤凰村民基本生活保障：每年享受一次股份分红，按《股权证》上的股份金额，通过比例结算分配到每个家庭。每人每月大米 10 公斤，附贴现金 15 元。每人每年食油 3 公斤，面粉 1 公斤，糯米 1 公斤。每人每月补贴天然气 15 元。一季度一领，按名册发放，凭提货单到定点粮站提取。

2016 年，全村共发放大米、食油、面粉、天然气补贴等共计 201.93 万元。2017 年 1 月 12 日，进行 2016 年度股东分红，全村 2042 名股东共分红利 213.40 万元，人均 1047.99 元。

第二节 医疗保健

1992 年起，凤凰村村民参加了农民风险型合作医疗，村干部及村级工作人员实行定额凭证医疗；企业职工参加人身保险和意外事故医疗费保险。

2003 年萧山区推行新型农村合作医疗。2004 年，凤凰村与衙前卫生院签订《村民统筹医疗协议》。协议于是年 9 月 1 日起实行，为萧山区首个村民统筹医疗办法。按协议，凤凰村村民持统筹医疗卡，在衙前卫生院住院或门诊、急诊就医，可报销 65% 的中西药费；凤凰村以每个村民每月 18 元的标准，按季度向衙前卫生院缴纳统筹医疗基金。是年，凤凰村的 899 名村民将每年支付村民统筹医疗基金 194184 元。按萧山区新型农村合作医疗制度，门诊报销为 10%，凤凰村实行统筹医疗办法后，村民在衙前卫生院就医，门诊报销比例比全区提高了 55 个百分点。

2006 年 1 月 1 日起，全部村民享受原来只有老凤凰村村民可以享受的统筹医疗待遇，即村里按每人每月 20 元的标准交给衙前医院统筹费用，全村 2100 多人都享有萧山区新型农村合作医疗报销 20% 的待遇，还可以再享受凤凰村统筹医疗报销 45%。两项合并计算，看病可报销医疗费用 65% 以上。这是全区农村中统筹医疗待遇最高的。

2007 年 12 月，村民代表全票表决通过《凤凰村关于 2008 年农业户口村民统筹医疗的规定》，从 2008 年 1 月 1 日起，全村 2011 名农业户口的村民就医费用平均可报销 70%，就诊范围扩大到镇外医院。报销标准是：衙前卫生院门诊报销 35%，住院报销 10%。区级新型农村合作医疗定点医院住院报销 14%，市级新农合定点医院住院报销 25%，非新农合定点医院住院报销 10%。村民统筹报销费用由村集体全额承担。

2010 年 1 月，增加萧山定点医院医疗费和杭州定点医院住院费的报销比例。其中萧山定点医院住院费报销比例从 85% 增加 10%，提高到 95%；杭州定点医院住院费报销比例从 80% 增加 10%，提高到 90%。

2011 年起，村民就医可以门诊报销 72% 和住院报销 95%。村民卫才良的妻子生病在杭州邵逸夫医院就诊花去 6 万元。根据凤凰村的医疗政策，卫家从社保领取 25000 多元医疗费后，村集体又补助了 25000 多元，累计报销达 95% 以上，大大减轻了卫才良家的负担。村民傅金虎 2012 年住院 5 次，医药费共计 56008.84 元，其中报销 51627.39 元，报销比例为 92%（含门诊报销）。据统计，自并村后的 2005—2014 年的十年间，凤凰村共支出医疗经费在 1160 万元以上，其中 2005—2009 年支出 365.37 万元，2010—2014 年支出 795.80 万元。

2005 年首轮参加农村合作医疗农民健康体检启动后，镇社区卫生服务中心全面推进村民健康体检。2014 年 7 月，衙前镇第五轮参加农村合作医疗农民健康体检全面推进，12 个村（社区）的

5853人相继参加体检。体检首日早晨六点多，体检中心就已人头攒动，凤凰村村民在工作人员的指引下，有序参加各项检查。在2013年常规项目基础上，2014年新增加腰围测量项目，通过腰围与身高体重等几个指标的比值，客观全面分析身体健康状况和慢性病患病概率。体检结果及分级随访管理记录等信息与个人电子档案对接，实现个人全程健康档案跟踪管理。

2014年3月，新修订出台的《杭州萧山衙前镇凤凰股份经济联合社章程》"股东统筹合作医疗及保障"规定指出，2014年，股东在衙前医院看门诊可报销75%（含农医保报销额），住院最高额度可报销95%（指农医保定点医院，含农医保报销额）。股东已参加城镇医疗保险的不再享受农医保待遇，由本社补贴给每人每年350元。今后如有新的政策规定出台，再作另行调整。

互联网的发展，电话医生、短信预约、"智慧医疗"等方便了村民就医。2014年1月1日起，参加职工基本医疗保险和城乡居民基本医疗保险的该村参保人员到定点医疗机构和定点零售药店就医、购药时只要持市民卡及配套的《杭州市基本医疗保险证历本》就可以进行医保结算。同时，凤凰村对自费参加职工医疗保险的村民实行医保补贴，补贴标准为人均每年350元。

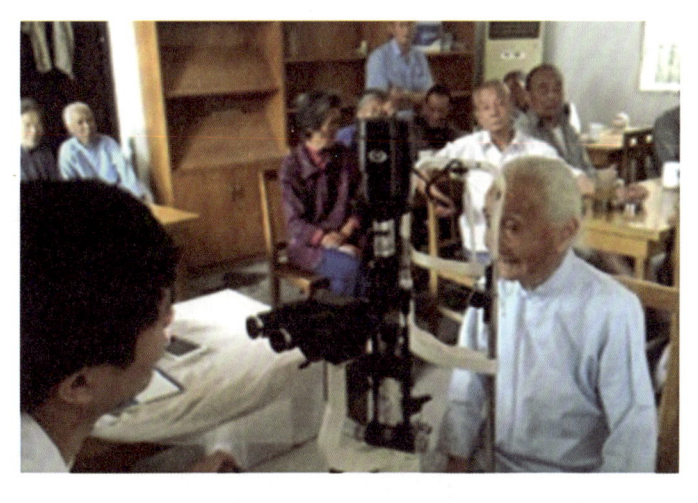

图1089　2014年4月村民在老年活动室接受白内障检查（傅展学摄）

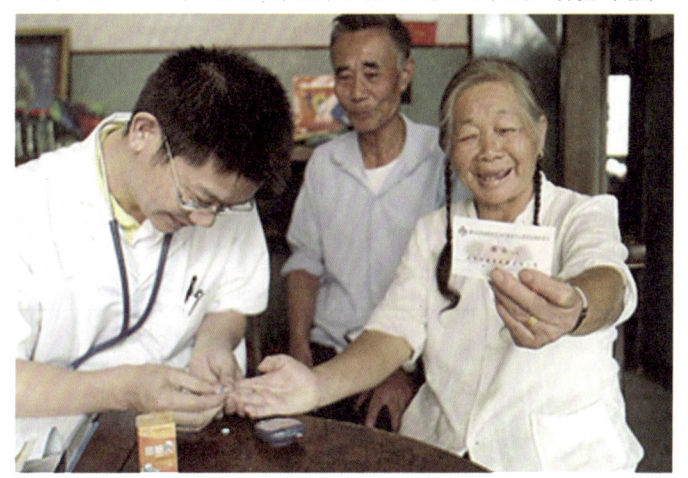

图1090　村民汪杏珍高兴地展示"电话医生"名片卡（2014年4月，傅展学摄）

2016年，凤凰村民医保补贴1011人，共支出金额353850元，其中交通片316人，110600元；凤凰片473人，165550元；卫家片222人，77700元。

表766　2005—2016年凤凰村医疗保健支出情况

单位：万元

年份	支出费用	年份	支出费用	年份	支出费用
2005	17.89	2009	131.80	2013	189.76
2006	61.60	2010	169.11	2014	117.75
2007	51.49	2011	143.44	2015	75.61
2008	102.59	2012	175.74	2016	132.90

注：医疗保健支出费用是村民报销大病医疗费用和交衙前医院统筹费以及参加农医保个人缴纳部分村集体负担的合计数。

表767 2016年凤凰村村民医疗费报销情况

月份	报销人数（人）	医疗费用（元）	分类报销							
			总计报销（元）	农医保报销（元）	村大病医疗报销（元）	杭州定点医院（元）	萧山定点医院（元）	衙前定点医院（元）	非定点医院（元）	村大病救助（元）
1	12	247434.27	174162.1	127147.1	47015.0	35979.0	11036.0	0	0	0
2	20	283704.31	186226.0	141172.0	45054.0	21767.0	21321.0	1966	0	0
3	17	188850.30	150174.9	111042.9	39132.0	28804.0	10328.0	0	0	0
4	24	350693.02	266822.4	217358.4	49464.0	12323.0	33873.0	0	3268	0
5	21	277619.83	198950.9	157196.9	41754.0	18205.0	23549.0	0	0	0
6	17	245159.35	184987.7	147471.7	37516.0	8530.0	22403.0	0	6583	0
7	19	251649.39	185978.9	138577.9	47401.0	24758.0	22643.0	0	0	0
8	27	253254.28	217203.7	183080.7	34123.0	9158.0	24965.0	0	0	0
9	15	281532.71	194541.5	145684.5	48857.0	16415.0	32442.0	0	0	0
10	18	185769.42	166827.5	131604.9	27780.0	13569.0	14211.0	0	0	7442.61
11	14	362262.79	266657.6	193964.2	71574.0	56917.0	14657.0	0	0	1119.42
12	21	274614.16	214927.1	157442.8	47732.0	8183.0	39549.0	0	0	9752.25
合计	225	3202543.83	2407460.0	1851744.0	537402.0	254608.0	270977.0	1966.0	9851.0	18314.28

注：医疗费用包括报销费用和个人负担费用。

第三节 退休养老

养老金

从1986年起，凤凰村参照国家有关"男性年满60周岁，女性年满55周岁及直接从事生产服务工作年满50周岁和缴费年限累计满15年"的养老金领取条件，实行养老保险制度。凡该村务农村民男60周岁、女55周岁以上，每人每月领取助养金12元。以后随着村集体收入的增加而增加。村办职工退休后再加1年1元的工龄工资；村、厂干部退休后按原工资照发。

1999年8月，《衙前镇凤凰村村规民约》规定，养老金发放：男60周岁、女55周岁以上，每人每月80元。

2001年8月，凤凰村《关于调整养老金的决定》（凤委〔2001〕4号），2002年8月，《衙前镇凤凰村村规民约》，对养老金发放有新的规定：男60周岁、女55周岁以上每月80元，70周岁以上每月110元，75周岁以上每月120元。

2005年6月，凤凰村、交通村、卫家村合并为新凤凰村。2006年1月开始，助养金发放标准：男60周岁、女55周岁

图1091 村民养花怡情（2018年5月2日，徐国红摄）

以上每月120元，70周岁以上每月140元，80周岁以上每月160元，每月1日发放。每年发放旅游费50元。

2011年6月，凤凰村民助养金标准：女50周岁开始每月320元，55周岁开始每月400元。男女60周岁以上每月460元。

2012年后，经过多次调整。至2016年12月，凤凰村民助养金标准：女50周岁开始每月320元，55周岁开始每月500元，男女60周岁以上向村办理好手续，按类似农转非待遇发放：60—79周岁每月1660元，80—84周岁每月1710元，85—89岁每月1810元，90岁以上每月1910元。全年发放助养金218.55万元。考虑老年人的行走不方便，村里派村务人员到各片发放，交通片为汪彩娟，凤凰片为鲁小珍，卫家片为卫东。

图1092 老人休闲生活（2018年5月2日，徐国红摄）

表768　2012—2017年凤凰村养老金调整情况

单位：元/人/月

时间	女 50—54岁	女 55—59岁	男女 60—79岁	男女 80—84岁	男女 85—89岁	男女 90岁以上	自费参保补足
2012年1月	320	500	560	610	710	810	640
2012年4月	320	500	1200	1250	1350	1450	640
2014年1月	320	500	1400	1450	1560	1650	640
2015年1月	320	500	1600	1650	1750	1850	840
2016年1月	320	500	1660	1710	1810	1910	840
2017年1月	320	500	1730	1780	1880	1980	840

注：自费参保人员，为村办企业退休人员、老干部、退休的村务人员。2013年没有调整。

老年活动中心

1996年，凤凰地区3个村始成立老年人协会。

1997年，衙前镇、凤凰村共同创建凤凰星光老年之家。

2005年，凤凰村、交通村、卫家村三村合并之前，老年人协会会长分别是胡和法、项美文、卫建荣。三村合并之后，凤凰村老年人协会会长先后为胡和法（2005—2013年任职）、方正（2014—2016年任职）。

2006年，凤凰村对星光老年之家进行改造扩建，建筑面积1318.5平方米。活动室内设棋牌室、阅览室、电教室、理发室等，分别配有空调、彩电、EVD影碟机、台球桌和健身场地等，理发室在每周一、周五上午免费服务。

2008年10月6日开始，为期3天的凤凰村庆祝浙江省第21个老人节专场越剧演出在村文化中心举行。其间，请来的专业剧团为全村老年人演出6场越剧。在家门口欣赏喜闻乐见的越剧，凤凰老人们感觉其乐融融。

2009年11月,卫家片老年活动室落成启用。2012年4月,交通片童墅老年活动室落成启用。至此,凤凰村三片区域各有老年活动场所的布局。

至2016年12月,凤凰村老年活动中心(星光老年之家)累计折旧费26259.82元。设备费用支出1440680.80元,内含乒乓球台1张、台球桌1张、健身器1套、功放机1只、音响2对、电热水器1只、彩电1台、洗衣机2台、干衣机1台、冰箱1台、空调5台、五斗书柜2套、电话机1部等。

图1093　2009年11月凤凰村北片(卫家)老年活动室落成(凤凰村委会提供)

图1094　2012年4月凤凰村南片(童墅)老年活动室落成(傅玉刚摄)

图1095　凤凰村老年活动中心(2014年3月21日,沃琦摄)

图1096　正在健身休闲的凤凰村民(2014年3月21日,沃琦摄)

孤寡老人五保供养

2006年,凤凰村老年活动中心对村里同时符合3个条件(无法定赡养、抚养、扶养义务人或法定赡养、抚养、扶养义务人无赡养、抚养、扶养能力;无劳动能力;无生活来源)的村民实行五保集中供养,在吃、穿、住、医、葬等方面给予符合条件的村民提供生活照顾和物质帮助。

凤凰村对在村的孤寡老人五保户实施居家养老和集中供养两种模式,符合条件的五保供养对象可自行选择供养形式。集中供养的五保供养对象由村老年活动中心提供供养服务;因特殊原因不愿或者不宜集中供养的,采取院户挂钩的办法,落实供养服务和管理。

2006年12月28日中午11时,有记者来到凤凰村老年活动中心,看到在老年活动中心颐养天年的凤凰村以及周边村（社区）的 10 多位老人集中供养的场景，其中 78 岁的朱妙英老人已经吃完米饭，正剥着河虾吃。"这里的生活真当好，每餐一荤一素，一顿一换，24 小时有人值班。"老人边剥边说。在凤凰老年活动中心，有图书室、电视室、棋牌室、教学室、健身房、谈心室等配套设施，配有 3 名专职工作人员，24 小时为老人们提供服务。

当记者问起"村里老人一年能从村集体获得多少物质待遇？"凤凰村老年协会会长胡和法拿出算盘，算了起来：每月助养金 230 元，一年 2760 元；大米、油、面粉、煤气免费供应，一年折合 720 元；老人节 50 元的礼品，中秋节月饼 1 公斤、春节蛋糕 1 盒、每年旅游费 50 元，还有股东分红、村民统筹医疗……加起来，总共将近 4000 元。

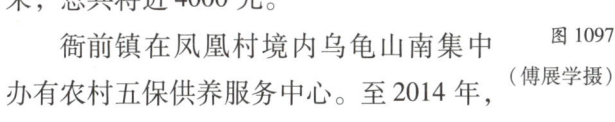

衙前镇在凤凰村境内乌龟山南集中办有农村五保供养服务中心。至 2014 年，

图 1097　2007 年 1 月 10 日凤凰村的老人们在老年活动中心食堂用餐（傅展学摄）

萧山区农村五保对象年供应标准提高到每人 13860 元，比 2013 年提高 1380 元，凤凰村五保对象年供应标准亦随之提高。2016 年，凤凰村老人从村集体享受的物质待遇人均有 6000 多元。

传统节日慰问

2006 年 1 月，《衙前镇凤凰村村规民约》规定，凡村内年满 60 周岁以上老人，在春节、中秋、重阳节时，每人可领取慰问品和现金。具体规定是在春节向 60 周岁以上老人拜年，发蛋糕 1 盒，中秋节发月饼 1 公斤，重阳节发礼品 50 元。

2014 年，《杭州萧山衙前镇凤凰股份经济联合社章程》规定，春节向老年股东拜年发放慰问金，在经济效益增加的前提下，从 500 元开始可逐年提高。

从 2014 年起，凤凰村每年春节举行最美家庭表彰暨老年村民迎新春团拜会，同时向老年村民派发新春慰问红包。

2016 年 12 月 31 日，凤凰村向全村 60 岁及以上 491 位老人发放春节慰问金，每人 600 元，共计发放 294600 元，其中交通片 159 人，95400 元；凤凰片 209 人，125400 元；卫家片 123 人，73800 元。

百岁老人慰问

2009 年 3 月 11 日上午，凤凰村班子成员集体来到陈阿茶家，向老人拜寿，村腰鼓队紧随表演助兴。听说村干部要来拜寿，陈阿婆特地起了个早，穿上红色的唐装，红光满面地坐在轮椅上，乐呵呵地笑着。村党委书记胡岳法、村主任沃关良握着老人的手，祝贺她高寿，并拿出准备好的 1 万元敬老寿星的大红包，双手送给老人的儿子李传根。其他村干部为老人披戴上"福如东海，寿比南山"的绶带，送上写有"王母捧桃赠寿星，众仙登堂贺生辰"的旌旗和蛋糕。礼炮声、锣鼓声和欢笑声回荡在官河之畔。陈阿茶老人为衙前农民运动先驱李成虎烈士的侄媳妇，生于清宣统元年（1909），娘家在绍兴钱清镇。老人育有 1 子 5 女，是当时衙前镇境内最高寿的老人，于 2009 年 12 月 28 日去世。

按农村习俗，虚岁 99 岁时做 100 岁大寿。2016 年，1918 年出生的村民汪阿大已是 100 岁。3

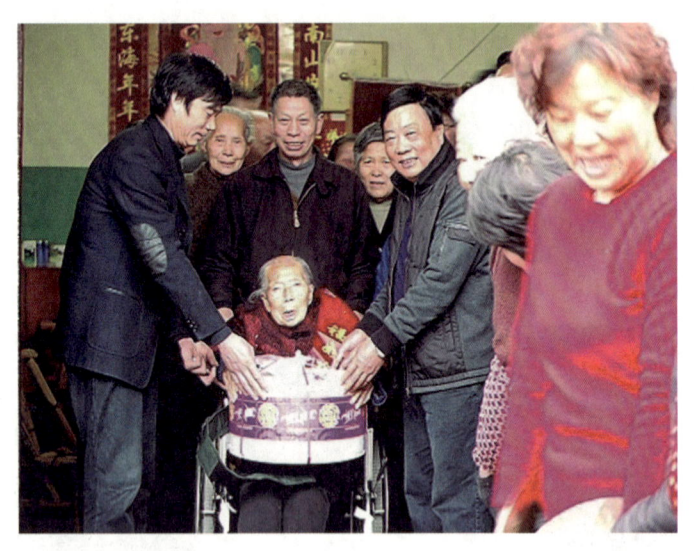

图1098 2009年3月11日凤凰村领导向百岁老人陈阿茶（中间坐者）拜寿（傅展学摄）

月24日上午，凤凰村领导来到交通片百岁老人汪阿大家中，向老人拜寿。在喜庆的腰鼓声中，见到汪阿大老人，村长沃关良大步上前，送上祝贺她高寿的大蛋糕，副书记傅柏松为老人披戴"百岁寿星"的绶带。书记胡岳法一边将10000元敬老孝老大红包送到老人手中，一边说："祝您老福如东海寿比南山！"汪阿大老人神清气爽，口齿清楚，紧紧握着胡书记的手，连声说着："谢谢。"汪阿大，1918年出生，年轻时以纺纱养蚕为生，喜素食，心平气和，无耳聋眼花。至2016年，老人仍神清气爽，口齿清楚，生活能自理。

第四节　扶贫救济

凤凰村特困救助基金

2006年1月，为帮助贫困家庭克服困难、渡过难关，萧山区首个村级特困救助基金和特困救助协会在凤凰村成立。时全村100多名党员干部和企业共捐款24万元。《衙前镇凤凰村村规民约》规定：失去男主要劳力的子女实行特殊困难补助，该户有不满16周岁的子女，每月每人发放抚恤金300元，发放到年满16周岁为止。

2007年春节前夕，在村新年工作思路研讨暨献爱心活动现场，与会的村企业主再次慷慨解囊，向凤凰特困救助基金送爱心，刚出差归来的凤凰村荣誉村民——杭州宏峰纺织有限公司董事长兼总经理李泽洪也专程前来捐款3万元。1月8日，有15家企业向凤凰特困救助基金捐款19.2万元。至此，凤凰特困救助基金收到村企业捐款共25.74万元。其中，浙江金洋纺织有限公司继2006年捐款6万元之后，再次捐款6万元。凤凰村又在全村党员和村干部中举行献爱心活动，为凤凰特困救助基金积聚爱心。

特困救助基金的建立，帮助了特困家庭，解决了特困家庭的生活困难。2006年，凤凰村特困救助基金累计向需要帮扶的村民送去慰问金53笔，合计支出29.45万元，其中涉及重病10人、相对困难户31户、困难学生家庭5户、其他7户。村民孔尧坤因病去世前，弥留之际他紧紧握着村党支部书记胡岳法的手哭着说："我的孩子只有11岁，就全托付给你们了。"胡岳法的手久久没有松开。此后，村集体先后将3名单亲家庭的孩子抚养到16岁。

2011年，年逾古稀的汪小根、周菊英的大儿子先老夫妻俩去世，留下多病的大媳妇和年幼的3个孙子女。村里决定，让老夫妻俩每月享受助老金待遇，并支付3个孙子女的抚养费用。

至2012年5月，凤凰村累计募集捐款90多万元。通过排摸、核实，出台《困难户三年帮扶脱贫资助意见》，决定用3年时间，帮助全村相对贫穷的10户人家脱贫，并明确由10名村党委、村委干部一对一进行帮扶脱贫。

2005—2016 年，凤凰村照顾困难户金额共计 148 万元（不含特困救助基金）。

社会互助

2012 年，凤凰村参加"关爱他人、关爱社会、关爱自然"志愿服务活动，向中国志愿服务基金会、萧山区慈善总会分别捐款 5 万元、10 万元。是年 11 月 30 日，萧山区慈善总会衙前分会第二轮慈善捐赠暨企业助老金发放仪式，为捐赠留本冠名 100 万—300 万元以及现金捐款 5 万元以上的 30 家单位颁发奖牌和荣誉证书，凤凰村及村内部分企业到会领取奖牌和荣誉证书。

2015 年 12 月，萧山区慈善总会衙前分会救助 118 人，救助资金 461000 元，其中救助凤凰村 8 人，救助金额 34000 元。

2016 年底，萧山区慈善总会衙前分会为凤凰村 30 位重症患者（含癌症、中风病瘫）和困难户（含残疾、低保）发放救助金 55100 元。

图 1099　2012 年 11 月 30 日萧山区慈善总会衙前分会第二轮慈善捐赠暨企业助老金发放仪式（傅展学摄）

图 1100　2013 年 2 月中国志愿服务基金会发给凤凰村的慈善捐款捐赠证书（凤凰村委会提供）

凤凰村志 下册

第十四编　教育　卫生

第一章　教育
第二章　教育网络
第三章　卫生
第四章　计划生育

概 述

民国10年（1921），沈定一独资创办衙前农村小学校。此学校不仅是先进知识分子宣传革命道理、开展农民运动的活动中心，也是全国闻名的吃住学杂费全免的农民子弟学校，也是凤凰地区最早的学校。民国17年（1928），沈定一发起成立衙前村自治会、东乡自治会，实行乡村自治，在自治会工作实施大纲中，将"教育"分为"学校教育"与"社会教育"。"学校教育"方面，要求每个学区至少设立多级小学1所、单级小学2所，同时发展农业教育，由浙江大学农学院试验改良各种农业，举办农业试验场及农业讲习所，开办农艺训练班，每年由本乡保送学员参加；培养师资，培养专才，增设幼稚园。在"社会教育"方面，举办平民识字班，开办职业补习所，举行常识讲演会与自治讲演会，巡回图书馆等。年底东乡自治会被取消，教育会等民众组织相继消失。

1950年后，衙前农村小学校（定一小学、定一乡中心小学校）先后更名为坎山第二小学校、交通乡中心小学校、衙前公社中心小学校、凤凰小学校、衙前公社中心学校、衙前乡中心小学校、衙前镇中心小学校。1956年建立的萧山县第三初级中学，后成为萧山第三高级中学。1958年"大跃进"开始，坎山第二小学校增设小学民办班，民办教师工资由农业生产合作社支付。接着，各村也相继开办小学民办班。2001年，恢复衙前农村小学校。2007年，萧山第三高级中学从凤凰山麓搬迁至萧山城区。

2016年，凤凰村境内有镇办学校3所，中心幼儿园1所，衙前镇凤凰社区卫生服务站1个。村民文明卫生素质逐步提高，计划生育观念有根本转变。

图1101　2015年8月18日凤凰村党委书记胡岳法带领受表彰的学生参观村容村貌（傅展学摄）

第一章 教育

概 况

民国时期，凤凰地区境内有私塾、托儿园、小学校。1956年，始有中学。从幼儿园到中学，村民子弟可以就近入学。1986年始，凤凰村对入学的子弟进行补贴及奖励，幼儿班每年补贴40元，小学每年补贴30元，初中每年补贴40元，考上重点高中奖励500元，考上大学奖励1000元。2005年，凤凰村、交通村、卫家村三村合并后，继续执行教育补贴奖励制度。2008年后，不再对入幼儿园、小学、初中的学生进行补贴，但继续对考上重点高中、重点大学的优秀学生进行表彰奖励，至2016年已经连续31年表彰奖励优秀学生。

第一节 幼儿教育

民国12年（1923）春，衙前白云庵设有幼稚班，招收贫苦农民孩子。民国17年（1928），《萧山东乡自治月刊》发表《衙前村自治会托儿园章程》，指出办托儿园的目的是"实现解放妇女""便利农工生产工作、在耕耘收获蚕时及其他一切工作期间内不及兼顾其子女保育之农工家庭"。规定入园年龄为"满足两岁未及六岁者为限"。以幼儿的年龄分设班级。教养员（保姆）通过游戏及日常生活传授幼儿应学习的事务（学步、发声、识别数目、物体、起居和共同生活等），幼儿的生活规定睡眠时间为14—16小时，饮食次数为3—5次，食料为五谷类、肉类、汤类、鸡蛋、果汁、牛乳、果品等。每天游戏2—4次，每次10—30分钟不等。儿童的起居、饮食、游戏皆得保姆保育。托儿园的组织系统规定为：

```
自治会——托儿园——主任——┬─ 寄宿部  ┐
                          ├─ 教育部  ├ 保姆2人
                          ├─ 缝衣部—1人
                          └─ 饮食部—1人
```

当时衙前村（凤凰地区）已开办托儿园1所。东乡自治会在工作实施大纲中规定"拟每村开办1所"，后因东乡自治会被解散，各村开办计划成为泡影。

1958年，人民公社化开始，"大跃进"中要求农村妇女劳力组织"娘子军"投入农业一线劳动，凤凰生产大队、交通生产大队、卫家生产大队相继办起托儿所和幼儿园。园舍多为"平调"之民居，设施简陋，教养员为村落中初识文字的年轻妇女，也有外地聘入的。1960年，国家暂时困难时期和"文化大革命"时期，各生产大队在农忙时举办短期幼儿班，农闲时多数停办。

中共十一届三中全会以后，幼儿教育有所发展。1978年9月，先在凤凰地区之衙前公社中心小学附设幼儿班1班，在班幼儿46人，教养员1人，凤凰生产大队、交通生产大队、卫家生产大队的幼儿即此就近入园。

1985年6月，衙前小学幼儿班从中心小学析出，建衙前镇中心幼儿园，选址在卫家村乌龟山原知青厂厂址，设大中小3个班，在园幼儿76人，教职工6人。园舍占地面积1304平方米，其中建筑面积678平方米，室外活动场地694平方米。入园幼儿为凤凰村、交通村、卫家村、居民村的幼儿。该幼儿园实行镇办镇管，中心幼儿园职工工资由镇全额负担，采用省编幼儿教材。中心幼儿园还承担各村幼儿园（班）的业务辅导、检查和培训在职幼儿教师的任务。至2000年底，衙前镇中心幼儿园有5个班级，在园幼儿163人，教职工18人。

2002年9月，衙前镇中心幼儿园进行体制改革，转换为"民办公助"，迁址到衙前镇项漾村成虎路112号。总投资1000余万元。占地面积8671平方米，建筑面积4860平方米。户外活动场地2506平方米，绿化带4166平方米。科学合理规划的泥山、沙地、草地、玩水区、饲养区以及多功能大型玩具等为幼儿的智力开发提供了舞台。幼儿园教育、卫生设施齐全，各班均配有钢琴、电视机和空调，并配备各类幼儿专用室，有科学发现室、美工室、图书室、电子琴房、舞蹈房等。至2005年，有班级15个，在园幼儿483人。

图1102　衙前镇中心幼儿园（2018年5月10日，陈妙荣摄）

2009年12月，萧山区衙前学前教育集团成立，下辖衙前中心幼儿园和凤凰幼儿园。共有教职员工69人，在园幼儿720人。

至2016年，衙前镇中心幼儿园有17个班级，在园幼儿698人，教职工68人。多年来，先后被评为"萧山区五星级幼儿园""杭州市语言文字规范化示范校""浙江省示范性幼儿园""全国百佳民办幼儿园""全国优秀民办幼儿园""全国民办教育先进集体"等。

衙前镇中心幼儿园开展三大教育，颇具特色：

在爱的教育方面，以培养幼儿的行为习惯和智力开发为重点，开展丰富多彩、潜移默化的养成教育。自2013年作为"萧山区户外自主性游戏"试点园，关注幼儿学习方式的变革，从以"纸筒管"为载体的游戏活动操作材料的收集、制作、创新等方面入手，创设探究区、体能区、建构区、涂鸦区、民间游戏区、森林冒险区等自主游戏区域。教师巧妙运用生活中收集到的废旧材料，手工制作材料，设计出符合各年龄段幼儿发展特点、造型美观、富有童趣、经济实用的幼儿教玩具，让废旧物品变成孩子爱玩的"宝贝"，制作出"好玩的台球""彩色迷宫""迷你家私乐器""钩钩乐""话筒""自制飞行棋""数字萝卜"等作品，给老师带来相互观摩、学习的机会。

在人文教育方面，组织参观农民运动纪念馆、李成虎革命烈士纪念碑、衙前农村小学校等历史文化古迹，开展红色教育。组织参观绿宇养鹿场、凤凰花卉基地、中国纺织博览城等，激发幼儿劳动热情。开展"家庭小帮手""爱乡小标兵""友爱小伙伴""环保小卫士""自立小主人"等活动，培养幼儿良好品质。

在贴心教育方面，实现家园一体，遵循"衙幼是个大舞台，人人都是小主角"的宗旨。每当节日来临时，安排演出，让孩子展示自己。2014年5月，幼儿园在衙前镇农小塑胶操场举办"幸福衙幼·梦想启航"庆"六一"首届亲子嘉年华活动，600余名幼儿和家长与90余名教职工会聚一堂，传递幼儿园"体验快乐，享受成长"理念。家长和孩子通过有趣的亲子游戏活动增进感情。2016年10月，幼儿园组织大班幼儿开展"关爱老人送温暖"主题活动，到衙前颐乐园为老人捶背、按摩、洗脚、喂饭、梳头发等，孩子们亲切地叫"爷爷""奶奶"，老人们感到十分欣慰和欢快。

此外，凤凰村境内还有民营幼儿园（婴幼儿托管点）数所，主要为解决外来民工子女的入园入托问题。

图 1103　2014年衙前镇中心幼儿园的幼儿动手制玩具（衙前镇中心幼儿园提供）

图 1104　2014年衙前中心幼儿园庆"六一"亲子嘉年华活动（衙前镇中心幼儿园提供）

第二节　小学教育

民国10年（1921）春，沈定一从广州回到萧山衙前，他腾出位于西曹官河边的10多间私房作为校舍，兴办新型小学校——衙前农村小学校。当时，西曹的农民发现，沈家大宅院"光禄第"突然有了新变化，门框两旁多了一副对联："小孩子的乐园，乡下人的学府"，门楣上一道横批"世界当中一个小小的学校"。农民们恍然大悟："三先生"（沈定一在家排行老三）这是要办学校了！

是年9月26日，沈定一发表《衙前农村小学校宣言》，吸收贫苦农民子弟和青年农民入学，免费提供一切学习用品，对路远的学生还免费提供膳食。开学时有学生66名，不久增加到100多名。分设5个班，附设成人班。那些白天必须在田地里劳作的农民，可以在夜晚、农闲、雨天时间听课，多的时候一晚上有十来桌。一面扫盲识字，一面学习革命道理。

学校的师资，大部分来自浙江第一师范学校，宣中华、唐公宪、徐白民、杨之华、王贯三、张春浩、赵并欢等进步知识分子先后来校任教。

学校教材除选择《新青年》等进步刊物自编外，还采用当时由商务印书馆编订的新教科书，开设国语、算术、常识、劳作、图画、体育、音乐等课程，以白话文进行教学。学校附设"龙泉阅书报社"，购买《新青年》《星期评论》《劳动与妇女》等一批报刊，还陈列马克思、恩格斯的书。学校针对衙前水乡特点，提出"上船会摇，下船会挑"的要求，以达到"不但要教学生

劳 动 歌

（词 刘大白）

你种田；我织布；
他烧砖瓦盖房屋。
哼哼！呵呵！哼哼！呵呵！
作工八点钟！休息八点钟！教育八点钟！
大家要求生活才劳动。

认识字，好读书，
工人不是本来粗。
读书，识字。读书，识字。
教育八点钟！休息八点钟！作工八点钟！
大家要求知识才劳动。

槐树绿；石榴红；
薄薄衣衫软软风。
嘻嘻！哈哈！嘻嘻！哈哈！
休息八点钟！教育八点钟！作工八点钟！
大家要求快活才劳动。

（原衙前农村小学校校歌之一。表现出普通劳动人民对知识、对美好生活的向往。）

图1105　1921年刘大白创作的衙前农村小学校校歌之一的《劳动歌》

以人生必需的知识技能，并且要随时以实用的知识教一般农民"的目的。学校教师创作3首校歌《三色花》《劳动歌》《牺牲的神》，并发表在上海《民国日报》上。

在管理层面上，学校不设校长，而以校务会议的形式进行管理，凡事由全校教师商议决定，注重学习与生产劳动相结合，注重学校与学生家庭的联系。

衙前农村小学校的发展，推动农村学校的改革，萧山东乡许多地方撤掉私塾办起新型小学校。衙前农村小学校也谋求扩充发展，根据"不宜于大规模之集中，而宜于小规模之分设"办学理念，民国13年（1924）春，遣王贯三等人，就丁村、长巷、钱清3处调查学龄儿童，准备设立农村小学校分校，后因故未果。

民国20年（1931），王华芬改组衙前农村小学校，更名为定一小学，王华芬任校长兼教导主任。时学校已发展为六年制完全小学，办学经费由当时的校董会筹措募集，所聘教员均系师范毕业生。抗日战争时期，日寇肆虐，定一小学的3层楼洋房教室、公会堂、9间办公用房、鹤亭等被毁坏殆尽，学校被迫停办。

民国35年（1946）秋，定一小学在西曹原址复校，但只恢复2个学级，教职工6人，小学部学生61人，民教部49人，均采用复式学级教学，初小课程为团体训练、国语、算术、常识、劳作、图书、体育、音乐等科。学生纳费每学期为学米5升，家境清寒可免，家长往往沿袭旧俗，实际交费者寥寥。迫于经济原因，民国37年（1948）停办。是年9月，定一乡中心国民学校设立，定一小学全部校具送给乡国民学校，开办费和设备费由定一小学地租收入中开支，教师薪金由县支付。是年，定一乡中心国民学校有初级班3个，学生112人，专任教师5人。该校于翌年春停办。

萧山解放后，重建定一乡中心小学校。校产登记为：凤凰乡10村定一乡校，5都14图1876号，土名西曹，荡0.5亩；宅平房7间，楼房3间，占地4.59亩。另有校产沙地1789亩，1949年由坎山区人民政府接管。定一乡中心小学校舍设在小山脚下的童墅庙内，教师2人，学生60余人，2个复式班。1950年再迁回沈定一故居。

1951年，定一乡中心小学校更名为坎山第二小学校。1956年，该校是凤凰交通乡7所村校的辅导学校。1959年成

图1106　2016年3月29日衙前农村小学开展"喜迎G20"首届农运馆"小小讲解员"大赛（衙前农村小学提供）

为交通乡中心小学校；1961年为衙前公社中心小学校。1969年下放到凤凰大队来办，称凤凰小学校。1978年为衙前公社中心学校，内设小学、初中、幼儿班。1984年改为衙前乡中心小学校，有小学6班，学生273人，附设初中6班，学生326人，幼儿班1班，46人，教职工30人。1985年改名为衙前镇中心小学校。1999年时，有小学14班，在校学生484人，教职工22人，校园占地面积4736平方米，校舍建筑面积2727平方米。

2000年，衙前镇中心小学校（衙前农村小学校旧址）有班级16个，学生523人，教职员工28人。学校列入衙前农民运动旧址保护维修工程。其保护范围为教室四周墙基，以距墙基20米范围为建设控制地带。以成虎桥为中心的桥四周5米为保护范围，20米范围内为建设控制地带。2001年，建校80周年，恢复为衙前农村小学校。是年，时任中顾委副主任的薄一波为衙前农村小学校题写校名。2002年校庆之际，中宣部常务副部长龚心瀚、省委副书记梁平波、省教育厅副厅长张绪培、原省教育厅厅长肖文、钟孺、邵宗杰等莅临学校视察，并参加81周年校庆座谈会。2004年3月，衙前农村小学校旧址成为省级爱国主义教育基地。

图1107　放学路上（2015年3月12日，徐国红摄）

2010年，衙前镇实施"1122"教育布局调整，衙前农村小学校搬迁至衙前镇成虎路111号。原址今办有恒逸仁和实验学校，招收外来民工子弟入学。

2016年，衙前农村小学校有教学班31个，学生1093名。在职教师73人，其中省级优秀教师1名，市区级优秀教师、教坛新秀等12名，具有中学高级教师职称的5人，小学高级教师职称的30人。学校占地面积53693余平方米，建筑面积13376平方米，有30个标准教室，配备计算机、多媒体、实验室、舞蹈室、图书室等专用教室。建有400米标准跑道、风雨操场、师生食堂等，各类配套设施齐全。为联合国教科文组织国际农村教育中心"城乡理解"教育项目实验学校、国家级乡村学校少年宫、中国少先队红领巾数字图书馆示范学校、浙江省标准化学校、杭州市小班化教育实验学校、杭州市城乡均衡发展实验学校、萧山区文明单位、萧山区德育特色学校。

图1108　衙前农村小学校（2018年5月10日，陈妙荣摄）

第三节　初中教育

1956年8月，萧山县第三初级中学在凤凰山麓建成，为县直属。当年招收初中一年级4个班，初中二年级2个班，学生约330人，教职员工22人。

1959年，学校增设高中班，更名为萧山县第三中学，设有8个初中班，1个高中班。

1961年，萧山县第三中学更名为衙前中学。

衙前镇初级中学，创办于1969年，当时依附在萧山县衙前公社中心小学校园内。后因高考恢复，衙前中学需扩班，初中从凤凰山脚下的衙前中学校区中析出。

1985年，在凤凰山麓衙前中学西侧新建衙前初级中学校舍。1986年，衙前镇初级中学从衙前镇中心小学校析出，迁入新址。

1988年，衙前镇初级中学成为萧山市第三批实施九年制义务教育的学校。凤凰村小学毕业生可以100%升入衙前镇初级中学读书，也有个别自找门路进萧山城区初中读书的。

1999年，螺山初中并入衙前镇初级中学，在商业大道南端建设新校舍，建筑面积14724平方米，绿化面积25597平方米，2000年投入使用。

2007年，萧山第三高级中学从凤凰山麓搬迁至萧山城区。衙前镇在萧山第三高级中学原址累计投资8000余万元，改建成衙前镇初级中学新校舍。2010年8月，衙前镇初级中学迁回凤凰山下，建筑面积26000多平方米。从此，凤凰村小学毕业生可以在更好、更优的环境里读初中，完成九年制义务教育学习任务。

2016年，衙前镇初级中学有30个班级，1200多名学生，近百名专任教师，其中中高级职称教师71人。拥有中国WHO/健康促进金奖学校、全国校园文学社团示范学校、全国青少年文明礼仪教育示范基地、浙江省农村示范初中、浙江省九年制义务教育Ⅰ类标准化学校、浙江省义务教育标准化学校、杭州市小班化教育实验学校、杭州市体育特色学校、萧山区一级学校、萧山区科技特色学校、萧山区文明单位、萧山区美丽学校重点建设学校等60多项荣誉。

图1109　1956年坐落在凤凰山麓的萧山县第三初级中学（单兴军提供）

图1110　2014年5月6日衙前初中入团积极分子在学校红楼前庄严宣誓（衙前初中提供）

第四节　高中教育

凤凰村初中毕业生大多数就近到萧山第三高级中学读高中。该校原坐落在凤凰山麓，是省重点高中。始建于1955年，1956年8月建成招生，原为萧山县第三初级中学。后易名为萧山县第三中学、衙前中学。1994年改名萧山市第三高级中学（2001年后为萧山区第三高级中学）。

1995年，萧山第三高级中学扩大招生规模，确定为24个班的高级中学。1996年，通过省二级重点中学验收。2004年，招收高一新生20个班，定编为60个班的高级中学，通过省一级重点普通高中评估验收。2005年，高考重点上线208人。

2007年，学校从凤凰山下整体搬迁到萧山城区，建筑面积78000平方米。2009年，高考重点上线328人。2016年，高考重点上线649人。

2017年，萧山第三高级中学有76个教学班，3600名学生，364名在编教工，其中高级教师134人。一级教师165，二级教师60人。获得省级荣誉9人，市级荣誉29人，区级荣誉152人。是中国教育管理改革30年——全国创新管理改革品牌学校，先后获得省文明单位、省文明学校、省教育科研先进集体、省科研兴校200强等60多项荣誉。

第五节　成人教育

民国10年（1921）9月，衙前农村小学校附设成人班，得用晚上和雨雪天农闲时间上课。

民国17年（1928），衙前村自治会、东乡自治会成立，规定民众学校学生为"16岁以上40岁以下之失学男女"，学科为识字、三民主义、常识、算术，授课时间为"每晚七至九时"，"修业期限为6学周"，"学生之书籍用品由校发给，概不收费"。后因东乡自治会被取消，民众学校半途而废。

民国35年（1946），私立定一学校复课，民教部仍办初级和高级成人班各1班，学员有49人。

新中国成立后，乡村建立冬学或民校，开展扫盲和提高村民读写能力。1960年，交通生产大队傅岳仙是民校辅导员，每月由文教局发币7.5元作补贴。

"文化大革命"时期，许多生产大队成立"五七"政治文化夜校。20世纪80年代，乡村业余学校文化教学重点由扫盲而转向高小和初中。1985—2016年，衙前镇成人文化技术学校举办农民和乡镇职工培训班，提供成人教育。

由于历史的原因，凤凰村老年人群中半文盲较多，特别是老年妇女。2014年6月7日，凤凰村56—79岁的95名"老学生"获赠衙前镇成人文化技术学校赠送的笔、练习本等学习用品。这是该校组织的针对一些不识字老年人开展的扫盲培训工作。课堂上，老师带领老人们对照《成人文化补习练习本》学习生活中常用字。老人们反映参加扫盲学习文字，给日常生活带来方便。

图1111　凤凰村老人上课识字（2014年6月7日，沃琦摄）

第六节　奖学金制度

奖励优秀学生

1986年始，凤凰村每年对在中考、高考中成绩优秀的凤凰学子进行表彰奖励，发放奖学金，其中考上重点高中奖励500元，考上大学奖励1000元。

2005年，凤凰村、交通村、卫家村三村合并后，凤凰村继续执行优秀学生奖励制度。

2014年3月，《衙前镇凤凰村村规民约》规定，对考上重点高中分数线（萧山中学、二中、三中、五中）的凤凰学子给予每人奖学金1000元，对考上重点大学分数线（一本、二本）的每人奖学金1500元。

为营造良好氛围，激励在校生，凤凰村每年召开优秀学生表彰会，邀请受表彰的优秀学生及其家长、学校老师、镇村领导参加。在会上，给优秀学生及其家长戴大红花或红绶带，发放奖学金，由优秀学生代表讲话，十分励志，鼓舞人心。

2016年8月16日，凤凰村又一次在村文化礼堂3楼举行第31届优秀学生表彰会。受表彰的学生和家长早早来到这里，现场工作人员为优秀学生佩戴上早已准备好的大红花或"凤凰优秀学生"的绶带。村领导分别为村里该年考入省级重点高中以及一本、二本大学的20名学生颁发"凤凰优秀学生证书"和奖金。

1986—2016年，凤凰村共表彰优秀学生336名，发放奖学金26.9万元。受表彰的凤凰优秀学生中，有考入浙江大学、厦门大学等国内名校的，也有被世界名校——美国加州大学伯克利分校录取的。还有15名优秀学生考上国内外名校的研究生。（详见本志"人物"编之"人物表"）

2017年7月，《衙前镇凤凰村村规民约》第7次修订，规定考上重点高中规定分数线，每人奖励奖学金1000元，考上重点大学规定分数线，每人奖励奖学金2000元。

资助困难学生

凤凰村除了每年奖励优秀学生以外，对特困家庭的学生发放助学金。2006年8月，受表彰的优秀学生中有一位姓汪的女同学，来自特困家庭，当年考上浙江师范大学。正当汪同学和家人为学费一筹莫展时，村党委向其颁发1万元助学金，助她跨入大学校门。至2016年，凤凰村有30多名家庭困难的优秀学生得到资助。

表769　2006—2017年凤凰村表彰优秀学生情况

年月	表彰名称	受表彰学生
2006.08	考上重点大学	汪洁霞、唐海东、陈波、陈誉、卫佳
	考上重点高中	沃梦怡、沈海波、唐斐斐、毛亚囡
2007.08	考上重点大学	周兰兰、钱黎明
	考上重点高中	翁晓燕、沃阳洋、陈珊、卫小萍
2008.08	考上重点大学	潘梁、许钢南、卫蛟、卫梦雯
	考上重点高中	王建军、周成龙、周芳芳、周鹏飞、鱼梦怡、鲁华芳、邵高峰、傅张君、潘龙飞、潘慧威、卫增祺、卫高峰

续表

年月	表彰名称	受表彰学生
2009.08	考上重点大学	沃梦怡、沈海波、唐斐斐、毛亚囡、胡芳芳、王莺
	考上重点高中	沃华蕾、舒燕翔、陈佳楠、沈莹、翁玲雅、傅佳丽、王轶敏
2010.08	考上重点大学	卫申鹏、翁晓燕、陈珊、钱程、李观强、卫小萍、沃阳洋、陈海桥、周洁
	考上重点高中	周怡、卫海强、陈佳盈、王玲丽、王铭铭、张莉、舒怡红、傅银燕
2011.08	考上重点大学	周成龙、潘龙飞、邵高峰、卫高峰、鲁华芳、潘慧威、卫增祺、周芳芳、王建军、鱼梦怡、鱼桑
	考上重点高中	周芳思雨、张华鑫、傅雅菲、应娜、陆梦婷、翁洪涛、傅晨、卫天霞、翁哲帆
2012.08	考上重点大学	沃华蕾、舒燕翔、陈佳楠、王轶敏、沈莹、傅佳丽、王攀攀、翁玲雅、周鹏飞
	考上重点高中	王佳峰、卫丹枫、施舒雨、卫晨佳、王蔚燕、曹晓峰、曹佳熠、方泽平、汪洁雯、周雄杰、童钦雯
2013.08	考上重点大学	王玲丽、卫镕霆、王铭铭、卫斌、陈佳盈、张莉
	考上重点高中	周泽帆、陆晨超、傅磊、傅超、傅佳露、周琪、沃静怡
2014.08	考上重点大学	周芳思雨、傅雅菲、张华鑫、傅晨、翁哲帆、陆梦婷、钱璐奏、鱼莉
	考上重点高中	曹伊梦、曹嘉锋、卫楚乔、王怡君、周巨锋
2015.08	考上重点大学	王佳峰、施舒雨、陈杭奇、曹佳熠、卫丹枫、曹晓峰、童钦雯、方泽平
	考上重点高中	陈佳琳、陈逸洲、汪紫虹、周浩楠、傅鑫阳、傅凯楠、周梦娜、鱼鸿飞
2016.08	考上重点大学	沈家棋、陆晨超、周泽帆、傅磊、傅佳露、周琪、傅超、傅祖强、周祖梁、唐书琴
	考上重点高中	陈昊宇、曹伊婷、徐含薇、周煜杰、项雨楠、陈世芳、曹祺昕、邵超杰、周杉杉、鱼潇潇
2017.08	考上重点大学	曹伊梦、王怡君、曹嘉锋、卫楚乔、周巨锋、方敏婕
	考上重点高中	曹帅骏、陆翰锡、唐依婕、鱼梦洁、傅银杰、项蓬勃

图1112 2006年8月凤凰村优秀学生表彰大会（傅展学摄）

图1113 2010年8月凤凰村优秀学生表彰大会（傅展学摄）

图1114 2012年8月21日凤凰村优秀学生表彰大会（傅展学摄）

第二章 教育网络

概　况

1987年，萧山县第三高级中学购买第一台电脑，主要用于学校信息处理与学生Basic语言学习等。1994年，通过数字数据网专线与因特网连接后，萧山的企事业和机关单位开始陆续建立起计算机网络。2001年4月，第三高级中学开通网络并建立学校网站（www.xssz.net）。2005年3月，衙前镇初级中学开通网络。衙前农村小学校的网站（http：//www.yqnx.net）则委托杭州凌立网络技术有限公司开发，于2014年投入使用。

第一节　网络信息

萧山第三高级中学信息网络

1987年，为适应信息化与办公自动化，学校购买第一台电脑，主要用于学校信息处理与学生Basic语言学习等。

2001年4月，学校开通网络并建有学校网站（www.xssz.net）。后，每个行政处室和各教师办公室各配置1台电脑，并建立学生机房，提升学校的信息化程度。

2007年8月，为方便教师个人办公与教育教学，每个教师拥有1台电脑。2014年9月，全体师生的电脑都进行更新。

至2016年，有学生电脑350台（7个机房），教师办公电脑385台，笔记本电脑4台。

衙前镇初级中学信息网络

1998年，为加快办公自动化进程，学校购买1台电脑，主要用于办公和学校档案管理。

2005年3月开始，学校开通网络，每个行政处室和各教师办公室各配置一台电脑，并建立学生机房。2007年11月，每个教师拥有1台电脑。2013年全体师生的电脑都进行更新。

至2016年，学校有学生电脑90台（两个机房），教师电脑125台，笔记本电脑2台。

衙前农村小学校信息网络

1995年，学校购买1台电脑，主要用于办公和学校档案管理。后陆续为各教师办公室、各功能教室等购置办公电脑，并接入网络，确保各类信息的收集，同时也便于各室之间以及上级部门信息之间的传输。至1998年初，校园内部网络基本建成。

2002年接入教育城域网，并对校园网络进行升级。2008年组建学校门户网站。至2010年，校园网已从开始单纯以硬件集成为主的校园网，发展成为集硬件、教学软件、办公、科研和服务于一体的现代校园网络体系。

至2016年，学校配备3名专业计算机教师，每位教师配笔记本电脑1台，每个教室都有多媒体，功能室配备电子白板，装配现代化录播教室及直播系统，还拥有中国少先队红领巾数字图书馆等。

第二节　网站建设

萧山第三高级中学门户网站

杭州市萧山区第三高级中学校园网网址为 www.xssz.net 。网站始建于 2001 年，其后逐步改造升级。组建网站初期，为学校内部网站，用于学校内部教师办公。

2001 年接入教育局域网，成为学校连接外部的重要渠道。

至 2016 年，校园网以 200M 及 1000M（教育局域网）接入，中心机房以万兆到楼千兆到桌面建设配置，校内智慧教育已应用于学校教育教学，每个教室均设有多媒体、高考监控系统，同时建有设施一流的校园监控系统、门禁系统，高标准的微格教室、电子阅览室等；"互联网＋"已应用于学校管理、教育教学的各个方面，促进学校向更高层次发展。

衙前镇初级中学门户网站

2008 年 9 月，建立学校门户网站（http：//www.xsyqcz.com/）。该网站委托萧山网负责日常管理，内容由学校自行添加发布，学校是本信息系统定级的责任单位。

整个门户网站系统是建立在虚拟平台上由 3 台 Web 服务器、2 台数据库及边界交换机、核心交换机构成，其中只有 1 台 Web 服务器与 Internet 相连，数据库服务器走内部网络。

至 2016 年，网站内容主要有学校内的信息、图片等。网站系统栏目包括：学校概况、党团工妇、德育之窗、教学天地、科研园地、学校特色、美丽教师、校务公开、后勤服务、社团建设、图片新闻、校园快讯、教育信息、公示公告、学校荣誉、美丽班级、凤凰学子等。

该网站由学校办公室负责管理，其他行政人员协助管理，全校师生有对学校网站监督建议的义务。

衙前农村小学校门户网站

衙前农村小学校网站（http：//www.yqnx.net）委托杭州凌立网络技术有限公司开发，于 2014 年投入使用，由该公司负责日常运行维护。衙前农村小学校是该网站的主管单位，杭州凌立网络技术有限公司为该信息系统定级的责任单位。学校在网站发布的信息，由学校老师及部门领导审核管理。

整个门户网站系统是租用杭州凌立网络技术有限公司的电信服务器空间，校内网络通过教育城域网访问学校网站及 Internet 网络，校园内网连接教育城域网，通过一台华安硬件防火墙，防火墙连接核心交换机，再连接各楼层网络。

该校网站系统挂在运营商服务器上，等级保护定级的范围和对象都属于运营商，不在校园内部及学校本身。

2016 年，网站内容主要有学校内的信息公告发布、学校简介、校园新闻、教师教研、学生作品等栏目。实现学校通知公告及各项活动信息发布、校务公开等，展现学校风貌，塑造良好的学习氛围等。

第三章 卫生

概　况

清末至民国初年，衙前老街上有泰山堂、元和堂等几家中药铺，由本地中医师坐堂应诊。民国15年（1926）3月，萧山县喉痧（猩红热）流行，坎山一带尤为严重，民心惊恐。是年9月，在衙前凤凰人沈定一的发起和资助下，在坎山三管塘庙创建东乡医院，聘请赭山名中医蔡荫春和陈静秋主持，共有医务人员8名，其中中医、西医各2名，均系本专科毕业。设内科、外科、产房、药房等。翌年，沈定一组织东乡自治会，东乡医院列为自治会直属医院。沈被刺遇难后，医院由坎山士绅盛练心等接管。民国29年（1940）1月，医院毁于日本侵略军炮火。因凤凰地区临近凤凰山、航坞山，有不少村民上山采草药治病，俗称"单头攻"。

图1115　凤凰卫生服务站（2018年5月12日，陈妙荣摄）

新中国成立后，政府重视医疗卫生工作。1952年，对国家工作人员，包括机关及社会团体和事业单位在编人员实行公费医疗。1955年12月，在交通乡设有衙前中西医联合诊所。人民公社化以后，在交通管理区设有卫生所，各生产大队推荐培养数名亦农亦医的"赤脚医生"。"文化大革命"期间，贫下中农代表进驻学校、医院，公社成立医管会，管理社队医疗卫生工作。1970年开始，农村实行合作医疗，各生产大队成立合作医疗管理小组，并办起与公社卫生院相衔接的合作医疗站，后改称村保健站。2011年，衙前镇卫生院（前身为1955年建立的衙前中西医联合诊所）从凤凰村搬迁至项漾村境内。至2016年，凤凰村境内有衙前镇凤凰社区卫生服务站1个，新型公共厕所16座。

第一节　医疗卫生

村合作医疗

"文化大革命"以前，凤凰地区没有医疗机构。农忙季节，由公社卫生院派医生下队临时设点。由于该村临近镇街，1956年设立的衙前中西医联合诊所（衙前镇卫生院前身）就在凤凰地区境内，社员就医看病比较方便。1969年兴办"合作医疗"，生产大队办起合作医疗站，由方彩娥、周志根等经过卫生院培训的贫下中农子弟担任"赤脚医生"，负责全村的医疗和卫生防疫工作。医务人员由生产大队记工分，村民看病只收成本费。1970年开始，各生产大队结合实际制订具体的合作医疗实施办法。贫下中农参加合作医疗，"四类分子"表现好的，经生产大队医管小组批准同意也能参加。以户为单位发放合作医疗证，凭证看病、记账。参加者每人每年缴纳医疗费2元，其中50%由生产大队公益金开支，以减轻社员负担。生产大队医管小组由干部、贫下中农代表和赤脚医生共5人组成，当时凤凰生产大队医管小组成员共5人，汪生根为组长。1974年，强调减轻贫下中农负担，整顿合作医疗。贫下中农每人每年交费额降为0.6元，其中生产大队支付50%，这样，社员自己只交0.3元。患病先在大队合作医疗室治疗，转院须经赤脚医生诊断后开出介绍信，再经医管会批准。当时收费标准是：挂号费每次0.03元，注射费每人0.02元/次，针灸费每人0.03元/次，出诊费每人0.10元/次。不参加合作医疗的群众，收费相对高一些。同时，推广土草药治病，每服土草药收费0.05元。对急性病、传染病可报50%医药费，挂号、注射、车旅等费用自负。此后多年，合作医疗勉力维持。

1983年起，对合作医疗站进行机构改革，称为保健室，由原来的医管会改由村保健会管理。村保健室业务上受乡镇医院指导，并担负起村"防保、儿保、妇保"工作。1998年，对村保健室的体制又作改革，设在衙前消费品综合市场内的保健室改为衙前医院分院，由衙前医院派遣有关医务人员留驻。

衙前镇卫生院原在凤凰村境内（文化路24号），2011年10月搬迁至项漾村境内（项漾路140号），加挂衙前镇社区卫生服务中心的牌子，为全国3家小康型卫生院试点单位之一。衙前卫生院原址改为凤凰村级服务点（衙前镇凤凰社区卫生服务站），2016年有医务人员5人，由经验丰富、医疗技术较好的老医生值班，开展门诊医疗工作。

村民统筹医疗制度

1992年并乡扩镇后，衙前镇制订新的《衙前镇集资互助医疗保健制度实施办法》，用集资的方式，解决群众的医疗保健问题。1992年起，凤凰村村民参加农民风险型合作医疗，凡参加集资互助医疗者，每人每年交费8元，由村保健会发给"医疗保健证"。凭证到医院看病并报销医药费。费用按一定比例报销，男65周岁、女50周岁以上者，报销比例再提高10个百分点。1994年，集资标准调整为每人每年10元，个人交4元，镇、村各补助3元。1996年，衙前镇政府对"农民合作医疗制度实施办法"的经费来源调整为每人每年15元，由镇、村、个人平均负担，指出：村级经济发展较快的村，个人负担的5元钱，可全由村出资。按新文件精神，从是年4月1日起，凤凰村村民个人不再出资，1997年起，合作医疗经费调整为每年每人20元。

2005年，凤凰村、交通村、卫家村三村合并后，凤凰村全年通付医疗经费17.89万元，2006年为61.60万元。2007年12月，村民代表全票表决通过《凤凰村关于2008年农业户口村民统筹医疗的规定》，从2008年1月1日起，全村2011名农业户口的村民将全部享受到村统筹医疗的新实惠。村民就医费用平均可报销70%，就诊范围扩大到镇外医院。是年，村通付医疗经费102.59万元。2011年起，村民就医有72%的门诊报销和95%的住院报销。如村民傅金虎2012年住院5次，共花掉医药费56008.84元，其中报销51627.39元，报销比例为92%（含门诊报销）。

新医保实施后，全村参保率连续数年实现100%。2014年1月1日起，统筹合作医疗及保障，按新规定，股东在衙前医院看门诊，按农医保规定可报销的药品金额村承担15%药费，由医院向村结算。住院可到村报销，按农医保报销金额计算，衙前医院23%，萧山医院31%，杭州医院40%，其他医院40%。股东已参加城镇医疗保险的不再享受农医保待遇，由村补贴给每人每年350元。

2013年7月,萧山区卫生局组织开发农民健康体检综合平台率先在衙前卫生院启用,其与杭州市民信息平台联网,首次实现"院(镇街卫生院)、区、市大医院的数据共享"。从2013年起,萧山区启动"智慧医疗",2015年在萧山第一人民医院、第二人民医院、第三人民医院、萧山中医院、萧山医院等所有区级医院实施"出入院床边结算"、24小时"自助挂号服务"、"浙江·杭州健康卡"发卡服务等。"全科医生预约转诊"等项目,已在基层社区卫生服务中心和社区卫生服务站得到落实。村里一些年轻人利用手机端安装,下载掌上医疗APP服务。目前已实现的功能主要有智能导诊、预约挂号、取报告单、健康百科、健康孕妈、医院介绍、医院导航等,方便凤凰村前去就医的村民。

2016年1月3日,《国务院关于整合城乡居民基本医疗保险制度的意见》(国发〔2016〕3号)明确整合城镇居民基本医疗保险(城镇居民医保)和新型农村合作医疗(新农合)两项制度,建立统一的城乡居民基本医疗保险(简称城乡居民医保)制度,要求整合基本制度政策做到六个统一:统一覆盖范围、统一筹资政策、统一保障待遇、统一医保目录、统一定点管理、统一基金管理。整合后的系统推进按人头付费、按病种付费、按床日付费、总额预付等多种付费方式相结合的复合支付方式改革,建立健全医保经办机构与医疗机构及药品供应商的谈判协商机制和风险分担机制,推动形成合理的医保支付标准,引导定点医疗机构规范服务行为,控制医疗费用不合理增长。通过支持参保居民与基层医疗机构及全科医师开展签约服务、制定差别化的支付政策等措施,推进分级诊疗制度建设,逐步形成基层首诊、双向转诊、急慢分治、上下联动的就医新秩序。凤凰村民医疗保险参保人员的保障水平相应提高。

图1116 2014年7月衙前卫生院为凤凰村60岁以上老年人免费体检(凤凰村委会提供)

图1117 2012年6月29日凤凰村民无偿献血(翁洪霞摄)

第二节 妇幼保健

旧社会凤凰地区流行较广的传染病主要有天花、麻疹、伤寒、霍乱、白喉、百日咳、流行性脑炎、疟疾、痢疾和流行性感冒等,对幼儿和青少年为害尤甚。为防治天花,民国初村境所在东乡设有牛痘局。许多村民因无钱医治,只能求神、请巫(神汉巫婆)上山掘草药治病。"贫病交迫"是当时凤凰村贫苦农民的写照。

历来农村妇女足月临盆分娩,是临时叫接生婆土法接生,设备器械简单,无任何消毒措施,加上接生技术落后,极易导致难产和妇科疾病,引发新生儿感染疾病夭折,甚至母婴当场休克死亡。

老一套的"坐月子"有很多讲究，多有"禁忌"。无论什么季节都要紧闭门窗、不留缝隙，产妇穿长衣长裤，盖上厚被子；说产妇月子期间不能刷牙，不能沾水，不能洗澡、洗头；应卧床休息，不能运动，甚至饭菜都得端到床上吃；生的、冷的不能吃，有的还要忌荤、忌盐等。这些习俗一直延续到20世纪70年代。

新中国成立后，人民政府积极采取普种牛痘的措施，经过几次大的动作，终于消灭天花。同时积极开展对其他传染病的防治工作。培养一大批妇产科医务人员，对农村中的旧接生婆进行新技术、新知识培训，使接生工作逐步有所改善。至20世纪80年代初，已全面禁止老法家庭接生，孕妇全部到卫生院住院接生。条件好一些的村民还把孕妇送到城区医院住院分娩。全面实行接种"四苗"（卡介苗、麻疹活疫苗、脊髓灰质炎疫苗和百日咳、白喉、破伤风三联菌苗），推行儿童计划免疫保偿制。90年代初，又开展母婴安全健康保健有偿服务等工作。同时，重视对新生儿的检查。产后42天即建卡，以后4月、6月、9月、12月等均督促到卫生院检查一次。凤凰地区妇保员每月3次（10日、20日、30日）组织督促家长带孩子参加镇卫生院定期开设的儿童保健门诊，咨询儿童体检及营养健康等问题。

从2000年初起，衙前镇卫生院不再承担接生工作，孕妇生产全部到萧山妇保医院，镇卫生院和村妇保人员只负责孕妇的产前产后的检查服务工作。村妇保员每年到镇卫生院参加培训，组织孕妇参加镇卫生院举办的学习班，对孕妇建卡管理。组织并召集村40—60岁妇女参加卫生院举行的妇科病普查。2005年以后，凤凰村邀请萧山区资深专家医生来村讲授有关妇科病防治和健康知识，坚持每年为全村妇女上两节课。

2015年4月，杭城医院专家组成的"珍爱生命"送医下乡活动走进创业新村社区，为200余名蓝领驿站流动妇女、农村妇女开展妇女卫生健康知识讲座，并进行专业的"两癌"筛查。活动现场，专家以图文并茂的方式，就妇女宫颈癌、乳腺癌相关知识进行讲授，并就临床事例，讲解常见妇科疾病的预防措施和简单有效的治疗方法。讲座结束后，活动组当即为在场妇女逐一进行"两癌"免费筛查。自2011年以来，衙前镇已开展两轮妇女"两癌"筛查工作，检查率分别达到86.1%和85%。

凤凰村每年有新生儿出生，预防接种成为控制传染病、保护儿童身体健康的有效手段。为预防和控制传染病在幼儿园、学校暴发流行，保护儿童健康，在儿童入托、入学时，幼儿园、学校必须查验预防接种证，发现漏种儿童需尽快到接种单位补种疫苗。入托入学儿童容易出现3岁及6岁组的A+C群流脑疫苗、4岁组的脊髓灰质炎疫苗和6岁组的白破二联疫苗漏种情况，家长需根据儿童一类疫苗（免费疫苗）免疫程序对照自己的孩子是否在该年龄完成所有疫苗接种。卡介苗可在新生儿出生后出院前接种。如果有疫苗漏种的，尽快带孩子到当地预防接种点进行登记检查，及时补证或补种相关疫苗；在完成一类疫苗（免费疫苗）的基础上，如果需要接种二类疫苗，请详细咨询工作人员，按照"知情同意、自愿自费"原则接种。

在每年4月25日的"全国儿童预防接种日"前后，村妇联、村计生委有关人员及时向新生儿家庭包括居住在村境内的外来人员中的新生儿家长介绍有关第一类疫苗接种方法及作用，疫苗统由政府提供，免费接种。水痘是村境内的幼儿园和中小学最常见的传染病暴发疫情。凤凰村幼儿和小学学生预防接种疫苗门诊在衙前镇社区卫生服务中心，接种服务时间为周一至周六上午。第二类疫苗为自愿自费、推荐接种。

表770　2016年新生儿疫苗情况

疫苗名称	接种程序（起始月龄）	预防的疾病
乙肝疫苗	0、1、6月龄3针	乙型肝炎
卡介苗	出生24小时	儿童肺结核
脊灰减毒活疫苗	2、3、4月龄3剂，4岁加强	脊髓灰质炎（小儿麻痹症）
百白破三联疫苗	3、4、5月龄3针，18月龄加强	百日咳、白喉、破伤风
白破二联疫苗	6岁	白喉、破伤风
麻风疫苗	8月龄	麻疹、风疹
麻风腮疫苗	18月龄	麻疹、风疹、腮腺炎
甲肝减毒活疫苗	18月龄	甲型肝炎
乙脑疫苗	8月龄1针，2岁1针	流行性乙型脑炎
A群流脑（多糖）疫苗	6—18月龄2针	A群流行性脑脊髓膜炎
A+C群流脑（多糖）疫苗	3岁、6岁各加强1针	A群、C群流行性脑脊髓膜炎

第三节　爱国卫生

抗美援朝战争爆发后的1952年4月，凤凰、交通等乡发动村民群众清扫环境，扑灭苍蝇、蚊子、老鼠等，响应毛泽东主席"动员起来，讲究卫生，减少疾病，提高健康水平，粉碎敌人的细菌战争"的号召，以实际行动粉碎美帝侵略者对中国和朝鲜的细菌战争。

1957年至"大跃进"期间，开展以"除四害"、讲卫生为中心的爱国卫生运动。此后农村公共卫生和除害灭病工作，在各级爱国卫生运动委员会和防疫部门的部署领导下有序开展。60多年来，曾经严重危害人们健康的鼠疫、白喉、天花等疾病，已经绝迹；消除碘缺乏病和疟疾；肺结核、乙肝、麻疹等疾病，得到有效控制。

凤凰村地处江南水乡，河网纵横，群众饮水一向取之于河流天然水，含杂质较多。尤其是秋后，络麻浸洗，河道污染严重。加之当年为解决肥料问题，在河面养殖大量"革命草"，造成水面污染。以致上半年水草污染，下半年烂麻水污染，河水已不能常年饮用。有村民用大缸接天落水饮用，但难解燃眉之急。

20世纪80年代，政府发动群众打水井汲取井水。公社补贴部分资金，统一井的规格型制，由专人负责打井，一定程度改善村民的饮水条件。

20世纪90年代，萧山市"西水东调"工程、城南水改工程的实施，村民普遍用上清洁卫生的自来水，告别千百年来饮用河流天然水的习惯。随着村民住房设施的改善，各家各户建起单设的室内厕所、浴室，普遍装置抽水马桶，太阳能或电能喷淋设施。凤凰地区境内，相继建起采用钢筋混凝土结构，厕顶设气楼通风，厕内设小便槽、大便坑，铺设瓷砖或水磨石的新型公共厕所。男女异室，独立分隔，24小时开放。据2000年统计，3年来，凤凰村共填埋露天粪坑223座，新建公厕11座，设垃圾箱或果壳箱52只，建垃圾中转站3个。

1996年6月起，衙前镇政府环境卫生管理站始向境内各企事业单位、个体经营户收取一定的环境保洁费。收费标准按单位规模、地段、垃圾多少等情况确定，衙前卫生院每月150元，供销社、信用社、邮电所等100元，中学及镇、村企业100元，个私营业房按每间5元收取，最低为商品房住户每家每月2元。管理站配备环保人员10名，主要做好文化路、之华路、农协路等街道路面的垃圾清扫、清运工作，并负责对有关单位垃圾箱或垃圾集中堆放点的清运。同时，对村境内其他小区、道路实行定人定点、专人包干，实施"两统扫""两保洁"，即一日之内，上午、下午两次清扫，早晚保持清洁。

对夏季常易出现的急性出血性结膜炎，俗称"红眼病"的防治，利用村墙报、黑板报等，适时发布红眼病发生的原因、症状表现、预防措施。要求村民注意：不共用毛巾、浴巾、手帕等；要养成勤洗手的好习惯，勤剪指甲；不要用脏手揉眼睛。对游泳池、幼儿园、托儿所等公共场所要加强健康管理，一旦发现类似症状，须及时就医，并做好家庭隔离消毒等。如对预防感染性腹泻，要求做到"三管二灭一增强"。"三管"即管水、管粪、管饮食，保证饮水、食品卫生，改善环境卫生，严防"病从口入"；"二灭"即灭苍蝇、灭蟑螂，切断传播途径；"一增强"即增强体质，做到保证睡眠、平衡膳食、适当运动，避免受凉和劳累。同时，在学校师生和村民密集的机构场所中广泛宣传这些知识与预防措施。

2015年3月底，凤凰村共有公共厕所26座，其中中片10座、北片5座、南片11座。2016年，对公共厕所进行拆建、改造，至年底，共有新型公共厕所16座，其中中片2座、北片5座、南片6座，农贸市场2座、创业新村社区1座。

2016年6月，国家卫生计生委、财政部和国家中医药管理局联合制发《关于做好2016年国家基本公共卫生服务项目工作的通知》（国卫基层发〔2016〕27号），提高2016年人均基本公共卫生服务经费补助标准，新增经费主要用于提高服务质量效率和均等化水平及开展国家基本公共卫生服务项目签约服务，并适当增加高血压、糖尿病和严重精神障碍（原重性精神疾病）患者的管理人数。在《2016年国家基本公共卫生服务项目一览表》中，包含凤凰村民生活和健康息息相关的项目。

图1118　公共厕所（2018年5月12日，徐国红摄）

第四章 计划生育

概 况

新中国成立初期，受"早生儿子早得福""儿多福多""子孙满堂"等传统思想观念的影响，男女早婚、婚后生育多、间隔密，村民生育处于无控制状态。政府还提出"人多力量大，人多好办事"政治口号，鼓励生育，奖励养育5个以上子女的母亲为"光荣妈妈"。

1963年10月，萧山县计划生育委员会成立，计划生育工作开始向全县铺开。衙前人民公社设立相应的计划生育机构。至20世纪80年代中期，衙前镇设有计划生育委员会，各村设有计划生育领导小组，配备专（兼）职计划生育联络员。2000年7月，凤凰村实施计划生育村民自治，调整部分村民小组长，增设妇女组长。建起以"五有"为主要内容的计划生育村民自治工作机制，即有一支队伍、有自治章程（村规民约）、有经费保证、有规章制度、有宣传服务阵地与措施，提倡"晚婚晚育、少生优生"。2010—2016年，对育龄妇女实行按期检查，检查率达到100%。

凤凰村的计划生育工作随着国家政策的调整而有所变化。半个多世纪以来，经历从独生子女光荣到单独二孩政策的实施，再到全面二孩政策的实施，村民的生育观念有明显的改变。

第一节 生育政策

20世纪60年代，提倡一对夫妇"生育两个孩子好"，时宣传口号是：一个不算少，两个刚刚好，三个太多了。国家对城乡居民群众做各项节育手术，手术费实行全免。

1971年起，提出实现"晚"（晚婚年龄男25岁、女23岁）、"稀"（两个孩子间隔4—6岁半）、"少"（每对夫妇不超过两个孩子）目标。

1980年，提出"一对夫妇只生育一个孩子，严格控制两胎，坚决杜绝多胎"的要求，凤凰村当年一胎率从57.9%提高到89.3%。1982年，计划生育成为基本国策，颁发独生子女光荣证。

2013年11月，国家实施一方是独生子女的夫妇可生育两个孩子的政策。2015年5月，浙江省出台相应补充条文。

2015年10月，中共十八届五中全会提出，全面实施一对夫妇可生育两个孩子政策。

2016年1月1日起，施行全面二胎政策。至12月底，凤凰村民仍有2对夫妇领取独生子女光荣证。

第二节 措施与成效

20世纪80年代以前，规定对已生育二胎者结扎、生一胎的放环，要求村干部、企业职工带头。1980年后，执行"一对夫妇只生育一个孩子"。1985年开始，计划生育的审批权限有所调整，生育第一胎的，由原先村委会审批改为到一方户籍所在地乡镇人民政府办理。生育第二胎，由村、镇、区、县四级审核并报杭州市计生委审批；1987年，批准权在区公所；1992年后，由镇计生办公室审批，报萧山市计生委备案复查；1996年起，审批权限又回收到杭州市，由市计生委法制科办理。

1989年开始，村与镇签订计划生育目标责任书。对计划生育符合率、晚婚率、一孩率、上环率、结扎率等硬性指标，每年逐一进行考量、考核。落实奖惩措施，实行计划外生育"一票否决制"。同时，推广落实避孕节育措施，诸如口服避孕药、外用避孕药、避孕套、宫内节育器、皮下埋植、绝育手术等。落实的计划生育奖励政策有：对晚婚晚育的奖励；对只生一个孩子的奖励；分配宅基地时，独生子女按双分计算等。

1990年开始，对计划外生育的处罚，不再分农村和城镇，实行"一刀切"处罚。1995年，省再次发文，对计划外生育的处罚数额增加。

1992年5月，衙前镇计生服务站建立。1999年5月，完善后的衙前镇计生服务站正式对外开放。服务站内设宣传、门诊、B超、电脑、手术、妇科及休息、更衣等室，可以进行B超检查、产前检查、人工引流及取放环等手术。并不定期地邀请区计生宣传技术指导站医生前来作技术服务和咨询。为配合镇计生服务站的工作，凤凰村在老年活动中心三楼专门辟有B超检查室，由镇计生服务站医生定期上门检查服务。

2000年7月，凤凰村开展计划生育村民自治，调整部分村民小组长，增设妇女组长。建起以"五有"为主要内容的计划生育村民自治工作机制，即有一支队伍、有自治章程（村规民约）、有经费保证、有规章制度、有宣传服务阵地与措施。村委会与每个农户家庭签订计划生育合同，明确双方权利与义务。发挥村计生协会在民主参与、民主管理、民主监督等自治活动中的作用。

2000年，凤凰村、交通村、卫家村已婚育龄妇女总数为517人，其中年龄在20周岁以上有生育条件的妇女数506人；已结扎数147人，已放环数238人；计划内在孕数11人，计划内待孕数51人；应采用药具人数80人，无措施人数4人，实际使用药具人数80人，应用率100%。

2008年6月，《衙前镇凤凰村村规民约》对计划生育补助规定：夫妻一方落实结扎手术的，村补贴500元，镇补贴200元；一孩妇女生产7个月内落实上环手术的补贴100元，其余期间落实放环的妇女补贴50元；带环怀孕，脱环怀孕及时落实补救措施，补贴150元，其余避孕措施补贴50元；14周岁以下独生子女父母，村每年发父母亲奖励金100元，独生子女父母满60周岁符合奖扶条件的村民，萧山区奖励每人每年960元；符合二孩生育而放弃生育的夫妇，镇奖励2000元，或夫妻一方享受养老保险优惠待遇；对举报计划外怀孕，确证为计划外，奖励100元。

2016年10月，衙前镇计划生育办公室对各村（社区）3512名育龄妇女开展为期近20天的秋季B超"三查"服务。秋季B超"三查"服务第一天在凤凰村进行，服务对象包含村境内放环、使用药具人员、已经离异或丧偶的育龄妇女、流动人口等人员。同时，凤凰村计生协会还适时邀请萧山有关妇科专家给全村育龄妇女讲解优生优育、避孕节育、妇女健康、生殖保健等有关知识，传授具体可操作技能。至2016年底，凤凰村育龄妇女按期检查，检查率达到100%，放环5人，取环11人，人工流产4人。

第三节　管理组织

20世纪80年代开始，村级计划生育协会和计划生育服务室相继建立，由村党支部书记、村主任、妇女主任等直接管理计划生育工作。村计划生育联络员经培训后持证上岗。做到五有：有房子、牌子、药箱、检查床、宣传栏。开展人口教育"五个化"活动和婚育新风进万家教育活动，不断健全村级计划生育组织，完善村级计划生育管理制度，开展基础性技术服务。

2005年6月三村合并后，凤凰村成立新的计划生育协会。至2016年，已历三届。凤凰村计划生育领导小组，由村主任担任组长，副组长1人，成员2—3人。

表771　2005—2017年凤凰村计划生育协会理事会成员名单

时间	名誉会长	会长	副会长	秘书长	理　事
2005.06—2011.03	胡岳法	沃关良	胡阿素	胡阿素（兼）	沃关良 胡阿素 张彩琴 周建新 卫爱凤 傅芬娟 卫建荣 傅建松 曹行舟 唐荣法 汪彩娟
2011.04—2014.03	胡岳法	沃关良	周建英	周建英（兼）	沃关良 周建英 卫爱凤 赵金彩 方正 唐荣法 卫建荣 周建新 汪彩娟
2014.04—2017.02	胡岳法	沃关良	周建英	周建英（兼）	沃关良 周建英 赵金彩 傅佳丽 方正 卫建荣 汪彩娟

第四节　外来人口计生管理

20世纪90年代以后，凤凰地区经济迅速发展，外来人口日益增多，纺织企业招收的大部分是女工，又在育龄段，加之居无定所，流动性强，成为计划生育管理的难点。1996年，萧山市政府在衙前镇搞试点，设置外来人口综合管理办公室，统一负责辖区内外来人口的发证、验证、登记、检查、统计等日常工作。2000年，凤凰村、交通村、卫家村均成立相应的计划生育村民自治组织，为村内流动人口提供综合管理和服务：统计外来育龄妇女名录，查验或发放婚育证明，按照《流动人口计划生育工作条例》规定，要求村境内之成年育龄妇女自到达现居住地之日起30日内向村计生办提交婚育证明。

针对每年春节后大量流动人口集中返回的有利时机，凤凰村、交通村、卫家村计划生育办公室组织人员开展以"查孕、查环"为重点的服务活动，并免费发放避孕药具。2001年春节，凤凰村、交通村、卫家村计划生育办公室向外来成年育龄妇女提供避孕工具370只，查孕查环65人次。开展入户工作，排查流动人口。在发放计生政策宣传材料的同时，通过填写流动人口统计表、信息采集表等，摸清辖区内新流入人员计生动态，找出重点关注对象。对拥有婚育证明的流动人口，查看其结婚证、身份证、暂住证等证件，对证件齐全者办理管理服务卡，做到与户籍人口同宣传、同管理、同服务。

在外来人口密集的创业新村设立萧山凤凰法制教育基地，利用高科技手段，采取动漫、多媒体、游艺等形式，特设人口与计划生育板块。在宣传区内，群众可以根据自身所需了解现行生育政策；也可根据优生优育的个性需求，学习三优促进知识；还可自我维权，掌握计划生育各项奖励政策、违法生育处罚政策等。宣传区提出的如"生男生女取决于谁？""怎样做到优生优育？"等一个个小问题，有问有答，用规范的文字，通俗的语言，温馨的画面，可爱的卡通形象，易懂的方式，把严肃的法律话题转化为人本教育，广受群众好评。

2011年，创业新村社区成立萧山区首个以新萧山人为主体的计划生育协会，在400余住户

1500名育龄人员中发展110名协会会员。协会5名理事中吸纳1名外省籍人员，并在会员中挑选4位优秀外省籍人员作为计生联络员，以网格化服务管理方式让外来育龄妇女直接参与社区计生服务管理，及时了解社区流动妇女计生信息。5名协会理事会成员每月开展一次入户民情走访，为外来育龄人员解决计生方面的困难和问题。

2014年11月14日，凤凰村建立萧山首个外来流动党支部与计划生育协会——安徽阜阳市颍泉区驻杭州市萧山区流动人口计划生育服务联络站、中共颍泉区伍明镇驻萧山区流动支部委员会、中共颍泉区伍明镇驻萧山区流动人口计划生育协会，旨在以党建带计生，以计生促党建，带动流动人口自我教育、自我管理、自我服务工作方式的改进，搞好该村境内的安徽流动人口计划生育工作。

2015年12月1日至31日，为流动人口计生宣传服务月，活动主题是"关怀关爱、促进融合"，关注流动人口的生存、生活、生育状况，帮助流动人口解决实际困难，维护流动人口合法权益。由衙前镇计划生育办公室负责人带头，协同创业新村社区居委会工作人员对百户流动人口计生家庭进行慰问、走访活动，了解流动人口基本情况和服务需求。

2016年，凤凰村对流动人口继续免费发放计生宣传资料，对流动人口育龄妇女与常住人口育龄妇女实行同宣传、同管理、同服务。对54家企业签订责任书，对全村244户出租私房房东签订房东协议书。流动人口已输入电脑3894人，优生检测完成27对，怀孕上报42人。

附录

旧法接生

新中国成立前后一直到20世纪五六十年代，农村孩子出生大多实行土法接生。接生婆又叫守生婆，由手法熟练的妇女担当。在有守生行当的年代，很少有人去医院接生，因为那时交通落后，怀孕妇女来回不方便，就近叫接生婆就方便多了。所以几乎每个村都有个把守生婆，在为小生命的诞生而奔波。做守生这一行的，年纪轻些，管叫姆娘，年纪大些，管叫外婆。她们对于守生这个行当，既是热爱又是敬业，有时半夜三更，有产妇临盆了，有求必应，风雨无阻，带上一个手布袋，里面装着接生用的剪刀、纱布、棉球等家什，紧跟主人着急地往回赶。

一到主人家，第一时间问的是痛了多久了？现在痛得怎么样？是不是一阵紧似一阵了？经验丰富的接生婆知道，阵痛一阵阵紧起来了，意味着小生命已是迫不及待了，如阵痛缓慢，说明小生命还想晚些见到天日。一旦小生命出世了，守生婆会麻利地剪下脐带，做些常规处理。若发现小生命有异样，如一点啼哭声都没有，她会立即用手轻轻拍小生命的胸部几下，然后再在唇穴按压一下，待一声清晰的啼哭响出，大家悬着的心总算才能落地。

再说守生婆的工作范畴和待遇，在当年有一个约定俗成的规定。20世纪60年代，每守生一个，一般是派送一个3元钱的红包，是对她的全部报酬。但守生后的一星期内，每天的上午都得到产妇家去一趟，看一下母婴情况，倒一次马桶，并把尿布洗净，直至晒出。产妇家烧上午点心，也得把守生婆的一碗烧上，讲究一点的东家，还会在守生婆的碗中加一个鸡蛋氽上，以示对守生婆的谢意。

凤凰村志 下册

第十五编　文化　体育

第一章　文化
第二章　体育

概 述

20世纪60年代，凤凰地区以听广播、看电影、看戏剧为娱乐方式。80年代，凤凰村在衙前镇率先集体购置投影电视，供群众观看。90年代，广播、电视进入平常百姓家。21世纪，电脑、手机普及村民家庭。2004年，衙前首个报（书）吧——忆乡园，在凤凰村永乐路出现，此吧陈列120多种报纸、杂志，其中有湖南、江西、安徽等省12种地方报和部分知名企业报，供外来务工人员阅览。2016年，凤凰村广播人口和电视人口综合覆盖率均达到100%，村境内有凤凰娱乐中心、文化礼堂、农家书屋、阅报亭等文娱设施，有篮球场、游泳池、凤凰广场、凤凰老年活动中心等健身场所，有凤凰老龄艺术团、腰鼓队、舞扇队、太极拳队等群众文艺队伍，文化体育活动频繁，文物胜迹众多，红色文化资源丰厚。

图1119 2012年10月17日凤凰村腰鼓队表演（傅展学摄）

第一章 文化

概 况

明清至民国时期，凤凰地区文艺活动受封建思想影响，多带有迷信色彩，主要活动场所在运河边东岳庙的万年台。每年正月初一至元宵节，在万年台上演灯头戏，预祝一年风调雨顺、国泰民安、五谷丰登。农历四、五月，有迎神赛会、皂隶排衙等。七月，上演绍剧大戏《三上吊》《目连救母》等，以超度鬼神，保佑地方安宁。资金由乡绅出资和地方募捐筹集解决。有舞长龙、舞狮子、吊无常、走高跷、迎高照、跳白神等演出，甚至还有翻九楼等高难度节目，有笃班（越剧）、秧歌戏等戏剧。

凤凰地区境内还有一种叫"宣卷"的群众文艺，系坐唱形式，或随佛事一同进行，识字者照卷宣吟。内容以劝善为主，其中夹杂一些封建迷信。卷本取材于民间传说，以七字句、十字句韵文为主，间以散文叙事，中篇居多。主要卷目有《龙图卷》《卖花卷》《天仙卷》《珍珠卷》《何文秀卷》《孟姜女卷》等。新中国成立后，"宣卷"一度停止。进入21世纪后，生活条件明显改善，村民为缅怀先人，邀请有关人员坐唱"宣卷"，境内又有恢复并有愈演愈烈之势。

图1120 2011年凤凰村被评为浙江省生态文化基地（沃琦摄）

凤凰村按照衙前镇政府"兴历史文化名镇"的总体战略，加大资金投入，完善村级文化基础设施。2013年，杭州文化广电新闻出版局授予凤凰村"杭州市文化示范村"。

第一节 文艺团体

凤凰剧团

新中国成立初期，凤凰乡第十村组建起凤凰剧团，为农村业余剧团。共30余人，由村民和部分老街居民组成，利用晚上时间学习、排练和演出。由乡校老师具体指导、管理剧团工作，业务上聘请县文化馆专业人员辅导排练节目。主要是配合形势宣传，自编自演小节目，如《抗美援朝》《交公粮》《捐献爱国粮》《童养媳》《十唱婚姻法》《翻身记》等。有时也演一些传统古装剧和折子戏，如《梁山伯与祝英台》《碧玉簪》等，主要是沿袭传统的唱腔和音乐。演出形式包括打莲花、扭秧歌、三句半、快板及绍剧、越剧清唱等。演出经费由学校出一点，百姓献一点，主要用于购置简易道具、化装脂粉和照明灯油等。演职人员以青年男女为主，全数尽义务，全凭一股革命政治热情，报酬分文不取。演出地点主要是在东岳庙戏台，有时因配合政治运动或大型会议需要，也曾应聘到外地如坎山、钱清等地演出，颇受当地欢迎。剧团曾多次受到县文化部门的表彰嘉奖。至1956年，因领导人事变动，女演员婚嫁离团等原因而停办。

凤凰老龄艺术团

2006年筹建，2007年5月31日正式成立，为萧山首个村级老龄艺术团。艺术团下设腰鼓队、舞扇队、戏迷队、太极拳队等，负责人有谢迪娟、曹春仙、庞慧琴、赵金彩等，参加人员共38人。主要活动场所在凤凰广场、凤凰村星光老年之家。是年9月老人节期间，凤凰老龄艺术团的腰鼓队、舞扇队、戏迷队、太极拳队均登台表演，接受全村人"检阅"。

不定期参加上级部门组织的萧山区文艺会演、村镇各种重大活动。2012年4月11日，在闻堰镇举行的金燕子风采——萧山区首届村级文艺团队大赛上，凤凰村老龄艺术团获二等奖和最佳风华奖。

图1121　2010年10月16日凤凰村庆祝浙江省第23个老人节文艺晚会，图为凤凰村老龄舞扇队在表演（毕迪摄）

2016年，凤凰老龄艺术团负责人为方正，参加人员35人，其中腰鼓队16人，舞扇队20人，戏迷队35人，太极拳队21人，年龄在50—65岁。

第二节　文艺活动

新中国成立初期，为配合当时农村中心工作，凤凰地区曾组织文艺宣传队，组织青少年扭秧歌、打腰鼓等活动。后有业余夜校，结合扫盲识字，学唱革命歌曲等。部分文艺骨干参加坎山公社文工团，到各生产大队巡回演出。

1964年，在社会主义教育运动（"四清"）中，创办农村俱乐部。利用文艺宣传形式，开辟农村业余文娱阵地。后为毛泽东思想文艺宣传队，用活报剧、快板、唱歌、呼口号等形式，到田头或村中学校、生产队晒场演出。

1985年8月，凤凰村业余演员徐建根在参加城南区在裘江乡影剧院举办的"业余戏曲清唱选拔赛"中，获得二等奖。

2009年5月初，浙江金洋纺织有限公司首届职工文化节举行。全公司200多人次参加文化艺术节。在为期近两个月的时间里，公司还举行技术比武、体育竞赛两大类十多个项目的比赛。

徐建根曾多次代表衙前镇队参加萧山区老龄委组织的全区性比赛并获奖：2012年9月，在萧山区第十一届老年文艺调演中，越剧清唱《祥林嫂选段》获表演二等奖；2012年9月，获

"幸福衙前"第三届文化艺术节特色文化（民俗戏曲）比赛一等奖；2013年10月，在萧山区第十二届老年文艺调演中，越剧清唱《沙漠王子·算命》，获表演三等奖；2014年10月，在萧山区第十三届老年文艺调演中，参演越剧节目《祥林嫂》获表演二等奖。

2011年6月，衙前镇政府举办纪念建党90周年红歌演唱会，凤凰村队参加，演唱《我们走在大路上》。20名参赛人员以高亢的歌喉，抒发对党的感恩之情。

2012年7月，衙前镇第三届文化艺术节"幸福衙前""七一"放歌文艺晚会上，凤凰村民曹鑫江获得"十佳歌手"。9月，衙前镇第三届文化艺术节"幸福衙前"首届健身排舞比赛在衙前镇文化中心举行。凤凰村代表队表演的排舞是《大家一起来》，舞姿火辣，热情奔放，这是全场参赛队伍里平均年龄最高的排舞队，舞出健康，舞出幸福。

图1122 看戏（2009年7月9日，徐国红摄）

图1123 2011年6月衙前镇举办纪念建党90周年红歌演唱会，凤凰村队正在演唱《我们走在大路上》（凤凰村委会提供）

第三节 电影放映队

20世纪60年代，萧山建有下乡电影放映队，但到村放映场数较少。1975年，衙前公社建立电影放映队，由凤凰村民沃引泉负责，电影胶片由县供应，遇到好影片，有时一个晚上要跑好几个村，甚至几个乡镇，村里派专人接送电影胶片。村民每月大约可看2场电影。利用学校操场和村露天晒谷场作为放映场地，深受群众欢迎。

1995年，总面积达4735平方米，集影剧院、卡拉OK、录像厅、游戏房、乒乓室、台球室和图书馆、阅览室于一体的衙前镇多功能文化娱乐中心投入使用。该中心位于凤凰村境内，村民经常前去观看室内电影。

图1124 1975年衙前公社35mm的黑白电影放映机（衙前镇政府提供）

21世纪，为丰富本地民众和外来职工的业余文化生活，开始实行免费放映电影，从每月1次发展到每周1次。

第四节 文化礼堂

图1125 萧山区农村文化礼堂文化走亲巡演（2013年12月16日，沃琦摄于凤凰村文化礼堂）

凤凰村文化礼堂位于萧绍运河北岸、成虎桥西的老年活动中心三楼。2013年6月始建，11月底完工。2014年1月通过杭州市、萧山区两级考核验收，是萧山区第一批接受杭州市考核验收并通过的单位。面积220平方米。配有灯光、音响、电视等设备。二楼设有"农家书屋"，藏书4800余册，科普与人文杂志150余种，可刷卡借阅。位于凤工路的百米文化长廊，计40个展板，亦设有村史民俗廊、发展成就廊、美德励志廊、文化熏陶廊、健康科普廊等栏目。凤凰村文化礼堂结合本地实际，开展弘扬美德正气的评比、表彰活动，同时通过"五廊"宣传身边榜样，促进互评、互比、互学。2016年，"最美家庭"表彰会，表彰中高考优秀学生，均在村文化礼堂进行。

第五节 文化下乡

1995年11月，中宣部、文化部、农业部、广电部等8部委联合发出《关于开展组织文化下乡活动的通知》。1996年1月30日起，萧山市文化局组织市文化馆、图书馆、电影公司、新华书店、图书公司、绍剧团、录像发行站、博物馆、演出公司、广告公司、电台、电视台、有线电视台等13个单位70余人，组成"文化大篷车"队，开展送戏、送书、送画、送电影、送录像、送春联、送展览下乡活动。此后，每年有文化下乡活动，丰富农民业余文化生活。

2012年4月14日，浙江电视台《流动大舞台》栏目组走进衙前镇，给衙前人民带来文化盛宴。凤凰村腰鼓队前去表演，与栏目组共同演出。

2014年2月15日，在萧山"你点我送 送戏下乡"暨周末剧场走进文化礼堂文艺演出系列活动中，萧山金莲花艺术团、蒲公英志愿者艺术团走进凤凰村文化礼堂，表演独唱、小品、琵琶独奏、戏曲、舞蹈串烧等经典曲目，给村民带来美的享受与欢快笑声。

2015年11月7日，杭州杂技总团"你点我送"文艺会演走进凤凰村文化礼堂，表演舞蹈、杂技、滑稽、魔术等精彩节目，给村民们带来视觉上的冲击，惊喜不断。

2016年11月18日，浙江传化艺术团"你点我送 文化下乡"文艺演出在衙前农村小学校门前进行。演出围绕"两美浙江""五水共治"、慈善等主题，有越剧、小品、快板、莲花落、脱口秀、乐器演奏、舞蹈、歌曲串烧等，赢得村民阵阵掌声。

图1126 衙前镇迎元宵送戏下乡（2015年3月1日，沃琦摄于凤凰村）

图1127 村民们正在看戏（2015年3月1日，沃琦摄于凤凰村）

图1128 杭州杂技总团"你点我送"文艺会演（2015年11月7日，翁洪霞摄于凤凰村文化礼堂）

图1129 凤凰村民看戏乐（2015年11月7日，翁洪霞摄于凤凰村文化礼堂）

第六节 民间收藏

在凤凰村境内，萧绍运河东岳庙旁，设有衙前江啸堂文化历史博物馆，为凤凰村民邵江飞收藏馆，共收藏有近现代字画千余幅，收藏品含衙前农民运动书籍、古旧线装书、名家书帖、瓷器、早期旧式床、明清家具、庭院石器、古玩杂件等。

2010年12月，邵江飞萌生一个想法：在中国共产党诞生90周年及中共领导下的第一次农民运动——衙前农民运动90周年之际，向90位艺术名人、党政军干部和衙前历史名人后代征集书画作品，一人一件，用具有中国传统文化特色的"书、画、印"形式，纪念衙前农民运动与衙前风物。征集活动得到名人名家的支持。90位作者中，年龄最长者91岁，最年轻的38岁，包括吴山明在内的12名中国美术学院教授，丁茂鲁在内的15名西泠印社社员。2011年9月，邵江飞将征集来的90位作者的90幅作品，整理编辑成《纪念衙前农民运动九十周年书画影集》，由西泠印社出版社出版。

图1130 杭州衙前江啸堂文化历史博物馆（2017年11月15日，莫艳梅摄）

图1131 邵江飞的庭院石器（2018年6月7日，邵江飞提供）

第七节 文物胜迹

凤凰村历史悠久，文化底蕴深厚。凤凰山上，出土文物较多。运河及其支流，随处可见饱经风霜的石桥、古树、古建筑等文物胜迹，勾勒出不同社会形态和文化层面，反映出凤凰村先民辛苦劳作与前赴后继的斗争精神。

1983年5月，萧山县人民政府公布衙前农民协会旧址为萧山县文物保护单位。1989年12月，浙江省人民政府公布衙前农民协会旧址为第三批浙江省文物保护单位。1995年4月25日，中共萧山市委、萧山市人民政府命名衙前农民协会旧址及李成虎烈士墓为萧山市首批爱国主义教育基地。2004年11月，中共浙江省委、浙江省人民政府命名衙前农民运动纪念馆为浙江省爱国主义教育基

图1132 沈定一故居外观（2018年2月2日，李莫微摄）

地。2012年5月,中共浙江省纪律检查委员会命名红色衙前展览馆为浙江省廉政文化教育基地。2013年12月,杭州市人民政府公布古毕公桥、民国中山林为杭州市文物保护点,其中古毕公桥东接衙前老街、西与凤凰村相连,民国中山林所在南山坡下即为凤凰村卫家自然村。2015年9月,杭州市园林文物局公布清代古建筑衙前老街、近现代建筑凤凰山农协墓葬群(含沈定一墓旧址、沈仲清墓、陆元屿墓)、萧山三中教学楼旧址(红楼)为杭州市文物保护点。

衙前农民运动胜迹

衙前农民运动胜迹主要有东岳庙旧址、衙前农村小学校旧址(沈定一故居)、李成虎故居、沈定一墓、李成虎墓、陈晋生墓、成虎桥、成虎坊、成虎亭、"精神不死"碑、"沈定一先生被难处"纪念碑、"妇女解放万岁"坊、衙前农民运动纪念馆等,均在凤凰村境内。(详见本志"衙前农民运动"编之"衙前农民运动胜迹"章)

萧绍运河

又称官河、浙东运河等。西起杭州市滨江区西兴街道,经过杭州市萧山区、绍兴市,东至宁波市甬江入海口。全长78.50千米(滨江西兴至绍兴曹娥江)。萧山段长21.6千米,衙前段长9240米,凤凰段长2500米左右。

萧绍运河横贯萧绍平原,沟通鉴湖与湘湖水系,涝以排水,旱以溉田,使萧山数十万亩良田得益。清人黄云曾言:"萧邑低洼,素称泽国,全赖官河水道畅流。"

明清时期,运河上有夜航船、快埠船,商旅往来如织。20世纪50年代,运河仍有络绎不绝的船只,有大航船、信班船、快班船、石板船、小划船,夜晚有夜航船,还有小火轮,运河的热闹程度胜过两岸街道。作为浙东平原的黄金水道,萧绍运河已有1700多年历史。经文物部门勘测,萧山境内残存古纤道3000米,凤凰村东岳庙(衙前农民运动旧址)前,有一段40米左右的运河古纤道,历经多次整修,保护较好,是萧山文物保护单位。

2013年,浙东运河被纳入第七批全国重点文物保护单位。2014年,大运河被列为世界文化遗产。(参见本志"村庄"编之"河流·萧绍运河")

官塘

官塘,又称纤道、纤路、运道塘等,为古代漕运背纤方便而筑。唐代,朝廷在浙东征运漕粮,经萧绍运河由东向西运抵西兴,然后经与钱塘江相通的闸门或牛埭,折北越钱塘江转入京杭大运河。运漕粮多用大船,有许多人背纤,因此沿河修筑河塘,因是官修,故称官塘。

官塘位于运河南岸,专供背纤者行走之用。始自绍兴迎恩门,途经衙前凤凰村境等,止于萧山西兴。南宋嘉泰《会稽志》记载:"运道塘,在(山阴)县西北一十里,唐《地理志》云:元和十年,观察使孟简筑。"唐元和十年(815),浙东观察使孟简主持创筑运道塘于运河南岸,自山阴西郭门起至萧山连绵百余里,或傍野临水,沿岸铺筑;或

图1133 萧绍运河凤凰段古纤道(2017年11月,莫艳梅摄)

图1134　萧绍运河上的古毕公桥（2018年4月，傅展学摄）

建于桥下，紧依桥墩，穿越而过；或于河面宽广处飞架水上，迎流而建。建成之后，舟运称便。其中萧山境内21.6千米。

至明弘治年间，改土塘纤道为青石板砌筑，使河岸、纤道浑然一体。所用材料皆为青条石、青石板，因有"白玉长堤"之称。清嘉庆《山阴县志》卷二十："官塘，在县西十里，自西郭门起至萧山县共百里，旧名新堤，即运道塘。唐元和十年，观察史孟简所筑。明弘治中，知县李良重修，筑以石。后有僧湛然修之。国朝康熙年间，邑庠生余国瑞倡修，首捐资产，远近乐输万余金。数年工竣。"此后，咸丰、光绪各朝均有修建。民国36年（1947），为了加强水陆交通建设，曾成立绍兴县修筑官塘委员会，对古纤道作了较大整修。经过几代人的努力，始成今貌。

今在西兴、转坝、涝湖、行头、和平桥、新发王、新林周、衙前凤凰村等河段，尚有古纤道旧迹。其中凤凰村东岳庙附近留存的一段40米左右的古纤道，受到众多考古摄影爱好者青睐。

大洞桥

原名双童桥，宋改名为白鹤桥，民国时称万安桥，俗称大洞桥。位于凤凰村东岳庙东侧，横跨萧绍运河，为单孔石拱桥。

南宋嘉泰《会稽志》记载："白鹤桥，在县东三十五里。"

明嘉靖《萧山县志》记载："在白鹤铺前，曰白鹤铺桥。唐李绅诗：'未见双童白鹤桥。'《吴越备史》：'先启二年，钱镠以钱爽守双童。'邑人张山诗：'新林白鹤桥更制，曾先双童立柱头。双童已成白鹤去，青田入望空悠悠。怒潮拍岸荆公石，芳草连天谢朓洲。老我愧无司马志，百年身世一虚舟。'"明万历《萧山县志》记载："万历间，施良贵助修。"

图1135　大洞桥（2018年4月19日，陈妙荣摄）

清乾隆《萧山县志》记载："双童，即白鹤桥。唐宋之问诗：'溪边逢五老，桥下觅双童。'李绅诗：'未见双童白鹤桥。'《吴越备史》：钱爽守双童。明高启有《早过萧山历白鹤诸邮》诗。"

在未建成虎桥之前，此桥为当地交通要隘。民国时期，沈定一有《衙前洞桥头》诗云："锁岸高桥石洞深，山村小市两边陈。西来一片涟漪水，曾照湘湖戴笠人。"衙前农民运动爆发时，李成虎和农友们曾在桥上共商大计，共举义事。白鹤桥成为衙前农民运动的见证者。

20世纪60年代后，改为石台石梁桥，南岸桥台仍可见弧形桥拱圈。桥长16.5米，宽3.8米，高3.5米，南北各有踏步档14级和22级。几经修葺，今桥名已恢复为大洞桥。

凤凰桥

位于萧绍运河支流凤凰河口，与运河平行，是凤凰村西曹自然村与瓜沥镇丁村的分界桥。

原为三拱石桥，抗日战争期间被毁。由于当时凤凰河较窄，日本侵略军由萧山县城东进，强拆丁村百姓大门，架于河面，上铺稻草等，供其马队通过。抗日战争胜利后，重建凤凰桥。1958年，河道疏浚拓宽，拆石桥，在原桥址北不远处建铁板桥，为单孔钢梁桥，两边竖立起铁栏杆，水泥桥墩。桥总长25米，高4米，宽3.3米，桥孔跨径14米，桥栏板高1.2米，两端设人行石蹬13级，中有（摩托、助动、自行车）便道，至2016年未变。

图1136 凤凰桥（2018年5月10日，陈妙荣摄）

罗汉松

民国12年（1923），沈定一访问苏联时带回树苗，种植其故居（光禄第）后园，至2016年，树龄超过94年。树高5米，冠幅6×5米。

2002年10月，罗汉松被评为萧山区古树名木。2015年7月，罗汉松被评为"杭州十大名木"。从萧山区内古树名木到杭州十大名木。因沈定一的后人精心养护，罗汉松至今苍翠茂盛，生机勃发。

沈仲清墓

沈仲清，是沈定一的二哥。民国13年（1924）加入国民党，民国17年（1928）病逝，葬于凤凰山西"衙前第一公墓场"。碑正面上方有"青天白日"徽，碑文"沈仲清先生墓"。背面碑文"沈公宗伦，字仲清，萧山江梅先生次子。曾任福建惠安。孙旌。钱粮积契，得民心。辛亥摇童殁。饰物助军。需荣生、需母以立。十三年入中国国民党，历任二区党部及一□部执行官员。以平生忠厚之诚□□于党。十七年七月三日病逝。五十一岁。同志重之，民众怙之为之葬桂。第一公墓场"。现搬迁至凤凰山西北坡李成虎墓西侧。

陆元屿墓

陆元屿，萧山人，曾创办育婴堂及小学，创办丝厂与布鞋厂。民国时期，钱塘江连年洪水成灾，他发动民众修建九号坝，遏制钱塘江坍塌。民国21年（1932）12月，时任东乡自治会委员、建设局主任的陆元屿在领导挑筑水坝时，殁于工地。人们曾在长山山末址立塔纪念。

陆元屿墓原在衙前凤凰山西"衙前第一公墓场"，墓前立一石碑。碑高2.7米，宽0.9米，碑文隶书阴刻，详述其生平事迹："陆元屿先生，浙江萧山人，中国国民党党员，服膺三民主义。历任区县党部委员，东乡自治会委员。深入民间组织农民团体，主持地方教育，为治钱江潮坍，身任建筑堤塘及挑水坝工作中□。民国二十一年十二月二十五日，殁於茝山治江工程，年四十。与妻金馥、姑方珍合葬，衙前第一公墓场。"后墓搬迁至李成虎墓西侧之凤凰山衙前农协墓葬群，墓前仍

图1137 20世纪70年代文物出土现场（衙前镇政府提供）

间填以"回"字形纹。圈足饰火焰状纹、"回"字形纹。圈足外底部饰有菱格形纹。高9.6厘米、口径11.4厘米、底径9.9厘米。

另一件兽面纹四足方簋：口为方形，窄折沿。上有盖，四角有榫与器口相合。盖腹略深，顶略平，盖捉手呈环状，盖顶四角有四兽首环纽。短直颈，丰肩，鼓腹。腹部两侧饰一对兽耳，下有方形垂珥。方圈足，下有四兽蹄形附足。腹部饰一对大兽面纹，器盖、颈部、圈足均饰有相同的凤鸟纹。高17.7厘米、口径

图1139 洛思山出土的兽面纹四足方簋（萧山博物馆收藏）

立原石碑。该墓葬群属杭州市文物保护单位。

出土文物

民国13年（1924）4月10日，村民在凤凰山麓白鹤寺附近发现一大洞，内有瓷瓶3个，其色黄，形若小西瓜，有西花纹，上有"建宁元年"（168）等字样。（上海《民国日报》，1924年4月13日第7版）

1972年，在凤凰村东北隅洛思山上出土兽面纹铜簋、铜鼎、钟形铜镜、青铜菩萨立像等10件青铜器。专家推断，这属于宋至明代的器物。后这批青铜器皆藏于萧山博物馆。

其中一件兽面纹铜簋：侈口，缩颈，腹部外鼓。圈足，外撇，无盖。两腹侧饰有一对兽形耳，耳下垂珥。腹部前后各饰一对兽面纹，

图1138 洛思山出土的兽面纹铜簋（萧山博物馆收藏）

8.2—9.1厘米、底径8.4—9.5厘米。

20世纪70年代，凤凰山上还出土东汉时期的瓷瓶随葬品——"黑釉五管瓶"。瓶呈葫芦形，3层，高49厘米。口径5.9厘米，底径15.4厘米。平底，黑色胎，釉色黑褐，光亮均匀。瓶体和肩部堆塑起人物、动物、建筑等形状。塑有5个圆形管瓶，上层中部为盘口壶，四小壶立于二层肩部，五管口皆通瓶腹，故名。瓶中部之动物为3头立式熊，形象生动，憨态可掬。为东汉黑釉瓷中罕见之佳器。现为国家一级文物，萧山博物馆的"镇馆之宝"。

20世纪80年代，凤凰山上出土东晋越窑青瓷鸡首壶。深盘口，微外侈，喇叭状细颈，斜肩，鼓腹，平底。施满釉，釉层莹亮而透

图1140 凤凰山出土的国家一级文物东汉黑釉五管瓶（萧山博物馆收藏）

图1141 凤凰山出土的东晋越窑青瓷鸡首壶（徐国红摄）

澈。高16厘米，口径7.7厘米，底径8.9厘米。手柄断残。现藏于衙前江啸堂文化历史博物馆。

2011年4月，在凤凰山新建的观音殿工地发现一处砖石古墓，经专业人员多方查勘测算，为东汉时期墓，距今近2000年。是2011年萧山发现的规模最大的东汉砖石墓。经清理，该墓由甬道和墓室两部分组成，平面总长7米，墓室宽2.6米，墓室青砖上还刻有精美的四叶花瓣、几何纹、轮纹等花纹。随古墓出土的有4件珍贵文物。

已湮没的古迹

地名 古越"防坞""石塘"，在凤凰山、洛思山一侧，防坞在今凤凰山庄东之航坞。

双童，唐时已有此地名，称双童白鹤，在凤凰村境运河边。初唐宋之问有诗云："溪边逢五老，桥下觅双童。"李绅诗云："未见双童白鹤桥。"

童湖，在童墅。时白鹤寺僧曾溉田百余亩。

童市（同市），古集市。

白鹤铺，萧山县城由萧绍运河水路到白鹤铺17.5千米，登陆至凫山2.5千米，在运河边。

冢墓 洛思山有钱塘侯朱儁墓、朱儁母墓、洛阳冢师墓。

赠昭武将军道州守备沈至绪墓在水獭山，游击将军沈云英墓在父至绪墓侧。

寺庙 白鹤寺，原址在今凤凰山庄，民国29年（1940）正月毁于日本侵略军炮火。

碑坊 "沈定一先生被难处"纪念碑、"精神不死"碑、成虎坊、"妇女解放万岁"坊。（详见本志"衙前农民运动"编之"衙前农民运动胜迹·碑坊"章节）

第二章 体育

概　况

凤凰村境内山河齐备，得天独厚，中有运河，北有凤凰山、洛思山，为龙舟竞渡、登山提供有利条件。民国10年（1921）9月，沈定一创办衙前农村小学校时，曾开设体育课。沈定一出资为学校购置体育用具和玩具等，并建造运动场。同时，置办农船、铁耙、扁担、粪桶等劳动生产工具，指导学生学习劳动技能。

新中国成立后，中小学开设体育课。贯彻毛泽东主席提出的"发展体育运动，增强人民体质"的方针，执行"三好"（身体好、学习好、工作好）和"德、智、体全面发展"要求，学校体育和群众体育运动均有明显进步。

改革开放后，随着物质生活水平的提高，村民的健身活动和体育锻炼意识增强。村里建起文化楼、篮球场、老年活动中心、健身公园等。2010年，专供村民娱乐健身的钢结构文化广场投入使用。2013年，专供村民消暑健身的现代游泳池投入使用。年轻男女喜欢游泳、划船、球类等活动，中老年人喜欢跳广场舞、腰鼓舞、扇子舞、太极拳等健身活动。早晚到凤凰山上散步跑步，是村民老少的一大生活习惯。从1999年至2012年，先后组队参加衙前镇4届全民运动会，并取得好成绩。

图1142　2009年凤凰村被评为杭州市基层（社区、行政村）老年人体育协会先进单位（沃琦摄）

第一节　体育设施

凤凰广场

2009年12月16日，村民代表大会通过决议，投入50万元，建造凤凰村室外舞场，为村民健身提供固定场所。2010年12月30日，萧山首个村（社区）钢结构舞场——凤凰广场投入启用，地址在凤凰文化中心边上。该广场占地900平方米，实际投入80万元，配备专门的音响及乐器间，风雨天气均能正常使用。

2014年11月，位于凤凰山西北麓的新凤凰文化广场与健身馆奠基，至2016年尚在建设中。

图1143　凤凰广场（2014年11月1日，沃琦摄）

游泳池

位于凤凰山西侧。2011年12月7日,凤凰村村民代表大会决议,实施游泳池建设工程,占地面积4220平方米,计划投入400万元。2013年7月8日,凤凰村新盛游泳场投入使用,拥有游泳标准池6道,2个儿童戏水池,场内设停车场。周边的配套设施齐全,分设休闲区和游泳区,并配有男女更衣室、消毒池等,总投入800多万元。是萧山第二个村级现代游泳池。日接待300多人次。2016年3月,凤凰村民(股东)代表大会决议,对游泳池水处理系统进行维修。7—8月,接待人数最多的一天达1000多人次。

图1144 凤凰村新盛游泳场(2013年8月,凤凰村委会提供)

第二节 健身运动

凤凰村群众体育主要有跑步、爬山、跳舞、游泳、拔河、乒乓球、扑克等。平时多以健身、娱乐、休闲为主。进入21世纪以来,由于社会稳定,生活条件改善,期望健康、长寿的村民越来越多。每天早晚到凤凰山上走一走,成为凤凰村民的体育生活习惯,也成为凤凰村的一大景观:清晨,在凤凰山南坡农运纪念馆上下两层广场上,音乐声中,有翩翩起舞者,舞姿曼妙;有打太极拳的,气沉丹田;有舞太极剑的,行云流水;有套路长拳,跌宕起伏;有洪门短打,闪挪腾跃;南拳北腿,各显神通。在凤凰山盘山公路上,有晨练爬山者,有慢跑快走者,在四季中迎接朝阳。夕阳西下,夜幕降临,人们三五成群,或在凤凰广场,或在凤凰山上,或在衙前农民运动纪念馆广场,快乐健康动起来。"凤凰山上健身热"成为网上新闻。

图1145 凤凰村民健身活动(2015年5月21日,徐国红摄)

随着近些年衙前镇经济的快速发展,百姓对于休闲和健身的渴望越来越强烈。为了给群众提供一个更好的、更宽松舒适的健身环境,衙前镇政府投入44.7万元,实施了凤凰山盘山道景观照明工程,沿凤凰山、盘山公路安装47盏照明灯和8盏成套景观灯,大大改善了凤凰山的健身和休闲环境。2011年,又投入200多万元,改造凤凰山风景区一带的道路、路灯等基础设施,修复和加宽凤凰山盘山公路,新建停车场、休息亭,新建公厕1座。

图1146 晨跑(2017年4月10日,徐国红摄)

昔日的革命圣地如今成了衙前镇百姓健身休闲的热地。在通往凤凰山衙前农民运动纪念馆的一条山道上，一位老人正急匆匆地赶路，脸上不停地流着汗珠。"我们开心健身队今晚要教养生舞，很多村民都想学，我得赶紧过去布置下现场。"这位老人正是毕公桥社区"开心健身队"队长金碧苑，63岁。等金队长赶到现场的时候，纪念馆前面的空地上已经围满了人。"我的手帕舞就是前段时间跟金老师学出来的，现在我天天都来跳，身体状况好多了。"一位家住吟龙村的陈大妈乐呵呵地说："听说今晚要教养生舞，吃了晚饭我就赶紧和村里的几位老人赶了过来。"

除了深受当地百姓欢迎的舞蹈，还有五人组成的锣鼓队为"开心健身队"加油助兴。凤凰山的背面，新林周村、吟龙村等村民组成的腰鼓队在热情表演，盘山道上有不少村民在散步聊天，还有不少人沿山小跑。"我每天晚上都坚持绕凤凰山的盘山道小跑一圈，就是为了多出出汗，排除体内毒物，保证身体健康，跑跑步还可以减肥。"在机关工作的王先生和妻子在绕山慢跑。〔2009年7月16日萧山镇街网（http://town.xsnet.cn/yaqian/yswh/2009/7/16/937217.shtml）〕

2016年后，提升凤凰山环山生态健身游步道建设，全民健身运动成为新风尚。

第三节　体育赛事

1999年9月，衙前镇首届全民运动会在凤凰村境内的萧山三中体育场举行。来自全镇23个村、1个居委会和8个企业单位共32支代表队的925名运动员参加角逐，是为衙前镇历史上第一次体育盛会。运动会共有篮球、乒乓球、田径、拔河、划船、中国象棋、障碍跑及登山8类项目的比赛。在此次运动会上，凤凰村代表队获团体总分第一名，凤凰村同时获组织奖。

2004年10月，衙前镇第二届全民运动会暨首届文化艺术节在衙前镇中学体育场举行。共设有篮球、乒乓球、羽毛球、田径、飞镖、射击、拔河、中国象棋8类项目的比赛。凤凰村代表队获团体总分第二名、飞镖团体第一名、拔河第二名、田径团体第二名、羽毛球团体第二名、女子乒乓球团体第二名、射击团体第三名、男子乒乓球团体第四名、篮球团体第四名、象棋团体第四名，凤凰村获优秀组织奖。交通村代表队获射击团体第四名。卫家村代表队获团体总分第四名、篮球团体第二名、象棋团体第二名、拔河第三名、羽毛球团体第三名、田径团体第五名。

2008年8月，衙前镇第三届全民运动会暨第二届文化艺术节在衙前镇中学体育场举行。共设有篮球、乒乓球、羽毛球、田径、飞镖、拔河、登山、跳绳、中国象棋、围棋10类项目的比赛。凤凰村代表队获得团体总分第一名、拔河第一名、登山团体第一名、飞镖团体第一名、田径团体第一名、羽毛球团体第二名、女子乒乓球团体第一名、男子乒乓球团体第二名、象棋团体第三名、篮球团体第五名、跳长绳团体第六名。

2012年10月，"幸福衙前"第四届全民运动会暨第三届文化艺术节在衙前镇中学体育场举行。共设有篮球、乒乓球、羽毛球、田径、飞镖、拔河、登山、跳绳、中国象棋、围棋10类项目的比赛。凤凰村、恒逸集团分别获得村（居委会）和企事业单位组的团体总分第一名。凤凰村体育代表队还获得拔河第一名、男子登山团体第一名、女子登山团体第一名、田径团体第一名、男子羽毛球团体第一名、象棋团体第一名、围棋团体第二名、女子羽毛球团体第二名、男子篮球团体第四名、女子乒乓球团体第四名、跳长绳团体第四名、男子乒乓球团体第五名。曹佳佳获优秀运动员。

2013—2016年，衙前镇没有举行全民运动会。（衙前镇第五届全民运动会于2018年举行）

表772　凤凰地区村民在衙前镇全民运动会上获奖名次

名称	个人获奖情况
2004年衙前镇第二届全民运动会	男子羽毛球单打：第一名周建国，第二名陈楚儿 女子羽毛球单打：第二名曹佳萍，第三名张秋梅，第四名蔡小凤，第六名蔡文君 男子乒乓球单打：第一名郑建军 女子乒乓球单打：第二名曹佳君，第四名高蓉蓉 男子篮球投篮：第六名卫国锋 女子篮球投篮：第四名卫华平，第二名卫爱凤，第六名曹盈盈 男子飞镖：第二名沈云海，第四名周建新，第五名卫星 女子飞镖：第一名张彩琴，第二名卫东，第三名张秋梅 男子射击：第二名沈云海 男子100米：第二名张军 女子100米：第二名曹佳萍，第五名陆国文 男子400米：第一名张军 女子400米：第一名曹春仙，第二名徐建娟，第三名何凤珍 男子800米：第三名宋明，第四名卢东，第六名邵东根 女子800米：第一名曹春仙，第三名蔡文君 男子跳高：第二名沈江 女子跳高：第三名徐建娟 男子跳远：第三名卢东，第四名周伟民 女子跳远：第一名曹佳萍 男子铅球：第五名傅正伟 女子铅球：第五名陆国文 象棋：第六名张锋平
2008年衙前镇第三届全民运动会	男子羽毛球单打：第三名王建林 女子羽毛球单打：第三名曹佳萍，第五名韩国萍 男子乒乓球单打：第一名王黎民，第四名郑建军 女子乒乓球单打：第六名高蓉蓉 女子篮球投篮：第二名高云云，第三名曹佳军 男子登山：第二名王建林 女子登山：第一名曹春仙 男子飞镖：第四名周建新 女子飞镖：第一名张彩琴 男子100米：第五名曹建龙 女子100米：第一名曹佳萍，第二名施彩虹 男子200米：第二名张军 男子400米：第一名张军，第四名卫军 女子400米：第一名曹春仙，第三名沃方英 男子800米：第四名卫军 女子800米：第一名曹春仙 男子跳高：第三名沈江 象棋：第五名卫星

续表

名称	个人获奖情况
2012年衙前镇第四届全民运动会	男子羽毛球单打：第一名李观楹，第二名王建林，第六名陈立 女子羽毛球单打：第二名沃沙沙 男子乒乓球单打：第二名卫炜 女子乒乓球单打：第六名高蓉蓉 女子篮球投篮：第一名沃沙沙 男子登山：第一名傅青锋，第五名邵林桥 女子登山：第三名曹春仙，第五名毛华芳 男子100米：第一名陈立 男子200米：第五名陈立 女子200米：第二名曹佳萍 女子400米：第二名傅张君 男子800米：第三名傅青锋 女子800米：第一名傅张君，第五名高丽益 男子跳高：第一名曹峰 女子跳高：第二名张秋梅 男子跳远：第一名曹峰 女子跳远：第一名曹佳佳，第二名曹佳萍 女子铅球：第六名毛华芳 象棋：第一名卫星，第三名张丰平 围棋：第三名陈楚儿，第五名张丰平，第六名卫星

注：1999年衙前首届全民运动会资料缺失。

图1147　2012年"幸福衙前"第四届全民运动会凤凰村体育代表队入场（毕迪摄）

图1148　2012年凤凰村体育代表队获衙前第四届全民运动会拔河比赛第一名（凤凰村委会提供）

凤凰村志 下册

第十六编　艺文

第一章　沈定一的著述
第二章　其他诗词楹联选录
第三章　新闻报道

概　述

衙前凤凰艺文，个人著述最多的是沈定一。沈定一是民国时期新闻记者、诗人、政治人物，仅民国元年至民国17年（1912—1928），留存于世的著述就达500多篇。他创办并主编的上海《星期评论》、广州《劳动与妇女》杂志，在当时影响极大。经常向邵力子主编的上海《民国日报》、陈独秀主编的上海《劳动界》《伙友》等刊物撰稿。创作的《读大白的〈对镜〉》，朗朗上口，是新诗史上早期咏物佳作。创作的《十五娘》，被朱自清称为"新文学中的第一首叙事诗"。

其他作者的诗词楹联有之，以民国时期的内容为多，尤以沈定一与衙前农民运动为主题的居多，且皆为外地作者所著。本编酌情选录。

20世纪80年代以后，学术界研究沈定一与衙前农民运动的著述增多。国内公开出版的著作（含论文集）有：《衙前农民运动》（中共党史资料出版社1987年10月版）、《沈玄庐其人》（成都科技大学出版社1994年9月版）、《农运先声——纪念衙前农民运动八十周年诗词集》（大连出版社2001年8月版）、《衙前农民运动论文选编》（中共党史出版社2002年1月版）、《沈定一集》（国家图书馆出版社2010年6月版）、《血路——革命中国中的沈定一传奇》（江苏人民出版社2010年9月版）、《纪念衙前农民运动九十周年书画影集》（西泠印社2011年9月版）、《纪念衙前农民运动90周年论文集》（上海远东出版社2013年5月版）、《衙前风雷》（西泠印社2016年11月版）等。国内公开发表的论文100多篇。其中衙前农民运动的研究著述，详见本志"衙前农民运动"编"衙前农民运动研究状况"章。

21世纪，新闻报道凤凰村的文章增多。据统计，2007—2017年，《萧山日报》《杭州日报》《浙江日报》《中国纪检监察报》《人民日报》等报道凤凰村的文章达50多篇。

图1149　官河风光（2018年5月11日，徐国红摄）

第一章 沈定一的著述

概 况

沈定一是衙前凤凰人，一生著述繁多。据不完全统计，以沈定一的名、号名义发表的著述有：民国元年（1912）64篇，民国2年9篇，民国5年6篇，民国6年9篇，民国8年95篇，民国9年115篇，民国10年97篇，民国11年34篇，民国12年64篇，民国13年38篇，民国14年7篇，民国15年8篇，民国16年5篇，民国17年7篇，合计500多篇。不是以沈定一的名、号名义发表而被认为是沈定一所做的文章，尚未包括在内。民国3年，沈定一流亡日本发表的著述言论，民国4年流亡新加坡、苏门答腊等地撰写的诗文，民国17年在上海创办的《民智报》等，尚未包括在内。

沈定一对农民充满同情，生前写了很多表现自然灾害和地主盘剥所造成农民疾苦的诗，还有一些痛斥政客与军阀的政治讽刺诗文。如《水车》《十五娘》《农家》《沈定一等代表农民问官吏》《工人乐》《富翁哭》等。沈定一留下的最后诗文是《廖仲恺殉难三周年纪念挽词》《在萧山东乡廖仲恺殉难三周年纪念会上的祭文》。沈定一留下的最后墨迹是扇面手书《石灰吟》。国民党治丧委员会编纂的《沈定一先生事略》称"先生从小就非常聪明：新旧文学，都是很擅长的，诗文富于情感，下笔奔放横恣，热烈动人"，"先生长于演说，议论风生，往往'高谈雄辩惊四座'听者动容倾倒，认为一时无两"，"先生的书法，学迷南宫而加以变化，刚健处有龙奔蛇走之奇，婀娜处有水流花放之妙"，可见沈定一的诗文书法有较深的造诣。

1980年之前，学术界对沈定一的研究极少。1980年之后，学术界对沈定一的研究有所增多。

第一节 著述目录

民国初年，沈定一当选为浙江省首届议会议员，并在上海发起成立中华民国公民激进党。因反对袁世凯，策动浙江独立，遭袁世凯政府通缉，携妻周锦朝流亡日本、新加坡、苏门答腊等地，以撰文为生（今逸）。民国5年（1916）6月回国，当选为浙江省第二届议会议长。其间，沈定一留存于世的著述90篇左右，还未包括民国3年、民国4年流亡国外的著述。

五四运动后，沈定一先后为上海《星期评论》周刊主编、广州《劳动与妇女》杂志主编，撰写了大量的文章，并向邵子力主编的上海《民国日报》、陈独秀主编的上海《劳动界》《伙友》等刊物积极撰稿。民国9年（1920），与陈独秀、李达、陈望道、沈雁冰等在上海发起组织马克思主义研究会，并参加上海共产党早期组织，组织开展工人运动，又于翌年发起组织衙前农民运动。于民国11年建立起一个叫"任社"的革命团体，创办《责任》周刊。民国8年至11年4年间，沈定一的著述达340多篇。

民国12年（1923），沈定一参加"孙逸仙博士代表团"赴苏联考察，回国后加入中国国民党。

后成为国民党一大代表,创办浙江临时省党部机关刊物《浙江周刊》并任主编。民国14年孙中山逝世后,国共两党与国民党内部之间逐渐分化。沈定一与戴季陶等开始反对国共合作。民国17年,辞职回到衙前实行地方自治,影响较大,同年遇刺身亡。民国12年至17年间,沈定一的著述有150篇左右。

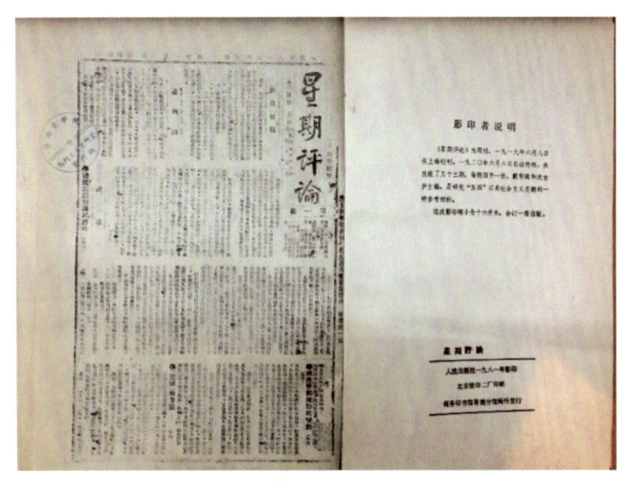

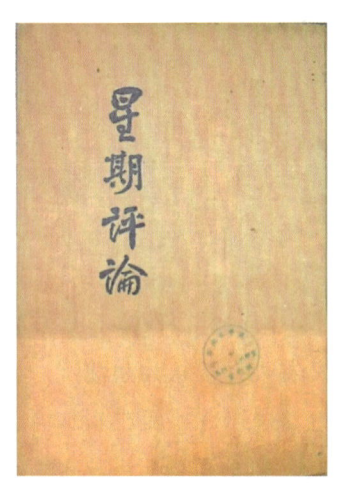

图1150 沈定一主编的上海《星期评论》周刊影印本(2017年11月15日,莫艳梅摄)

民国元年至17年(1912—1928),沈定一的著述目录计有500多篇:
衙前洞桥头
车站休憩场
沈定一等发起中华民国公民急进党简章(1912年3月13日)
《公民急进党丛报》发刊词(1912年9月1日)
吾愿吾党(1912年9月1日)
致伍秩庸书(1912年9月1日)
附伍秩庸复函(1912年9月1日)
世界演说(1912年9月1日)
杂感(1912年9月1日)
剑侯飞公由虎挶战联吟胜者限韵负者饮赋(1912年9月1日)
秋夜(1912年9月1日)
化乐村题壁(1912年9月1日)
看月(1912年9月1日)
寄怀和心庵(1912年9月1日)
在公民急进党鄂分部成立会上的演说(1912年9月1日)
致章太炎书(1912年10月1日)
致绍兴《民兴报》函(1912年10月1日)
天人三竞篇(1912年11月1日)
砭党(1912年11月1日)
国会前之参议院(1912年11月1日)

改革盐政之一斑（1912年11月1日）
吾党之观梁启超（1912年11月1日）
过去未来之我闻我见（1912年11月1日）
致黎元洪书（1912年11月1日）
读迦因传寄友（1912年11月1日）
读书（1912年11月1日）
竹（1912年11月1日）
越铎再世（1912年11月1日）
送洪燕谋还蜀并寄怀心庵（1912年11月1日）
赠武孟肯之蜀兼怀立匡（1912年11月1日）
鄂州寄二哥仲清（1912年11月1日）
题共山小影（中有卓氏六子）（1912年11月1日）
病后景事（1912年11月1日）
燕谋成都送别（1912年11月1日）
谢洪燕谋琴（1912年11月1日）
与鄂中友人谈阳夏战事（1912年11月1日）
与唐随安书（1912年11月26日）
致黎元洪电（1912年11月27日）
政论·主权篇（1912年12月1日）
政论·保蒙篇（1912年12月1日）
临时政府有展期之紧要（1912年12月1日）
特赦刑事犯王逸之不法（1912年12月1日）
《库俄协约》伊谁之咎（1912年12月1日）
致苏省长季中（1912年12月1日）
致陈戎生函（1912年12月1日）
在公民急进党越支部成立会上的演说（1912年12月1日）
在公民急进党厦门支部成立会上的演说（1912年12月1日）
寄蔡幼襄将军（1912年12月1日）
和王民仆（1912年12月1日）
有见（1912年12月1日）
醉芙蓉词（1912年12月1日）
即席和崔浣香（1912年12月1日）
送东山之唐山校（1912年12月1日）
寄滇中诸友（1912年12月1日）
秋宵旅行（1912年12月1日）
丐僧（1912年12月1日）
辛亥七月十七日暴风雨坏禾成灾（1912年12月1日）
怀滇友（1912年12月1日）

甲辰叠钱寿仙韵（1912年12月1日）

如意内阁（1912年12月1日）

为虎设圈（1912年12月1日）

蒙何必曰征（1912年12月1日）

我不瓜分，俄必瓜分，瓜哉！瓜哉！（1912年12月1日）

吾服其敢（1912年12月1日）

式相好矣，毋相尤矣（1912年12月1日）

选举平议（1912年12月1日）

大总统（1912年12月1日）

前题（1913年1月1日）

桃源道中（1913年1月1日）

辰州道中（1913年1月1日）

湘行感怀（1913年1月1日）

度谷濛关（1913年1月1日）

古寺（1913年1月1日）

钟勋甫有开化之行，以牡丹藤萝帐幔属题（1913年1月1日）

赠镜若氏（1913年1月1日）

题鹤俦诗（1913年1月1日）

陈振霞作东京之游，陆叔明以长歌赠别，即步其韵以佐离觞（1913年1月1日）

振霞以韵相献咏以赠别（1913年1月1日）

宫词（1913年1月1日）

大风书怀（1913年1月1日）

寿仙叠吴采之前韵棠和原韵答之（1913年1月1日）

酒渴吞海诗狂上天世界苍苍一览无际（1913年1月1日）

吊吾友诗姬（1913年1月1日）

致省议会辞议员函（1913年6月12日）

致袁世凯书（约1913年7月中旬）

致省议会再辞议员函（1913年10月15日）

在各界欢迎省议会议员大会上的答词（1916年9月3日）

就任省议会议长演说辞（1916年9月6日）

为国家预算宜付省议会审查事向国会的请愿书（1916年9月24日）

在浙江省议会第二届常年会上的闭会词（1916年11月）

在浙江省议会第二届第一次临时会上的开会词（1916年11月30日）

沈定一等挽留军官电（1916年12月27日）

致褚辅成电（1917年1月5日）

至章太炎电（1917年1月5日）

沈定一等发起浙江公民大会通告（1917年1月5日）

在浙江第一次公民大会上的演说（1917年1月5日）

与章太炎等上大总统、副总统、总理电（1917年1月5日）
与章太炎等致旅京同乡暨浙籍议员电（1917年1月5日）
与章太炎等致各县商会教育会自治团体电（1917年1月5日）
在浙江省议会第二届第二次临时会上的开会词（1917年4月2日）
致冯国璋电（1917年7月11日）
致浙江省议会电（1919年5月7日）
民国政府对于人民用不着一个威字（1919年6月8日）
随便谈（1919年6月8日）
一念（1919年6月15日）
上海罢工的将来（1919年6月15日）
随便谈（1919年6月15日）
解放（1919年6月18日）
国会诸君再错不得了（1919年6月22日）
告一段落（1919年6月22日）
除却青年无希望（1919年6月29日）
与戴季陶等致胡适函（1919年7月2日）
竞争与互助（1919年7月13日）
随便谈（1919年7月13日）
子孙主义（1919年7月20日）
种田人（1919年7月20日）
捣乱与打架（1919年7月20日）
储金赎路（1919年7月20日）
《南洋周刊》出版了（1919年7月20日）
就是自然（1919年7月20日）
复胡适函（1919年7月24日）
入狱（1919年7月27日）
请看民主国的新法律（1919年7月27日）
有国会？无国会？（1919年8月3日）
国会在那里？（1919年8月3日）
女子解放从那里做起？（1919年8月3日）
给李纯的信（1919年8月6日）
贫富的比较（1919年8月10日）
互助的好处（1919年8月10日）
两个日本青年学生（1919年8月10日）
方针（1919年8月10日）
兵官（1919年8月17日）
打更（1919年8月17日）
国际劳动大会（1919年8月17日）

占领北京与占领青岛（1919年8月17日）

原来是我们的不劳你归还（1919年8月17日）

孙中山先生（1919年8月17日）

秘密（1919年8月17日）

新闻？讣闻（1919年8月17日）

前途的灯（1919年8月17日）

名义重？事实重？（1919年8月24日）

爱读禁止的文字（1919年8月24日）

笔与枪（1919年8月24日）

想（1919年8月24日）

"人"与"物"（1919年8月24日）

德约与奥约（1919年8月24日）

为什么（1919年8月31日）

笔也受指挥的么？（1919年8月31日）

赴京代表违约法（1919年8月31日）

哀湘江（1919年8月31日）

牺牲与鱼肉（1919年9月7日）

欣然（1919年9月7日）

光（1919年9月7日）

人要怎么样才能自觉（1919年9月14日）

瓜与日货（1919年9月14日）

血（1919年9月21日）

美国公使芮恩施的话与中华民国的宪法（1919年9月21日）

沈定一等致胡适（1919年9月22日）

谁是师？谁是敌？（1919年9月28日）

觉悟的第一步（1919年9月29日）

将来的回顾（1919年10月10日）

爱（1919年10月10日）

朋友？劫？（1919年10月10日）

海边游泳（1919年10月10日）

忙煞！苦煞！快活煞（1919年10月10日）

来年今日（1919年10月10日）

悼周淡游（1919年10月12日）

高山（1919年10月26日）

短评（1919年10月26日）

活门神（1919年10月26日）

一日间妇女梳头的价值（1919年10月26日）

介绍小说（1919年10月26日）

中华民国的基础在那里（1919年10月26日）

学校自治的生活（1919年11月2日）

秋波的影（1919年11月2日）

国会议员听者［着］（1919年11月2日）

怕死么？（1919年11月16日）

他为什么把头低下去（1919年11月16日）

读新出版品的方法（1919年11月16日）

新旧文学一个大战场（1919年11月16日）

偶像打破分文不值（1919年11月16日）

他就是你你就是我（1919年11月23日）

日本的警察长打死中国的学生（1919年11月23日）

夜游上海有所见（1919年11月23日）

七个警察……长（1919年11月23日）

偶像（1919年11月30日）

婚嫁问题（1919年12月7日）

我做"人"的父亲（1919年12月7日）

盲督军哑省长（1919年12月21日）

省议会与省议会的比较（1919年12月21日）

看不惯这一种字样（1919年12月21日）

抵制日货（1919年12月21日）

介绍"工读互助团"（1919年12月21日）

我对于组织"工读互助团"的意见（1919年12月28日）

去！去！去！怎样才去得了他？（1919年12月28日）

复胡适（1919年12月）

除夕（1920年1月1日）

年初一（1920年1月1日）

各人自扫门前雪（1920年1月1日）

蜂的和平会议（1920年1月1日）

知难行易的释疑（1920年1月1日）

钱（1920年1月3日）

荐头店（1920年1月3日）

玻璃窗（1920年1月3日）

"姓"甚？（1920年1月3日）

介绍"钱江评论"（1920年1月3日）

对于教职员罢工的感想（1920年1月11日）

工人乐（1920年1月11日）

富翁哭（1920年1月11日）

答芸林（1920年1月11日）

农家（1920年1月18日）

幸呢？不幸呢？（1920年1月18日）

雨（1920年2月1日）

对于"基督教与中国人"的怀疑（1920年2月8日）

工读互助团（1920年2月8日）

版权所有与出版自由（1920年2月8日）

浙江省立女子师范学校市制草案（1920年2月8日）

三十六号（1920年2月8日）

学潮与社会（1920年2月8日）

答无名（1920年2月12日）

给扬州五师附属小学校童报社的信（1920年2月14日）

哥哥不晓得（1920年2月15日）

学生与市民（1920年2月15日）

烟、酒、赌与广告（1920年2月15日）

旧历过年与报界休业（1920年2月15日）

怎么样好？（1920年2月22日）

考试与毕业（1920年2月22日）

学生与文化运动（1920年2月28日）

请客（1920年3月2日）

塑像（1920年3月2日）

你嫌龌龊么？（1920年3月5日）

资本家一鼻孔出气的督军（1920年3月7日）

何必托军政府来压倒地方自治（1920年3月7日）

春晓（1920年3月7日）

读王崇植君"我对于玄庐君的《考试与毕业》的讨论"的感想（1920年3月14日）

"女子剪发"与"女子人格"（1920年3月18日）

关于女子人格给瘦鹃的信（1920年3月20日）

写给浙江第一师范同学的信（1920年3月下旬）

诘责夏超电（1920年3月29日）

一个青年的梦（1920年4月1日）

青年的社会从那里做起？（1920年4月4日）

浙江学潮的面面观（1920年4月5日）

起劲（1920年4月11日）

学潮与世界（1920年4月14日）

商人的地位——致芝青的信（1920年4月17日）

工人应有的觉悟（1920年4月18日）

三色花（1920年4月25日）

杭州学生的血（1920年4月25日）

怎样摆脱掠夺阶级——致思立的信（1920年4月28日）

复一个工人的信（1920年4月28日）

诗与劳动（1920年5月1日）

怎么样？（1920年5月1日）

晋江公所门前（1920年5月1日）

这回不算（1920年5月9日）

吃人的资本家（1920年5月9日）

回波（1920年6月6日）

《星期评论》停刊后的……——复傲霜（1920年6月8日）

题《捉蟹图》（1920年8月11日）

阿二的儿子（1920年8月29日）

卖气力的不是人么？（1920年8月29日）

小说底权威（1920年8月31日）

一个水手（1920年9月5日）

一夜（1920年9月6日）

复沧海寄萍——研究哲学的入手方法（1920年9月10日）

弟兄们！想想看！（1920年9月12日）

两种制度下面底妇女（1920年9月15日）

妇女解放途中底"淫荡少年"（1920年9月15日）

复竞西——关于重印《星期评论》的答复（1920年9月18日）

读大白的《对镜》（1920年9月20日）

读大白的《一颗月》（1920年9月20日）

训练社会革命的"都市"（1920年9月21日）

题画（1920年9月23日）

价值和公道（1920年9月26日）

工人的滋味（1920年9月26日）

一样（1920年9月26日）

答人问《共产党宣言》底发行（1920年9月30日）

真理和金钱（1920年10月1日）

南洋公学底厨役罢工（1920年10月5日）

陈英士底轶事一则（1920年10月6日）

自由组织与部落（1920年10月7日）

机器（1920年10月10日）

做诗（1920年10月14日）

卖书（1920年10月14日）

生和死（1920年10月14日）

哀执信（1920年10月14日）

妇女问题中底一幕（1920年10月21日）

牛皮灯笼的"学灯"（1920年10月22日）

"劳工神圣"底意义（1920年10月26日）

比赛运动底流毒（1920年10月27日）

答佷工"工具"（1920年10月27日）

活偶像和死偶像（1920年10月28日）

月蚀（1920年10月28日）

朝鲜人该怎样努力（1920年10月29日）

什么叫做"非社会主义"（1920年10月31日）

菊（1920年11月3日）

题浙江潮照片（1920年11月4日）

西洋人的瓦片都有翻身的日子了（1920年11月9日）

残贼青年身心的比赛运动（1920年11月10日）

死在社会面前的一个女子赵瑛（1920年11月13日）

谈选举（1920年12月15日）

秋夜（1920年12月17日）

失眠（1920年12月17日）

资本主义的国家与社会主义的国家（1920年12月19日）

两个小学生谈话（1920年12月20日）

十五娘（1920年12月21日）

困觉（1920年12月24日）

吃饭（1920年12月24日）

新村底我见（1920年12月26日）

数目（1920年12月27日）

脑海花（1920年12月27日）

自由与平等（1920年12月29日）

我对于纪念的感想（1921年1月1日）

绥阳起碇（1921年1月2日）

人生问题（1921年1月5日）

梦与诗人（1921年1月6日）

浣纱女（1921年1月6日）

雪际（1921年1月9日）

一个小孩子和阿本（1921年1月10日）

在李卜克内西、卢森堡纪念会议上的演说（1921年1月15日）

劳工专政（1921年1月19日）

宗教与人生（1921年1月21日）

偕楚伧君渡黄海——并怀死友执信、景良（1921年1月25日）

绥阳船广州舶岸（1921年2月2日）

错（1921年2月4日）

《劳动与妇女》发刊大意（1921年2月9日）
劳动教育（1921年2月11日）
在广州理发工会演说辞（1921年2月13日）
懵懂与苦痛（1921年2月13日）
鱼摊（1921年2月13日）
英国国旗与劳动（1921年2月13日）
资本家走投无路（1921年2月13日）
悼执信的一句话（1921年2月13日）
广州的市声（1921年2月13日）
谁说中国不在资本主义支配下面（1921年2月20日）
回忆（1921年2月20日）
告青年（1921年2月27日）
工商政府（1921年2月27日）
克鲁泡特金先生死有余痛（1921年2月27日）
战功的险恶（1921年2月27日）
攻击陈独秀（1921年2月27日）
讨论男女同校问题（1921年3月6日）
妻的教育（1921年3月6日）
广州男女同校运动声中的断片（1921年3月6日）
告浙江女子师范职教员（1921年3月12日）
阶级觉悟（1921年3月13日）
对于"广东省工会法草案"的我见（1921年3月13日）
纤夫（1921年3月13日）
病中（1921年3月13日）
省议会？咨议局（1921年3月13日）
怎样才算得言论自由（1921年3月13日）
断送生命在虚声里面的工人（1921年3月13日）
祀关岳（1921年3月13日）
飞行机（1921年3月18日）
自杀（1921年3月18日）
"不敢"和"不许"（1921年3月18日）
工人有组织团体的必要（1921年3月18日）
工会法和劳动前途（1921年3月20日）
你们"公妻梦"还没有醒么？（1921年3月20日）
军人与工人同一个命运（1921年3月20日）
凭栏听军歌（1921年3月20日）
你底妈（1921年3月20日）
病中忆执信（1921年3月20日）

玩具店里出来的小孩（1921年3月20日）

痛苦执信（1921年3月20日）

狡猾（1921年3月20日）

罢工（1921年3月20日）

玄庐启示（1921年4月3日）

生命的恐怖（1921年4月6日）

感觉（1921年4月7日）

沈定一等请恢复县议会电（1921年6月12日）

杀变兵（1921年6月23日）

顾老头子底秘史（1921年6月23日）

北窗风雨（1921年6月26日）

农家夜饭前后（1921年7月3日）

痛哭（1921年7月4日）

蚊（1921年8月4日）

水车（1921年8月8日）

读品的选择（1921年8月12日）

读朱执信集（1921年8月16日）

答二阿哥"苦热"（1921年8月16日）

谁是你底朋友（1921年8月19日）

月下的人语（1921年8月20日）

石子（1921年8月21日）

制宪问题（1921年8月22日）

观弈（1921年8月26日）

自奋（1921年9月9日）

燕子飞（1921年9月9日）

活泼泼的猴儿（1921年9月9日）

沈定一等反对九九宪法电（1921年9月10日）

农民自决（1921年9月23日）

我所希望于浙江第三届省议会（1921年10月5日）

教育与经济（1921年10月9日在杭州一师演讲稿）

沪杭夜车中（1921年10月10日）

梦回（1921年10月13日）

双十节（1921年10月13日）

野桥人影（1921年10月16日）

做人总该朝正路上走（1921年10月16日）

题张静江与友合写的山水（1921年10月20日）

人与两间的牢狱（1921年10月20日）

诗人与风月（1921年10月23日）

护花——读适之先生"希望"有感（1921年10月28日）

西兴渡口（1921年10月28日）

偷食以后的"猫"（1921年11月8日）

沈定一等代农民问官吏（1921年11月8日）

理想中的妇女生活状况（1921年11月9日）

筹办杭州大学大纲（1921年11月17日）

饥（1921年11月20日）

死（1922年1月1日）

火花（1922年1月1日）

愚（1922年1月13日）

李成虎墓道联（1922年1月）

挽成虎联——为成虎纪念堂作（1922年1月）

挽成虎联——为衙前农民协会全体会员作（1922年1月）

挽成虎联——为衙前农村小学作（1922年1月）

挽成虎联——为萧山县党部作（1922年1月）

挽成虎联——为浙江省党部临时执行委员会农人部作（1922年1月）

衙前农民协会解散后（1922年）

朝无用方面发达的结果是什么（1922年2月7日）

致胡适函（1922年2月14日）

读大白"旧梦"第九十（1922年2月26日）

嚼梦（1922年2月26日）

《浙江省平民自治宪法》说明书（1922年2月27日）

去了（1922年2月28日）

伊去了（1922年3月1日）

星与海（1922年3月2日）

在杭州（1922年3月3日）

送我侄女福贞出嫁（1922年3月7日）

慰安（1922年3月12日）

吾友（1922年3月21日）

敢问非宗教信徒底反对"非基督教运动"（1922年4月4日）

醉（1922年5月2日）

沉寂中的妙音（1922年5月5日）

教育底社会化（1922年5月7日）

沈定一等质问省立贫民工厂厂长违法侵权犯法各事项书（1922年5月8日）

沈定一等质问前图书馆长钱恂不将补钞四库全书及余额移交事项书（1922年5月14日）

沈定一等质问地方实业银行收归省办尚无办法事项书（1922年5月26日）

沈定一等质问女子蚕桑讲习所疑义四款事项书（1922年5月26日）

儿童保障条例（1922年9月1日）

玄庐答"伊"的通讯（1922年10月2日）

浙江萧山县水灾状况（1922年10月5日）

心弦断后的微笑（1922年11月11日）

梦里相逢（1922年11月25日）

说"间"（1922年12月27日）

从改善运动到革命运动（1923年1月29日）

我们怎样对付贿选问题（1923年2月12日）

凭我，你们依我来！（1923年3月5日）

闻讯（1923年3月5日）

萧山东乡办赈记（1923年3月26日）

坍江片影（1923年5月6日）

给章太炎的信（1923年9月10日）

最近的新俄罗斯——从莫斯科寄回来的四封信（1923年10—11月）

留别留俄同志们的一封信（1924年1月1日）

游俄报告（1924年2月）

蒙古独立问题（1924年4月15日）

说党（1924年5月11日）

我们的党（1924年6月1日）

美国已决定排亚的移民案（1924年6月1日）

英国工党内阁（1924年6月1日）

"赤化"与"非兵"两个该纠正的误解（1924年6月8日）

中俄回复邦交以后（1924年6月8日）

金佛郎案和德发债票（1924年6月8日）

三民主义问答（1924年8月3日）

致沈钧业电（1924年10月12日）

和平梦，醒也未？（1924年10月15日）

和平梦，醒了罢（1924年10月16日）

果真是商人反抗革命政府吗？（1924年10月18日）

指示浙江自治政府应走的路（1924年10月18日）

"齐燮元的奸细"谁？（1924年10月19日）

扑灭反革命（1924年10月20日）

仇视革命者正做了革命最有力的宣传（1924年10月21日）

告关心广州商团战乱者（1924年10月21日）

速国亡的直系军阀（1924年10月22日）

妇女问题杂感（1924年10月22日）

镇压反革命后治安问题的商榷（1924年10月24日）

帝国主义的奇货入京了（1924年10月25日）

在时局变动的机会上国民应有的要求（1924年10月26日）

谁能替军阀做担保？（1924年10月27日）

革命工作范围扩大了（1924年10月28日）

洋大人心目中已经没有了中国国民（1924年10月29日）

军阀倒和倒军阀（1924年10月30日、31日）

复吴稚晖书（约1924年11月初）

我们再不要列强的赞助（1924年11月1日）

帝国主义报纸的蠢和狡（1924年11月1日）

中国的国际地位与时局（1924年11月2日）

有了军阀就没了国民（1924年11月2日）

告友军（1924年11月4日）

闻国焘同志出狱讯（1924年11月6日）

国民的政治责任（1924年11月27日）

在萧山民众追悼孙中山大会上的演说词（1925年4月18日）

革命与人生（1925年5月2日）

劳动者集团与中国前途（约1925年6月下旬）

呈报第二次全国代表大会出席代表选举结果（1925年9月7日）

《浙江》发刊词（1925年10月28日）

中国民族的生存问题——致杭州学习联合会的一封信（1925年10月）

写给王华芬的信（1925年11月16日）

写给王华芬的信（1925年11月20日）

写给王华芬的信（1925年11月21日）

喜党军东征胜利（1925年11月25日）

写给王华芬的信（1925年12月2日）

写给王华芬的信（1925年12月5日）

写给王华芬的信（1925年12月5日）

写给王华芬的信（1925年12月6日）

写给王华芬的信（1925年12月7日）

写给王华芬的信（1925年12月10日）

写给王华芬的信（1925年12月11日）

写给王华芬的信（1925年12月12日）

写给王华芬的信（1925年12月13日）

写给王华芬的信（1925年12月14日）

写给王华芬的信（1925年12月15日）

写给王华芬的信（1925年12月17日）

中国国民党处理时局宣言原稿（1925年12月17日）

国民党对于各团体之态度及民众运动之政策（1926年1月29日）

慈母的泪花（1926年2月16日）

革命妇女的模范（1926年3月9日）

为妇女解放纪念孙中山（1926年3月10日）

今日何日（1926年3月29日）

第四次中央执行委员会议的由来（1926年3月30日）

中山舰事件是国民党共产党的自然分离现象——在国民党伪中央二全大会上的发言（1926年3月31日）

我们应该移粤开会（1926年4月1日）

在浙江省党部改组委员会宣誓就职式上的答辞（1927年6月20日）

在省党部临时执行委员就职典礼大会上的演说（1927年10月4日）

田主的活路（1927年10月25日）

告求学时期的青年（1927年10月31日）

讨唐中的回忆和前进（约1927年10月）

挽成虎联——成虎殉难六周年筹备会作（1928年1月）

衙前村试办乡村自治筹备会成立宣言（1928年）

萧山东乡自治会成立联（1928年）

致张静江、蔡元培、蒋介石、戴季陶痛论党政书（1928年7月20日）

廖仲恺殉难三周年纪念挽词（1928年8月20日）

在萧山东乡廖仲恺殉难三周年纪念会上的祭文（1928年8月20日）

题莫干山"剑池飞瀑"（1928年8月27日）

第二节　诗歌选录

衙前洞桥头

锁岸高桥石洞深，山村小市两边陈。
西来一片涟漪水，曾照湘湖戴笠人。

车站休憩场

秋光如水拂秋衫，古树笼阴护曲栏。
背座夕阳斜点指，白云飞过凤凰山。

哀湘江

湘江滔滔呀！湘月明。
湘江汩汩呀！湘山青。
湘云黯黯呀！湘天阴。
湘工评论呀！寂无声。

唉！可怜那一片书声，布机声，打稻声，邪许声；
重化作湘江几千年的怨恨声。

[原载《星期评论》第 13 号，民国 8 年（1919）8 月 31 日]

工人乐

人说："冷在风，穷在铜。"
我说："穷不在铜穷在工。"
人说："只要有铜便有工，温温饱饱富家翁。"
我说：我们棉袄夹裤过得冬，
他们红狐紫貂还要火炉烘。
我们十里八里脚步轻且松，
他们一里半里也要汽车送。
绞脑无汁体无力！
何如一手锄头一手笔？
世界为有了他们，
无冬无夏无休息。
——若使没有了我们，
那里去找文明的形迹？
有衣大家穿，
有饭公众吃。
我们穿吃不白来，
手儿脑儿自己享受自己的成绩。
不要慌张不要忙！
大家种花大家香！
著个富翁做什么？
冷风头上哭天光！

[原载《星期评论》第 32 号，民国 9 年（1920）1 月 11 日]

富翁哭

工人乐！
富翁哭！
富翁！富翁！不要哭！
我喂猪羊你吃肉，你吃米饭我啜粥。
你作马，我作牛。
牛耕田，马吃谷。

马儿肥肥驾上车。

龙华路上看桃花。

春风正月桃花早,

道傍小儿都说马儿跑得好。

那里知道马儿要吃草!

[原载《星期评论》第32号,民国9年(1920)1月11日]

农　家

"人多好做活,人少好吃食",

农家村里口头禅,市上居人不识得!

市上有句话,"人多好吃食"。

人少食多吃不完,馊缸米饭进猪栏。

猪重百斤值十千,牵猪上市卖得钱。

农人为何不自吃?因为完租舍不得。

租钱完了一身轻,只剩犁头铁耙清清四堵壁!

一家老少　　立着坐着不作声,雪上空留钉鞋迹。

[原载《星期评论》第33号,民国9年(1920)1月18日]

题《捉蟹图》

钳断稻草根,来吃现成稻,成群结队由你们横行,把便宜事都占尽了。

如今成串成串缚住你们的,就是你们钳断的那根稻草。

你们吃饱了,养肥了,但是磕篓也编好了。

酒也香了,汤也沸了,你们红了,他们的脸上也红了;

他们饱了,你们那里去了!

（落款：玄庐一九二〇年八月十一日送望道、天底、秀松去杭州后写的）

读大白的《对镜》

(一)

镜中一个我,镜外一个我。

打破了这镜,我不见了我。

破镜碎粉粉,生出纷纷我。

(二)

我把我打破,一切镜无我。

我把我打破,还有破的我。

破的我也破,不知多少我。

[原载《民国日报》副刊《觉悟》,民国9年(1920)9月20日]

十五娘

（一）

菜子黄,

百花香,

软软的春风,吹得锄头技痒;

把隔年的稻根泥,一块块翻过来晒太阳,

不问晴和雨,

箬帽蓑衣大家有分忙,

偏是他,闲得两只手没处放!

（二）

"看了几分蚕,

赊了几担桑,

我只顾得自己个人忙。

有的是田,地,和山,荡。

他都要忙也哪里许他忙?——

昨日听人说'哪里的处所招垦荒。'"

（三）

"五十"高兴极了,

三脚两步,慌慌张张:

"喂,十五娘,

我们底人家做成了;

我要张罗着出门去,你替我相帮!"

就在这霎时间欢喜和悲伤在他俩底心窝中横动直撞。

（四）

一夜没睡

补缀了破衣裳,

一针一欢喜,

一线一悲伤,

密密地从针里穿过线里引出,

默默地"祝他归时,不再穿这衣裳,

更不要丢掉这衣裳!"

（五）

此刻都不会哭,

怎么他俩底眼泡皮都像胡桃样?

一张破席卷了半床旧被胎,
跳上埠船,像煞没介事儿一样。
他抬起头来,伊便低下头去,
像是全世界底固结性形成他俩底状态。
他恨不得说一声"不去",——
船儿已过村梢头,只听见船头水响。

（六）
一个邮夫东问西问"十五娘"。
伊接到信却一字不识,
仿佛蚂蚁爬在热锅上,
"测字先生,你替我详详?
这不是我家'五……'他来的信么?"
测字先生很慎重地说:
"你要给我铜板一双,他平安到了一个地方!"

（七）
"信该到了?
茧该摘了?
桑叶债该还了?
伊该不哭了?"
四周围异地风光,
包围着他一个人底凝想。——
就是要不想也只是想这个"不想"。

（八）
月光照着纺车响,
门前河水微风漾,
一缕情丝依着棉纱不断的纺。
邻家嫂嫂太多情,
说道"十五娘你也太辛苦了,
明朝再做何妨。"
伊便停住摇车,但是这从来不断过的情丝,
一直牵伊到枕头上,梦中,还是乌乌,接着纺。
不过从接信后的十五娘,
只是勤勉,只是快慰,只是默默地想。

（九）
本来两想合一想,
料不到勇猛的"五十"一朝陷落在环境底铁蒺藜上。
工作乏了他也——不是,
瘟疫染了他也——不是,

掘地底机器，居然也妒忌他来，
把勇猛的"五十"榨成了肉酱，
无意识的工作中正在凝想底人儿，这样收场。
但只是粉碎了他底身躯，倒完成了
他和伊相合的一个爱底想。

（十）

采了蚕桑，
卖掉茧来纺纱织布做衣裳，
一件又一件，单的夹的棉，
堆满一床，压满一箱，
伊单估着堆头也觉得心花放。
"五十啊！
你再迟回来几年每天得试新衣裳？
为什么从那一回后再不听见邮差问'十五娘'。"

（十一）

明月照着冻河水，
尖风刺着小屋霜。
满抱着希望的独眠人睡在合欢床上，
有时笑醒，有时哭醒，有经验的梦也不问来的地方。
破瓦棱里透进一路月光，
照着伊那甜蜜蜜的梦，同时也照着一片膏腴垦殖场。

［原载《民国日报》副刊《觉悟》，民国9年（1920）12月21日］

病中忆执信

卧病忆死友，
兀地坐起来，
睁开眼睛看，
孤灯隐窗帷。
死友如不死，
或许容我从容病几时，
我今不但病——
病好了也何所为？

人生丕是求生难，
难得一个相当的死所。
如果为病死，
倒是不值得的死法好得多。

［原载《劳动与妇女》第6期，民国10年（1921）3月20日］

水 车

两天不下雨，水车声起，

三天不下雨，水车声急；

十天半月不下雨，水车直立。

东流水转向西流，究竟替谁出力？

犯贱呵，农夫！

租时节到来能剩得几粒？

[原载《民国日报》副刊《觉悟》，民国10年（1921）8月8日]

衙前农民协会解散后

（一）

杭州城里一只狗，跑到乡间作狮吼；

乡人眼小肚中饥，官仓老鼠大如斗。

减租也，民开口；

军队也，民束手；

委员也，民逃走；

铁索镣铐拦在前，告示封条出其后，

岂是州官恶作剧，大户人家不肯歇，

不肯歇，一亩田收一石租，减租恶风开不得，入会人家炊烟绝！

（二）

馋狼饥虎无人驭，凤凰低敛沧深薮，

潮来天未曙，梦飞不过钱塘去。

宁为时望抛时誉，泪绝声嘶肠断无凭据。

铜角夜风透吴絮，大千世界黯然死，

魂暗暗，和谁语？

咫尺家园几万里，班声截断哭声起，

狂呼天不理，苍生生命如蝼蚁，呼冤不应除骂无他技。

两字"农愚"称号被，

狼摆头，虎磨齿。

[写于民国10年（1921），玄庐遗稿，载《沈定一先生被难三周年纪念特刊》]

死

（一）

人生最痛是一死！
　读破万卷书，
死后何曾得一字。

（二）

人生最妙是一死，
天下英雄入彀中，
死后何曾得一土！

（三）

人生最快是一死，
时时存个必死心，
天下何曾有难事！

（四）

　死，死，死
踢翻恐怖城，
踏平众怨府，
血路——活路。

［原载《民国日报》副刊《觉悟》，国民11年（1922）1月1日］

愚

（一）

受人鱼肉自然愚——
鱼肉他人便不愚？
举国一愚愚到此，
乡愚对哭哭农愚！

（二）

谁说今愚胜古愚？
愚人自分必非愚。
古时方药多灵验，
哪有灵丹可治愚！

（三）

百身莫赎乡愚罪，
众口齐呼黔首愚，
为有愚农无数万，

养成全国尽愚夫！

（四）

到处闻人说智珠，
生来骨相已全愚；
官家用惯愚民策，
那个乡农敢不愚！

（五）

养成多少聪明种，
赢得农愚好品题；
何事农愚愚第一？——
种将灵药疗人饥！

［原载《民国日报》副刊《觉悟》，民国11年（1922）1月13日］

在杭州

（一）

醒时不敢哭，
恐伤吾友心。——
惟有梦中啼，
啼向梦中人。——
梦中人不见，
反把自啼醒！

（二）

一场场痛哭，
一层层寂寞。
谁驱这颗心，
深陷入牢狱？
十三年历史，
独自扪心读！

（三）

我欲寻伊去，
念伊在何处。
出门莽莽行，
冷风透骨髓。
伊意究如何？
行行行又住！

（四）

军人非无家，

离家远从军。
便做沙场鬼,
还是梦里人。
孤雁深宵泪,
不是惊弦声!
　　（五）
生平两女伴,
是师不是友。
谢伊开我蒙,
得伊深造就。
教鞭遥指处,
"爱情非占有"。
　　（六）
凛凛龙泉剑,
磨以爱河水。
爱河水长流,
光芒无渣滓。
手断颈索链,
有生即是爱!

［原载《民国日报》副刊《觉悟》,民国11年（1922）3月3日］

闻　讯

猛然震眩,
凄然肠断。
费大力矫情强镇定,
早兜起心头碌乱。
听风过去抚佩刀,
数谁是仇头可斩?
莽苍苍叫绝秋风,
满脸火花狂闪。

杀人无计,
杀身无计,
更偷生无计,
捧出腾腾心一粒,纳入何人腹里?
生知决绝,死友长眠,一身之外泪而已!

寻常如此,

何况将赴战地!

一重觉悟,

一重痛苦,

哪有楼台弹指现,

重担儿挑上无休路。

西北风云,东南烟雨,胸中容得几多事?

容不下也只可容容,

到人前诉说是奇耻。

咽下去,

打断牙齿。

[原载《责任》第13期,民国12年(1923)3月5日]

题莫干山"剑池飞瀑"

谁云利器肯埋葬,不受磨砻那有芒?

飞瀑至今含怒意,十年辛苦怨吴王!

[民国17年(1928)8月27日于莫干山]

第三节 文章选录

谁是你底朋友

刚才有一个朋友告诉我,说有许多人要同我评理。好!这是大家的事情,多数人底幸福,评理也可,并且我很欢迎!

你们大家想想:你们有没有敌人?你们有没有朋友?我相信你们的确有敌人,也的确有朋友。那么究竟你们底敌人是谁?朋友是谁?我告诉你们罢:攒积金钱的资本家是你们底敌人;专卖气力的劳动者是你们底朋友。但一般人,都弄错了,个个想去同资本家做朋友,个个看不起劳动者像仇人一般。这错误建筑在金钱底上面:大家只看见金钱,不看见人。俗话说得好:"只认钱!不认人!"资本家有钱,你们就想暗地里去同他们做朋友;劳动者没钱,你们就厌恶自己的同伴像敌人!唉!这是你们大错特错!

现在我讲金钱底发生给你们听听:譬如有甲乙丙丁四个人,甲种田,平均每日可得一斗米;乙织布,平均每日可成五尺布;丙晒盐,平均每日可晒十斤。假如他们三人,每天都是用十个钟头的工作成功的,那么,三人每天所出的东西,有一样的价值。就是一斗米等于五尺布,等于十斤盐。把一斗米换五尺布,换十斤盐,一些没有什么吃亏便宜,是十二分的公道。一个人生活在世上,需用的东西：米、布、盐……不知要多多少少；但不能都从自己的手里做出来，至多也不过能生产两三样；所以互相交换，是一件不可避免的事。但是拿了米去换布，拿了柴去换盐……这是一桩呆笨的事情，有许多不便的地方，于是第四个人丁造出金钱来。如果丁每天作十个钟头的工作，制造出五角小洋来，那么，五角小洋的价值等于一斗米、五尺布、十斤盐。这本来是一件很好的方法。那料到世界上有了机器，资本家生了野心，一切的交易，都丧失了本来真实的价值。现在一般人不问货物底价值如何高贵，只知道有了金钱，也不愁东西的买不到。所以个个人都钻进了铜钱孔里，做了钱的奴隶。我再讲几个浅近而又深刻的事实给你们听：大家都说要敬重祖宗，如祖宗有祭产留给子孙，那么宗祠里坟墓前，一定很热闹；否则，祖宗没能遗产留给子孙，那也不用想望子孙的敬重！譬如某人有三个儿子，长子做生意，每年能赚几千元，他的父亲一定很钟爱他。次子坐卧在家里，不能出息，但也不浪费，他的父亲，虽不爱他，也不可恶他。第三个儿子，命运不好，动辄丧财，他的父亲，一定很厌恶他。所以家庭里面，人都说至亲骨肉，但我要说一句赤裸裸的话：子孙不认得他们底祖宗，只看见祖宗底金钱；父亲不是真喜欢他的儿子，也只看见儿子底金钱！终（总）之现在的人，生活在金钱上面。你们去谋金钱，是不错的；你们想谋更多的金钱，也是应该的。你们用劳动工作去换金钱，这是大大不错的正路，可是你们有一点自己不觉的错误，就是想去同资本家做朋友。我也知道你们劳动工作不能养活你们底父母子女，看见资本家保险箱里有许多金钱，就想去同他们做朋友，希望他们发点慈悲心，这是你们底梦想……

　　你们若还不觉悟，我要讲目前切近的利害关系给你们听：他们吃的是油，穿的是绸，住的是高堂大厦；你们吃不饱，穿不暖，住的茅屋，不能遮风避雨。他们还有奇奇怪怪觉悟的享受，为你们所不知道，而你吃了十分难受的苦痛，终该觉悟！资本家比一只老虎还要凶；虎吃人，是一口咬杀，痛苦只在一时，资本家吃人，是一口一口继续不断的咬着，不咬你们一个死，今年咬一口，你们受了伤，等到明年你们还复转来，他们再来咬一口；于是你们要吃一切的苦痛。他们不但咬了你们本身就算了事，简直还要咬你们底子子孙孙呢！你们如果这样的一直下去，是情愿的，那也罢了；否则，须得想个法儿！这个法子，也不难，只要收回你们底手足和身体就成功了。因为从前你们把自己底手足和身体卖给资本家了。你们想想，资本家生产了些什么？他们只知道消费，不知生产，不能生产。如果他们要用刀来杀你们，你们只要不制造刀；如果他们要用枪来击你们，他们只要不制造枪；如果他们再不肯去种田，你们就不要供给米和菜！世界上一切的东西，都是劳动者底气力造成的。你们试看这个庵里底瓦、柱、戏台……哪一件不是劳动者底汗血造成的？没有劳动者，泥土永远不会变瓦，木头永远不会变柱……金钱之所以有势力，也全靠你们劳动者底气力。如果没有劳动者，把许多金钱堆在这里，要他变成瓦、柱、戏台……能够么？这岂不是笑话么？世界不是金钱底世界，是劳动者底世界。劳动者是我亲爱的朋友。世界上一切东西，都应该归劳动者所有。锄头铁耙是农夫的工具，土地也是农民底工具；斧头尺是工人底工具，机器也是工人底工具。可以耕种底土地，可以生产底机器，不是天然生成的，也不是地主行东底娘肚里生出来的，是从你们劳动者底手里产出的。

　　我说了许多话，你们大概终有些明白。终（总）之世界是劳动者底世界。你们劳动者不要放弃本来的权利给坐食的资本家！你们应该争回被夺的权利了！你们不要说我的话可说不能行。你们去联结劳动者做朋友！劳动者在世界上是大多数，资本家的数目，很少很少。你们结合起来，不要做一堆散沙，散沙是容易失败的；你们要结成做一块石头，别人很不容易把你们分开来，也很不容易移动你们。

我是一个资本家,讲这些话,并不是荷叶包刺菱,里戳出。我已明白了我吃的穿的住的一切享受的东西,都是劳动者底汗血,我再也不能把我底良心泯灭了!

在座底资本家,若以我的话为错,就请上来评理。我知道他们不敢。我知道他们躲在人背后,暗地里气我罢了。

[沈定一民国10年(1921)8月19日在萧山坎山的讲演,潘垂统笔记,原载《民国日报》副刊《觉悟》,民国10年(1921)8月26日]

农民自决

你们二三十村农民,要我到这四围稻花中的山北土地庙戏台上来演说,你们当我能够了解你们苦痛的朋友看,我也了解你们要求我演说的意义。

你们自以为是可怜人,你们希望世界上有表同情于你们的来可怜你们,不错,——可是世界上吃现成饭的,那一个配说可怜你们的话!

你们既有一副生产能力,养活一般不劳而获的人,他们底生活程度,高过你们几千倍,几百倍,而且凌驾在你们头上,做官吏,做议员,做绅士,做老爷、少爷、点王(王上加一点是个主字,"点王"是萧山附近六七县称田主财东等的称号),压住你们的头,年年课收你们的租息,你们依旧要顾到你们自身及家庭的生活,你们生产能力的伟大,比钱塘江水底源流还要长远。可是你们只管培养压迫你们的人,你们自己和你们家庭倒反要发叹声说:"这样,叫我怎样活得过去呵!"

你们底气力化到哪里去了?

你们仔细想想:从小时候受教育的机会有没有?壮年时候保不定有病的安全养病的机会有没有?老来做不动了,吃一口安安稳稳的菜饭的机会有没有?不但提起这种很平常的生存条件,你们顾不到计划,连你们正在着力种田地的时期,还顾不到眼前怎样活法。

你的气力化到那里去了?

你们都知道气力换来的米、棉花、六谷等等,都被你们叫他作"老爷、少爷、点王"的收了去了。你们没得剩了。

为什么压迫在你们头上的,他们能够把你们劳苦所得的搜刮得精光呢?

你们又会说,常常这样说,"他们是雪白的银子买来的田地","种一年田地该还一年租"。

如今我先解释"他们拿雪白的银子买来的田地"这一层说话:他们的银子是那里来的?如果说是收租来的,那么,明明是你们给他们的——设或从别种方法得来的:做官,便是括地皮;带兵,便是截旷(就是吃虚额);经商,便是榨取劳工底血汗;无一不是像你们完纳的租息一样。现在姑且不问他们底银子从那里得来,要问土地怎样会发生价格。市场地亩、田亩……底价值,权且不说,这航坞山迤北,尽是沙地,我且拿沙地底价格标准来说。南沙沙地每亩平均值三十五六元,这每亩三十五六元底价格,是把什么作标准而定的?沙地是浮沙淤积成的,初淤叫做"紫沙";紫沙经过二年或三年长了芦草,就叫做"草荡";草荡加以六年的人工,就成"熟地"。熟地,便值钱了。为什么熟地值钱?——每个农夫,平均能垦十亩面积的草荡,每人每年衣、食、住、工、料,至少要费六十元,以六年计算,就得费三百六十元,以三百六十元得十亩地,所以每亩平均价格三十五六元。这是露天敞着的工作,你们都是两只臂膊一锹一锄做过来的,你们当然了解这些事。

你们虽是了解这些事，但是从来没说明过，所以你们总以为"他们是雪白银子买来的"。如今可真明白了么？

其次，要说明"种一年田地，还一年租"这句话了。

土地经过劳力才有出产，你们都明白的。土地底价格，以你们所施的劳力程度作标准，上面也曾经说过。为什么你们施劳力的人，倒反要完纳租息才有田地种呢？——我再拿沙地作比例来说明。

当钱塘江改线，东坍西涨，淤紫沙为草荡底时期，你们能出气力去开垦的，未尝不独立背负一把开荒锄头，到一望无边绿茫茫的芦草荡里挖沟做埂。可是一面农民自淘伙里没有协作底组合，又没有分配机关，便发生争夺和械斗的事情。一方面有势力的绅士老爷们，在"夺到手就算自己的"私有财产制度下面，便赵家竖起一张赵家旗划几百几千亩，钱家圈起一处钱家园划几百几千亩，到官厅一注册，赵家若干，钱家若干，于是你们一般挖沟做埂的只可忍气吞声皈依在几个大地主脚步底下做一个地户，而且他们一班大地主还不相信你们能够替他做一诚实的牛，要你们预先交一年租才有牛做，所以"现租"（沙地预收一年租的名目）这个风气，也正是拿经济来困住你们防范你们的方法。

你们和那班大地主，一样有眼耳鼻舌五官四肢心脏的人，何以你们能够劳动生产的反倒陷落到这步田地呢？——因为他们是有产阶级，现在正是有产阶级的世界，他们是有组织的：软来有官吏替他们讲他们的法律，硬来有军警替他们提刀枪，你们是没有组织没有团体一盘散沙似的人民，自然被他们屈服下了降为奴隶牛马。

你们以为"奴隶，牛马"，是侮辱你们的恶名词么？在我看来，他们一般大地主、绅士、老爷、点王们底待遇你们比奴隶牛马还要残酷。十六七世纪俄国行使农奴制度时（这种农奴制度，和四川、云南等处有土地的土司相仿），地主有自由虐待农奴的权；但至少也要维持农奴及其传种的生活。中国底农民，形式虽是自由农民，可怜一般地主的敲剥，比从前的俄国地主对待他们农奴还要凶，因为萧山绍兴等处的地主，绝对不负维持佃户生活的责任。这些事实，彰明较著在你们目睹身受之中，也不用我来举例。塘里的种田的这些虐待敲剥的苦痛，比沙地上的地户还要深刻。至于牛马，主人也是负维持生活的责任的，而大地主可从来不行负维持农民生活的责任。所以从实际上看来，现在的农民，比农奴牛马尤为不如！

你们处在这种少不得教，老不得养，壮年的不得自存的生活状况中，你们除去"农民自决"一个方法之外，更找不出别的活路来。

你们受的苦痛也够了！你们怀中的愤气也充满了！暴动么？——不然的。

如今你们要求我发表根本的主张，我的主张，便是废止私有财产，"土地公有"这个主张，将来必有实现的一天。但是也要看你们团结的力量和组织上的努力而定这个主张实现的迟速。目前为救急计，你们大可依照衙前等村农民协会底组织法，先团结起来。

最后，我有几句还要忠告你们的——

一、不可以无组织的暴动。因为无组织的暴动，只是一哄便散，结果，不但无益，而且旧社会里面潜着有许多"危险分子"，利用一时暴动，把你们良好的劳动习惯也弄坏了。这种分子，正被淘汰着，他们对于社会不负丝毫责任的，有抢的机会就抢，有烧的机会就烧，有奸淫的机会就奸淫。他们抢掠的形式虽和资产阶级不同，而结果只是残害你们劳动职业的光荣，破坏你们前途底建设。

二、你们要知道国家是你们劳动者的。国家底行为，便是你们劳动者底行为，你们对赋税等等，不该取消极的仇视态度，应该从组织上面谋得国家底主权归你们掌握。

你们有了组织，就不怕牺牲。用得着牺牲的时期，便是你们进到幸福的时期。

你们赶快的团结呵！你们精密的组织呵！大地主们总有一天投降你们的。

[沈定一民国10年（1921）9月23日在萧山北山的讲演，原载《新青年》第9卷第5号，民国10年（1921）9月]

沈定一等代表农民问官吏

浙议员沈定一等为农民请求减租，地方官吏加以威吓诬以过激主义特提出质问书，限省长八日答复。原案云：岁歉农民请求减免租息，虽极专制时代，也是常有的事。如今公然以这种请求，诬为过激主义，出示威吓。究竟地方官吏，是否专为有产阶级底委员，非驱农民于死亡不可？特依省议会提出质问书如左。

（一）萧山县属南沙沙地，十年以来，坍去二三十万亩。失业农民，流离相属，本年夏秋间，又被风雨潮水夺去农作之半，而地主且依习惯课收明年的租息，叫做"现息"。农民被逼于催租和缺管粮食，死亡相继。例如萧山县属坎山乡农民李文校，被地主张明正逼讨尾租，文校没奈何向他亲戚沈金松借些衣服去当，满当来还租，不料当不起钱，并且被当伙拒绝不收，他登[顿]时急得吐血，跌倒就死。这是前月二十日在坎山乡市上的事。又如仁字号一带地方，已经饿死了百多农民，这些人吃一餐断二餐，或是有一天没一天，连饥带饿陆续死亡。这种惨酷的情形，如今还是继续着。本省省长究竟有所闻见没有？究竟对于这种"乐岁终身苦凶年不免于死亡"的社会生活状况，负不负责任了？此质问者一。

（二）农民在这种困苦死亡情形下面，向萧山县公署跪香哀求出示减收租息，人民心目中认县公署为陈诉机关，才肯对县知事乞命。而萧山县知事庄纶仪，不但不能为他们来告的农民负丝毫的责任，反放任警察，殴逐向他哀求乞恩的穷百姓，一面接连出示禁止人民陈诉，并且诬到县跪香陈诉的农民为过激主义运动。约法第八条所谓"人民有陈诉于官署之权"，如今饥饿的苦痛逼来，尚且不许他们喊一声痛。这是何种政治现象？此质问者二。

过激主义底名称从何来？过激主义底内容是什么样？过激主义底运动方式如何？地方长官也曾一一了解了没有？是不是人民向地方官吏跪香禀求，便是过激主义？此质问者三。

这三重质问，均有事实发生。本席是吃饭长大的，并且是一般人民底代表，特依法提出，限浙江省长八日内答复。

提出者：沈定一

连署者：任凤冈、许祖谦、陈谅、应迪康、徐一青、王廷烈、蒋方震、叶桐知、王侃、叶蔚、查人伟

[原载《民国日报》，民国10年（1921）11月8日]

凭我，你们依我来！

皇帝拍拍胸部说："世界太纷扰了吗？凭我，你们只依我来！"一般人听了这番话，也许有最愚蠢而薄弱的，想跑到皇帝旗帜底下去偷生。其实皇帝只有杀人的信用，大多数人都认识二十世纪最先破

产的是皇帝，要投到皇帝旗帜下面，不但不能求生，只是奴隶的送死。军阀拍拍胸部说："国家太纷扰了吗？凭我，你们只依我来！"也有人想投倒军阀底马蹄前，希望统一。其实你一军，我一军，暗斗心，明斗力，就拿投倒他们马蹄前的生命，充斗争的武器。胜则为王，是暂时的，败则为寇，也是暂时的。胜败无常，此扑彼起，在他们眼里很寻常的一番波折，牺牲的还是一群活武器，殃及的只是无路逃生的穷百姓。资本家拍拍胸部说："游民太多了，是纷扰的源泉，凭我，你们只依我来！"这一句话一出口，不等回声发动，就有许多人伸长了颈子，希望土地哪，机器哪，依资本家底支配，给他一个手脚能和这些生产工具接触的机会。有点书本知识的，就希望学校哪，报馆哪，商店哪，依资本家底命令，给他一个工作底场所。可是资本家所拥有的一切生活机会，依他自己底打算，总打算着向做工的身上分几成肥。他嘴里像是说："游民多了不好"，他底盘算上却是计划着如果你们有工做的不让我分肥，我就命令关在工场外面的游民来替你们底工作，叫你们回头再去当游民底滋味。游民吗？正是资本家生产事业底后备军，是预备来补充经常的做乏了的劳动者退伍的，临时的叛变的——罢工——劳事者填补的。资本家需要游民，正如蒸器（汽）机需要煤矿一样。而且资本家表面像似救济游民，实际却是竭力制造游民，加速度的生产工具，便是制造游民的确证。

皇帝破产，军阀破产，资本家破产，继起的社会主义于是更大声疾呼说："可弃的旧制度呵！我要摧毁彼了，使彼丝毫不留痕迹在人世间！将来怎样呢？凭我，你们只依我来！"诚然，诚然，旧制度底当不了家，人们早经觉悟了，社会性主义底雄姿，也到处是露于劳动者底颜面。可是 A 也，B 也，C 也，都叫做社会主义的，人们为饱受旧制度底苦痛，所以决心破坏旧制度，又因人类不能没有建设，所以要信奉新主义，可是 A 也，B 也，C 也都叫做社会主义的，人们应当趋向哪个好呢？A、B、C 三个，更是哪个可以保证人们平和向上的生活呢？要提出这个答案，如果从笼统的理论上说，很轻松的几句话，假如说"只消合于各个国族底共同利害，得最大多数的同意的，便是算最适当"。这句话似乎答解了，但是这个未来的人类主宰，是不是就在这 A、B、C 三个中居其一，抑或别有一个共同的主宰未曾出世呢？我想因国族情形而产生的主义，决不会和别一国族底利害丝毫不同，却也不能单见共同不见其异。例如 B 产生于俄，C 产于英，B 和 C 不是无同点，而何以英不产 B 而俄不产 C？社会主义底母亲只一个，社会主义底女儿却多着哩。女儿中像牝狮般马克思，伊要算第一个勇猛了。可是伊底儿子，在德国的说德国话，在俄国的说俄国话，伊早经有了遗训了，伊说："德国底学者先生，非常热心得到这种著作。但是他们却忘记了法国的社会状态不会同这些著作一同移来。所以这些法国底著作，对于德国底社会状况，全然失了眼前实行的意义，成了纯粹文学的景况。"这几句遗训，不就是说我们中国只想躲懒，贪便宜，趁现成抄袭别个国族的文章，译作本国底文字，自欺地认为自己底作品吗？难道这个牝狮般的母亲，独在中国不会生中国的狮子吗？也许还未曾受孕。

"凭我，你们只依我来！""我"是什么？是这个国族底社会状况所产生的眼前实行底意义。

躲懒的观念打消吧！统一的迷梦醒了吧！我们眼前可实行的是什么，我们就做什么。记得清末时锡良问我："怎样？才是革命党？"我说："实事求是，就是革命党。"不安于旧制度生活的，有志改造社会的，无论站在哪种地位，都有眼前可实行的事实，离开了社会现状去改造社会的，莫若去做和尚；离开眼前可实行的事实去凭空想的，莫若去进天国；离开了自身接近的事实去经营包罗万象的空口革命的，莫若去做皇帝；离开了局部可能的进取去张口全国的，莫若去做军阀。

主义底标榜哪！国体底结合哪！各个人就实行事业上修养成独往独来的气质，到汇合时，自然成为至坚无隙的团体，自然有个如日中天的主义。炼得健槌成，撞得血钟响，我对李成虎墓，想"二十事件"。

一二、二 凤凰山楼

[原载《责任》第13期，民国12年（1923）3月5日]

第四节　楹联选录

衙前妇女解放万岁坊联

那部历史当中，不鼓吹吃人礼教；
这种牌坊底下，有多少妇女冤魂。

萧山东乡自治会成立联

（一）
填海底，削山头，把大地打扁锤圆，请自乡始；
扫文盲，换穷骨，为群众谋生设救，不让人先。

（二）
凡为大事业，巧取者败，力行者胜；
是做真工作，吃苦在我，成功在人。

挽朱执信联

沈定一　刘大白

狠的怕你，猾的避你，奸的妒你，龌龊的憎恶你，
如今都罢了，却剩那知道你的，真爱你、痛你、惜你；
国也由伊，省也随伊，党也任伊，政治者悉听伊，
到底不忍呵，怎怪得放下伊也，又护伊、救伊、殉伊。

李成虎墓道联

（一）
中国革命史上的农人，这位要推头一个；
四山乱葬堆里的坟墓，此外更无第二支。

（二）
吃苦在我，
成功在人。

（三）

尔不过一乡村佃户耳，租税重，稼穑艰，过度难，生不逢辰，陨有余痛；
彼如何成革命实行者，立志苦，信仰坚，持行笃，斯人永古，此墓千秋。

挽成虎联
——为成虎纪念堂作

为群众而牺牲，问耕耘不问收获。
振义声于垄亩，见锄锹如见须眉。

挽成虎联
——为衙前农村小学作

革命是进化突飞，难道是小有才脚色所能施其巧取。
牺牲非盲目冲动，必须具大无畏精神及其发于至诚。

挽成虎联
——为衙前农民协会全体会员作

淫威附于武力，贪墨附于豪强，折贪墨之淫威，老当益壮；
革命不可倖成，群众不可利用，为群众而革命，死有余甘。

挽成虎联
——为萧山县党部作

革命非萧山独县可成功，不为人先，也为人先，
　　建设已开端，必须做个好榜样。
解放岂烈士一身的责任，怕得运动，总得运动，
　　奋斗须到底，大家提起真精神。

挽成虎联
——为浙江省党部临时执行委员会农人部作

试问三千万张嘴巴，
　　那个不要吃饭？
细数数稻粱黍稷柴米油盐，
尽都是播得耕耕得种从耕种到收获的辛苦东西；

贪懒也何曾？
只落得贫困穷愁愚笨！
且说七十五县土地，
怎么转变良田？
请看看会稽钱塘金华瓯海，
流够了父而子子而孙自子孙至元曾的传宗血汗；
代价在那里？
算学会和平奋斗到底！

挽成虎联
——为成虎殉难六周年筹备会作

众人为求生，
社会为求生，
国民革命正为求生。
生是中心，
在生前苦苦辛辛勤勤恳恳！
军阀要他死，
官僚要他死，
劣绅土豪更要他死，
死所不免，
到死后明明白白烈烈轰轰！

廖仲恺殉难三周年纪念挽词

不招人忌是庸才，滚滚红尘，哪有闲情问休咎？
能破天惊非枉死，堂堂白日，全凭正气作光芒！
［写于民国17年（1928）8月20日，载于《再造》第19期，民国17年（1928）9月12日］

第五节 书画选录

图1151 1920年8月11日沈定一在叶天底画《捉蟹图》上题词

图1152 1922年沈定一为衙前农民协会会员李成虎、陈晋生书写的碑文

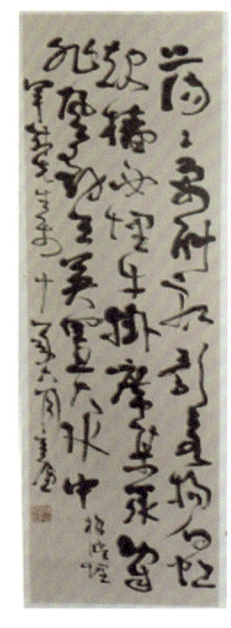

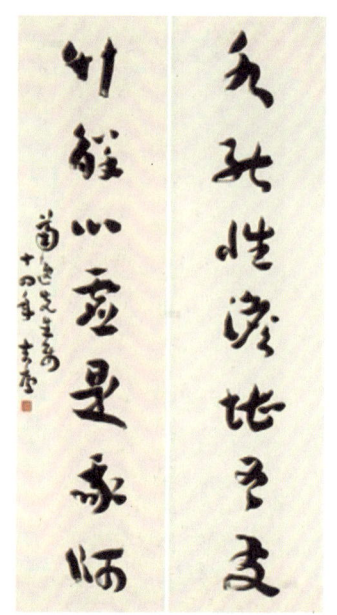

图1153 沈定一草书轴　图1154 沈定一草书轴　图1155 沈定一行书　图1156 沈定一行书

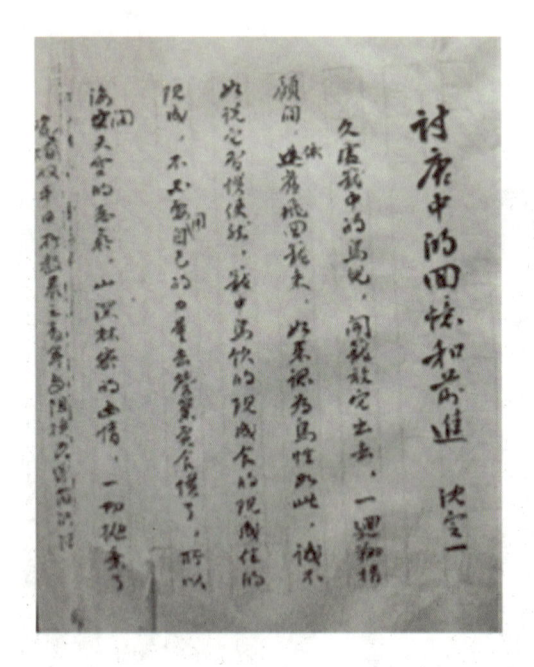

图1157　沈定一手迹

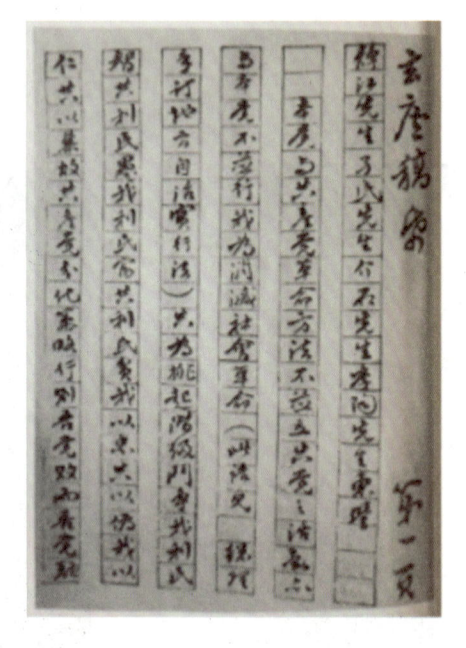

图1158　沈定一手迹

图1159　1913年7月沈定一致袁世凯书

图1160　1925年3月沈定一为杨之华宅院题写"宝华润实"（今藏于杭州衙前江啸堂文化历史博物馆，徐国红摄）

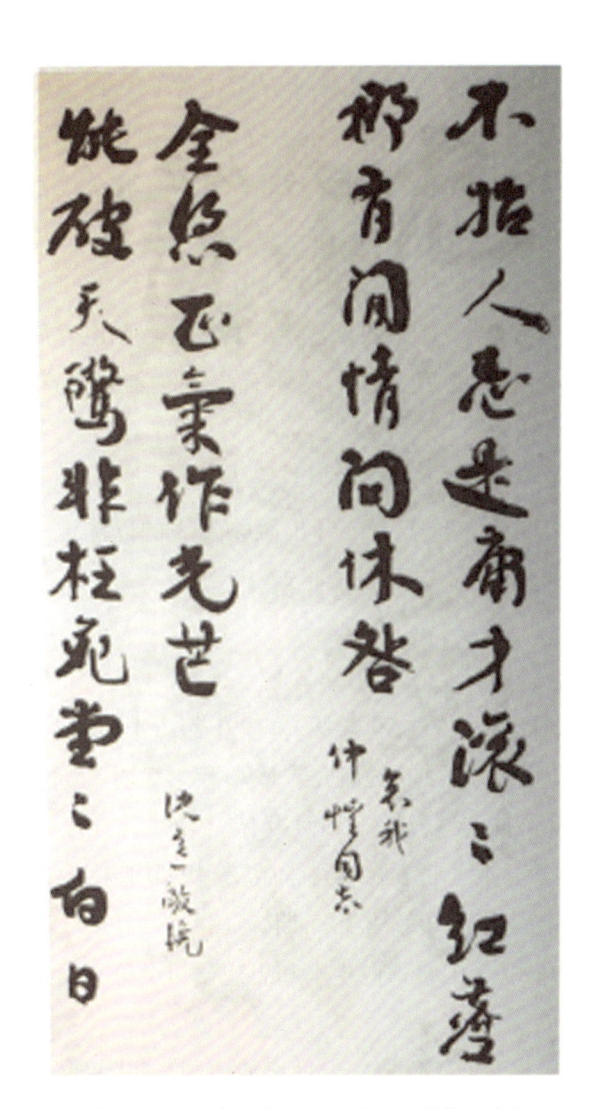

图1161　1928年8月20日沈定一为廖仲恺殉难三周年纪念所作之挽联

图1162　1928年8月26日沈定一为周柏年所书扇面

第六节　学术界研究沈定一的著述

专著

民国19年（1930），上海民智书局出版由吴子垣编写的《玄庐文存》，收录沈定一生前所写的部分诗歌和文章共计200余篇。

1994年9月，成都科技大学出版社出版由萧山市委党史研究室编写的《沈玄庐其人》，介绍沈定一的主要历史活动，附录相关文献和回忆材料，计10.8万字。

2010年9月，江苏人民出版社出版美国人萧邦奇著《血路——革命中国中的沈定一（玄庐）传奇》。此著是关于沈定一的人物传记，是美国斯坦福大学教授萧邦奇的一部代表作，1995年7月由美国加州大学出版社出版，当年便获美国列文森图书奖中的优秀史学著作奖。全书设10章：第一章衙前之死：1928年8月28日；第二章重返家乡：杭州，1916—1917；第三章觉悟：一线光明上海，1919—1920；第四章患难与共：衙前，1921—1922；第五章分崩离析：杭州和衙前，1924—1925；第六章黑星：杭州和衙前，1925—1926；第七章危难之际：杭州，1927；第八章群众代言人：衙前，1928；第九章遇刺之谜；第十章沈定一和中国20年代革命：一个事后分析等，合计27.5万字。

2010年9月，国家图书馆出版社出版陶水木编《沈定一集》，共收录沈定一的著述、函电、演讲稿材料等500余篇，包含了1930年上海民智书局出版的《玄庐文存》的所有内容，合计48.75万字。

论文

据不完全统计，1981—2017年，学术期刊、报纸、文集、论著等公开出版物发表的以沈定一（沈玄庐）为主题的研究文章共计50多篇。

学术界研究沈定一的部分著述目录：

杨福茂、王作仁：《沈玄庐思想初探》，《浙江学刊》1981年第3期。

周明华：《沈玄庐与衙前农民运动》，《杭州师范学院学报（社会科学版）》1991年第4期。

谢国民、王一民：《从宣传革命到提倡改良的沈玄庐》，《中共党史研究》1992年第5期。

中共萧山市委党史研究室编：《沈玄庐其人》，成都科技大学出版社1994年版。

陶水木：《五四时期沈玄庐的几个问题》，《杭州大学学报（哲学社会科学版）》1995年第4期。

徐台榜：《沈定一人生道路逆转之评析》，《台州师专学报》1997年第5期。

高建国：《瞿秋白与沈定一》，《瞿秋白百周年纪念——全国瞿秋白生平和思想研讨会论文集》，中央文献出版社1999年版。

曾业英：《辛亥革命时期的沈定一与公民急进党》，《辛亥革命与二十世纪的中国》，中央文献出版社2002年版。

卜曹元：《沈定一的农运观——衙前农民运动80年祭》，《衙前农民运动论文选编》，中共党史出版社2002年版。

胡润泽：《沈玄庐与衙前农民运动》，《衙前农民运动论文选编》，中共党史出版社2002年版。

蔡惠泉：《沈定一政治生活社会实验场所初探》，《衙前农民运动论文选编》，中共党史出版社

2002 年版。

徐义君、陈水林：《沈定一叛党的社会心理分析》，《衙前农民运动论文选编》，中共党史出版社 2002 年版。

谢国民、王一民：《从宣传革命到提倡改良——沈玄庐对改造中国道路的探索和失败及留给我们的沉思》，《衙前农民运动论文选编》，中共党史出版社 2002 年版。

曾宪凯：《沈玄庐的人生沉浮》，《福建党史月刊》2003 年第 12 期。

侯桂芳：《中国共产党早期党员沈定一》，《上海党史与党建》2003 年第 8 期。

陶水木：《1923 年沈定一访俄文献述评》，《杭州师范学院学报（社会科学版）》2005 年第 5 期。

陶水木：《沈定一的法治思想与实践——以浙江省议会议长任期的个案考察》，《浙江学刊》2005 年第 5 期。

张立程：《近代中国政治史研究的一个新的尝试——评〈血路——革命中国中的沈定一（玄庐）传奇〉》，《太原大学学报》2006 年第 2 期。

董为民：《沈定一和衙前农会》，《党史文汇》2008 年第 5 期。

陈玲玲：《沈玄庐研究综述》，《福建党史月刊》2008 年第 8 期。

范国强：《历史书写与重构——〈血路——革命中国中的沈定一（玄庐）传奇〉简评》，《湖北第二师范学院学报》2009 年第 12 期。

［美］萧邦奇：《血路——革命中国中的沈定一（玄庐）传奇》，江苏人民出版社 2010 年版。

袁野：《简评萧邦奇〈血路——革命中国中的沈定一（玄庐）传奇〉》，《辽宁行政学院学报》2010 年第 3 期。

陶水木编：《沈定一集》，国家图书馆出版社 2010 年版。

熊彤：《从衙前农民运动看沈定一的农运思想》，《上海革命史资料与研究》，2011 年。

吴德兴：《沈玄庐的蜕变》，《上海党史与党建》2011 年第 1 期。

韩三洲：《地主沈定一：被历史刻意遗忘的中共早期党员》，《南方都市报》，2011 年 1 月 25 日。

孙德鹏：《宪政补丁沈玄庐——读〈血路：革命中国中的沈定一（玄庐）传奇〉》，《政法论坛》2012 年第 4 期。

王铁成：《定一的农运思想探析》，《理论界》2012 年第 5 期。

王铁成、王文兵：《揭开尘封的记忆：沈定一与衙前农民运动再认识》，《党史研究与教学》2012 年第 3 期。

张宁：《是是非非沈定一》，《文史天地》2012 年第 6 期。

孔亭：《沈定一研究述评》，《党史研究与教学》2012 年第 3 期。

王文兵：《中共早期党员沈定一研究》，《兰台世界》2013 年第 1 期。

王铁成：《沈定一大革命时期思想演变探析》，《兰台世界》2013 年第 13 期。

鲁可荣、曹磊：《民国初期沈定一的东乡自治实践及乡村自治思想》，《中国农史》2013 年第 4 期。

李永芳：《沈定一与衙前农民协会》，《兰台世界》2013 年第 4 期。

王铁成：《沈定一国家主义思想的历史演变》，《兰台世界》2013 年第 16 期。

朱淼水：《是是非非沈定一》，《萧山记忆》（第六辑），浙江人民出版社2013年版。

陶水木：《试论建党时期的沈玄庐》，《纪念衙前农民运动90周年论文集》，上海远东出版社2013年版。

谢俊美：《历史大视野下的沈定一和萧山衙前农民运动》，《纪念衙前农民运动90周年论文集》，上海远东出版社2013年版。

毕文锐：《沈定一的"是"与"非"——基于萧邦奇〈血路〉一书的再判断》，《宁夏社会科学》2014年第2期。

王铁成：《上海共产党小组成员沈玄庐的起伏人生》，《党史博采（理论）》2014年第12期。

王铁成：《沈定一的政党观》，《兰台世界》2016年第21期。

陈红：《沈定一在马克思主义传播中的贡献与局限》，《上海党史与党建》2017年第8期。

莫艳梅：《中共早期党员沈定一家世考》，载莫艳梅、李莫微《萧山历史名人家世考——从家谱出发》，浙江古籍出版社2018年版。

［资料来源：莫艳梅根据中国知网（CNKI）等检索整理］

第二章 其他诗词楹联选录

概 况

凤凰地区除了沈定一以外，本土的作家、诗人少。有关凤凰的诗词、楹联，多为外地作者所写。民间流传的楹联有之。本章选录载之。

第一节 山水诗词

洛思山
宋·徐天佑

归去蹉跎岁月深，羁愁无奈故乡心。
人生毕竟俱怀土，庄舄当时自越吟。

洛思山
元·萨天锡

登高复怀古，路途极羊肠。
目断云天阔，何由见洛阳？

早过萧山历白鹤柯桥诸邮
明·高启

客起何失早，村荒绝鸡鸣。
况时江雨晦，不得见启明。
凌竞度高关，山空县无城。
隔林闻人呼，已有先我行。
侧身避径滑，聚足防崖倾。
衣寒复多风，聒聒远水声。
千峰雾中过，不识状与名。
岚开见前邮，如觉历数程。
越禽啼枫篁，冷日傍午晴。

烟生沙墟寂，叶落见寺清。
登临亦可悦，但恨时难平。

望航坞山
清·张文瑞

两山相望郁嵯峨，竹树交加似芑萝。
我欲买山从此住，眼前常见锦江波。

夜航船
周作人

往昔常行旅，吾爱夜航船。
船身长丈许，白篷竹叶笘。
旅客颠倒卧，开铺费百钱。
来船"靠塘下"，呼声到枕边。
大船明残烛，邻坐各笑言。
秀才与和尚，共语亦有缘。
尧舜本一人，澹台乃二贤。
小僧容伸脚，一觉得安眠。
晨泊西陵渡，朝日未上檐。
徐步出镇口，钱塘在眼前。

第二节　农运诗

卖布谣
刘大白

一

嫂嫂织布，哥哥卖布。
卖布买米，有饭落肚。
嫂嫂织布，哥哥卖布。
弟弟裤破，没布补裤。
嫂嫂织布，哥哥卖布。
是谁买布，前村财主与地主。
土布粗，洋布细。
洋布便宜，财主欢喜。
土布没人要，饿倒哥哥嫂嫂！

二

布机轧轧，雄鸡哑哑。

布长夜短，心乱如麻。

四更落机，五更赶路。

空肚出门，上城卖布。

上城卖布，城门难过。

放过洋货，捺住土货。

没钱完捐，夺布充公。

夺布犹可，押人太凶！

"饶我饶我！""扣留所里坐坐！"

[原载《星期评论》，民国9年（1920）6月6日]

田主来

刘大白

一声田主来，

爸爸眉头皱不开。

一声田主到，

妈妈心头毕剥跳。

爸爸忙扫地，

妈妈忙上灶：

"米在桶，酒在坛，

鱼在盆，肉在篮；

照例要租鸡，

没有怎么办？——

本来预备两只鸡，

一只被贼偷，一只被狗咬；

另买又没钱，真真不得了！——

阿二来！

和你商量好不好？

外婆给你那只老婆鸡，

养到三年也太老，

不如借给我，

明年还你一只雄鸡能报晓！"

妈妈泪一揩，

阿二唇一翘：

"譬如贼偷和狗咬，

凭他楦得大肚饱。
别说什么借和还,
雄鸡雌鸡都不要。
勤的饿,惰的饱,
世间哪里有公道!
辛苦种了一年田,
田主偏来当债讨。
大斗重秤十足一,
额外浮收还说少。
更添阿二一只鸡,
也不值得再计较!
贼是暗地偷,狗是背地咬,
都是乘人不见到。
怎像田主凶得很,
明吞面抢真强盗!"
妈妈手乱摇:
"阿二别懊恼!
小心田主听见了,
明年田脚都难保!"

[原载《民国日报》副刊《觉悟》,民国10年(1921)3月2日]

成虎不死

刘大白

成虎,
一年以来,你底身子许是烂尽了吧。
然而你底心是不会烂的,
活泼泼地在无数农民底腔子里跳着。

假使无数农民底身子都跟着你死了,
田主们早就没饭吃了;
假使无数农民底心都跟着你底身子死了,
田主们却都可以永远吃安稳饭了。
然而不会啊!

田主们多吃了一年安稳饭,
却也保不定还能再吃几年的安稳饭。

你底身死是田主们的幸，
你的身死而心不死，
正是田主们的不幸啊！

[原载《责任》，民国12年（1923）1月29日]

萧山农民怨（民谣）

小锣敲起尺当当，
勿唱地来勿唱天，
前年秋季雨绵绵，
浙江起了大水灾，
田稻收成一点无，
农民喊苦叫连天。
去年还有冷饭吃，
今年租税无钱还。
萧山农民没法想，
哀求地主债减免。
田主租钱勿肯免，
税钱只许打折扣。
农民听了泪珠落，
心中好似滚油煎。
田主手段真好辣，
就将农人控到官。
官府差人要抓人，
农民急得无处躲。
有的卖了亲生女，
换得铜钿还租钱。
有的无女可以卖，
一批一批去坐监。
其中有个李成虎，
死在牢里真可怜。
从来荒年常常有，
如此凄惨真少见。
真少见，真少见。
田主威势大如天，
农民无权无势只有死！

衙前农民运动八十周年纪念
张联芳

一

革命先驱念沈郎，衙前农运事辉煌；
抗租地主胆惊破，八十年来青史芳。

二

救苦农民何处求，抗租结会愿能酬；
义旗创举虽遭挫，伟迹永存震九州。

（原载《农运先声——纪念衙前农民运动八十周年诗词集》，2001年）

衙前谒乡贤沈玄庐先生墓
周道明

漫漶残碑总费猜，千秋骏骨委蒿莱。
凤山有主非凡鸟，史帛无名是逸才。
赍志空余苌弘血，干时长抱卧龙哀。
大招赋罢苍凉甚，寂寞鹃花傍墓开。

（原载《农运先声——纪念衙前农民运动八十周年诗词集》，2001年）

第三节 楹联挽联

东岳庙楹联

宽赭锁重门屏藩叠嶂；
东西分两浙吴越通衢。

东岳庙万年台联

顷刻间千秋事业；
方寸地万里山河。

挽玄庐联
谢持

这才是为主义牺牲！度先生一死难瞑，尚有老母孀妻，飘摇党国；
都成了视人民刍狗！与总理九原如见，应诉贪人败类，私竞豪渠。

挽玄庐联

黎东方[1]

你这一死,却是美丽的极则,是光荣的顶点。
你从此便为少数所崇拜,你从此变成千古的完人。

---

[1] 黎东方:《哀歌——挽沈玄庐先生》,《再造》1928年第25期。黎东方(1907—1998),河南正阳人,历史学家,中国史学会发起人之一。时年21岁,正留学巴黎大学。

第三章 新闻报道

概 况

21世纪，凤凰村经济文化社会发展，报刊、广播电视、网络等新闻媒体报道凤凰村的文章增多。据不完全统计，2007—2017年，萧山区级以上新闻媒体专题报道凤凰村的有50多篇，其中《杭州日报》专题报道13篇，《浙江日报》专题报道10篇，浙江卫视《新闻联播》专题报道2篇，《青年时报》专题报道2篇，《中国纪检监察报》专题报道2篇，《人民日报》专题报道1篇，中央电视台《焦点访谈》专题报道1篇。

第一节 新闻报道凤凰村目录

2007年以后，新闻报道凤凰村的村民生活、致富带头人胡岳法、优秀学生表彰等内容居多。报道的数量，以2014年的最多，共计10篇，其中《萧山日报》报道凤凰村3篇，《杭州日报》报道凤凰村3篇，《浙江日报》专题报道凤凰村1篇，浙江卫视《新闻联播》报道凤凰村1篇，《青年时报》报道凤凰村1篇，《人民日报》报道凤凰村1篇。2015年，新闻报道凤凰村8篇。2016年新闻报道凤凰村8篇，其中《萧山日报》报道3篇，《杭州日报》报道2篇，《浙江日报》专题报道2篇，《中国纪检监察报》报道1篇。

2007—2017年新闻报道凤凰村目录（部分）：

2007年5月24日《萧山网》："老村官"的"管理经"

2008年1月4日《杭州日报》：萧山衙前镇凤凰村——农运第一村的火红生活

2009年5月《萧山日报》专刊：凤凰村 英雄故里换人间

2009年7月11日《萧山日报》：胡岳法 新思路能点石成金

2009年10月11日《杭州日报》：衙前：小学校与农协会

2011年2月3日《浙江日报》："全家福"里看幸福

2011年7月1日《萧山日报》：凤凰村：红色沃土上栖息的"金凤凰"

2011年10月12日《萧山网》：胡岳法：村民致富带头人

2011年12月13日《萧山日报》：胡岳法：农村"带头人"的幸福构想

2011年12月21日《杭州日报》：衙前镇凤凰村荣获"全国文明村"称号

2012年4月23日浙江在线《群英谱》：用明天的眼光做今天的事：杭州市萧山区衙前镇凤凰村党委书记胡岳法

2012年5月15日浙江卫视《新闻联播》：创先争优：萧山凤凰村——特色社区 为外来人员建起幸福家园

2012年5月16日浙江在线：属牛书记领路发展 凤凰村涅槃让外来党员也找到家

2012年5月16日《浙江日报》：凤凰村构建服务型基层党组织　深化创先争优活动

2012年5月16日《青年时报》：萧山衙前凤凰村：粮食油料免费发 人均收入3万多

2012年5月26日《浙江日报》：杭州小分队走进萧山凤凰村——忆往峥嵘岁月稠

2012年7月11日《萧山日报》：衙前镇凤凰村：2001名村民成为股东

2012年8月23日《浙江日报》：表彰村里优秀生

2012年8月23日《杭州日报》：萧山凤凰村：表彰优秀学生写进村"宪法"

2012年12月17日《浙江日报》：大美萧山，文明幸福先行者（图片）：衙前凤凰村民喜领红包

2013年1月16日《浙江日报》：萧山凤凰村——民工住上创业公寓

2013年3月13日萧山人民广播电台《湘湖新闻》："共同富裕"梦　衙前凤凰村的实现路径

2013年3月20日《浙江日报》：从凤凰村每亩财产性收入三万多说起

2013年7月7日《萧山日报》（图片新闻）：凤凰村建成戏水乐园

2013年8月27日《杭州日报》：穷凤凰变成金凤凰——记萧山区凤凰村党委书记胡岳法

2014年2月24日《萧山日报》：胡岳法：当好村民的"看家人"

2014年4月6日《杭州日报》：要过好日子，大家一条心

2014年4月8日《青年时报》：萧山区凤凰村党委书记胡岳法：用金点子让村民致富

2014年4月10日《浙江日报》："凤凰"涅槃引路人——记萧山凤凰村党委书记胡岳法（另见浙江新闻、浙江在线、共产党员网、人民网等媒体）

2014年5月22日浙江卫视《新闻联播》：最美浙江人——身边的共产党员：胡岳法——幸福村里的领头人

2014年5月30日《杭州日报》：凤凰村颁发"凤凰股本金权证"

2014年6月24日《萧山日报》：凤凰村"试水"股权改革股东有了股金权证

2014年7月21日《萧山日报》封二：卸不了任的老支书

2014年8月22日《杭州日报》：百姓喜爱的好支书 胡岳法的"凤凰梦"

2014年9月9日《人民日报》：胡岳法：歇不住的"凤凰"

2015年3月6日《萧山日报》："双百"优秀乡村干部栏：胡岳法：让凤凰村展翅高飞

2015年4月中共浙江省委组织编《点赞千名好支书——浙江省优秀村（社区）党组织书记风采录》（红旗出版社）：胡岳法：卸不了任的老支书

2015年4月20日《中国纪检监察报》：临危受命、稳定人心的带头人：胡岳法

2015年6月25日《萧山法制》："衙前创业新村社区平安建设'大家管'"

2015年8月25日萧山政府网：干上三四年 凤凰村要让旧村新村一个样

2015年11月16日中央电视台《焦点访谈》栏目播出采访凤凰村节目

2015年11月27日《杭州日报》：卸不了任的老支书

2016年1月15日《杭州日报》：村民人均收入55000元 大病住院医疗报销比例100%　萧山凤凰村决战三年力争高水平全面小康

2016年1月19日《萧山日报》：衙前凤凰村首发全面小康动员令

2016年5月9日《中国纪检监察报》：凤凰村飞出"金凤凰"

2016年6月7日《浙江日报》：老胡治村有真经——记杭州萧山区凤凰村党委书记胡岳法

2016年7月1日《萧山日报》：好班子带出幸福村 捧起"凤凰"新腾飞——萧山区衙前镇凤凰村党委

2016年7月11日《浙江日报》：燃起农民运动"第一把火"——寻访杭州萧山区衙前农民运动旧址

2016年8月17日《杭州日报》：萧山凤凰村飞出"金凤凰"

2016年9月23日《杭州日报》：萧山衙前倾力打造凤凰山旅游景区

2016年12月7日《萧山日报》：衙前官河欲打造成"翻版乌镇"

2016年12月23日《萧山日报》：富民强村的"领头雁"

2017年2月22日《杭州日报》：凤凰村："两条腿"走路富民又强村

2017年4月25日《杭州日报》：千年古官河的"复"与"兴"

2017年6月9日《萧山日报》：《凤凰村志》引入"口述历史"新形式

2017年7月5日《萧山日报》：凤凰村党委：强村富民"美丽凤凰"展翅飞

2017年10月13日《萧山日报》：胡岳法：老当家真心为民谋福利

第二节　新闻报道凤凰村选录

本节共选录10篇，其中2009年1篇，2012年2篇，2014年2篇，2016年5篇。在内容上，有关村民生活的报道1篇，有关村党委书记胡岳法的报道4篇，有关党员党组织的报道2篇，有关优秀学生表彰的报道1篇，有关旅游景点的报道2篇。

胡岳法：新思路能点石成金

"我们的书记虽年纪大了，但思路比年轻人还新！"在衙前镇凤凰村，说起村党委书记胡岳法，村民们总带着自豪的口气。

时龄已60的胡岳法，当了32年村干部，如今被大家亲切地称为"老胡书记"。在他的带领下，凤凰村这个20世纪80年代的落后小山村，现在已是闻名遐迩的"幸福村庄"，不仅经济得到长足发展，村民也过上了小康生活。"小有所学，老有所靠，病有所医，困有所济，难有所帮。"就是凤凰人的生活写照。

30多年来，胡岳法想出了很多新点子、金点子，让凤凰村始终先人一步喝到了头口水。胡岳法的"四步走"发展集体经济法，堪称典型。1985年，在他的努力下，与萧山石油公司合作办起了衙前加油站，为凤凰村掘到了"第一桶金"。第二步，他提出凤凰村要借地处集镇的优势，发展第三产业，投资1500万元办起了衙前消费品综合市场。第三步，2000年3月，他牵头成立了当时萧山第一家由村民、村集体组成的混合所有制企业——凤凰纺织。第四步，他倡导建立中小企业创业基地。"四步走"，让凤凰村的经济插上了腾飞的"翅膀"。

"用明天的眼光，办今天的事情。""让凤凰今天的建设，保持20年不落后。"在这样的具有前瞻性的眼光下，如今的凤凰又在开展新的工作：推进创业园、外来人员居住中心建设和三角地带改造，进一步壮大集体经济，改善环境面貌，提升生活品质。

"老胡书记倡导的外来人员居住中心建立后，治安、计划生育、保洁等工作容易了许多。良好的环境已吸引了越来越多的外来创业人员前来居住。"该中心一名负责人介绍说。

30多年来，老胡的这些新点子从何而来呢？"我就像一个班长，要给村民带好头、领好路，这是我的责任。作为一名村书记，前半夜先想想村里，后半夜想想村民，真心实意为大家办实事，就自然能想到办法。"胡岳法说。

"老胡书记有一个笔记本，晚上睡觉都放在床头，一想到村里的什么事，就马上记下来。""去外地学习，老胡书记是最认真的，他总是边看边记。60岁的人像个小学生一样认真。"大家都这样称道他。在胡岳法的头脑里，有用之不竭的新思路、金点子。这些新思路、金点子正是来自他的这种责任心、这种认真勤勉的精神、这种一定要带着大家奔小康的勇气。

"到2010年，我们村要争取达到25亿元的产值，2.5亿元的集体资产，2500万元的村级可用资金，25000元的人均收入。如果这个目标达到的话，凤凰村民生活的质量才能更上一层楼！"对于凤凰村的明天，胡岳法充满了信心。

（资料来源：《萧山日报》2009年7月11日）

属牛书记领路发展 凤凰村涅槃让外来党员也找到"家"

2011年，衙前的凤凰村的村民人均收入30316元，是浙江农村居民人均纯收入13071元的2倍多。

从数据来看，凤凰村很富裕。村民定期领取免费的大米票、油票、面粉票等，预计今年村民集体福利人均可达到6043元……

在许多萧山人心里，凤凰村算得上是当地最富裕的村庄，凤凰的村民待遇能与城镇的相提并论。村民为身份自豪，连外来务工者也在这里找到归属感。

然而，7年前凤凰村合并时，她还顶着上访村的名号。涅槃新生，新凤凰已发展成远近闻名的文明村。

这个班子，一干就是7年

凤凰村位于老集镇中心地带，是萧山东片地区的一个枢纽。村中心的三岔路口建设了萧山区最高的农民公寓楼——16层、投入1600多万元的凤凰大厦。

"不到四年时间，我们拆除了6.8万平方米，新建了12万平方米商住用房。"凤凰村党委书记胡岳法介绍，这样既盘活和节约了土地，又改善了村容村貌。

2005年，萧山区行政村规模调整，原凤凰村、交通村和卫家村将合并成新凤凰村。当时的交通村和卫家村发展停滞，遗留问题多，是有名的上访村。

老集镇的三岔路口此前属于交通村，数十间临时用房破乱不堪。尽管镇里有意整治，批下100万元启动资金，但是经历10多年、几任村领导班子，整治任务一直无人领命。

2005年6月，胡岳法等人组建了凤凰村新班子。上任第一把火，便"烧"到了三岔口。

三岔口改造工程所遇的困难可想而知，然而仅3年多时间，凤凰娱乐中心、综合市场、贸易中心等建筑拔地而起，三岔口成为萧山新农村建设的一个样板。

几年时间解决了遗留10多年的老大难问题，胡岳法说，秘诀无他，村干部关键时刻站出来，不计较个人得失，先拆迁自己和亲属的厂房和农舍。

村里还建立起相应的民主管理机制，确保了党员干部的知情权和监督权，在工程建设上，全透明运作，村党委书记、村委会主任回避招标全过程。村务监督委员会每月审核每一张财务支出票据，涉及厂方租金、保障金、建设投入的支出，每笔都上千万元，却笔笔清晰明确。

村里还推出了"网上记账"，把村里使用的每一分钱发布上网，村民可以随时上网查询。

凤凰村并村7年，历经3次村级组织换届选举，班子成员保持不变，得票数还一次比一次高。最近一次民主评议中，村干部满意率均超过98%。

衙前镇党委书记周吾灿说，凤凰村村干部团结务实、热情负责。"以前村民是带着怨气来找村干部，如今是带着困难来找村干部。这种转变说明村民对现任村干部的信任。"

好班底有一位"好班长"

一个好班底，需要一位"好班长"。

凤凰村的"班长"胡岳法，63岁，精神气十足，步伐矫健。

他每天早上5点起床，然后到附近的凤凰山转悠。"早晨头脑好，有思路，可以安排一天的工作。"脑筋活，下笔也勤。他散步、休息时灵光闪现，也会赶紧翻开笔记本。大半个月，他就能记完一本。

老伴总说他，眯着眼睛也在想办法。就是睡着了，有了想法，他也要爬起来，记在笔记本上。

胡岳法有想法，善吃"头口水"。1985年，凤凰村利用土地租赁，兴办了全省第一家全民与村集体联营的加油站，当年盈利50万元，这为村级集体经济淘得了"第一桶金"。

胡岳法属牛，骨子里就有股倔劲，办事雷厉风行。

回忆凤凰村的往昔，胡岳法说"路不总是平的"。2000年，胡岳法牵头筹建萧山第一家由农户与村集体组建的股份制企业，村民观望氛围浓。"好要大家好，有要大家有。"胡岳法自筹120万元资金入股，并向村民承诺，"如果遇到风险，我把自己的股本首先贡献出去，让你们退出去。"

这一番话让犹豫不决的村民吃了定心丸，78户农户先后入股。混合所有制发挥出活力，企业当年就实现了20%回报率，股民每年享受20%—30%分红。截至2005年底，股份制企业的净资产达到了4500万元。

2005年并村时，镇里征求新凤凰村党委书记人选，党员、村民代表一致认为，只有胡岳法能挑起重任。

此时，胡岳法能交出让大家满意的成绩单：原凤凰村已是镇里实力最强的村子。他可以放心而退。儿子和女婿都各自在邻村经营着资产上亿的企业，期望父亲能够帮一把。听说凤凰班子调整，一家大企业邀请他担任党组织书记，并承诺了高薪待遇。

此时胡岳法希望，凤凰村能继续稳定、发展。权衡之后，他一门心思开始新凤凰的工作。

7年了，胡岳法和村干部推进村庄城镇化发展，让资源变资本，死钱变活钱。凤凰村集体已拥有标准厂房12万平方米、商铺3.5万平方米。去年，村里仅物业租金收入就超过2500万元。

在凤凰，有一种归属感

凤凰这块土地上，曾发起了中国共产党领导下的第一个农民革命运动——衙前农民运动。凤凰人素有吃"头口水"精神，现在每5户凤凰人家就有1户办企业，此外还有大量个体工商户。

潘生根经营着一家年产值上亿的纺织企业，90年代办厂子，后入驻凤凰工业园。他租下1万余平方米厂房，每年交纳租金160多万元。"如今企业很难自建厂房，工业园标准厂房给企业提供了便利。"

凤凰工业园是村规模调整后的一项重点工程。园区占地100亩，建设有标准化厂房区、办公区、生活区，入驻30多家轻纺五金企业。该工程由凤凰村经济联合社投资8200万元建造，村里每年可回收租金650万元。

凤凰村创造了财富，真金白银也花到凤凰人身上。村里实现了"基本生活、医疗、养老"三大保障，村集体免费供应米、油和天然气，纯农户口60岁以上的福利待遇提高到企业职工养老金水平。

如今，凤凰村正全面实施新农村建设"三园两区"规划：工业园、商贸园、文化园、村民居住区、外来人口居住区。

外来人口居住区又名创业新村社区，共有13幢公寓楼。社区与7家村属企业签订合同，入住了1500余名外来务工者。

江西人徐福生和同事合租了一套公寓，两人平摊租金。他给记者算了一笔账，租整套公寓一年2500元，加上水电费，每人每年的租金开支也不会超过2000元。

除了实惠的租金，59岁的老徐认为别处没有如此完善的配套设施。社区配备了车库车棚、超市、图书室、篮球场、棋牌室。"村里花了20万装了监控系统，保安24小时值班。女儿来看过，放心着呢。"

老徐胸前别着党徽，这位党龄24年的党员，长年跑货运，渴望组织生活。随企业来到凤凰村，他把党组织关系从江西迁入了社区党支部，6名流动党员和凤凰村党员一起过组织生活。去年"七一"，村里给每位党员送来一枚党徽，老徐每天都将它戴在胸前。

老徐说，在凤凰村，他这个外地人有一种归属。他特别定制了一面锦旗送到党支部——"我的支部、我的家"。

（资料来源：浙江在线新闻网站2012年5月15日）

凤凰村构建服务型基层党组织 深化创先争优活动

在创先争优活动中，杭州萧山区凤凰村紧紧围绕发展与民生两大主题，努力构建服务型基层党组织。

村党委书记胡岳法说，凤凰村就是要统筹协调好"富民"与"强村"的关系，"我们现在两条腿走路，一条腿是民营经济发展。民营经济发展了，可以解决村民就业，实现一部分人先富起来。第二条腿是发展集体经济，促使村民共同富裕"。在凤凰村，越来越多的村民在村党委的扶持帮助下创业。12万平方米的工业园，去年的产值达到35.2亿元，村民人均收入30316元。

在创先争优活动中，凤凰村还将外来人口作为重点服务对象，建立了萧山区首个以流动人口为管理服务对象的建制社区——创业新村。凤凰村创业新村10号楼301室，福建人刘贞亮把自己的四口之家安在了这里。两室一厅，厨房、卫生间、家用电器一应俱全，一年的房租只需2500元。"到过那么多地方打工，从来没有一个地方像凤凰村这样为我们外来务工者考虑得那么周全，我打算一直在这里待下去！"刘贞亮告诉记者。

刘贞亮是居住在创业新村社区里1800余名外来务工人员中的一员。现在，一期的11栋多层公寓已经全部住满，还没有竣工的二期9栋楼房也都有了出租意向。

"在凤凰村创业的日子里，我实实在在感受到了组织对我的照顾。无论走到哪里，工作有多忙，都要想到自己是一名中共党员，党组织是我们的家……"年初，外来党员徐福生给社区党组织写来了这样一封饱含真情的信件。在创业新村建起社区党组织，外来党员们在第二故乡有了自己的"娘家",目前已有在职党员28名。

很多人说,凤凰村村民们的幸福指数高不高,看一看他们的生活就能知道:所有村民都享受粮食、油料、天然气的免费供应;在社区医院、村级医院以及杭州省级医院看病,分别能得到72%、95%和90%的报销;中秋节、重阳节和春节,村里的老人还有不同的慰问品。

在创先争优活动中,凤凰村大力加强和推进民主政治,不仅坚持"党务、村务、财务"的三公开制度,而且建立与经济发展相适应的村级保障机制,实现"村民基本生活、医疗、养老"三大村级保障。这三项发放额累计达到1075万元,占全村可用资金的37.8%,真正实现了全体村民"老有所养、病有所医、困有所助"的目标。

在凤凰村,村民还可以享受到村干部提供的全方位服务。沃琪是去年刚到凤凰村的大学生村官,半年多的时间,他已经习惯了这里村干部的工作时间和方式:"我们从上午7时到晚上5时,都会有人在便民中心上班,为村民提供服务。"

(资料来源:《浙江日报》2012年5月16日)

"凤凰"涅槃引路人——记萧山凤凰村党委书记胡岳法

【党员名片】胡岳法,1949年1月出生,萧山区衙前镇凤凰村党委书记,曾被评为省优秀共产党员、省"双带"好党员、省劳动模范等。

初见胡岳法,是他刚从外面办事回来。年过六旬的他,走路风风火火,说话中气十足,脸上总挂着笑容。

这段时间,凤凰村正深入推进"三改一拆",对萧明线一段约300米长的公路进行整治,拆出来的地块要新建一个商贸园。胡岳法隔三岔五就到现场查看,确保按期啃下拆违这块"硬骨头"。

1978年起任凤凰村生产大队长,1992年起任村党组织书记。在凤凰村36年,他在这片土地上投入了几乎全部的心血。

36年来,凤凰村发生了涅槃式的变化——从小村、穷村,变成了大村、富村,被评为全国敬老模范村(居)、全国文明村。去年,该村净资产达到3.81亿元,村级年可用资金达3882万元。

去年11月,凤凰村村级组织换届。他本有机会好好享受退休生活,却因为村民的集体挽留,他还是继续参加了村党组织换届选举,最后以高票再次当选。

其实,好几次,他都是临危受命。2005年,萧山区行政村规模调整,将交通村和卫家村并入凤凰村。当时,卫家村和交通村不仅发展滞缓,而且是远近闻名的"上访村"。亲戚朋友劝他别自讨苦吃,村干部提醒他急流勇退,有企业50万元年薪聘请他,可面对村里百姓的殷殷期盼,胡岳法决定扛起新凤凰村的发展重任。

"希望过好日子,大家都是一条心。只要村里发展起来,什么问题都能够解决。"胡岳法说。除了正常的工作时间,每天清早5时到6时半,是胡岳法雷打不动的"做早课"时间。"早晨头脑好,有思路,可以安排一天的工作。"他会把怎样发展集体经济的思路,详细地记录在笔记本上。从最初与石油公司合作兴办全省首家联营加油站,到推行农业集约化经营,再到投资建设衙前农贸市场和小商品市场……在他的带领下,"穷凤凰"逐渐变成了"金凤凰"。如今,该村正在实施新农村建设"三园两区"规划。

村子发展了,没有忘外来建设者。胡岳法有个理念,是"同一片土地,同一个家园"。凤凰村先后投入5300万元，建起杭州市首个外来人口集中居住社区，使2000余名民工享受到城市小区一样的居住环境。"在这里，我们找到了家的温馨！"当选社区居委会委员的河南人刘继平高兴地说。

近10年来，凤凰村各项投入超过3.6亿元，工程项目近百个；拆迁、改造7万余平方米，没有引发一起集体上访。做到这一切的窍门，就是按原则办事。以前，有人想走后门承包工程，被胡岳法直接回绝："如果我利用手中的权力帮了你们，就会失去群众的信任。如果我犯了错误，就会牵连你们。现在，我站在中间立场，不帮你们，也不害你们。"至今，胡岳法仍住在房龄超过60年的房子里。

【党员心愿】有，要大家有；好，要大家好。只有一心为百姓，才能赢得大家的信任，才能做好一个经得起考验、对得起群众的村干部。

（资料来源：《浙江日报》2014年4月10日）

胡岳法："歇不住的"凤凰""

要逮到胡岳法，不容易：他坐不住办公室，大半时间在村里各头跑。但有心见个面，也容易：每天清晨5点到6点半，是这位村党委书记的"早课"时间，在村里走一圈，把看到的问题、想到的思路记录在案。这个习惯，老胡坚持了数十年。在爱人眼中，老胡就是个歇不住的人。

今年65岁的胡岳法，从15岁起在村生产队当会计，20世纪90年代初担任浙江杭州市萧山区衙前镇凤凰村书记，在村里一干就是36年。36年来，凤凰村发生了"涅槃"，从小村、穷村，变成了大村、富村。去年，全村净资产更是达到了3.81亿元。然而，对于老胡，日子始终一样过，围着村子转，从早忙到晚。

"当村干部一阵子，做人一辈子，说到底，要看干了多少实事……"老胡说起话倒底气十足，时常伴随着爽朗的笑声。

时值萧山区开展村规模调整，凤凰村与相邻的两个村合并。那两个村多年发展停滞，内讧不断，是衙前镇有名的"老上访村"。老胡自感压力大，家人和朋友都竭力劝他不要去接这个烂摊子，当地一家大企业也高薪力邀他加盟。老胡心中摇摆过，但他最终还是选择留下，揽下了这件"瓷器活"，"不当这个书记，这个村可能就乱了"。

新村刚合并，老胡就领着"过渡班子"，点起了改造老集镇三岔路口的"第一把火"。这个地带属于"灰色地带"，镇政府早想改造，但10多年来都没人敢领这个头。老胡偏不信邪："事要解决总要有人牵头，我们不牵头，谁来做？"在他的带领下，仅用两个月就打开了局面，改造效果喜人，当初的"灰色地带"如今已高楼林立。

今年，在老胡的推动下，凤凰村又试水股权改革，村股份经济联合社将2.1亿元总授权股金确权至578户家庭。村民有了股金权证，就能共享凤凰村的改革成果。"改革让村民（股东）能世世代代享受凤凰的成果，更让子女记住自己是凤凰人。"村民翁关增刚领到自家的《凤凰股金权证》，称这是看得见、摸得着的实惠。

如今的凤凰村实现了三大"集体保障"：免费供应米、油、天然气；村里集体经济提供的医疗保障与农保相结合，村民住院仅需自费5%；60岁老人每月1400—1840元不等的养老金——这在杭州这样发达地区的农村中也是首屈一指的。

在村里威信高，但老胡从不搞"一言堂"，重大和敏感事项都由村班子集体决策。起初，也有人挖空心思，想通过老胡的亲戚朋友"走门路"包工程，被他一口回绝："有得必有失，有失必有得，经不起诱惑，看似得了'好处'，实际上降了个人威信，甚至是组织形象。"

为管理好新凤凰村，老胡牺牲了许多。早些年，因为工作忙，家里大小事都扔给老伴。儿子18岁就经商办企业，他也顾不上"帮一把"。去年萧山区村级组织换届之际，胡岳法也想退下来歇歇。可村里人一听到风声就纷纷找他来了："你这个主心骨走了，村子怎么办？"老胡心又软了："早就把心交给村里了，大家觉得还能用就用吧！"于是，他再次高票当选。如今，歇不住的老胡又做起新的"凤凰梦"：到2020年，全村私营经济净资产达10亿美元；村集体经营性资产达到1亿美元；村每年可用资金达到1000万美元；村民人均年收入实现1万美元。这个梦要实现，不容易，不过交给老胡，凤凰村的村民信心满满。

（资料来源：《人民日报》2014年9月9日）

凤凰村飞出"金凤凰"

在浙江省杭州市萧山区衙前镇，有一座风景秀美的小山，因其形似伏在地上的凤凰，被当地人称为凤凰山。山脚下有个村庄，因凤凰山而得名为凤凰村。

30年来，凤凰村人始终重视教育，把"奖励优秀学生"写进村规民约，坚持每年表彰从村里走出来的优秀学生。据统计，该村从1986年表彰第一批优秀学生开始到现在，共表彰336名学子，发放奖学金26.9万元。

一只只"金凤凰"，不断从这个村庄飞出来，飞向全国各地。

1. "表彰孩子们就是要带动全村人尊重知识、重视教育"

王佳峰是凤凰村一户农民家庭的孩子，4年前以优异成绩考入省级重点中学——萧山中学，受到村里奖励1000元；去年高考时，又以高分考进了全国重点大学——浙江大学，受到奖励1500元，父母和他一起戴大红花受到了表彰。他说，村里边的表彰奖励，是激励自己努力学习的一个强大的动力。

凤凰村表彰优秀学生始于1986年。当时，凤凰村村民的收入和其他村比还算不错，但村里走出来的大学生却屈指可数。当村里制定村规民约时，时任村委会主任的胡岳法提出："能不能写进去奖励优秀学生这么一条？"看到其他人询问的目光，胡岳法讲，现在村里发展了，村民的口袋鼓起来了，但是脑袋却没有"富"起来，村民文化程度不高成了村子发展的"瓶颈"。

"表彰孩子们就是要带动全村人尊重知识、重视教育，这样才能提高村民的整体素质，村里的发展才有后劲。"他这番话打动了与会的村干部。最后，经过全体村民表决，"表彰优秀学生"写进了村规民约："凤凰村学生考入重点高中发奖学金500元，考入大学发奖学金1000元。"

1986年，学生沈永潮考上了萧山第三中学，他也成为凤凰村第一批受表彰的学生之一。他记得当时拿到500元奖学金时，全家人兴奋了好几天。从凤凰村档案室查到，1986年该村村民（含挂靠人口）人均年收入718元，500元相当一个村民大半年的收入，这可是一笔"巨款"啊！

2005年，村规模调整，当时的凤凰、卫家和交通3个村合并为凤凰村。现任凤凰村纪委书记的傅柏松，并村前是交通村的党支部书记。据他回忆，当时修订村规民约，大家提出来要把原先3个村实行得比较好、确有成效的条规延续下来。经村民代表大会表决，"表彰优秀学生"不仅继续纳入村规民约，而且提高了奖励幅度，考上重点高中的每人发奖学金1000元，考上重点大学的每人发奖学金 1500 元。

2. "希望这个奖励能一直实行下去"

女儿沃梦怡受村里表彰已是 8 年前了，但一说起这事，作为母亲的胡阿素还是满脸兴奋。"女儿受过两次表彰，一次是考上杭州外国语学校（高中），一次是考上美国加州大学伯克利分校。当时我也戴着大红花上台受表彰了……"她说，1500 元的奖学金同就读美国学校的费用相比没有多少，但对家长来说是莫大的光荣、对女儿来说是极大的鼓励。至今，女儿有时从海外打回电话，提到当年受表彰的情形依然很激动。

孩子优秀，家长脸上有光；别人家的孩子优秀，做家长的自然是羡慕、"嫉妒"。去年考进萧山中学的汪紫虹说，她读初中的时候爸妈就带她参加村里的表彰大会，鼓励她要向哥哥姐姐学习。"看着当时爸妈那羡慕的眼神，我暗暗下定决心，有一天自己也要站到领奖台上，后来真的实现了。"

"村里的孩子们受表彰，我看着都开心。我们这一代人都老了，就看孩子们了。村里这个奖励政策是为咱孩子们好。"村民徐幼琴说，"我也有儿女，虽然他们没有得到这个奖励，但以后还会有孙子孙女，我希望这个奖励能一直实行下去。"

村委会主任沃关良告诉记者，由于表彰优秀学生这一做法效果很好，村里对这项工作也越来越重视。近几年，虽然奖学金没有增加，但表彰的氛围越来越浓厚，表彰的方式也由原来的只发奖学金发展到集中开表彰会、给优秀学生和家长戴红花和绶带。

去年召开表彰会时，凤凰村还邀请了衙前镇领导、镇里中小学校的校长来参加，并请他们为优秀学子颁发奖金和证书。当天，很多村民都带着孩子来观看表彰会，能容纳 120 人的凤凰法制教育基地报告厅座无虚席，连过道上都站满了人。

当记者提出想看一看村规民约时，村务工作者翁红霞拿来了 4 本颜色不同的小册子。她说，这 4 本小册子是凤凰村推出的 4 版村规民约，虽几经修订，但"表彰优秀学生"这一条一直保留了下来。

3. "要为家乡、为社会贡献一分力量"

30 年来，一批批"金凤凰"从凤凰村飞出去。现如今，"金凤凰"们有的飞向社会，有的又回到了萧山、回到了凤凰村。

高中毕业后，沈永潮回到了凤凰村。"村里对人才这么重视，一方面我们有义务为村里做点事，另一方面村里也对我们创业提供了很多有利条件。"沈永潮在村里办起了布厂，后来改名为杭州鹏华化纤有限公司。"公司现在年产值在 3000 万左右，能为村民提供就业岗位，也算作了点贡献。"沈永潮说。

在 2014 年优秀学生表彰大会上，作为特邀代表的汪洁霞眼含泪水作了发言。她说："当年的我作为一名学生只能以奋力学习回报村里，现在的我可以有底气地说，我有一技之长了，要为家乡、为社会贡献一份力量。"

曾经，汪洁霞的生活是不幸的。2004 年，她的父母先后被查出患有癌症，为治病耗尽家财。2014 年，奶奶又患上重病。在这种情况下，汪洁霞在 2005 年考上了大学，弟弟、妹妹在 2014 年也考上了大学。面临巨额的医疗费和学费，汪家一次次陷入困境。但汪洁霞又是幸运的，凤凰村村委不仅送去了学习奖励金、困难补助，而且多年供他们读书。汪洁霞大学毕业后回到萧山当了一名教师。

远在美国的沃梦怡大学毕业后，成为美国一家大公司的"白领"。因工作忙，回家的机会很少。她对家人说，不管我在哪个国家，都会好好工作，为国争光、为家乡争光，回报当年给予我奖励的凤凰村。

翁红霞告诉记者，自懂事以来，每年表彰会都会被母亲带到现场听优秀学生演讲，直到后来自己考上大学也受到了表彰。2010年，她回到凤凰村，负责村党委的党务工作。因为很喜欢自己的家乡和工作，翁红霞还说服了家在绍兴的男朋友，两人把家安在了凤凰村。

在凤凰村的影响下，衙前镇11个行政村中，已有9个行政村先后出台了表彰优秀学生的规定。重视教育，在当地已蔚然成风。

【记者手记】

凤凰村历史悠久。据有关资料记载，相传东汉末年，右车骑将军、上虞人朱儁因病回乡时，渡过钱塘江，见凤凰山一带风景秀丽，便定居下来，渐成村落。这个古村落在中国革命史上也书写有浓墨重彩的一笔，它不仅是中国共产党领导的农民运动的发祥地，也是衙前农民运动先驱李成虎烈士的故乡。

乘着改革开放的春风，该村又焕发出新的勃勃生机。恰如其名，犹如一只凤凰腾飞而起，展翅翱翔。如今，该村不仅是"浙江双强（党建强、发展强）百佳村"，更是"全国文明村""全国敬老模范村"。

走进该村村委会，一楼大厅的两侧镌刻着"弘扬农运精神，铸就凤凰天堂"几个烫金大字。"'敢为人先，永不满足'，就是我们凤凰村的农运精神，这是革命先烈用鲜血和生命铸就的，我们作为凤凰村的后人，必须要把它发扬光大！"村党委书记胡岳法对记者讲，现在，凤凰村的村民"口袋"富了，我们不能仅满足于此，还要再上台阶，那就要"富脑袋"。"富脑袋"就要从这帮娃娃抓起，要鼓励他们读书上学、有文化，为凤凰人争光。

尽管胡岳法的地方口音很浓，但他说话的语气却很坚定。这位老书记作为凤凰村的"掌门人"干了近40年，深得村民拥护。他的一番话也道出了凤凰村奖励优秀学生的真正初衷。

记者在采访过程中，无论是受过表彰的学生，还是受表彰的学生家长，以及其他村民，大家都对表彰优秀学生这一村规民约给予高度评价。"现在是高科技时代，没文化干啥都不行，奖励优秀学生我们非常支持！""别看钱不多，但这个形式对孩子激励作用很大！""俺小孩受到表彰后，到台上领奖，高兴了好几天。"从大家的言谈中，可以感受到大家对这一村规民约的认同。这大概也是这一村规民约能持续实行30年之久的原因。

百年大计，教育为本。凤凰村如此尊知重教，我们有理由相信，他们的明天会更美好。

【专家点评】

北京大学廉政建设研究中心副主任庄德水

凤凰村是依规治村的典型，为新时期探索基层有效治理提供了新的工作思路。凤凰村的学子是幸福的，优秀者能够获得表彰，贫困者能够获得补助，之所以能够实现这种"凤凰"齐飞的局面，都得益于村集体那本《村规民约》及其所深藏的治理之道。这一具有自治意义的社会"软法"，既体现了村民的共同意志，让村务成为"众人之事"，也破解了基层治理的困境，让每一个村民都得到实实在在的利益。从近几年查处的基层腐败案件可以发现，无章可循和缺乏规矩是滋生腐败的重要因素。基层治理重在立规矩、定规章，借助制度力量保证村务公开要求、村民自治规范和利益共享目标更加接"地气"，让老百姓真正拥有获得感。《村规民约》让凤凰村飞出了更多的"凤凰"，不啻为基层治理树立起一个标尺。

（资料来源：《中国纪检监察报》2016年5月9日）

老胡治村有真经
——记杭州萧山区凤凰村党委书记胡岳法

胡岳法是杭州萧山区衙前镇凤凰村的党委书记，一干就是38年，今年他已68岁。

年近古稀的老人，能当好凤凰村这个家吗？村民们说，他一直干得不错，有些想法，年轻人都跟不上；在他当家的这38年，他想走，村里还不让，想方设法要把他留下来。

种种"听说"的背后，还有一张耀目的成绩单：2015年，萧山区共有22个行政村的村级可用资金超过1000万元，超过2000万元的有5个，其中凤凰村是4202万元，萧山第一。而在20世纪70年代，凤凰村还是一个穷村。

"老当家"治村有何高招？凤凰村是怎样迈上高速发展之路的？近日，记者两次走进凤凰村，一探究竟。

  眼光从哪里来——
  天天早起做计划
  夜夜必看新闻联播

记者与胡岳法刚碰面，就感受到了他的力量：人还没走近，胡岳法的一双手就早早递了过来，一挨上记者的手，就紧紧地握住。

眼前这位老书记，丝毫没有老态，西装笔挺，动作麻利，脸上一直挂着笑，开口就热情招呼："快坐快坐，喝点茶！"

有力量，这是胡岳法向周围散发的信息，"胡书记怎么就能想到要搞三产，并且力排众议，我也说不清"。面对记者的疑问，胡岳法的朋友老张很为难，"他就是这样的个性"。

或许，年轻时做会计的经历，让胡岳法"精于计算"，心特别细，胆子大得有底气。每次遇到难事，胡岳法喜欢拿笔在纸上写写画画，算一算怎样的投入会有怎样的产出，提出建议或规划时，心中有底。

不过，好眼光并不是天生的，老胡告诉记者，从年轻时到现在，他一直保留一个习惯：早上5时半起床后，就开始思考当天要做些什么，并拿个小本子记下来。洗漱完毕大概6时多，出门溜达一圈。晚上回到家，什么都可以错过，但新闻联播一定要看。

思考，是为了更好地规划；出门遛圈，是为了听村民讲些什么；看新闻联播，是为了听听国家方针政策。

胡岳法的好眼光，就是这样一点点攒起来的，也正是靠着他的好眼光，凤凰村的每一步发展，都紧跟时代步伐，快人一步：1985年，凤凰村开办全省第一家由国有企业与村集体联营的加油站；1992年开始推进农业集约化；1995年开办农贸和小商品市场；2000年创建股份制企业；2005年完成三村合并。

一步步，走得踏实又漂亮！

  威信从哪里来——决策不搞一言堂
  胳膊肘绝不往"内"拐

不搞"一言堂",这是胡岳法定下的规矩。

凤凰村的《村规民约》中明确写道:重要事项不经过事先调查和科学论证不上马,不经过村班子集体讨论不决策,不经过村民代表、党员代表讨论通过不实施。

胡岳法的办公室里有一个消毒柜,常年放着10多个茶杯。村民有什么话,随时都可以推开他的办公室房门,坐下来好好聊聊,胡岳法也会给村民泡上一杯茶,细细聆听对方的心里话。

1995年,胡岳法带队外出调研回来,提议在村里建大市场,但班子里反对声强烈。"1500万元的投资,是村里全部家当。"胡岳法说,"起初,村班子意见不统一,'反对派'占多数,我一连开了3次会!"胡岳法没有说项目一定要上,而是拿在党山等周边多个地方的市场调查来说话,最终,村班子意见统一,市场办起来了,而且在3年后一举收回全部投资额。

村里的"大当家"不好当,很多时候,手心手背都是肉。但胡岳法有自己的管理艺术:"肯定不能偏袒家里人,而且出现矛盾时要有胸怀,一定不能斤斤计较。"

胡岳法是这么说,也是这么做的。

胡岳法的二舅子建房,打算盖个雨棚,但东边的邻居——周某一家不同意,闹起了矛盾,最终胡岳法亲自带队,拆了二舅子家的雨棚。

为此,二舅子掀翻了胡岳法家的饭桌;周家人那边也不讨好。但胡岳法没有计较,后来得知周家儿子、儿媳都得了重病,原本幸福的家庭捉襟见肘,胡岳法还召开会议专门讨论救助周家的方案,给他们送去补贴,资助周某的孙女大学毕业。

"大家都是凤凰的村民,我们是一个家庭。"胡岳法说,"就像兄弟姐妹也会有冲突,哪会斤斤计较呢?"

  财富从哪里来——
  紧跟时代勇创新
  村民家家是股东

如今的凤凰村,已经富甲一方。更让凤凰村村民和胡岳法骄傲的是:现在的这一切,不是靠出让农民最宝贵的土地,而是全靠创新之举。

农业集约化,村集体出资购买农业机械进行集中耕作,大量农村劳动力被解放;开办小商品市场,同时纺织化纤厂陆续兴起,村民们也开始进厂打工或创业开厂;农民从平房搬进了公寓楼,让凤凰村有了更多可以租用、盖厂房的土地;成立萧山区首家由村集体与农户组建的股份制企业,让村民们头一回尝到了"股东分红"的滋味!如今,凤凰村每7户人家中,就有1户在办企业;农村劳动力转移到二、三产业。

更让记者意外的是,在凤凰村这么个小村庄,还专门为外来务工人员建了一个创业新村,低价出租,让他们在凤凰村落地生根,安心工作。

凤凰创业新村的套房,大的有100平方米,小的40多平方米,方便大家选择。新村内还有汽车库、篮球场、健身公园;每幢楼前后,绿化、环保设施配套齐全,和杭州城区的住宅小区没啥区别。胡岳法说:"我相信,环境改善后,社会效益也会转化成经济效益。"

果然,由于配套齐全,与凤凰创业新村一路之隔的凤凰工业园,吸引了数十家企业前来落户,并被命名为"浙江省中小企业创业基地"。

2014年，凤凰村试水股权改革，该村股份经济联合社将21340万元总授权股金确权至578户家庭，共2041名股东，颁发股金权证，明确股东股金的终生持有和继承权利。不仅让凤凰村民能世世代代享受凤凰的成果，更让在外工作的凤凰子女时刻记住自己是凤凰人。

现在，凤凰村村民的粮食、油料以及天然气全部免费；60周岁以上的老人都有助养金；村民看门诊可以报销72%的医疗费，大病住院可以报销95%的医疗费。

5月5日，凤凰村成虎桥至衙前老街的红色旅游规划通过评审，将投入1000多万元。胡岳法说："我个人的打算，干满40年，一定要退休了！"

他说，到2018年，争取让村集体净资产达到5亿元，村级可用资金达到5000万元，村民人均年收入5.5万元。"凤凰"，还将再次起飞。

（资料来源：《浙江日报》2016年6月7日）

好班子带出幸福村 捧起"凤凰"新腾飞
——萧山区衙前镇凤凰村党委

衙前镇凤凰村，为中国共产党领导农民运动的发祥地、衙前农民运动（载入《中国共产党历史》）先驱李成虎烈士的故乡。全村区域面积2.44平方公里，农户601户，人口2170人，党员142名。

多年来，凤凰村以"美丽凤凰"建设为载体，充分依靠和发挥村党组织的战斗堡垒与党员的模范带头作用，攻坚克难，创业创新，实现强党建，强发展，不断攀登高峰。

2015年，村集体经营性净资产达4.6亿元，村级可用资金4202万元，村民人均收入45046元。村级可用资金、村民集体福利连续多年排名萧山行政村（社区）第一。

以百姓之心为心，增强前列意识，不断攀登高峰

衙前当地话说，百姓、百姓，百条心。但凤凰村党委一班人认为，希望日子一天比一天好，大家都是一条心。村党委坚持发展是第一要务，大力营造"双创"环境，提高发展质量，走在前列。"集体经济是党在农村执政的物质基础，也是促进共同富裕的有效杠杆。"村党委书记胡岳法表示，凤凰村党委坚持集体、个私经济"两条腿"走路，富民强村。

近几年来，村集体共投入3.2亿元资金，推进"三园两区"建设，基本实现产业集聚、居住集中，建设多层集体标准厂房12万平方米、多层集体商铺3.5万平方米，年租金2600多万元。集体经济的发展为村民创业搭建了舞台，实现集体经济与个私经济"两条腿"走路，富民与强村的统一。目前，全村每7户人家，就有1户在办企业，全村劳动力转移到二、三产业。

村集体经济的壮大，让凤凰村村民有"奔头"，生活在凤凰村的村民是幸福的。如今的凤凰村建立了"村民基本生活、医疗和老年人助养"三大村级保障、单亲家庭未成年人村集体抚养制度。2015年，村民人均福利达到7500元，不少老年人由衷地感叹，村集体就是自己的"大儿子"。

为了给村庄建设不断注入社会主义先进文化内涵，凤凰村党委还启动了"美丽凤凰"创建行动。每年开展三项重要活动。一是表彰"凤凰最美家庭"。村集体按每人100元的标准，每年拿出

22万元，开展美丽创建，每季考核，年终表彰好媳妇、好婆婆、见义勇为等方面的10户"最美家庭"；二是年底向老年人发红包，大力营造"尊老爱老"氛围。三是表彰"凤凰优秀学生"。已坚持39年，年年给该村考入重点高中、重点大学的学生和他们的家长戴大红花，发奖金和证书，着力培育人才。凤凰的发展得到了上级组织和社会的广泛关注，许多经验在周边推广；累计有15名中央和省部级领导到凤凰指导工作，《人民日报》、中央电视台《焦点访谈》也报道了凤凰村。

面对成绩，村党组织不断自加压力，攀登新的高峰。今年1月12日，凤凰村召集各户户长举行"提前建成高水平全面小康社会"动员会，提出"到2018年，全面建成高水平的全面小康社会"。届时，村级可用资金将达到5000万元、集体经营性资产达到5亿元，村民人均收入55000元。

村委班子带头，以上率下，不断激发正能量

有人说，凤凰村有今天这样的发展和对未来发展的底气，得益于村党组织与时俱进，敢于负责，敢于担当，战斗堡垒作用得到充分发挥。

"其身正，不令而行；其身不正，虽令不从。"村党委班子的一言一行，对该村具有很强的导向作用。对此，凤凰村做到"从下到上作决策，从上到下受监督"，通过"村务、政务和党务公开"、《凤凰村规民约》等，让村民知道他们做人做事的原则和底线在哪里，既少费了周折和口舌，又节省了成本。

近年来，村级工程每年都在3000万元以上，一律按程序和原则组织招投标，书记和主任从不插手。现在，全村一年应收租金2600多万元，应发保障金上千万元，实现"该收的收，该发的发，足额到位，一碗水端平"。

1978年至今，村党组织书记胡岳法担任38年村级正职，获得"浙江省劳动模范""浙江省优秀共产党员"和"浙江新农村建设带头人'金牛奖'"等荣誉，但他从不摆老资格、搞"一言堂"，带头坚持集体领导，带头通过民主协商凝聚干部群众智慧，合力推进新农村建设。

2005年以来，经历3次换届选举，凤凰村党组织班子保持稳定，得票一届比一届高。近几年，先后获得"浙江省劳动模范集体""浙江省创先争优先进基层党组织"和"全国文明村"等荣誉。

（资料来源：《萧山日报》2016年7月1日）

萧山衙前倾力打造凤凰山旅游景区

秋日清晨，沿着凤凰山环山景观道路，一路薄雾缭绕，云蒸霞蔚，宛如一个天然的森林氧吧。早上，不少老百姓会三三两两到这里跑步；傍晚，这里更是大妈们跳舞健身的首选之地。这里，便是被老百姓誉为衙前人民的后花园——美丽的凤凰山。

衙前的凤凰山，旧称慈姑山，是航坞山余脉，海拔90米。因形如一只伏地凤凰而得名。这里有原生态的山林资源，气候适宜，让娇贵的梅花鹿也在这里安了家。踏足山中，见青山远黛，鹿群奔跑，勾画出和谐的生态画卷。山麓的绿宇鹿苑，成为浙江省内最大养鹿场之一。

这里还有东岳问禅、官河人家、老街、万柳海塘……吸引了不少摄影爱好者，一路驱车而来，只为把眼前迤逦蜿蜒的群山、红色遗迹和风物民俗一一摄于他们的镜头中。

住在凤凰山下的凤凰村村民卫大伯自豪地说："凤凰山环境越来越好了，我每天都会来凤凰山散散步、健身锻炼，身体也越来越硬朗了！"

目前衙前的旅游尚处于起步阶段，区域内现有农运"一馆四点"遗址，为浙江省重点文物保护单位，地处西小江和浙东运河两大流域要地，有独特的乡土风光。此外，明清古八景"清江抱月""古万柳塘""螺山叠翠"等胜景均出于此。

下一步衙前将按照凤凰山旅游区块规划要求，以红色旅游为主，深度挖掘衙前的红色文化，将其活化、物化，并增加各类与红色旅游相关的参与体验性项目，突出区域红色旅游特色。同时结合官河、新农村建设成果、宗教禅寺等资源，打造乡村乐园、设施农业、生态文化园、景观雕塑、滨水绿道、衙前老街、滨水餐饮等旅游项目，抓好住宿、餐饮、休闲娱乐、宗教养生等三产服务业的发展，完善旅游配套功能。

（资料来源：《杭州日报》2016年9月23日）

衙前官河欲打造成"翻版乌镇"

大红灯笼高高挂，船夫摇着乌篷船，临水民宿人来人往，这样的场景在乌镇、安昌等古镇再熟悉不过了。

你想过，把这样的古水乡景致"搬到"萧山来吗？如今，衙前镇官河两岸正在如火如荼地整改中，不少细心的人发现，这里的水乡风貌越来越浓郁了。

住了一辈子的老房子有了新变化

冬日的午后，65岁的凤凰村村民张玉英坐在廊下，看着参观的人来人往，不少人在官河两岸拍照，还特意来和她住了一辈子的老房子合影，她觉得这样的变化太快了，快得让她还有点难以适应。

"大妈，你家的房子真的很有感觉。"这是张玉英最近听到的对老房子最多的评语。两层小楼，白墙黑瓦，镂空红窗，四根廊柱，在张玉英眼里，自家的老房子并没什么稀奇，因为自从嫁到凤凰村，她就一直住在这里。要说这个房子有多少年了，张玉英也说不清，只知道已经住了好几代了，至少是百年的历史。

"去年开始，村里对我们的房子进行了改造，窗户换新的，廊柱也换了，外墙进行了重新粉刷。这样一来，房子虽然新了，但古味道更重了，蛮好的。"张玉英呵呵地笑着，因为她对这样的改变挺满意的，不仅房子变了，周围的环境都变了：门口的路宽了，沿河绿化多了，环境更加好了，来参观的人也不曾间断过。

如今在官河凤凰村段，张玉英这样的房子随处可见。因为衙前镇联合凤凰村，将村庄沿官河两岸的房子按照"修旧如旧"的方式改造。白墙黛瓦、镂空窗户、挑檐飞角、木质大门已经成为这里的"标配"。

这岸是古色古香的农家小院，与官河另一岸的东岳庙旧址、江啸堂历史博物馆等遥相呼应，再加上古韵十足的"燎原廊"的点缀，官河两岸的"古镇氛围"越来越浓了。

开发旅游业，将官河打造成"翻版乌镇"

改变不仅在官河凤凰村段，驱车往西，来到官河吟龙段，这里正在加快建设游步道，1.2米宽的游步道，沿着官河一直蜿蜒……"等游步道建好了，我们就多了一处休闲的好地方。"村民徐大妈期待着游步道早日完工。

为保持官河良好的水体环境，衙前镇还着重对官河进行了疏浚，并对两边河岸进行了补绿，加大了对官河的保洁力度，完成了官河引配水工程，进一步改善了官河的水质。

对于官河沿线的保护和开发，衙前早已有了规划，欲打响"红色衙前、古韵官河"旅游品牌。一方面是挖掘农运亮点，以创建成功国家级爱国主义教育基地为契机，有效丰富"全景农运"文化内涵，不断加强"一馆四点"基础设施更新维护，大力发展"红色旅游"和"廉政文化旅游"。另一方面做好官河文章，通过启动官河两侧景观通道的规划、保护和建设等工作，打造沿官河的古海塘文化公园、老东岳庙、衙前老街等10余处景点，使之串联成线，全面打造"古运河经济带"。

不远的将来，"翻版乌镇"在这里不再是梦想。

（资料来源：《萧山日报》2016年12月7日）

凤凰村志 下册

第十七编　风俗

第一章　岁时习俗
第二章　生产习俗
第三章　生活习俗
第四章　婚嫁习俗
第五章　丧葬习俗
第六章　信仰习俗
第七章　时尚
第八章　方言

概　述

　　凤凰地区风俗具有吴风越俗的一般特征，与绍兴风俗有许多相似之处。千百年来，民众务本重农，男耕女织，吃苦耐劳；尚礼仪，笃交亲，重祭祀。改革开放以后，随着经济的迅速发展，人民生活水平逐步提高，民风民俗发生深刻的变化，有的传统习俗注入了新的时代内容，有的新兴时尚与原有民俗共存。本编主要记载岁时习俗、生产生活习俗、婚嫁习俗、丧葬习俗、信仰习俗、时尚、方言等。

图1163　凤凰村民居（2018年4月，徐国红摄）

第一章 岁时习俗

概　况

凤凰地区自古形成自农历正月至十二月许多岁时节令、民俗文化。本章介绍的主要是农历春节、元宵、清明、立夏、端午、夏至、七夕、中元、中秋、重阳、冬至等岁时节日和年终腊八节、舂年糕等传统活动。有的习俗传承至今，有的逐渐消失，有的形式与内容发生了新的变化。如春节是民间最隆重热闹的古老节日，传承至今，阖家团圆的"文化基因"恒久未变，但过年"仪式感"在弱化，不再满城鞭炮味，一家人聚在电视机前收看中央电视台春节联欢晚会，亲友间手机微信聊天和朋友圈互动成为时尚。

第一节　春

春节

农历正月初一，俗称"过年"，民间最重要的传统节日。晨早开门，燃放爆竹，寓驱邪、"早升早发"意，俗称"开门炮仗"。从零点钟声响起，村境内鞭炮声就不绝于耳，碎红遍地，是为满堂红。于堂前供天地菩萨神马及汤团、水果等供品，由男主人主祭，叩谢天地，接神祭灶，迎春纳福。近年来，禁燃放鞭炮，有村民一早到附近寺庙里进香，点燃特大蜡烛，谓烧头香，祈福新年好运。

早餐吃年糕汤团，取年年高升、阖家团圆之意。全家人都要穿上新衣服。所谓"年三十夜吃一顿，正月初一穿一身"，穿新衣有不生病的说法，穿新衣预示新年新气象。

正月初一，禁忌甚多，如忌喝稀饭，怕日后粮食困难；忌用刀剪针线，怕有凶祸；忌扫地、倒垃圾，怕扫掉财气，倒掉运气；忌打破碗盆器具，以防破财破运，倘真失手打破，则说"破财消灾，百无禁忌"聊以自慰。忌倒马桶、夜壶，怕亵渎神灵；忌打骂小孩，忌吵架，忌说不吉利话，忌提"死""穷""鬼"等字眼。

图1164　凤凰村张灯结彩迎新春（2017年2月8日，徐国红摄）

初二开始，村民可以携礼品走亲戚做"人客"，俗称"拜年"。先近亲，后远亲，由亲及疏。顺序是先外婆、岳父家，再姑父、姨娘家等。民间有谚语"千年勿断娘家路，万年勿断夫家门"。

小辈要先拜望长辈，所带礼品有桂圆干、荔枝干、冰糖、糕点等，如老人已过世，则带红烛一对。"毛脚女婿"（准女婿）必须在初二拜访准岳父母，以求许可，礼品礼包必须齐全。拜年不论来得早晚，都先吃"酒盘点心"，继以丰盛菜肴招待中餐，席间畅谈年岁收成、乡情逸闻；下午吃了点心告辞，主人备礼品回送，称"回货"，并给来拜年的小辈送"红包"。对客人送来的礼品不能当场翻看搬动，不能将原物回赠，否则有失礼貌。

初一至初五，农户停止农作，商店关门。初二、初三，商店有开业半天的。初五财神节，生意人家要接财神，请财神。

初六，农户下地，商店开业，寓意"六六大顺"。当今企业多在初八开业，一则"八"谐音"发"，寄希望该年大发，二则给外地民工多些探亲假，体现企业人性化。

正月十四晚，要炒年糕，有荠菜炒年糕、油菜薹炒年糕、糖炒年糕等。正月十五，闹元宵。至正月十八，家家再次祭祖后，熄灭红烛，春节才告结束。

元宵

正月十五元宵节，又称上元节、灯节，各家祭灶祭祖。这天傍晚，家家户户吃元宵，寓意团团圆圆。晚上，看花灯，猜谜语，舞龙灯，闹元宵。同时到庙宇上灯香，间或迎神赛会。故东岳庙在这一天异常热闹，香客络绎不绝。

清明

清明是越中大节，民间有祭祖上坟、做羹饭、吃艾饺青团等习俗。农家妇女早于田野剪取蓬艾，捣碎和拌米粉、豆沙制作艾饺，作为主要祭品。于清明前后，全家男女老幼扫墓祭祖。扫墓上坟须备三荤三素，还有鞭炮、香纸、蜡烛、元宝、银锭、米饭、酒水、煮蚕豆、糕饼等。到墓地跪拜，祭祀祖宗先人。祭毕，向坟头抛撒供饭、青饺、蚕豆等。比较讲究的人家还做羹饭家祭。

2008年，清明节列为国家法定假日。至今村民扫墓习俗未变，但形式有所变化。一般全家老小开车前往，多选择星期六、星期日，临时购买糕点果品、香纸蜡烛等到墓前祭拜。近年来，提倡生态祭扫，又时兴用鲜花祭拜。学校组织学生，村里组织党员干部，列队送花圈祭奠革命先烈。

第二节　夏

立夏

立夏表示告别春天，夏天开始。村民有称体重、吃面、吃咸鸭蛋、不坐门槛、"见三新"等习俗。

称体重，以称小孩为主。旧时在村口或墙门里挂起一杆大杠秤，秤钩挂一张凳，轮流坐到凳上称体重。小孩坐在大竹篮里称，尤讨人喜爱。据说这一天称了体重之后，就不怕夏季炎热，不会消瘦。小孩忌坐门槛，否则会影响健康。实为天气乍暖还寒，小孩体弱，坐门槛易受寒生病。

时天气转暖，青梅、樱桃为萧山特产，先百果而熟，营养丰富，口味上佳。新鲜豌豆翠绿清亮，形如眼睛，言立夏吃豌豆会眼目清亮。村民以尝鲜为乐事，故有吃新豌豆、樱桃、青梅、嫩竹笋等，曰"见三新"。

现时，立夏称重已经少见，尝鲜之俗犹存。多用青豌豆煮糯米饭，用小笋煮面条，小孩则吃蛋。吃蛋叫"补夏"，最好是叫咸鸭蛋。所谓"立夏吃了蛋，热天不疰夏"，意在强筋健身，清火明目，防止"疰夏"。

端午

农历五月初五谓端五节,又称端午节、中夏节。

端午节已近仲夏,江南正值黄梅季节,湿热多雨,各种蛇虫百脚出洞活跃,繁殖滋生,易罹致病害,日午尤甚。古人迷信,联想这是妖魔鬼怪驱使出来的,故端午节重在午时。

清晨起,村民掸扫庭宇,撒石灰或雄黄水,也有用嘴在角角落落喷洒雄黄酒的,谓可驱除蛇虫百脚。门上贴绘有蟾蜍、蜥蜴、蜘蛛、蛇、蜈蚣的"五毒"符,堂屋挂钟馗或张天师神像,谓可驱鬼镇邪。村民们就地取材,斩蒲为剑,削艾为旗,插于门楣,悬于堂中。艾蒿、菖蒲所产生的芳香,可驱虫蚁蚊蝇,晒干了用来烟熏,驱蚊效果更好。中医学上以艾入药,有理气血、暖子宫、祛寒湿的功能。

儿童戴五香药囊,用雄黄在额上书"王"字,或以雄黄涂耳孔,以防虫类爬入。用红、黄、蓝、白、黑五色丝线绞股系儿童臂,称"长命缕",也有大人佩戴的。言可以防蛇虫。妇女以茧作虎形,名曰"茧老虎",少长皆佩之。鲜大蒜切片贴在太阳穴上,或贴在背脊上,用艾灸烧,可以防病。

家家裹粽子,户户吃"五黄",即黄鱼、黄瓜、黄鳝、黄梅(或枇杷)、雄黄酒(或黄豆)。也有吃咸鸭蛋蛋黄的。借助

图1165 端午节裹粽子(2015年6月19日,徐国红摄)

"五黄"驱邪解毒。旧时东岳庙还上演社戏《白蛇传》。县城龙舟竞渡,村民赶去看热闹。

端午节前,新女婿、徒弟等还要准备礼品探望岳丈、师傅等,俗谓"望端午"。

端午的诸多习俗与驱毒避瘟有关。现时,不少旧俗已废,但端午日裹粽子、吃"五黄"、挂蒲剑插艾草等依旧。端午节后天气转暖,故民间有"吃了端午粽,寒衣远远送"之谚。

夏至

谚云"嬉要戏个夏至日,困要困个冬至夜",谓这两天日夜分别为最长。村民有吃面食习俗。其时,麦收已毕,农家将新麦磨粉做面;也有将面粉搅匀,放入油锅摊成饼状,称"麦糊烧";也有将麦粉调糊,用筷子先后夹入锅内,和汤烹煮,并加入青南瓜条、肉丝之类,称"麦夹头",有尝新庆丰之意。

第三节 秋

七夕

七月初七为"七夕",俗称乞巧节。这天是牛郎织女鹊桥相会的日子,也是妇女"祭星乞巧"的日子。旧时,妇女们白天采撷槿树叶,揉碎捣汁,掺入水中,用以濯发洗头,谓可保头发清洁光亮,更使乞巧灵验。入夜,有女儿的家庭,院中横一竹竿,上面挂着精致的花边刺绣,桌上摆着时令水果糕点,中间点燃香烛,少女向织女虔诚敬酒,并用酒在桌上画一心形,表示用心感受织女的恩赐,乞求巧手降临。也有四邻八乡的妇女们在七月初六夜不约而同地到寺庙宿山祈福。洛思山北

麓建于北宋熙宁六年（1073）的地藏寺，曾经香火旺盛，近年来又现"祭星乞巧"活动。

七夕节是养生的好时节。凤凰村依山傍水，居民就地取材，饵松实，服柏子，折荷叶等，称之为延年益寿的食药。

中元节（七月半）

七月十五为中元节（凤凰当地为七月十二），又称鬼节。传说该日地府放出全部鬼魂，有子孙、后人祭祀的鬼魂回到家中接受香火供养，无主孤魂到处游荡寻找东西吃。民间要举行祭祀鬼魂的活动，把施饿鬼与祭奠亡魂相混。届时，家家户户要宰鸡杀鸭，焚香烧纸，祭祀祖先并拜祭由地府出来的饿鬼，以化解其怨气，不致为祸人间。寺庙则请和尚、道士诵经作法，或由善男信女念佛，进行"普度""施孤"布施活动，超度亡魂，或祈求鬼魂帮助去除疫病和保佑家宅平安。故境内东岳庙有中元普度的习俗，称"盂兰盛会"。

中秋节（八月半）

农历八月十五，天上月儿圆，人间桂花香。桂花是杭州的市花，到处种有桂花，因此中秋前后，更是桂花飘香醉人。

是日，阖家团聚，备丰盛酒菜欢宴，吃月饼，赏明月，谓"过八月半"。节前，亲友互赠月饼，成为习俗。单位向职工赠送月饼，以示共度佳节。

1166　萧山城乡居民观看钱塘潮（2016年9月18日，杨贤兴摄于萧山南沙大堤）

中秋之时，正是钱塘江大潮涌动之时，当地有弄潮观潮的习俗。旧时，人们到观潮点观潮，赶"潮会"。1994年起，萧山每年组织"观潮节"，吸引商客云集，坐观天下奇观，激发奋发拼搏精神。

重阳节（九月九、登山节）

农历九月初九为重阳节。民间有登高、赏菊、饮菊花酒、吃重阳糕之俗。重阳糕又叫菊糕，因"糕""高"谐音，故吃重阳糕寓"步步高"意。

1988年7月，浙江省七届人大常委会第四次会议决定每年农历九月初九为浙江省老人节。2012年12月，全国人大常委会表决通过《中华人民共和国老年人权益保障法》，规定每年农历九月初九重阳节为老年节。2006—2016年，每年的重阳节，凤凰村向60岁以上老人们发放纪念品和慰问金，并组织活动庆祝老年节。

第四节　冬

冬至

谚云"冬至大如年"。冬至日，家家祭祀祖先，请五圣菩萨，称之"过冬至"或"做冬至羹饭"，为全年"四季羹饭"的最后一次。冬至日前，要带上铁耙土箕，去为祖先的坟头添土加泥，称之"上冬坟"。据说，这是为祖先"盖棉被""送寒衣"，能使祖先们温暖过冬。现在也有人捧一束鲜花，摆放在墓前，寄托对先人的哀思。

谚云"冬至麻团夏至面"。北方冬至流行吃饺子，江南流行吃汤圆，凤凰一带流行吃麻团。麻团用糯米粉做成，外面沾一层黄豆粉及糖，称之"糊口团"。现在也有从超市买成品回来自己烧煮的。老年人往往对小孩说，吃了冬至麻团就大了一岁。

冬至日，阖家团聚，一如中秋。出嫁女不得在娘家过夜，须返回夫家。老人烘隔夜火熜，裹入被内，若至翌晨炭火不熄，谓可兆来年家事兴旺。有的老人则在冬至前夜集中在佛堂或寺庙念经祈福，据说在冬至前夜虔诚祈福相当于祈福了一整年。冬至后食"黄芪烧鸡"进补最佳，谓"冬令进补，明春打虎"。

腊八节

农历十二月初八，是腊月里最重要的祭祀祖先和神灵（包括门神、户神、宅神、灶神、井神）、祈求丰收和吉祥的节日。民间每到腊八这一天，要熬制一份腊八粥，用五谷杂粮掺入胡桃仁、松子仁、芡实、莲子、红枣、桂圆肉、荔枝肉等，微火煮熟炖烂，添加红糖，成八色香粥，食之祈求长命百岁。近年来，寺庙、社区、单位于腊八节早上免费向居民、劳动者派送腊八粥，送温暖，送祝福。其熬制的腊八粥，主辅材料多达18种，不仅营养丰富，而且色香味俱佳。主料有糯米、晚粳米、黑米，配料有赤豆、花生、米仁、红枣、蜜枣、莲子、桂圆、芸豆、葡萄干、白果、桂花、枸杞、山药、茯苓、白砂糖等。杭州老字号中药房"方回春堂"从2004年开始腊八施粥，在萧山江寺设有分号和施粥点。2016年1月17日，萧山敬老志愿服务队在团区委和爱心企业支持下，免费派送5万多份腊八粥，把热腾腾的腊八粥送到了为G20峰会坚守岗位、放弃回家过年的一线工作人员手上。杭州灵隐寺的腊八粥更是让人惦记，每年派送30万份，"灵隐腊八节习俗"还于2016年入选第六批杭州市非物质文化遗产，2017年入选第五批浙江省非物质文化遗产。每到腊八这一天，凤凰村民有的去萧山江寺、杭州灵隐寺排队领取腊八粥，祈求丰收和吉祥。

过年

进入农历十二月，家家户户开始办年货准备过年。有做年酒的，舂年糕的，杀年猪的，腌腊货的，备炒货的。过年的主要活动有：掸蓬尘、送灶神、请年菩萨、贴春联、吃团年饭、守岁、给压岁钱等。

舂年糕 又叫搡年糕。年糕为过年必备的传统吉祥食品，寓意"年年高"。一般在十二月初十到廿三之间舂，如果"立春"在年内，俗以赶在"立春"前7天舂年糕为好，因"冬水"浸糕不易变质。少则2甑3甑，多至10来甑。1甑可蒸15斤左右米粉，故年糕每以"甑"来计量。舂年糕的流程比较复杂，费时费力又辛苦。缫米、沥清、拌花、蒸糕、舂糕、压制、裱花、晾干，缺一不可。旧时，一般是几户人家拼起来舂，十来个人动手：一人拌粉，一人烧锅，一人上蒸，一人抓糕，数人轮流着舂捣臼里的年糕团。舂年糕用的槌子（有铁制或木制的）有20多斤重，一个壮年汉子也只能舂十来下，如果换人不及时，让糕团凉了，舂出来的年糕就不韧。打好的粉团最终被压成块成为年糕，还需盖印点上红水，喻示红红火火，用来祭祖请年菩萨。过些时间再切成长条浸入水缸或大甏内，以保持年糕的柔软性和新鲜度。

20世纪80年代后，农家手工舂年糕已很少见，取而代之的是机器水磨年糕。2006—2016年，萧山不少乡村举办年糕节，手工舂年糕活动成为全村参与的一桩"盛事"，一项极具观赏性的民俗活动。村民在意的，不只是手工年糕香甜可口的味道，更是舂年糕时的那种热闹氛围。观者，可以感受到浓浓的年味；舂年糕者，体现出一股齐心协力的精神，合力传承着手工打糕的年节风俗与文化遗产。

掸蓬尘 十二月廿四前后，家家大搞卫生。用竹枝扎在竹竿上作"尘帚"，把积在楼板、梁椽等高处的灰尘掸下来，故曰"掸尘"。不但宅内宅外彻底打扫一番，同时洗涤棉被蚊帐，擦洗桌椅板凳、家具器皿，清理废弃杂物。"尘""陈"谐音。"掸尘"，寓"脱去陈年晦气，迎来新年运气"之意。

送灶神 廿三夜祭送灶神，供三茶六酒、水果食品，俗称"谢灶夜"。相传灶神系玉帝派来人间至各家监察善恶之神，规定廿三晚灶神上天庭述职之期，除夕复回人间。旧时民居均砌烧柴灶台，在高处特砌神龛一座，专作供奉灶神之用，龛旁贴红纸小联一副，常用联是"上天言好事，下地保平安"。故于其"上天奏事"之夜，家家户户都要送灶神上天。事后烧元宝，燃放爆竹，同时将旧灶神一并焚化，默求灶神将好事奏达天庭，来岁保佑平安。现时随着住宅条件改善，早先设神龛的老式灶台已不多见，但农家送灶神的习俗不改，只是送灶程序简化了许多。

请年菩萨 十二月廿三至除夕之间，各家各户都会择个好日子请"年菩萨"，又叫"谢年""祝福"。于午夜祭请，也有在黎明的，妇女须回避，由家长主祭。仪式须在大堂或堂前进行，桌上三茶六酒不可少，摆上条肉、全鸡（公鸡）、全鸭等福礼和糖果、年糕等，烧香点烛进行恭请。请好烧纸燃放鞭炮后，阖家饮酒，分食福礼、汤汁、年糕，俗称"散福"，至今为农家一年中最隆重的祭典。

除夕守岁 俗称"大年三十"。上午，各家在堂前张挂先祖遗像，展示牌位，设供品、点香烛。贴春联，贴倒写的大红"福"字。

年夜饭是一年中最为丰盛的酒席，桌上的菜肴不少于 10 碗，其中必有"八宝菜""元宝鱼"，考究的有甜点"八宝饭"，"元宝鱼"是唯一不能动箸的，须留待正月半后动箸，以取"年年有余"之意。年夜饭是阖家团圆的重要日子，客旅他乡者必设法赶回。新时期，因独生子女多，有的年轻夫妇中午到岳父母家吃团圆饭，晚上在公婆家吃团圆饭。

图 1167　村民家的对联（2018 年 4 月 30 日，傅展学摄）

年夜饭后，长辈给晚辈散钱，小孩须将钱压于枕下过夜，曰"压岁"。聚餐后开启大门，邻居方可互相串门道贺。是夜，室内通宵遍点灯烛，谓"长明夜"。全家人围灯而坐，或闲聊，或打牌，至子时鸣放鞭炮迎新送旧，甚至有达旦不眠者，曰"守岁"。新时期，大多数围在电视机前，全家人一起收看中央电视台春节联欢晚会跨年。

故过年、过春节的活动不只正月初一这一天，而是始于上年腊月下旬年前准备，止于正月十八左右，历时 20 多天。

第二章 生产习俗

概 况

凤凰地区过去以农耕为主业，兼及林、牧、副、渔、商、匠作等，千百年来，形成一些具有地域特色的劳作方式和谋生手段。2016年，凤凰村从事农、林、牧、副、渔的仅18人，占全部劳动力的1.18%，传统的生产方式渐渐淡出人们的生活，有残留的生产习俗包括禁忌，载之存史。

第一节 农耕

旧时，凤凰地区以种植水稻为主，一年两熟制：一熟春花，包括大麦、小麦、蚕豆、油菜等；一熟中稻或晚稻。20世纪50年代后，由单季稻改为双季稻，变成春花—早稻—晚稻一年三熟制。春花种植方法：畦中草籽，畦旁两行大麦或蚕豆，春花与草籽间零星栽种芥菜、大头菜等。

水稻耕作，有耕田、平田、插秧、耘田、收割等工序，施肥、排灌视水稻长势和天气而定。一般在冬闲时节耕田，称"冬耕"。谚云："田要冬耕，儿要亲生。"耕田靠牛，用木犁耕田，牛轭套在牛肩上，在前牵引，耕者右手扶犁，左手执鞭，发出"吁！吁！"之声即命前行，"哗！哗！"则暂停。一头牛一天可耕二三亩。70年代后，手扶拖拉机广为使用。

播种，于清明前浸秧谷籽，先焚香烧纸，祭"五谷神"。撒谷籽时，在田头请"田公田婆"，田塍上插香，供肉一方、酒一盏、饭一碗，以祈苗好秧壮。秧田须精心翻、耙、滚，用秧稠稠平，一畦畦宽约丈余。撒种后，灌入浅水。田头多立头戴破笠帽、手持小竹竿的草人，以驱吓麻雀等鸟类。

当年首次插秧称"开秧门"。因拔秧时，左右两手拔起之小秧把，需捆扎成大把，交叉合拢口俗称"秧门"。插秧时解开秧把草，"缺口"便无，故称"开秧门"。耘田又叫"中耕除草"，一般耘三遍。过去水田多蚂蟥，挽裤跪耘最易受蚂蟥叮咬，耘田人随带一节内盛盐卤或烟油的竹管，将叮咬在身的蚂蟥丢入竹管消杀之。耘好后，在稻田里挖十字沟，即将一行稻禾连土挖起，左右交错放于两边空行，用以排水，表明稻田上岸了。此后适时浅灌、施肥、治虫。若遇虫害，有的用草绳结成火龙，间隔草把，数人舞火龙于田垄间，以驱虫害。

收割时节，新谷登场，须选定吉日，以辛卯日为多。从右往左用镰刀一埭埭割，稻秆交错摆放，整齐地堆在割稻人右侧。多为田间打粒，一人捧稻，两人打稻。捧稻多为老人或小孩，将割好的稻一边一把交与打稻人。打稻须青壮年，一人一边，一上一下扬手甩打，发出有节奏的"砰！砰！"声。打稻是力气活，晚粳稻脱粒尤其不易，但收获的喜悦让人忘了劳累。20世纪60年代后，农村普遍使用打稻机，初时用脚踏，后逐渐改为电动。21世纪，凤凰村境内已经没有农田和水稻种植了。

第二节　禁忌

旧时，由于农业生产力低下，主要是靠天吃饭，故顺应天时。一方面不误农时，另一方面注重禁忌。如春节期间，忌下田耕作，认为耕作会冲犯神灵，导致一年百事不顺。此俗至今未变。

在农具方面，民间有扁担使用后不能乱放、乱插，更不允许女人跨过扁担的习俗。一旦有女人跨过了扁担，不但用扁担的人会骂，连家里的人也会责备甚至训斥。水车属大型农具，需妥善保管，不用时，一般搁在堂前或廊檐下，不得随便乱放，不允许人跨越。俗谓若被女人跨过，需祭请"天龙菩萨"谢罪。

在种植方面，首次插秧象征一年农事开端，须择吉日良辰，祭请田公田婆，祈求保佑稻谷迅速生长成熟。主妇将汤团挑至田头作点心，汤团圆而大，象征年岁大熟。插秧时，解下的秧把草也不能乱丢，应放在自己种的一垄里踩入泥中。若秧不够，向邻近要秧时不能用手交接，先丢在田里再捡取。因"秧""殃"谐音，俗谓须恪守"插秧不递秧"之古训。

稻桶外壁一般写有"五谷丰登"之类的吉祥语、户主姓名、购置时间等。收获时，用稻桶打稻，忌女人坐在稻桶上歇力，否则会亵渎五谷神，来年要歉收。忌用镰刀或割子敲打稻桶，否则会惊动五谷神，罚收割时会割破手指等。

第三节　祈丰收

民间的传统节日，大多源于对四季自然气候变化的敬畏与农事活动艰辛的祈祷，围绕祈求丰收与庆祝丰收而展开的。故祈生产丰收与祭祀活动紧密相连，又与节庆活动紧密相连。

传说正月初二是犁神公公生日。这一天，农户可以修理旧犁，可换犁把和犁头，并在家中焚香祭天，祈求新年耕作顺利、风调雨顺。旧时东岳庙万年台上，每年正月初一至十五，都上演灯头戏，预祝一年风调雨顺、五谷丰登。

农历十二月初八是腊月里最重要的祭祀祖先神灵、祈求丰收吉祥的日子。每到这一天，农户用生产丰收的五谷杂粮熬制腊八粥，食之祈求神灵保佑，来年风调雨顺，五谷丰登。今仍有腊八节日，单位、社区、寺庙免费向居民、生产劳动者派送腊八粥，送温暖，送祈福，祈求来年事事顺利，幸福吉祥。

第三章 生活习俗

概　况

　　日常生活中，凤凰地区民众之衣食住行，生育寿诞，人际交往，长期以来已经约定俗成。有的随着时代的变化而变化。如家庭从数世同堂到一夫一妻小家庭制，服饰以穿暖实用到讲究时尚高档，饮食以吃饱为原则到既要吃好又要养生，住宅从草屋到高楼洋房。过去以步行为主，现在出行

图1168　旧时煤油灯（邵江飞提供）

图1169　旧时铜油勺（邵江飞提供）

图1170　旧时石磨（邵江飞提供）

图1171　旧时竹篮（邵江飞提供）

图 1172　旧时暖手炉（邵江飞提供）　　　　图 1173　旧时送礼挑箱（邵江飞提供）

在萧山境内以家用轿车、公共汽车、地铁为主。生育、寿诞、人情往来还是比较注重礼数，总的趋势是从繁复到简单。

第一节　家庭

凤凰地区民风崇尚大家庭制，旧俗以数世同堂为荣。父母兄弟等几代人住在一起，同食共作，认为是和睦团结，人丁兴旺，光大门庭之气象。旧社会男子地位高于女子，女子一般不载入家谱，不继承家产，不参加祝福等祭祀典礼。由辈分最高的男子掌握家庭经济、家务支配和管教后代之权。

新中国成立后，旧式大家庭逐渐解体，家长地位动摇。家庭人口减少，规模趋小。结婚后，兄弟一般分家自立，也有与父母分开居住的。兄弟分家向由娘舅主持，并宴请亲友长辈议立契约。父子分居则简单得多，一般自然分炊，各立门户，村干部或娘舅姑父见证即可。

谚云："积谷防饥，养儿防老。"旧时，老人赡养由子孙负责，出嫁女没有赡养义务。兄弟分家时，商定赡养事宜。新时期，女儿也赡养父母。凤凰村建立养老金制度。对孤寡老人，列为"五保户"（五保：保吃、保穿、保住、保医、保葬），集体负责供养。

20世纪90年代后，凤凰地区经济发展，女子不愿嫁到外地，外来男子入赘当上门女婿的不少，均一视同仁，受社会尊重。

第二节　服饰

新中国成立前，凤凰地区居民衣着朴素，多为青蓝色土布制的中式短装，上衣多贴袋，男对襟，女斜襟，裤子宽大，无袋无口，穿上后将裤腰叠折围拢，用纱织裤带束之；男人多戴毡帽，年少的戴小毡帽。老年男系围裙，女系布襕（围裙的一种，但长得拖地）。富户、士绅上衣改穿长衫、大袍，头戴宽礼帽（俗称铜盆帽），外出拜客时加罩黑色马褂，以示庄重；富家女子打扮艳丽，衣服用料一般是绸缎呢绒，有少量女性穿旗袍。冬季，普通人家穿棉袄棉裤或棉长袍，富裕人家改棉花为丝绵、皮毛。

新中国成立后，服饰有变化，初期曾流行藏青、灰色布军装。不久，城乡盛行中山装、列宁装，戴毡帽或鸭舌布帽，除帽和发型外男女几乎无异。色彩也见单调，青蓝外装，白色内衣，衣料为卡其、纱卡、斜纹、中平布等。上衣为学生服、干部服、军便服等款式。裤子式样逐步淘汰了大裆裤，取而代之的是西裤、马裤、军便裤等。"文化大革命"期间，风行草绿色军装，衣裤多由该地裁缝缝制。起先是手工，后改用脚踏缝纫机。村民管裁缝叫"洋车师傅"，做缝纫叫"踏洋车"。

20世纪80年代后，男女服饰又趋向多元。先是流行港式服装，继而流行洋装。牛仔裤、夹克衫、蝙蝠衫、喇叭裤、登山服、萝卜裤、运动装、健身裤等不一而足。四季不同，色彩缤纷。用料除传统的丝绸、棉织，到混纺、的确良、哔叽、亚麻、毛呢等。色彩款式日益多样，制作工厂化，价廉物美。

21世纪，居民基本到服装店购买成衣，衣着由原来的蔽体、御寒而偏重于时尚、高档。原先男子多戴帽，现在除了老年人仍有戴乌毡帽、罗宋帽以外，青年男子一般平头免冠，即使在寒冬腊月也不戴帽。

第三节　饮　食

崇尚节俭，以吃饱为原则。旧社会在十分节约的情况下，有的农家一日三餐难以为继，常以杂粮、糠麸、花草籽、番薯、南瓜、芋艿等掺和着充饥。冬干菜、夏野菜，一年四季老腌菜。

20世纪80年代以前，主食以早稻米为主。农闲时一干二稀，农忙时二干一稀。每餐煮成烂粥饭，力求节省粮食，故有"会赚不如会省""三年烂粥饭买条牛"的农谚。每当新麦、新米登场，必将第一次饭食祀灶、祭祖，俗称"尝鲜"，以祈来年丰登。

20世纪80年代以后，凤凰地区脱贫致富，村民的饮食习惯、饮食结构发生变化。不仅吃饱，还要吃好。精细的晚稻米（粳米）逐步替代早籼米和杂粮。饮食多样化。早上豆浆或牛奶和馒头或油条，中餐、晚餐为米饭，鸡鸭鱼肉荤菜不能少，素菜以自种的蔬菜为主。

饮食喜欢原汁原味，不大注重于作料。如"青菜烧豆腐""咸菜烧冬瓜""饭焐萝卜""打碎蛋"等。又如"清蒸鱼""清炖鸡""清炖鸭子""白切肉"，特别是"白切猪头肉"，价廉物美，也是用清水煮熟后用盐蘸着吃，即使是野鸭等高档禽肉也多是清蒸，在野鸭等高档禽肉中加放几片火腿，以调味。青菜、萝卜之类大多是放在饭镬里或焐或蒸，既省事又不失原味。

喜欢咸蘸（方言，菜稍咸一些的意思）和鲜陈的搭配。如"倒笃菜烧新鲜菜""咸鲞蒸鲜鱼""咸鲞蒸螺蛳""霉腐乳蒸豆腐"。"霉腐乳蒸豆腐"，一种是白腐乳蒸豆腐，色白清口；另一种是红腐乳蒸豆腐，色红入味。

霉制品为传统菜肴，有霉豆腐（腐乳）、霉毛豆、霉苋菜梗、霉菜老头、霉干菜等。

传统而高档的有"十碗头"。旧时，家家儿女订婚结婚、长者做寿拜酒、造屋上梁办酒席，都得办"十碗头"。顾名思义，"十碗头"就是酒桌上须出十碗菜，一般荤多素少，通常是四六开，即四素六荤，通常有三鲜汤、鲞拼鸡、醋熘鱼、红烧肉、河虾、鳝丝（或清蒸鳗）、韭菜豆芽菜、青菜香菇、茭白肉丝、榨菜汤等。有时"十碗头"荤菜鱼类紧张，一旦烧不成醋熘鱼，也会用"糖醋排骨"来替代。在缺衣少食的年代，办一场"十碗头"是一件很了不起的大事，能吃一餐"十碗头"也是一件很奢望的事。

21世纪，农家办筵席在传统十碗头基础上有新的发展，先上冷盘，热菜不止10碗，生猛海鲜不可少，与宾馆酒店不分伯仲。到宾馆酒店聚餐和办酒席的也日渐增多。

图1174　旧时茶壶（邵江飞提供）　　　　图1175　旧时锡壶（邵江飞提供）

第四节　居住

凤凰地区有山有水有平原，旧时民宅择依山、临水、向阳之地而建。由于贫富差距，一种为砖木结构，另一种为柴扉草屋，以二三间平房为常见。富户则建有台门、前厅、中楼、后园等，或三进、四进，间以回廊、天井、小院、花圃，粉墙黛瓦，院落参差。普通民居朝南或偏东方向，傍山者择山之阳面而建。贫困者一般建"草舍"居住，有"稻桶舍""直头舍""横头舍"之分。

旧时，村民多聚族而居，大姓望族住房多见相连而建，出入共一台门。沈定一之父曾在台湾、福建等地为官，衣锦还乡后在凤凰境内建庞大私宅，称光禄第，为凤凰地区第一豪门。20世纪90年代后，各村统一规划，严格控制建房用地，采用钢筋混凝土结构，向高楼多层次发展。农村中三四层高楼已常见，且多用新材料、新工艺油漆装潢，选用中西新颖式样。

民间建房要选择黄道吉日破土动工，竖柱上梁，抛上梁馒头，设宴招待亲友庆贺等遗风大多未变。农村中还有许多忌讳，如破土时妇女必须回避，忌门对门、门对弄建房，有人在对门大兴土木犯冲等。如遇此情况，每书写"姜太公在此百无禁忌"红纸条贴于门旁墙角；也多见在门上方悬米筛、镜子、剪刀、蓑衣或八卦图，也有在门前挂红旗等的，谓作此可以避邪。

与建房同时，对打灶也十分重视。旧时，所用燃料多为柴草，故灶台高大，往往占大半间厨房，大户砌三眼灶，中等以下人家二眼，间嵌汤锅，用以利用炊事余势提取温水。一般外锅、中锅烹煮饭菜，里锅煮猪食，碗柜靠壁，大水缸置前，形成划一的格局。条件最差的则砌单眼立式灶。农家节俭，平常饭菜一锅熟（淘米下锅加水，上放蒸架蒸菜，覆以木制高锅盖），待烧到一定时候，火熄气足，开锅即食，即使是咸菜萝卜，寻常菜蔬，也是甘香开胃。年轻力壮之人，劳动之余，拼上粗饭二三大碗自然不在话下。不论何等人家，打灶台必择日定位，灶上必建灶君神龛，贴红纸对联，安灶神马，置香炉烛台，讲究的人家还加以彩绘，前端灶台壁，通常直书"米中用水"四字。四字中间直画相连到底，看似先民图腾的遗迹。也有画上鲤鱼跃龙门或五谷丰登的。

20世纪90年代后，煤气供应量不断增加，陆续进入寻常百姓民宅，故新房已不砌灶台，改用煤气灶具，并引自来水入厨房，撤去储水大缸。用洁白瓷砖贴壁、砌水池，厨房设置简洁明快，卫生面貌大为改观。现如今，凤凰村民都已用上清洁方便的天然气，但拜祭灶君神、五圣神之风俗犹存。

图1176 凤凰村民宅（2014年7月2日，沃琦摄）　　图1177 凤凰村民宅（2014年3月22日，沃琦摄）

第五节　出行

民国以前，凤凰地区村民出行主要靠步行。因为是水乡，也有用小划船出行，沿萧绍运河可东达瓜沥镇，东南出浙江绍兴县钱清，西至县城、省城。小划船中有一种叫乌篷船，因船的上面盖有乌篷而得名。有了乌篷，下雨天乘船的人不会被雨淋湿身体。乘船的人还随身携带少量的物品。

民国15年（1926）3月，萧绍公路全线建成通车，凤凰村民可乘公共交通汽车出行。

新中国成立后，凤凰地区出现了钢丝车，有农户用钢丝车出行，还可以携带比较重的物品，既省事又省力。20世纪50年代后期，极少数经济条件较好的村民始用自行车出行，村民称为"脚踏车"。自行车速度快，又可载物，村民一日之间，可以到萧山、杭州城里跑一个来回，颇受农户欢迎。改革开放前的很长一段时间里，自行车需凭票供应，特别是28"永久""飞鸽""凤凰"之类的名牌自行车，可谓一票难求。许多需要自行车的农户只好买"钱江""海狮"等牌子的自行车，甚至买杂牌自行车。90年代后期，有村民购置手扶拖拉机，可载多人出行。

改革开放后，随着社会的进步，农户经济收入的增多，始出现机动车。萧山五金电器二厂首先购置了面包车。后有村民陆续购置面包车、轿车。至2000年，凤凰地区有自行车565辆，摩托车45辆，助动车25辆，汽车23辆（客用车13辆），成为主要的代步工具。2008年7月1日萧山与杭州主城区公交一体化后，凤凰村60—69周岁老人享受半免费乘车。70周岁以上老人免费乘车。

2016年，凤凰村的家用轿车多，有的一家三辆轿车。外出旅游成为风尚。普遍地每年外出旅游一次以上。由境内旅游发展到境外旅游、跨国旅游。目的地远的，选择坐火车、飞机出行。目的地近的，以自驾车出行为主。

图 1178　骑摩托车的年轻人（2015 年 12 月，徐国红摄）

图 1179　2015 年 8 月凤凰村的年轻人到荷兰旅游照（胡建平提供）

第六节　生育

出嫁女怀孕后，在做产妇前，娘家须送礼物到女婿家，谓"催生"。催生礼物一般为：供产妇食用的红糖、白鲞、火腿、红鸡蛋、活鸡、桂圆、红枣，以及婴儿衣衫、襁褓、尿布和用于烘尿布的笼罩等。忌送鞋，谓其形如棺，不吉利。红鸡蛋以红布包裹，送至孕妇床前，解开包布，让红蛋滚落，口中即说"像生蛋一样快"，祈分娩顺利。礼物皆贴红纸，以示吉祥。婴儿出生后，须向娘家"报生"。亲朋好友送礼祝贺。

产妇自临盆起一个月内，称"坐月子"，也叫"做产妇"，禁忌颇多。产房须紧闭门窗，称"暗房"，房内忌放铁器快口；门口挂一块红布，提示闲人免入，以防病菌传染。产妇头包纱巾，不出房门，不事劳作。夏天忌扇扇，忌用冷水洗脸刷牙。由婆婆或母亲精心护理，慎防得病，俗谓月子里得病终生难愈。农家有向亲戚或邻居索要强健孩童穿过的旧衣或零星布片纳成"百家衣"之俗，言婴儿穿之长得顺溜。

满月前，产妇、婴儿不得到外婆家。婴儿满月要办满月酒，若是长子，尤为隆重，祀神祭祖，宴请戚族亲朋。席间，抱婴儿与宾客相见，宾客则馈赠礼物。旧时，多以百枚铜钱相赠，俗称"百岁钱"，寓长命百岁之意。婴儿首次到外婆家，外婆须送以红蛋、糕点、水果、老母鸡等。老母鸡羽毛染红，鸡颈束红绳，以取吉利。回家后，糕点、水果等"回货"分赠亲邻。

小孩满一周岁，称"得周"，要办"得周酒"，用糯米粉做成"得周果"赠送亲友邻里。外婆家送来"得周衣衫"、红鸡蛋等，亲戚亦送礼道贺。祀神祭祖后举行"抓周"仪式：在桌上摆放代表士农工商所用器具及玩具等物，任小孩抓取，以先抓到者为日后志趣、前途之象征。得周之日还举行"放脚筋"仪式。

婴儿首次剃头，不论男女，都要举行剃头仪式。时间一般在孩子十足满月或双满月这天。外婆家须送剃头衣。婴儿身着剃头衣，请剃头师傅到家。因为孩子头皮嫩，剃头师傅只是象征性地修剃一下即可，边剃边说大吉大利的话。发型大抵为"瓦片头"，也有脑后留"鸭屁股"的。理毕，抱婴儿拜祖宗。剃下之胎发，揉成圆球，装入布囊，挂于帐钩；也有取少量头发埋入墙头葱盆里，言小孩会长得聪明。是日，要办"剃头酒"。客人要送礼，主人有回礼。全家喜气洋洋。

第七节　寿诞

寿诞庆贺有"过生日"和"做寿"之分。

孩童时期，每逢生日换上新衣服，父母给红鸡蛋、糖果等物，以示庆贺，谓"过生日"。10岁时，外婆给外孙（女）过生日，送鸡、蛋等礼物。生日这天，教育孩子忌吵闹"闯祸"，家长忌打骂孩子。进入21世纪，小孩子过生日日趋隆重，有生日蛋糕，有生日礼物，还宴请亲朋好友一起来庆贺。也有的小朋友拉上自己的同学朋友一起来欢聚。

成年后，一般不过生日。旧称生辰为"父忧母难"之日，母有难、父有忧而能平安度过，是以为庆，庆必茹素，称"报娘恩"。此俗已废。

凤凰居民的"做寿"起始年龄与其他地方有所不同。凤凰一带民谚："做三勿做四，做五勿做六，做九勿做十。"故凤凰地区有29周岁（30虚岁）开始做寿的。又有民谚："三十要做，四十要错。"因"四"与"死"谐音，故避忌之，40岁要错开不做。60岁也不做寿。做寿比实际年龄须提前一年，谓"做九勿做十"。即五十大寿在49岁时做，七十大寿在69岁时做，八十大寿在79岁时做，一百大寿在99岁时做，取年龄不足，谓能长寿。60岁虽然不做寿，但逢66岁，出嫁女或侄女须送66块红烧肉（素食者以豆腐66块代之），祭供天地祖宗后，由寿者享用，以冲除"六十六，阎王要吃肉"。

做寿由儿孙与女婿等发起操办，于生日前一天，亲朋好友送礼贺寿。寿翁出拜祖宗后，正坐堂中，儿孙及姻亲晚辈依次拜寿。然后宴请亲朋，谓之"暖寿"。生日当天为正寿，考究的设鼓乐吹打唱贺。宴请的寿酒叫"桃觞"，最是隆重。吃罢寿酒，将馒头、寿桃分给亲戚及近邻。寿辰第二日，寿翁答谢亲友及晚辈，筵罢人散，至此做寿告毕。以上为旧时富裕人家做寿的排场，普通百姓家简单得多，大抵于生日这一天，由儿孙或女婿买点衣食进献，吃长寿面，做几个菜，买点酒，寿者坐于上首，全家共食为贺。

21世纪，生活水平提高，有在家大办宴席的，有到酒家大办宴席的，亲朋好友多送红包祝寿。还有给死亡的先人做阴寿的，亲友送来祭品，购买"银锭元宝"，请道士拜忏、做道场，子、孙、曾、玄向灵位跪拜，追念先人，直做到100岁阴寿后才结束。

第八节　交往

日常生活里，凤凰地区居民，与人交往，讲究礼仪。尤重辈分。晚辈遇见长辈必先尊呼辈分。家有客人，邻居串门，要让座、泡茶、敬烟、邀请吃饭，互致问候。敬茶敬酒者是晚辈，客人用食指在桌上轻轻点几下，以示感谢；是平辈，用食指和中指并起来点几下；是长辈的，用五个指头同时在桌上点几下，意为五体投地。

路遇年长者、挑担者主动让路，轻担让重担，男人让女人、儿童，健康人让残疾人。拜访他人须事先有约，准时赴会。做客和拜访要坐在客位，姿势要端正，家长从小教育孩子，"坐有坐相，立有立相，吃有吃相"。见面时主动问候致安，拉拉家常后，才谈正题。主人谈话时不可随意插嘴打断，不可左顾右盼、坐立不安。告辞时，作揖致谢，请主人留步。

重亲情，姐妹兄弟、叔伯、姑姨、堂兄妹、表姊妹之间平时多有走动。逢婚嫁、丧葬、造房、乔迁、生育、做大寿、考取大学等大事，必到场。邻居亲友生病，循俗持补品、水果等前往探视，以示关切。20世纪80年代后，同时看重友情，学生重同学友情，经商者、事业成功人士注重场面之友。注重人际关系，讲究人情礼数。

图1180　黄昏闲情（2018年5月，徐国红摄）

第四章 婚嫁习俗

概 况

旧时婚姻多由父母做主,凭媒妁之言,男女自主者很少。有指腹为婚、童养媳婚、姑表亲婚、姨表亲婚等旧俗。新中国成立后,旧俗渐废,但婚嫁礼仪多沿袭旧式礼仪,有托媒、合肖、定亲、择吉、接妆、迎亲、拜堂、闹房、喜宴、谢媒、回门等步骤。20世纪80年代后,男女自由婚恋,嫁娶礼仪逐步简化,在大酒店举办婚礼日渐兴盛。

第一节 托媒合肖

旧时乡间专有替人说合婚姻的媒人,见有年龄相仿、门当户对的未婚青年男女,就主动撮合。说成一桩婚事,媒人可得一笔"谢媒礼"。从提亲到成婚,媒人在男、女两家多次请吃,俗称"吃十八顿半",故"十八顿半"成了媒人代称。媒人以中老年妇女为多,故又称"媒婆",均能说会道,尽力说好。为牢靠起见,男、女双方都请媒人,男方的称"男媒",女方的称"女媒",共同促成两家婚事。

媒人在征得女方父母首肯后,索取女子的生辰八字帖,送到男家,男家将此帖压在灶神前的香炉底下,静观半月,若半月内家中平安无事,认为大吉,便与男子的生辰八字帖一起,送给算命先生合肖。若男女"犯冲相克",由媒人将庚帖送还女家,另行物色女子。若年庚相合,由媒人引荐双方家长见面,称"会亲"。

新中国成立后,媒人叫"介绍人",做媒叫"做介绍",大抵由长者、热心人或亲朋好友为之。至今不乏穿针引线、撮合单身男女成婚的媒人(介绍人,又称红娘)。

第二节 定亲送礼

定亲也叫"订婚",对男家而言叫"行聘",对女家而言叫"纳彩"。凤凰地区民风淳朴,只要男方品质可以,女方不会提出过高条件。旧时,一般彩礼只需10—20石白米,外加2—6坛绍兴老酒,视男家的家业财力而定。彩礼商定后,男家即出"求帖"给女家,女家回男家称"允帖",统称"拜帖"。

定亲吉日确定后,男家即送约半数财礼至女家。定亲还须办定亲酒,女家办午宴,男家办晚酒,祈神祭祖,宴请族人、亲友和媒人。定亲后,男女青年正式结为未婚夫妻,小伙子作为"毛脚女婿"即可由媒人陪同到女家走动。

旧时吃过定亲酒,姑娘就是男家的人了。现时办了结婚证才算合法夫妻。但办定亲酒、送定金彩礼还不同程度存在。

第三节　结婚办酒

迎娶日子由男家请算命先生根据双方生辰八字择定，并以拜帖形式请媒人送到女家，同时送去第二次彩礼。此后，女家为女儿准备嫁衣嫁妆，男家则积极筹措钱物，制作床铺等家具，以备迎娶。

迎娶通常前后要用三天时间。

第一天上午，男家派人挑一担"开面盘"给女家，示意催女方开脸妆扮做新娘之意。"开面盘"用八盘物色组成，例用鸡、鱼、红鸡蛋、红枣、桂圆、红丝线、糯谷爆米、棉花籽等，寓意为"嫁到男家后家财暴发，早生贵子"。

第二天，女家开始忙碌。请老嫚、伴娘到家，先由老嫚为新娘"开面"，此俗相当于时下的美容化妆。开面完毕，两伴娘各用红鸡蛋在新娘脸上滚擂，使生成红晕，艳若桃花。同时，女家要备牲礼请菩萨，祀灶神，做羹饭祭祖，新娘逐次跪拜，以示辞别本家祖先，中午还要参加来贺送的亲友喜宴正席，然后回房休息，静候晚间花轿来娶。

女家提供的嫁妆，一般为"五方六圆"。"五方"指桌凳、箱、橱、梳妆台及马桶箱之类；"六圆"则含大小脚桶、水桶、饭桶、洗手桶、梳头桶及柄汤桶。另外，还有"双双六"之名目，指六种成双的陪嫁品，一般是烛台2副，饭鼓2只，酒壶2把，茶叶瓶1对、粉盒2个、铜火熜1对。至各色床上用品，必有绸面棉被4—6床。箱内四季衣衫，由老嫚整齐叠放。另备夏布衫一套，称曰"孝衣"，系备作送公婆亡故归山时穿着。搬运嫁妆也有讲究，即使只嫁空箱一对，也得两人相抬，否则被认为是当面轻视女家。嫁妆发到男家后，先陈列中堂，让亲友观赏，然后才搬入新房布置，按所择的吉时"安床"。旧俗新床不可空，安床后即有陪郎等挤坐。

男方家白天接待亲友宾客，接受贺礼，于晚上发轿。花轿档次视经济条件而定，多向轿行租用。因凤凰地区濒临运河，亦有用船代花轿的，当然船亦须打扮一番。发轿前设晚宴称"发轿酒"，称行郎酒，主要是宴请媒人及"行郎"（执事帮忙人员，负责护送新娘、伴娘及嫁妆等）。旧时办婚事，男女家各请族中尊长，或邻里德高望重兼夫妇双全者代为主持全面，俗称"福星"。出发前要请福星焚香点烛，持1把尺子及剪刀，往轿内比画一遍，同时用1面铜镜借烛光在轿内映照，俗称"搜轿"，意在驱逐轿内妖魔恶煞。起轿时鸣锣放爆竹，仪仗呼拥。通常前有对锣、铳手、吹鼓手，后有执事提"子孙灯"（一般要长辈提此灯）、高脚灯、黄罗伞、花果担（内插长青松柏，并放两捆用红带扎成的木柴）等。人数多少务必成双。花轿顶端，安上一种特有的锡制饰物，称"五岳朝天"，灯光点点，鼓乐阵阵，一路循大路、高桥迤逦行进。若遇同一日另有一家迎亲者，则要绕路回避，绝不能使两顶花轿相遇。花轿行进时不得中途停顿，转弯时鸣锣，过桥时要放爆竹，以示隆重。

花轿到女家，女方却故意在门前横一竹竿，以示阻挡，男方按例须出红包（俗称"墙门包"）才能放行。女家放爆竹迎接，一面设茶点招待全体迎娶人员。此时轿顶"五岳朝天"饰物已取下，放入小叔挑去一对火熜暖轿，并备新娘方便之需。

女家于正午举行喜筵后，留下长辈及至亲友伴新娘晚宴，以示送别之意，往往延至深夜。男家"行郎"不时鸣大锣，催促新娘上轿，直至女方端出最后一道点心，俗称"回话汤团"，表示已经做好上轿准备了。此时女方又加入一个"掇马桶"的特别插曲，例由女家捧出一个用红布覆盖的马桶，交给男家小叔接取，放入花果担中挑回。马桶中有爆米花、红鸡蛋及红包等礼品，全由这"掇马桶小叔"支配。

新娘上轿前，亦必先行"搜轿"，仪式与男家相仿，请"福星"主持。此刻新娘已回房重整花冠，插钗饰珥。晚清至民国初，例穿旗袍，戴纱罩，由伴娘扶持，老嫚首引，践履铺好的红毡或麻袋至轿前，由新娘兄弟抱入花轿，并手挽轿杠送出大门。在连番锣鼓催促下，轿夫装轿杠抬起，先作"三进三退"，以示依恋不舍，待女家在楼上翻转几块瓦片后，方可抬走。除来时原班人马外，此时加老嫚、伴娘随行，媒人带舅爷亦随后护送。

花轿抬至男家，未及门即放炮仗奏乐欢迎。花轿停下后，抽去轿杠，挽入中庭，候吉时一至，举行婚礼。

婚礼，旧俗公婆必先回避。婆婆要躲入菜园，说如此方能使婆媳融洽圆满。良辰一到，主持人"福星"高呼："请出新人，着花堂吹！"此时，唢呐、音乐大作，老嫚掀帘引出新娘，盛装伫立中堂，请作"吉星"的（即伴郎、伴娘，男的选童男，女的则要有夫育子的少妇）男女，提子孙灯三趋三回地到新房迎请新郎登堂。旧时结婚称"小登科"，故新郎穿长袍马褂，戴大礼帽插金花，充作"状元"模样打扮。双方立定后，随"福星"高赞一拜天地，二拜祖宗，互相对拜后由"吉星"们簇拥着，践麻袋绕桌3周，暗示传代之意。同时，"福星"持布幅撑在新娘头上轻点三下，祝曰"多福多寿多子"，然后送入新房。此时围观者跟着绕桌走，抢夺桌上糖果取乐。整个过程，鸣爆奏乐声不断，直至入洞房。"坐床"行"合卺礼"（喝交杯酒），抛喜果闹新房后达到高潮。最后又上"喜汤团"，给众人吃，算是压阵。此刻往往已是深夜甚至凌晨二三时了，但除留下同来的伴娘、老嫚在新房伴宿外，舅爷男宾，均须连夜返回。

第三天清晨，老嫚上门祝贺，说些好话吉语，谓之"送子"。早饭为新人首次会食，新娘须坐上首，新郎屈居下席。但新娘只吃半餐，待"稻蓬饭"（一般是用蜜饯、百果制成的八宝饭）送来，新娘即让位给婆婆，此即婆媳礼让。婆婆坐下后，顺手于盆中取一只用红线扎缚的鹅腿给新媳妇吃，俗称"开稻蓬"，其用意亦为增进婆媳感情。此后，新婚夫妇必须至附近土地庙和宗祠拜谒，祈求神灵、祖先保佑。中午男家设正式喜筵，宴请亲友宾客，新娘循例"坐稻蓬"（正席首位），并要到各桌向亲友长辈敬酒。席散后已是下午，祭家中祖先，跪拜族内尊长，并接受小辈拜见。晚间双双送入洞房后有一次"闹房"之俗，闹房时，"三天无老少"，允许长辈、平辈、小辈亲朋和宾客嬉闹，皆无禁忌。年轻人闹房最为活跃，不少男女拥入洞房，越是热闹越好。多出些稀奇古怪的难题和游戏让新人回答或完成，引人发笑，以此捉弄新人，而新人无特殊原因不得拒绝回答。直到夜深经"福星"前来劝说后才散，这时新婚夫妻才得圆房。

新婚后三天须行"回门"大礼，即出嫁女第一次走娘家。新婚夫妇双双同行，讲究的也出轿或船，派人礼担伴行。女家置"回门酒"款待，但亦须当天回家，绝不能在娘家过夜。

21世纪，流行中西合璧式的婚礼。婚嫁程序有所简化，但彩礼数目有增无减。凤凰地区一般行情，要现金8.8万或11.8万元，冰箱、空调、家庭影院、黄金项链、手镯、钻戒，外加房子装修，开办酒席等，费用在100万元左右。条件高的更要轿车、城里商品套房、五星级宾馆办酒席。结婚时，新娘要专门化妆，迎亲用高档轿车一队，替代当年行郎职责，摄像者跟随。

也有领取结婚证后旅行结婚的，或参加"集体婚礼"。有到国外旅行结婚的，也有到国内风景名胜区旅行结婚的。集体婚礼一般由当地妇联、工会、共青团等组织，婚事新办、参加者，多为新萧山人、非凤凰户籍人口。

图1181 新娘头饰（2016年5月28日，沈云海提供）

图1182 唤新娘（2016年5月28日，沈云海提供）

图1183 接新娘（2016年5月28日，沈云海提供）

图1184 传袋（代）（2016年5月28日，沈云海提供）

图1185 婚宴（2016年6月2日，沈云海提供）

图1186 凤凰村沈家樑与石露白的婚礼（2016年6月2日，沈云海提供）

第五章 丧葬习俗

概 况

旧时，人到中年后开始准备3件后事：制寿衣、做寿材、造生圹。寿衣，为死后穿着、携带的单棉衣服、寿鞋、招魂袋、寿被等。寿被须由出嫁女或侄女做。寿材又叫棺材，概用杉木，棺壁有弧形和方形之别，高头顶板刻"福"或"寿"字，外上红漆。俗言女人有"寿"是男人之"福"，故女人棺材刻"寿"字，男人棺材刻"福"字。寿衣、寿材，须于闰月之年择日制作。生圹的建造最是讲究，事关子孙发达、家业兴旺，其坐落和朝向须请风水先生择定。石填墓基，砖砌圹穴，墓土四周条石环筑，墓前置供桌、立墓碑。墓碑分横批、竖立两种，碑文事先刻好，墓主姓名生前红字，死后才填黑。

旧式丧葬礼仪烦琐，老年村民寿终正寝以后，大约有送终、移尸、报丧、拜忏、守灵、入殓、出殡、下葬、丧饭、做七、做周年等仪式。新时期实行殡葬改革，火葬代替土葬，殡葬程序简化。

第一节 送终报丧

老人、病者弥留之际，子女务必到场，呼唤以示挽留，人手点香守候床前诀别，谓"送终"。儿女给父母送终被视为大孝。送终的人越多，死者福气越好。人一断气，哭声顿起。金刚（亦称"材福先生"）为死者更换寿衣，也有在断气前由亲属更换的，但寿鞋须断气后才能穿。嘴塞"含口钱"，用红纸包经灰和钱币捏于两手。拆除床帐，称"易箦"。丢掉枕头，换用寿枕。亲人给死者在床上调转头足方向，谓此举"移尸"能加速死者"转世"。脚下点菜油灯一盏，称"脚后灯""长命灯"。此灯不能熄灭，入殓后放于棺下，直到出丧后，用长凳将其砸碎。

人死后，不能直言死了，要说"老了""去了""没有了"。迅速派家族人员或近邻，用口头形式分头通知亲友，称"报丧"，也叫"报死"。即使亲友已知死讯，仍需前往报丧。无论天晴与否，报丧者都要右腋倒夹雨伞一把，俗称"倒夹报死伞"，作为报丧标志。循俗，路遇报丧者须主动让路，不要与其说话，否则有晦气。报丧者到达亲友家须将伞立于门外然后进屋，亲友家例以1碗糖氽蛋招待，俗称"报死蛋"。报丧者吃后即转奔别处，受报家将其用过的碗摔破，以除晦气。

第二节 拜忏守灵

人逝当日，丧家即须延请道士至灵前诵经拜忏。一般从当日傍晚开始，至出丧结束。当地道士们以唱绍剧折子戏为主，锣鼓丝管，形成热闹气氛。旨在为长辈送行，克尽孝道，并乞保佑平安，故其费用，例由子女负担。现老人多有积蓄，亦可用于支出。

守灵亦从人逝当日傍晚开始。守灵不能脱人，女眷断续哭唱，称"哭灵"。富家亦有雇女佣哭唱的，俗称"哭丧婆"。亲友接噩耗后，备银锭、库箱、香烛前往灵堂吊唁，用白纸包裹钱币赠送丧家，俗称"白包"，所赠钱币必须单数。丧家给吊唁者戴白布头帕、套牛绳。吊唁者向遗体鞠躬默哀，点烛膜拜，有的陪同守灵。入夜，念佛诵经，道士奏乐唱戏，称"坐夜""敲夜"。若死者死于外乡，则遗体不能进入屋内，须搭棚举行丧事。

第三节　入殓出殡

遗体择单日于子夜入棺，称"入殓"。生肖犯冲者须回避。入殓前，长子身穿死者外衣，另一人为之撑伞，用米筛盛酒菜，至河江池塘边祭水神，投一枚铜钱，舀水回来，称"买水"。然后用"买"回之水在死者脸部等处象征性擦拭，意为"揩身"，舀水之碗随即摔破。俗言此仪式能避免死者在阴曹地府无水可用，涉河过水免受河神阻拦。子孙按长幼轮流为死者梳头，每人3遍，依次绕圈。每梳一遍后，用棉线缠绕"羊眼瓶"（五谷瓶）数圈。取下"含口钱"，唯带走手捏之钱币。整理死者寿衣。寿衣须逢单数，不能带衣袋和纽扣，每穿一件，须夹入银锭，用带扎缚。如死者穿生前之衣入殓，则须剪去衣袋和纽扣。

入殓时，遗体须放于棺材正中，不偏不倚，"金刚"请大小儿子检查后再问有无异议（据说遗体偏左，死者会袒护大儿子，偏右则袒护小儿子），以免日后兄弟不和。棺底放置石灰、衣服、重被及死者生前喜爱之物。给遗体胸前挂上"招魂袋"，内置扇子、镜子、毛巾、火柴、银锭及剪下的死者指甲等物，手中握上"打狗棒"，用"九灵索"捆缚，然后盖上寿被。寿被须单数，一般被面用红纱布，被里用白纱布。入棺后，由一名道士敲磬引领，长子为首，男女长幼依次环棺材走一圈，向遗体诀别。盖棺，插进盖销，棺材移至孝帘前，架于两条高凳上。凌晨五更时，女眷须上香举哀，称"叫更"。每日三餐供饭菜致祭，称"上饭"。

一般在停柩三五天后的清晨出殡。起柩前供祭举哀，谓"材头祭"。"金刚"把灵柩抬至村口，进行"路祭"。若中途改船运，上船前还须"船祭"。灵柩之上，覆以棉被，两侧绑定"青龙杠"（棺材杠），两端绞以绳索，插木杠供4人抬行，另有4人替换，其中2人扛长凳，以备路上搁柩换肩。起柩时，亲人要拖住灵柩倒拽3下，表示不忍心将遗体抬去埋葬，称"留材"。上路后，一人边敲出丧锣，边撒纸锭或焚化银锭引领，俗称"引路烧"；数人举竹竿白幡，另有素色"奠"字旗、治丧灯笼、挽联等仪仗。后面是灵柩。长子捧"木主"，次子捧"羊眼瓶"，其余子、媳、孙、女、婿和族人戚友紧随，最后是道士吹打簇拥。送丧者白衣素服，腰缚草绳，手持竹竿丧杖，即"哭丧棒"。人数、仪仗必为单数，俗忌长辈为晚辈送丧。途中灵柩不得停息，换肩时，子孙须下跪膜拜。无论是步行还是船运，转弯时均须放炮仗、敲丧锣，女眷哭送。

至墓地，先祭山神土地，再举行入圹仪式。封墓后，纸幡、奠旗插于坟头，"哭丧棒"放于坟前，再向四邻旧坟烧纸浇奠，以通"睦邻"。

出丧队伍循原路返回，仍敲锣在前，唯单声锣间隔时间略长，不放炮仗。长子捧木主或遗像，一人为其撑伞，眷属在后。抵家后，安置木主，祭告祖宗。丧家办素餐招待族人、亲友，俗称"吃豆腐饭"（丧饭）。

第四节　做七做周年

死后每满7天举行一次祭祀，称"做七"，第一个"七天"叫"头七"，依次类推，直到"七七"为止。"五七"是正七,尤其隆重,俗谓"五七头上望亲人",为死者亡灵省亲日,主要亲戚眷属须到齐,不仅做羹饭,还请僧道念经拜忏。

"七七"过后,除去家中灵堂素设,木主入祠堂,丧事告毕,故又叫"断七"。此后是"百日""周年""三周年""十周年"祭祀。

第五节 殡葬改革

新中国成立后,移风易俗,破除迷信,在传统丧葬习俗的基础上,改革简化丧葬礼仪,逐渐用送花圈代替送蜡烛、银锭、库箱,以黑纱、袖章、小白花代替披麻戴孝,以开追悼会代替烦琐殡葬旧习。

1997年,萧山市政府召开全市殡葬改革工作会议,发出《关于印发萧山市殡葬管理实施办法的通知》(萧政〔1997〕7号)和《关于加强殡葬管理的通告》,实行遗体火化。自此,火葬代替土葬,骨灰葬入公墓。一些老干部、老党员响应政府号召,倡议不开追悼会,不举行告别仪式,骨灰撒江等,使丧事进一步从简。

凤凰村先期投入资金,开展以"绿色殡葬"为中心的殡葬改革,扩建凤凰山山南生态公墓墓地,至今设有公墓管理员1人。2010年起,村民丧葬费标准由原来的1000元提高到4000元,对60周岁以上的支付抚恤金10000元,至2017年未变。

图1187 凤凰山生态公墓(2018年12月29日,陈妙荣摄)

第六章　信仰习俗

概　况

凤凰地区建寺修庙历史悠久。南宋嘉泰《会稽志》记载的资利院为衙前镇境内最早的寺院。今衙前镇规模最大的寺庙为凤凰山北麓的东岳庙。凤凰村境内至今无道观道院，无基督教堂。民间宗教信仰，除了极少部分信仰基督教之外，主要为祀神祭祖，不区分佛教道教派别。农历三月二十八日东岳大帝诞辰日，往往有善男信女聚集在一起念天佛，人数动辄三五百人。外来东岳庙烧香拜佛的有之。因村境内自古有东岳庙、关帝庙等庙宇，故村民在给孩子取名时少不了对地方神东岳大帝和关圣帝的信仰与崇敬之情。如对关帝信仰的取名，仅西曹自然村就有关松、关校、关荣、关元、关增、关裕、关仙、关海、关甫、关泉、关仁、关林、关友、关水、关千、关建、关通、关华、关传、关友、关良、关贤等人名；傅家自然村有关友、关夫、关仁、关校、关纪、关先、关木、关法、关生、关土、关潮、关松等人名。对东岳大帝的信仰，村民的名字中间有"岳"字的就有岳根、岳法、岳炎、岳兴、岳荣、岳富、岳先、岳良、岳土、岳坤、岳元、岳夫、岳金、岳海、岳泉、岳松、岳林等人名。其中重名为"岳根"的就有周岳根、徐岳根、卫岳根、翁岳根、应岳根、舒岳根等人。同名同姓为"周岳根"的有2人，占2016年全村总人口的2.7%以上。

第一节　寺庙

史载凤凰地区最早的寺院，为资利寺（院）。南宋嘉泰《会稽志》记载："资利院，在县东三十里，旧系白鹤接待院。绍兴十五年（1145），僧请于府乞以回，向资利院旧额归焉。"该院起先建在萧绍运河白鹤铺边，寺僧除佛事活动外，在绍定年间还将童墅里的童湖改成田一顷一十余亩作为寺产。后因战乱频仍，至清嘉庆十四年（1809）易址凤凰山东北麓重建，名资利寺，也叫白鹤寺。每年农历二月、六月、九月香火极盛。民国29年（1940）毁于日本侵略军炮火。

其他寺庙、庵堂，多为清代造作。至新中国成立前，凤凰地区的庙宇、庵堂尚有：童墅庵、土地庙、童稚庙、元帅殿、关帝殿、东岳庙、如意寺、曹家庵、瑞初庵等。后历次运动，佛事活动被禁止，庙舍改作他用。

1989年，浙江省人民政府公布东岳庙为省级文物保护单位。原址已无法开展正常宗教活动。经批准另辟新地重建。1996年，选址在凤凰山北坡。2000年，在部分企业主、善男信女的资助下，由凤凰村发起，周岳根、方雪林等人组织实施建庙事宜。2001年2月21日，开始放样奠基。一期工程包括财神殿、文魁阁、东岳殿及配套偏殿，第二期工程包括观音殿等。至2002年春，建成大殿5楹。2004年，建成财神殿。2005年，建成元帅殿、文昌阁等。2014年8月，建成观音殿，于10月11日（农历九月十八日）举行观音殿开光典礼。东岳庙右下一侧是土地庙，2009年12月30日（农历十一月十五日）前从卫家片童稚庙内搬迁来。2016年7月，凤凰山西坡通往东岳庙的道路设有关帝殿路的指引牌。

至2016年底，东岳庙为凤凰村最大的庙庵，也是经批准对外开放的庙庵。坐南朝北，中有石阶大道，轴线分明，最高处为东岳大殿，歇山重檐，翘角凌空。建筑面积达数千平方米。东岳庙管理委员会主任胡和法（兼），副主任张金水（后病退）、周岳根（2016年5月退休后由卫小根继任）主持庙务，日常工作人员8人（含和尚1人）。平时佛事不断，香火缭绕。农历三月初一至廿八，七月初一至初七尤为热闹。

图1188　东岳庙东岳殿（2018年1月26日，陈妙荣摄）

图1189　东岳庙天王殿（2018年1月25日，陈妙荣摄）

图1190　东岳庙财神殿（2018年4月15日，沃琦摄）

图1191　东岳庙文昌阁（2018年4月15日，沃琦摄）

图1192　位于官河边的老东岳庙（2018年5月10日，华兴桥摄）

第二节 活动

凤凰村至今无道观道院，无职业道士。衙前镇毕公桥社区有正一派职业道士，有村民需要时，可到村民本家进行经忏、坛醮活动。可日夜进行，弹拉说唱，往往吸引过往人员驻足欣赏。本地从教人员佛道两教已互为融合，他们也借助东岳庙等庙宇进行经忏、坛醮等活动。

凤凰村境内亦无基督教堂。在衙前镇项漾村境内有基督教衙前教堂。凤凰村的数名基督教徒参与基督教活动。

民间宗教信仰，除了极少部分信仰基督教之外，主要为祀神祭祖。祭祀对象有神、佛、道之分。神有太阳神、火神、雷神、灶神、五谷神、潮神、土地神、天地神等自然神，有关公、包公、华佗、岳飞等英雄神，还有张夏、西施等地方神祇；佛有如来、观音、地藏、普贤、文殊等；道有玉皇大帝、东岳大帝、文昌君、城隍、财神、灶司等，循俗统称"菩萨"。

凤凰一带以家庭祀神为主，主要在农历十二月廿三至除夕前几日祝福请年菩萨，于正月初一请天地菩萨，商贾之家于正月初五请财神菩萨等，而以请年菩萨最为普遍、最为隆重。农家有请年菩萨后，祭请关帝菩萨、五圣菩萨的。于大年初一敞开大门请天地诸神。另外，男婚女嫁、小孩出生、长辈做寿、造屋上梁、乔迁移居、家人出远门做生意等喜事，亦择时祝福祀神。

祭祖，又叫"做羹饭"。祭祖之俗，一为追念崇祖，二为社会孝风传承，三为祈求祖先保佑。除祖先生辰、死忌、周年、三周年、十周年和"阴寿"外，尚在元宵、清明、七月半、冬至、除夕等日子祭祀。（详见本编"岁时习俗"章）

现时，村民大多不分神、佛、道，他们只要有烧香拜佛地方，以求得心灵片刻慰藉便行。如2017年农历三月二十八日东岳大帝诞辰日，当地村民在童墅自然村选择一空旷之地，搭上大棚，聚集一大群老太太口诵佛经，时间仅1天，人数动辄三五百人。

图1193　念天佛（2017年4月24日，陈妙荣摄于凤凰村）

第七章　时尚

概　况

20世纪90年代以后，凤凰地区经济迅速发展，人民物质文化生活水平迅速提高，思想观念不断更新，传统习俗注入了新的时代意义和时代风俗，原有习俗与新的时尚并存。流行的风尚有：崇尚"最美"，传统节日慰问老人，给老年人送红包，表彰优秀学生，清明节祭奠革命先烈，迎新春团拜会，建微信群，刷朋友圈，看春节联欢晚会，鲜花传情，车队迎亲，婚纱留影，酒店宴请，自驾游，组团旅游，居室装潢，进城购买商品房，超市购物，佳品滋补，"洋节"（圣诞节、情人节）兴起等。此章选摘几则载之。

图 1194　写春联送祝福（2010年2月6日，凤凰村委会提供）

图 1195　村民拿到赠送的春联心欢喜（2010年2月6日，凤凰村委会提供）

第一节　崇尚"最美"

进入21世纪，继续弘扬尊老爱幼等传统美德，传承好的家风家训，宣传"美德标兵"与"最美萧山人"，开展凤凰村"最美"系列评选活动，如开展"最美家庭""最美巡防队员""最美好媳妇""最美老干部"等评选活动，鼓舞村民发现"最美"，崇尚"最美"，传递"最美"，争当"最美"，营造良好的社会风尚。

第二节　超市购物

过去凤凰地区以农耕为主业，自给自足。平日吃的穿的用的，多是自家亲手做的。到商家购买的少，也没有多余的钱购买。20世纪90年代以后，经济发展，收入提高，超市购物成为农家生活习惯。一方面各类超市商品齐全，应有尽有，选购方便，另一方面家家户户有钱花了，消费观念也变了，也不想花时间养鸡酿酒舂年糕了。一般生活用品，随时到大小超市购买。每到节假日，更是举家逛商场、超市、购物、休闲消费成为时尚。

第三节　手机支付

随着村民收入的提高，智能手机越来越普及，男女老少大多使用智能手机，不仅QQ、微信及时通信，还在网上购物、线下消费、公共事业缴费、网上银行转账支付、购票等方面普遍使用手机支付。带现金出门、用现金支付的少了。尤其是年轻人，出门在外，只带一把车钥匙，带一个手机，一张身份证，就可以畅通无阻了。

图1196　超市购物手机支付（2018年12月29日，陈妙荣摄于凤凰村通城大润发超市）

第四节　跳广场舞

近几年来，跳广场舞成为风尚。2010年，萧山首个村（社区）钢结构舞场——凤凰广场投入启用，该广场占地900平方米，成为村民健身跳舞的固定场所。其他的如凤凰山下，办公楼前，只要空旷平坦的地方，早晚都有音箱播放舞曲，村民三五成群，跳广场舞，成为健康生活新风尚。

图1197　跳广场舞（2008年8月6日，徐国红摄）

第八章　方言

概　况

　　凤凰地区所属萧山方言，属江南吴语之杭绍方言群，包含有较多的绍兴话地方因素。其语言的形成，既有历史延续的原因，也有地理兼并的成分和人文交融的因素。古越语多发语词，《史记·吴太伯世家》："太伯之奔荆蛮，自号勾吴。"颜师古注《汉书·地理志》云："勾，音钩。夷俗语之发声也，亦犹越为于越也。"可见勾吴即是吴，于越即是越。"句、于"是没有实义的发语词。今凤凰地区方言在单音节人名前也多有加发语词的，如阿根、阿牛、阿德、阿仁等，其结构模式是古越语的继承与发扬。民间词汇、谚语和歇后语，亦不失为一种特殊的民俗文化，故设节载之。

第一节　方言特点

语音特点

　　凤凰地区所属萧山方言语音，由29个声母和46个韵母组成，其音韵特点仍保留古全浊声母，有清、浊声母之别，有入声。m_1、n_1、$ŋ$能自成音节，文白异读丰富，反映出方言语音之层次。

语法特色

　　凤凰地区所属萧山方言中的语法，与普通话的语法规则比较，在大同中有小异。指代系统、构词法及句法等方面，有一些独具方言特色的结构。

　　萧山话的指示代词，其用词（字）和普通话大不相同。常用的指示代词有"葛（kəʔ⁵）""夯（hã⁴⁴）"等。"葛"，大体相当于普通话里的基本指代词"这"。由"葛"组合的处所指示代词常见的有"葛浪""葛里""葛头""葛边""葛埭坞""葛地方"等，大体上相当于普通话的"这里""这边""这地方"；时间指代词有"葛卯""葛歇""葛歇卯""葛时光""葛辰光"，大体上相当于普通话的"现在""这时候""此刻（书面语）"。"夯"，大体相当于普通话基本指代词里的"那"。由"夯"组合的处所指代词主要有"夯浪""夯里""夯头""夯边（夯旁边）""夯埭坞""夯（个）地方"，大体相当于普通话的"那里""那边""那地方"；时间指代词有"夯日（ȵiəʔ²）子""夯卯（子）""夯（介）时光""夯（介）辰光"，大体上相当于普通话的"那天""那次""那时候"。

　　上述指代词与普通话指代系统比较，有自己的一些特点：①"葛浪""葛里"（这里，近指）在实际语流中会发生变化，特别在快说时，"葛浪"的"葛"音弱化消失，会变成阴平重读"浪"（lõ⁴⁴）一个音，"葛里"的"葛"也会消失而只剩下"里"（li⁴⁴）一个音，但音长与"葛浪""葛里"两个音节基本相等。如"来带葛浪""来带葛里"（在这里），快说时通常会说成"来带浪""来带里"。此时"浪""里"均为阴平重读，音稍长，略上扬。②"葛"通常要与量词结合成数量词后，再来修饰名词，但有时在起句时就会发生音节脱落。如"葛桩事体有点讨厌个！"有时会略去指代词而只用量词，说成"桩事体有点讨厌个！"③在"葛个""夯个"之间，完全可以插入数词，如"葛两个是老师，夯三个是学（ɦioʔ²）生（sã⁴⁴）子"等。④时间代词"葛卯""葛歇"基本同义，有时可通用。但"葛歇"时间概念上较短、较近，如"盍刚太阳蛮猛，葛歇一霎时落大雨喋！""葛卯"可代替"葛歇"，而"葛歇"有时不能代替"葛卯"。如："葛卯比三十年前好得木佬佬"，此语中的"葛卯"（现在）不宜改"葛歇"（此刻）。"夯卯"或"夯卯子"大体相当于"从前""那时候"，无"夯歇"的说法。

萧山话的词缀比较丰富，前缀、中缀、后缀都比较齐全。准词缀的词汇意义正在虚化，但没有完全消失。萧山话中，准词缀地方特色比较明显。

前缀主要有："阿""老"等。如：阿+称谓、阿+排行，阿+昵称，阿+人名略称，阿+大；老+姓氏（或名字），老+排行，老+亲缘关系，老+兄。

中缀，亦称"词嵌格"。较有特色的为A里AB式，其中A为词根首字，"里"为中缀虚字，即"衬字"，AB为词根。萧山话里常用的有：乡里乡亲、土里土气、洋里洋气、妖里妖气、陌里陌生、疙里疙瘩、啰里啰唆、勒里勒辚、龌里龌龊、邋里邋遢、糊里糊涂、懵里懵懂、慌里慌张、花里花泡、毛里毛糙、臌里臌胀、滑里滑汰等。

后缀，亦称尾缀，其词根（实词）有名词、动词、形容词等。常见的有："头""子""佬""老""佬""坯""精"。表现为：指示代词+头，如：葛浪头（这里）、夯浪头（那里）；具体处所（地形）+头，如：山头、田头、路口头、河埠头、楼高头；方位+头，如：直头、横头、外开头、里沿头；时间+头，如：早间头、晏昼头（中午）、下（晚）昼头（下午）、黄昏头、五更头、日里头（白天）、夜头（夜晚）；动词+头；数量+头；人物情态、脾性、特点+头；身体部位+头；物件（品）+头；天候+头。

在萧山方言中，双音节后缀是一种准词缀，分为叠韵和非叠韵两类。叠韵双音节后缀主要有："郎当""答飒""恼糟"等，如大肚郎当、风吹郎当、火烛郎当、吊儿郎当，有趣答飒、晦气答飒、小气答飒、外行答飒、滞固答飒、气闷答飒、黏缠答飒，气臌恼糟、烦呔（pi34）恼糟。非叠韵的双音节后缀主要有："胡赖""斋糟"等，如哭噘（作）胡赖、恶作胡赖、血出胡赖、急（亟）煞胡赖，难过斋糟、难看斋糟、讨厌斋糟、厌烦斋糟、陌生斋糟、麻乏斋糟、难为情斋糟、头痛斋糟。为强调其程度之甚，在有些后缀"斋糟"前，还可加个"百"字，如：浼湉百斋糟、讨厌百斋糟、腻腥百斋糟、吃力百斋糟。

在萧山话里，由词或词组组合成短语和句的规则，大部分与普通话没有太大的不同，但仍有一些与普通话不同的形式，主要反映在词序变异上，亦即存在若干特殊的词序。如"搭搭介，搭搭盖"，此一复句表示句中所指事物，上半句与下半句不仅不一样，而且往往以反义居多，即叠用在两个反义词前面，表示前后两种情况交替，有出尔反尔、主意多变的意思。这种"搭搭……搭搭……"，在口语中均可随意互换为"搭搭末……搭搭末……"，"末"为轻音。如"搭搭末要吃咸喋，搭搭末要吃甜喋""搭搭话讨论讨论，搭搭话请示请示"（同义或近义并列），"搭搭末话原则同意，搭搭末话弗同意喋"（反义并列）。

第二节　民间词汇

日常用语

捺格——怎么。

覅、勿伊——不要。

促（作）何——干什么、做啥。

找没——于是、还有。

嗯纽——没有。

晏饭——中午饭。

葛里——这里。

夯头——那里。

何里——哪里。

捺格套——怎么样。

卜落嘟——形容速度极快地丢落。

埭坞、耷湖——地方。

何埭坞——什么地方。

随早随时——随便什么时候。

团圈四沿——四面八方（小范围的）。

各到各处——周围四向（大范围的）

甮（土语读如"凤"）——不用。

退板——不好、次品。

退板勿起——不好相处。

鲜朗——相比之下，一方略优于另一方。

高头——上面。

禾底——下面。

头（读"豆"）称——什么职务、事情原委。

葛佬官——这个人。

话把——话柄。

门分账——应该做的事、分内事。

掏要——费用、开支。

一脚踢——几项费用总括在一注金额中。

牵头皮——孩子淘气不听话，连累家长。

先要紧——配角先说先做主张，喧宾夺主。

讲闲话——流言蜚语说别人。

跄人家——去别人家串门闲聊。

真当——真的，实在，的确。

家舍——家宅，住宅，家庭。

家小——一家老小，妻子儿女。

气数——做事不顺，运气很坏，走背运。

讨债——孩子不听话，惹是生非让人担心。也指有麻烦的事来了。

鸡啄啄，鸭凿凿——众人意见不一致，主持人拿不定。

节剥节——日子过得很紧巴，勉强打发日子。

外拆花——额外收入、小金库。

螺蛳壳里做道场——小场地办大事情。

时间用语

日脚——日子。

上昼、上昼头——上午。

晏快性、晏昼头——中午。

下昼、晚昼头——下午。

夜快边——傍晚。

黄昏头——日落后、半夜前。

五更头——凌晨三四点、拂晓。

暂靠子——暂时、一会、不经常。

老底子——过去、从前。

一息工夫——瞬间、霎时。

何辰光——什么时候了。

茫糜——还差得远。

上昵——昨天。

后昵（日）——后天。

羹早——今天。

葛卯——这次。

下（读如"和"）卯——下次。

夯卯——那一次、从前、那时候。

秋缸里——秋天。

陈年百古——时代久、年代远。

称谓用语

姊妹——兄弟姐妹。

娘娘——祖母。

姆嬷——母亲，也有叫"嗯娘"的。

老嬷——老婆。

俩老嬷——夫妻俩。

俩老太婆——年老的夫妻俩。

爹娘大人——父母。

倪子——儿子。

老头倪子——老年所生之子。

叔伯母——妯娌。

囡——女儿。

阿侄——侄子。

侄囡——侄女儿。

娘舅——舅父。

娘妗——舅母。

舅佬——妻子的兄弟，也作"老婆舅"。

进舍女婿——入赘婿。

毛脚女婿——未婚婿。

后生哥——未婚男子。

新郎官——新婚男子。

小官人——男孩儿。

小毛头——婴儿。

大姑娘——未婚女子。

新媳妇——新婚女子。

老太婆——老妇人。

丫头使女——丫鬟、女佣。

大肚郎当——怀孕女子，行动不方便。

丈人（读"银"）佬、料勿着——岳父。

孤孀婆——寡妇。

晚爹——继父。

晚娘——继母。

活妾头——离婚再嫁的妇女。

二婚头——丧偶再嫁的妇女。

孵（bu）床佬——入赘寡妇家的男人。

人客——客人。

做人客——走亲访友。

店倌——商店营业员。

堂倌——茶馆、饭店、旅社的服务员。

行贩——小商贩。

大块头——称呼胖子。

吃食户——懂吃、会吃的人。

白墨、白墨头——文盲。

哑子——哑巴。

贼骨头——小偷。

做嬉客——耍子、游玩。

木驼——反应迟钝、愚笨者。

乌大菱壳——游游荡荡的人。

破脚骨——流氓地痞。

犯贱坯（pei）——不识好歹，自讨苦吃者。

叉头——喜生事端者。

贱骆驼——不听话、不识抬举者。

白脚胖——不做农活的人。

三脚猫——有点滴技术，但不精者。

半吊子——非内行，非专业一知半解的人。

乌背脊——长年累月在田间耕作的老农。

箩底鸭——底层被压制者、懦弱者。

生活用词

做生活——劳动。

勃孽、讨相骂——吵架。

爬起——起床。

汰面——洗脸。

困晏觉（gao）——午睡。

做冲碰——做事失手。

做人家——节约、结婚成家、娶妻生子。

眼热（nie）——羡慕。

戽（音"虎"）浴、抹浴——洗澡。

戽衣裳、汰衣裳——洗衣服。

六谷、二（ni）粟——玉米。

打粟——高粱。

镬焦——锅巴。

老酒——黄酒。

灰蛋、灰鸭子——咸蛋。

薄刀——厨房用菜刀。

和饭——菜蔬、菜肴。

嘈——（肚子）饿。

搛（jian）——用筷子或钳子夹物，如搛和饭（夹菜）。

家什——工具、农具、器具。

手用家伙——工具。

女铣（读如"呢线"）——缝衣针。

十八顿半——做媒。

灵市面——打探消息。

外拆化——有额外收入。

出科头——出点子、想办法。

节剥节——勉强过日子。

阿（读"O"）煞——大事不妙。

情态用语

拉搭——做事不干脆利落。

出傥——举止大方。

清脱——干净。

活俸——十分肮脏。

浮汤汤——不正经。

坍坍落——无所顾忌或不注意仪表。

寿头寿脑——俗气或不会事时宜。

踱头踱脑——傻里傻气。

白潦潦——脸无血色。

第三节　谚语

自然类

晴冬至，烂年边；邋遢冬至燥索年，燥索冬至邋遢年（烂、邋遢：指下雨；燥索：指晴）。

交春落雨到清明。

春霜弗露白，露白要赤脚。

小暑一声雷，翻转做重梅（梅：此处指黄梅天）。

四季东风四季晴，只怕东风起响声。

处暑里个雨，百万仓里个米。

夏雨隔牛背，秋雨隔灰堆。

伏里十日秋，秋里十日伏。

天上鲤鱼斑，晒谷弗用翻。

早立秋，凉飕飕；晏立秋，热响响；夜立秋，痱愀愀（晏：午间。响：音同"吼"，意为热得喘气；痱愀愀：指傍晚闷热，蚊子之类多，身上起痱子，很烦人）。

东闪空，西闪风，南闪火门开，北闪有雨来（闪：闪电，不同方位的闪电，往往是不同天气现象的预兆）。

初三初四蛾眉月，初八廿三半夜月；月半十六两头红。

东北扑地鲎，潮高丈八九（鲎：虹的别称，"扑地鲎"指虹的两端似着地貌）。

八月十八潮头齐，要看大潮到坞里（坞里：在萧山南阳镇的赭山）。

初一月半子午潮（夜潮子时，日潮午时）。

高山远山森林山，低山近山茶果山。

在山靠山要养山，在水靠水要护水。

打扮美，底子要靠自然美；建筑美，弗好破坏山水美。

生活类

做做吃吃，弗鲠弗噎。

吃饭防噎，走路防跌。

一弗赌食，二弗赌力。

衣弗差寸，鞋弗差分。

冻九焐四，添减适时（"九""四"指农历月份。九月乍寒还暖，四月乍暖还寒，均为冷热交替过渡期，要注意适时增减衣服）。

冬吃萝卜夏吃姜，饭焐萝卜抵人参。

宁可三日呒荤腥，弗可一日呒素菜。

酒多伤身，气多伤神。

食祭食祭，当心肚皮晦气（食祭：喻指贪吃。贪吃坏肚子）。

药补弗如食补。
做做做勿煞，气气要气煞。
越吃越馋，越嬉越懒。
会算吃肉，赊算吃粥（算：指打算）。
吃勿穷，用勿穷，打算弗好一世穷。
吃过端午粽，还要冻三冻。
冒风冒雨弗冒雷。
顶风冒雨我弗忌，雷雨阵头我要避。
春弗劳动秋无收，冬弗节约夏要愁。
礼多人弗怪（礼：此处主要指文明礼貌，而非指财物）。
吃穿住都弗用愁，存款要用取零头，坐得飞机去旅游。

民俗类

炮仗闹一时，火烛慎时时。
平时用火多小心，胜过三牲供火神。
话话烧过"头炷香"，发财还靠自硬挣（硬挣：方音"张"，指能干）。
熬过黄梅，伏天衣被晒个尽。
五月五，买桃黄鱼过端午。
立夏称人，重阳登高。
行善积德靠善心，菩萨弗拜弗要紧。
算命瞎子嚼舌头，"开眼瞎子"吃苦头（"开眼瞎子"：本指文盲，此喻愚昧之人）。
越排八字越多事，话带破来拐子骗子。
佛靠金装，人靠衣装。
呒有成亲总是"小"，双亲在堂弗称"老"（呒有：没有。首句也作：弗讨老婆总是"小"）。

百业类

水是稻个命，也是稻个病；要浅弗可深，要燥弗可浸。
腊肥壅得足，明年起花熟（起花：农作物）。
种子年年选，产量节节高。
寸麦弗怕尺水，尺麦独怕寸水。
水边杨柳山边竹，路边樟树屋边桃；所前杨梅名气大，萧山苗木全国俏。
看看弗值钿，学学两三年。
吃饭靠本事，功夫卖铜钿。
货色要真，生意要兜（兜：指兜售，自我推介商品）。
称赞个老倌（讲勿来）是看客，嫌憎个老倌（讲勿来）是买主（夸你货色好的那个人，说不定只是个无心看客；挑剔你货色缺点的那个人，倒说不定是个有心的买主）。
一分行情一分货，货比三家不吃亏。
爱厂如爱家，厂兴家也富。
一百零八将，个个有特长；三百六十行，行行出状元。

事理类

身怕弗动，脑怕弗用。

弗怕事难，就怕人懒。

心急吃勿来热粥，骑马看勿来《三国》。

猪争一口食，人争一口气。

叫狗弗咬人，咬人狗弗叫。

狗弗嫌主穷，儿弗嫌母丑。

牛有千斤力，全靠人当值；马行千里路，驾驭有路数（当值：饲养管理；路数：章法）。

桥归桥，路归路；酱油铜钿弗好买醋（喻专款专用，各司其职）。

大河有水小河满，大河水浅小河干。

狗是百步王，只会门前狂。

苍蝇弗叮无缝蛋，灶蚜欢喜馊冷饭（灶蚜：一种昆虫，头小触须长，背隆，后肢长，善跳跃）。

鱼有鱼路，虾有虾路，泥鳅会钻田塍路（指各有门路）。

慢得一步，沓出一渡（指一步落后，步步落后）。

修养类

只要自家上进，弗怕人家看轻。

弗怕路长，只怕志短。

弗怕别人看勿起，只怕自己吭志气。

师傅领进门，出山靠自身。

理漏趁天晴，读书趁年轻。

宁可清贫，弗可浊富。

宁可吃个开心粥，弗可吃个愁眉饭。

心宽体胖，气宽寿长。

大理弗让，小理弗争。

牛瘦角弗瘦，人穷志弗穷。

是非会常有，弗听自然无。

弗吃过量酒，弗贪意外财。

终身学习，精神充实。

廿岁看学业，三十看立业，四十看创业，五十成功看事业。

对爹娘要孝，对子孙要教，对乡亲要好，对党恩要报。

第四节　歇后语

络麻梗当拐杖——用错人；靠勿住（庸才重用；靠不住）。

硬揸落来个瓜——硬做，味道唫好（揸：方音同"宅"，硬揸即未熟早摘、硬摘。义同"强扭的瓜不甜"）。

喇叭花当号吹——根本派勿来用场（喻指让无能者担当极不相称的重任）。

乌大菱壳——汆到哪里算哪里（随波逐流）。

吃大麦粞饭游西湖——空有趣。

一颗芝麻还要对劈开——计较过头（斤斤计较）。

豆芽菜晒干——吪有折头，蚀耗太大（亏损太大了）。

鳗吃湖虾——随便吞吞落去（意为打败对手不在话下）。

老虎嗒蝴蝶——弗过瘾（嗒味道的嗒，也有用舔的）。

门角落头屙污（屎）——迟早要"黄出"（屙污：指拉屎；"黄出"：指真相大白）。

湿手捏燥面粉——惹牢摆勿掉个苦（意为黏住后甩不掉的苦）。

猢狲屁股——坐勿牢（坐不住）。

四金刚腾云——悬空八只脚（不脚踏实地，不着边际）。

灯笼照火把——亮见亮（明摆着的事，大家心里有数）。

黄牛角、水牛角——各归各（角归角，方言谐音）。

凹砧板，钝薄刀——家生弗好（家生：指工具）。

敲顺风锣——随声附和。

烂田里勃捣臼——越陷越深（捣臼：即石臼；勃：推动）。

蚂蟥叮脚髈——叮牢弗肯放（咬住不放）。

泥菩萨潲面——越潲越难看（潲：音"乎"。潲面即洗脸。此处指想通过说谎来保全面子，结果适得其反，越描越黑）。

吃鳓鲞还要蘸酱油——多此一举。

荷箬包刺菱——里戳出（从小团伙里捅出真相）。

破钵头捯鱼——东打西弗着（事儿头绪多，慌乱应付，一无所获）。

小鸡肚肠——肚量极小（萧山话叫"小鸡肚肠"，而北方话叫"小肚鸡肠"，均喻气量很小）。

小鸡屙污（屎）——倒退（比原先退步）。

牛吃薄荷——讲勿出个味道（不识货）。

猫嘴巴里挖泥鳅——挖勿回来喽（喻已经让人"吞食"去的东西，再想要回来已不可能）。

猫当老虎抲——小题大做。

老鹰飞过拔根毛——捞得着就捞（贪婪，如雁过拔毛）。

托老鼠管蚕宝宝——信错了人。

赤膊鸡打相打——弱者窝里斗。

苍蝇想跟雁鹅飞——不自量力。

蚂蚁扛鲞头——干笨重活计靠人手多（人多力量大）。

踏道泥鳅——滑头（踏道：又叫河埠档，手捏泥鳅极易滑出，它跳几下又马上回到河里去。喻为人油滑）。

镬里弗滚，汤罐里先滚——主弗急客先急（喧宾夺主）。

饭店门前摆粥摊——抢生意（实力悬殊的竞争）。

辣茄过烧酒——煞渴（辣茄即辣椒；煞渴又叫解渴。喻指说话、办事痛快）。

冷口哺热食——来得正好（意为一臂之力助得正适时，雪中送炭）。

砻糠里榨油——吪有花头（没有油水）。

弄堂里背毛竹——直来直去，没法转弯（喻说话、办事不知变通；也喻施展不开）。

落雨天公背稻草——越背越重。

花轿弗坐坐猪笼——自讨苦吃。

白布衫掼咚染缸里——洗刷弗清。

麻袋盛车骨——摆勿落位（车骨：指旧时人力水车里的推水片及连接件，卸散后装在一个麻袋里。喻指将性格、脾气、习惯等差异很大的人凑在一起，很不协调）。

洋铁大衫——咣咣响，呒用场（喻指凡事不上肩，只会说大话，不负责任）。

馒头吃到豆沙边——快喽（比喻一桩事情快完成、快结束的意思）。

呆子掘荸荠——有得还想有（无休无止）。

铜钱眼里翻筋斗——"心眼"里就是钱。

铜缸对铁甏——硬碰硬。

蜻蜓咬尾巴——自吃自。

肉骨头吹喇叭——荤（昏）嘟嘟（昏了头）。

清水田里捉田螺——十拿九稳（指有把握）。

芥菜子掉在针眼里——碰巧（非常凑巧）。

檀树火筒—— 一窍不通（意为不开窍）。

戴箬帽亲嘴——合勿拢（明摆着有距离）。

出丧忘记棺材——做事没头绪（把最要紧的偏偏忽视了）。

年三十夜翻皇历——好日子完了。

猢狲穿衣裳——像煞是个人。

做了皇帝想登仙——弗知足。

爹同儿子坐牢——牢过又牢（十分牢靠）。

鞋帮做帽檐——高升（颠三倒四）。

丫头做过做嬷嬷——老手（嬷嬷：家庭主要女佣，意为熟门熟路）。

小鸡吃毛豆——胀煞（承受不了）。

苍蝇戴豆壳——大而无当（不相称）。

狮子大开口——贪大贪多（贪得无厌）。

大脚疯搔痒——木肤肤（麻木不仁）。

贼出关门——防范已晚。

江西人补碗——自顾自（旧时江西补碗师傅补碗时，发出"齐古齐"的声音，似萧山方音的"自顾自"）。

木排上带信——弗及时（也指不牢靠）。

短脚裤塞袜筒——差得远（差距很大）。

狗头上套箍——够（狗）苦（箍）（指苦头吃足）。

灰灶房里打扇——晦（灰）气（自找晦气）。

似乎噔噔走——神气活现（《心经》经文"是无等等咒"的谐音，喻旁若无人、趾高气扬）。

门神打灶神——打来打去一家人。

砻糠搓绳——起头难。

关起房门看老婆——自道自好（自我陶醉）。

乌贼肚皮——黑心肠（萧山话习惯称墨鱼为乌贼）。

寒天吃冷水——点点在心头（意为刻骨铭心）。

凤凰村志 下册

第十八编 文献

概　述

本编收录6个方面的内容：集体荣誉〔1954—2005年凤凰村、交通村、卫家村获萧山县（市）级以上荣誉情况、2006—2011年凤凰村获国家级荣誉情况、2005—2016年凤凰村获浙江省级荣誉情况、2005—2016年凤凰村获杭州市级荣誉情况、2006—2016年凤凰村获萧山区级荣誉情况、2005—2017年凤凰村获衙前镇荣誉情况〕；凤凰村级组织机构及人员配置（凤字〔1990〕2号、凤委〔2002〕1号、凤委〔2008〕7号、凤委〔2014〕1号、凤委〔2017〕13号）；《凤凰村村规民约》（1999年8月版、2006年1月版、2011年6月版、2017年7月版）；凤凰股份经济联合社章程（2006年6月20日版、2017年6月23日版）；凤凰村村歌；衙前镇1977—2017年党政负责人名录，起存史作用。

图1198　一堵老墙（2018年5月2日，徐国红摄于凤凰村）

图1199　一截石柱（2018年5月2日，徐国红摄于凤凰村）

一、集体荣誉

表773　1954—2005年凤凰村、交通村、卫家村获萧山县（市）级以上荣誉情况

年份	村（生产大队、生产队）	荣誉称号
1954	交通乡胜利初级社	萧山县农业生产一等模范
1958	交通乡交通社二大队	萧山县先进乡社
1959	交通乡胜利生产队	萧山县农业战线社会主义建设先进单位（粮食）
1959	交通大队	萧山县农业战线社会主义建设先进单位（水利）
1985	衙前镇凤凰村	萧山县文明村
1989	衙前镇凤凰村党支部	杭州市先进党组织
1990	衙前镇凤凰村	萧山市标兵村
1990	衙前镇凤凰村党支部	1989年度萧山市先进党支部
1991	衙前镇凤凰村党支部	1990年度萧山市先进党支部
1991	衙前镇凤凰村	1991年度萧山市标兵村
1993	衙前镇凤凰村	1992年度萧山市标兵村
1995	衙前镇凤凰村、交通村、卫家村	1994年度萧山市标兵村
1995	衙前镇凤凰村、交通村	1994年度萧山市50强村
1995	衙前镇凤凰村党支部	1994年度萧山市先进基层党组织
1996	衙前镇凤凰村、交通村、卫家村	1995年度萧山市标兵村
1996	衙前镇凤凰村、交通村	1995年度萧山市50强村
1996	衙前镇凤凰村党支部	1995年度萧山市先进基层党组织
1997	衙前镇凤凰村、交通村	1996年度萧山市标兵村
1997	衙前镇凤凰村党支部	1996年度萧山市先进基层党组织
1998	衙前镇凤凰村、交通村	1997年度萧山市标兵村
1998	衙前镇凤凰村	萧山市农业先进集体
1999	衙前镇凤凰村、交通村	1998年度萧山市标兵村
1999	衙前镇凤凰村	萧山市农业先进集体
2000	衙前镇凤凰村	杭州市文明村
2000	衙前镇凤凰村	1999年度萧山市标兵村
2001	衙前镇凤凰村	2000年度萧山市标兵村
2001	衙前镇凤凰村党总支	2000年度萧山区先进基层党组织
2002	衙前镇凤凰村	2001年度萧山区标兵村
2002	衙前镇凤凰村党总支	2001年度萧山区先进基层党组织
2002	衙前镇凤凰村	2001年度萧山区敬老村
2003	衙前镇凤凰村党总支	杭州市先进基层党组织
2003	衙前镇凤凰村党总支	2002年度萧山区先进基层党组织
2004	衙前镇凤凰村	杭州市园林绿化村
2005	衙前镇凤凰村	2004年度萧山区标兵村
2005	衙前镇凤凰村党总支	2004年度萧山区先进基层党组织

表774　2006—2011年凤凰村获国家级荣誉情况

时间	发奖单位	奖牌（状）名称
2006年10月	全国老龄工作委员会办公室	全国敬老模范村
2011年12月	中央精神文明建设指导委员会	全国文明村镇

表775　2005—2016年凤凰村获浙江省级荣誉情况

时间	发奖单位	奖牌（状）名称
2005年1月	浙江省委、浙江省人民政府	文明村
2006年1月	浙江省委、浙江省人民政府	全面小康建设示范村
2006年9月	浙江省村务公开和民主管理工作领导小组	浙江省村务公开民主管理示范村
2008年	浙江省司法厅、浙江省民政厅、浙江省普法办	浙江省民主法治村
2009年3月	浙江省纪律检查委员会、浙江省农村基层党风廉政建设领导小组	农村基层党风廉政建设示范村
2011年10月	浙江省生态文化协会	浙江省生态文化基地
2012年	浙江省委	创先学优先进基层党组织
2012年	浙江省委组织部	浙江省双强百佳行政村
2014年4月	浙江省人民政府	浙江省模范集体
2016年6月	浙江省委	浙江省先进基层党组织

表776　2005—2015年凤凰村获杭州市级荣誉情况

时间	发奖单位	奖牌（状）名称
2005年12月	杭州市委、杭州市人民政府	杭州市全面小康建设示范村
2006年7月	杭州市依法治市普法教育领导小组办公室、杭州市民政局、杭州市精神文明建设委员会办公室、杭州市司法局	杭州市四星级民主法治村
2007年	杭州市委、杭州市人民政府	2006年度杭州市社会主义新农村建设标兵村
2008年5月	杭州市人民政府	2007年度杭州市农村连锁经营发展工作先进单位
2008年6月	杭州市委	先进基层党组织
2008年11月	杭州市农业局、杭州市安全生产监督管理局、杭州市公安局	杭州市平安农机示范村
2009年1月	杭州市纪律检查委员杭州市农业和农村工作办公室	杭州市廉政文化示范点
2009年1月	杭州市委组织部	杭州市基层党建工作"100示范群"
2009年12月	杭州市体育局、杭州市民政局、杭州市老龄工办、杭州市老年体协	杭州市基层（社区、行政村）老年人体育协会先进单位
2010年3月	杭州市委、杭州市人民政府	杭州市农村社区服务中心示范型
2011年2月	杭州市妇联、杭州市"百村示范、千村整顿"工程协调小组办公室、杭州市财政局	杭州市"庭院整洁"工作示范村
2011年6月	杭州市委	先进基层党组织
2011年11月	杭州市司法局	2011年度杭州市先进人民调解委员会
2013年12月	杭州市文化广电新闻出版局	杭州市文化示范村
2015年7月	杭州警备区	民兵红旗党支部

表777 2006—2016年凤凰村获萧山区级荣誉情况

时间	发奖单位	奖牌（状）名称
2006年1月	萧山区第一次全国经济普查领导小组	第一次全国经济普查先进集体
2006年2月	萧山区精神文明建设委员会	杭州市萧山区一级文化村
2006年3月	萧山区委宣传部、区人口和计划生育局	2005年度新型生育文化建设示范村
2006年3月	萧山区委、萧山区人民政府	2005年度城乡一体化工作先进单位
2006年3月	萧山区人民政府	2005年度帮扶工作先进单位
2006年3月	萧山区人民政府	2005年度村务公开民主管理工作先进单位
2006年6月	萧山区委	2005年度萧山区先进基层党组织
2007年	萧山区委	2006年度萧山区先进基层党组织
2007年3月	萧山区委、萧山区人民政府	2006年度新农村建设竞赛活动优胜单位
2007年3月	萧山区妇女联合会	萧山区新农村建设巾帼示范村
2007年3月	萧山区妇女儿童工作委员会	萧山区基层妇女维权工作先进集体
2007年3月	萧山区村级财务规范化管理领导小组	2006年度村级财务规范化管理工作先进集体
2007年3月	萧山区"平安家庭"创建工作领导小组	萧山区创建"平安家庭"示范村
2007年6月	萧山区委	2006年度萧山区先进基层党组织
2007年7月	萧山区社区教育委员会	创建学习型村先进单位
2007年12月	萧山区委组织部	萧山区农村"五好"党建示范点
2007年12月	萧山区人民政府农业和农村工作办公室、区农村合作银行	信用村
2007年12月	萧山区依法治区普法教育领导小组办公室	萧山区"五五"依普工作联系示范点
2008年2月	萧山区委	2007年度萧山区先进基层党组织
2008年2月	萧山生态区建设工作领导小组办公室	杭州市萧山区生态村
2008年3月	萧山区妇女联合会	萧山区"整洁庭院内外，共建美好家园"清洁行动示范村（社区）
2008年3月	萧山区村级财务规范化管理领导小组	2007年度村级财务规范化管理工作先进集体
2008年12月	萧山廉政文化建设领导小组	萧山区廉政文化示范点
2009年1月	萧山区人民政府	新农村建设科技示范村
2009年1月	萧山区村级财务规范化管理领导小组	村级财务规范化管理工作先进单位
2009年1月	萧山区司法局	2008年度萧山区人民调解工作先进集体
2009年2月	萧山区委组织部	萧山区2008年度村级"和谐班子"
2009年3月	萧山区妇女联合会	萧山区基层妇女儿童维权工作站先进集体
2009年3月	萧山区妇女联合会	"整洁庭院内外，共建美好家园"清洁行动"户投"工作示范村
2009年4月	萧山区委外宣办	萧山对外形象基地
2009年8月	萧山区档案局	萧山区数字档案室优秀单位
2010年1月	萧山区人民政府	2009年度土地管理示范村（社区）
2010年2月	萧山区人民政府	村级财务规范化管理工作先进单位
2010年	萧山区总工会	优秀基层（职工）俱乐部

续表

时间	发奖单位	奖牌（状）名称
2010年3月	萧山区人民政府第二次经济普查领导小组	萧山区第二次经济普查先进集体
2010年3月	萧山区妇女联合会	"五好"妇代会
2010年3月	萧山区"平安家庭"创建活动领导小组	"平安家庭"创建活动示范村（社区）
2010年5月	萧山区团委	2009年度五四红旗团支部
2010年6月	萧山区委	萧山区2009年度先进基层党组织
2011年1月	萧山区妇女联合会	巾帼示范村
2011年1月	萧山区人民政府	2010年度杭州市萧山区安全生产示范村
2011年2月	萧山区委	萧山区2010年度先进基层党组织
2011年3月	萧山区人民政府	新农村建设示范村
2011年3月	萧山区人民政府	村级财务规范管理工作先进单位
2011年3月	萧山区加强农村基层党风廉政建设工作领导小组	农村基层党风廉政建设五星级村
2011年5月	萧山区委、萧山区人民政府	萧山区"三五"依法治区"五五"普法教育工作先进单位
2011年12月	萧山区新农村建设法律顾问制度工作指导协调小组办公室	萧山区新农村建设法律顾问工作先进集体
2011年12月	萧山区委、萧山区人民政府	萧山区民主法制村
2012年3月	萧山区委、萧山区人民政府	2011年度美丽乡村精品村
2012年3月	萧山区人民政府	村级财务规范化管理工作先进单位
2012年12月	萧山区统计局、萧山调查队	全区统计工作达标村
2012年	萧山区绿化委员会	森林村庄
2013年1月	萧山区人民政府	2012年度杭州市萧山区安全生产示范村
2013年1月	萧山区委、萧山区人民政府、萧山区人民武装部	军民共建文化示范村
2013年3月	萧山区人民政府	村级财务规范化管理工作先进单位
2013年6月	萧山区委	萧山区2012年度先进基层党组织
2013年	萧山区精神文明建设委员会	2012年度实施"春泥计划"优秀村
2014年	萧山区委、萧山区人民政府	2013年度村级财务规范化管理工作先进单位
2014年	萧山区人民政府	2013年度最清洁村庄
2014年6月	萧山区普法领导小组	萧山区"六五"普法中期工作先进集体
2016年1月	萧山区司法局	2015年度人民调解工作先进集体

表778　2005—2017年凤凰村获衙前镇荣誉情况

时间	发奖单位	奖牌（状）名称
2005年2月	衙前镇委、衙前镇人民政府	2004年度经济发展十强村
2006年2月	衙前镇委、衙前镇人民政府	2005年度经济强村
2006年2月	衙前镇委、衙前镇人民政府	2005年度现代化建设示范村
2006年4月	衙前镇委、衙前镇人民政府	2005年度社会综合治理先进集体
2006年7月	衙前镇委	2005年度先进党组织

续表

时间	发奖单位	奖牌（状）名称
2007 年 2 月	匐前镇委、匐前镇人民政府	2006 年度经济强村
2007 年 2 月	匐前镇委、匐前镇人民政府	2006 年度现代化建设示范村
2007 年 6 月	匐前镇委	2006 年度先进党组织
2008 年 2 月	匐前镇委、匐前镇人民政府	2007 年度社会治安综合治理先进单位
2008 年 2 月	匐前镇委、匐前镇人民政府	2007 年度经济社会发展贡献奖
2008 年 2 月	匐前镇委、匐前镇人民政府	2007 年度富裕和谐新农村建设竞赛活动优胜村
2008 年 10 月	匐前镇人民政府、匐前镇人武部	2007 年度征兵工作先进集体
2009 年	匐前镇委、匐前镇人民政府	2008 年度社会治安综合治理先进集体
2010 年 2 月	匐前镇委、匐前镇人民政府	2009 年度目标责任制考核先进村
2010 年 7 月	匐前镇委	2009 年度先进党组织
2011 年	匐前镇委、匐前镇人民政府	2010 年度社会治安综合治理先进集体
2011 年 2 月	匐前镇委、匐前镇人民政府	2010 年度目标责任制考核先进村
2011 年 7 月	匐前镇委	2010 年度先进党组织
2012 年 2 月	匐前镇委、匐前镇人民政府	2011 年度"最清洁城乡"工程竞赛活动二等奖
2012 年 2 月	匐前镇委、匐前镇人民政府	2011 年度目标责任制考核先进村
2013 年 2 月	匐前镇委、匐前镇人民政府	2012 年度目标责任制考核先进村、"最清洁城乡"工程竞赛活动优胜村一等奖、信访工作"三无"村
2013 年 7 月	匐前镇委	2012 年度先进党组织
2014 年 2 月	匐前镇委、匐前镇人民政府	2013 年度目标责任制考核先进村、"最清洁城乡"工程竞赛活动优胜村一等奖、信访工作"三无"村
2014 年 7 月	匐前镇委	2013 年度先进党组织
2015 年 3 月	匐前镇委、匐前镇人民政府	2014 年度目标责任制考核先进村、"最清洁城乡"工程竞赛活动优胜村一等奖、信访工作"三无"村
2015 年 5 月	匐前镇委、匐前镇人民政府	2014 年度匐前镇社会管理综合治理先进集体
2015 年 6 月	匐前镇委	2014 年度五星级党组织
2016 年 2 月	匐前镇委、匐前镇人民政府	2015 年度五星级先进村、"最清洁城乡"工程竞赛活动优胜村一等奖、信访工作"三无"村
2016 年 7 月	匐前镇委	2015 年度五星级党组织
2017 年 2 月	匐前镇委、匐前镇人民政府	2016 年度目标责任制考核一等奖
2017 年 6 月	匐前镇委	2016 年度五星级党组织

二、组织机构及人员配置

衙前镇凤凰村组织机构及人员配置

（凤字〔1990〕2号）

工业办公室主任：胡和法
农业办公室主任：周阿根
治保主任：周狄夫
妇女主任：鲁小珍
村 会 计：鱼成火
村 出 纳：鲁小珍
民兵连长：周柏夫
团支部书记：鲁小珍
工业办公室成员：萧山电器五金二厂厂长：沃鹤金
　　　　　　　　衙前加油站副站长：胡岳法
　　　　　　　　凤凰塑料五金厂厂长：周狄夫
　　　　　　　　凤凰搬运队队长：周阿根
　　　　　　　　凤凰香木扇厂厂长：鱼关海
　　　　　　　　萧山市电子元配件厂副厂长：汪关林
　　　　　　　　萧山衙前土石方工程队队长：孔先尧
　　　　　　　　凤凰锯板厂厂长：项木兴
　　　　　　　　衙前农工商经理：翁关夫
　　　　　　　　衙前农业服务部经理：王水林
　　　　　　　　凤凰家具商店经理：叶祖相
农业办公室成员：值保组：王岳云
　　　　　　　　电工组：汪张坤
　　　　　　　　排灌组：王老毛
　　　　　　　　畜牧组：翁永泉
　　　　　　　　后勤组：方正海
　　　　　　　　山林队队长：周友根
　　　　　　　　茶果队队长：应柏根
　　　　　　　　农场场长：沈国兴

衙前镇凤凰村组织机构及人员配置

（凤委〔2002〕1号）

企业管理小组组长：胡岳法，组员：方正、胡和法

村镇建设领导小组组长：沃关良，组员：周建新、曹行舟

村干部廉政监督小组组长：胡和法，组员：汪生根、汪张继、沃阿毛、沈国兴、鱼成仙

村民主理财监督小组组长：鱼成虎，组员：曹水根、施彩芬、曹行舟、徐幼琴

村综合科科长：周阿根

村财务科科长：张彩琴

村水电科科长：沈云海

村办公室主任：曹行舟

市场办主任：徐幼琴，副主任：徐建根

股份制企业派任财务干部：王玲英（装饰布厂）、施彩芬（喷气织造厂）

老年人协会会长：胡和法

老年活动中心主任：方正海

山林队队长：汪张坤

环保队队长：王老毛

凤凰村干部任职及分管工作

（凤委〔2008〕7号）

（一）党委会

书　记：胡岳法，主管：政治、经济、人事

副书记：沃关良，主管：产业、建设、社会事业

副书记：傅柏松，主管：政法、纪检、工会、基建

组织干事：胡阿素，主管：组织、宣传、民工新村

（二）村委会

主任：沃关良，负责村委会日常工作

副主任：卫建荣，主管村务工作

委员：方正、张彩琴、卫星

（三）经济联合社董事会

董事长：胡岳法，负责董事会日常工作

副董事长：傅建松，主管上缴款收缴

董事：方正、张彩琴、卫星

（四）村分2条线4个组

1. 第一条线：经济组、工业商贸组责任人：胡岳法

（1）经济组

组长：张彩琴，副组长：卫星、汪彩娟

（2）工业商贸组

组长：方正，副组长：傅建松、周建新，成员：胡和法、曹行舟、唐荣法

2. 第二条线：建设组、村务组责任人：沃关良

（1）建设组

组长：傅柏松，副组长：沈云海、胡和法，成员：方正、周建新、曹行舟、张彩琴

（2）村务组

组长：卫建荣，副组长：傅建松、方正，成员：汪彩娟、卫星、周建新、唐荣法

（五）村纪律检查委员会、监督委员会

1. 纪律检查委员会书记：傅柏松，副书记：沃关良，委员：方正

2. 监督委员会主任：傅柏松，副主任：王玲英，成员：卫子仁

（六）村10个办公室

财务办公室主任：张彩琴，副主任：汪彩娟、鲁小珍、卫东

老年人协会办公室主任：胡和法，副主任：项美文、方正海

水电办公室主任：沈云海，副主任：唐关仁

行政办公室主任：曹行舟

计划生育办公室主任：胡阿素，副主任：傅芬娟

企财代管室主任：胡和法，副主任：施彩芬

市场办公室主任：徐幼琴，副主任：徐建根

工业园办公室主任：项岳元，副主任：项美文

庙管办公室主任：周阿根

租赁办公室主任：汪彩娟，副主任：胡和法

（七）各系统干部

团支部书记、民兵连长：周建新

妇女主任：汪彩娟

计划生育协会：胡阿素

信访调解巡防：唐荣法

治保主任：方正

衙前镇凤凰村干部任职及分管工作

（凤委〔2014〕1号）

（一）村全面工作责任人：胡岳法

（二）2条线责任人

1. 村务、财务线责任人：沃关良

2. 发展、建设线责任人：傅柏松

（三）4个办公室责任人

1. 村委办公室

主任：沈云海，副主任：卫建荣，成员：唐荣法、周建新、卫星、汪彩娟、沃琦（档案管理员）

2. 村经济联合社办公室

主任：傅建松，副主任：方正、张彩琴，成员：曹行舟、傅玉刚（档案管理员）

3. 村财务办公室

主 任：张彩琴

成 员：汪彩娟、鲁小珍

4. 创业新村办公室

主 任：胡阿素

成 员：卫星、唐荣法

（四）下设11个办公室（责任人）

方　正：综治办主任兼老协会主任

汪彩娟：妇女主任兼村租赁办主任

翁洪霞：村办事中心主任兼组织干事

唐关仁：水电办主任

周建英：计生办主任

周建新：新鑫凤凰花园主任

徐幼琴：村三产办主任

徐建根：村市场办主任

曹行舟：村总务办主任

胡和法：庙管委主任兼居家养老中心管理员

周岳根：庙管委副主任兼东岳庙负责人

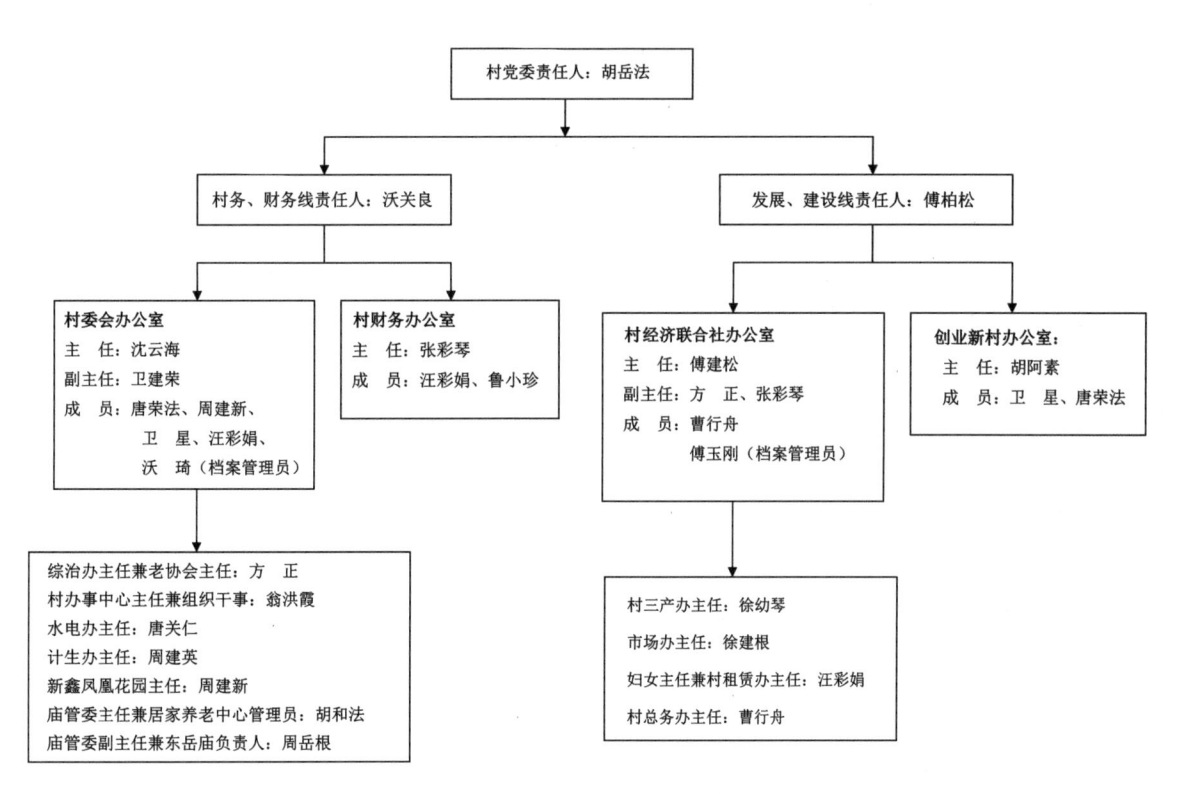

图1200　2014年衙前镇凤凰村干部工作责任网络管理图

衙前镇凤凰村干部任职及分管工作

(凤委〔2017〕13号)

(一)凤凰村

胡岳法:职务:党委书记、股份经济联合社董事长
　　　　分管:政治、经济、文化、人事等全面工作
沃关良:职务:党委副书记、村委会主任、股份经济联合社副董事长
　　　　分管:村务全面工作、三产发展工作、计生卫生工作
傅柏松:职务:党委副书记、纪委书记、监督委员会主任
　　　　分管:纪律检查工作、三务监督工作、政法宣传工作、创业新村工作、工程项目管理监督工作
沈云海:职务:党委委员、村委会副主任(常务村委工作)
　　　　兼任:村务管理办公室主任、经济发展管理办公室副主任
傅建松:职务:党委委员、股份经济联合社副董事长(常务经济工作)
　　　　兼任:经济发展管理办公室主任、村务管理办公室副主任
周建新:职务:党委委员、宣传组织委员
　　　　兼任:社会综治管理办公室主任、村务管理办公室副主任、经济发展管理办公室副主任(兼文化创业园主任)
卫建荣:职务:村委副主任、老协会主任
　　　　兼任:村务管理办公室副主任(兼拆违控违办公室主任)
沃　琦:职务:村委会委员、民兵连长
　　　　兼任:村务管理办公室成员、社会综治管理办公室副主任(兼治保调解办主任)
汪彩娟:职务:村委委员、妇女主任
　　　　兼任:计划生育办公室主任、财务二办主任
张彩琴:职务:经济联合社董事(常务财务工作)
　　　　兼任:经济发展管理办公室副主任、村财务总负责兼村财务一办主任
翁洪霞:职务:经济联合社董事、组织科科长、团支部书记
　　　　兼任:村办事中心办公室主任

(二)创业新村

胡阿素:职务:创业新村党支部书记
　　　　兼任:创业新村管理办公室主任
卫　星:职务:创业新村党支部委员、社区主任
　　　　兼任:创业新村管理办公室副主任、村社会综治管理办公室副主任(兼消防巡防、保安办公室主任)
傅玉刚:职务:创业新村党支部委员、综治办主任、团支部书记
　　　　兼任:创业新村管理办公室成员、村务管理办公室成员、经济发展管理办公室成员

(三)村务工作、经济发展管理助理员

方　正:经济发展管理办公室成员

　　　　社会综治管理办公室成员（兼治保调解办副主任）

唐荣法：村务管理办公室成员（兼环境卫生办公室主任）

　　　　村社会综治管理办公室成员（兼消防巡防、保安办公室副主任）

（四）5个办公室分设

1. 村常务管理办公室

主　　任：胡岳法

副主任：沃关良、傅柏松

成　　员：傅建松、沈云海、张彩琴

2. 村务管理办公室

主　　任：沈云海

图1201　2017年衙前镇凤凰村新一届领导班子成员（叶萍萍摄）

副主任：傅建松、周建新、卫建荣

成　员：沃　琦、傅玉刚、唐荣法

3. 村经济发展管理办公室

主　任：傅建松

副主任：沈云海、周建新、张彩琴

成　员：傅玉刚、汪彩娟、方　正

4. 村社会综治管理办公室

主　任：周建新

副主任：卫　星、沃　琦

成　员：方　正、唐荣法

5. 创业新村管理办公室

主　任：胡阿素

副主任：卫　星

成　员：傅玉刚

三、村规民约

衙前镇凤凰村村规民约

（1999年8月）

总　则

为了进一步搞好凤凰村的两个文明建设，遵照上级党委政府的要求，紧跟新的形势，根据村的现实情况，有利于开展好各项工作，经村民小组长以上干部反复讨论，并于1999年8月27日下午经村民代表大会一致通过，制订出适应当前的村规民约。

村规民约的组成内容有：奋斗目标，政策性的规定条例，违规的处理规定。全村干部群众要进行认真学习，提高认识，对照条例坚持实施。

本条例适应于目前时期，随着形势的变化，社会的发展，今后可作进一步修改，达到完善适应。希望全村干部、村民自觉对照条例贯彻实施，达到干群一条心，把凤凰建设得更加美好。

第一章　达到文明村的规定

一、党员、干部

1. 遵照党中央的方针、政策办事，积极响应上级党委政府的号召，做到及时贯彻落实，搞好各项工作。

2. 做到带头遵纪守法，廉洁奉公，定期开好民主生活会，开展批评与自我批评，达到进一步团结。

3. 党支部要有凝聚力，起到战斗堡垒作用，争创先进党支部。

4. 党员要起到先锋模范作用，争创优秀党员。

5. 干部要走群众路线，为民办实事，为民排忧解难。

6. 要搞好两个文明建设，走凤凰致富道路，永远立于不败之地。稳定巩固标兵村的荣誉，向红旗村迈进。

二、村民群众

1. 要服从领导，尊重领导，积极配合各项工作的开展。

2. 做到遵纪守法，遵守村规民约和执行各种公告、布告、通告。

3. 邻居之间要相互关心支持，搞好团结，家庭要和睦相处，敬老爱幼，不吵架闹事，创建幸福五好家庭。

4. 要爱护公物，决不做损害集体、个人利益的事。

5. 干部工作有缺点、错误，可以向组织提出合理化建议，要出于善心帮助，决不能进行报复性、恶意性攻击和谩骂干部，要保持干群密切关系，形成良好影响。

6. 要为搞好村的两个文明建设做参谋，提宝贵意见，达到干群一条心，为进一步促进凤凰繁荣富强多做贡献。

第二章 创建工作的规定

一、创建市级卫生村

1. 提高创卫意识，坚持长效管理。把村庄建得环境优美、清洁卫生。

2. 进行旧房改造。按统一式样建造新住宅房。

3. 进行道路改造。建好花坛，种上花木。

4. 填平露天粪坑，建造好部分公厕，实现户户设有卫生间。

5. 建好垃圾箱，有专人打扫环境卫生。

6. 消灭老鼠、蚊子、苍蝇、蟑螂，实现四无村。

二、创建五好家庭

1. 爱国守法，热心公益好。

2. 学习进取，爱岗敬业好。

3. 男女平等，尊老爱幼好。

4. 移风易俗，少生优育好。

5. 勤俭持家，保护环境好。

第三章 土地集约经营的规定

一、内地土地（凤凰山）、围垦土地、办场三个。

二、各场任命场长、分场场长、出纳负责管理。

三、农场、鲜切花场实行收支二条线，交款报账制形式，有村会计统一做账。

四、农场主要作物以粮为主，逐步调整产业结构，增加养殖业、果木种植业，向多种经营方向发展，凤凰山向实现公园旅游景点发展。

五、农场、鲜切花场的经济责任制采取一次性包干或实行定指标，超产比率分配，减产确保基本工资的形式。

六、农场、鲜切花场劳动力安排，根据长年任务确定固定场员数，由村负责招工并制订好用工合同。在农忙期间，农场可以自行招收临时工，对招工的待遇应首先同村财务主管人共同商讨决定。

七、作物种植，农产品的安排都应有村主管农业的和村两委参加共同讨论决定。

八、农场、鲜切花场在具备一定的条件时，实行承包或土地有偿使用政策。

第四章　工商企业的规定

一、企业性质

1. 联营

2. 股份制

3. 私营

4. 个体

二、企业都要向工商部门办理好营业执照，并向财税部门办理好税务登记。

三、企业应该加强经营管理，做到遵纪守法。

四、企业要设备更新，开发新产品，遵守信誉，增强竞争能力。

五、企业要实行规范做账，照章纳税、交费。

六、属于房子租赁，土地有偿使用的企业，都要按时向村交清租金及有偿使用费。

七、各企业一定要及时交清电费、水费。

八、企业有看准的开发项目，村可以协助解决有关具体问题。

第五章　土地管理规定

一、企业单位用地

1. 首先应同村委协商好，并办理好土地征用协议，付清款项。

2. 向萧山市土管局申请批准用地指标。

3. 向萧山市计划委员会办理好立项文件。

4. 向萧山市城建局办理好定点手续。

5. 向萧山市土管局办理好土地使用出偿手续。

6. 向萧山市城建局办理好建设许可证、施工许可证。

二、村民建房用地

1. 需建房户应首先向村委打报告，经村委研究同意报送镇土管办批准，再办理好有关手续，交清规费，送萧山市土管局、市政府批准同意。

2. 办理好建设房全部手续后（属于新地基建造的必须先拆除老房）在建造前必须先设计好基建图纸，经村、镇城建土管部门审查符合才可一道到现场放样动工。

3. 建造附属设施，打围墙一定要得到村、城建土管部门同意批准，并办理好有关手续，方可建造。

第六章　征兵服役的规定

一、符合征兵条件的青年都要参加体检，接受祖国挑选。

二、通过体检合格，接到入伍通知书的一定要光荣入伍。

三、在服役期间的条件

1. 经济补偿

额度：按衙前镇人武部当年的规定支付。

支付期限：从入伍通知书时间开始到退伍日期为止。

支付时间：每到一年支付一次。

2. 如在部队被提干，当军官后停发经济补偿。

3. 在入伍期间村停发口粮及其他福利待遇。

第七章 水电管理的规定

一、供电范围

1. 分专变、综合变供电。

2. 分企业、事业、民用供水。

二、安装费用负担

1. 属于厂房租赁的单位，第一次水电安装费由村承担，增量、改道、维修由用房单位承担。

2. 属于土地有偿使用的单位，水电安装维修费用全部由本单位承担。

3. 村民用电用水总线、总管费用由村承担，装入户里的分线、分管费用由用户承担。

三、费用收交

1. 单独专变的电费由用户直交供电部门。

2. 多单位专变及综合变的电费由村水电科负责代收代交。

3. 自来水费全部由村水电科负责代收代交。

四、安装维修

1. 高压线路到配电柜由供电部门负责安装。

2. 低压线路三相两相到表位一律由村水电科负责帮助安装。

3. 自来水管道到表位一律由村水电科负责帮助安装。

4. 如上级有关单位有新的管理制度，应按新制度实施。

第八章 村民福利待遇的规定

一、发放现金免费供应食物

1. 养老金发放：男到 60 周岁，女到 55 周岁，每月发放 80 元。

2. 口粮供应：每人每月供应大米 20 市斤，按季发放。

3. 菜油供应：每人每年供应 4 市斤。

4. 每年春节供应鲜鱼每人 2 市斤。

二、每个村民都参加合作医疗，参加资金由村负责交付，到衢前医院看病医药费实行打折支付。

三、学生入学补贴及奖励

1. 幼儿班每年补贴 40 元。

2. 小学每年补贴 30 元。

3. 初中每年补贴 40 元。

4. 升学奖励：考上大学 1000 元，考上重点高中 500 元。

四、煤气供应

每户每年供应煤气 8 瓶，一次性收取瓶费 510 元。

每瓶供应价 35 元，不足部分由村承担。

五、个别经济比较困难的重病户，医药费开支较大可向村打报告，会适当给予补助。

六、个别特困户在春节期间，经分析讨论，可作适当补助。

七、亡故丧葬费一般每人村补助 300 元。

第九章 计划生育的规定

一、依法登记结婚，积极提倡晚婚晚育，少生优生；坚决杜绝超生，超孕及时补救；生育一孩放环，生育二孩结扎，接受孕情检查；外地务工经商及时领取计生证，三个月一次反馈孕情信息，发现计划外怀孕及时回报。

二、遵照上级有关规定，符合要求的可以照顾生育第二胎。但必须本人打申请报告，经上级批准后方可生育。

三、经济补助

1. 放环误工补贴每人10元。

2. 放环后怀孕做人流手续每人补助50元。

3. 做结扎手术的支付营养费160元、补贴70元，遇到必要招待的不得超过200元；需离地做结扎的可适当报销差旅费。

4. 结论属于做人流、结扎手术引起的医药费可作适当补助。

第十章　村务公开　民主理财的规定

一、村务公开机构设置

1. 村务公开领导小组

2. 民主理财小组。

3. 监督小组。

二、公开内容

1. 财务收支公开。

2. 集体资产承包、租赁、转让拍卖公开。

3. 村民建房用地管理公开。

4. 建设工程项目公开。

5. 计划生育公开。

6. 征兵工作公开。

7. 水电管理公开。

8. 村干部工资、福利待遇公开。

第十一章　表扬奖励的规定

1. 每年评定一次高科技、新项目、新产品、高产高效的单位个人，进行表扬奖励。

2. 当年被评上镇级以上优秀、先进户和个人，当年可给予一定奖励。

3. 对坏人坏事敢于大胆现场抓住或能举报揭发的个人，根据功绩大小给予一定的奖励。

第十二章　社会治安违规处理的规定

一、赌博行为

1. 发现赌博行为的都应进行教育。

2. 屡教不改的在行政上、经济上要处理，情节严重的报法律部门处理。

3. 现场发现没收赌款、赌具。

4. 摆赌场的户处理要从严。

5. 被公安部门查获的村决不出面讨保。

6. 党员干部参加赌博的要受党纪处分，撤销干部职务。

7. 凡有户员参加赌博和摆赌场的户，该户在当年不能评为"五好家庭户"。

二、偷窃行为

1. 偷窃要归还原物或折价归还，写出悔改书，并予罚款处理；如本人在发养老金的停发养老金。

2. 情节严重的报法律部门处理。

3. 凡户员有偷窃行为的，该户当年不能评"五好家庭户"。

三、吵架闹事、谩骂干部

1. 一般采取及时教育，根据认识态度作出处理；如造成损失由损害方全部负担。

2. 情节严重的报法律部门处理。

3. 本人享受养老金的停发养老金。

4. 由户员产生的，该户在当年不能评"五好家庭户"。

四、虐待老人

1. 子女对父母长辈在吃、住、穿、零用、药费、服侍等方面没有承担好义务，产生排挤老人行为的，通过教育必须及时改正。

2. 屡教不改，情节严重的报法律部门处理。

3. 该户当年不能评"五好家庭户"。

五、违规用电、用水

1. 擅自搭电、接水的一律拆除，停止供电供水。

2. 偷电的要补交电费，并罚款500—3000元。

3. 偷水的要补交水费，并罚款50—300元。

4. 该户有发养老金的采取停发。

5. 当年不能评"五好家庭户"。

六、拖交款项

1. 不及时交出水费、电费的，停止供电供水。

2. 逾期交纳租金、有偿使用费的按有关规定计息，超过一个月的可采取停止使用的措施；继续不交清可将设备财产抵交。

七、破坏卫生村建设

1. 损害花木的按价赔偿，并每支罚款100—200元。

2. 损坏卫生设施和建筑物的按价赔偿，并罚款200—500元。

3. 本人已发养老金的停发养老金。

4. 情节严重的报法律部门处理。

八、破坏山林

1. 上山砍树、竹，没收工具，归还原物或折价赔偿，并罚款每支200—500元。

2. 上山耙柴、砍柴、倒柴头、扭死枝、摘水果、茶叶等没收工具，归还原物并每次罚款100—300元。

3. 上山拔掉果树按价赔偿，每支罚款200—500元。

4. 捣乱山林组织造成影响的，每次罚款100—200元。

5. 有上述行为的人本人在享受养老金的一律采取停发。

6. 情节严重的，报法律部门处理。

九、破坏农业园区

1. 损害农作物的按价赔偿，罚款100—300元。
2. 拔掉花木、果树的按价赔偿，罚款200—500元。
3. 损坏机耕道路等建筑物折价赔偿，罚款300—500元。
4. 偷窃农作物等归还原物，罚款200—500元。
5. 有上述行为的村民，在享受养老金的一律停发。
6. 情节严重的报法律部门处理。

十、违反计划生育

1. 对不愿禁止计划外怀孕者，除强制采取外，各种费用自负。
2. 对于生育一孩不及时放环，按镇政府规定罚款2000元。
3. 对于生育二孩不及时结扎除罚款2000元外，还必须强制执行。
4. 各企业负责人和各村民不得擅自收留和包庇外来人员非法生育，一经发现除受上级部门的罚款外，将免去村内一切享受。
5. 不得擅自非法领养或抱养儿童。

衙前镇凤凰村村规民约

（2006年1月）

总　则

遵照党的路线、方针、政策和国家的法律法规，结合本村实际制订凤凰村《村规民约》。

本《村规民约》经村三委班子反复讨论，并经村民代表会议通过决定所产生。

《村规民约》包含创建工作、政策性规定、违法违章处理规定等。随着形势的发展、社会的进步，本《村规民约》可以作完善、修改。

本《村规民约》从2006年1月1日起实施。

第一章　达到文明村的规定

一、党员、干部

1. 遵照党中央的方针、政策办事，积极完成上级党委、政府下达的各项任务，做到及时贯彻落实。
2. 做到带头遵纪守法，遵守各项规章制度，廉洁奉公，定期开好民主生活会。开展批评与自我批评，达到进一步团结。
3. 党委要有凝聚力，起到战斗堡垒作用，争创先进党委。
4. 党员要起先锋模范作用，争做优秀党员。
5. 干部要走群众路线，为民办实事，全心全意为人民服务。切实解决群众关心的热点、难点问题，改善干群关系，密切联系群众，维护农村稳定，端正自身形象，提高办事效率。提高办事透明度，杜绝不正之风，推进农村现代化建设。
6. 把两个文明建设搞好，走凤凰致富道路。做到稳定巩固发展，保持省文明村的荣誉，向现代化小康型的新农村迈进。

二、村民群众

1. 服从领导，尊重领导，积极配合领导开展好各项工作。

2. 做到遵纪守法，遵守各项制度和有关规定。

3. 要认真学习提高本人道德素质，重视培养教育好后一代，为国家集体作出更多贡献，为走致富道路，家庭和睦安定、美满生活创造良好条件。

4. 邻居之间要相互关心、支持、团结，做到敬老、养老、爱幼，不吵架闹事，创建幸福美满的"十星"级户。

5. 要爱护公物，保护好环境设施，决不要做损公利己的事及有意破坏的事。

6. 干部有缺点、错误或不合理的决定可以向组织提出，要善于帮助，决不能产生报复和恶意攻击，要保持干群之间的密切关系，形成良好形象。

7. 要为搞好凤凰村两个文明建设作好参谋，提出宝贵意见，达到干群一条心，为进一步促进凤凰繁荣富裕多做贡献。

第二章 创建工作的规定

一、创建区级以上农村示范村

1. 到2007年全村实现市级农村示范村的目标。

2. 提高创卫意识，坚持日常管理，把村庄建设得环境优美，整齐、清洁卫生。做到户户门前负责"三包"，垃圾入箱，勿乱倒。

3. 提高村民生活质量，改善居住条件，规划先拆旧后建新，集中居住多层或高层现代式的新型住宅房。

4. 进行道路改造维修，建好花坛，种上花木，装上路灯，首先实施主干道路，逐步实施支干道路。

5. 全部取消露天粪坑，分地建好公共厕所，实现户户设有卫生间，安装标准化粪池。

6. 在适合地段建好小垃圾箱和垃圾中转站，日常安排专人打扫环境卫生，建立环保队伍。

7. 消灭老鼠、蚊子、苍蝇、蟑螂，实现四无村。

二、创建"星级文明家庭"

1. 爱国星：热爱党、热爱祖国、热爱社会主义，正确处理国家、集体、个人三者关系，依法自觉纳税，服兵役，上交各类规费。

2. 守法星：遵守村规民约、厂纪厂规，家庭成员无参赌、涉毒、偷窃、诈骗等违法违纪行为，无侮辱、诽谤他人行为，无打架、斗殴行为，自觉执行计划生育、土地政策。

3. 公益星：家庭成员积极参加各项社会活动，扶贫帮困，助人为乐，见义勇为，敢于同一切不良倾向做斗争，自觉承担各项公益义务。

4. 和睦星：尊老爱幼，男女平等，家庭和睦，不发生家庭暴力行为。

5. 教育星：严格治家，重视家庭教育，不溺爱、放任子女，自觉履行九年制义务教育，壮年人无文盲。

6. 文化星：家庭成员积极参加学习、教育、技术培训和健康向上的文体活动，家庭藏书10册以上，报刊一份以上。

7. 洁美星：讲究卫生，美化净化居住环境，陈设整洁有序，门前屋后无垃圾，无堆积物，无露天粪坑。

8. 新风星：自觉履行殡葬改革，婚丧事从简，崇尚科学，反对封建迷信，不搞算命、卜卦、做道场等迷信活动，不参加非法宗教活动，无迷信职业者。

9. 勤俭星：勤劳致富，积极发展家庭经济，家庭人均收入达到全区人均水平以上，节俭持家，科学合理开支，不挥霍浪费，不讲排场，不摆阔气，杜绝愚昧浪费。

10. 贡献星：家庭成员在两个文明建设中，对国家、集体、群众有特殊贡献，在急难险重突发事件中有特殊表现和贡献。

第三章　工商企业的规定

一、企业性质

1. 联营

2. 股份制

3. 私营

4. 个体

二、任何企业都要向工商部门登记办理营业执照，并向财税部门办理税务登记，特殊企业必须向其他有关部门办理规定的登记手续。

三、企业应该在规定经营范围内经营，增加经营范围应及时办理增加项目的变更手续，应加强管理，做到合法经营。

四、企业要紧跟形势，了解市场，设备更新，产品适时，遵守信誉，增强竞争能力，增加经济效益。

五、财务要做到规范做账，照章纳税、交费。

六、向村租用房子或土地有偿使用的企业都要及时制订好协议，并要履行好协议条例，做到按时交清房屋租金和土地有偿使用费，不得拖欠。

七、要按时交清电费、水费。

八、企业如有看准需要开发的项目，村可以配合协助，帮助解决有关具体问题。

第四章　人口管理

一、人口增加

1. 嫁入纯农户女方户口可以迁入，凭迁入联系单增加该户人口。

2. 纯农户的有生育指标的根据出生证增加人口。

3. 纯农户全生女孩的允许招一名上门女婿为儿子，如为纯农户的可凭迁入联系单增加人口。

4. 退伍转业军人凭迁入联系单增加人口。

5. 劳改、劳教期满回家，凭迁入联系单增加人口。

二、人口减少

1. 离村出嫁或外出进舍（上门）女婿的一律按结婚日开始减少人口。

2. 死亡的按死亡日开始减少人口。

3. 学生考上大中专院校的按迁出联系单日期减少人口。

4. 服役参军的按迁出证日期开始减少人口。

5. 劳改、劳教的凭办理迁出手续日期开始减少人口。

第五章　征兵服役的规定

一、遵照兵役法规定，凡符合条件的都要参加体检，接受祖国挑选。

二、通过体检合格定兵后，接到入伍通知书的一定要光荣入伍。

三、在服役期的条件

1. 经济补偿额度按衙前镇人武部的统一规定支付。

支付期限：从入伍通知书时间开始到退伍时期为止。

支付时间：每到一年支付一次，按实际月份支付。

2. 如在部队已提干或转为志愿兵的从实际提干或转正时间开始停发经济补偿。

3. 从入伍迁出户口日开始村停发口粮和其他福利待遇，到退伍迁入户口日开始继续发放。

第六章　水电管理规定

一、供电供水范围

1. 分专变、综合变。

2. 分企业、事业、民用。

二、安装费用的承担

1. 属于厂房向村租用的单位开始时供电，村负责上好变压器，三相电线放到车间，每间安装一盏电灯。自来水总管村负责装到就近点位置，安装一表一个水龙头。其余应由租赁户按本人意愿自行承担安装，增量维修一律由用户自己承担。

2. 属于土地有偿使用的单位，水电安装、维修一律由用户承担。

3. 村民用电由镇电管站直接管理收费。

村民用水总管由村承担，到户分管水表由本户自负。

三、费用收缴

1. 企业单独专变的电费由用户直交供电部门。

2. 公用专变的电费由村负责代收上交供电部门。

3. 自来水费用由村代收代交。

4. 村民建房用电、用水装表收费。

四、安装维修

1. 高压线路到配电柜由供电部门承装公司安装、维修。

2. 民用户低压到表位一律由镇电管站帮助安装、维修。

3. 民用户自来水总管到表一律由村水电工帮助安装、维修。

4. 如上级有关单位有新的规定变动，按新规定实施。

第七章　企业租房用地的规定

一、租赁村建集体房屋和土地有偿使用的企业、单位、个人一律都要事先制订好规范协议，自觉遵守信誉，履行好协议条例。

二、租用期时间

1. 工业企业租房和部分土地有偿使用费的一般租期为3年；

2. 工业企业全部或大面积土地有偿使用的单位租期一般为15年；

3. 营业用房租期一般为1—3年；

4. 规划拆迁地段租期另定。

三、租金上交时间

1. 企业租用的老厂房租金、土地有偿使用费，按季上交；

2. 营业用房一般按制订协议年份一次性预交清租金。

3. 新开发的村工业园区标准厂房的租金，每年提前预交一次。

第八章　综合性的有关规定

一、行政村规模调整后新凤凰村资产确定为：交通片2028万元；凤凰片9051万元；卫家片

964万元，合计12043万元。该资产作为该片股民享受依据。

二、关于2006年起村开发项目的结算和净收入分配

1. 开发片的可得部分

（1）办过土地出偿的退村土地费全部归片所有，农转非的人口安排该片村民；

（2）未办过土地出偿手续开发用的地每年按每亩实用面积的土地，每亩有偿使用按该片价格结算给所属片；

（3）开发结算的净收入的50%属于所属片所有。

2. 村可得开发净收入的50%部分，其中可以作开发奖励基金6%，费用开支为4%。

3. 开发项目集体留用出租部分房屋评估固定资产为每平方米建筑面积底层为5000元，上层为2000元。

三、关于缺房户建房

1. 无房户应该安排在零星杂地、空余老房宅基地建房，南片童墅如在零星杂地、空余宅基地确实难以安排解决的户，可以安排在村民住宅小区二户一体建造。

2. 缺房户已建的主房、附属设施的占地面积如少于每人20平方米的可以解决享受公寓楼，按缺1平方米占地面积供1.75平方米，每平方米910元价格计算安置房。

3. 原农嫁非的女性在保留发放村待遇的无房户，不准新批土地建造，可以解决享受35平方米公寓楼，按照安置房价付款。

4. 建房面积：每户在1—3人（含3人）占地98平方米；4人以上（含4人）占地108平方米，不含门台面积。土地费及配套费的收交：拼一间收4500元；新农村规划区每户收25000元。

5. 无房户建房：缺房户原地扩房或需供农民公寓楼安置房的一律都需要先向村打申请报告，得到同意批准，办理建房基地一切规费由用户承担。

四、关于可享受村待遇纯农户的人口核实

1. 人口变动时间从2006年1月1日开始，根据迁入、出生、迁出、死亡等原因的变动，每季度进行调整一次，到季度末月的25日为止核实，属于下季度的发放人口数。

2. 原在发放给离村出嫁的农嫁农女性不迁户口的从2006年1月1日开始一律取消发放待遇。

3. 原在发放给离村农嫁非的女性不迁户口的继续保留发放待遇。

4. 已迁入本村的非农户口原在照顾享受纯农户口待遇，给予保留发放，如该户结婚、生育等原因增加的人口一律不能再按纯农户口待遇享受，只能做非农户口处理。

5. 今后离村出嫁任何女性一律取消享受待遇。

6. 离村做上门女婿的一律取消享受待遇。

7. 考上大中专院校的一般不迁出户口，如该户一定要迁出户口的一律不准迁回本村。

8. 全生女性的户可以招一名上门女婿，如是纯农户口的可享受村的待遇。

五、村民享受待遇

1. 粮食、副食品每人每月大米提单20斤，附贴现金15元；每人每年菜油6斤，面粉2斤，糯米2斤（按发放时核实人口数计算）。

2. 煤气发放

（1）南片、北片实行每人每月贴款5元。

（2）中片实行每户每年8瓶，收现金每瓶55元，企业收现金每瓶75元。

3. 统筹医疗及保障

村民到衙前医院看病，如随带衙前医院统筹卡，可报销45%（人均每月20元，全年240元）；带萧山区新型农村合作医疗证历本，可报销20%，两本带全可报销65%，自负35%。

4. 村务工作人员全部参加社会养老保险，按规定比率承担自负部分。

六、纯农户口老年人的享受待遇

1. 老年人已享受土地征用农转非，按国家标准发放养老金，但不能再享受村的各种待遇。

2. 每人每月发放助养金的标准：女55周岁，男60周岁开始发放120元；70周岁开始发放140元；80周岁以上发放160元，规定每月1日发放。

3. 三个节日每位老人发放：中秋节月饼2斤；重阳节礼品50元；春节蛋糕一只。

4. 每年发放旅游费50元。

5. 参加教学点听课的每人每次发10元。

七、教育补贴奖励

1. 每人每年入幼儿园补贴40元（已享受幼儿园村直支付款项的人员不得再享受），小学补贴30元，初中补贴40元。

2. 考上高中（萧中、二中、三中、五中）奖学金500元，考上重点大学（一本、二本）奖学金1000元。

八、在村担任过干部和工作人员的到退休年龄（女55周岁，男60周岁）可享受的补贴待遇

1. 每人每月可发放固定补贴20元；

2. 按实际参加工作年份计算的补贴：担任村三委班子：每人每月可发放补贴正职20元，副职15元，委员10元；村务员：正科级7元，副科级6元，一般人员5元；山林、市场等人员2元。

3. 如到退休年龄前户口已迁出的和犯有错误受法律处理的一律取消补贴。

4. 目前已到退休年龄的

（1）南片遵照镇在发放享受待遇的人员和金额，村同样按月再发放。

（2）中片在按任职工作年份计算的按新规定给予调整发放。

（3）北片按原发放的人员金额继续照常按月发放。

九、计划生育的经济补助

1. 节育给予补助300元；

2. 妇女放环的补助30元；

3. 1—14周岁领取独生子女证的发放父母亲奖金每年50元；

4. 允许生二胎的，自愿终生一个子女的夫妻，区、镇二级奖励2000元。

十、困难补助家庭，失去主男劳力的子女不满16周岁的每人每月发放抚恤金100元，如母亲改嫁应停止发放。

十一、丧葬费的规定：纯农户口亡故一人可领取1000元。

第九章　村务公开规定

一、村务公开机构设置

1. 成立村务公开领导小组。

2. 民主理财监督小组（由村民代表选举产生）。

二、公开内容

1. 发展目标

2. 承诺服务

3. 财务收支

4. 民主管理

5. 工程项目

6. 土地管理

7. 计划生育

8. 及时公开

三、做到按月理财监督,财务收支按季公开,年初财政有预算,年终财政有决算。

四、每年度由村主管财务(文书)汇编好一本衙前镇凤凰村综合资料小册子供村领导和有关人员参阅、分析、总结、汇报。

第十章 表扬奖励规定

1. 每年评定一次高科技、新项目、新产品、高产高效的单位或个人先进奖励。

2. 每年对敬老先进、老有所为的个人进行表彰奖励。

3. 对坏人、坏事敢于大胆举报、揭发或现场抓住的,根据功绩大小给予一定的表扬奖励。

第十一章 社会治安违规处理的规定

一、赌博行为

1. 发现赌博行为的应该接受教育。

2. 屡教不改的在行政上、经济上要受处分,情节严重的报执法部门处理。

3. 现场发现,没收赌款、赌具。

4. 提供赌博场所的户要从严处理。

5. 被公安机关查获抓住的村决不出面讨保。

6. 党员干部参加赌博的应受党纪处分,撤销干部职务。

二、偷窃行为

1. 偷窃要追回原物或折价归还现款,写出悔改书,并应罚款处理。

2. 情节严重的报法律部门处理。

三、吵架闹事,谩骂干部

1. 一般采取及时教育,根据情节轻重认识态度好坏作出处理,如造成损失由损害方全部承担赔偿。

2. 情节严重的报法律部门处理。

四、虐待老人

1. 子女对父母长辈在吃、住、穿、零用、药费、服侍方面没有承担好义务,产生排挤老人行为的通过教育必须及时改正。

2. 屡教不改,情节严重,村老协会帮助起诉人民法院开庭处理解决。

五、违规用电、用水

1. 擅自搭电、接水的一律拆除,暂停供用。

2. 偷电的由镇电管站按规章处理。

3. 偷水的要补交水费,并罚款一次 50—200 元。

六、拖交款项

1. 不及时交纳水电费,按有关规定交滞纳金,时间过长要停止供用。

2. 工业企业向村租厂房的租金,向村土地有偿使用费超过规定日期,每天应交滞纳金万分之五,超过一个月出租方可以采取必要的措施。

3. 营业房及营业场地出租一般 1—3 年,必须做到提前一次性预交。租户没有及时交清租金,一律不得使用。

七、破坏示范村设施

1. 损坏花木的应按价赔偿,并每次交罚款 50—200 元。

2. 损坏卫生设施建筑物应按价赔偿,并每次罚款 100—300 元。

3. 随地乱倒垃圾,不倒入垃圾箱的户,每次罚款 20—50 元。

4. 情节严重的报告法律部门处理。

八、破坏山林

1. 村民亡故一律进入公墓,不得建坟,如有发现埋平处理。

2. 上山砍树、竹等山林作物的没收工具,归还原物或折价赔偿,并按每次 50—200 元罚款。

3. 上山耙柴、倒柴头、抠树枝、摘水果、摘茶叶等没收工具,归还原物。每次罚款 50—200 元。

4. 上山拔果树,按价赔偿,并每次罚款 100—300 元。

5. 破坏山上风景点建筑物,按价赔偿并罚款每次 200—500 元。

6. 到山上或风景点闹事、造成极坏影响的每次罚款 100—200 元。

7. 情节严重的报法律部门处理。

九、破坏农业园区

1. 损害花木、果树及农作物的应按价赔偿,每次罚款 50—200 元。

2. 损害机耕道路等建筑的应按价赔偿,每次罚款 100—300 元。

3. 情节严重的报法律部门处理。

十、违反计划生育

按筍前镇凤凰村计划生育村规民约的第七条规定处理。

十一、违规建房、违章建筑

1. 遵照批准的民房建筑、面积、式样、高度等不符合的应自觉拆除,整改不自觉拆除,整改的村可以采取强制措施拆除。

2. 遵照批准的附属设施,不符合要求的也应自觉拆除整改,不拆除、整改的村要以采取强制措施拆除。

3. 对未经批准同意的擅自乱建、乱搭的一律属于违章建筑,必须限期全部拆除,不拆的村可以采取强制措施拆除。

4. 情节严重汇报上级主管部门,配合采取必要的措施。

5. 上述违规违章建筑造成的一切损失全部由该户自负。

十二、如出现情节严重违反上述条例的户,该户如有享受助养金的老人可作停发处理。

衙前镇凤凰村村规民约

(2011年6月)

总 则

遵照党的路线、方针、政策和国家法律法规，结合本村实际新情况制订凤凰村《村规民约》。

本《村规民约》经村政策研究小组参照上届《村规民约》通过修改起草，并经新一届村三委班子针对凤凰村发展村级经济、建设新农村示范村的要求和村民切身利益等方面作反复研究讨论修改，并经村民（股民）代表会议通过所产生。

《村规民约》包括创建精神文明、物质文明建设，有关政策性的规定，违章违规处理等规定，共二十章。

随着形势的发展，社会的进步，本《村规民约》在实施过程中如碰到具体问题、内容不能适应，需要作进一步完善、修改时，对修改的建议必须通过村民（股民）代表会议方可作调整，并将修改条例公示，任何人不得擅自调整和变动。

本《村规民约》从2011年6月1日开始实施到三年后新一届村民（股民）代表三委班子产生新的《村规民约》为止，前届《村规民约》同时取消无效。

新《村规民约》印成小本，发给每户一本，希望每个村民（股民）认真学习，共同配合遵照实施。

第一章 精神、物质文明建设的规定

一、党员、干部、村民（股民）代表

1. 遵照党中央的方针、政策办事，积极完成上级党委、政府下达的各项任务，做到及时贯彻落实。

2. 要做到带头遵纪守法，遵守和履行好各项规章制度，廉洁奉公，不谋私利，定期召开民主生活会。总结经验、取长补短，开展批评与自我批评，达到符合原则的团结、和谐。

3. 党委要有凝聚力，起到战斗堡垒作用，争创先进党组织。

4. 党员要起到先锋模范作用，争做优秀党员。

5. 干部要走群众路线，为民办实事，全心全意为村民服务，切实及时解决好村民中的热点、难点问题，改善干群关系，密切联系群众，维护全村稳定和谐，端正自身形象，提高自身素质和办事效率，提高办事透明度，杜绝不正之风，在群众中树立较高的威信，搞好凤凰村的现代化建设。

6. 村民（股民）代表要对村党委、村委会、经济联合社的发展规划、有关规章制度，做到宣传好、解释好、配合好，把村民中发现的正确意见和建议向村领导反映，并做好村民的服务工作。

7. 进一步搞好文明建设，促使凤凰村的集体经济年年有增长，实现村强民富、稳定和谐、巩固发展，在创建省、市、区文明村、示范村的基础上，向现代化小康型的新农村迈进。

二、村民（股民）

1. 服从组织，尊重领导，积极主动配合村领导共同开展好各项工作。

2. 人人做到遵纪守法，遵守各项规章制度。

3. 要做到认真学习，提高本人的道德素质，重视培养教育好后一代，为国家集体作出更多的贡献，为家庭创业走合法致富道路，为幸福生活创造良好条件。

4. 邻居之间要相互关心、支持、团结，做到敬老、养老、爱幼，不吵架闹事，创建和谐、幸

福、美满的"十星"级户。

5. 要爱护公共财产和保护好环境设施，搞好环境卫生，决不做损公利己的事和有意破坏性的事。

6. 村干部如有缺点、错误或不妥当的决定，可以向组织反映建议，要善于帮助干部，不要产生报复行为和恶意攻击，要保持干群之间的密切关系，形成良好的形象。

7. 要为搞好凤凰村的文明建设，促进经济增长发展作好参谋，提出合理的建设性意见，达到干群一条心，为发展、建设、稳定、和谐新凤凰作出贡献。

第二章　人口及股民变动的规定

一、人口与股民增加

1. 嫁入本村纯农户的女方户口可以迁入，凭迁入联系单增加该户纯农户人口（认可股民）。女方属于非农业户口迁入的，只能按挂靠户口增加人口（勿认可股民）。

2. 纯农户生育的子女可凭出生联系单增加该户纯农户人口（认可股民），非农业户口生育的子女只能按挂靠户口增加该户人口。

3. 纯农户家庭只生女儿的，允许招进一名上门女婿为儿子，对方属于农业户口的可以迁入本村，凭迁入联系单，增加该户纯农户人口（认可股民）。如对方属于非农业户口的，一般不能迁入本村。如本人要求迁入本村的，应按上级政府有关文件规定，作非农业户口人员挂靠（勿认可股民）。

4. 本人是独生子女家庭，原从本村迁出户口去读大中专院校的学生（父母是本村股民），现已迁回本村为非农业户口，已享受村民待遇的，结婚后有一名本村在册非农业户口的子女可认可为股民。

5. 退伍军人原户口已迁出的，可以凭迁入联系单增加该户纯农户人口（认可股民）。

6. 劳改、劳教期满回家，如原将户口迁出的，可以凭迁入联系单增加该户纯农户人口（认可股民）。

二、人口与股民减少

1. 女性出嫁和男性做上门女婿的一律按登记日开始减少该户纯农户人口（取消股民）。户口未迁出的，一律属于挂靠户口，迁出后取消挂靠户口。

2. 死亡的按死亡日开始减少该户人口（取消股民）。

3. 学生考上大中专院校的，如果要求迁户口，从迁出证开出日期起应减少该户纯农户人口（取消股民）。如属于挂靠户口的减少挂靠户口。

4. 服役参军的如需要迁出户口，从迁出证开出日期起应减少该户纯农户人口（取消股民）。如属于挂靠户口的减少挂靠户口。

5. 劳改、劳教的如要迁出户口，从迁出证开出日期起应减少该户纯农户人口（取消股民）。

第三章　股民享受的时间及变动规定

一、股民享受时间的划分

1. 每年度的股东确认：实行每年调整一次，上年度12月25日24时前认可的股民人口属于下一年可参加股本金分配的股民人口。

2. 按季发放给股民的享受待遇：股民人口实行每季度调整一次，上季度末月25日24时前认可的股民人口属于下一季度发放、享受的股民人口。

二、股民的变动原则上遵照股份经济联合社章程规定实施

三、认可股民人口的增加

遵照第二章人口及股民变动的规定，属于增加纯农户人口的属于增加股民人口（不包括挂靠户口）。

四、股民人口减少

1. 遵照第二章人口及股民变动的规定，属于减少纯农户人口的属于减少股民人口。

2. 遵照萧山区农办〔2009〕61号文件，已进入国家机关或全额拨款事业单位在编干部和职工，属于不享受股份量化的对象，不再认可为股民，应取消享受股民的一切待遇。

五、其他对象

1. 本村股民离婚后，女的招夫、男的娶妻，进来的夫和妻不得享受股民待遇。如男方娶妻，离开的女方已转嫁他人，属于离村的，可以取消股民待遇，或男方属于本村的所娶的女方可以成为股民享受待遇。

2. 夫妻双方是本村股民，未生育子女，符合国家《领养法》办理好合法领养手续的子女，在领养满二年后方可享受股民待遇。

3. 原男性读大中专院校迁出户口迁回来是非农业户口，属于独生子女在照顾享受股民待遇的，结婚后女方要迁入本村的，属于非农业户口，不得享受股民待遇，但可以照顾一名出生户口报入本村在册的子女享受股民待遇。

4. 原来农嫁非的女性和出生的子女当初因户口不能迁出，在暂时认可享受股民待遇的可以继续保留发放，对该户结婚的对象和出生的子女决不能再认可为股民，一律只能做挂靠户口处理。

第四章 股民待遇享受的规定

一、股民可以每年享受一次股本金分红，按股金额度，通过量化结算分配到每个股民。

二、股民每年可发每人油票6斤，面粉票2斤，糯米票2斤（按发放时核实股民人数发放）。

三、股民每季度每人可发大米票60斤，附贴现金45元，天然气补贴款30元。

四、统筹合作医疗及保障

1. 股民在衙前医院看门诊，按农医保规定可报销的药品金额村承担32%药费，由医院向村结算。住院可到村报销，按农医保报销金额计算，衙前医院26%，萧山医院（二级、三级）52%，区外定点三级医院72%，区外非定点医院47%。

股民已参加城镇医疗保险的不再享受农医保待遇，每人每年可向村领取250元补贴金。

2. 如有新的政策规定出台，再作另行调整。

第五章 股民老年人享受待遇的规定

1. 土地征用农转非的股民可享受国家规定的每月养老金发放，年龄在55周岁以上的女性、60周岁以上的男性同时享受纯农村民老年人的待遇。

2. 股民老人每人每月发放助养金的标准

女性50周岁开始320元/月，55周岁开始400元/月，男、女60周岁以上460元/月。

3. 三个节日每人发放慰问品和现金

中秋节月饼2斤，重阳节现金50元，春节现金50元。

4. 每年每人发旅游补贴费50元。

5. 参加教学点听课的老年人，每人每次发务工补贴10元。

第六章　股份经济联合社股本金结算及奖励费用的规定

1. 凤凰村股份经济联合社设董事会5人，应该严格遵照章程和财务制度实施履行好。设监事会3人，负责按月查好财务账目，盘点现金，发现问题应及时提出，董事会及财务人员应采纳及时整改。

2. 通过审核，2010年底，分片的经营性资产凤凰片是10645万元，交通片是4780万元，卫家片是1393万元，共计16818万元。作为分片股民的股本金结算依据，做到每年进行调整一次分片的经营性资产、股民人数及股本金。

3. 分片增加经营性资产，增加股民股本金的结算

①关于改造开发项目净收入的70%作为开发所在片收入增加股民股本金，30%作为新村收入。

②新向国家出偿征用的土地，按规定退给村的款项，归所属片股民增加股本金，农转非人员原则上安排所属片50周岁以上的女性，并对照规定进行安置费结算，增加该片股民的股本金。

③未办出偿征地手续使用的土地，可参照办理出偿征用土地，退给村款项和安置费标准对照结算，增加所用土地片股民的股本金。

④建设开发村集体留用出租的营业房，房产评估固定资产按建筑面积每平方米底层为5000元，上层为2000元（扣除经营性资产原值和赔偿费、土建及附属工程款、费用等），净利润的分配可遵照上述第①条结算处理。

4. 股份经济联合社奖励及费用开支的规定

股份经济联合社董事会是决策村级经济发展、负责经营的组织机构，为了有利于调动董事会及村各级经济组织的积极性，实行奖励和费用开支的规定，把村可用资金总额的5%定为奖励金，5%定为费用开支（不含镇政府考核奖金及规定费用）。

第七章　财务管理的规定

凤凰村已成立股份经济联合社

1. 通过股民代表选举产生的董事会5人，其中董事长1人、副董事长1人、董事成员3人，主管村级经济发展，增加可用资金来源，对村强民富，增加村民福利享受待遇应该发挥主要作用。

2. 通过股民代表选举产生社监会人员3人，其中主任1人，组员2人。做到每月监督理财、审查单据、盘点现金，提出整改意见，将审查符合要求的单据，由出纳每月按时交给衙前镇经管站会计代理做账。

3. 董事会、社监会人员要严格履行好章程和财务制度，并要接受上级有关部门的监督和审计，达到完全符合有关规范的要求。

4. 每年年初应编制好村级财政预算，年终要按时结算好财政决算，并要针对预决算作出对照总结分析。

5. 村级财务收支实行按季公开，出纳网上记账、按月公开。会计进行季度财务收支公开，张贴村务公开栏，向股民公开，接受股民监督。

第八章　建设工程规范化管理的规定

一、建设工程规划方案的落实

1. 建设工程规划一定要以有利于发展村级经济、环境整治、改善村容村貌、提高村民及外地民工的生活质量和提高村的知名度为目标，提出"十二五"规划方案，开展分年、分期实施。

2. 规划方案一定要发扬民主，先由村领导班子提议，并要召开老党员、老干部座谈会达成共

识,再通过村民(股民)代表会议作出决议方可实施。

二、建造方案的落实

1. 由村建设组讨论出建造的设想方案。

2. 通过村领导班子审核,作出决定。

3. 委托专业设计单位设计好规范图纸。

三、通过工程公开招标落实工程队

1. 张贴工程公开招标公告,起草好工程招标文件。

2. 登记好投标单位的报名登记表。

3. 对报名登记的投标单位进行审核,符合条件的单位发给参加投标通知书,前来领取图纸和资料,并要交清有关规费。

4. 决定投标日期,参加投标单位要填好报价单,在投标时村建设组要填好参加投标单位、负责人和报价的登记表,投标人要签上名。

5. 通过投标,按中标要求落实中标单位,并要张贴和发给中标单位通知书。

6. 制订好建设工程的规范合同。

四、加强工程的质量、进度和安全管理

1. 承接工程单位要申报一份分段施工的时间计划表。

2. 施工的每种材料要提交出厂单位的质保单,并要符合图纸和说明要求。

3. 村建设组要有专人负责日常对施工单位的质量、进度和安全进行检查和督促。

4. 工程主体完工时,要组织设计单位、技术员、承接单位、村建设组人员进行一次全面验收。

5. 工程竣工时,由各有关部门参加进行验收,并要填写好工程验收表,参加验收人员要签字,并盖上有关单位公章。

五、工程实行规范招投标制度

书记、村长不参与工程招投标,工程招标、款项结算由村务监督委员会全程监督。

六、工程竣工验收合格后的资料

1. 要将全部工程资料装订成册备案。

2. 可得到政府扶持资金、补助资金、奖励金的工程要整理好符合上报要求的资料装订成册及时上报。

第九章 征兵服役的规定

一、遵照国家军委、兵役法规定,凡符合条件的应征青年都要参加体检,接受祖国挑选。

二、通过体检合格定兵后,接到入伍通知书的青年一定要光荣入伍。

三、在服役期间的经济补偿政策

1. 经济补偿额度按衙前镇人民政府规定文件办理。

2. 如入伍时需迁出户口,从迁出日开始,村停发粮食和其他福利待遇,股本金量化继续发放。退伍从户口迁入日开始,停发的粮食和其他福利继续发放。

3. 如在部队已被提干或转为士官的,从实际提干转正日期开始,停发股民的全部享受。

第十章 水电燃气管理规定

一、供电供水的名称

1. 变压器分专变、综合变。

2. 用户分工业、商业、民用。

二、初装和维修费用的承担

1. 电力

①工业企业：用户自装专变的，全部初装、维修费用由用户自负；属于多户专变的由村负担。实行土地有偿使用，自建厂房的室内全部由用户自装；属于向村租用厂房的，按图纸初装时由村负责安装，用户需要增加、维修、老化调换的费用应由用户自负。

②商业：村出租的营业房，两相用电由电管站或村承担，室内增置或维修费用由用户承担，用户要装三相用电，要向电管站申请，并应承担全部费用。

③民用：两相用电室外由电管站承担负责安装，室内由住户自己承担。属于公寓楼，初装期间按图纸安装的费用由村承担，增加或维修的费用由住户承担。

2. 自来水

①工业企业：自建厂房户全部由该户承担，属于村出租房，初装时由村承担，需增加或维修，全部由用户承担。

②商业：属于村出租房的，初装时由村承担，如需要增加及维修由用户承担。

③民用：室外全部由村承担，室内全部由住户承担。

三、费用收交

1. 电费

①工业企业：单独专变户的由该户直交供电部门，属于多户专变的由村水电办代收、代交供电部门（并应增收部分村出资的专变折旧及维修费用）。

②商业：由经营户直交电管站或由村水电办代收代交。

③民用：由户直交电管部门。

2. 自来水费

①安装智能水表的户，应先到村水管办交费后使用。

②安装普通水表的户，由村水电办计量，代收代交。

3. 今后如上级主管部门有新的规定按新政策实施。

四、天然气管理及安装收费

1. 在初装期间，对村民及公寓楼住户，按有关规定政策实施。由村负责代理收取总装和入户费，配合燃气公司工程队的安装，到初装结束后，用户应自行直接与燃气公司门市部联系，申请安装。

2. 住宅房设在厂区内的户应自行与燃气公司门市部联系，申请安装。

3. 燃气费都应直接交燃气公司门市部。

4. 用户在使用燃气时，所出现的问题，应直接与燃气公司门市部联系。

5. 从 2011 年 1 月 1 日开始按有关规定村对每个股民每季度发给天然气补贴款。

第十一章 企业租用土地及房屋的规定

一、租用土地及房屋一律都要事先制订好租赁协议，协议到期时要及时制订续租协议，各方都应按协议条例履行，在协议实施期间一般不变，如在村三委班子换届选举后新一届村民（股民）代表和新三委班子研究出台新的租赁政策时，租用户应谅解，需要重新制订新的租赁协议。

二、租用日期

1. 工业老土地、房屋租赁时间：从2011年1月1日至2025年12月31日为15年。

批准老房改造的户，新制订协议的租赁时间一律到2025年12月31日止，租赁年数可按实际开始时间推算而定。

2. 工业新征土地和标准厂房的租赁时间为20年。

3. 营业用房一般为1—3年。

三、租金结算

1. 工业租老土地、老房屋的按原实际收交租金结算上交不变。

2. 工业、企业租用新征土地的，每亩每年交土地租赁费2万元。

3. 新建标准厂房租赁费每年每平方米按100—120元计算。

4. 营业用房根据地段不同和市场行情，分别定价、分期调整。

第十二章　企业租用老厂房改造的规定

1. 一般只允许属于危房的才可以改造，老厂房改造要确保村集体资产不流失。

2. 老厂房改造租用户应先打申请报告，得到批准、制订好有关文件规定的改造协议，方可改造。

3. 新建房竣工后，需遵照有关文件规定制订好房屋租赁协议。

4. 改造户在拆除老房建新房过程中，要注意安全，出现任何事故的责任全部应自负。

第十三章　村民建房的规定

1. 符合建房条件的农户，首先应安排在零星杂地和空余老屋基地建造，确实无法解决的安排在童墅小区，按二户一体统一标准建造。

2. 建房占地面积：每户1—3人（含3人）占地98平方米（小户）；4人以上（含4人）占地108平方米（大户），不含门台面积，小区新建每户收配套费25000元。

3. 纯农户可建房户的人口计算，该户有20周岁以上的儿子或全生女儿的、未婚的，该户可增加二名因素人口，可对照按人口的建房占地面积计算。

4. 原农嫁非的女性，户口尚未迁出的一律属于挂靠户口。但仍享受村民待遇的，如本人需要住在本村的，可以供给每户35平方米的安置房，但不准批建房基地。

5. 父母亲单独立户的，不能单独建房，只能将人口拼入儿子户作大小户占地面积计算。

6. 村民建房遵照区政府一户一宅的规定，一定要做到先拆除老房后才可以建新房的政策实行。

7. 需建房户的手续审批办理和建房过程

①先应向村委打申请建房报告，如批准同意新建房的，接下去可以填写好建房申请表，应得到上级有关部门的批准。

②有关部门批下后，该户应提供土建图纸，经村委审核同意，并应制订好新建房的协议，同时交清全部规费。

③新建房户应按建房图纸和制订的协议内容施工，在动工前要由镇村二级配合，到实地放样后方可开始施工。

④新建房户在工程施工中，要接受村委人员的监督，如出现违规建造要立即停建整改，要达到整改符合要求方可继续施工。

⑤新建房户要打围墙，应打申请报告给村委，村委要因地制宜，在不影响邻居和出入道路等情况下，可以批准同意，并制订好协议，达到美观大方，最好建透明围墙。该户在施工中决不能违

规，如出现违规一定要及时整改好。

⑥建房时不能影响周边环境绿化，建房后应自行负责及时清理周边垃圾。

第十四章　学生入学奖励的规定

1. 考上重点高中（萧山中学、二中、三中、五中）每人奖学金500元。
2. 考上重点大学（一本、二本）每人奖学金1000元。
3. 每年凭入学通知书交村财务科先登记，通过审核符合条件的学生另行通知，统一发放奖学金。

第十五章　村干部及工作人员发放退休金的规定

1. 享受退休金的年龄女到55周岁，男到60周岁（行政村规模调整后的现任村干部，到退休年龄时，按任职、年份结算，享受退休金发放）。
2. 在村工作的人员每人每月统一可发固定退休金20元。
3. 按实际参加工作年份，每年每人计算退休金：

三委班子：正职20元，副职15元，委员10元；

村务人员：正科级7元，副科级6元，一般人员5元；山林、市场、环卫等人员2元。

4. 如到退休年龄前，户口已离地迁出的和犯有错误或受法律处理的一律取消退休金的享受。
5. 村文书要对村干部和村工作人员建立一本花名簿，便于到退休时发放退休金结算。
6. 到符合退休年龄时，由村文书填写好退休金发放结算表三份，一份留底，一份给本人，一份给出纳，村出纳员可按退休金额度做到每月发放。

第十六章　计划生育补助的规定

1. 夫妻一方落实结扎手术的，村补贴500元，镇补贴2000元。
2. 育龄妇女在政策允许范围内，当年出生后落实上环手术的补贴100元，逾期落实放环的妇女补贴50元。
3. 带环怀孕，脱环怀孕及时落实补救措施，补贴150元，其余避孕措施补贴50元。
4. 14周岁以下独生子女父母，村每年发父母亲奖励金100元，独生子女父母满60周岁符合奖扶条件的村民，区奖励每人每年720元。
5. 符合二孩生育而放弃生育的夫妇镇奖励4000元。
6. 对举报计划外怀孕，确证为计划外，奖励100元。
7. 上述补助规定如上级政府出台新的规定时，按调整补助款实施。

第十七章　发放抚恤金的规定

1. 失去男主要劳力的子女实行特殊困难补助，该户有不满16周岁的子女，每月每人发放抚恤金200元，发放到年满16周岁为止。
2. 如母亲改嫁将子女带走的应停止发放。

第十八章　发放丧葬费的规定

1. 属于纯农户（股民）亡故后，每人可领取丧葬费4000元。
2. 属于农转非的或挂靠户口的一律不得发放。

第十九章　表扬奖励的规定

1. 每年在老年节（重阳节）推荐出老有所为、好媳妇、高龄老人进行表彰奖励。
2. 每年评比出先进科办、优秀村干部、先进村务工作人员给予表彰奖励。

3. 每年对表现较突出的或有重大贡献的企业家和村民给予表彰奖励。
4. 与坏人坏事作斗争，对见义勇为者进行表彰奖励。

第二十章 违法违章违规处理的规定

一、赌博行为

1. 发现有赌博行为者要接受教育，应做到坚决整改。
2. 屡教不改的顽固者在经济上要罚款，情节严重要上报政法部门处理。
3. 为赌博提供场所的户要从严处理。
4. 被公安机关查获抓住的由公安机关处理。
5. 党员参赌要受党纪处分，干部参赌要撤销职务。

二、偷窃行为

1. 发现有偷窃行为的人，要追回原物或折价归还现金，应写悔改书并张贴，给予罚款处理。
2. 情节严重的报公安部门处理。

三、吵架闹事、谩骂干部

1. 一般采取及时教育或调解处理，根据情节轻重和认识态度好坏作出处理，如造成一定的损失由损害方承担全部损失。
2. 情节严重的报法律部门处理。

四、虐待老人

1. 子女不尊敬老人，要遵照老年法对照处理。
2. 子女对父母长辈应承担赡养义务，在吃、住、穿、零用费、药费、服侍等方面要承担好义务，产生排挤和虐待老年人行为的，通过教育必须认识错误及时改正。
3. 屡教不改，情节严重的，村老协会可以帮助配合老年人起诉人民法院开庭处理解决。

五、违规用电、用水

1. 擅自乱搭电、接水的一律拆除，按有关规定处理。
2. 偷电的由镇电管站负责处理。
3. 偷水的要补交水费，根据情节轻重作出罚款处理。

六、拖交款项

1. 不及时交清水电费，应按有关规定交滞纳金，时间过长不交可以切断停止供用。
2. 工业企业应交村的土地、房屋租金，应按协议规定时间内及时交清，超过一天应按万分之五增交滞纳金，对多次催收拖交或拒交的企业可以采取必要的措施，也可以遵照违约起诉法院解决。
3. 营业房出租一般采取预收租金，到期用户需续租，应提前签订新的租赁协议交清租金，如到期不订好新的协议或不预交清租金，可以采取收回租房，出租给其他用户。

七、破坏或损害村集体的财产、资源、设施

1. 做到发现一件及时处理一件。
2. 一般采取教育，应写好悔改书并张贴，所造成的损失要定价全额赔偿。
3. 情节严重的、认识态度差的要上报公安部门处理。

八、违反计划生育

凡违反以下六项规定的村民，要遵照《浙江省计划生育条例》规定作出处理，如需要外出寻找的一切工资费用应由违反者全部承担。

在村管辖范围内：（1）拒绝孕情检测的；（2）计划外怀孕不采取措施的；（3）外出人员未按规定孕情反馈的；（4）企业或出租户不向村汇报孕妇情况的；（5）窝藏计划外怀孕妇女的；（6）非法买卖抱养儿童的。

九、违规违章建筑

1. 建造户未经批准擅自建造的设施都属于违章建筑。

2. 建造户已经批准不遵照规定标准要求建造的属于违规建筑。

3. 已离地建造新房的，尚未拆除老房的属于该户余房未拆违规，必须全部拆除。

4. 对未经批准擅自建造的设施必须全部拆除。

5. 如主房按人口面积缺于规定平方米的户，已建的附属设施面积可以抵足，超出部分面积应全部拆除。

6. 违规批准要求，在施工中应该及时改正到整改好后可以继续施工。

7. 老违章建筑实行分期分批拆除，原则上应自行拆除，不自觉拆除村可以组织力量采取强制拆除。

8. 在营业地段空地建造的如要保留，可作临时设施处理，必须制订协议实行土地有偿使用，交纳土地租金。

十、出现党员、干部、村务工作人员、村民（股民）代表本人家庭违法、违规、违章的，要带头自觉整改，如不自觉整改的应该受到从严处理。

衙前镇凤凰村村规民约

（2017年7月）

总　则

遵照党的路线、方针、政策和国家法律法规，结合本村实际情况制订凤凰村《村规民约》。

本《村规民约》经村政策研究小组参照上届《村规民约》通过修改起草，并经新一届村三委班子针对凤凰村发展村级经济、建设新农村示范村的要求和村民切身利益等方面作反复研究、讨论、修改，并经村民（股东）代表会议通过所产生。

《村规民约》包括创建精神文明、物质文明建设，有关政策性的规定，违章违规处理等规定，共二十章。

随着形势的发展，社会的进步，本《村规民约》在实施过程中如碰到具体问题、内容不能适应，需要作进一步完善、修改时，对修改的建议必须通过村民（股东）代表会议方可作调整，并将修改条例公示，任何人不得擅自调整和变动。

本《村规民约》从2017年7月1日开始实施，在实施过程中如与上届《村规民约》有不适的，以本届《村规民约》为准。

新《村规民约》印成小本，发给每户一本，希望每个村民（股东）认真学习，共同配合遵照实施。

第一章　精神、物质文明建设的规定

一、党员、干部、村民（股东）代表

1. 遵照中央的方针、政策办事，积极完成上级党委、政府下达的各项任务，做到及时贯彻落

实。

2. 做到带头遵纪守法，遵守和履行好各项规章制度，廉洁奉公，不谋私利，定期召开民主生活会，开展批评与自我批评。

3. 党员要带头发挥先锋模范作用，争做优秀党员，争创先进党组织。

4. 干部要走群众路线，为民办实事，全心全意为村民服务，切实解决好村民中的热点、难点问题。改善干群关系，密切联系群众，维护全村稳定和谐，端正自身形象，提高自身素质和办事效率，提高办事透明度，杜绝不正之风，在群众中树立较高的威信，为凤凰两个文明建设作出贡献。

5. 村民（股东）代表对村党委、村委会、经济联合社的发展规划、有关规章制度，做到树立好、宣传好、协调好，并做好村民的服务工作。

6. 切实加强村级"三资"管理，确保村级资产保值、增值，实现村强民富、稳定和谐，在巩固发展文明村、示范村的基础上，提前向高水平全面小康社会迈进。

二、村民（股民）

1. 服从组织，统一领导，积极主动，配合村共同开展好各项工作。

2. 人人做到遵纪守法，遵守各项规章制度。

3. 做到认真学习，提高本人的道德素质，每年参加不少于三节课的培训，重视培养教育好下一代，为国家集体作出更多的贡献，为家庭创业走合法致富道路，为幸福生活创造良好条件。

4. 做到尊老爱幼、男女平等、夫妻和睦、勤俭持家、邻里团结，争做文明人，争创最美家庭。

5. 切实做好环境保洁、绿化保护、门前三包、垃圾分类等工作，从2017年7月1日起实施家禽家畜禁养，每户家庭必须自觉禁养。

6. 爱护公共财产、保护环境设施、不做损公利己的事和不稳定社会的事。

7. 精神文明建设是凤凰今后发展的目标，在目标实施过程中，村民可提出合理化的意见与建议，共商凤凰发展大业。

8. 为提高精神文明建设，全体村民应积极参与本村的各类活动与培训。

第二章　居民（村民）人口变动的规定

根据国家有关户口政策规定，对迁入、出生、迁出、死亡的家庭户作以下规定：

1. 迁入或出生的凭派出所迁入联系单、本户户口簿增加该户的家庭居民人口。

2. 迁出或死亡的减少该户的家庭居民人口。

3. 只生女儿的家庭户，由户主向村委会提出申请，并提交纸质申请报告，经批准后可入赘一名上门女婿（办理好计划生育相关条例手续），凭派出所迁入联系单、本户户口簿增加该户的家庭居民人口。

第三章　股东、股民的性质、享受待遇、结算期限的规定

一、股东

股东是持有《杭州萧山衙前镇凤凰股份经济联合社》股金的股民。

二、股东、股民待遇享受

1. 股份经济联合社新增加的收益按照先保障后分红的原则分配；

2. 股东享受生活保障及股金分红；

3. 股民只享受生活保障；

4. 计划外（非法）超生的人员和股民再婚，原则上不得享受股民待遇；

① 已申报本村在册户口的超生人员，根据国家政策调整，可向村申请享受股民待遇，但需交纳股民认购费（具体政策另定）。

② 股民再婚的只准一夫一妻享受，随带小孩的需交纳股民认购费（具体政策另定）。

5. 新增股民以上季度末月25日24时前的在册户口为准，方可享受下一季度的待遇发放。

下列人员认可增加新股民，享受股民待遇

① 股民新出生的子女。

② 股民结婚迁入的妻子（从2017年7月1日起按国家政策对待）。

③ 符合条件的股民，招上门女婿迁入的纯农户儿子。

④ 迁回村非农业户口的大中专毕业生（父母是本社股民），有一名出生在册的非农业户口子女认可为新股民。

三、股东股本金增值结算

1. 股东股本金从定权发证后以五年为一个结算阶段。

2. 每年股东股金分红根据效益状况来定，五年到期后，一般按每年股金分红比例总和作为股金增值额结算依据。

四、要进一步深化股东股金改革，逐步形成股东股金可以抵押、转让、认购，但需到国家的政策、推进的条件、股民的适应都成熟后方可实施。

第四章 股东、股民待遇享受的规定

一、股东可以每年享受一次股份分红，按《股权证》上的股份金额，通过比例结算分配到每个家庭。

二、股民每年可发每人油票6斤，面粉票2斤，糯米票2斤（发放时按核实股民人数发放）。

三、股民每季度每人可发大米票60斤，粮食补贴45元，天然气补贴款45元。

四、统筹合作医疗及保障

1. 股民在衙前医院看门诊可报销75%（含农医保报销额）。住院最高额度可报销95%（指农医保定点医院，含农医保报销额）。股民已参加城镇医疗保险的不再享受农医保待遇，由村补贴给每人每年350元。

2. 今后，如有新的政策规定出台，再作另行调整。

第五章 股民老年人享受待遇的规定

1. 土地征用农转非的股民可享受国家规定的每月养老金发放，年龄在55周岁以上的女性享受粮食待遇。

2. 股民老人每人每月发放助养金的标准

女性50周岁开始320元/月，55周岁调整500元/月，男、女60周岁以上向村办理好有关缴费手续，按类似农转非待遇发放。

3. 女性50周岁、男性60周岁以上老年人每人中秋节发月饼2斤，重阳节发现金100元，春节向老人拜年发红包。

第六章 股份经济联合社奖励与费用开支的规定

股份经济联合社董事会是决策村级经济发展、负责经营的组织机构，为了有利于调动董事会及村各级经济组织的积极性，实行奖励和费用开支的规定，按村可用资金总额的5%为奖励金，5%为费用开支（不含镇政府考核奖金及规定费用）。

第七章 财务管理的规定

凤凰村已成立股份经济联合社

1. 通过股东代表选举产生的董事会5人，其中董事长1人、副董事长2人、董事成员2人，主管村级经济发展，增加可用资金来源，对村强民富，增加村民福利享受待遇应该发挥主要作用。

2. 通过股民代表选举产生社监会人员3人，其中主任1人，委员2人。做到每月监督理财、审查单据，提出整改意见，将审查符合要求的单据，由村报账员向镇代管出纳报账，由镇出纳每月按时交给衙前镇经管站会计代理做账。

3. 董事会、社监会人员要严格履行好章程和财务制度，并要接受上级有关部门的监督和审计，达到符合有关规范的要求。

4. 每年年初应编制好村级财政预算，年终要按时结算好财政决算，并要针对预决算作出对照总结分析。

5. 村级财务收支实行按季公开，报账员网上记账、按月公开。会计进行季度财务收支公开，张贴村务公开栏，向股东公开，接受股东监督。

第八章 建设工程规范化管理的规定

1. 工程规划建设要有利于发展村级经济、提升村庄品位、提高村民生活质量，按照"十三五"规划分年分期实施。

2. 工程规划方案要充分发扬民主，先由村领导班子提议确定工程项目，并召开座谈会达成共识，再通过村民（股东）代表会议作出决议，方可实施。

3. 工程应实行规范招投标制度（应急工程经程序申报，可实行议标）。书记、村长不参与工程招投标，村务监督委员会对工程进行全程监督。

4. 工程实施应严格参照行业规范，编制好工程预决算。同时，应加强工程质量、进度、安全的管理。

5. 工程完成后，由村组织设计单位、经济发展管理办公室人员、村务监督委员会人员及专业人员对工程进行验收。

6. 须接受专业审计单位进行工程审计，按实结算，分期支付工程款，并将工程资料装订成册。

第九章 征兵服役的规定

一、遵照国家军委、兵役法规定，凡符合条件的应征青年都要参加体检，接受祖国挑选。

二、通过体检合格定兵后，接到入伍通知书的青年一定要光荣入伍。

三、在服役期间的经济补偿政策

1. 经济补偿额度按衙前镇人民政府规定文件办理。

2. 如入伍时需迁出户口，从迁出日开始，村停发粮食和其他福利待遇，股金分红继续发放。退伍从户口迁入日起，停发的粮食和其他福利开始发放。

3. 如在部队已被提干或转为士官的，从实际提干转正日期开始，停发股民的全部享受，股本金量化继续发放。

第十章 水电燃气管理规定

一、供水方面

1. 供水管网安装、维修、管理的规定

由村直管的供水用户，计量表前由村安装、维修、管理、承担费用，计量表后由用户自行承担。

2. 自来水费收交的规定

安装智能水表的用户，应先到村水电办交费充卡后使用；安装普通水表的用户，由村水电办计量、代收代交，水价按供水公司规定的政策作相应调整收取。

二、供电方面

（一）用户规定

1. 供电部门直管的用户

1）新装民用表的应向电管站申请办理安装；

2）维修：表前由电管所承担，表后由用户自行承担。

2. 村变管理的用户

表前由村负责安装、维修、管理等并承担相关费用，表后由用户自行承担。

（二）电费收交规定

电力部门直管的用户（民用户、部分村出租房商业用户），电费由用户自行直缴电力部门；村变管理的用户（工业、商业），应向村水电办交纳电费（并应增收村出资专变、拆旧、管理维修等相关费用）。

三、天然气管理及安装收费

1. 在初装期间，对村民及公寓楼住户，按有关规定政策实施。由村负责代理收取总装和入户费，配合燃气公司工程队的安装，到初装结束后，用户应自行直接与燃气公司门市部联系，申请安装。

2. 住宅房设在厂区内的用户应自行与燃气公司门市部联系，申请安装，一切安装费由用户自行承担。

3. 燃气用户应到燃气公司门市部充卡使用。

4. 用户在使用燃气时，所出现的问题，应直接与燃气公司门市部联系。

5. 从2011年1月1日开始，按有关规定村对每个股民每季度发给天然气补贴款。

第十一章　企业租用土地及房屋的规定

一、租用土地及房屋一律都要事先制订好租赁协议，协议到期时要及时制订续租协议，各方都应按协议条例履行，在协议实施期间一般不变，在村三委班子换届选举后新一届村民（股东）代表和新三委班子研究出台新的租赁政策时，需要重新制订新的租赁协议作相应调整。

二、租用日期

1. 工业老土地、房屋租赁时间：从2011年1月1日至2025年12月31日为15年。

批准老房改造的户，新制订协议的租赁时间一律到2025年12月31日止。

2. 原工业新征土地和标准厂房的租赁时间为20年（工业园按原制订协议执行），今后租赁时间一律到2025年12月31日止。

3. 营业用房一般为1—3年（根据地段价格不同）。

三、租金结算

1. 企业租老土地、老房屋的按原实际平方米面积收交租金结算上交不变。

2. 企业租用由村征土地的，企业应一次性支付由村填付的土地指标及征用费，每年每亩租金另定，并应制订好土地租用协议。

3. 新建标准厂房租赁费每年每平方米按130—150元计算。

4. 营业用房根据地段不同和市场行情，分别定价、分期调整，同等条件下原承租户优先。

5. 随着物价指数的增长，对行政村调整前的企业，租金还未调整的统一上调20%的租金，从2018年1月1日起开始实施。

第十二章　企业租用老厂房改造的规定

1. 一般只允许属于危房的才可以改造，老厂房改造要确保村集体资产不流失。

2. 老厂房改造租用户应先打申请报告，得到批准、制订好有关文件规定的改造协议，交清款项方可改造。

3. 今后厂房由村统一规划改造，所产生的建造费用由改造户自己承担，租金按本《村规民约》第十一章第三条"租金结算"收取。新建房屋中老厂房面积属集体所有。

4. 新建厂房竣工后，需遵照有关文件规定制订好土地有偿使用租赁协议。

5. 改造户在拆除老房建新房过程中，要注意安全，出现任何事故的责任应全部自负。

第十三章　村民建房的规定

1. 符合建房条件的农户，在不影响村级规划前提下，实行在原地拆除老房改建或翻建，个别缺房户和无法在原地改造的户原则上安置公寓楼，政策按1∶2计算，有条件区块在不影响村庄整体规划时可安排在零星杂地和空余的老屋基地建造；在村庄道路扩建改造时涉及的住户，按有关规定可异地新建。

2. 建房占地面积：每户1—3人（含3人）占地98平方米（小户）；4人以上（含4人）占地108平方米（大户），必须由镇、村两级放样，签订好协议。

3. 可建房的纯农户人口计算，该户有20周岁以上的儿子或全生女儿的、未婚的，该户可增加二名因素人口，可对照按人口的建房占地面积计算。

4. 原农嫁非的女性，当初户口难以迁出的一律属于挂靠户口。但仍在享受村民待遇的，如本人需要住在本村的，可以供给每户35平方米的安置房，但不准批建房基地。

5. 父母亲单独立户的，不能单独建房，只能将人口拼入儿子户作大小户占地面积计算。

6. 村民建房遵照区政府一户一宅的规定，一定要做到先拆除老房及附房，由镇、村两级实地放样后方可建造。

7. 需建房户的手续审批办理和建房过程

① 应先向村委上交申请建房报告，经村批准同意后，办理相关建房的一切事宜，并应得到上级有关部门的批准。

② 有关部门批下后，该户应提供建房图纸，经村委审核同意，并应制订好建房的协议，同时交清全部规费和建房保证金，并协调好周边邻居关系。

③ 建房户在施工中，要接受镇、村委派人员的监督，如出现违规建造要立即停建整改，到整改符合要求方可继续施工，一切损失由建房户自负。

④ 个别农户要打围墙，应先打申请报告给村委审批，根据村庄规划要求，在不影响邻居情况下，可以批准同意，并制订好协议，最后由村委放样后方可建造。该户在施工中决不能违规，如出现违规一定要及时整改好，一切损失自负。

⑤ 建房时不能损坏周边设施及绿化，如有损坏要该户负责恢复。建好后应自行负责及时清理周边垃圾，如有违规要扣除全部或部分建房保证金，作违约金处理。

第十四章　学生入学奖励的规定

1. 考上重点高中规定分数线，每人奖励奖学金1000元。

2. 考上重点大学规定分数线，每人奖励奖学金2000元。

3. 每年凭入学通知书交村办事服务中心先登记，通过审核符合条件的学生另行通知，统一发放奖学金。

第十五章　村干部及工作人员发放退休金的规定

1. 享受退休金的年龄女到55周岁，男到60周岁（行政村规模调整后的现任村干部，到退休年龄时，按任职、年份结算，享受退休金发放）。

2. 在村工作的人员每人每月统一可发固定退休金20元。

3. 按实际参加工作年份，每年每人计算退休金：

三委班子：正职20元，副职15元，委员10元；

村务人员：正科级7元，副科级6元，一般人员5元；山林、市场、环卫等人员3元。

4. 如到退休年龄前，户口已离地迁出的和犯有错误或受法律处理的一律取消退休金的享受。

5. 村文书要对村干部和村工作人员建立一本花名簿，便于到退休时发放退休金结算。

6. 到符合退休年龄时，由村文书填写好退休金发放结算表三份，一份留底，一份给本人，一份给出纳，村出纳员可按退休金额度做到每月发放。

第十六章　计划生育补助的规定

1. 夫妻一方落实结扎手术的，村补贴500元，镇补贴2000元。

2. 育龄妇女在政策允许范围内，当年出生后落实上环手术的补贴100元，逾期落实放环的妇女补贴50元。

3. 带环怀孕，脱环怀孕及时落实补救措施，补贴150元，其余避孕措施补贴50元。

4. 14周岁以下独生子女父母，村每年发父母亲奖励金100元，独生子女父母满60周岁符合奖扶条件的村民，区奖励每人每年960元。

5. 对举报计划外怀孕，确证为计划外，奖励100元。

6. 上述补助规定如上级政府出台新的规定时，按调整补助款实施。

第十七章　发放抚恤金的规定

1. 失去男主要劳力的子女实行特殊困难补助，该户有不满16周岁的子女，每月每人发放抚恤金300元，发放到年满16周岁为止。

2. 如母亲改嫁将子女带走的应停止发放。

第十八章　发放丧葬费的规定

1. 股民亡故后，每人可领取丧葬费4000元，60周岁以上的支付抚恤金10000元。

2. 属于农转非的或挂靠户口的一律不得发放。

第十九章　表扬奖励的规定

1. 每年评选若干户最美家庭进行表彰奖励。

2. 每年在老年节（重阳节）推荐出老有所为、好媳妇、高龄老人进行表彰奖励。

3. 每年评比出先进科办、优秀村干部、先进村务工作人员给予表彰奖励。

4. 每年对表现较突出的或有重大贡献的企业家和村民给予表彰奖励。

5. 与坏人坏事做斗争，对见义勇为者进行表彰奖励。

第二十章　违法违章违规处理的规定

一、赌博行为

1. 发现有赌博行为者要接受教育，及时改正。

2. 屡教不改的顽固者在经济上要罚款，情节严重要上报政法部门处理。

3. 为赌博提供场所的户要从严处理。

4. 被公安机关查获抓住的由公安机关处理。

5. 党员参与者要受党纪处分，干部参与者要撤销职务。

二、偷窃行为

1. 发现有偷窃行为的人，要追回原物或折价归还现金，应写悔改书并张贴，给予罚款处理。

2. 情节严重的报公安部门处理。

三、吵架闹事、谩骂干部

1. 一般采取及时教育或调解处理，根据情节轻重和认识态度好坏作出处理。

2. 情节严重的报法律部门处理。

四、虐待老人

1. 子女不尊敬老人，要遵照老年法对照处理。

2. 子女对父母长辈应承担赡养义务，在吃、住、穿、零用费、药费、服侍等方面要承担好义务，产生排挤和虐待老年人行为的，通过教育认识错误及时改正。

3. 屡教不改，情节严重，村老年协会可以帮助配合老年人起诉人民法院开庭处理解决。

五、违规用电、用水

1. 擅自乱搭电、接水的一律拆除，按有关规定处理。

2. 偷电的由镇电管站负责处理。

3. 偷水的要补交水费，根据情节轻重作出罚款处理。

4. 发现水表故障要及时反映水电办，并应按平时用水量计算，补交水费。

六、拖交款项

1. 工业企业应交村的土地、房屋租金，应按协议规定时间内及时交清，超过一天应按万分之五增交滞纳金，多次催收拖交或拒交的企业可以采取必要的措施，也可以遵照违约起诉法院解决。

2. 营业房出租一般采取预收租金，到期用户需续租，应提前签订新的租赁协议交清租金，如到期不制订好新的协议或不预交清租金，可以采取收回租房，出租给其他用户。

3. 不及时交清水电费，应按有关规定交滞纳金，较长时间不交可以切断停止供用。

七、破坏或损害村集体的财产、资源、设施

1. 做到发现一件及时处理一件。

2. 一般采取教育，应写好悔改书并张贴，所造成的损失要定价全额赔偿。

3. 情节严重的、认识态度差的要上报公安部门处理。

八、违反计划生育

凡违反以下七项规定的村民，要遵照《浙江省计划生育条例》规定作出处理，如需要外出寻找的一切工资费用应由违反者全部承担。

在村管辖范围内：（1）根据国家计生政策，违法生育的对象不能享受村级待遇；（2）拒绝孕情检测的；（3）计划外怀孕不采取措施的；（4）外出人员未按规定孕情反馈的；（5）企业或出租户不向村汇报孕妇情况的；（6）窝藏计划外怀孕妇女的；（7）非法买卖抱养儿童的。

九、违规违章建筑

1. 建造户未经批准擅自建造的设施都属于违章建筑。

2. 建造户已经批准不遵照规定标准要求建造的属于违规建筑。

3. 已离地建造新房的，尚未拆除老房的属于该户余房未拆违规，必须全部拆除。

4. 对未经批准擅自建造的设施必须全部拆除。

5. 如主房按人口面积缺于规定平方米的户，已建的附属设施面积可以抵足，超出部分面积应全部拆除。

6. 在施工中出现违规、违章时应及时改正，到整改好后方可继续施工。

7. 老违章建筑实行分期分批拆除，原则上应自行拆除，不自觉拆除村可以组织力量采取强制拆除。

8. 在营业地段空地建造的如要保留，可作临时设施处理，必须制订协议实行土地有偿使用，交纳土地租金。

十、出现党员、干部、村务工作人员、村民（股东）代表本人家庭违法、违规、违章的，要带头自觉整改，如不自觉整改的应该受到从严处理。

四、经济联合社章程

杭州萧山衙前镇凤凰股份经济联合社章程

(2006年6月20日)

第一章 总 则

第一条 为了进一步深化村级集体资产管理办法，保护本社和全体股民的合法经济权益，根据《浙江省村级经济合作社组织条例》和杭政办〔1999〕8号、〔2002〕35号，区委办〔2003〕80号文件精神，制定本章程。

第二条 撤销原凤凰村经济联合社，建立凤凰股份经济联合社，办公地址设在衙前镇凤凰村村委二楼内。本社认真执行国家的法律、法规和政策，实行独立核算、自主经营、自负盈亏、民主管理，具有独立的法人资格。

第三条 凤凰股份经济联合社由原凤凰村经济联合社所有资产改造而成，是以资产为纽带，股东为成员的社区性的集体经济组织，是本社资产所有者代表和经营管理主体。

第四条 股份经济联合社的基本职能是生产服务、管理协调、经营开发、兴办企业、对外联合、管理集体资产积累、搞好收益分配等。

第五条 依法属于本社集体所有的资源性资产、固定资产、流动资产、对外投资和其他资产，均属本社全体股东共同所有。

第六条 本社的所属集体资产，可根据实际情况，实行承包经营、租赁经营、股份联合、拍卖转让等多种方式经营，并依法签订合同，按合同规定及时收取款项。

第七条 本社按照股份制方式进行运作，村经济联合社分级核算的原三个建制村经营性净资产分别全额量化到人，并颁发集体资产股权证。

第八条 股份经济联合社受衙前镇党委、政府和凤凰村党委的统一领导，并接受上级有关部门的监督，在国家法律、政策范围内开展活动。

第二章　股权的设置和量化

第九条　股份经济联合社所属资产为土地、山地、经营性资产、非经营性资产。土地、山地、经营性资产由本社实行市场化管理、企业化运作，所得收益纳入本社统一管理。非经营性资产只作管理服务。

第十条　截至2006年3月31日，凤凰股份经济联合社原凤凰建制村总资产为9761万元，负债为750万元，净资产为9011万元，其中经营性净资产为8905万元，以1000元为1股共折合股份89050股。土地473亩，山地280亩，非经营性资产1226万元，不单独折股量化。

凤凰股份经济联合社原交通建制村总资产为1907万元，负债为21万元，净资产为1886万元，其中经营性净资产为1741万元，以1000元为1股共折合股份17410股。土地240亩，非经营性资产224万元，不单独折股量化。

凤凰股份经济联合社原卫家建制村总资产为821万元，负债为60万元，净资产为761万元，其中经营性净资产为728万元，以1000元为1股共折合股份7280股。土地201亩，山地400亩，非经营性资产151万元，不单独折股量化。

第十一条　年收益先用于正常的经营支出、管理费用支出、应提农业发展支出、其他支出，再提取公积、公益、应付福利费，后分红。已分别全额量化到户的股份的所有权为本社集体所有。

第十二条　今后因原建制村土地（山地）征用而获得的资金，纳入经营性资产账中，除公益性投入资金，结余部分增加其净经营性资产；今后重点地段开发净利润的70%也可增加开发地段建制村的经营性资产，可追加原建制股东股份。土地（山地）面积应当相应调减。

第三章　股　东

第十三条　原村经济联合社的社员为股份经济联合社的股东，股东保持相对稳定，只对当年人口四项变动作相应增减，原非村经济联合社的社员，属下列情况之一的，应吸收为股东。

1. 村外女性与本村男性结婚（包括符合条件男到女方落户），且户籍迁入本村的人员。
2. 无子女户，符合条件可领养一人的。
3. 户籍关系在本村，属股份经济联合社股东的家庭人员，未年满16周岁的人员。
4. 现役军人中的义务兵。
5. 因读书原因迁出现迁入本村的非农人口。

但属下列情况之一的不作为股东。

1. 户籍不在本村的人员。
2. 非农户口人员（不包括农转非人员）。
3. 本村女性与村外男性结婚（或到村外女方落户的男性），应将户籍迁出而未迁出或因政策原因无法迁出的人员。
4. 死亡的人员。
5. 原户籍不在村的外来挂靠人员。

需要说明的是：对股东的确认要与2006年1月1日起实施的村规民约相一致。

第十四条　本社编制股东名册，按照第十三条规定，每年以12月31日24时为基准时间，根据当年人口四项变动调整股东名单，分红以股东名册为依据，当年迁出或死亡人员，保留当年的股权分红。

第十五条　按户为单位由本社统一发给股东股权证，股权证必须写明户主、股东人数、股份总额。

股东凭股权证领取分红，或签字或盖章，遗失后要及时挂失并申请补办，不得转让、赠予、继承。

第十六条　股东享受量化的经营性净资产股的股份，原建制村每个股东享受该建制村同等数量的股份。

第十七条　新增股东可以享受原建制村其他股东同等数量的股份，减少股东，其股份由集体无偿收回。

第十八条　股份经济联合社的股东有以下权利，其中未满16周岁的股东只享受（四）、（六）二项：

（一）有选举权、被选举权，对本社重大事项的审议表决权。

（二）对本社经营管理有行使民主管理和民主监督的权利。

（三）承包本社的生产项目，按合同规定行使经营自主权，以及有参加股份经济联合社内其他劳动取得劳动报酬的权利。

（四）享受本社提供的生产、生活服务和劳保福利的权利。

（五）对本社干部提出质询和批评，对股份经济联合社经营管理提出建议，并进行监督。

（六）按照股份取得分红权利。

第十九条　股份经济联合社股东必须履行以下义务：

（一）遵守章程和各项制度，执行股东代表大会和董事会通过的各项决议。

（二）完成国家和集体的各项任务。

（三）其他应依法履行的义务。

第四章　组织机构

第二十条　本社设股东代表大会、董事会、监事会等机构。

第二十一条　股东代表大会是股份经济联合社的最高权力机构，股东代表由选举权的股东推荐或选举产生，代表人数一般为有选举权的股东总数的3%—5%，股东代表每届任期三年，可连选连任。股东代表大会由股份经济联合社董事会召集并主持。每年召开1—2次，有三分之一以上的股东代表提议，应当召开股东代表大会。

第二十二条　股东代表大会实行一人一票制，有三分之二以上的股东代表出席的股东代表大会有效，会议决议须应到会三分之二以上的股东代表通过方能生效。

第二十三条　股东代表会议行使下列职权：

（一）通过、修改股份经济联合社章程。

（二）选举、罢免本社董事会、监事会成员。

（三）听取、审议本社董事会的工作报告。

（四）讨论决定本社发展规划、生产经营计划、年度财务计划和集体资产经营方案。

（五）讨论决定本社收益分配方案。

（六）在必要时，决定召开由全体股东参加的会议。

第二十四条　本社董事会是股东代表大会的执行机构，是股份经济联合社的日常工作机构，对股东代表大会负责。

第二十五条　董事会由股东代表大会选举产生，每届任期三年，可连选连任。

董事会行使下列职权：

（一）负责召集股东代表大会。

（二）起草股东代表大会的决议。

（三）制订并执行本社经济发展规划、经营计划和集体资产经营方案。

（四）制定并执行本社财务管理制度、财务预算、收益分配方案及资产经营责任制考核办法。

（五）提出董事会、监事会成员的报酬方案。

（六）负责本社日常社务工作。

第二十六条　本社董事会由5人组成，设董事长和副董事长各一名，由董事会选举产生和罢免。董事长为股份经济联合社的法定代表人。

董事长行使下列职权：

（一）主持董事会工作，召开董事会会议。

（二）组织实施董事会形成的各项决议。

（三）负责开展本社的重要经济活动和其他业务活动。

（四）负责对本社主要管理人选的提名。

第二十七条　监事会由股东代表大会选举产生，本社监事会由5人组成，设监事会主任和副主任各1名，监事会每届任期三年，可以连选连任。本社财务人员不得兼任监事会成员。监事会对股东代表大会负责，向股东代表大会报告工作，监事会成员可以派代表列席董事会会议。

监事会行使下列职权：

（一）监督本社章程的执行情况。

（二）检查本社经营管理和财务的收支状况，每月开展一次理财监督。

（三）监督和检查董事会对股东代表大会决议的执行情况，并对全体股东负责。

（四）监督董事会的日常工作，并提出建议和批评意见。

董事会、监事会成员不得相互交叉兼职。

第五章　财务管理和收益分配

第二十八条　本社执行财政部、农业部《村联合经济组织会计制度》，区、镇和股东代表大会通过的财务管理制度，负责对所属企业的财务进行管理和监督。

董事会、监事会成员的直系亲属不能被聘为本社财务管理人员。

第二十九条　本社财务实行计划管理与民主管理相结合，严格执行股东代表大会决定、上级财务会计制度和董事会年初财务计划。

第三十条　本社财务收支情况经监事会理财监督后，上报镇农村会计服务中心按月结账，由镇农村会计服务中心按季向股东公开。财务预决算和重大开支项目，须经股东代表大会审议通过。

年度财务决算应接受上级有关部门的审计。

第三十一条　本社必须建立财产登记制度，对股份经济联合社及所属企业的财产每年进行一次清查盘点、登记、造册归档。

第三十二条　本社建立集体固定资产折旧制度，股份经济联合社所有的固定资产必须按规定足额提取折旧。

第三十三条　董事会在资产发包、租赁时，应依法签订承租合同，按合同约定及时向承租单位收取承包、租赁金。

董事会对本社负有资产安全的责任，严禁为其他单位和个人作经济担保。

第三十四条　搞好本社收益分配，正确处理好消费与积累，国家、集体和个人之间关系。

第三十五条　坚持勤俭节约、民主管理方针，杜绝铺张浪费，严格控制非生产性开支。

第三十六条　股份分配来源：

（一）土地承包租赁收入；

（二）集体资产租赁收入；

（三）集体资产经营收入；

（四）集体资金利息收入；

（五）其他收入等。

土地征用所补偿费不作为当年股利分配来源。

第三十七条　收益分配

本社当年经营总收入扣除总支出（包括土地集约经营农户的补偿支出、农发基金支出、老年人福利补贴、考入高中以上学历的教育补贴、大病统筹医疗补贴、困难户补贴等）的收益，在依法纳税后，公积金、公益金两项提留20%；应付福利费按需提留；其余分配给股东。本社无盈利时不得搞透支分配。

第六章　附　则

第三十八条　本章程解释权在董事会，本章程如有修改或变动，须经股东代表大会讨论通过，并告知全体股东。

第三十九条　本章程经第一届股东代表大会审议通过，并报送上级政府部门审核同意后生效。

衙前镇凤凰股份经济联合社章程

（2017年6月23日）

第一章　总　则

第一条　为了进一步深化村级集体资产管理办法，保护本社和全体股民的合法经济效益，根据《浙江省村级经济合作社组织条例》和上级有关文件精神，本村在2005年6月村规模调整后成立凤凰股份经济联合社，并制订了章程，至今已有11年时间。随着当前凤凰新农村建设的发展，村级集体经济日益壮大，按照"谁创造，谁受益"，"依据法律、尊重历史、公平公正"的原则思路，凤凰又实施了新一轮股份制改革，原《股份经济联合社章程》已不适用，通过对原《章程》的修改、调整，制订新的《章程》。

第二条　凤凰股份经济联合社办公地址设在衙前镇凤凰村村委二楼内。本社认真执行国家的法律、法规和政策，实行独立核算、自主经营、自负盈亏、民主管理，具有独立的法人资格。

第三条　凤凰股份经济联合社是以资产为纽带，股东为成员的社区性集体经济组织，是本村资产所有者代表和经营管理主体。

第四条　股份经济联合社的基本职能是生产服务、管理协调、经济开发、兴办企业、对外联合、管理集体资产积累、搞好收益分配等。

第五条　依法属于本社集体所有的资源性资产、固定资产、流动资产、对外投资和其他资产，均属本社全体股东共同所有。

第六条　本社的所属集体资产以"法律化认可、股份化管理、市场化运转"的形式，按实际情况实行承包经营、租赁经营、股份联合、拍卖转让等多种方式经营，并依法签订合同，按合同规定及时收取款项。

第七条　本社按照股份制方式进行运作，村经济联合社分级核算，按小村、大村经营性资产分段、分级量化到人，核算到户，并颁发《杭州萧山凤凰股份经济联合社股金权证》。

第八条　股份经济联合社受衙前镇党委、政府和凤凰村党委的统一领导，并接受上级有关部门的监督，在国家法律、政策范围内开展活动。

第二章　股权的设置和量化

第九条　股份经济联合社所属资产为土地、山地、经营性资产、非经营性资产。土地、山地、经营性资产由本社实行市场化管理、企业化运作，所得收益纳入本社统一管理。非经营性资产只作管理服务。

第十条　本社从2014年1月1日起，实行新股份制改革。按照"既尊重历史事实，又体现公平共享"原则，将股金的权益进行调整。持有凤凰股份经济联合社的股金将长期保持，股金可由股东直系亲属继承。在规定时段内，对亡故、出嫁、外出做上门女婿、进入国家机关或全额拨款事业单位的人员及户口迁出而被取消的股东股本金可以恢复，但只能享受一年一度的股金分红权。

第十一条　股份制改革对股东的股本金分时间阶段量化给股东。

第一阶段：凤凰股份经济联合社成立后，原各片（凤凰、交通、卫家）经营性资产为股东的股本金，属原始股，根据2006年3月《萧山区衙前镇凤凰股份经济联合社股东清册》为准。

第二阶段：从2006年4月1日至2013年12月31日止（按93个月计算），经分片（凤凰、交通、卫家）核算，各片新增加的经营性资产实行股本金量化。具体量化结算办法如下：

1. 固定老股东全额增加该期间的新股本金（93个月）；
2. 迁出或死亡的老股东，按人口减少前的月份结算增加新股本金（按月）；
3. 迁入或出生的新股东，按人口增加后的月份结算新股本金（按月）。

第十二条　到2014年12月31日核实，全社总经营性资产量化为21340万元，股民户数为578户，股东为2041名。股东股本金平均每人凤凰片为139185.29元，交通片为101873.37元，卫家片为41892.14元。股东股金从定权发证后，每五年为一个结算阶段，按每年股金分红比例总和作为股金增值额结算依据。以家庭为单位，遵照新增股金的政策结算量化到户，登入每户的股权证。股东的股本金是每年结算分红的依据。

第十三条　股东分配原则先福利后分红，每年股东的股本金分红不少于股本金的千分之八，根据效益可适当递增。同时，进一步深化股东股金改革，逐步形成股东股金可以抵押、转让、认购，但需到国家的政策、推进的条件、股民的适应都成熟后方可实施。

为适应经济发展的需要，确保凤凰长期稳定，调动各级经济管理人员的积极性，本社实行奖励及费用开支的规定。按本社全年可用资金额的两个5%作为提取（即奖励资金5%、费用开支5%），不含镇政府考核奖金及规定费用，该款项由董事会分配、使用，每年结算不得超支。每年除开支、分配、提留后，结余部分资金属于本社集体所有。

第十四条　股东福利待遇

1. 每个股东每季度可发大米票60斤，粮食补贴45元，天然气补贴款45元。
2. 每个股东每年可发油票6斤，面粉票2斤，糯米票2斤（发放时按核实股东人数发放）。
3. 股东统筹合作医疗及保障

股东在衙前医院看门诊可报销75%（含农医保报销额），住院最高额度可报销95%（指农医保定点医院，含农医保报销额）。股东已参加城镇医疗保险的不再享受农医保待遇，由本社补贴给每人每年350元。今后如有新的政策规定出台，再作另行调整。

4. 老年人享受待遇

① 老年股东每人每月发放助养金的标准

女性50周岁开始320元/月，55周岁调整为500元/月。

男、女60周岁以上向本社办理好有关缴费手续，按类似农转非待遇发放。

② 女性50周岁，男性60周岁以上的股东每人中秋节月饼2斤，重阳节100元，春节向60周岁以上股东拜年发红包。

第三章 股 东

第十五条 到2013年12月31日止，全社股东户578户，股东2041名，实施股权证发放。

（一）应取消股东在本社享受待遇的人员。

① 原农嫁非的女性，当初无法将户口迁入男方，只准照顾认可本人一人为本社股东，其出生的子女一律不准认可为股东。已认可股东在享受待遇的，一律及时更正取消，停止发放。

② 亡故的股东如无继承人（配偶、子女），自动取消股东资格，停止发放粮食等待遇。

（二）下列股东不享受粮食等其他待遇：

① 外出做上门女婿的股东。

② 已办理结婚登记，出嫁到外地单位的女性股东。

③ 遵照萧山区农办〔2009〕61号文件，已进入国家机关或全额拨款事业单位在编干部和职工的股东。

④ 征兵服役的股东（在服役期间）。

⑤ 已亡故的股东。

⑥ 劳改劳教的股东（在改教期间）。

⑦ 户口外迁的股东。

第十六条 股份经济联合社的股东有以下权利，其中未满16周岁的股东只享受（四）、（六）两项：

（一）有选举权、被选举权、对本社重大事项的审议表决权。

（二）对本社经营管理有行使民主管理和民主监督的权利。

（三）承包本社的生产项目，按合同规定行使经营自主权，以及有参加股份经济联合社内其他劳动取得劳动报酬的权利。

（四）享受本社提供的生产、生活服务和劳保福利的权利。

（五）对本社干部提出质询和批评，对股份经济联合社经营管理提出建议，并进行监督。

（六）按照股份取得分红权利。

第十七条 股份经济联合社股东必须履行以下义务：

（一）遵守章程和各项制度，执行股东代表大会和董事会通过的各项决议。

（二）完成国家和集体的各项任务。

（三）其他应依法履行的义务。

第四章 组织机构

第十八条 本社设股东代表大会、董事会、监事会等机构。

第十九条　股东代表大会是股份经济联合社的最高权力机构，股东代表由选举权的股东推荐或选举产生，代表人数一般为有选举权的股东总数的3%—5%，股东代表每届任期三年，可连选连任。股东代表大会由股份经济联合社董事会召集并主持。每年召开1—2次，有三分之一以上的股东代表提议，应当召开股东代表大会。

第二十条　股东代表大会实行一人一票制，有三分之二以上的股东代表出席的股东代表大会有效，会议表决须应到会三分之二以上的股东代表通过方能生效。

第二十一条　股东代表大会行使下列职权：

（一）通过、修改股份经济联合社章程。

（二）选举、罢免本社董事会、监事会成员。

（三）听取、审议本社董事会的工作报告。

（四）讨论决定本社发展规划、生产经营计划、年度财务计划和集体资产经营方案。

（五）讨论决定本社收益分配方案。

（六）在必要时，决定召开由全体股东参加的会议。

第二十二条　本社董事会是股东代表大会的执行机构，是股份经济联合社的日常工作机构，对股东代表大会负责。

第二十三条　董事会由股东代表大会选举产生，每届任期三年，可连选连任。

董事会行使下列职权：

（一）负责召集股东代表大会。

（二）起草股东代表大会的决议。

（三）制订并执行本社经济发展规划、经营计划和集体资产经营方案。

（四）制订并执行本社财务管理制度、财务预算、收益分配方案及资产经营责任制考核办法。

（五）提出董事会、监事会成员的报酬方案。

（六）负责本社日常社务工作。

第二十四条　本社董事会由5人组成，设董事长一名，副董事长两名，董事两名，由董事会选举产生和罢免。董事长为股份经济联合社的法定代表人。

董事长行驶下列职权：

（一）主持董事会工作，召开董事会会议。

（二）组织实施董事会形成的各项决议。

（三）负责开展本社的重要经济活动和其他业务活动。

（四）负责对本社主要管理人选的提名。

第二十五条　监事会由股东代表大会选举产生，本社监事会由3人组成，设监事会主任1名，监事会每届任期三年，可以连选连任。本社财务人员不得兼任监事会成员。监事会对股东代表大会负责，向股东代表大会报告工作，监事会成员可以派代表列席董事会会议。

监事会行使下列职权：

（一）监督本社章程的执行情况。

（二）检查本社经营管理和财务的收支状况，每月开展一次理财监督。

（三）监督和检查董事会对股东代表大会决议的执行情况，并对全体股东负责。

（四）监督董事会的日常工作，并提出建议和批评意见。

董事会、监事会成员不得相互交叉兼职。

第五章　财务管理和收益分配

第二十六条　本社执行财政部、农业部《村联合经济组织会计制度》，区、镇和股东代表大会通过的财务管理制度，负责对所属企业的财务管理和监督。

董事会、监事会成员的直系亲属不能被聘为本社财务管理人员。

第二十七条　本社财务实行计划管理与民主管理相结合，严格执行股东代表大会决定、上级财务会计制度和董事会年初财务计划。

第二十八条　本社配一名报账员，出纳、会计由镇农村会计服务中心实行双代理。本社财务收支情况经监事会理财监督后，上报镇农村会计服务中心按月结账，由镇农村会计服务中心按季向股东公开，财务预决算和重大开支项目，须经股东代表大会审议通过。

年度财务决算须接受上级有关部门的审计。

第二十九条　本社必须建立财产登记制度，对股份经济联合社及所属企业的财产每年进行一次清查盘点，登记、造册归档。

第三十条　本社建立集体固定资产折旧制度，股份经济联合社所有的固定资产必须按规定足额提取折旧。

第三十一条　董事会在资产发包、租赁时，应依法签订承租合同，按合同约定及时向承租单位收取承包、租赁金。

董事会对本社负有资产安全的责任，严禁为其他单位和个人作经济担保。

第三十二条　搞好本社收益分配，正确处理好消费与积累，国家、集体和个人之间关系。

第三十三条　坚持勤俭节约、民主管理方针，杜绝铺张浪费，严格控制非生产性开支。

第三十四条　股份分配来源

（一）土地承包租赁收入；

（二）集体资产租赁收入；

（三）集体资产经营收入；

（四）集体资金利息收入；

（五）其他收入等。

土地征用所补偿费不作为当年股利分配来源。

第三十五条　收益分配

本社当年经营总收入扣除支出（包括土地集约经营农户的补偿支出、农发基金支出、董事会分配使用的奖金费用支出、老年人福利补贴、考入高中以上学历的教育补贴、大病统筹医疗补贴、困难户补贴等）的收益，在依法纳税后，应付福利费按需提留，股东分红，其余为本社积累资金。本社无盈利时不得搞透支分配。

第六章　附　则

第三十六条　本章程解释权在董事会，本章程如有修改或变动，应经股东代表大会讨论通过，并告知全体股东。

第三十七条　本章程经第五届股东代表大会审议通过后实施，并报送上级政府部门。

五、凤凰村村歌

春光长驻凤凰村

——衙前镇凤凰村村歌

作词：杨振林
作曲：李献玉
编曲：大一文化

$1=\flat E$ $\frac{4}{4}$ $\quad \bullet =88$

| 5 6 1 3 3 - | 2 3 6 1 1 - | 5 6 1 2 2 - |

那只凤凰　　　没有远行，　　　化作山顶
高高天目　　　放飞目光，　　　浩浩钱塘

| 1 6 2 3 3 - | 1 2 5 5 5 2 1 | 2. 3 6 - |

最亮的星，　　虎胆英雄　浩气长　　存，
开阔胸襟，　　工业园区　欣欣向　　荣，

| 5 6 1 3 2 1 2 | 1 - - - | 5 6 1 5 3 - |

化作我们凤凰精　神，　　　　　敢为天下先，
创业社区和谐温　馨，　　　　　别说外来客，

| 2 1 2 5 5 - | 4.3 2 1 2 2 3 6 | 7 7 7 1 2 2 1 1.5 |

追求无止境，　风雨同舟闯难　关，　肝胆相照共初　心。啊，
都是自家人，　五湖四海一家　亲，　春光长驻凤凰　村。啊，

| 3 3 1 5 4 5 | 6 5 5 - - | 6. 6 6 5 4 3 2 |

凤凰凤凰，大美　家园，　　　　全　面小康树典范，
凤凰凤凰，风情　小镇，　　　　水　墨淡远江南韵，

| 2 2 2 1 7 5 2 - | 3 3 3 1 5 4 5 | 6. 1 6 - |

美丽中国样板村。　敬老传美德，尚学　多才俊，
桃红柳绿舞缤纷，　创业再争先，走向　大世界，

| 5 1 5 4 5 3. 5 | 5 - - 4 7 | 1 - - - ‖

悠悠运河　水，频　频　　送好　音。
奋进新时　代，凯歌　嘹亮　启新　程。

D.C.
D.S.

| 5.5 5 7. 7 7 | 1 - - - | 1 0 0 0 ‖

凯歌嘹亮 启新　程。

2018 年 12 月

六、衙前镇1977—2017年党政负责人名录

职　务	姓　名	任职年月	职　务	姓　名	任职年月
衙前人民公社党委书记	徐水庭	1977.10—1984.02	衙前镇镇长	金胡水	1985.01—1992.05
衙前镇（乡）党委书记	朱来根	1984.02—1987.01		黄庚友	1992.05—1996.03
衙前镇党委书记	任国平	1987.01—1989.10		洪关良	1996.03—1998.03
	徐伟法	1989.10—1998.03		裘　超	1998.03—2000.09
	洪关良	1998.03—2000.09		张振丰	2000.09—2002.04
	高锦耀	2000.09—2006.08		高国飞	2002.04—2004.12
	徐妙法	2006.08—2011.09		徐妙法	2005.01—2006.07
	周吾灿	2011.09—2014.08		杨德亚	2006.07—2009.09
	俞沈江	2014.08—2017.11		周吾灿	2009.10—2011.09
衙前人民公社革命委员会主任	魏茂林	1979.03—1984.03		孙建平	2011.09—2015.09
衙前乡乡长	林汝祥	1984.03—1985.01		俞国燕	2015.09—

注：1984年5月，废除人民公社体制，改公社为乡；1985年4月，改衙前乡为衙前镇。

索 引

图照索引

图 0001	凤凰村村徽（2017 年 10 月 31 日，范方斌摄）	(1)
图 0002	凤凰村全景（2018 年 4 月 30 日，傅展学摄）	(2)
图 0003	萧绍运河穿村而过（2018 年 10 月 4 日，徐国红摄）	(4)
图 0004	运河沿岸景观（2018 年 10 月 4 日，徐国红摄）	(4)
图 0005	运河边的凤凰民居（2012 年 8 月 26 日，童健飞摄）	(4)
图 0006	运河边的老街新貌（2018 年 5 月 11 日，徐国红摄）	(5)
图 0007	运河边的老街（2016 年 4 月 9 日，徐国红摄）	(6)
图 0008	运河边的老屋（2016 年 3 月 18 日，徐国红摄）	(7)
图 0009	运河边的古桥（2007 年 7 月 1 日，徐国红摄）	(7)
图 0010	凤凰山景观（2018 年 10 月 7 日，徐国红摄）	(8)
图 0011	凤凰山上的梅花鹿园（2017 年 5 月，许健摄）	(8)
图 0012	凤凰山度假村（2009 年 8 月 19 日，徐国红摄）	(9)
图 0013	凤凰村茶园（2008 年 4 月 26 日，徐国红摄）	(9)
图 0014	凤凰村苗木基地（2009 年 7 月 13 日，徐国红摄）	(9)
图 0015	狮子石（2018 年 9 月 27 日，徐国红摄于凤凰村）	(10)
图 0016	大樟树（2018 年 9 月 30 日，徐国红摄于凤凰村）	(10)
图 0017	凤凰村秋色（2017 年 11 月 11 日，来疆摄）	(12)
图 0018	凤凰村夜景（2011 年 9 月 1 日，傅展学摄）	(12)
图 0019	凤凰村夜景（2018 年 10 月 13 日，王杨琳摄）	(12)
图 0020	凤凰娱乐中心夜景（2010 年 1 月 22 日，傅展学摄）	(12)
图 0021	凤凰村门牌（2013 年 10 月 28 日，沃琦摄）	(13)
图 0022	凤凰村辖内的外来人口居住区——创业新村社区（2011 年 5 月 6 日，傅展学摄）	(13)
图 0023	创业新村社区外景（2010 年 4 月 3 日，傅展学摄）	(13)
图 0024	凤凰村新鑫花园小区（2018 年 4 月 15 日，沃琦摄）	(13)
图 0025	凤凰工业园（2011 年 5 月 6 日，傅展学摄）	(14)
图 0026	2008 年 8 月 10 日杭州凤凰纺织有限公司（石成匡提供）	(14)
图 0027	浙江恒逸石化有限公司自动包装线（2018 年 5 月 16 日，陈妙荣摄）	(14)
图 0028	杭州宏峰纺织集团产品（2013 年 1 月 29 日，傅展学摄）	(15)

图 0029　杭州美恒纺织有限公司产品（2013 年 1 月 29 日，傅展学摄）……………………（15）
图 0030　杭州凤谊纺织有限公司生产车间（2013 年 1 月 29 日，傅展学摄）………………（15）
图 0031　2010 年 3 月 11 日凤凰村民和学生们在凤凰山上义务植树（傅展学摄）…………（16）
图 0032　2013 年 11 月 20 日凤凰村文化长廊（翁洪霞提供）……………………………………（16）
图 0033　2010 年 4 月 30 日凤凰村民清洁卫生活动（肖仲光摄）………………………………（16）
图 0034　凤凰村民健身活动（2010 年 4 月 3 日，傅展学摄）……………………………………（17）
图 0035　凤凰村境内的衙前镇初级中学（原萧山区第三高级中学）和
　　　　　红色衙前展览馆（2011 年 9 月 14 日，傅展学摄）……………………………………（17）
图 0036　凤凰村自 1986 年以来每年表彰优秀学生（2016 年 8 月 16 日，范方斌摄）…………（18）
图 0037　2009 年 9 月 30 日美国加州大学伯克利分校的凤凰村学生沃梦怡（左四）
　　　　　在旧金山唐人街参加中国国庆 60 周年升旗典礼（凤凰村委会提供）………………（18）
图 0038　2012 年 10 月 17 日衙前镇第四届全民运动会，凤凰村囊括男子、女子、
　　　　　团体登山第一名（毕迪摄）……………………………………………………………（18）
图 0039　凤凰村民的休闲生活（2008 年 8 月 6 日，徐国红摄）…………………………………（19）
图 0040　2010 年 12 月 30 日凤凰广场投入使用（傅展学摄）……………………………………（19）
图 0041　2010 年 10 月 16 日凤凰村老龄艺术团庆祝第 23 个老人节文艺晚会
　　　　　表演（傅展学摄）……………………………………………………………………（19）
图 0042　2012 年 10 月 17 日凤凰村腰鼓队表演（傅展学摄）……………………………………（19）
图 0043　凤凰村新盛游泳场（2013 年 7 月 7 日，范方斌摄）……………………………………（20）
图 0044　孩子们戏水的乐园（2013 年 7 月 7 日，范方斌摄）……………………………………（20）
图 0045　凤凰山上欢乐的孩子们（2009 年 11 月 14 日，徐国红摄）……………………………（21）
图 0046　凤凰村里心系中国梦的孩子们（2015 年 11 月 18 日，徐国红摄）……………………（21）
图 0047　2011 年 3 月 17 日凤凰村党委班子与村民展望美好规划（傅展学摄）………………（22）
图 0048　2011 年 3 月 5 日凤凰村换届选举计票（傅展学摄）……………………………………（22）
图 0049　2011 年 1 月 6 日凤凰村党委书记胡岳法（右一）获浙江新农村建设
　　　　　带头人金牛奖（毕迪摄）……………………………………………………………（23）
图 0050　2011 年 1 月 6 日胡岳法获浙江省新农村建设带头人金牛奖并接受
　　　　　采访（毕迪摄）………………………………………………………………………（23）
图 0051　2015 年 11 月 8 日中央电视台《焦点访谈》栏目组采访凤凰村
　　　　　党委书记胡岳法（徐国红摄）………………………………………………………（23）
图 0052　2010 年 1 月 8 日凤凰村民领到股份分红（傅展学摄）…………………………………（24）
图 0053　2014 年 5 月 28 日凤凰村民领到《凤凰股金权证》乐呵呵（傅展学摄）………………（24）
图 0054　凤凰村民免费领取粮油（2013 年 3 月 28 日，傅展学摄）……………………………（24）
图 0055　2014 年 1 月 17 日凤凰村迎新春团拜会，418 位老人喜领红包（傅展学摄）…………（25）
图 0056　2014 年 1 月 17 日凤凰村举行首届"最美家庭"表彰会（傅展学摄）…………………（25）
图 0057　衙前农民运动纪念馆（2011 年 7 月 14 日，傅展学摄）………………………………（26）
图 0058　2011 年 9 月 27 日纪念衙前农民运动 90 周年——红色衙前展览馆
　　　　　开馆仪式（傅展学摄）………………………………………………………………（26）

图 0059　2016 年 9 月 27 日纪念衙前农民运动 95 周年暨纪念馆新馆
揭牌仪式（范方斌摄）……………………………………………………（26）

图 0060　萧绍运河边的衙前农民协会旧址——老东岳庙（萧山区
人民政府地方志办公室提供）…………………………………………（27）

图 0061　迁建到凤凰山上的新东岳庙（2007 年 6 月 26 日，徐国红摄）……（27）

图 0062　衙前农村小学校旧址——沈定一故居（2016 年 3 月 24 日，李莫微摄）……（28）

图 0063　衙前农村小学校旧址——沈定一故居（2016 年 3 月 24 日，李莫微摄）……（28）

图 0064　杭州十大名木——民国 12 年（1923）沈定一从苏联带回栽种的罗汉松树苗，
今苍翠茂盛（2017 年 4 月 28 日，李莫微摄于沈定一故居内）………（29）

图 0065　李成虎故居（2009 年 9 月 3 日，傅展学摄）……………………（29）

图 0066　沈受谦进士碑（2016 年 3 月 24 日，李莫微摄于沈定一故居前）…（29）

图 0067　李成虎墓（2006 年 9 月 26 日，柳田兴摄）……………………（29）

图 0068　外国人参观衙前镇凤凰村（2018 年 8 月 19 日，徐国红摄）……（30）

图 0069　2013 年 4 月 2 日凤凰村党员集队前往李成虎烈士墓敬献花圈（沃琦摄）……（30）

图 0070　2018 年 3 月 30 日凤凰村党员到李成虎烈士墓祭扫活动时合影（徐志清摄）……（30）

图 0071　瑞雪丰年（2018 年 1 月 10 日，陈妙荣摄）……………………（31）

图 0072　凤凰村委会办公大楼（2018 年 5 月 23 日，陈妙荣摄）…………（31）

图 0073　2011 年 12 月凤凰村被评为"全国文明村"………………………（32）

图 0074　2006 年 10 月凤凰村被评为"全国敬老模范村"…………………（32）

图 0075　2014 年 1 月凤凰村被评为"浙江省模范集体"……………………（32）

图 0076　2006 年 1 月凤凰村被评为浙江省"全面小康建设示范村"………（32）

图 0077　2018 年 7 月凤凰村被评为"全国民主法治示范村"………………（32）

图 0078　2007 年凤凰村被评为 2006 年度杭州市社会主义新农村建设标兵村……（32）

图 0079　凤凰村在中国的位置………………………………………………（33）

图 0080　凤凰村在浙江省的位置……………………………………………（34）

图 0081　凤凰村在杭州市萧山区的位置……………………………………（35）

图 0082　凤凰村平面示意图…………………………………………………（36）

图 0083　1978—2018 年几个年份凤凰村经济总收入与工农业收入情况（1978 年、1990 年、
2000 年数据包括交通村、卫家村数据，农业包括种植业、林业、牧业、渔业）………（5）

图 0084　2005—2018 年几个年份凤凰村可用资金情况……………………（5）

图 0085　1978—2018 年几个年份凤凰村与全国农村居民人均纯收入情况……（5）

图 0086　2005—2018 年几个年份凤凰村民人均分红股金情况……………（5）

图 0087　凤凰村晨曦（2018 年 4 月 8 日，陈妙荣摄）……………………（6）

图 0088　2011 年 4 月 21 日，中共中央书记处书记、中纪委副书记何勇（前排左四）、
浙江省委书记赵洪祝（前排左三）、浙江省委副书记、省长吕祖善（前排
左二）、杭州市委书记黄坤明（前排左一）等一行莅萧山考察凤凰村
（傅展学摄）………………………………………………………………（33）

图 0089　2015 年 11 月 8 日，中央宣讲团成员、中国社会科学院党组成员、副院长蔡昉
（前排右三）考察凤凰村（徐国红摄）………………………………（33）

图 0090	2010 年 10 月 27 日，浙江省政协主席周国富（右二）考察凤凰村（翁洪霞摄）	（33）
图 0091	2010 年 9 月 21 日，浙江省委常委、省纪委书记任泽民（右二）考察凤凰村（傅展学摄）	（33）
图 0092	2014 年 7 月 7 日，浙江省委副书记、政法委书记王辉忠（前左）莅凤凰村考察新农村建设（凤凰村委会提供）	（33）
图 0093	2011 年 7 月 5 日，浙江省委常委、副省长葛慧君（中）考察创业新村（翁洪霞摄）	（33）
图 0094	2009 年 6 月 11 日，浙江省省委常委、副省长茅临生（前排右二）考察凤凰工业园（傅展学摄）	（34）
图 0095	2017 年 2 月 22 日，浙江省副省长熊建平考察官河衙前凤凰段截污纳管工作（郑承峰摄）	（34）
图 0096	2013 年 4 月 23 日，浙江省军区政治部副主任周嘉爱（前排右二）莅凤凰村考察军民共建工作	（34）
图 0097	2016 年 2 月 14 日，浙江省委常委、杭州市委书记赵一德（前排左一）考察凤凰村（郑承峰摄）	（34）
图 0098	2013 年 4 月 27 日，杭州市人大常委会主任王金财（前排左二）考察凤凰村（凤凰村委会提供）	（34）
图 0099	2017 年 3 月 2 日，中国社会科学院当代中国研究所社会史研究室主任李文（左三）莅凤凰村调研（沃琦摄）	（34）
图 0100	2012 年 5 月 11 日，新华社等新闻单位莅凤凰村采访（毕迪摄）	（35）
图 0101	2012 年 5 月 11 日，中央、省市新闻媒体到凤凰村采访（凤凰村委会提供）	（35）
图 0102	2017 年 5 月 21 日，以色列新闻代表团考察访问凤凰村（华兴桥摄）	（35）
图 0103	2017 年 8 月 23 日，台湾南投县鹿谷乡代表团考察访问凤凰村（华兴桥摄）	（35）
图 0104	2016 年 3 月 8 日，衙前镇村领导走访老街居民（徐国红摄）	（35）
图 0105	2011 年 11 月 12 日，浙江省新农村建设带头人金牛奖启动仪式在凤凰山下举行（傅展学摄）	（35）
图 0106	2016 年 10 月 9 日，胡岳法参加的杭州市赴台湾基层交流团在台湾南投县鹿谷乡内湖小学参观并与该校师生合影（凤凰村委会提供）	（40）
图 0107	凤凰村全貌（2018 年 4 月，傅展学摄）	（42）
图 0108	凤凰村、交通村、卫家村区划图（2004 年）	（43）
图 0109	明代萧山县境之图（明嘉靖《萧山县志》），时凤凰地区属凤仪二十三都	（45）
图 0110	西曹自然村民居（2018 年 10 月 24 日，陈妙荣摄）	（48）
图 0111	傅家自然村民居（2018 年 7 月 10 日，陈妙荣摄）	（49）
图 0112	卫家自然村民居（2011 年 5 月 6 日，傅玉刚摄）	（49）
图 0113	位于凤凰村境内的原衙前镇人民政府、今交通警察大队衙前执勤中队办公场所（2018 年 5 月 11 日，徐国红摄）	（51）
图 0114	1961—2016 年凤凰地区几个年份人口发展情况	（52）

图 0115	1972—2016 年凤凰地区几个年份人口出生率、死亡率、增长率	(54)
图 0116	1961—2016 年凤凰地区几个年份男女性别构成	(59)
图 0117	萧绍运河穿村而过（2018 年 4 月 30 日，傅展学摄）	(65)
图 0118	凤凰山上的参天大树（2017 年 4 月，陈妙荣摄）	(66)
图 0119	凤凰山上的休憩亭（2017 年 4 月，陈妙荣摄）	(66)
图 0120	洛思山（2018 年 6 月 15 日，陈妙荣摄）	(68)
图 0121	萧绍运河凤凰段（2016 年 3 月 24 日，李莫微摄）	(68)
图 0122	凤凰河（2018 年 5 月 23 日，陈妙荣摄）	(69)
图 0123	秋日阳光下的凤凰山（2018 年 10 月 7 日，徐国红摄）	(70)
图 0124	东岳庙雪景（2018 年 1 月 26 日，陈妙荣摄）	(70)
图 0125	雨中行（2013 年 10 月 8 日，徐国红摄）	(71)
图 0126	官河沿岸绿树成荫（2018 年 10 月 7 日，徐国红摄）	(72)
图 0127	堆雪人（2008 年 2 月 2 日，徐国红摄）	(75)
图 0128	打雪仗（2010 年 12 月 16 日，李小妮摄）	(75)
图 0129	凤凰村姓氏调查（2017 年 2 月 13 日，莫艳梅摄）	(78)
图 0130	官河风光（2018 年 9 月 28 日，徐国红摄）	(85)
图 0131	沃岳炎全家照及最想说的一句话（2017 年 12 月）	(87)
图 0132	沃关水全家照及最想说的一句话（2017 年 12 月）	(87)
图 0133	沃关千夫妻照及最想说的一句话（2018 年 6 月）	(87)
图 0134	朱建林全家照及最想说的一句话（2017 年 12 月）	(89)
图 0135	曹水庆全家照及最想说的一句话（2018 年 2 月）	(89)
图 0136	施阿坤全家照及最想说的一句话（2017 年 12 月）	(89)
图 0137	王孝志夫妻照及最想说的一句话（2018 年 7 月）	(91)
图 0138	翁永根全家照及最想说的一句话（2017 年 12 月）	(91)
图 0139	施茶根全家照及最想说的一句话（2017 年 12 月）	(91)
图 0140	王关建全家照及最想说的一句话（2017 年 12 月）	(93)
图 0141	杨水福全家照及最想说的一句话（2017 年 12 月）	(93)
图 0142	杨福仁全家照及最想说的一句话（2017 年 12 月）	(93)
图 0143	曹阿亚全家照及最想说的一句话（2017 年 12 月）	(95)
图 0144	沃水木全家照及最想说的一句话（2017 年 12 月）	(95)
图 0145	沃连根全家照及最想说的一句话（2017 年 12 月）	(95)
图 0146	沃柏根全家照及最想说的一句话（2018 年 2 月）	(97)
图 0147	曹福生全家照及最想说的一句话（2018 年 2 月）	(97)
图 0148	曹祖根全家照及最想说的一句话（2018 年 4 月）	(97)
图 0149	曹水根的长子曹建军（后排左三）、次子曹建春（后排左四）全家照及最想说的一句话（2018 年 2 月）	(99)
图 0150	官河边的凤凰民居（2011 年 5 月，傅玉刚摄）	(99)
图 0151	翁国强在住宅前及最想说的一句话（2018 年 7 月）	(99)

图0152	曹银法全家照及最想说的一句话（2018年6月）	(101)
图0153	曹建国全家照及最想说的一句话（2017年12月）	(101)
图0154	曹泉夫全家照及最想说的一句话（2018年7月）	(101)
图0155	周生夫全家照及最想说的一句话（2018年2月）	(103)
图0156	翁国民全家照及最想说的一句话（2018年4月）	(103)
图0157	翁国校全家照及最想说的一句话（2017年12月）	(103)
图0158	曹柏根全家照及最想说的一句话（2017年12月）	(105)
图0159	曹校庆全家照及最想说的一句话（2017年12月）	(105)
图0160	曹裕法全家照及最想说的一句话（2017年12月）	(105)
图0161	曹福根全家照及最想说的一句话（2017年12月）	(107)
图0162	曹裕仙全家照及最想说的一句话（2018年1月）	(107)
图0163	曹张福全家照及最想说的一句话（2017年12月）	(107)
图0164	曹建利全家照及最想说的一句话（2017年12月）	(109)
图0165	曹凤林全家照及最想说的一句话（2018年2月）	(109)
图0166	阮人校全家照及最想说的一句话（2018年2月）	(109)
图0167	曹建良家庭照及最想说的一句话（2017年12月）	(111)
图0168	曹庆炎全家照及最想说的一句话（2017年12月）	(111)
图0169	沃雅根全家照及最想说的一句话（2018年3月）	(111)
图0170	周柏明全家照及最想说的一句话（2017年12月）	(113)
图0171	周关水全家照及最想说的一句话（2018年2月）	(113)
图0172	曹国华全家照及最想说的一句话（2018年2月）	(113)
图0173	施水芬的住宅及最想说的一句话（2018年7月）	(115)
图0174	周祖根全家照及最想说的一句话（2018年2月）	(115)
图0175	曹金海全家照及最想说的一句话（2018年2月）	(115)
图0176	曹水根全家照及最想说的一句话（2018年4月）	(117)
图0177	周来德家庭照及最想说的一句话（2018年2月）	(117)
图0178	曹金传全家照及最想说的一句话（2017年12月）	(117)
图0179	沈利根全家照及最想说的一句话（2018年2月）	(119)
图0180	汪国海家庭照及最想说的一句话（2017年12月）	(119)
图0181	周关兴全家照及最想说的一句话（2017年12月）	(119)
图0182	周浩明全家照及最想说的一句话（2018年3月）	(121)
图0183	王关友全家照及最想说的一句话（2018年1月）	(121)
图0184	官河风光（2018年5月12日，徐国红摄）	(121)
图0185	周纪荣全家照及最想说的一句话（2017年12月）	(123)
图0186	施水木全家照及最想说的一句话（2017年11月）	(123)
图0187	施水泉全家照及最想说的一句话（2017年12月）	(123)
图0188	周柏庆全家照及最想说的一句话（2018年2月）	(125)
图0189	李传根全家照及最想说的一句话（2018年2月）	(125)

图0190	周国潮家庭照及最想说的一句话（2018年2月）	(125)
图0191	王关松全家照及最想说的一句话（2018年2月）	(127)
图0192	周关校全家照及最想说的一句话（2018年2月）	(127)
图0193	曹水泉全家照及最想说的一句话（2017年12月）	(127)
图0194	周海良全家照及最想说的一句话（2018年2月）	(129)
图0195	周关荣家庭照及最想说的一句话（2017年12月）	(129)
图0196	翁水潮全家照及最想说的一句话（2017年12月）	(129)
图0197	翁水良全家照及最想说的一句话（2017年12月）	(131)
图0198	汪关元全家照及最想说的一句话（2017年12月）	(131)
图0199	陈阿珍全家照及最想说的一句话（2017年12月）	(131)
图0200	王岳荣全家照及最想说的一句话（2017年12月）	(133)
图0201	王岳海全家照及最想说的一句话（2018年2月）	(133)
图0202	沈利军家庭照及最想说的一句话（2018年5月）	(133)
图0203	汪张继全家照及最想说的一句话（2018年4月）	(135)
图0204	舒兴法全家照及最想说的一句话（2017年12月）	(135)
图0205	舒仁根全家照及最想说的一句话（2017年12月）	(135)
图0206	舒志法全家照及最想说的一句话（2017年12月）	(137)
图0207	胡和法全家照及最想说的一句话（2018年1月）	(137)
图0208	胡岳法全家照及最想说的一句话（2017年11月）	(137)
图0209	翁关增全家照及最想说的一句话（2018年2月）	(139)
图0210	翁关裕全家照及最想说的一句话（2017年12月）	(139)
图0211	汪爱娟全家照及最想说的一句话（2017年12月）	(139)
图0212	周柏生全家照及最想说的一句话（2017年12月）	(141)
图0213	于天先家庭照及最想说的一句话（2017年12月）	(141)
图0214	周关仙全家照及最想说的一句话（2018年5月）	(141)
图0215	周国先全家照及最想说的一句话（2017年12月）	(143)
图0216	翁关海全家照及最想说的一句话（2018年2月）	(143)
图0217	周柏海全家照及最想说的一句话（2017年12月）	(143)
图0218	王少红全家照及最想说的一句话（2017年12月）	(145)
图0219	周志明全家照及最想说的一句话（2018年2月）	(145)
图0220	周志根全家照及最想说的一句话（2018年2月）	(145)
图0221	周国校全家照及最想说的一句话（2018年5月）	(147)
图0222	舒招法全家照及最想说的一句话（2017年12月）	(147)
图0223	舒爱珍全家照及最想说的一句话（2017年12月）	(147)
图0224	周祖水全家照及最想说的一句话（2018年2月）	(149)
图0225	周水根全家照及最想说的一句话（2017年12月）	(149)
图0226	周狄夫全家照及最想说的一句话（2018年6月）	(149)

图 0227	张彩珍（前排左一）、周耀庆（后排左一）全家照及最想说的一句话（2018 年 4 月）	(151)
图 0228	学生在凤凰山间散步（2016 年 4 月，华兴桥摄）	(151)
图 0229	周国庆全家照及最想说的一句话（2017 年 12 月）	(151)
图 0230	曹伟根全家照及最想说的一句话（2018 年 2 月）	(153)
图 0231	翁关甫全家照及最想说的一句话（2017 年 12 月）	(153)
图 0232	曹金凤家庭照及最想说的一句话（2018 年 7 月）	(153)
图 0233	周关泉全家照及最想说的一句话（2017 年 12 月）	(155)
图 0234	曹张法全家照及最想说的一句话（2018 年 4 月）	(155)
图 0235	方正全家照及最想说的一句话（2018 年 4 月）	(155)
图 0236	鲁忠林全家照及最想说的一句话（2018 年 6 月）	(157)
图 0237	翁关仁全家照及最想说的一句话（2017 年 12 月）	(157)
图 0238	曹金根全家照及最想说的一句话（2017 年 12 月）	(157)
图 0239	翁海良全家照及最想说的一句话（2017 年 12 月）	(159)
图 0240	周柏兴全家照及最想说的一句话（2018 年 2 月）	(159)
图 0241	曹水福全家照及最想说的一句话（2018 年 6 月）	(159)
图 0242	毛梅芬及最想说的一句话（2018 年 7 月）	(161)
图 0243	沈丽娟全家照及最想说的一句话（2018 年 7 月）	(161)
图 0244	凤凰村街道亮丽（2018 年 3 月，陈妙荣摄）	(161)
图 0245	曹贤根全家照及最想说的一句话（2018 年 5 月）	(163)
图 0246	鲁云根家庭照及最想说的一句话（2018 年 2 月）	(163)
图 0247	沃关林全家照及最想说的一句话（2018 年 5 月）	(163)
图 0248	沃荷花夫妻照及最想说的一句话（2017 年 12 月）	(165)
图 0249	方正伟全家照及最想说的一句话（2017 年 11 月）	(165)
图 0250	王老毛全家照及最想说的一句话（2017 年 12 月）	(165)
图 0251	毛兴良全家照及最想说的一句话（2017 年 12 月）	(167)
图 0252	周条仙全家照及最想说的一句话（2017 年 12 月）	(167)
图 0253	沃引泉全家照及最想说的一句话（2017 年 12 月）	(167)
图 0254	周幸福及最想说的一句话（2017 年 12 月）	(169)
图 0255	王元林全家照及最想说的一句话（2018 年 4 月）	(169)
图 0256	沈中良全家照及最想说的一句话（2018 年 2 月）	(169)
图 0257	沈大方家庭照及最想说的一句话（2017 年 12 月）	(171)
图 0258	周观仙全家照及最想说的一句话（2018 年 1 月）	(171)
图 0259	周观明全家照及最想说的一句话（2018 年 2 月）	(171)
图 0260	舒阿牛全家照及最想说的一句话（2017 年 12 月）	(173)
图 0261	沃阿毛全家照及最想说的一句话（2018 年 2 月）	(173)
图 0262	项关生全家照及最想说的一句话（2018 年 4 月）	(173)
图 0263	曹行舟全家照及最想说的一句话（2017 年 12 月）	(175)

图0264	胡兴刚全家照及最想说的一句话（2018年1月）	(175)
图0265	周柏夫全家照及最想说的一句话（2017年12月）	(175)
图0266	方正海全家照及最想说的一句话（2017年12月）	(177)
图0267	周月美全家照及最想说的一句话（2017年12月）	(177)
图0268	周钊海全家照及最想说的一句话（2017年12月）	(177)
图0269	项长根（前排右一）、项欢庆（后排左二）全家照及最想说的一句话（2017年12月）	(179)
图0270	官河风光（2018年10月，徐国红摄）	(179)
图0271	曹建庆全家照及最想说的一句话（2018年3月）	(179)
图0272	周路德全家照及最想说的一句话（2018年2月）	(181)
图0273	陆惠祥全家照及最想说的一句话（2017年12月）	(181)
图0274	曹土根全家照及最想说的一句话（2018年4月）	(181)
图0275	周引舟全家照及最想说的一句话（2018年4月）	(183)
图0276	叶凤良全家照及最想说的一句话（2017年12月）	(183)
图0277	孔国庆全家照及最想说的一句话（2017年12月）	(183)
图0278	周水娟全家照及最想说的一句话（2018年2月）	(185)
图0279	周玲娟、胡婕母女照及最想说的一句话（2017年11月）	(185)
图0280	石园韵（2018年9月，徐国红摄于凤凰村）	(185)
图0281	周柏水全家照及最想说的一句话（2017年12月）	(187)
图0282	曹玲娟全家照及最想说的一句话（2018年2月）	(187)
图0283	鲁忠友全家照及最想说的一句话（2017年12月）	(187)
图0284	苏国珍全家照及最想说的一句话（2017年12月）	(189)
图0285	孔煜庆全家照及最想说的一句话（2018年2月）	(189)
图0286	王爱珍全家照及最想说的一句话（2017年12月）	(189)
图0287	应关水全家照及最想说的一句话（2017年12月）	(191)
图0288	周建新全家照及最想说的一句话（2018年2月）	(191)
图0289	周岳根全家照及最想说的一句话（2017年12月）	(191)
图0290	周小夫全家照及最想说的一句话（2018年2月）	(193)
图0291	周成良全家照及最想说的一句话（2018年4月）	(193)
图0292	汪关林全家照及最想说的一句话（2017年12月）	(193)
图0293	汪关华全家照及最想说的一句话（2017年12月）	(195)
图0294	沈海明全家照及最想说的一句话（2017年12月）	(195)
图0295	沈云海全家照及最想说的一句话（2018年2月）	(195)
图0296	孔尧林全家照及最想说的一句话（2018年2月）	(197)
图0297	王国强全家照及最想说的一句话（2018年2月）	(197)
图0298	周柏明全家照及最想说的一句话（2017年12月）	(197)
图0299	周柏军全家照及最想说的一句话（2017年12月）	(199)
图0300	莫玉琴（左二）、周斌（右二）全家照及最想说的一句话（2017年12月）	(199)

图 0301	官河风光（2018年10月，徐国红摄）	(199)
图 0302	徐建根全家照及最想说的一句话（2017年12月）	(201)
图 0303	王建明全家照及最想说的一句话（2018年3月）	(201)
图 0304	王建林家庭照及最想说的一句话（2017年12月）	(201)
图 0305	王立军夫妻照及最想说的一句话（2018年6月）	(203)
图 0306	沈海军全家照及最想说的一句话（2018年2月）	(203)
图 0307	张永泉全家照及最想说的一句话（2017年12月）	(203)
图 0308	张永水全家照及最想说的一句话（2018年2月）	(205)
图 0309	方美娟全家照及最想说的一句话（2017年12月）	(205)
图 0310	沈国兴全家照及最想说的一句话（2018年2月）	(205)
图 0311	沈永良全家照及最想说的一句话（2017年12月）	(207)
图 0312	张永海全家照及最想说的一句话（2018年2月）	(207)
图 0313	徐岳根全家照及最想说的一句话（2018年4月）	(207)
图 0314	张建康全家照及最想说的一句话（2017年12月）	(209)
图 0315	曹岳泉全家照及最想说的一句话（2017年12月）	(209)
图 0316	徐先根全家照及最想说的一句话（2017年12月）	(209)
图 0317	徐冬林（前排坐者右一）、徐国峰（后排左二）全家照及最想说的一句话（2017年12月）	(211)
图 0318	孩子们在凤凰村游泳池消暑玩乐（2018年8月，徐国红摄）	(211)
图 0319	王柏祥全家照及最想说的一句话（2017年12月）	(211)
图 0320	王柏军全家照及最想说的一句话（2018年2月）	(213)
图 0321	周金虎全家照及最想说的一句话（2017年12月）	(213)
图 0322	周友仙全家照及最想说的一句话（2018年2月）	(213)
图 0323	王凤珍全家照及最想说的一句话（2018年2月）	(215)
图 0324	周张富全家照及最想说的一句话（2017年12月）	(215)
图 0325	沈国富全家照及最想说的一句话（2018年2月）	(215)
图 0326	李美园全家照及最想说的一句话（2018年2月）	(217)
图 0327	汪凤仙全家照及最想说的一句话（2017年12月）	(217)
图 0328	村民在大樟树下乘凉（2018年5月，华兴桥摄）	(217)
图 0329	曹永根全家照及最想说的一句话（2017年12月）	(219)
图 0330	鱼关海全家照及最想说的一句话（2018年1月）	(219)
图 0331	鱼关友全家照及最想说的一句话（2018年3月）	(219)
图 0332	鱼关传全家照及最想说的一句话（2018年3月）	(221)
图 0333	凤凰村农民公寓楼（2018年9月，陈妙荣摄）	(221)
图 0334	鱼关林最想说的一句话（2018年3月）	(221)
图 0335	鱼关水全家照及最想说的一句话（2018年4月）	(221)
图 0336	汪张坤全家照及最想说的一句话（2018年3月）	(223)
图 0337	沃关传全家照及最想说的一句话（2018年2月）	(223)

图 0338　沃关良全家照及最想说的一句话（2018 年 7 月）……………………………………（223）
图 0339　周关林全家照及最想说的一句话（2017 年 12 月）………………………………（225）
图 0340　卫观林全家照及最想说的一句话（2017 年 12 月）………………………………（225）
图 0341　翁国良家庭照及最想说的一句话（2017 年 12 月）………………………………（225）
图 0342　翁国忠全家照及最想说的一句话（2018 年 2 月）…………………………………（227）
图 0343　鱼关泉全家照及最想说的一句话（2018 年 2 月）…………………………………（227）
图 0344　曹金夫全家照及最想说的一句话（2018 年 1 月）…………………………………（227）
图 0345　曹建明全家照及最想说的一句话（2017 年 12 月）………………………………（229）
图 0346　周水坤全家照及最想说的一句话（2018 年 4 月）…………………………………（229）
图 0347　周水娥全家照及最想说的一句话（2018 年 1 月）…………………………………（229）
图 0348　王海宝全家照及最想说的一句话（2017 年 12 月）………………………………（231）
图 0349　卫观明家庭照及最想说的一句话（2017 年 12 月）………………………………（231）
图 0350　徐建虎全家照及最想说的一句话（2018 年 4 月）…………………………………（231）
图 0351　周冬英全家照及最想说的一句话（2017 年 12 月）………………………………（233）
图 0352　沈永潮全家照及最想说的一句话（2018 年 2 月）…………………………………（233）
图 0353　周柏其全家照及最想说的一句话（2017 年 12 月）………………………………（233）
图 0354　沈小胖全家照及最想说的一句话（2018 年 2 月）…………………………………（235）
图 0355　陆国祥全家照及最想说的一句话（2017 年 12 月）………………………………（235）
图 0356　王永春家庭照及最想说的一句话（2018 年 7 月）…………………………………（235）
图 0357　周柏华全家照及最想说的一句话（2018 年 2 月）…………………………………（237）
图 0358　周岳仙全家照及最想说的一句话（2018 年 2 月）…………………………………（237）
图 0359　张永明全家照及最想说的一句话（2017 年 12 月）………………………………（237）
图 0360　张观花全家照及最想说的一句话（2017 年 12 月）………………………………（239）
图 0361　傅爱珍全家照及最想说的一句话（2017 年 12 月）………………………………（239）
图 0362　施和根全家照及最想说的一句话（2017 年 12 月）………………………………（239）
图 0363　沈铁柱家庭照及最想说的一句话（2017 年 12 月）………………………………（241）
图 0364　王友水全家照及最想说的一句话（2017 年 12 月）………………………………（241）
图 0365　王水林全家照及最想说的一句话（2017 年 12 月）………………………………（241）
图 0366　徐先登全家照及最想说的一句话（2017 年 12 月）………………………………（243）
图 0367　周柏夫全家照及最想说的一句话（2018 年 2 月）…………………………………（243）
图 0368　曹建新家庭照及最想说的一句话（2017 年 12 月）………………………………（243）
图 0369　潘冬英全家照及最想说的一句话（2018 年 8 月）…………………………………（245）
图 0370　汪关潮全家照及最想说的一句话（2018 年 4 月）…………………………………（245）
图 0371　王金奎全家照及最想说的一句话（2017 年 12 月）………………………………（245）
图 0372　沃安泉全家照及最想说的一句话（2018 年 5 月）…………………………………（247）
图 0373　曹忠林全家照及最想说的一句话（2017 年 12 月）………………………………（247）
图 0374　曹祥生全家照及最想说的一句话（2018 年 2 月）…………………………………（247）
图 0375　周炳坤全家照及最想说的一句话（2018 年 1 月）…………………………………（249）

图0376	沃新林全家照及最想说的一句话（2018年2月）	(249)
图0377	沈言令全家照及最想说的一句话（2018年2月）	(249)
图0378	周岳泉全家照及最想说的一句话（2018年3月）	(251)
图0379	钱华美全家照及最想说的一句话（2017年12月）	(251)
图0380	王关法全家照及最想说的一句话（2018年3月）	(251)
图0381	傅素娥全家照及最想说的一句话（2017年12月）	(253)
图0382	徐银花全家照及最想说的一句话（2018年2月）	(253)
图0383	王关贤全家照及最想说的一句话（2017年12月）	(253)
图0384	曹祥荣全家照及最想说的一句话（2018年4月）	(255)
图0385	沈祖花全家照及最想说的一句话（2017年12月）	(255)
图0386	沈夏英全家照及最想说的一句话（2017年12月）	(255)
图0387	徐阿云全家照及最想说的一句话（2017年12月）	(257)
图0388	周美娟全家照及最想说的一句话（2018年6月）	(257)
图0389	杨建琴全家照及最想说的一句话（2018年7月）	(257)
图0390	黄慧芬全家照及最想说的一句话（2018年6月）	(259)
图0391	李培发全家照及最想说的一句话（2018年6月）	(259)
图0392	官河风光（2018年12月19日，徐国红摄）	(263)
图0393	李金木全家照及最想说的一句话（2018年2月）	(265)
图0394	李祖林全家照及最想说的一句话（2017年11月）	(265)
图0395	李金土全家照及最想说的一句话（2017年11月）	(265)
图0396	李瑛全家照及最想说的一句话（2017年11月）	(267)
图0397	邵孝忠全家照及最想说的一句话（2017年11月）	(267)
图0398	邵关夫全家照及最想说的一句话（2017年11月）	(267)
图0399	邵关友全家照及最想说的一句话（2017年11月）	(269)
图0400	唐金虎全家照及最想说的一句话（2018年3月）	(269)
图0401	唐小虎全家照及最想说的一句话（2018年2月）	(269)
图0402	唐阿英全家照及最想说的一句话（2018年3月）	(271)
图0403	唐幼虎全家照及最想说的一句话（2017年11月）	(271)
图0404	唐关仁全家照及最想说的一句话（2017年12月）	(271)
图0405	唐关纪全家照及最想说的一句话（2017年11月）	(273)
图0406	唐关校全家照及最想说的一句话（2017年11月）	(273)
图0407	唐先根夫妻照及最想说的一句话（2017年11月）	(273)
图0408	唐松仁全家照及最想说的一句话（2017年11月）	(275)
图0409	唐华平全家照及最想说的一句话（2018年2月）	(275)
图0410	唐金奎全家照及最想说的一句话（2017年11月）	(277)
图0411	唐祥龙全家照及最想说的一句话（2017年11月）	(277)
图0412	唐小龙全家照及最想说的一句话（2018年2月）	(279)
图0413	唐关友（右一）、唐关贤（右二）全家照及最想说的一句话（2018年2月）	(279)

图 0414	傍晚时分（2018年5月，徐国红摄）	(281)
图 0415	项国安全家照及最想说的一句话（2018年2月）	(281)
图 0416	项丽莎与廖新凤及最想说的一句话（2018年2月）	(283)
图 0417	项国庆全家照及最想说的一句话（2017年12月）	(283)
图 0418	钱来云全家照及最想说的一句话（2017年11月）	(283)
图 0419	钱荣根全家照及最想说的一句话（2017年11月）	(285)
图 0420	钱国根全家照及最想说的一句话（2018年2月）	(285)
图 0421	项岳元全家照及最想说的一句话（2017年11月）	(285)
图 0422	项海行全家照及最想说的一句话（2017年11月）	(287)
图 0423	汪荷仙全家照及最想说的一句话（2018年1月）	(287)
图 0424	钱关潮及最想说的一句话（2018年6月）	(287)
图 0425	钱建伟家庭照及最想说的一句话（2017年11月）	(289)
图 0426	钱见元全家照及最想说的一句话（2017年11月）	(289)
图 0427	唐荣法全家照及最想说的一句话（2018年2月）	(289)
图 0428	唐国荣全家照及最想说的一句话（2018年2月）	(291)
图 0429	陈春水全家照及最想说的一句话（2017年11月）	(291)
图 0430	陈冬水全家照及最想说的一句话（2017年11月）	(291)
图 0431	邵水根全家照及最想说的一句话（2017年11月）	(293)
图 0432	邵钊根全家照及最想说的一句话（2017年11月）	(293)
图 0433	邵东根（前排右）、邵江飞（后排中）全家照及最想说的一句话（2017年11月）	(295)
图 0434	邵江飞收藏的石器（2018年12月19日，徐国红摄）	(295)
图 0435	陈四毛全家照及最想说的一句话（2018年2月）	(295)
图 0436	陈国林全家照及最想说的一句话（2018年2月）	(297)
图 0437	唐银华全家照及最想说的一句话（2018年2月）	(297)
图 0438	唐小华全家照及最想说的一句话（2017年11月）	(299)
图 0439	唐永华全家照及最想说的一句话（2018年2月）	(299)
图 0440	凤凰村游泳池（2018年8月，徐国红摄）	(299)
图 0441	潘月泉全家照及最想说的一句话（2017年11月）	(301)
图 0442	潘月根全家照及最想说的一句话（2017年11月）	(301)
图 0443	潘国水全家照及最想说的一句话（2017年12月）	(301)
图 0444	潘同春全家照及最想说的一句话（2018年3月）	(303)
图 0445	李晓素全家照及最想说的一句话（2018年3月）	(303)
图 0446	钱雪根全家照及最想说的一句话（2017年11月）	(303)
图 0447	钱雪元全家照及最想说的一句话（2018年1月）	(305)
图 0448	陈关先全家照及最想说的一句话（2017年12月）	(305)
图 0449	陈小先全家照及最想说的一句话（2018年2月）	(305)
图 0450	应柏君（左）、陈鑫（右）母子照及最想说的一句话（2018年2月）	(307)

图 0451	邵夏根全家照及最想说的一句话（2017 年 11 月）	(307)
图 0452	邵海根全家照及最想说的一句话（2017 年 11 月）	(307)
图 0453	潘生根全家照及最想说的一句话（2017 年 11 月）	(309)
图 0454	潘园根全家照及最想说的一句话（2018 年 2 月）	(309)
图 0455	陈岳泉全家照及最想说的一句话（2017 年 11 月）	(309)
图 0456	路边小摊（2016 年 6 月，陈妙荣摄）	(311)
图 0457	汪荷花最想说的一句话（2018 年 4 月）	(311)
图 0458	陈岳先全家照及最想说的一句话（2017 年 11 月）	(311)
图 0459	陈关水的住宅及签名（2018 年 7 月）	(311)
图 0460	陈长根全家照及最想说的一句话（2017 年 11 月）	(313)
图 0461	陈长德全家照及最想说的一句话（2017 年 11 月）	(313)
图 0462	陈长法全家照及最想说的一句话（2017 年 11 月）	(313)
图 0463	潘小春全家照及最想说的一句话（2017 年 11 月）	(315)
图 0464	陈云福全家照及最想说的一句话（2017 年 11 月）	(315)
图 0465	陈长水全家照及最想说的一句话（2017 年 11 月）	(315)
图 0466	陈起来及最想说的一句话（2017 年 11 月）	(317)
图 0467	陈长明全家照及最想说的一句话（2018 年 2 月）	(317)
图 0468	陈长华全家照及最想说的一句话（2017 年 11 月）	(317)
图 0469	陈关祥全家照及最想说的一句话（2017 年 12 月）	(319)
图 0470	陈见坤全家照及最想说的一句话（2017 年 11 月）	(319)
图 0471	陈见兴全家照及最想说的一句话（2017 年 11 月）	(319)
图 0472	陈建林全家照及最想说的一句话（2017 年 11 月）	(321)
图 0473	陈道德全家照及最想说的一句话（2017 年 11 月）	(321)
图 0474	陈永先全家照及最想说的一句话（2017 年 12 月）	(321)
图 0475	陈明德全家照及最想说的一句话（2018 年 2 月）	(323)
图 0476	陈小明全家照及最想说的一句话（2017 年 11 月）	(323)
图 0477	陈金培全家照及最想说的一句话（2017 年 11 月）	(323)
图 0478	陈金福全家照及最想说的一句话（2017 年 11 月）	(325)
图 0479	陈小金全家照及最想说的一句话（2017 年 12 月）	(325)
图 0480	莫桂仙全家照及最想说的一句话（2017 年 12 月）	(325)
图 0481	村庄绿化树（2018 年 9 月，陈妙荣摄）	(327)
图 0482	李仙琴全家照及最想说的一句话（2017 年 12 月）	(327)
图 0483	毛仁姑全家照及最想说的一句话（2017 年 12 月）	(327)
图 0484	胡国仁全家照及最想说的一句话（2018 年 2 月）	(329)
图 0485	胡国荣全家照及最想说的一句话（2018 年 2 月）	(329)
图 0486	傅长生全家照及最想说的一句话（2017 年 12 月）	(329)
图 0487	张凤英夫妻照及最想说的一句话（2017 年 12 月）	(331)
图 0488	傅建军全家照及最想说的一句话（2017 年 12 月）	(331)

图 0489	傅卫国家庭照及最想说的一句话（2018 年 2 月）	(331)
图 0490	傅国良全家照及最想说的一句话（2018 年 4 月）	(333)
图 0491	毛妙庆全家照及最想说的一句话（2017 年 11 月）	(333)
图 0492	傅关兴全家照及最想说的一句话（2018 年 3 月）	(333)
图 0493	傅青华全家照及最想说的一句话（2018 年 2 月）	(335)
图 0494	傅长水全家照及最想说的一句话（2018 年 2 月）	(335)
图 0495	张幼芬全家照及最想说的一句话（2017 年 12 月）	(335)
图 0496	傅仁木全家照及最想说的一句话（2018 年 3 月）	(337)
图 0497	傅建华全家照及最想说的一句话（2017 年 12 月）	(337)
图 0498	傅国华全家照及最想说的一句话（2017 年 12 月）	(337)
图 0499	傅岳坤全家照及最想说的一句话（2018 年 2 月）	(339)
图 0500	傅海刚全家照及最想说的一句话（2017 年 12 月）	(339)
图 0501	傅荣强全家照及最想说的一句话（2018 年 2 月）	(339)
图 0502	傅荣伟全家照及最想说的一句话（2018 年 2 月）	(341)
图 0503	傅传根全家照及最想说的一句话（2017 年 12 月）	(341)
图 0504	傅传叶全家照及最想说的一句话（2018 年 2 月）	(341)
图 0505	傅传荣全家照及最想说的一句话（2018 年 3 月）	(343)
图 0506	傅传生家庭照及最想说的一句话（2018 年 4 月）	(343)
图 0507	傅永庆全家照及最想说的一句话（2018 年 1 月）	(343)
图 0508	水乡凤凰（2018 年 9 月，徐国红摄）	(345)
图 0509	项美文全家照及最想说的一句话（2017 年 12 月）	(345)
图 0510	项金火夫妻照及最想说的一句话（2017 年 12 月）	(345)
图 0511	项国平全家照及最想说的一句话（2017 年 12 月）	(347)
图 0512	项小平全家照及最想说的一句话（2017 年 12 月）	(347)
图 0513	傅马根全家照及最想说的一句话（2017 年 12 月）	(347)
图 0514	张阿泉全家照及最想说的一句话（2017 年 12 月）	(349)
图 0515	张荣海全家照及最想说的一句话（2017 年 12 月）	(349)
图 0516	曾玉燕（右）、张凯（左）及最想说的一句话（2018 年 2 月）	(351)
图 0517	傅金连（傅小海的三子）全家照及最想说的一句话（2018 年 6 月）	(351)
图 0518	傅金强全家照及最想说的一句话（2017 年 12 月）	(351)
图 0519	傅金华全家照及最想说的一句话（2017 年 12 月）	(353)
图 0520	傅荣强全家照及最想说的一句话（2018 年 4 月）	(353)
图 0521	傅荣林全家照及最想说的一句话（2018 年 2 月）	(353)
图 0522	傅荣法全家照及最想说的一句话（2017 年 12 月）	(355)
图 0523	傅荣华全家照及最想说的一句话（2017 年 12 月）	(355)
图 0524	傅荣水全家照及最想说的一句话（2017 年 12 月）	(355)
图 0525	傅关荣全家照及最想说的一句话（2018 年 2 月）	(357)
图 0526	傅柏松全家照及最想说的一句话（2018 年 4 月）	(357)

图0527	任茶花全家照及最想说的一句话（2017年12月）	(357)
图0528	傅关贤全家照及最想说的一句话（2018年2月）	(359)
图0529	傅华明全家照及最想说的一句话（2018年8月）	(359)
图0530	裘雅珍全家照及最想说的一句话（2017年12月）	(361)
图0531	汪阿根全家照及最想说的一句话（2018年6月）	(361)
图0532	项浦申及最想说的一句话（2018年7月）	(361)
图0533	童墅河边垂柳（2018年8月，陈妙荣摄）	(363)
图0534	胡生根全家照及最想说的一句话（2018年2月）	(363)
图0535	傅银潮全家照及最想说的一句话（2018年2月）	(363)
图0536	傅柏裕全家照及最想说的一句话（2017年12月）	(365)
图0537	傅岳松全家照及最想说的一句话（2017年12月）	(365)
图0538	傅小虎全家照及最想说的一句话（2018年3月）	(365)
图0539	傅关浩全家照及最想说的一句话（2018年3月）	(367)
图0540	金梅娟全家照及最想说的一句话（2018年3月）	(367)
图0541	傅关木全家照及最想说的一句话（2018年2月）	(367)
图0542	傅关法全家照及最想说的一句话（2018年2月）	(369)
图0543	傅岳元全家照及最想说的一句话（2018年2月）	(369)
图0544	傅岳夫全家照及最想说的一句话（2018年2月）	(369)
图0545	傅国松（后排左四）、傅国伟（后排左三）全家照及最想说的一句话（2018年2月）	(371)
图0546	凤凰村民居住区（2018年10月，徐国红摄）	(371)
图0547	傅国文全家照及最想说的一句话（2018年4月）	(371)
图0548	傅岳土全家照及最想说的一句话（2017年12月）	(373)
图0549	傅岳林全家照及最想说的一句话（2017年12月）	(373)
图0550	傅岳兴全家照及最想说的一句话（2018年2月）	(373)
图0551	傅关生全家照及最想说的一句话（2018年2月）	(375)
图0552	傅关土全家照及最想说的一句话（2018年3月）	(375)
图0553	傅关潮全家照及最想说的一句话（2018年3月）	(375)
图0554	傅关松夫妻照及最想说的一句话（2017年12月）	(377)
图0555	傅小贤全家照及最想说的一句话（2018年7月）	(377)
图0556	钟爱宝全家照及最想说的一句话（2018年2月）	(377)
图0557	俞江飞的住宅与最想说的一句话（2018年7月）	(379)
图0558	周兴良全家照及最想说的一句话（2018年2月）	(379)
图0559	周志良全家照及最想说的一句话（2018年2月）	(379)
图0560	王军全家照及最想说的一句话（2018年3月）	(381)
图0561	傅传海全家照及最想说的一句话（2018年2月）	(381)
图0562	曹金花全家照及最想说的一句话（2018年1月）	(381)
图0563	凤凰村南墅花苑小区（2011年9月5日，傅展学摄）	(383)

图 0564	傅关仁全家照及最想说的一句话（2017年12月）	(383)
图 0565	傅关华全家照及最想说的一句话（2018年2月）	(383)
图 0566	傅小华全家照及最想说的一句话（2018年2月）	(385)
图 0567	傅国兴全家照及最想说的一句话（2017年12月）	(385)
图 0568	傅岳良全家照及最想说的一句话（2018年2月）	(385)
图 0569	傅兴坤全家照及最想说的一句话（2018年2月）	(387)
图 0570	傅小锋全家照及最想说的一句话（2017年12月）	(387)
图 0571	傅寿明全家照及最想说的一句话（2018年2月）	(387)
图 0572	周杏芬全家照及最想说的一句话（2018年2月）	(389)
图 0573	张夫的住宅与最想说的一句话（2018年7月）	(389)
图 0574	张观清（后排右一）、张观良（后排左一）全家照及最想说的一句话（2018年3月）	(389)
图 0575	举目皆景（2017年4月，陈妙荣摄）	(391)
图 0576	张友全家照及最想说的一句话（2018年2月）	(391)
图 0577	王钊雄的住宅与最想说的一句话（2018年7月）	(391)
图 0578	王钊夫的住宅与最想说的一句话（2018年7月）	(393)
图 0579	王根木全家照及最想说的一句话（2018年2月）	(393)
图 0580	傅友生的住宅与最想说的一句话（2018年7月）	(393)
图 0581	傅建松全家照及最想说的一句话（2018年7月）	(395)
图 0582	陈岳荣的住宅与最想说的一句话（2018年7月）	(395)
图 0583	陈岳夫家庭照及最想说的一句话（2017年12月）	(395)
图 0584	傅贤夫全家照及最想说的一句话（2017年12月）	(397)
图 0585	许永平全家照及最想说的一句话（2018年4月）	(397)
图 0586	许红英全家照及最想说的一句话（2018年2月）	(397)
图 0587	许永夫全家照及最想说的一句话（2018年7月）	(398)
图 0588	位于凤凰村东北边境的洛思山（2008年8月9日，徐国红摄）	(401)
图 0589	沈焕成的住宅与最想说的一句话（2018年7月）	(403)
图 0590	施华娟全家照及最想说的一句话（2018年7月）	(403)
图 0591	王国平全家照及最想说的一句话（2017年12月）	(403)
图 0592	应福根全家照及最想说的一句话（2017年12月）	(405)
图 0593	应柏生全家照及最想说的一句话（2017年12月）	(405)
图 0594	周观夫全家照及最想说的一句话（2017年12月）	(405)
图 0595	卫永泉全家照及最想说的一句话（2017年12月）	(407)
图 0596	卫建明全家照及最想说的一句话（2018年4月）	(407)
图 0597	卫建士全家照及最想说的一句话（2017年12月）	(407)
图 0598	张张兴全家照及最想说的一句话（2017年12月）	(409)
图 0599	张张林的住宅与最想说的一句话（2018年7月）	(409)
图 0600	卫素英家庭照及最想说的一句话（2017年12月）	(409)

图 0601	卫志芳家庭照及最想说的一句话（2018 年 4 月）	（411）
图 0602	卫志明全家照及最想说的一句话（2018 年 4 月）	（411）
图 0603	卫志强家庭照及最想说的一句话（2018 年 3 月）	（411）
图 0604	卫志铨全家照及最想说的一句话（2017 年 12 月）	（413）
图 0605	卫志林全家照及最想说的一句话（2018 年 3 月）	（413）
图 0606	陈国明的住宅与最想说的一句话（2018 年 8 月）	（413）
图 0607	陈国根全家照及最想说的一句话（2017 年 12 月）	（415）
图 0608	陈国富的住宅与最想说的一句话（2018 年 7 月）	（415）
图 0609	应荷香全家照及最想说的一句话（2017 年 12 月）	（415）
图 0610	王坚虎全家照及最想说的一句话（2018 年 2 月）	（417）
图 0611	王建良全家照及最想说的一句话（2017 年 12 月）	（417）
图 0612	王杏珍全家照及最想说的一句话（2017 年 12 月）	（417）
图 0613	赵忠德的住宅与最想说的一句话（2018 年 7 月）	（419）
图 0614	赵忠友全家照及最想说的一句话（2017 年 12 月）	（419）
图 0615	张阿毛家庭照及最想说的一句话（2018 年 4 月）	（419）
图 0616	王建林全家照及最想说的一句话（2018 年 3 月）	（421）
图 0617	俞海梅全家照及最想说的一句话（2018 年 4 月）	（421）
图 0618	施丽琴的住宅与最想说的一句话（2018 年 7 月）	（421）
图 0619	卫家自然村新区（2018 年 6 月，陈妙荣摄）	（423）
图 0620	沈凤坞全家照及最想说的一句话（2017 年 12 月）	（423）
图 0621	沈明卫全家照及最想说的一句话（2017 年 12 月）	（423）
图 0622	张军全家照及最想说的一句话（2018 年 7 月）	（425）
图 0623	张钢家庭照及最想说的一句话（2017 年 12 月）	（425）
图 0624	张焕林全家照及最想说的一句话（2017 年 12 月）	（425）
图 0625	张建林家庭照及最想说的一句话（2017 年 12 月）	（427）
图 0626	张关林全家照及最想说的一句话（2017 年 12 月）	（427）
图 0627	张海荣全家照及最想说的一句话（2017 年 12 月）	（427）
图 0628	卫志良全家照及最想说的一句话（2018 年 4 月）	（429）
图 0629	卫志钢家庭照及最想说的一句话（2018 年 4 月）	（429）
图 0630	卫叶庆全家照及最想说的一句话（2018 年 1 月）	（429）
图 0631	卫张明全家照及最想说的一句话（2018 年 7 月）	（431）
图 0632	卫张金家庭照及最想说的一句话（2018 年 3 月）	（431）
图 0633	卫张立全家照及最想说的一句话（2018 年 4 月）	（431）
图 0634	卫张先家庭照及最想说的一句话（2018 年 3 月）	（433）
图 0635	庭院景观（2017 年 4 月，莫艳梅摄）	（433）
图 0636	蔡成梁全家照及最想说的一句话（2018 年 5 月）	（433）
图 0637	沈光仁全家照及最想说的一句话（2018 年 2 月）	（435）
图 0638	卫水林全家照及最想说的一句话（2018 年 6 月）	（435）

图 0639	卫建荣全家照及最想说的一句话（2018 年 3 月）	（435）
图 0640	卫水荣全家照及最想说的一句话（2018 年 4 月）	（437）
图 0641	卫小明全家照及最想说的一句话（2018 年 4 月）	（437）
图 0642	卫月兴全家照及最想说的一句话（2018 年 7 月）	（437）
图 0643	卫海民全家照及最想说的一句话（2018 年 2 月）	（439）
图 0644	卫张兴的住宅与最想说的一句话（2018 年 7 月）	（439）
图 0645	卫小丰全家照及最想说的一句话（2018 年 2 月）	（439）
图 0646	卫关荣全家照及最想说的一句话（2017 年 12 月）	（441）
图 0647	蔡海龙全家照及最想说的一句话（2017 年 12 月）	（441）
图 0648	凤凰花园（2018 年 5 月，陈妙荣摄）	（441）
图 0649	蔡观荣最想说的一句话（2018 年 4 月）	（441）
图 0650	卫家池塘边的紫薇花（2018 年 8 月，陈妙荣摄）	（443）
图 0651	倪伟民全家照及最想说的一句话（2018 年 6 月）	（443）
图 0652	卫军全家照及最想说的一句话（2018 年 2 月）	（443）
图 0653	蔡志尧家庭照及最想说的一句话（2018 年 2 月）	（445）
图 0654	蔡校泉正在经营钢管业务及最想说的一句话（2018 年 7 月）	（445）
图 0655	蔡校水的住宅与最想说的一句话（2018 年 7 月）	（445）
图 0656	蔡维珍及最想说的一句话（2018 年 2 月）	（447）
图 0657	卫子仁在公司检查生产及最想说的一句话（2018 年 7 月）	（447）
图 0658	卫继木全家照及最想说的一句话（2017 年 12 月）	（447）
图 0659	卫建军全家照及最想说的一句话（2018 年 2 月）	（449）
图 0660	卫观华的住宅与最想说的一句话（2018 年 7 月）	（449）
图 0661	卫纪土全家照及最想说的一句话（2017 年 12 月）	（449）
图 0662	卫大姑全家照及最想说的一句话（2018 年 1 月）	（451）
图 0663	卫志根全家照及最想说的一句话（2017 年 12 月）	（451）
图 0664	卫国良全家照及最想说的一句话（2018 年 1 月）	（451）
图 0665	卫宝堂全家照及最想说的一句话（2017 年 12 月）	（453）
图 0666	卫妙兴的住宅与最想说的一句话（2018 年 7 月）	（453）
图 0667	卫兴友全家照及最想说的一句话（2017 年 12 月）	（453）
图 0668	卫新泉全家照及最想说的一句话（2018 年 2 月）	（455）
图 0669	卫新荣的住宅与最想说的一句话（2018 年 7 月）	（455）
图 0670	卫小娃全家照及最想说的一句话（2017 年 12 月）	（455）
图 0671	卫志浩全家照及最想说的一句话（2017 年 12 月）	（457）
图 0672	卫志土全家照及最想说的一句话（2018 年 3 月）	（457）
图 0673	卫志荣全家照及最想说的一句话（2018 年 3 月）	（457）
图 0674	卫利明的住宅与最想说的一句话（2018 年 7 月）	（459）
图 0675	卫仁荣全家照及最想说的一句话（2018 年 2 月）	（459）
图 0676	卫仁龙全家照及最想说的一句话（2017 年 12 月）	（459）

图0677	卫仁昌全家照及最想说的一句话（2018年2月）	（461）
图0678	应彩凤全家照及最想说的一句话（2017年12月）	（461）
图0679	何亚芬的住宅与最想说的一句话（2018年7月）	（461）
图0680	丝瓜花（2018年8月，陈妙荣摄）	（463）
图0681	张立山正在喂鸡及最想说的一句话（2018年7月）	（463）
图0682	吴水珍家庭照及最想说的一句话（2017年12月）	（463）
图0683	张立夫全家照及最想说的一句话（2018年1月）	（465）
图0684	张炎明夫妻照及最想说的一句话（2018年7月）	（465）
图0685	卫志荣全家照及最想说的一句话（2017年12月）	（465）
图0686	卫星全家照及最想说的一句话（2017年12月）	（467）
图0687	卫传荣全家照及最想说的一句话（2017年12月）	（467）
图0688	卫福荣全家照及最想说的一句话（2017年12月）	（467）
图0689	沈文根的住宅与最想说的一句话（2018年7月）	（469）
图0690	卫阿牛全家照及最想说的一句话（2018年1月）	（469）
图0691	卫建华全家照及最想说的一句话（2018年7月）	（469）
图0692	卫建良的住宅与最想说的一句话（2018年7月）	（471）
图0693	卫才根的住宅与最想说的一句话（2018年7月）	（471）
图0694	卫小根夫妻照及最想说的一句话（2018年7月）	（471）
图0695	卫毛毛的住宅与最想说的一句话（2018年7月）	（473）
图0696	卫观夫家庭照及最想说的一句话（2017年12月）	（473）
图0697	卫官清全家照及最想说的一句话（2018年1月）	（473）
图0698	蔡建国全家照及最想说的一句话（2017年12月）	（475）
图0699	李宝金全家照及最想说的一句话（2018年2月）	（475）
图0700	卫月祥全家照及最想说的一句话（2018年4月）	（475）
图0701	卫先明全家照及最想说的一句话（2018年1月）	（477）
图0702	卫国明全家照及最想说的一句话（2017年12月）	（477）
图0703	卫建新全家照及最想说的一句话（2018年2月）	（477）
图0704	卫建芳全家照及最想说的一句话（2018年2月）	（479）
图0705	卫关友全家照及最想说的一句话（2017年12月）	（479）
图0706	金志娟全家照及最想说的一句话（2018年7月）	（479）
图0707	卫张泉的住宅与最想说的一句话（2018年7月）	（481）
图0708	卫观凉全家照及最想说的一句话（2017年12月）	（481）
图0709	沈华锋全家照及最想说的一句话（2017年12月）	（481）
图0710	蔡建松全家照及最想说的一句话（2017年12月）	（483）
图0711	张海潮全家照及最想说的一句话（2017年12月）	（483）
图0712	张海平全家照及最想说的一句话（2018年1月）	（483）
图0713	沈受谦（1836—1917）	（487）
图0714	沈受谦书写的文昌阁匾额至今高高悬挂（台湾赤崁楼）	（488）

图0715	李成虎（1854—1922）	（488）
图0716	陈晋生（1878—1922）	（489）
图0717	沈定一（1883—1928）	（490）
图0718	1924年8月孙中山与国民党中央执行委员会一届二次会议与会者合影，坐在前排正中的为孙中山，站在孙中山身后的是沈定一	（491）
图0719	1924年1月国民党中央执行委员会候补委员17人，图中右起第一列第三名为沈定一，第三列第二名为毛泽东，第四列第二名为瞿秋白	（492）
图0720	沈剑龙（1899—1950）	（492）
图0721	杨之华（1901—1973）	（493）
图0722	2013年胡欢刚出席金华市政协会议时接受记者采访	（495）
图0723	胡岳法接受访谈（2017年4月21日，沃琦摄）	（513）
图0724	104国道穿越凤凰村境内（2018年4月30日，傅展学摄）	（515）
图0725	衙前加油站（2018年5月22日，陈妙荣摄）	（515）
图0726	衙前农贸市场一角（2011年7月14日，徐国红摄）	（516）
图0727	凤凰山下农民公寓楼——凤凰新鑫花园小区（2018年10月7日，徐国红摄）	（518）
图0728	2015年11月8日，中央宣讲团成员、中国社会科学院党组成员、副院长蔡昉（中左）莅凤凰村调研（徐国红摄）	（520）
图0729	胡岳法（左一）检查工地（2010年9月30日，凤凰村委会提供）	（522）
图0730	胡岳法（左二）看望贫困学生（2014年8月20日，傅展学摄）	（523）
图0731	2010年4月胡岳法夫妇到美国旅游照（凤凰村委会提供）	（524）
图0732	官河风光（2018年4月18日，陈妙荣摄）	（525）
图0733	沃关良（右）接受访谈（2017年4月21日，沃琦摄）	（526）
图0734	沃关良穿军装像（1980年11月，沃关良提供）	（527）
图0735	凤凰村民看官河改造前后对比图板（2018年5月10日，徐国红摄）	（530）
图0736	凤凰村官河沿岸景观（2018年5月12日，徐国红摄）	（530）
图0737	中国共产党领导的第一个农民协会旧址——东岳庙（2018年4月30日，傅展学摄）	（532）
图0738	卫松根（右）接受访谈（2017年4月19日，沃琦摄）	（534）
图0739	1937年11月5日凌晨，日军在杭州湾北岸登陆（选自《抗日战争在萧山》）	（534）
图0740	1940年1月22日，日军以大雪为掩护偷渡钱塘江，入侵萧山（选自《抗日战争在萧山》）	（535）
图0741	入侵萧山的日军向中国军队射击（选自《抗日战争在萧山》）	（536）
图0742	日军沿萧绍运河向绍兴方向进犯（选自《抗日战争在萧山》）	（536）
图0743	日军强抢民船，沿萧绍运河追击撤退的中国军队（选自《抗日战争在萧山》）	（537）
图0744	86岁的卫松根在家里悠闲地坐着（2018年6月2日，陈妙荣摄）	（537）
图0745	傅小虎（左）接受访谈（2017年4月21日，沃琦摄）	（538）
图0746	被日军烧毁的村庄（选自《抗日战争在萧山》）	（538）
图0747	傅小虎的住宅（左一）（2018年6月21日，陈妙荣摄）	（540）

图 0748	卫仁水（左）接受访谈（2017 年 4 月 11 日，沃琦摄）	(541)
图 0749	卫家自然村一角（2018 年 5 月 9 日，陈妙荣摄）	(542)
图 0750	卫仁水的住宅（2018 年 6 月 29 日，陈妙荣摄）	(544)
图 0751	在路边卖菜的村民（2018 年 5 月 9 日，徐国红摄）	(545)
图 0752	沃阿毛接受访谈（2017 年 3 月 29 日，沃琦摄）	(546)
图 0753	凤凰村一角（2018 年 5 月 10 日，华兴桥摄）	(547)
图 0754	凤凰村老人上课（2014 年 11 月 6 日，沃琦摄）	(548)
图 0755	沃阿毛的住宅（2018 年 6 月 26 日，陈妙荣摄）	(550)
图 0756	卫永泉（左）接受访谈（2017 年 4 月 13 日，沃琦摄）	(551)
图 0757	卫永泉的住宅（2018 年 6 月 29 日，陈妙荣摄）	(553)
图 0758	衙前农民运动纪念馆（2018 年 4 月 25 日，陈妙荣摄）	(554)
图 0759	唐先根（右）接受访谈（2017 年 4 月 20 日，沃琦摄）	(555)
图 0760	20 世纪 60 年代，萧山县农村社员聆听毛主席的最新指示（董光中摄）	(556)
图 0761	20 世纪 70 年代，萧山农民把稻谷运往粮管所卖给国家（董光中摄）	(558)
图 0762	童墅自然村一角（2018 年 6 月 30 日，陈妙荣摄）	(559)
图 0763	唐先根的住宅（2018 年 6 月 21 日，陈妙荣摄）	(560)
图 0764	卫张泉（右）接受访谈（2017 年 4 月 14 日，沃琦摄）	(561)
图 0765	20 世纪五六十年代，凤凰一带农民划船进城（衙前镇政府提供）	(562)
图 0766	21 世纪初，凤凰村民私家车随处可见（陈妙荣摄）	(563)
图 0767	凤凰村民粮油免费供应（2010 年 1 月，凤凰村委会提供）	(564)
图 0768	卫张泉的住宅（2018 年 6 月 21 日，陈妙荣摄）	(567)
图 0769	凤凰村门墙上的家风家训（2017 年 11 月 14 日，范方斌摄）	(568)
图 0770	潘冬英（左）接受访谈（2017 年 4 月 21 日，沃琦摄）	(570)
图 0771	农村妇女干样样农活拿得起，是名副其实的"半边天"（董光中摄）	(572)
图 0772	潘冬英做家务（2018 年 6 月 13 日，陈妙荣摄）	(575)
图 0773	潘冬英的住宅（2018 年 6 月 29 日，陈妙荣摄）	(576)
图 0774	莫艳梅（左）、徐阿秋（中）、沈云海（右）合照（2017 年 5 月 23 日，陈妙荣摄于沈云海家）	(577)
图 0775	徐阿秋家藏的房契、地契、山契（2017 年 5 月 23 日，莫艳梅摄）	(578)
图 0776	徐阿秋家藏的民国时期的土地证（2017 年 5 月 23 日，莫艳梅摄）	(578)
图 0777	徐阿秋家藏的 1951 年的土地房产所有证（2017 年 5 月 23 日，莫艳梅摄）	(578)
图 0778	徐阿秋小儿子的住宅（2018 年 6 月 21 日，陈妙荣摄）	(579)
图 0779	徐阿秋家四代同堂共进晚餐（2018 年 7 月 2 日，陈妙荣摄）	(579)
图 0780	82 岁的徐阿秋喜欢用翻地种菜来休闲（2018 年 4 月 7 日，陈妙荣摄）	(580)
图 0781	徐阿秋干活归来（2017 年 11 月 15 日，莫艳梅摄）	(581)
图 0782	徐阿秋在老屋做元宝（2018 年 7 月 16 日，陈妙荣摄）	(581)
图 0783	胡和法（左）接受访谈（2017 年 4 月 12 日，沃琦摄）	(582)
图 0784	扒螺蛳（2018 年，邵江飞提供）	(583)

图号	说明	页码
图0785	2009年3月胡和法到台湾旅游照（凤凰村委会提供）	(584)
图0786	胡和法的住宅（2018年6月12日，陈妙荣摄）	(584)
图0787	胡宅庭院里的石榴红了（2018年8月14日，陈妙荣摄）	(585)
图0788	曹行舟（右）接受访谈（2017年4月12日，沃琦摄）	(586)
图0789	曹行舟的住宅（2018年6月21日，陈妙荣摄）	(588)
图0790	凤凰村股东代表大会（2009年12月16日，凤凰村委会提供）	(590)
图0791	凤凰腰鼓舞起来（2013年2月22日，凤凰村委会提供）	(591)
图0792	周岳根（左）接受访谈（2017年4月19日，沃琦摄）	(592)
图0793	周岳根的住宅（2018年6月29日，陈妙荣摄）	(593)
图0794	位于凤凰山上的东岳庙（2007年6月26日，徐国红摄）	(594)
图0795	东岳庙观音殿落成（2014年10月11日，徐国红摄）	(594)
图0796	钱关潮（左）接受访谈（2017年4月13日，莫艳梅摄）	(595)
图0797	钱关潮的住宅（2018年7月13日，陈妙荣摄）	(596)
图0798	张彩琴（右）接受访谈（2017年6月12日，沃琦摄）	(597)
图0799	凤凰村村民委员会换届选举流动投票箱（2017年5月4日，华兴桥摄）	(598)
图0800	凤凰村村民委员会中心投票站（2017年5月4日，华兴桥摄）	(598)
图0801	凤凰股金权证颁发仪式（2014年5月28日，沃琦摄）	(600)
图0802	凤凰股金权证（莫艳梅摄）	(600)
图0803	凤凰村民分红乐滋滋（2018年1月，华兴桥摄）	(601)
图0804	唐关仁（右）接受访谈（2017年4月7日，沃琦摄）	(605)
图0805	农民在浸络麻（董光中摄）	(606)
图0806	萧山围垦场景（董光中摄）	(607)
图0807	唐关仁的住宅（2018年6月21日，陈妙荣摄）	(608)
图0808	两村民认真挑选志愿者书写的免费春联（2010年2月6日，徐国红摄）	(608)
图0809	项国安（右）接受访谈（2017年4月20日，沃琦摄）	(609)
图0810	项国安经营丝头废料（2018年6月4日，陈妙荣摄）	(611)
图0811	项国安20年前建的私宅（2018年6月29日，陈妙荣摄）	(612)
图0812	凤凰村民近10年建的私宅（2015年12月16日，沃琦摄）	(613)
图0813	村民在河边洗衣（2018年4月19日，陈妙荣摄）	(614)
图0814	老人在门口闲坐（2018年7月10日，徐国红摄）	(614)
图0815	卫子仁（右）接受访谈（2017年4月11日，沃琦摄）	(616)
图0816	凤凰村孩童钓鱼乐（2010年5月4日，肖仲光摄）	(619)
图0817	老年人娱乐生活（2012年9月27日，凤凰村委会提供）	(619)
图0818	卫子仁的住宅（2018年6月21日，陈妙荣摄）	(621)
图0819	"这是我捡的垃圾"（2010年4月30日，肖仲光摄于衙前文化中心）	(622)
图0820	傅华明（左）接受访谈（2017年4月25日，沃琦摄）	(623)
图0821	在生产队的日子（董光中摄）	(624)
图0822	傅华明的房子、车子（2018年6月21日，陈妙荣摄）	(627)

图0823	陆惠祥（右）接受访谈（2017年3月29日，沃琦摄）	（628）
图0824	外来农民工赤膊上阵（2018年7月25日，陈妙荣摄）	（629）
图0825	企业招工（2014年2月16日，徐国红摄于凤凰村）	（629）
图0826	凤凰村内创业新村社区图书阅览室（2014年11月1日，凤凰村委会提供）	（631）
图0827	陆惠祥的住宅（2018年6月26日，陈妙荣摄）	（633）
图0828	卫纪土（左）接受访谈（2017年4月14日，沃琦摄）	（634）
图0829	杭州萧山卫业纺织有限公司生产车间（2018年7月25日，陈妙荣摄）	（637）
图0830	外来农民工边吃饭边照看机器生产（2018年7月13日，陈妙荣摄）	（638）
图0831	卫纪土的住宅（2018年6月21日，陈妙荣摄）	（639）
图0832	周志根接受访谈（2017年4月14日，沃琦摄）	（641）
图0833	周志根的住宅（2018年6月21日，陈妙荣摄）	（643）
图0834	周柏夫（右）接受访谈（2017年4月13日，沃琦摄）	（645）
图0835	周柏夫的住宅（中）（2018年6月21日，陈妙荣摄）	（647）
图0836	徐幼琴（左）接受访谈（2017年4月7日，沃琦摄）	（648）
图0837	2010年5月徐幼琴在美国旅游照（凤凰村委会提供）	（649）
图0838	邵东根（右）接受访谈（2017年4月19日，沃琦摄）	（650）
图0839	20世纪70年代萧山大围垦场景（董光中摄）	（651）
图0840	围垦民工采石场景（董光中摄）	（651）
图0841	石块运往围垦工地（董光中摄）	（652）
图0842	邵东根爱下厨（2018年6月6日，陈妙荣摄）	（654）
图0843	陈长根（左）正在与莫艳梅交谈（2018年7月5日，沃琦摄）	（655）
图0844	陈长根住房外观（2017年4月13日，莫艳梅摄）	（656）
图0845	枣子熟了（2018年8月15日，陈妙荣摄于凤凰村）	（656）
图0846	徐建根（右）接受访谈（2017年4月7日，沃琦摄）	（658）
图0847	徐建根参加衙前镇第三届文化艺术节"迎中秋庆国庆"戏曲专场比赛（2012年9月27日，凤凰村委会提供）	（660）
图0848	徐建根20年前建的住宅（2018年6月21日，陈妙荣摄摄）	（661）
图0849	沃琦（右）接受访谈（2017年4月19日，陈妙荣摄）	（662）
图0850	沃琦的房子、车子（2018年7月11日，沃琦摄）	（665）
图0851	2017年9月29日，凤凰村参加衙前镇歌咏会（徐国红摄）	（666）
图0852	翁洪霞（右）接受访谈（2017年4月14日，沃琦摄）	（668）
图0853	翁洪霞的住宅（2018年7月16日，陈妙荣摄）	（670）
图0854	陈立（右）接受访谈（2017年4月29日，沃琦摄）	（671）
图0855	2014年陈立在萧山区十七届运动会上获蛙泳一等奖（陈立提供）	（674）
图0856	2014年，陈立《义蓬片初中体育设施现状调查及发展对策》论文获奖证书（莫艳梅摄）	（674）
图0857	柚子飘香（2018年9月6日，陈妙荣摄于凤凰村）	（677）
图0858	汪洁霞（左）接受访谈（2017年4月29日，沃琦摄）	（678）

图0859	汪洁霞正在给学生上课（2015年12月，汪洁霞提供）	(680)
图0860	汪洁霞的住宅（2018年6月29日，陈妙荣摄）	(681)
图0861	陈楚儿（左）接受访谈（2017年4月7日，沃琦摄）	(682)
图0862	萧山楚冶粉末冶金结构件厂产品及质量证书（2017年4月7日，沃琦摄）	(683)
图0863	凤凰村民休闲场地（2010年4月，傅展学摄）	(686)
图0864	凤凰村举办老人节文艺晚会（2011年9月28日，凤凰村委会提供）	(687)
图0865	凤凰村民在官河边长廊里休闲娱乐（2018年4月17日，陈妙荣摄）	(687)
图0866	乐桂兰（右）接受访谈（2017年4月14日，沃琦摄）	(688)
图0867	主打菜酸菜鱼（2018年6月27日，陈妙荣摄）	(690)
图0868	外来民工子弟在凤凰山练球（2015年5月21日，徐国红摄）	(692)
图0869	凤凰村墙绘（2018年5月10日，陈妙荣摄）	(694)
图0870	李桂发（右）接受访谈（2017年4月13日，沃琦摄）	(695)
图0871	李桂发的鑫鑫超市（2018年7月16日，陈妙荣摄）	(697)
图0872	外来农民工在室外切菜（2018年5月10日，陈妙荣摄）	(699)
图0873	外来农民工不回老家，包饺子欢度春节（2010年2月13日，徐国红摄）	(700)
图0874	刘继平（右）接受访谈（2017年4月12日，沃琦摄）	(701)
图0875	刘继平获奖证书（2018年6月25日，陈妙荣摄）	(702)
图0876	居住在凤凰创业新村社区的外来民工子女（2012年11月，傅展学摄）	(703)
图0877	创业新村社区超市（2010年4月，傅展学摄）	(704)
图0878	创业新村社区健身公园（2007年7月，傅展学摄）	(705)
图0879	创业新村社区农民工的私家车（2018年7月25日，陈妙荣摄）	(705)
图0880	调查问卷发放（2017年6月29日，莫艳梅摄于凤凰村）	(710)
图0881	2017年凤凰村村民家庭年收入情况	(712)
图0882	2017年凤凰村村民职业分布与家庭收入情况	(713)
图0883	2017年凤凰村村民未来三年主要消费开支预计情况	(715)
图0884	2017年凤凰村村民日常休闲娱乐活动情况	(720)
图0885	2017年凤凰村村民改善村容整洁期待情况	(721)
图0886	2017年凤凰村村民关于"凤凰村今后建设方向"情况	(725)
图0887	2017年凤凰村村民"年龄"与"最为关心问题"交叉分析情况	(726)
图0888	2017年凤凰村村民最希望得到的社会保障情况	(727)
图0889	2017年凤凰村村民关于"农村生活条件改善期待"情况	(727)
图0890	2017年凤凰村村民关于"生育子女理想数量"情况	(729)
图0891	2017年凤凰村村民对地方政府工作加强期待情况	(734)
图0892	2017年凤凰村村民对村委会工作改善期待情况	(738)
图0893	2017年中国城乡互联网普及率情况	(739)
图0894	2017年凤凰村村民年龄与网络利用交叉分析情况	(739)
图0895	2017年6月中国非网民上网促进因素情况	(741)
图0896	2017年凤凰村村民最为关心问题统计图	(747)

图 0897	2017年凤凰村村民成功人生标准情况	（748）
图 0898	周彩芬的住宅（2018年6月29日，陈妙荣摄）	（758）
图 0899	傅玉刚驾车去上班（2018年4月7日，陈妙荣摄）	（761）
图 0900	曹爱娟的住宅（中）（2018年6月21日，陈妙荣摄）	（764）
图 0901	傅关潮的住宅（2018年6月21日，陈妙荣摄）	（769）
图 0902	张立夫正在修剪绿化树（2018年6月11日，陈妙荣摄）	（770）
图 0903	汪芬珍正在操作车床（2018年6月21日，陈妙荣摄）	（771）
图 0904	沈云海家的客厅（2018年4月19日，陈妙荣摄）	（773）
图 0905	沈云海家的厨房（2018年7月2日，陈妙荣摄）	（773）
图 0906	舒阿牛的住宅（2018年6月26日，陈妙荣摄）	（777）
图 0907	沈海军的住宅（2018年6月21日，陈妙荣摄）	（779）
图 0908	王水林在家门前留影（2018年6月11日，陈妙荣摄）	（782）
图 0909	徐丽芬的住宅（2018年6月21日，陈妙荣摄）	（785）
图 0910	王建林的住宅（2018年6月21日，陈妙荣摄）	（789）
图 0911	张秋梅住的公寓楼（2018年6月29日，陈妙荣摄）	（791）
图 0912	张秋梅驾车上班（2018年6月26日，陈妙荣摄）	（792）
图 0913	陈国民在保安岗亭（2018年6月21日，陈妙荣摄）	（793）
图 0914	胡岳法（2016年11月14日）	（796）
图 0915	凤凰村全景（2018年4月30日，傅展学摄）	（801）
图 0916	位于凤凰村境内的红色衙前展览馆（2017年11月1日，翁洪霞摄）	（804）
图 0917	民国10年（1921）先进知识分子向衙前农民宣传革命道理情形（选自《衙前风雷》画册）	（805）
图 0918	民国10年（1921）参加衙前农民协会的贫苦农民（1964年，董光中摄）	（806）
图 0919	民国10年（1921）下半年衙前等地农民取得减租抗租斗争的胜利（选自《衙前风雷》画册）	（807）
图 0920	民国10年（1921）衙前农民协会联合会成立的情景（选自《衙前风雷》画册）	（807）
图 0921	民国10年（1921）9月衙前农民协会宣言（2017年11月，翁洪霞摄）	（809）
图 0922	民国10年（1921）9月衙前农民协会章程（2017年11月，翁洪霞摄）	（810）
图 0923	1921年衙前农民协会分布图	（812）
图 0924	民国11年（1922）沈定一为李成虎亲书的墓碑（1970年被毁）	（814）
图 0925	衙前农民协会旧址——老东岳庙（2017年10月26日，李莫微摄）	（815）
图 0926	衙前农村小学校旧址——沈定一故居（2016年3月24日，李莫微摄）	（816）
图 0927	浙江省重点文物保护单位——衙前农民协会旧址（2017年11月15日，李莫微摄）	（816）
图 0928	萧山市重点文物保护单位——衙前农村小学（2016年3月24日，李莫微摄）	（816）
图 0929	沈定一先生被难处（1953年纪）	（818）

图号	说明	页码
图0930	2001年9月27日纪念衙前农民运动80周年学术讨论会（萧山区人民政府地方志办公室提供）	(819)
图0931	2011年9月27日纪念衙前农民运动90周年学术讨论会（柳田兴摄）	(820)
图0932	2011年6月28日凤凰村党员在衙前农民运动纪念馆前重温入党宣誓（傅展学摄）	(822)
图0933	《衙前农民运动》《衙前农民运动论文选编》《纪念衙前农民运动90周年论文集》（2017年11月，莫艳梅摄）	(825)
图0934	《农运先声——纪念衙前农民运动八十周年诗词集》《纪念衙前农民运动九十周年书画影集》《衙前风雷》（2017年11月，莫艳梅摄）	(825)
图0935	2011年4月1日凤凰村民委员会换届选举计票（毕迪摄）	(836)
图0936	2011年6月3日凤凰村新一届领导班子（翁洪霞摄）	(836)
图0937	民国17年（1928）萧山县东乡自治会组织图示	(838)
图0938	2011年6月28日凤凰村党员集队前往李成虎烈士墓敬献花圈（傅展学摄）	(856)
图0939	2015年4月3日凤凰村党员在李成虎烈士墓前重温入党誓词（沃琦摄）	(856)
图0940	凤凰村民收藏的民国时期农民协会会员证（2017年11月15日，莫艳梅摄）	(858)
图0941	2006年9月凤凰村被评为浙江省村务公开民主管理示范村（沃琦摄）	(863)
图0942	凤凰村村务公开栏（2010年7月19日，翁洪霞摄）	(863)
图0943	凤凰村宣传栏（2010年1月8日，傅展学摄）	(863)
图0944	1999年、2002年、2006年、2008年、2011年、2014年、2017年《衙前镇凤凰村村规民约》（2017年12月，莫艳梅摄）	(869)
图0945	2011年6月凤凰村便民服务中心（翁洪霞提供）	(870)
图0946	凤凰村被评为2013年度萧山区村级财务规范化管理工作先进单位（2017年12月，莫艳梅摄）	(871)
图0947	凤凰村被评为2012年度杭州市萧山区安全生产示范村（沃琦摄）	(872)
图0948	2012年9月3日全国社会主义新农村建设档案工作示范区验收组检查指导凤凰村档案工作（沃琦摄）	(873)
图0949	2015年8月7日凤凰村领导看望巡防队员（凤凰村委会提供）	(874)
图0950	2015年12月29日凤凰村聘请老党员为维稳、和美协调员（徐国红摄）	(875)
图0951	2011年5月凤凰村法制宣传基地（翁洪霞提供）	(876)
图0952	2015年1月27日凤凰村举行第二届"最美家庭"表彰会（傅展学摄）	(878)
图0953	2016年1月12日凤凰村举行第三届"最美家庭"表彰会（傅展学摄）	(878)
图0954	2009年12月9日凤凰村党委书记胡岳法看望入伍青年（凤凰村委会提供）	(881)
图0955	2010年4月22日创业新村社区授牌启用仪式（傅展学摄）	(885)
图0956	2010年4月22日创业新村社区公寓楼（傅展学摄）	(885)
图0957	2009年5月10日创业新村喜迎前来安家的首对新人（傅展学摄）	(886)
图0958	2011年3月5日创业新村社区党组织换届选举投票（傅展学摄）	(887)
图0959	2013年12月25日创业新村社区居民委员会换届选举投票（傅展学摄）	(887)
图0960	创业新村社区健身场所（2012年4月3日，傅展学摄）	(888)

图号	说明	页码
图0961	创业新村社区的小居民们（2012年4月3日，傅展学摄）	(888)
图0962	2016年2月24日衙前镇妇联、计生协会在凤凰创业新村社区举办包水饺活动，近100名外来务工人员及其家属参加活动（华兴桥摄）	(889)
图0963	104国道穿村而过（2018年4月16日，沃琦摄）	(892)
图0964	2009年5月改造后的104国道村境段（傅展学摄）	(894)
图0965	萧明路（2018年5月12日，徐国红摄）	(895)
图0966	成虎路（2018年5月9日，徐国红摄）	(895)
图0967	定一路（2018年5月6日，徐国红摄）	(895)
图0968	凤凰山凤西路（2018年4月10日，徐国红摄）	(896)
图0969	之华路（2018年5月12日，徐国红摄）	(896)
图0970	官河路（2015年7月29日，范方斌摄）	(896)
图0971	古毕公桥（2018年4月30日，傅展学摄）	(898)
图0972	成虎桥（2018年4月25日，陈妙荣摄）	(899)
图0973	新卫家桥（2018年9月25日，陈妙荣摄）	(900)
图0974	永兴桥（2018年9月25日，陈妙荣摄）	(900)
图0975	衙前公交站（2018年5月12日，陈妙荣摄）	(900)
图0976	2014年10月乙方施工人员正在将通往农户家庭的污水支管接到总管上（沃琦摄）	(902)
图0977	电力维修（2018年5月14日，陈妙荣摄）	(904)
图0978	2010年12月15日凤凰村民方正海在天然气启动仪式当天使用天然气（傅展学摄）	(905)
图0979	衙前微波站（2018年5月10日，陈妙荣摄）	(908)
图0980	凤凰村广播室（2018年5月16日，陈妙荣摄）	(908)
图0981	20世纪80年代建的原卫家村办公楼（左）与90年代建的原卫家村办公楼（右）（2018年9月14日，陈妙荣摄）	(910)
图0982	凤凰村委会办公楼（2018年5月12日，徐国红摄）	(911)
图0983	官河水暖鸭先知（2016年3月18日，徐国红摄）	(912)
图0984	凤凰村建设新貌（2018年4月30日，傅展学摄）	(914)
图0985	2016年9月1日凤凰村巾帼志愿者在擦洗凤凰文化走廊（翁洪霞摄）	(915)
图0986	坚持在风雨中的清洁工（2010年12月15日，徐国红摄）	(916)
图0987	凤凰村务工人员在埋设管道（2013年3月28日，傅展学摄）	(917)
图0988	凤凰村村务人员全程监督村级工程（2012年9月19日，傅展学摄）	(917)
图0989	官河沿线违法建筑拆除现场（2017年6月2日，华兴桥摄）	(917)
图0990	官河又见捕鱼翁（2011年10月1日，徐国红摄）	(918)
图0991	环卫工人清运凤凰河道垃圾（2014年5月17日，徐国红摄）	(919)
图0992	官河整治（2016年11月15日，华兴桥摄）	(919)
图0993	2011年6月3日凤凰村干部胡岳法（左二）、沃关良（右一）、傅柏松（左一）实地查看农作物种植情况（翁洪霞摄）	(923)

图 0994　农民在责任田里打稻（1995 年 11 月 12 日，邵江飞摄） …………………………（930）
图 0995　凤凰村花卉苗木基地一角（2018 年 5 月 10 日，陈妙荣摄） ……………………（934）
图 0996　20 世纪 60 年代农民在选种（董光中摄） …………………………………………（941）
图 0997　小麦（2008 年 4 月，徐国红摄） …………………………………………………（943）
图 0998　油菜花（2013 年 3 月 28 日，傅展学摄） …………………………………………（944）
图 0999　村民在房前屋后种植玉米、花生作物（2018 年 6 月 2 日，陈妙荣摄） …………（947）
图 1000　凤凰山上的宠物狗（2015 年 12 月 26 日，徐国红摄） …………………………（950）
图 1001　凤凰山东麓养鹿场圈养的鹿群（2007 年 9 月 10 日，徐国红摄） ………………（953）
图 1002　20 世纪 70 年代萧山农民用鱼叉戳鱼（董光中摄） ……………………………（956）
图 1003　2004 年 11 月凤凰村被评为杭州市园林绿化村（沃琦摄） ……………………（957）
图 1004　凤凰山樟树林（2018 年 5 月 9 日，陈妙荣摄） ……………………………………（957）
图 1005　凤凰村花卉苗木基地（2013 年 3 月 28 日，傅展学摄） …………………………（961）
图 1006　20 世纪 60 年代排灌使用的流动抽水机船（来自《衙前镇志》） ………………（963）
图 1007　铁耙、铁锹（2018 年 5 月，陈妙荣摄） …………………………………………（965）
图 1008　割子（2018 年 5 月，陈妙荣摄） …………………………………………………（965）
图 1009　茅刀（2018 年 5 月，陈妙荣摄） …………………………………………………（965）
图 1010　风箱（2018 年 5 月，陈妙荣摄） …………………………………………………（965）
图 1011　笠帽（2018 年 5 月，陈妙荣摄） …………………………………………………（966）
图 1012　斗（2018 年 5 月，陈妙荣摄） ……………………………………………………（966）
图 1013　水桶（2018 年 5 月，陈妙荣摄） …………………………………………………（966）
图 1014　石臼（2018 年 5 月，陈妙荣摄） …………………………………………………（966）
图 1015　年糕榔头（2018 年 5 月，陈妙荣摄） ……………………………………………（966）
图 1016　20 世纪 90 年代大型收割机（来自《衙前镇志》） ………………………………（967）
图 1017　凤凰工业园（2011 年 5 月，傅玉刚摄） …………………………………………（973）
图 1018　土布织机（2018 年 5 月，陈妙荣摄） ……………………………………………（976）
图 1019　绕纱绷（2018 年 5 月，陈妙荣摄） ………………………………………………（976）
图 1020　浙江恒逸石化股份有限公司（2018 年 4 月 7 日，陈妙荣摄） …………………（986）
图 1021　杭州宏峰纺织集团有限公司（2013 年 1 月 19 日，傅展学摄） …………………（988）
图 1022　浙江金洋控股集团（2018 年 4 月 20 日，陈妙荣摄） ……………………………（990）
图 1023　杭州凤谊纺织有限公司（2013 年 1 月 29 日，傅展学摄） ………………………（993）
图 1024　外来农民工在食堂就餐（2018 年 7 月 25 日，陈妙荣摄于
　　　　　杭州凤谊纺织有限公司） …………………………………………………………（993）
图 1025　杭州凤凰纺织有限公司生产车间（2010 年 3 月，石成匡提供） ………………（996）
图 1026　杭州凤凰纺织有限公司生产的产品（2010 年 3 月，石成匡提供） ……………（996）
图 1027　杭州林锋纺织有限公司（2013 年 1 月 29 日，傅展学摄） ………………………（997）
图 1028　凤凰村三岔口企业招工（2014 年 2 月 16 日，徐国红摄） ………………………（998）
图 1029　凤凰村道路施工（2018 年 5 月 9 日，陈妙荣摄） ………………………………（1001）
图 1030　浙江恒逸集团有限公司于 2016 年 8 月 13 日开通的微信二维码公众平台 …………（1005）

图1031　浙江金洋控股集团有限公司于2016年10月18日开通的微信公众平台二维码 …（1005）

图1032　杭州宏峰纺织集团有限公司于2017年7月7日开通的微信二维码公众平台 ……（1006）

图1033　工人一丝不苟工作（2013年1月19日，傅展学摄） ………………………………（1007）

图1034　2016年，浙江恒逸集团有限公司生产的PTA（沃琦提供） ………………………（1008）

图1035　2016年，浙江恒逸集团有限公司生产的短纤（沃琦提供） ………………………（1008）

图1036　2016年，浙江恒逸集团有限公司生产的聚酯切片（沃琦提供） …………………（1008）

图1037　2016年，浙江恒逸集团有限公司生产的瓶级切片（沃琦提供） …………………（1009）

图1038　2016年，浙江恒逸集团有限公司生产的多丽丝（沃琦提供） ……………………（1009）

图1039　2016年，浙江恒逸集团有限公司生产的阻燃纤维（沃琦提供） …………………（1009）

图1040　2016年，杭州宏峰纺织集团有限公司生产的四面弹（沃琦提供） ………………（1009）

图1041　2016年，杭州宏峰纺织集团有限公司生产的罗缎面料（沃琦提供） ……………（1009）

图1042　2016年，浙江金洋控股集团有限公司生产的金巨牌涤纶低弹丝（沃琦提供） …（1010）

图1043　2016年，杭州叶茂纺织有限公司生产的花色丝（沃琦提供） ……………………（1010）

图1044　杭州凤谊纺织有限公司于2016年生产的凤谊化纤牌POY、
　　　　DTY环保型涤纶丝（何建军提供） …………………………………………………（1010）

图1045　2016年，杭州萧山潘氏纺织有限公司生产的人棉混纺纱（沃琦提供） …………（1010）

图1046　2016年，杭州凤凰纺织有限公司生产的无纺布（沃琦提供） ……………………（1010）

图1047　1996年3月28日核准注册的浙江恒逸集团有限公司"恒逸"商标
　　　　（沃琦提供） ……………………………………………………………………………（1012）

图1048　2002年8月28日核准注册的"金巨JINJU"商标（沃琦提供） …………………（1012）

图1049　2002年10月21日核准注册的杭州宏峰纺织集团有限公司
　　　　"宏峰"商标（沃琦提供） ……………………………………………………………（1013）

图1050　2010年4月7日核准注册的杭州叶茂纺织有限公司
　　　　"叶茂纺织"商标（王玲霞提供） ……………………………………………………（1013）

图1051　2014年11月14日核准注册的杭州凤谊纺织有限公司
　　　　"凤谊化纤"商标（何建中提供） ……………………………………………………（1013）

图1052　凤凰小商品市场外观（2018年5月10日，徐国红摄） ……………………………（1017）

图1053　1997年9月杭州萧山衙前消费品综合市场竣工
　　　　（杭州萧山衙前消费品综合市场提供） ………………………………………………（1019）

图1054　1998—2016年几个年份萧山衙前消费品综合市场和小商品市场商品成交额情况 ……（1020）

图1055　2009年12月20日经过改造后的杭州萧山衙前消费品综合市场
　　　　（杭州萧山衙前消费品综合市场提供） ………………………………………………（1020）

图1056　凤凰街头（2018年5月9日，徐国红摄） …………………………………………（1023）

图1057　家乐美超市（2018年5月9日，徐国红摄） ………………………………………（1024）

图1058　嘉佰乐超市（2018年5月9日，徐国红摄） ………………………………………（1025）

图1059　凤凰街头土烧酒门店（2018年5月4日，徐国红摄） ……………………………（1026）

图1060　凤凰街头服务门店（2018年5月4日，徐国红摄） ………………………………（1026）

图1061　20世纪上半叶的官河与小划船（衙前镇政府提供） ………………………………（1027）

图1062	汽车出租（2018年5月9日，陈妙荣摄）	（1028）
图1063	凤凰加油站（2013年3月28日，傅展学摄）	（1029）
图1064	凤凰山度假村一角（2018年5月9日，陈妙荣摄）	（1030）
图1065	环卫工人在打扫卫生（2018年5月10日，陈妙荣摄）	（1033）
图1066	凤凰村境内的中国农业银行（2018年5月9日，徐国红摄）	（1034）
图1067	凤凰村境内的萧山农村商业银行存取款一体机（2018年7月31日，陈妙荣摄）	（1035）
图1068	凤凰村境内的中国建设银行（2018年8月1日，莫艳梅摄）	（1037）
图1069	中国建设银行存取款一体机（2018年8月1日，莫艳梅摄）	（1037）
图1070	2006—2017年杭州萧山衙前消费品综合市场营业房（三年一租）和小商品市场营业房（三年一租）合计收取租金情况	（1045）
图1071	2006—2016年杭州萧山衙前消费品综合市场摊位收取租金情况	（1045）
图1072	2014年5月28日凤凰村村民沃阿毛夫妇喜看《凤凰股金权证》（傅展学摄）	（1047）
图1073	一位老奶奶分红后笑逐颜开（2018年1月7日，华兴桥摄）	（1048）
图1074	农民踊跃交粮（董光中摄）	（1061）
图1075	老街·老人（2018年4月30日，傅展学摄）	（1066）
图1076	2010年1月8日，凤凰村82岁的沃岳炎老人（左一）高高兴兴地领到凤凰股份经济联合社2009年度股东分红6820元（傅展学摄）	（1081）
图1077	新中国成立前凤凰地区农户住宅（陈妙荣摄）	（1082）
图1078	20世纪五六十年代凤凰地区农户第一代住宅（陈妙荣摄）	（1083）
图1079	20世纪70年代凤凰地区农户第一代住宅（陈妙荣摄）	（1083）
图1080	20世纪80年代凤凰村农户第二代住宅（陈妙荣摄）	（1083）
图1081	20世纪90年代凤凰村农户第三代住宅（陈妙荣摄）	（1083）
图1082	21世纪初凤凰村农户第四代别墅式住宅（陈妙荣摄）	（1084）
图1083	2010年凤凰村农户第五代住宅（陈妙荣摄）	（1084）
图1084	凤凰大厦农民公寓楼（2008年8月，徐国红摄）	（1084）
图1085	凤凰村民在家看电视（2010年4月5日，傅展学摄）	（1089）
图1086	学生在家看书休养（2010年4月5日，傅展学摄）	（1089）
图1087	2009年3月凤凰村民自发组团到中国台湾地区旅游（凤凰村委会提供）	（1090）
图1088	2010年4月凤凰村民自发组团到美国旅游（凤凰村委会提供）	（1090）
图1089	2014年4月村民在老年活动室接受白内障检查（傅展学摄）	（1093）
图1090	村民汪杏珍高兴地展示"电话医生"名片卡（2014年4月，傅展学摄）	（1093）
图1091	村民养花怡情（2018年5月2日，徐国红摄）	（1094）
图1092	老人休闲生活（2018年5月2日，徐国红摄）	（1095）
图1093	2009年11月凤凰村北片（卫家）老年活动室落成（凤凰村委会提供）	（1096）
图1094	2012年4月凤凰村南片（童墅）老年活动室落成（傅玉刚摄）	（1096）
图1095	凤凰村老年活动中心（2014年3月21日，沃琦摄）	（1096）
图1096	正在健身休闲的凤凰村民（2014年3月21日，沃琦摄）	（1096）

图 1097　2007 年 1 月 10 日凤凰村的老人们在老年活动中心食堂用餐（傅展学摄） ………（1097）
图 1098　2009 年 3 月 11 日凤凰村领导向百岁老人陈阿茶（中间坐者）拜寿
　　　　（傅展学摄） ……………………………………………………………………（1098）
图 1099　2012 年 11 月 30 日萧山区慈善总会衙前分会第二轮慈善
　　　　捐赠暨企业助老金发放仪式（傅展学摄） ………………………………（1099）
图 1100　2013 年 2 月中国志愿服务基金会发给凤凰村的慈善捐款
　　　　捐赠证书（凤凰村委会提供） ………………………………………………（1099）
图 1101　2015 年 8 月 18 日凤凰村党委书记胡岳法带领受表彰的
　　　　学生参观村容村貌（傅展学摄） ……………………………………………（1102）
图 1102　衙前镇中心幼儿园（2018 年 5 月 10 日，陈妙荣摄） ………………………（1104）
图 1103　2014 年衙前镇中心幼儿园的幼儿动手制玩具（衙前镇中心幼儿园提供）………（1105）
图 1104　2014 年衙前中心幼儿园庆"六一"亲子嘉年华活动（衙前镇中心幼儿园提供）……（1105）
图 1105　1921 年刘大白创作的衙前农村小学校校歌之一的《劳动歌》 ………………（1106）
图 1106　2016 年 3 月 29 日衙前农村小学开展"喜迎 G20"首届农运馆
　　　　"小小讲解员"大赛（衙前农村小学提供） …………………………………（1106）
图 1107　放学路上（2015 年 3 月 12 日，徐国红摄） ………………………………（1107）
图 1108　衙前农村小学校（2018 年 5 月 10 日，陈妙荣摄） ………………………（1107）
图 1109　1956 年坐落在凤凰山麓的萧山县第三初级中学（单兴军提供） ……………（1108）
图 1110　2014 年 5 月 6 日衙前初中入团积极分子在学校红楼前庄严宣誓
　　　　（衙前初中提供） ………………………………………………………………（1108）
图 1111　凤凰村老人上课识字（2014 年 6 月 7 日，沃琦摄） ………………………（1109）
图 1112　2006 年 8 月凤凰村优秀学生表彰大会（傅展学摄） ………………………（1111）
图 1113　2010 年 8 月凤凰村优秀学生表彰大会（傅展学摄） ………………………（1111）
图 1114　2012 年 8 月 21 日凤凰村优秀学生表彰大会（傅展学摄） …………………（1111）
图 1115　凤凰卫生服务站（2018 年 5 月 12 日，陈妙荣摄） …………………………（1114）
图 1116　2014 年 7 月衙前卫生院为凤凰村 60 岁以上老年人免费体检（凤凰村委会提供）…（1116）
图 1117　2012 年 6 月 29 日凤凰村民无偿献血（翁洪霞摄） …………………………（1116）
图 1118　公共厕所（2018 年 5 月 12 日，徐国红摄） …………………………………（1119）
图 1119　2012 年 10 月 17 日凤凰村腰鼓队表演（傅展学摄） ………………………（1126）
图 1120　2011 年凤凰村被评为浙江省生态文化基地（沃琦摄） ……………………（1127）
图 1221　2010 年 10 月 16 日凤凰村庆祝浙江省第 23 个老人节文艺晚会，
　　　　图为凤凰村老龄舞扇队在表演（毕迪摄） ……………………………………（1128）
图 1122　看戏（2009 年 7 月 9 日，徐国红摄） ………………………………………（1129）
图 1123　2011 年 6 月衙前镇举办纪念建党 90 周年红歌演唱会，凤凰村队
　　　　正在演唱《我们走在大路上》（凤凰村委会提供） …………………………（1129）
图 1124　1975 年衙前公社 35mm 的黑白电影放映机（衙前镇政府提供） ……………（1129）
图 1125　萧山区农村文化礼堂文化走亲巡演（2013 年 12 月 16 日，
　　　　沃琦摄于凤凰村文化礼堂） ……………………………………………………（1130）

图号	说明	页码
图1126	衙前镇迎元宵送戏下乡（2015年3月1日，沃琦摄于凤凰村）	(1131)
图1127	村民们正在看戏（2015年3月1日，沃琦摄于凤凰村）	(1131)
图1128	杭州杂技总团"你点我送"文艺会演（2015年11月7日，翁洪霞摄于凤凰村文化礼堂）	(1131)
图1129	凤凰村民看戏乐（2015年11月7日，翁洪霞摄于凤凰村文化礼堂）	(1131)
图1130	杭州衙前江啸堂文化历史博物馆（2017年11月15日，莫艳梅摄）	(1132)
图1131	邵江飞的庭院石器（2018年6月7日，邵江飞提供）	(1132)
图1132	沈定一故居外观（2018年2月2日，李莫微摄）	(1132)
图1133	萧绍运河凤凰段古纤道（2017年11月，莫艳梅摄）	(1133)
图1134	萧绍运河上的古毕公桥（2018年4月，傅展学摄）	(1134)
图1135	大洞桥（2018年4月19日，陈妙荣摄）	(1134)
图1136	凤凰桥（2018年5月10日，陈妙荣摄）	(1135)
图1137	20世纪70年代文物出土现场（衙前镇政府提供）	(1136)
图1138	洛思山出土的兽面纹铜簋（萧山博物馆收藏）	(1136)
图1139	洛思山出土的兽面纹四足方簋（萧山博物馆收藏）	(1136)
图1140	凤凰山出土的国家一级文物东汉黑釉五管瓶（萧山博物馆收藏）	(1137)
图1141	凤凰山出土的东晋越窑青瓷鸡首壶（徐国红摄）	(1137)
图1142	2009年凤凰村被评为杭州市基层（社区、行政村）老年人体育协会先进单位（沃琦摄）	(1138)
图1143	凤凰广场（2014年11月1日，沃琦摄）	(1138)
图1144	凤凰村新盛游泳场（2013年8月，凤凰村委会提供）	(1139)
图1145	凤凰村民健身活动（2015年5月21日，徐国红摄）	(1139)
图1146	晨跑（2017年4月10日，徐国红摄）	(1139)
图1147	2012年"幸福衙前"第四届全民运动会凤凰村体育代表队入场（毕迪摄）	(1142)
图1148	2012年凤凰村体育代表队获衙前第四届全民运动会拔河比赛第一名（凤凰村委会提供）	(1142)
图1149	官河风光（2018年5月11日，徐国红摄）	(1144)
图1150	沈定一主编的上海《星期评论》周刊影印本（2017年11月15日，莫艳梅摄）	(1146)
图1151	1920年8月11日沈定一在叶天底画《捉蟹图》上题词	(1179)
图1152	1922年沈定一为衙前农民协会会员李成虎、陈晋生书写的碑文	(1179)
图1153	沈定一草书轴	(1179)
图1154	沈定一草书轴	(1179)
图1155	沈定一行书	(1179)
图1156	沈定一行书	(1179)
图1157	沈定一手迹	(1180)
图1158	沈定一手迹	(1180)
图1159	1913年7月沈定一致袁世凯书	(1180)

图号	说明	页码
图 1160	1925 年 3 月沈定一为杨之华宅院题写"宝华润实"（今藏于杭州衙前江啸堂文化历史博物馆，徐国红摄）	(1181)
图 1161	1928 年 8 月 20 日沈定一为廖仲恺殉难三周年纪念所作之挽联	(1181)
图 1162	1928 年 8 月 26 日沈定一为周柏年所书扇面	(1181)
图 1163	凤凰村民居（2018 年 4 月，徐国红摄）	(1210)
图 1164	凤凰村张灯结彩迎新春（2017 年 2 月 8 日，徐国红摄）	(1211)
图 1165	端午节裹粽子（2015 年 6 月 19 日，徐国红摄）	(1213)
图 1166	萧山城乡居民观看钱塘潮（2016 年 9 月 18 日，杨贤兴摄于萧山南沙大堤）	(1214)
图 1167	村民家的对联（2018 年 4 月 30 日，傅展学摄）	(1216)
图 1168	旧时煤油灯（邵江飞提供）	(1219)
图 1169	旧时铜油勺（邵江飞提供）	(1219)
图 1170	旧时石磨（邵江飞提供）	(1219)
图 1171	旧时竹篮（邵江飞提供）	(1219)
图 1172	旧时暖手炉（邵江飞提供）	(1220)
图 1173	旧时送礼挑箱（邵江飞提供）	(1220)
图 1174	旧时茶壶（邵江飞提供）	(1222)
图 1175	旧时锡壶（邵江飞提供）	(1222)
图 1176	凤凰村民宅（2014 年 7 月 2 日，沃琦摄）	(1223)
图 1177	凤凰村民宅（2014 年 3 月 22 日，沃琦摄）	(1223)
图 1178	骑摩托车的年轻人（2015 年 12 月，徐国红摄）	(1224)
图 1179	2015 年 8 月凤凰村的年轻人到荷兰旅游照（胡建平提供）	(1224)
图 1180	黄昏闲情（2018 年 5 月，徐国红摄）	(1226)
图 1181	新娘头饰（2016 年 5 月 28 日，沈云海提供）	(1230)
图 1182	唤新娘（2016 年 5 月 28 日，沈云海提供）	(1230)
图 1183	接新娘（2016 年 5 月 28 日，沈云海提供）	(1230)
图 1184	传袋（代）（2016 年 5 月 28 日，沈云海提供）	(1230)
图 1185	婚宴（2016 年 6 月 2 日，沈云海提供）	(1230)
图 1186	凤凰村沈家樑与石露白的婚礼（2016 年 6 月 2 日，沈云海提供）	(1230)
图 1187	凤凰山生态公墓（2018 年 12 月 29 日，陈妙荣摄）	(1233)
图 1188	东岳庙东岳殿（2018 年 1 月 26 日，陈妙荣摄）	(1235)
图 1189	东岳庙天王殿（2018 年 1 月 25 日，陈妙荣摄）	(1235)
图 1190	东岳庙财神殿（2018 年 4 月 15 日，沃琦摄）	(1235)
图 1191	东岳庙文昌阁（2018 年 4 月 15 日，沃琦摄）	(1235)
图 1192	位于官河边的老东岳庙（2018 年 5 月 10 日，华兴桥摄）	(1235)
图 1193	念天佛（2017 年 4 月 24 日，陈妙荣摄于凤凰村）	(1236)
图 1194	写春联送祝福（2010 年 2 月 6 日，凤凰村委会提供）	(1237)
图 1195	村民拿到赠送的春联心欢喜（2010 年 2 月 6 日，凤凰村委会提供）	(1237)
图 1196	超市购物手机支付（2018 年 12 月 29 日，陈妙荣摄于凤凰村通城大润发超市）	(1238)

图 1197　跳广场舞（2008 年 8 月 6 日，徐国红摄）……………………………………（1238）
图 1198　一堵老墙（2018 年 5 月 2 日，徐国红摄于凤凰村）…………………………（1252）
图 1199　一截石柱（2018 年 5 月 2 日，徐国红摄于凤凰村）…………………………（1252）
图 1200　2014 年衙前镇凤凰村干部工作责任网络管理图………………………………（1261）
图 1201　2017 年衙前镇凤凰村新一届领导班子成员（叶萍萍摄）……………………（1263）
图 1202　2018 年 4 月 8 日，莫艳梅在萧山区档案馆查阅档案…………………………（1365）
图 1203　2018 年 4 月 26 日、8 月 16 日《凤凰村志》征求意见稿……………………（1365）

表格索引

表 001　秦汉至 2016 年凤凰村域隶属沿革情况……………………………………………（47）
表 002　1961—2004 年凤凰村、交通村、卫家村、人口情况……………………………（53）
表 003　2005—2016 年凤凰村人口情况……………………………………………………（53）
表 004　1972—2004 年凤凰村、交通村、卫家村人口变动情况…………………………（55）
表 005　2005—2016 年凤凰村人口变动情况………………………………………………（56）
表 006　2015 年 12 月凤凰村人口结构情况…………………………………………………（57）
表 007　1961—1978 年凤凰生产大队、交通生产大队、卫家生产大队接收
　　　　知识青年上山下乡………………………………………………………………（58）
表 008　2016 年萧山区衙前镇凤凰村人口性别比情况……………………………………（59）
表 009　2016 年 12 月凤凰村 80 岁及以上老人数量…………………………………………（60）
表 010　凤凰村 80 岁及以上老人基本情况…………………………………………………（60）
表 011　1995 年凤凰村、交通村、卫家村劳动力构成情况（一）………………………（63）
表 012　1995 年凤凰村、交通村、卫家村劳动力构成情况（二）………………………（63）
表 013　2011—2016 年凤凰村劳动力职业构成情况………………………………………（63）
表 014　2016 年 12 月凤凰村各片劳动力职业分类情况……………………………………（64）
表 015　2015 年凤凰村家庭户规模情况……………………………………………………（64）
表 016　1994 年、2016 年凤凰村姓氏人口情况……………………………………………（79）
表 017　2016 年凤凰村 12 个姓氏人数情况…………………………………………………（81）
表 018　1994 年、2016 年凤凰片姓氏人口情况……………………………………………（83）
表 019　户主沃岳炎家庭成员情况…………………………………………………………（86）
表 020　户主沃关水家庭成员情况…………………………………………………………（86）
表 021　户主沃关千家庭成员情况…………………………………………………………（86）
表 022　户主朱建林家庭成员情况…………………………………………………………（88）
表 023　户主曹水庆家庭成员情况…………………………………………………………（88）
表 024　户主施阿坤家庭成员情况…………………………………………………………（88）
表 025　户主王孝志家庭成员情况…………………………………………………………（90）
表 026　户主翁永根家庭成员情况…………………………………………………………（90）
表 027　户主施茶根家庭成员情况…………………………………………………………（90）

表028	户主王关建家庭成员情况	(92)
表029	户主杨水福家庭成员情况	(92)
表030	户主杨福仁家庭成员情况	(92)
表031	户主曹阿亚家庭成员情况	(94)
表032	户主沃水木家庭成员情况	(94)
表033	户主沃连根家庭成员情况	(94)
表034	户主沃柏根家庭成员情况	(96)
表035	户主曹福生家庭成员情况	(96)
表036	户主曹祖根家庭成员情况	(96)
表037	户主曹水根家庭成员情况	(98)
表038	户主曹建军家庭成员情况	(98)
表039	户主翁国强家庭成员情况	(98)
表040	户主曹银法家庭成员情况	(100)
表041	户主曹建国家庭成员情况	(100)
表042	户主曹泉夫家庭成员情况	(100)
表043	户主周生夫家庭成员情况	(102)
表044	户主翁国民家庭成员情况	(102)
表045	户主翁国校家庭成员情况	(102)
表046	户主曹柏根家庭成员情况	(104)
表047	户主曹校庆家庭成员情况	(104)
表048	户主曹裕法家庭成员情况	(104)
表049	户主曹福根家庭成员情况	(106)
表050	户主曹裕仙家庭成员情况	(106)
表051	户主曹张福家庭成员情况	(106)
表052	户主曹建利家庭成员情况	(108)
表053	户主曹凤林家庭成员情况	(108)
表054	户主阮人校家庭成员情况	(108)
表055	户主曹柏泉家庭成员情况	(110)
表056	户主曹庆炎家庭成员情况	(110)
表057	户主沃雅根家庭成员情况	(110)
表058	户主周柏明家庭成员情况	(112)
表059	户主周关水家庭成员情况	(112)
表060	户主曹国华家庭成员情况	(112)
表061	户主施水芬家庭成员情况	(114)
表062	户主周祖根家庭成员情况	(114)
表063	户主曹金海家庭成员情况	(114)
表064	户主曹水根家庭成员情况	(116)
表065	户主周来德家庭成员情况	(116)

表066	户主曹金传家庭成员情况	(116)
表067	户主沈利根家庭成员情况	(118)
表068	户主汪国海家庭成员情况	(118)
表069	户主周关兴家庭成员情况	(118)
表070	户主周浩明家庭成员情况	(120)
表071	户主王关友家庭成员情况	(120)
表072	户主周纪荣家庭成员情况	(122)
表073	户主施水木家庭成员情况	(122)
表074	户主施水泉家庭成员情况	(122)
表075	户主周柏庆家庭成员情况	(124)
表076	户主李传根家庭成员情况	(124)
表077	户主周国潮家庭成员情况	(124)
表078	户主王关松家庭成员情况	(126)
表079	户主周关校家庭成员情况	(126)
表080	户主曹水泉家庭成员情况	(126)
表081	户主周海良家庭成员情况	(128)
表082	户主周关荣家庭成员情况	(128)
表083	户主翁水潮家庭成员情况	(128)
表084	户主翁水良家庭成员情况	(130)
表085	户主汪关元家庭成员情况	(130)
表086	户主陈阿珍家庭成员情况	(130)
表087	户主王岳荣家庭成员情况	(132)
表088	户主王岳海家庭成员情况	(132)
表089	户主沈利军家庭成员情况	(132)
表090	户主汪张继家庭成员情况	(134)
表091	户主舒兴法家庭成员情况	(134)
表092	户主舒仁根家庭成员情况	(134)
表093	户主舒志法家庭成员情况	(136)
表094	户主胡和法家庭成员情况	(136)
表095	户主胡岳法家庭成员情况	(136)
表096	户主翁关增家庭成员情况	(138)
表097	户主翁关裕家庭成员情况	(138)
表098	户主汪爱娟家庭成员情况	(138)
表099	户主周柏生家庭成员情况	(140)
表100	户主于天先家庭成员情况	(140)
表101	户主周关仙家庭成员情况	(140)
表102	户主周国先家庭成员情况	(142)
表103	户主翁关海家庭成员情况	(142)

表104	户主周柏海家庭成员情况	(142)
表105	户主王少红家庭成员情况	(144)
表106	户主周志明家庭成员情况	(144)
表107	户主周志根家庭成员情况	(144)
表108	户主周国校家庭成员情况	(146)
表109	户主舒招法家庭成员情况	(146)
表110	户主舒爱珍家庭成员情况	(146)
表111	户主周祖水家庭成员情况	(148)
表112	户主周水根家庭成员情况	(148)
表113	户主周狄夫家庭成员情况	(148)
表114	户主周友顺家庭成员情况	(150)
表115	户主周耀庆家庭成员情况	(150)
表116	户主周国庆家庭成员情况	(150)
表117	户主曹伟根家庭成员情况	(152)
表118	户主翁关甫家庭成员情况	(152)
表119	户主曹金凤家庭成员情况	(152)
表120	户主周关泉家庭成员情况	(154)
表121	户主曹张法家庭成员情况	(154)
表122	户主方正家庭成员情况	(154)
表123	户主鲁忠林家庭成员情况	(156)
表124	户主翁关仁家庭成员情况	(156)
表125	户主曹金根家庭成员情况	(156)
表126	户主翁海良家庭成员情况	(158)
表127	户主周柏兴家庭成员情况	(158)
表128	户主曹水福家庭成员情况	(158)
表129	户主毛梅芬家庭成员情况	(160)
表130	户主沈丽娟家庭成员情况	(160)
表131	户主曹贤根家庭成员情况	(162)
表132	户主鲁云根家庭成员情况	(162)
表133	户主沃关林家庭成员情况	(162)
表134	户主沃荷花家庭成员情况	(164)
表135	户主方正伟家庭成员情况	(164)
表136	户主王老毛家庭成员情况	(164)
表137	户主毛兴良家庭成员情况	(166)
表138	户主周条仙家庭成员情况	(166)
表139	户主沃引泉家庭成员情况	(166)
表140	户主周幸福家庭成员情况	(168)
表141	户主王元林家庭成员情况	(168)

表 142	户主沈中良家庭成员情况	(168)
表 143	户主沈大方家庭成员情况	(170)
表 144	户主周观仙家庭成员情况	(170)
表 145	户主周观明家庭成员情况	(170)
表 146	户主舒阿牛家庭成员情况	(172)
表 147	户主沃阿毛家庭成员情况	(172)
表 148	户主项关生家庭成员情况	(172)
表 149	户主曹行舟家庭成员情况	(174)
表 150	户主胡兴刚家庭成员情况	(174)
表 151	户主周柏夫家庭成员情况	(174)
表 152	户主方正海家庭成员情况	(176)
表 153	户主周月美家庭成员情况	(176)
表 154	户主周钊海家庭成员情况	(176)
表 155	户主项长根家庭成员情况	(178)
表 156	户主项欢庆家庭成员情况	(178)
表 157	户主曹建庆家庭成员情况	(178)
表 158	户主周路德家庭成员情况	(180)
表 159	户主陆惠祥家庭成员情况	(180)
表 160	户主曹土根家庭成员情况	(180)
表 161	户主周引舟家庭成员情况	(182)
表 162	户主叶凤良家庭成员情况	(182)
表 163	户主孔国庆家庭成员情况	(182)
表 164	户主周水娟家庭成员情况	(184)
表 165	户主周玲娟家庭成员情况	(184)
表 166	户主周柏水家庭成员情况	(186)
表 167	户主曹玲娟家庭成员情况	(186)
表 168	户主鲁忠友家庭成员情况	(186)
表 169	户主苏国珍家庭成员情况	(188)
表 170	户主孔煜庆家庭成员情况	(188)
表 171	户主王爱珍家庭成员情况	(188)
表 172	户主应关水家庭成员情况	(190)
表 173	户主周建新家庭成员情况	(190)
表 174	户主周岳根家庭成员情况	(190)
表 175	户主周小夫家庭成员情况	(192)
表 176	户主周成良家庭成员情况	(192)
表 177	户主汪关林家庭成员情况	(192)
表 178	户主汪关华家庭成员情况	(194)
表 179	户主沈海明家庭成员情况	(194)

表180	户主沈云海家庭成员情况	(194)
表181	户主孔尧林家庭成员情况	(196)
表182	户主王国强家庭成员情况	(196)
表183	户主周柏明家庭成员情况	(196)
表184	户主周柏军家庭成员情况	(198)
表185	户主周柏生家庭成员情况	(198)
表186	户主周斌家庭成员情况	(198)
表187	户主徐建根家庭成员情况	(200)
表188	户主王建明家庭成员情况	(200)
表189	户主王建林家庭成员情况	(200)
表190	户主王立军家庭成员情况	(202)
表191	户主沈海军家庭成员情况	(202)
表192	户主张永泉家庭成员情况	(202)
表193	户主张永水家庭成员情况	(204)
表194	户主方美娟家庭成员情况	(204)
表195	户主沈国兴家庭成员情况	(204)
表196	户主沈永良家庭成员情况	(206)
表197	户主张永海家庭成员情况	(206)
表198	户主徐岳根家庭成员情况	(206)
表199	户主张建康家庭成员情况	(208)
表200	户主曹岳泉家庭成员情况	(208)
表201	户主徐先根家庭成员情况	(208)
表202	户主徐冬林家庭成员情况	(210)
表203	户主徐国峰家庭成员情况	(210)
表204	户主王柏祥家庭成员情况	(210)
表205	户主王柏军家庭成员情况	(212)
表206	户主周金虎家庭成员情况	(212)
表207	户主周友仙家庭成员情况	(212)
表208	户主王凤珍家庭成员情况	(214)
表209	户主周张富家庭成员情况	(214)
表210	户主沈国富家庭成员情况	(214)
表211	户主李美园家庭成员情况	(216)
表212	户主汪凤仙家庭成员情况	(216)
表213	户主曹永根家庭成员情况	(218)
表214	户主鱼关海家庭成员情况	(218)
表215	户主鱼关友家庭成员情况	(218)
表216	户主鱼关传家庭成员情况	(220)
表217	户主鱼关林家庭成员情况	(220)

表218	户主鱼关水家庭成员情况	(220)
表219	户主汪张坤家庭成员情况	(222)
表220	户主沃关传家庭成员情况	(222)
表221	户主沃关良家庭成员情况	(222)
表222	户主周关林家庭成员情况	(224)
表223	户主卫观林家庭成员情况	(224)
表224	户主翁国良家庭成员情况	(224)
表225	户主翁国忠家庭成员情况	(226)
表226	户主鱼关泉家庭成员情况	(226)
表227	户主曹金夫家庭成员情况	(226)
表228	户主曹建明家庭成员情况	(228)
表229	户主周水坤家庭成员情况	(228)
表230	户主周水娥家庭成员情况	(228)
表231	户主王海宝家庭成员情况	(230)
表232	户主卫观明家庭成员情况	(230)
表233	户主徐建虎家庭成员情况	(230)
表234	户主周冬英家庭成员情况	(232)
表235	户主沈永潮家庭成员情况	(232)
表236	户主周柏其家庭成员情况	(232)
表237	户主沈小胖家庭成员情况	(234)
表238	户主陆国祥家庭成员情况	(234)
表239	户主王永春家庭成员情况	(234)
表240	户主周柏华家庭成员情况	(236)
表241	户主周岳仙家庭成员情况	(236)
表242	户主张永明家庭成员情况	(236)
表243	户主张观花家庭成员情况	(238)
表244	户主傅爱珍家庭成员情况	(238)
表245	户主施和根家庭成员情况	(238)
表246	户主沈铁柱家庭成员情况	(240)
表247	户主王友水家庭成员情况	(240)
表248	户主王水林家庭成员情况	(240)
表249	户主徐先登家庭成员情况	(242)
表250	户主周柏夫家庭成员情况	(242)
表251	户主曹建新家庭成员情况	(242)
表252	户主潘冬英家庭成员情况	(244)
表253	户主汪关潮家庭成员情况	(244)
表254	户主王金奎家庭成员情况	(244)
表255	户主沃安泉家庭成员情况	(246)

表 256	户主曹忠林家庭成员情况	(246)
表 257	户主曹祥生家庭成员情况	(246)
表 258	户主周炳坤家庭成员情况	(248)
表 259	户主沃新林家庭成员情况	(248)
表 260	户主沈言令家庭成员情况	(248)
表 261	户主周岳泉家庭成员情况	(250)
表 262	户主钱华美家庭成员情况	(250)
表 263	户主王关法家庭成员情况	(250)
表 264	户主傅素娥家庭成员情况	(252)
表 265	户主徐银花家庭成员情况	(252)
表 266	户主王关贤家庭成员情况	(252)
表 267	户主曹祥荣家庭成员情况	(254)
表 268	户主沈祖花家庭成员情况	(254)
表 269	户主沈夏英家庭成员情况	(254)
表 270	户主徐阿云家庭成员情况	(256)
表 271	户主周美娟家庭成员情况	(256)
表 272	户主杨建琴家庭成员情况	(256)
表 273	户主黄慧芬家庭成员情况	(258)
表 274	户主李培发家庭成员情况	(258)
表 275	1994年、2016年交通片姓氏人口情况	(260)
表 276	户主李金木家庭成员情况	(264)
表 277	户主李祖林家庭成员情况	(264)
表 278	户主李金土家庭成员情况	(264)
表 279	户主李瑛家庭成员情况	(266)
表 280	户主邵孝忠家庭成员情况	(266)
表 281	户主邵关夫家庭成员情况	(266)
表 282	户主邵关友家庭成员情况	(268)
表 283	户主唐金虎家庭成员情况	(268)
表 284	户主唐小虎家庭成员情况	(268)
表 285	户主唐阿英家庭成员情况	(270)
表 286	户主唐幼虎家庭成员情况	(270)
表 287	户主唐关仁家庭成员情况	(270)
表 288	户主唐关纪家庭成员情况	(272)
表 289	户主唐关校家庭成员情况	(272)
表 290	户主唐先根家庭成员情况	(272)
表 291	户主唐松仁家庭成员情况	(274)
表 292	户主唐华平家庭成员情况	(274)
表 293	户主唐金奎家庭成员情况	(276)

表号	名称	页码
表294	户主唐祥龙家庭成员情况	(276)
表295	户主唐小龙家庭成员情况	(278)
表296	户主唐关友家庭成员情况	(278)
表297	户主唐关贤家庭成员情况	(280)
表298	户主项国安家庭成员情况	(280)
表299	户主项国良家庭成员情况	(282)
表300	户主项国庆家庭成员情况	(282)
表301	户主钱来云家庭成员情况	(282)
表302	户主钱荣根家庭成员情况	(284)
表303	户主钱国根家庭成员情况	(284)
表304	户主项岳元家庭成员情况	(284)
表305	户主项海行家庭成员情况	(286)
表306	户主汪荷仙家庭成员情况	(286)
表307	户主钱关潮家庭成员情况	(286)
表308	户主钱建伟家庭成员情况	(288)
表309	户主钱见元家庭成员情况	(288)
表310	户主唐荣法家庭成员情况	(288)
表311	户主唐国荣家庭成员情况	(290)
表312	户主陈春水家庭成员情况	(290)
表313	户主陈冬水家庭成员情况	(290)
表314	户主邵水根家庭成员情况	(292)
表315	户主邵钊根家庭成员情况	(292)
表316	户主邵东根家庭成员情况	(294)
表317	户主邵江飞家庭成员情况	(294)
表318	户主陈四毛家庭成员情况	(294)
表319	户主陈国林家庭成员情况	(296)
表320	户主唐银华家庭成员情况	(296)
表321	户主唐小华家庭成员情况	(298)
表322	户主唐永华家庭成员情况	(298)
表323	户主潘月泉家庭成员情况	(300)
表324	户主潘月根家庭成员情况	(300)
表325	户主潘国水家庭成员情况	(300)
表326	户主潘同春家庭成员情况	(302)
表327	户主李晓素家庭成员情况	(302)
表328	户主钱雪根家庭成员情况	(302)
表329	户主钱雪元家庭成员情况	(304)
表330	户主陈关先家庭成员情况	(304)
表331	户主陈小先家庭成员情况	(304)

表332	户主应柏君家庭成员情况	(306)
表333	户主邵夏根家庭成员情况	(306)
表334	户主邵海根家庭成员情况	(306)
表335	户主潘生根家庭成员情况	(308)
表336	户主潘园根家庭成员情况	(308)
表337	户主陈岳泉家庭成员情况	(308)
表338	户主汪荷花家庭成员情况	(310)
表339	户主陈岳先家庭成员情况	(310)
表340	户主陈关水家庭成员情况	(310)
表341	户主陈长根家庭成员情况	(312)
表342	户主陈长德家庭成员情况	(312)
表343	户主陈长法家庭成员情况	(312)
表344	户主潘小春家庭成员情况	(314)
表345	户主陈云福家庭成员情况	(314)
表346	户主陈长水家庭成员情况	(314)
表347	户主陈起来家庭成员情况	(316)
表348	户主陈长明家庭成员情况	(316)
表349	户主陈长华家庭成员情况	(316)
表350	户主陈关祥家庭成员情况	(318)
表351	户主陈见坤家庭成员情况	(318)
表352	户主陈见兴家庭成员情况	(318)
表353	户主陈建林家庭成员情况	(320)
表354	户主陈道德家庭成员情况	(320)
表355	户主陈永先家庭成员情况	(320)
表356	户主陈明德家庭成员情况	(322)
表357	户主陈小明家庭成员情况	(322)
表358	户主陈金培家庭成员情况	(322)
表359	户主陈金福家庭成员情况	(324)
表360	户主陈小金家庭成员情况	(324)
表361	户主莫桂仙家庭成员情况	(324)
表362	户主李仙琴家庭成员情况	(326)
表363	户主毛仁姑家庭成员情况	(326)
表364	户主胡国仁家庭成员情况	(328)
表365	户主胡国荣家庭成员情况	(328)
表366	户主傅长生家庭成员情况	(328)
表367	户主张凤英家庭成员情况	(330)
表368	户主傅建军家庭成员情况	(330)
表369	户主傅卫国家庭成员情况	(330)

表 370	户主傅国良家庭成员情况	(332)
表 371	户主毛妙庆家庭成员情况	(332)
表 372	户主傅关兴家庭成员情况	(332)
表 373	户主傅青华家庭成员情况	(334)
表 374	户主傅长水家庭成员情况	(334)
表 375	户主张幼芬家庭成员情况	(334)
表 376	户主傅仁木家庭成员情况	(336)
表 377	户主傅建华家庭成员情况	(336)
表 378	户主傅国华家庭成员情况	(336)
表 379	户主傅岳坤家庭成员情况	(338)
表 380	户主傅海刚家庭成员情况	(338)
表 381	户主傅荣强家庭成员情况	(338)
表 382	户主傅荣伟家庭成员情况	(340)
表 383	户主傅传根家庭成员情况	(340)
表 384	户主傅传叶家庭成员情况	(340)
表 385	户主傅传荣家庭成员情况	(342)
表 386	户主傅传生家庭成员情况	(342)
表 387	户主傅永庆家庭成员情况	(342)
表 388	户主项美文家庭成员情况	(344)
表 389	户主项金火家庭成员情况	(344)
表 390	户主项国平家庭成员情况	(346)
表 391	户主项小平家庭成员情况	(346)
表 392	户主傅马根家庭成员情况	(346)
表 393	户主张阿泉家庭成员情况	(348)
表 394	户主张荣海家庭成员情况	(348)
表 395	户主张来荣家庭成员情况	(350)
表 396	户主傅小海家庭成员情况	(350)
表 397	户主傅金强家庭成员情况	(350)
表 398	户主傅金华家庭成员情况	(352)
表 399	户主傅荣强家庭成员情况	(352)
表 400	户主傅荣林家庭成员情况	(352)
表 401	户主傅荣法家庭成员情况	(354)
表 402	户主傅荣华家庭成员情况	(354)
表 403	户主傅荣水家庭成员情况	(354)
表 404	户主傅关荣家庭成员情况	(356)
表 405	户主傅柏松家庭成员情况	(356)
表 406	户主任茶花家庭成员情况	(356)
表 407	户主傅关贤家庭成员情况	(358)

表408	户主傅华明家庭成员情况	(358)
表409	户主裘雅珍家庭成员情况	(360)
表410	户主汪阿根家庭成员情况	(360)
表411	户主项浦申家庭成员情况	(360)
表412	户主胡生根家庭成员情况	(362)
表413	户主傅银潮家庭成员情况	(362)
表414	户主傅柏裕家庭成员情况	(364)
表415	户主傅岳松家庭成员情况	(364)
表416	户主傅小虎家庭成员情况	(364)
表417	户主傅关浩家庭成员情况	(366)
表418	户主金梅娟家庭成员情况	(366)
表419	户主傅关木家庭成员情况	(366)
表420	户主傅关法家庭成员情况	(368)
表421	户主傅岳元家庭成员情况	(368)
表422	户主傅岳夫家庭成员情况	(368)
表423	户主傅国松家庭成员情况	(370)
表424	户主傅国伟家庭成员情况	(370)
表425	户主傅国文家庭成员情况	(370)
表426	户主傅岳土家庭成员情况	(372)
表427	户主傅岳林家庭成员情况	(372)
表428	户主傅岳兴家庭成员情况	(372)
表429	户主傅关生家庭成员情况	(374)
表430	户主傅关土家庭成员情况	(374)
表431	户主傅关潮家庭成员情况	(374)
表432	户主傅关松家庭成员情况	(376)
表433	户主傅小贤家庭成员情况	(376)
表434	户主钟爱宝家庭成员情况	(376)
表435	户主俞江飞家庭成员情况	(378)
表436	户主周兴良家庭成员情况	(378)
表437	户主周志良家庭成员情况	(378)
表438	户主王军家庭成员情况	(380)
表439	户主傅传海家庭成员情况	(380)
表440	户主曹金花家庭成员情况	(380)
表441	户主傅关仁家庭成员情况	(382)
表442	户主傅关华家庭成员情况	(382)
表443	户主傅小华家庭成员情况	(384)
表444	户主傅国兴家庭成员情况	(384)
表445	户主傅岳良家庭成员情况	(384)

表446	户主傅兴坤家庭成员情况	(386)
表447	户主傅小锋家庭成员情况	(386)
表448	户主傅寿明家庭成员情况	(386)
表449	户主周杏芬家庭成员情况	(388)
表450	户主张夫家庭成员情况	(388)
表451	户主张观清家庭成员情况	(388)
表452	户主张观良家庭成员情况	(390)
表453	户主张友家庭成员情况	(390)
表454	户主王钊雄家庭成员情况	(390)
表455	户主王钊夫家庭成员情况	(392)
表456	户主王根木家庭成员情况	(392)
表457	户主傅友生家庭成员情况	(392)
表458	户主傅建松家庭成员情况	(394)
表459	户主陈岳荣家庭成员情况	(394)
表460	户主陈岳夫家庭成员情况	(394)
表461	户主傅贤夫家庭成员情况	(396)
表462	户主许永平家庭成员情况	(396)
表463	户主许红英家庭成员情况	(396)
表464	户主许永夫家庭成员情况	(398)
表465	1994年、2016年卫家片姓氏人口情况	(399)
表466	户主沈焕成家庭成员情况	(402)
表467	户主施华娟家庭成员情况	(402)
表468	户主王国平家庭成员情况	(402)
表469	户主应福根家庭成员情况	(404)
表470	户主应柏生家庭成员情况	(404)
表471	户主周观夫家庭成员情况	(404)
表472	户主卫永泉家庭成员情况	(406)
表473	户主卫建明家庭成员情况	(406)
表474	户主卫建士家庭成员情况	(406)
表475	户主张张兴家庭成员情况	(408)
表476	户主张张林家庭成员情况	(408)
表477	户主卫素英家庭成员情况	(408)
表478	户主卫志芳家庭成员情况	(410)
表479	户主卫志明家庭成员情况	(410)
表480	户主卫志强家庭成员情况	(410)
表481	户主卫志铨家庭成员情况	(412)
表482	户主卫志林家庭成员情况	(412)
表483	户主陈国明家庭成员情况	(412)

表484	户主陈国根家庭成员情况	(414)
表485	户主陈国富家庭成员情况	(414)
表486	户主应荷香家庭成员情况	(414)
表487	户主王坚虎家庭成员情况	(416)
表488	户主王建良家庭成员情况	(416)
表489	户主王杏珍家庭成员情况	(416)
表490	户主赵忠德家庭成员情况	(418)
表491	户主赵忠友家庭成员情况	(418)
表492	户主张阿毛家庭成员情况	(418)
表493	户主王建林家庭成员情况	(420)
表494	户主俞海梅家庭成员情况	(420)
表495	户主施丽琴家庭成员情况	(420)
表496	户主沈凤坞家庭成员情况	(422)
表497	户主沈明卫家庭成员情况	(422)
表498	户主张军家庭成员情况	(424)
表499	户主张刚家庭成员情况	(424)
表500	户主张焕林家庭成员情况	(424)
表501	户主张建林家庭成员情况	(426)
表502	户主张关林家庭成员情况	(426)
表503	户主张海荣家庭成员情况	(426)
表504	户主卫志良家庭成员情况	(428)
表505	户主卫志钢家庭成员情况	(428)
表506	户主卫叶庆家庭成员情况	(428)
表507	户主卫张明家庭成员情况	(430)
表508	户主卫张金家庭成员情况	(430)
表509	户主卫张立家庭成员情况	(430)
表510	户主卫张先家庭成员情况	(432)
表511	户主卫张花家庭成员情况	(432)
表512	户主蔡成梁家庭成员情况	(432)
表513	户主沈光仁家庭成员情况	(434)
表514	户主卫水林家庭成员情况	(434)
表515	户主卫建荣家庭成员情况	(434)
表516	户主卫水荣家庭成员情况	(436)
表517	户主卫小明家庭成员情况	(436)
表518	户主卫月新家庭成员情况	(436)
表519	户主卫海民家庭成员情况	(438)
表520	户主卫张兴家庭成员情况	(438)
表521	户主卫小丰家庭成员情况	(438)

表 522	户主卫关荣家庭成员情况	(440)
表 523	户主蔡海龙家庭成员情况	(440)
表 524	户主蔡观荣家庭成员情况	(440)
表 525	户主倪伟民家庭成员情况	(442)
表 526	户主卫军家庭成员情况	(442)
表 527	户主蔡志尧家庭成员情况	(444)
表 528	户主蔡校泉家庭成员情况	(444)
表 529	户主蔡校水家庭成员情况	(444)
表 530	户主蔡维珍家庭成员情况	(446)
表 531	户主卫子仁家庭成员情况	(446)
表 532	户主卫继木家庭成员情况	(446)
表 533	户主卫建军家庭成员情况	(448)
表 534	户主卫观华家庭成员情况	(448)
表 535	户主卫纪土家庭成员情况	(448)
表 536	户主卫大姑家庭成员情况	(450)
表 537	户主卫志根家庭成员情况	(450)
表 538	户主卫国良家庭成员情况	(450)
表 539	户主卫宝堂家庭成员情况	(452)
表 540	户主卫妙兴家庭成员情况	(452)
表 541	户主卫兴友家庭成员情况	(452)
表 542	户主卫新泉家庭成员情况	(454)
表 543	户主卫新荣家庭成员情况	(454)
表 544	户主卫小娃家庭成员情况	(454)
表 545	户主卫志浩家庭成员情况	(456)
表 546	户主卫志土家庭成员情况	(456)
表 547	户主卫志荣家庭成员情况	(456)
表 548	户主卫利明家庭成员情况	(458)
表 549	户主卫仁荣家庭成员情况	(458)
表 550	户主卫仁龙家庭成员情况	(458)
表 551	户主卫仁昌家庭成员情况	(460)
表 552	户主应彩凤家庭成员情况	(460)
表 553	户主何亚芬家庭成员情况	(460)
表 554	户主张立山家庭成员情况	(462)
表 555	户主吴水珍家庭成员情况	(462)
表 556	户主张立夫家庭成员情况	(464)
表 557	户主张炎明家庭成员情况	(464)
表 558	户主卫志荣家庭成员情况	(464)
表 559	户主卫星家庭成员情况	(466)

表560	户主卫传荣家庭成员情况	（466）
表561	户主卫福荣家庭成员情况	（466）
表562	户主沈文根家庭成员情况	（468）
表563	户主卫阿牛家庭成员情况	（468）
表564	户主卫建华家庭成员情况	（468）
表565	户主卫建良家庭成员情况	（470）
表566	户主卫才根家庭成员情况	（470）
表567	户主卫小根家庭成员情况	（470）
表568	户主卫毛毛家庭成员情况	（472）
表569	户主卫观夫家庭成员情况	（472）
表570	户主卫官清家庭成员情况	（472）
表571	户主蔡建国家庭成员情况	（474）
表572	户主李宝金家庭成员情况	（474）
表573	户主卫月祥家庭成员情况	（474）
表574	户主卫先明家庭成员情况	（476）
表575	户主卫国明家庭成员情况	（476）
表576	户主卫建新家庭成员情况	（476）
表577	户主卫建芳家庭成员情况	（478）
表578	户主卫关友家庭成员情况	（478）
表579	户主金志娟家庭成员情况	（478）
表580	户主卫张泉家庭成员情况	（480）
表581	户主卫观凉家庭成员情况	（480）
表582	户主沈华锋家庭成员情况	（480）
表583	户主蔡建松家庭成员情况	（482）
表584	户主张海潮家庭成员情况	（482）
表585	户主张海平家庭成员情况	（482）
表586	2005—2017年凤凰村村干部名录	（496）
表587	1985—2016年凤凰村荣获杭州市萧山区（市、县）级以上表彰名录	（496）
表588	2008—2016年凤凰村硕士生名录	（499）
表589	1945—2016年凤凰村大学本科生名录	（500）
表590	1951—2016年凤凰村参加中国人民解放军名录	（504）
表591	2017年凤凰村口述历史情况	（511）
表592	2017年凤凰村村民调查样本的基本情况	（711）
表593	2017年凤凰村村民收入主要来源情况	（713）
表594	2017年凤凰村村民影响收入的主要因素频率情况	（714）
表595	2017年凤凰村村民职业分布与年龄交叉分析情况	（716）
表596	2017年凤凰村村民职业分布与学历交叉分析情况	（716）
表597	2017年凤凰村村民"学历水平"与"自身文化水平低影响收入"交叉情况	（717）

表598	2017年凤凰村村民教育观念分析表	(718)
表599	2017年凤凰村村民丰富文化活动期待情况	(720)
表600	2017年凤凰村村民"加强文明乡风建设改进建议"情况	(723)
表601	2017年凤凰村村民关于宗教信仰与政治面貌交叉分析情况	(724)
表602	2017年凤凰村村民最为关心问题情况	(725)
表603	2017年凤凰村村民年龄与选择养老模式交叉分析情况	(726)
表604	2017年凤凰村村民对子女就业地域、配偶地域、行业选择情况	(731)
表605	2017年凤凰村村民对政府资金扶持期待分析表	(734)
表606	2017年凤凰村村民利用网络现状分析表	(739)
表607	2017年凤凰村村民关于"村民未来发展规划"情况	(748)
表608	2017年凤凰村村民"未来农村生活条件改善期待"情况	(749)
表609	民国时期凤凰地区所属衙前地方政府官员名录	(841)
表610	1954—1958年凤凰地区所属农业合作社情况	(841)
表611	1949—2005年凤凰村（生产大队）负责人名录	(842)
表612	1949—2005年交通村（生产大队）负责人名录	(843)
表613	1949—2005年卫家村（生产大队）负责人名录	(843)
表614	2005—2016年凤凰村民委员会负责人名录	(844)
表615	2005—2016年凤凰村经济联合社成员名录	(845)
表616	2005—2016年凤凰村民（股东）代表名录	(846)
表617	2005—2016年凤凰村村务监督委员会成员名录	(849)
表618	2005—2016年凤凰村村民小组长名录	(850)
表619	1956—2005年凤凰村（生产大队）党支部书记名录	(852)
表620	1956—2005年交通村（生产大队）党支部书记名录	(852)
表621	1956—2005年卫家村（生产大队）党支部书记名录	(852)
表622	2005—2016年凤凰村党委负责人名录	(853)
表623	1989—2016年凤凰地区村民当选衙前镇党代会代表名录	(853)
表624	2016年凤凰村党委各支部党员名录	(854)
表625	2011—2016年凤凰村党员活动情况	(855)
表626	2013—2016年凤凰村组织团员活动情况	(859)
表627	2011—2016年凤凰村组织妇女活动情况	(860)
表628	2016年凤凰村联合工会小组、单建工会情况	(861)
表629	1998年交通村村务公开制度情况	(864)
表630	2006年凤凰村级财务收支公开情况	(866)
表631	2016年凤凰村财务收支公开情况	(867)
表632	1957—2016年凤凰地区财务人员情况	(872)
表633	2005—2016年度凤凰村表彰先进情况	(877)
表634	1951—2016年凤凰村参加中国人民解放军人员情况	(882)
表635	1990年凤凰村、交通村、卫家村义务兵优抚费平衡负担情况	(883)

表 636	2000年凤凰村、交通村、卫家村义务兵优抚费平衡负担情况	（883）
表 637	2005—2016年凤凰村军属优抚费负担情况	（883）
表 638	2009—2016年创业新村社区党支部成员名录	（888）
表 639	2009—2016年创业新村社区居民委员会成员名录	（888）
表 640	2014年凤凰村美丽乡村新农村建设项目	（915）
表 641	1996—2000年紧邻凤凰村的萧绍运河翔凤桥段河水主要污染物污染指数情况	（918）
表 642	2005—2016年凤凰村村级工程项目管理情况	（920）
表 643	1999年杭州市新农村建设示范村考核评价凤凰村情况	（920）
表 644	1987—2004年凤凰村农林牧渔总产值及产业分类情况	（924）
表 645	2005—2016年凤凰村农林牧渔业劳动力分布情况	（924）
表 646	2005—2016年凤凰村农林牧渔总产值及产业分类情况	（924）
表 647	清光绪年间凤凰地区土地官方绝卖文契登记情况	（926）
表 648	民国时期凤凰地区土地民间买卖契约情况	（926）
表 649	土地改革前后交通乡各阶层土地占有情况	（928）
表 650	土地改革前后凤凰乡各阶层土地占有情况	（928）
表 651	1986—1995年凤凰村双层经营承包责任制情况	（931）
表 652	1990—1995年凤凰村双层经营承包责任制合同情况	（931）
表 653	1997年、1998年凤凰村农业承包经营责任制情况	（932）
表 654	1997年、1998年凤凰村双层经营承包责任制合同情况	（932）
表 655	1999—2004年凤凰村农业土地规模经营情况	（932）
表 656	1999—2004年凤凰村双层经营承包责任制合同情况	（933）
表 657	2005—2016年凤凰村农业土地规模经营情况	（933）
表 658	2005—2016年凤凰村各业承包金情况	（933）
表 659	1979—2004年凤凰村（生产大队）被征用耕地情况	（935）
表 660	2005—2016年凤凰村被征用耕地情况	（936）
表 661	1970—1982年凤凰生产大队耕地情况	（938）
表 662	1983—1995年凤凰村（生产大队）耕地情况	（938）
表 663	1970年、2000年凤凰村（生产大队）、交通村（生产大队）、卫家村（生产大队）耕地情况	（939）
表 664	1996—2004年凤凰村耕地情况	（939）
表 665	2005—2016年凤凰村耕地情况	（939）
表 666	1970—2004年凤凰村（生产大队）生产粮食情况	（940）
表 667	1970—2004年凤凰村（生产大队）早稻面积和产量情况	（941）
表 668	1970—2004年凤凰村（生产大队）晚稻面积和产量情况	（942）
表 669	2005—2016年凤凰村单季稻播种面积和产量情况	（942）
表 670	1970—1997年凤凰村（生产大队）大麦面积和产量情况	（943）
表 671	1970—2004年凤凰村（生产大队）小麦面积和产量情况	（943）
表 672	2005—2016年凤凰村小麦播种面积和产量情况	（944）

表673	1970—2004年凤凰村（生产大队）油菜籽面积和产量情况	（945）
表674	2009—2016年凤凰村油菜籽面积和产量情况	（945）
表675	1970—1993年凤凰村（生产大队）络麻面积和产量情况	（946）
表676	1981—2004年凤凰村（生产大队）蔬菜（菜用瓜）情况	（947）
表677	2005—2016年凤凰村蔬菜（菜用瓜）情况	（947）
表678	1971—1983年凤凰生产大队蚕（豌）豆播种面积和产量情况	（948）
表679	1984—1995年凤凰村蚕（豌）豆播种面积和产量情况	（948）
表680	1997—2004年凤凰村大豆、番薯播种面积和产量情况	（948）
表681	2005—2016年凤凰村其他农作物播种面积和产量情况	（948）
表682	2005—2016年凤凰村西瓜播种面积和产量情况	（949）
表683	1984—2004年凤凰村家禽养殖情况	（951）
表684	2005—2016年凤凰村家禽饲养情况	（951）
表685	1970—2004年凤凰村（生产大队）生猪养殖情况	（952）
表686	2005—2016年凤凰村生猪饲养情况	（953）
表687	1991—2004年凤凰村淡水鱼生产情况	（954）
表688	2005—2016年凤凰村淡水鱼生产情况	（955）
表689	1971—2004年凤凰村（生产大队）山林果木情况	（958）
表690	2005—2009年凤凰村山林果木情况	（959）
表691	1977—2004年凤凰村（生产大队）茶园采茶情况	（960）
表692	2005—2016年凤凰村茶园采茶情况	（960）
表693	2005—2016年凤凰村内地花卉苗木情况	（961）
表694	1970—1988年凤凰村（生产大队）排灌设施情况	（964）
表695	1970—1988年凤凰村（生产大队）农机具拥有量情况	（968）
表696	2004—2016年部分年份凤凰村围垦农业大户农机具拥有量情况	（969）
表697	2016年凤凰村境内工业企业主要指标情况	（975）
表698	2016年凤凰村境内工业类型主要经济指标情况	（975）
表699	2016年凤凰村境内轻纺工业企业主要经济指标情况	（977）
表700	2005—2016年凤凰村境内规模以下轻纺工业企业主要经济指标情况	（977）
表701	1999—2004年凤凰村五金机械工业企业主要经济指标情况	（978）
表702	2005—2016年凤凰村境内五金机械工业企业主要经济指标情况	（979）
表703	2016年浙江省中小企业创业基地入驻工业企业主要经济指标情况	（981）
表704	1996—2014年浙江恒逸集团有限公司主要经济指标情况	（987）
表705	1999—2016年几个年份杭州宏峰纺织集团有限公司主要经济指标情况	（989）
表706	2009—2016年浙江金洋控股集团有限公司主要经济指标情况	（990）
表707	2005—2016年凤凰村规模以上工业企业名录	（991）
表708	2016年凤凰村境内规模以上工业企业主要指标情况	（992）
表709	2012—2016年杭州叶茂纺织有限公司主要经济指标情况	（993）
表710	2004—2016年杭州凤谊纺织有限公司主要经济指标情况	（994）

表号	表名	页码
表711	1998—2016年杭州萧山潘氏纺织有限公司主要经济指标情况	(995)
表712	2000—2016年几个年份杭州凤凰纺织有限公司主要经济指标情况	(996)
表713	1992年、2006年、2016年杭州美恒纺织有限公司主要经济指标情况	(997)
表714	2016年凤凰村境内规模以下工业新企业创建时主要经济指标情况	(999)
表715	2016年凤凰村境内规模以下工业企业行业主要经济指标情况	(999)
表716	2005—2016年凤凰村境内规模以下私有工业企业主要经济指标情况	(1000)
表717	1999—2002年凤凰村个体私营五金机械工业企业主要生产设备情况	(1011)
表718	1994—2003年凤凰村工业企业主要产品生产量（销售量）情况	(1011)
表719	2016年凤凰村境内规模以上工业企业生产产品及产量情况	(1011)
表720	2005—2016年衙前消费品综合市场蔬菜食品卫生安全检测情况	(1021)
表721	1995—2016年凤凰村街道门店开业情况	(1023)
表722	2016年凤凰村街道门店基本情况	(1024)
表723	1992—2000年衙前信用合作社存款贷款余额情况	(1036)
表724	2009—2016年萧山农村合作银行衙前支行存款贷款余额情况	(1036)
表725	2003—2016年三家银行存款贷款余额情况	(1037)
表726	1971—1982年凤凰生产大队农村经济总收入情况	(1042)
表727	1983—2000年凤凰村（生产大队）农村经济总收入情况	(1043)
表728	2001—2004年凤凰村农村经济总收入情况	(1043)
表729	2005—2016年凤凰村农村经济总收入情况	(1043)
表730	2004年凤凰村、交通村、卫家村资产情况	(1048)
表731	2005—2016年凤凰村资产情况	(1048)
表732	1971—1982年凤凰生产大队收入分配情况	(1052)
表733	1970年3月16—30日凤凰生产大队第一生产队农活小段包工计分办法	(1054)
表734	1970年凤凰生产大队第一生产队农活定额计分办法	(1055)
表735	1983—2004年凤凰村（生产大队）收入分配情况	(1058)
表736	2000年凤凰村、交通村、卫家村合作经济支付公益事业经费情况	(1058)
表737	2005—2016年凤凰村农村经济收入分配情况	(1059)
表738	2005—2016年凤凰村支付公益事业经费情况	(1059)
表739	1982—2016年部分年份凤凰村（生产大队）集体完成固定资产投资情况	(1064)
表740	1970年凤凰地区配给物资情况	(1067)
表741	1964—1984年凤凰、交通、卫家村（生产大队）口粮分配情况	(1069)
表742	1971—1983年凤凰生产大队储备粮情况	(1070)
表743	1970—1982年凤凰生产大队粮油征购及粮食分配结算情况	(1072)
表744	1983—1985年凤凰村（生产大队）粮油征购及粮食分配结算情况	(1072)
表745	1986—1992年凤凰村粮油征购及粮食分配结算情况	(1073)
表746	1966—1982年凤凰、交通、卫家生产大队社员与全社人均年收入情况	(1074)
表747	1983—2004年交通、卫家村（生产大队）村民人均年收入情况	(1075)
表748	1971—1995年凤凰村（生产大队）村民收入情况	(1075)

表号	表名	页码
表749	1996—2004年凤凰村村民收入情况	(1075)
表750	2005—2016年凤凰村村民收入情况	(1076)
表751	2005—2016年凤凰村村民年收入来源情况	(1076)
表752	1985—1999年凤凰村劳动力在工业企业的职工人数	(1078)
表753	1971—2004年凤凰村（生产大队）劳动力在非农业部门就业情况	(1078)
表754	2005—2013年凤凰村劳动力在非农业部门就业情况	(1079)
表755	2005—2016年凤凰村农户住房出租情况	(1080)
表756	2005—2016年凤凰村股份经济联合社股金分红情况	(1081)
表757	1984—2000年凤凰村农户家庭拥有电视机情况	(1086)
表758	1984—2000年凤凰村农户家庭生产生活用品情况	(1086)
表759	2000年、2015年凤凰地区农户家庭拥有高档耐用消费品情况	(1087)
表760	2015年凤凰村农户家庭拥有高档耐用消费品情况	(1087)
表761	2000年、2015年凤凰地区农户家庭拥有有线电视情况	(1087)
表762	1987—2000年凤凰村农户家庭拥有电信用品情况	(1088)
表763	2000年、2015年凤凰地区农户家庭拥有电信用品情况	(1088)
表764	2000—2016年凤凰村文教娱乐支出情况	(1089)
表765	2016年凤凰村民翁关增家庭文教娱乐消费情况	(1089)
表766	2005—2016年凤凰村医疗保健支出情况	(1093)
表767	2016年凤凰村村民医疗费报销情况	(1094)
表768	2012—2017年凤凰村养老金调整情况	(1095)
表769	2006—2017年凤凰村表彰优秀学生情况	(1110)
表770	2016年新生儿疫苗情况	(1118)
表771	2005—2017年凤凰村计划生育协会理事会成员名单	(1122)
表772	凤凰地区村民在衙前镇全民运动会上获奖名次	(1141)
表773	1954—2005年凤凰村、交通村、卫家村获萧山县（市）级以上荣誉情况	(1253)
表774	2006—2011年凤凰村获国家级荣誉情况	(1254)
表775	2005—2016年凤凰村获浙江省级荣誉情况	(1254)
表776	2005—2015年凤凰村获杭州市级荣誉情况	(1254)
表777	2006—2016年凤凰村获萧山区级荣誉情况	(1255)
表778	2005—2017年凤凰村获衙前镇荣誉情况	(1256)

参考文献

1. 中国地方志指导小组办公室：《关于印发〈中国名镇志文化工程实施方案〉的通知》（中指办字〔2015〕22号（2015年5月12日）。
2. 中国地方志指导小组办公室：《关于印发〈中国名村志文化工程实施方案〉的通知》（中指办字〔2016〕209号（2016年11月17日）。
3. （宋）沈作宾修，施宿等纂：《嘉泰会稽志》，明正德五年（1510）刻本，绍兴丛书编辑委员会编《绍兴丛书》第一辑地方志丛编第一册，中华书局，2006年12月。
4. （宋）张淏纂修：《宝庆会稽续志》，明正德五年（1510）刻本，绍兴丛书编辑委员会编《绍兴丛书》第一辑地方志丛编第一册，中华书局，2006年12月。
5. 明嘉靖《萧山县志》，嘉靖三十六年（1557）刻，万历三年（1575）增刻本，萧山市地方志办公室翻印。
6. 清康熙《萧山县志》，康熙三十二年（1693）刻本，萧山市地方志办公室翻印。
7. 清乾隆《萧山县志》，乾隆十六年（1751）刊，萧山市地方志办公室翻印。
8. 民国《萧山县志稿》，民国24年（1935）铅印本，萧山市地方志办公室翻印。
9. 来裕恂：《萧山县志稿》，天津古籍出版社1991年版。
10. 杭州市萧山区人民政府地方志办公室编：《明清萧山县志》，上海远东出版社2012年版。
11. 杭州市萧山区人民政府地方志办公室编：《民国二十四年萧山县志》，南开大学出版社2010年版。
12. 萧山县志编纂委员会编：《萧山县志》，浙江人民出版社1987年版。
13. 杭州市萧山区人民政府地方志办公室编著：《萧山市志》，浙江人民出版社2013年版。
14. 杭州市萧山区人民政府地方志办公室编：《萧山年鉴》（2001—2016），浙江人民出版社2002—2017年版。
15. 杭州市萧山区统计局编：《萧山区统计年鉴》（2001—2016），萧山新星印刷厂，2002—2017年。
16. 《萧山金融志》编纂委员会编：《萧山金融志（1985—2010）》，浙江人民出版社2014年版。
17. 《衙前镇志》编纂委员会编：《衙前镇志》，方志出版社2003年版。
18. 杭州市萧山区民政局编：《萧山民政志》，杭州市萧山日报印务有限公司2006年版。
19. 萧山县地名办公室编：《萧山地名志》，1984年4月。
20. 杭州市萧山区民政局、杭州市萧山区区划地名管理办公室编：《杭州市萧山区地名志》，2014年10月。
21. 杭州市萧山区民政局、杭州市萧山区地名委员会办公室、浙江有色测绘院联合编制：《萧山区地名图册》，审图号：浙S〔2010〕05号，2010年1月。
22. 杭州市萧山区民政局、杭州市萧山区区划地名管理办公室、杭州市勘测设计研究院编制：《萧山地名影像图册》，湖南地图出版社2014年版。
23. 山后村编纂委员会编：《山后村志》，中华书局2013年版。

24. 浙江省江山市凤林镇白沙村志编纂领导小组编：《白沙村志》，方志出版社 2012 年版。
25. 上海市闵行区七宝镇九星村民委员会编：《九星村志》，上海人民出版社 2013 年版。
26. 杭州市长河街道江二社区编：《江二村志》，杭州出版社 2012 年版。
27. 杭州市人民政府地方志办公室编：《下姜村志》，浙江人民出版社 2016 年版。
28. 曹恒顺、牛光芝主编：《曹口村志》，方志出版社 2014 年版。
29. 温州市楷湾区史志办编：《坦头村志》，方志出版社 2014 年版。
30. 褚半农撰：《褚家塘志》，上海人民出版社 2010 年版。
31. 江山市贺村镇坂头自然村志编纂工作领导小组编：《坂头村志》，方志出版社 2018 年版。
32. 中共中央党史研究室：《中国共产党历史》第一卷（1921—1949），中共党史出版社 2002 年版。
33. 中共浙江省委党史研究室：《中国共产党浙江历史》第一卷（1921—1949），中共党史出版社 2011 年版。
34. 中共杭州市萧山区委党史研究室编著：《中国共产党萧山历史（1919—1949）》，中共党史出版社 2002 年版。
35. 中共杭州市萧山区委党史研究室编著：《中国共产党萧山历史（1949—1978）》，中共党史出版社 2009 年版。
36. 中共杭州市萧山区委党史研究室、杭州市萧山区政协文史和教文卫体委员会编：《萧山改革开放 30 年纪事》，上海远东出版社 2008 年版。
37. 中共萧山县委党史资料征集研究委员会办公室编：《衙前农民运动》，中共党史资料出版社 1987 年版。
38. 中共杭州市萧山区委党史研究室编：《衙前农民运动论文选编》，中共党史出版社 2002 年版。
39. 中共杭州市萧山区委党史研究室、杭州市萧山区人民政府地方志办公室编：《纪念衙前农民运动 90 周年论文集》，上海远东出版社 2013 年版。
40. 中共萧山市委党史研究室编：《沈玄庐其人》，成都科技大学出版社 1994 年版。
41. ［美］萧邦奇：《血路——革命中国中的沈定一（玄庐）传奇》，江苏人民出版社 2010 年版。
42. 陶水木编：《沈定一集》，国家图书馆出版社 2010 年版。
43. 陈福康、丁言模：《杨之华评传》，上海社会科学院出版社 2005 年版。
44. 邵江飞主编：《纪念衙前农民运动九十周年书画影集》，西泠印社 2011 年版。
45. 中共杭州市萧山区委党史研究室、杭州市萧山区地方志编纂委员会办公室编：《抗日战争在萧山》，中共党史出版社 2005 年版。
46. 浙江省杭州市萧山区委党史研究室编：《杭州市萧山区抗日战争时期人口伤亡和财产损失》，中共党史出版社 2016 年版。
47. 萧山市地方志编纂委员会办公室编：《萧山姓氏志》，1994 年 11 月内部印行。
48. 萧山政协文史和教文卫体委员会编著：《董光中纪实摄影集》，方志出版社 2004 年版。
49. 杭州市萧山文学艺术界联合会编：《萧山 1950—1989 董光中纪实摄影作品集》，浙江摄影出版社 2015 年版。
50. ［美］唐纳德·里奇（Donald A. Ritchie）：《大家来做口述历史：实务指南（第二版）》，王芝芝、姚力译，当代中国出版社 2006 年版。
51. 定宜庄、汪润主编：《口述史读本》，北京大学出版社 2011 年版。

52. 定宜庄：《老北京人的口述史》，中国社会科学出版社2009年版。
53. 刘小萌：《中国知青口述史》，中国社会科学出版社2004年版。
54. 曾维康：《农民中国 江汉平原一个村落26位乡民的口述史》，高等教育出版社2012年版。
55. 李景汉编著：《定县社会概况调查》，上海世纪出版集团2005年版。
56. 费孝通：《江村经济》，北京大学出版社2012年版。
57. 费孝通：《江村农民生活及其变迁》，敦煌文艺出版社1997年版。
58. 蔡昉、王德文、都阳：《中国农村改革与变迁——30年历程和经验分析》，上海人民出版社2008年版。
59. 《莫艳梅方志文集》，上海远东出版社2013年版。
60. 莫艳梅：《萧山清官廉吏》，浙江人民出版社2017年版。
61. 莫艳梅、李莫微：《萧山历史名人家世考——从家谱出发》，浙江古籍出版社2018年版。
62. 《莫艳梅方志探论》，方志出版社2018年版。

后 记

2016年12月，我应邀指导杭州市萧山区衙前镇凤凰村志工作，翌年1月被聘任为该志主编（凤委〔2017〕3号）。我本人也乐意当这个主编，并想借这个机会开展口述历史与社会课题调查活动。在此之前，我参加过4部市县志的编纂，有丰富的修志经验，发表过100多篇方志研究文章，其中有关口述历史、社会调查的论文8篇。我认为引入口述历史和社会调查的形式，可以增强志书的资料性、著述性和原创性、可读性。我要把这些思想融入《凤凰村志》中。

我出任《凤凰村志》主编后，马上制订了《〈凤凰村志〉篇目》《〈凤凰村志〉行文规范手册》和《关于开展凤凰村口述历史活动的实施方案》。共设18编、76章、244节，其中"姓氏""村民访谈"（原为"口述历史"编，后根据出版社要求改名"村民访谈"编）"凤凰村民未来期待调查""衙前农民运动""艺文""人物"特色编章以及"总述"等，合计占全志文字篇幅的60%，由我负责编写；其余编章，由2名副主编负责编写。

村志中篇幅最大的是"姓氏"编。凤凰村史上未存留宗谱。2017年上半年，村志编纂委员会办公室根据我的要求开展村内姓氏源流普查和户主身世及家庭成员情况普查，计有20多万字。2018年上半年，又在一户一个基本情况表的基础上，配以一户一幅全家照，一户写一句最想说的话，录入村志中。我认为这是民情、民意、民愿的较好体现。

篇幅第二大的是"村民访谈"编。2017年2月，我针对不同的受访者撰写访谈提纲，3月29日始，进村入户访谈。因我是外地人，凤凰村老人中有的不会说普通话，他们说的萧山土话我也不太听得懂。于是，我请求我所在单位（萧山区人民政府地方志办公室）支持，安排1名会讲萧山土话的同事杨健儿协助我做访谈。至2017年6月1日，共访谈46人，其中凤凰村民33人（20世纪20年代1人，30年代7人，40年代6人，50年代9人，60年代6人，80年代4人），外来人员4人，沈定一的后代及知情人9人。凤凰村民中，有村领导2人，大学生村官2人，集体企业管理人员2人，私营企业家、个体户5人，过去的大队长、生产队长2人，生产队会计、仓库保管员2人，民兵连长1人，妇女主任1人，赤脚医生2人，今村民小组长2人，凤凰村股份经济联合社1人，股东代表1人，市场管理人员2人，教师2人，见多识广的老人3人，农村妇女1人，东岳庙管理人员1人，基督教教徒1人。外来人员中，有办厂的1人，经商的2人，社区管理人员1人。沈定一的后代及知情人中，衙前镇内4人，瓜沥镇1人，萧山城区1人，杭州市区1人，江苏省2人。2017年6—12月，对口述历史录音进行整理和编辑。12月中下旬，将46个口述历史录音整理文稿全部交返口述者审阅。共计30多万字，其中沈定一的后代及知情人口述历史10多万字，另作他用，不录入该志。老百姓口述历史，记乡音、乡俗、乡情、乡愁，是鲜活而生动的第一手资料。

篇幅第三大的是"凤凰村民未来期待调查"。由萧山区人民政府地方志办公室与杭州师范大学政治与社会学院的师生合作开展，经过对调查问卷几易其稿，于2017年6月29日进村入户开展调查，10月完成调研报告，共计10万字。富裕起来的村民在想什么？该调研报告反映了民之所想、民之所盼，可供资政参考。

篇幅第四大的是"艺文"编。有"三多"：一是村人沈定一的著述多。他是民国时期政治人物、新闻记者、诗人，仅民国元年至民国17年（1912—1928）留存于世的著述就有500多篇，大多发表于邵力子主编的《民国日报》、陈独秀主编的上海《劳动界》《伙友》以及沈定一主编的上海《星期评论》、广州《劳动与妇女》杂志。其诗《十五娘》，被朱自清称为"新文学中的第一首叙事诗"，在当时影响极大。二是学术界研究沈定一和衙前农民运动的著述多，其中公开出版的专著9部，公开发表的论文100多篇。三是媒体报道凤凰村的文章多。仅2007—2017年《萧山日报》《杭州日报》《浙江日报》《中国纪检监察报》《人民日报》等报道凤凰村的文章就有50多篇。这些有利于区域历史文化的弘扬和旅游资源的开发。

村区建设、村务管理、企业、市场、村级经济、村民生活医疗养老保障、奖学金制度等，地方特色和时代特色明显，志中都有专门的章节记述。

2017年11月，2名年逾古稀的副主编因各种原因没有继续参与村志工作（保留其副主编署名）。时，我负责编写的几大特色编章已全部拿出初稿；金雄波副主编负责编写的经济部类志稿已全部完成初稿；冯蓬年副主编负责编写的自然、政治、文化、社会部类志稿，还有部分资料没有收集上来。我全部接手过来后，开始一个人编辑整部村志，一支笔统稿、总纂、修改和插图。每天除了上班就是加班，除了编纂村志就是查阅资料，一般在晚上10点钟左右坐地铁回家，超过10点40分打的回家。从萧山区人民政府地方志办公室到家有4公里车程。坐公交车到凤凰村大约要50分钟，前前后后去了凤凰村80多天次，主要是走访、收集资料和查阅档案。写作、办公则在萧山区人民政府地方志办公室。春节期间在大年初一休息了一天，初二继续到办公室加班。最终于2018年4月26日印制出征求意见稿（上下册32套）。之后，又对篇目进行大的调整：为了让第二编"姓氏"中的全村村民信息与后面的"人物""村民访谈""凤凰村民未来期待调查"的信息衔接得更紧凑，并使全志特色更加彰显，特将"人物""村民访谈""凤凰村民未来期待调查"从原来的第十五编、第十六编、第十七编前移至现在的第三编、第四编、第五编，将"衙前农民运动"从原来的第一编调整到现在的第六编，并在征集照片、插图、排版、核实、校对等方面，花费了大量的时间和精力，加班到晚上10点半成为常态。2018年8月16日再次印制征求意见稿（上下册26套）。几经修改，终于2018年10月16日定稿付梓。在校对的过程中，又做了诸多修定。

图1202　2018年4月8日，莫艳梅在萧山区档案馆查阅档案

图1203　2018年4月26日、8月16日《凤凰村志》征求意见稿

村志的编纂，得到凤凰村党委、凤凰村委会的大力支持，以及村民的积极配合。萧山区委党史研究室、萧山区人民政府地方志办公室（2019年1月合并为萧山区委党史和地方志编纂研究室）

沈迪云主任，对社会课题调查的策划、选题的提出、调查问卷的设计起了重要作用。中国社会科学院当代中国研究所社会史研究室的李文主任、姚力副主任、徐轶杰博士，对凤凰村口述历史活动的开展给予了正确的指导。李文（中国社会科学院当代中国研究所社会史研究室主任、研究员，博士生导师）、巴兆祥（复旦大学历史系教授、博士生导师，中国地方志学会学术委员会委员）、任根珠（山西省地方志办公室原副巡视员、副编审，中国地方志学会学术委员会委员）、秦军荣（湖北文理学院文学院副院长、教授，襄阳市地方志学会常务副会长），分别对《凤凰村志》稿进行了评审。巴兆祥惠赐书序。萧山日报社傅展学、衙前镇政府徐国红等热忱提供照片。在此表示衷心的感谢。

　　全志115万字（word字数统计。如果按版面字数统计，则全志有231万字），1200多幅照片（如果每户一句最想说的话扫描图片单独排序，则全志有1700多幅图照），778张表格。由于编写时间仓促，又因编者水平有限，书中难免存在一些不足和错误之处，恳请读者谅解并提出宝贵意见，以期待日后再次编修村志时勘误补遗。

莫艳梅
写于2018年10月16日
修定于2019年5月16日